독학사

5개년 기출문제집

1단계 교양과정

국어 / 국사 / 영어 / 현대사회와 윤리 /
사회학개론 / 심리학개론 / 문학개론

시대에듀

머리말 INTRO

학위를 얻는 데 시간과 장소는 더 이상 제약이 되지 않습니다. 대입 전형을 거치지 않아도 '학점은행제'를 통해 학사학위를 취득할 수 있기 때문입니다. 그중 독학학위제도는 고등학교 졸업자이거나 이와 동등 이상의 학력을 가지고 있는 사람들에게 효율적인 학점 인정 및 학사학위 취득의 기회를 줍니다.

학습을 통한 개인의 자아실현 도구이자 자신의 실력을 인정받을 수 있는 스펙인 독학사는 짧은 기간 안에 학사학위를 취득할 수 있는 가장 빠른 지름길로써 많은 수험생들의 선택을 받고 있습니다.

이 책은 독학사 시험을 준비하는 수험생분들이 단기간에 효과적인 학습을 할 수 있도록 다음과 같이 구성하였습니다.

---

01 '핵심이론' 중 시험장에 꼭 알고 들어가야 하는 부분을 요약한 '필수 암기 키워드'를 수록하여 시험 직전에 공부한 내용을 확인할 수 있도록 하였습니다.
※ 필수 암기 키워드 특강 : www.sdedu.co.kr → 독학사 → 학습자료실 → 무료특강

02 '2024~2020 기출복원문제'를 수록하여 최근 출제 경향을 파악하고 이에 맞춰 학습할 수 있도록 하였습니다.
※ 최신기출문제 특강 : www.sdedu.co.kr → 독학사 → 학습자료실 → 무료특강

기출된 문제와 최대한 비슷하게 복원할 수 있도록 노력하였으며, 학습에 도움이 될 수 있도록 상세한 해설을 수록하였습니다. 이 책으로 학위취득의 꿈을 이루고자 하는 수험생분들의 합격을 응원합니다.

편저자 드림

독학학위제 소개 BDES

독학학위제란?

「독학에 의한 학위취득에 관한 법률」에 의거하여 국가에서 시행하는 시험에 합격한 사람에게 학사학위를 수여하는 제도

- 고등학교 졸업 이상의 학력을 가진 사람이면 누구나 응시 가능
- 대학교를 다니지 않아도 스스로 공부해서 학위취득 가능
- 일과 학습의 병행이 가능하여 시간과 비용 최소화
- 언제, 어디서나 학습이 가능한 평생학습시대의 자아실현을 위한 제도
- 학위취득시험은 4개의 과정(교양, 전공기초, 전공심화, 학위취득 종합시험)으로 이루어져 있으며 각 과정별 시험을 모두 거쳐 학위취득 종합시험에 합격하면 학사학위 취득

독학학위제 전공 분야 (11개 전공)

※ 유아교육학 및 정보통신학 전공 : 3, 4과정만 개설
(정보통신학의 경우 3과정은 2025년까지, 4과정은 2026년까지만 응시 가능하며, 이후 폐지)
※ 간호학 전공 : 4과정만 개설
※ 중어중문학, 수학, 농학 전공 : 폐지 전공으로, 기존에 해당 전공 학적 보유자에 한하여 2025년까지 응시 가능

※ 시대에듀는 현재 4개 학과(심리학과, 경영학과, 컴퓨터공학과, 간호학과) 개설 완료
※ 2개 학과(국어국문학과, 영어영문학과) 개설 중

독학학위제 시험안내 INFORMATION

과정별 응시자격

단계	과정	응시자격	과정(과목) 시험 면제 요건
1	교양	고등학교 졸업 이상 학력 소지자	• 대학(교)에서 각 학년 수료 및 일정 학점 취득 • 학점은행제 일정 학점 인정 • 국가기술자격법에 따른 자격 취득 • 교육부령에 따른 각종 시험 합격 • 면제지정기관 이수 등
2	전공기초		
3	전공심화		
4	학위취득	• 1～3과정 합격 및 면제 • 대학에서 동일 전공으로 3년 이상 수료 (3년제의 경우 졸업) 또는 105학점 이상 취득 • 학점은행제 동일 전공 105학점 이상 인정 (전공 28학점 포함) • 외국에서 15년 이상의 학교교육과정 수료	없음(반드시 응시)

응시방법 및 응시료

• 접수방법 : 온라인으로만 가능
• 제출서류 : 응시자격 증빙서류 등 자세한 내용은 홈페이지 참조
• 응시료 : 20,700원

독학학위제 시험 범위

• 시험 과목별 평가영역 범위에서 대학 전공자에게 요구되는 수준으로 출제
• 독학학위제 홈페이지(bdes.nile.or.kr) ➡ 학습정보 ➡ 과목별 평가영역에서 확인

문항 수 및 배점

과정	일반 과목			예외 과목		
	객관식	주관식	합계	객관식	주관식	합계
교양, 전공기초 (1～2과정)	40문항×2.5점 =100점	–	40문항 100점	25문항×4점 =100점	–	25문항 100점
전공심화, 학위취득 (3～4과정)	24문항×2.5점 =60점	4문항×10점 =40점	28문항 100점	15문항×4점 =60점	5문항×8점 =40점	20문항 100점

※ 2017년도부터 교양과정 인정시험 및 전공기초과정 인정시험은 객관식 문항으로만 출제

합격 기준

■ 1～3과정(교양, 전공기초, 전공심화) 시험

단계	과정	합격 기준	유의 사항
1	교양	매 과목 60점 이상 득점을 합격으로 하고, 과목 합격 인정(합격 여부만 결정)	5과목 합격
2	전공기초		6과목 이상 합격
3	전공심화		

■ 4과정(학위취득) 시험 : 총점 합격제 또는 과목별 합격제 선택

구분	합격 기준	유의 사항
총점 합격제	• 총점(600점)의 60% 이상 득점(360점) • 과목 낙제 없음	• 6과목 모두 신규 응시 • 기존 합격 과목 불인정
과목별 합격제	• 매 과목 100점 만점으로 하여 전 과목(교양 2, 전공 4) 60점 이상 득점	• 기존 합격 과목 재응시 불가 • 1과목이라도 60점 미만 득점하면 불합격

시험 일정

■ 1단계 시험 과목 및 시간표

구분(교시별)	시간	시험 과목명
1교시	09:00～10:40(100분)	국어, 국사(필수)
2교시	11:10～12:00(50분)	외국어(필수) : 영어, 독일어, 프랑스어, 중국어, 일본어 중 택 1과목
중식 12:00～12:50(50분)		
3교시	13:10～14:50(100분)	현대사회와 윤리, 문학개론, 철학의 이해, 문화사, 한문, 법학개론, 경제학개론, 경영학개론, 사회학개론, 심리학개론, 교육학개론, 자연과학의 이해, 일반수학, 기초통계학, 컴퓨터의 이해 중 택 2과목

※ 시험 일정 및 세부사항은 반드시 독학학위제 홈페이지(bdes.nile.or.kr)를 통해 확인하시기 바랍니다.

※ 시대에듀에서 개설된 과목은 빨간색으로 표시하였습니다.

독학학위제 과정 CURRICULUM

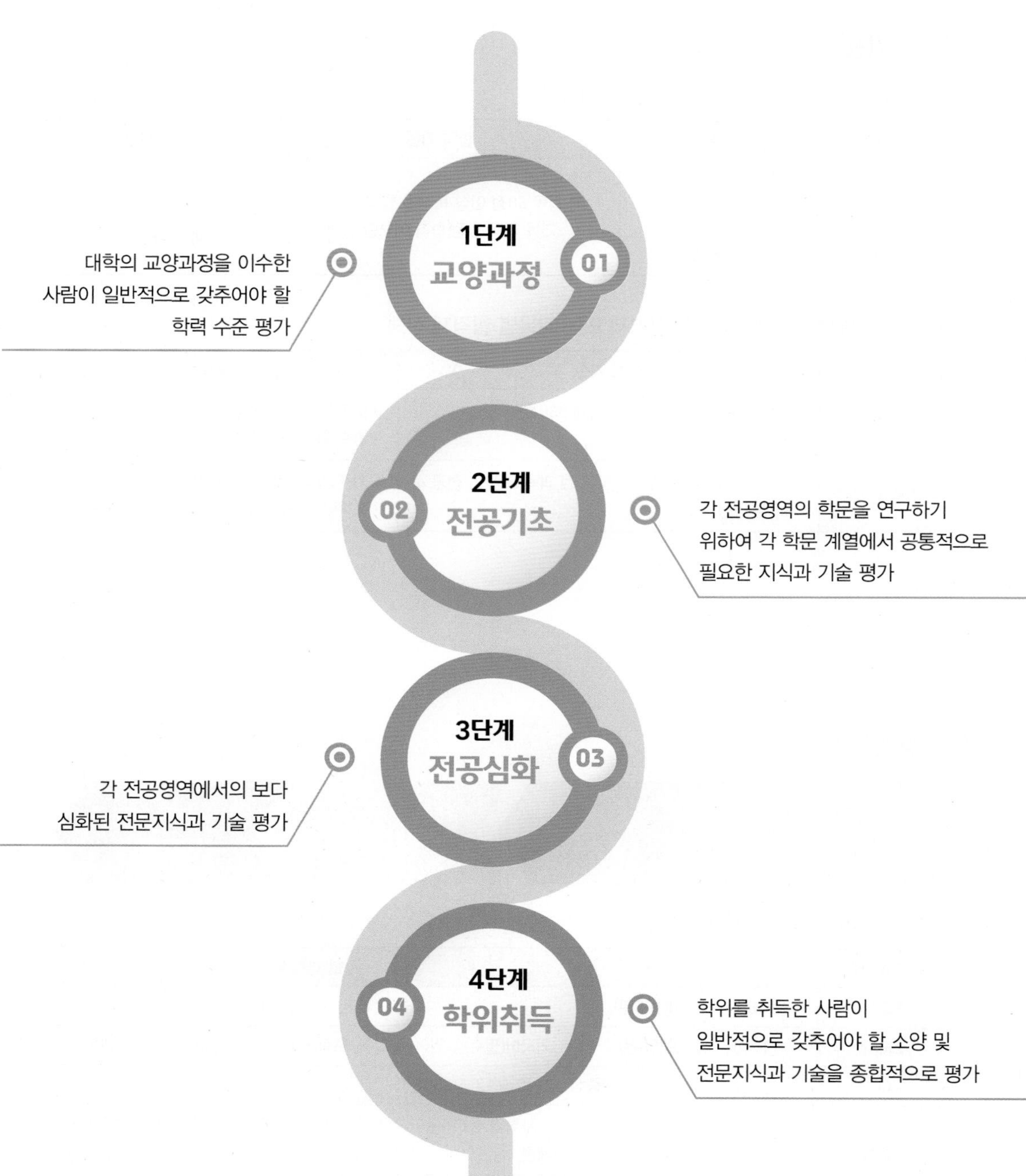
1단계
교양과정
01
대학의 교양과정을 이수한
사람이 일반적으로 갖추어야 할
학력 수준 평가
2단계
전공기초
02
각 전공영역의 학문을 연구하기
위하여 각 학문 계열에서 공통적으로
필요한 지식과 기술 평가
3단계
전공심화
03
각 전공영역에서의 보다
심화된 전문지식과 기술 평가
4단계
학위취득
04
학위를 취득한 사람이
일반적으로 갖추어야 할 소양 및
전문지식과 기술을 종합적으로 평가

합격수기 COMMENT

독학사 시험을 처음 준비하면서 학습 계획을 세우려고 경험 삼아 시험을 보러 갔을 때, 시험장에서 사람들이 무슨 책을 가지고 공부하는지 살펴볼 수 있었는데, 그때 알게 된 것이 시대에듀입니다. 시대에듀에서 출간한 문제집을 구매한 후 동영상 강의가 있다는 것도 알게 되었고, 혼자서는 막막했던 공부를 보다 수월하게 준비할 수 있었습니다. 잘 정리된 이론과 문제풀이 해설은 효율적인 학습을 하는 데 도움이 되었고, 상세한 설명이 포함된 동영상 강의는 과목에 대한 전반적인 이해도를 높여주었습니다.

독학사 시험은 워낙 공부할 내용이 방대하다 보니 이론 학습과 문제풀이 연습을 최대한 단기간에 끝내고 싶었습니다. 서점에서 여러 도서들을 비교해 보다가 시대에듀에서 출간한 교재로 공부를 시작했고, 나중에는 '1단계 5과목 벼락치기' 교재도 구입했습니다. 제가 선택한 5과목이 한 권에 다 수록되어 있어서 보다 간편하게 마무리 점검용으로 활용할 수 있었습니다. 문제를 풀어 보고도 잘 이해되지 않는 부분은 동영상 강의의 도움을 받는 편인데, 기출문제 무료 강의가 제공되니 유용하게 활용할 수 있었습니다. 필수 암기 키워드는 처음 학습하면서 주요 내용이 무엇인지 파악하는 데 많은 도움이 됐습니다.

독학사 시험에 합격하겠다는 목표는 잡았는데, 공부를 어떻게 해야 하는지 몰라서 감을 못 잡고 헤매고 있었습니다. 그러다가 인터넷 검색을 통해 시대에듀 교재를 선택하게 됐는데, 교재가 체계적으로 구성되어 있어 개념을 잡는 데 많은 도움이 되었습니다. 최신기출문제를 통해 출제 경향을 파악할 수 있었고, 출제 경향이 반영된 실전예상문제와 최종모의고사로 공부한 내용을 확실하게 점검할 수 있었습니다. 교재 앞부분에 수록된 필수 암기 키워드를 반복해서 봤는데, 주요 개념을 체크할 수 있어서 좋았습니다.

독학사는 시험을 주관하는 국가평생교육진흥원에서 관련 교재를 출간하지 않고, 기출문제도 공개하지 않아 교재를 선택하는 데 많은 어려움이 있었습니다. 여러 후기들을 비교하여 선택한 시대에듀의 독학사 기본서 시리즈는 탁월한 선택이었던 것 같습니다. 출제 경향을 반영한 핵심이론과 문제들로 기초를 탄탄하게 세울 수 있었습니다. 특히 도움이 되었던 것은 무료로 제공되는 필수 암기 키워드 특강이었습니다. 이 강의를 통해 개념 체계를 잘 세울 수 있었고, 시험 직전에 마무리 점검을 할 때에도 도움이 되었습니다.

2024년 기출 경향 및 분석 국어

총평

작년과 비교했을 때, '국어학'의 문항 수는 변함없었습니다. 문법적 지식은 물론이고 구체적 사례까지 잘 알고 있어야 풀 수 있는 문제들이 많아서 난도 역시 작년과 마찬가지로 높았습니다. '고전문학'의 경우 문항 수는 1개 더 늘었으나, 난도는 예년과 큰 차이가 없었습니다. 그러나 주요 작가 및 작품의 세부적인 내용까지 잘 알고 있어야 풀 수 있는 문제들이 출제되었기 때문에 꼼꼼히 학습해야 합니다. '현대문학'의 경우 문항 수는 1개 줄었고, 고전문학과 마찬가지로 구체적인 작품 및 작가에 대한 지식이 필요한 문제들이 출제되었기 때문에 전반적인 난도는 전년과 비슷하더라도 체계적으로 학습해야 합니다.

학습 방법

우선 기본서를 토대로 영역별 핵심내용 및 흐름을 파악하고, 문제를 통해 숙지합니다. 이후 영역별로 빈출되는 작가 및 작품에 대한 구체적인 내용을 파악하고, 기출문제를 풀며 문제 유형에 적응합니다. 그 뒤 예상문제를 활용하여 반복적으로 문제를 풀며 다양한 지식을 확실하게 숙지합니다.

세부적인 내용을 묻는 문제들이 지속적으로 많이 출제되고 있습니다. 또한 고전과 현대를 막론하고 운문과 산문의 대표 장르인 시(시조, 가사)와 소설에 관해 묻는 문제가 많습니다. 작품보다 작가에 주목하여 출제되는 경향도 보이니 주요 작가에 대해서도 꼼꼼히 알아두는 것이 중요합니다.

출제 영역 분석

출제 영역		문항 수		
		2022년	2023년	2024년
국어학	–	14	13	13
고전문학	총론	1	1	0
	고전시가	3	5	7
	고전산문	4	4	6
	한문학	0	2	0
	구비문학	3	1	1
현대문학	현대시	4	7	7
	현대소설	8	5	3
	현대희곡	1	2	2
	현대수필	2	0	1
총합		40	40	40

2024년 기출 경향 및 분석 국사

총평

최근 대부분의 한국사 문제는 역사적 자료와 연계해서 출제되고 있습니다. 이는 올해 독학사 시험도 마찬가지였고, 자료가 주어지지 않은 단순 문답형은 8문항만 출제되었습니다. 또한 옛날 문체를 사용한 생소한 자료들의 출제가 많아 전반적인 난도가 높았습니다. 작년에도 지엽적이고 생소한 자료들이 많이 출제되었기 때문에 이를 바탕으로 준비했던 수험생들이 아니었다면 어렵게 느꼈을 수 있습니다. '고려 시대'와 '조선 시대' 파트에서는 예년과 비슷하게 출제되었습니다. 그러나 '근 · 현대사회' 파트에서는 12문항이 출제되어 14문항이 출제된 작년에 비해 그 비중이 약간 축소되었는데, 이러한 경향은 타 시험과는 다른 모습을 보이고 있습니다.

위에 서술한 경향 변화, 작년보다 길어진 지문 길이 등으로 인해 많은 수험생들이 올해 독학사 국사 시험을 어렵게 느꼈을 수 있습니다. 하지만 지문이 생소하였을 뿐 기본 틀에서 벗어난 문제는 적었기 때문에, 기본에 충실했다면 합격권의 점수는 취득할 수 있었을 것으로 보입니다.

학습 방법

기존의 삼국 시대 문제는 순서를 맞추는 유형이 많이 출제되었으나, 올해는 그렇지 않았습니다. 하지만 순서 맞추기 문제는 언제든 다시 출제될 수 있으므로 앞으로는 사건 중심으로 학습하되, 시간의 흐름 속에서 사건을 기억하는 학습을 병행하는 것을 권장합니다. 일제 강점기에서는 작년에 비해 2문항 더 출제되었고, 무장 독립 전쟁 관련 내용이 많이 출제되었습니다. 앞으로도 계속 출제될 것으로 예상되므로 관련 학습 비중을 높일 필요가 있습니다. 또한 현대사 파트 중 6 · 25 전쟁 관련 문제는 생소한 옛 대중가요와 접목하여 출제되어 어렵게 느껴졌을 수 있으므로 앞으로는 한국전쟁의 배경, 과정, 결과 등을 자세하게 학습할 필요가 있습니다. 이 외에도 그동안 잘 출제되지 않았던 궁궐 관련 문제도 출제되었으므로, 이에 대한 학습도 필요합니다.

출제 영역 분석

출제 영역		문항 수		
		2022년	2023년	2024년
원시고대사회	원시 사회와 고조선	1	1	3
	삼국	3	4	5
중세사회	통일신라와 발해	4	4	4
	고려 시대	5	6	6
	조선 시대	11	11	10
근대사회	개항기	4	3	2
	일제 강점기	7	4	6
현대사회	–	5	7	4
총합		40	40	40

2024년 기출 경향 및 분석 영어

총평

작년 시험과 출제 영역을 비교해 보면 '어휘 및 숙어' 영역의 문항 수가 감소하였고, '문법과 구조', '독해' 영역의 문항 수가 증가하였습니다. 특히 문법과 어휘가 복합적으로 연결된 문제 유형이 많아졌습니다. 그러나 기본 개념 및 핵심 사항을 정리하고 숙지하셨다면, 올해 시험에서 큰 어려움은 없었을 것으로 보입니다. '어휘 및 숙어', '독해' 영역은 기본적인 이론 범위 안에서 출제되었으며, '문법과 구조' 영역 역시 예년과 비슷한 수준으로 출제되었습니다. '문법과 구조'에 대한 문항 수가 증가한 만큼, 주요 문법의 개념 이해 및 숙지의 중요성이 더욱 높아졌다고 볼 수 있습니다. 또한 어휘와 문법 및 독해가 주요 변별 영역이므로, 전반적인 내용을 두루 학습하는 것이 중요합니다.

학습 방법

최근 출제 경향에 대한 꼼꼼한 분석이 필요합니다. 미묘한 차이로 의미가 확연히 달라지는 부분에 대해 점검해 보고, 빈출 어휘와 숙어는 반복적으로 학습하되, 파생어 및 다의어도 정리하며 혼동의 여지를 줄일 수 있도록 해야 합니다. 문장 구조에 대한 이해를 높이기 위해서는 단순히 읽고 해석하는 일대일 대응 방식보다 문장을 직접 쓰고 구조를 분석하며 정리하는 습관이 필요합니다. 동시에 분석한 문장에 포함된 관련 숙어나 유사 표현을 함께 정리하는 것이 좋습니다. 가정법이나 분사구문, 시제의 일치와 같은 구문과 문법적 내용은 기초부터 탄탄히 정리하고, 독해뿐만 아니라 영작에서도 미흡함이 없도록 준비해야 합니다.

출제 영역 분석

출제 영역	문항 수		
	2022년	2023년	2024년
어휘 및 숙어	11	14	11
문법과 구조	9	7	11
독해	10	10	11
영작	2	3	2
생활영어	8	6	5
총합	40	40	40

2024년 기출 경향 및 분석 현대사회와 윤리

총평

2024년 현대사회와 윤리의 출제 경향은 작년과 비슷한 분포를 보이면서도, 일부 영역에서 약간의 변화가 있었습니다. '인간과 윤리' 영역의 출제 비중이 증가하였으며, '동양 윤리와 한국 윤리 사상'의 출제 비중은 작년과 동일했습니다. '서양 윤리 사상' 영역의 출제 비중은 작년에 비해 감소하였고, '사회 사상'의 출제 비중은 증가하였습니다.

올해에도 직접적인 내용을 묻는 문제보다는 제시문의 내용을 파악해야 하는 문제가 주를 이루었습니다. 내용을 어느 정도 숙지하고 있다면 선지를 비교해 보며 힌트를 얻을 수 있는 문제도 꽤 있었기에 난도는 그리 높지 않았던 것으로 보입니다.

학습 방법

현대사회와 윤리는 공부할 분량이 적지 않은 과목입니다. 다양한 학자와 이론이 등장하며, 고득점을 위해서라면 그와 관련된 배경지식이 필요한 경우도 있습니다.

우선적으로 기본 개념을 숙지하는 것이 가장 중요합니다. 기본 개념을 이해하고 기출 경향을 파악하는 것은 시험을 대비하는 가장 핵심적인 방법입니다.

기본 개념을 제대로 이해하고 파악했다면, 다소 낯선 내용이 문제로 출제되더라도 그 안에서 키워드를 통해 정답을 추론해 낼 수 있습니다. 객관식 문제 유형에서는 주어진 선지들을 비교하며 소거법을 통해 답을 찾아낼 수도 있으니, 문제가 어렵게 느껴지더라도 절대 포기하지 마시기 바랍니다.

현대사회와 윤리에서는 특히 학자와 이론을 묻는 문제가 자주 출제되므로, 개념 학습 시 학자별로 그 관련 내용을 정리해 보는 것이 좋습니다. 또한 각 장의 내용들은 서로 연관되는 부분이 많으므로, 전체적인 학습을 통해 유기적으로 파악해 보는 것을 추천합니다.

출제 영역 분석

출제 영역	문항 수		
	2022년	2023년	2024년
인간과 윤리	14	14	15
동양 윤리와 한국 윤리 사상	12	10	10
서양 윤리 사상	5	10	8
사회 사상	9	6	7
총합	40	40	40

2024년 기출 경향 및 분석 사회학개론

총평

2024년 시험의 출제 경향은 작년과 비슷하게 전반적으로 고른 분포를 보이면서도, 일부 영역에서 변화가 있었습니다. '사회학의 대상과 방법', '문화', '사회화와 퍼스낼리티', '일탈 행동', '사회 변동과 사회 발전' 영역의 문항 수가 증가하였으나 '사회학의 이론', '사회 계층', '현대 사회', '한국 근 · 현대의 사회 변동과 발전' 영역의 문항 수는 감소하였습니다. 매년 출제되는 영역에서 차이가 생길 수 있으니, 기출되었던 영역에 중점을 두면서도 전반적인 내용을 두루 학습하시기 바랍니다.

학습 방법

사회학에서 등장하는 용어는 우리가 일상생활에서 사용하는 용어보다 의미의 확장이 많습니다. 그러므로 학습하다가 모르는 단어가 나온다면 반드시 사전 또는 인터넷 검색을 통해 용어의 의미를 정확하게 이해하고 넘어가야 한다는 점을 당부드립니다. 문제의 패턴은 매년 거의 유사한 것으로 보이며 '기본적인 개념 확인 문제', '제시문의 내용을 파악하는 문제' 등이 주로 출제되고 있습니다. 특히 기출된 영역은 반복 출제될 가능성이 높으므로, 교재에서 '기출' 표시가 되어 있는 부분은 반복적으로 학습하시기 바랍니다.

출제 영역 분석

출제 영역	문항 수		
	2022년	2023년	2024년
사회학의 성립	2	3	3
사회학의 대상과 방법	2	2	3
사회학의 이론	5	6	3
사회학의 과제	0	0	0
문화	4	3	7
사회화와 퍼스낼리티	1	2	3
지위와 역할	3	3	3
사회 집단	1	2	2
일탈 행동	2	2	4
사회 구조론	0	1	0
사회 조직	2	2	2
사회 제도	1	0	0
사회 계층	3	3	1
가족	3	0	1
농촌 사회와 도시 사회	2	1	1
현대 사회	3	3	2
집합 행동과 사회 운동	2	2	2
사회 변동과 사회 발전	4	2	3
한국 근 · 현대의 사회 변동과 발전	0	3	0
총합	40	40	40

2024년 기출 경향 및 분석 심리학개론

총평

2024년 시험에서는 '심리학의 본질', '성격과 측정', '사회적 행동' 영역의 출제 비중이 증가한 반면에 '동기와 정서', '학습과 기억', '언어와 사고', '정신능력과 측정', '적응과 이상행동' 영역의 출제 비중은 감소하였습니다. 기본 개념을 묻는 문제부터 이를 응용하는 문제까지 다양한 유형으로 출제되었으므로, 학습 시 기본 개념을 확실하게 이해하고 알아두어야 합니다. 난도는 비교적 상 · 중 · 하 비율이 균형 있게 출제되었으며, 기본기를 잘 다진 수험생들에게는 크게 어렵지 않았을 것으로 보입니다.

학습 방법

전년도와 마찬가지로 각 영역의 기초 개념을 응용한 사례 중심의 문제들이 다수 출제된 것을 감안하면, 이론의 기본 개념을 충분히 숙지하고 이를 응용하는 다수의 문제를 풀어봄으로써 실력을 탄탄히 쌓는 것이 중요합니다. 더불어 개념에 대해 단순히 암기만 하는 것에 그치는 것이 아니라 다양한 상황에서의 적용에 대해 관심을 가지고 접근할 필요가 있습니다.
심리학은 인간에 관한 모든 물음을 다루는 학문입니다. 우리가 생각하고 느끼며 행동하는 방식과 그 이유에 대한 답을 추구하는 과학으로서의 학문인 심리학을 제대로 이해하기 위해서는 기본 개념을 충실히 학습하는 것은 물론, 응용된 사례에 대해 적용해 보는 연습이 반드시 필요합니다. 이러한 학습 방식이 심리학의 여러 영역에 대한 전반적인 이해를 높이는 데 도움이 될 것입니다.

출제 영역 분석

출제 영역	문항 수		
	2022년	2023년	2024년
심리학의 본질	2	4	5
행동의 생리적 기초	4	3	3
심리적 발달	3	4	4
동기와 정서	4	5	4
감각과 지각	5	3	3
학습과 기억	7	6	5
언어와 사고	1	2	1
정신능력과 측정	4	4	3
성격과 측정	3	3	5
적응과 이상행동	3	3	2
사회적 행동	4	3	5
총합	40	40	40

2024년 기출 경향 및 분석 문학개론

총평

올해 시험에서는 최근 감소했던 '총설'과 '시론'의 비중이 다시 증가했습니다. 대신 '소설론'의 비중이 다소 감소했지만, 여전히 '시론'에 이어 두 번째로 큰 비중을 차지하고 있습니다. 기출 경향을 분석해 보면 각 파트에서 골고루 문제가 출제되고 있음을 알 수 있는데, 그중 '시론'과 '소설론'의 비중이 매년 약간씩 변화하는 모습을 보임에도 불구하고 매우 중요한 파트임을 알 수 있습니다. '소설론'과 '희곡론'에서는 작년 시험에 다뤄진 개념들을 보다 깊이 있게 이해해야 하는 문제들이 출제되어 난도가 다소 높아졌습니다. '비평론', '수필문학론', '비교문학론' 또한 전년 대비 문항 수의 변화는 없지만, 세부적인 내용을 알아야 풀 수 있는 문제들이 많아져서 전반적인 난도는 다소 높아졌다고 볼 수 있습니다.

학습 방법

기본서를 활용해 영역별 주요 개념 및 학자들의 이론을 암기하되, 비슷한 다른 개념과의 차이점을 분명히 파악하는 것이 필요합니다. 이후 심화 단계에서는 기본 단계에서 익힌 이론들을 실제 작품에 대입하여 이론들에 대한 이해를 구체화할 필요가 있습니다. 마지막 단계에서는 예상문제를 활용하여 다양한 문제를 접하고, 반복적으로 언급되는 개념들을 반드시 숙지해야 합니다.

출제 영역 분석

출제 영역	문항 수		
	2022년	2023년	2024년
총설	8	4	5
시론	9	8	10
소설론	8	10	8
비평론	5	7	7
수필문학론	4	2	2
희곡론	5	7	6
비교문학론	1	2	2
총합	40	40	40

이 책의 구성과 특징 STRUCTURES

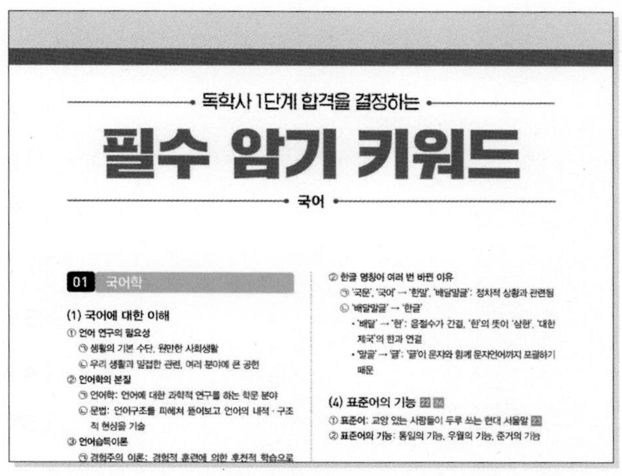

독학사 1단계 합격을 결정하는

필수 암기 키워드

국어

01 국어학

(1) 국어에 대한 이해
① 언어 연구의 필요성
㉠ 생활의 기본 수단, 원만한 사회생활
㉡ 우리 생활과 밀접한 관련, 여러 분야에 큰 공헌
② 언어학의 본질
㉠ 언어학: 언어에 대한 과학적 연구를 하는 학문 분야
㉡ 문법: 언어구조를 파헤쳐 들어보고 언어의 내적 · 구조적 현상을 기술
③ 언어습득이론
㉠ 경험주의 이론: 경험적 훈련에 의한 후천적 학습으로

② 한글 명칭이 여러 번 바뀐 이유
㉠ '국문', '국어' → '한말', '배달말글': 정치적 상황과 관련됨
㉡ '배달말글' → '한글'
• '배달' → '한': 음절수가 간결, '한'의 뜻이 '상한', '대한제국'의 한과 연결
• '말글' → '글': '글'이 문자와 함께 문자언어까지 포괄하기 때문

(4) 표준어의 기능
① 표준어: 교양 있는 사람들이 두루 쓰는 현대 서울말
② 표준어의 기능: 통일의 기능, 우월의 기능, 준거의 기능

01 필수 암기 키워드

핵심이론 중 반드시 알아야 할 중요 내용을 요약한 '필수 암기 키워드'로 개념을 정리해 보세요.

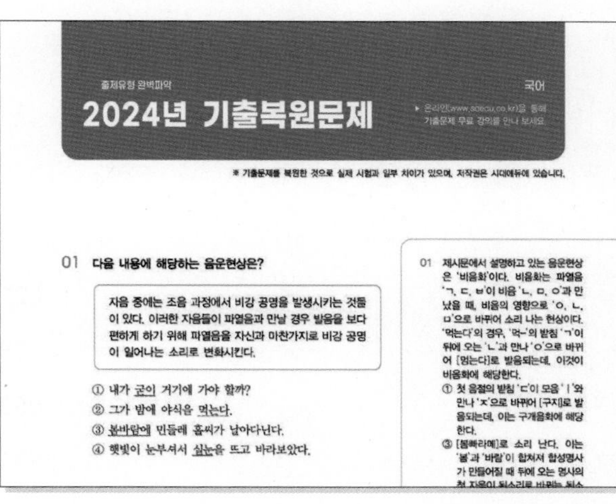

출제유형 완벽파악

2024년 기출복원문제

국어

▶ 온라인(www.sdedu.co.kr)을 통해 기출문제 무료 강의를 만나 보세요.

※ 기출문제를 복원한 것으로 실제 시험과 일부 차이가 있으며, 저작권은 시대에듀에 있습니다.

01 다음 내용에 해당하는 음운현상은?

자음 중에는 조음 과정에서 비강 공명을 발생시키는 것들이 있다. 이러한 자음들이 파열음과 만날 경우 발음을 보다 편하게 하기 위해 파열음을 자신과 마찬가지로 비강 공명이 일어나는 소리로 변화시킨다.

① 내가 굳이 거기에 가야 할까?
② 그가 밤에 야식을 먹는다.
③ 봄바람에 민들레 홀씨가 날아다닌다.
④ 햇빛이 눈부셔서 실눈을 뜨고 바라보았다.

01 제시문에서 설명하고 있는 음운현상은 '비음화'이다. 비음화는 파열음 'ㄱ, ㄷ, ㅂ'이 비음 'ㄴ, ㅁ, ㅇ'과 만났을 때, 비음의 영향으로 'ㅇ, ㄴ, ㅁ'으로 바뀌어 소리 나는 현상이다. '먹는다'의 경우, '먹-'의 받침 'ㄱ'이 뒤에 오는 'ㄴ'과 만나 'ㅇ'으로 바뀌어 [멍는다]로 발음되는데, 이것이 비음화에 해당한다.
① 첫 음절의 받침 'ㄷ'이 모음 'ㅣ'와 만나 'ㅈ'으로 바뀌어 [구지]로 발음되는데, 이는 구개음화에 해당한다.
③ [봄빠라메]로 소리 난다. 이는 '봄'과 '바람'이 합쳐져 합성명사가 만들어질 때 뒤에 오는 명사의 첫 자음이 된소리로 바뀌는 된소

02 최신기출문제

'2024~2020년 기출복원문제'를 풀어 보면서 출제 경향을 파악해 보세요.

+P/L/U/S+

1단계 시험을 핵심자료로 보강하자!

국어/영어/국사 <핵심자료집 PDF> 제공

1단계 시험을 준비하는 수험생을 위해 교양필수과목인 국어/영어/국사 핵심 요약집을 PDF로 제공하고 있어요. 국어는 고전문학/현대문학, 영어는 중요 영단어/숙어/동의어, 국사는 표/사료로 정리했어요.

※ 경로 : www.sdedu.co.kr → 독학사 → 학습자료실 → 강의자료실

목차 CONTENTS

PART 1 필수 암기 키워드

PART 2 최신기출문제

나는 내가 더 노력할수록 운이 더 좋아진다는 걸 발견했다.

– 토마스 제퍼슨 –

부록

필수 암기 키워드

국어

국사

영어

현대사회와 윤리

사회학개론

심리학개론

문학개론

핵/ 심/ 내/ 용/ 완/ 벽/ 파/ 악/

당신이 저지를 수 있는 가장 큰 실수는 실수를 할까 두려워하는 것이다.

– 앨버트 하버드 –

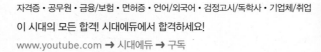

독학사 1단계 합격을 결정하는

필수 암기 키워드

국어

01 국어학

(1) 국어에 대한 이해

① **언어 연구의 필요성**

㉠ 생활의 기본 수단, 원만한 사회생활

㉡ 우리 생활과 밀접한 관련, 여러 분야에 큰 공헌

② **언어학의 본질**

㉠ 언어학: 언어에 대한 과학적 연구를 하는 학문 분야

㉡ 문법: 언어구조를 파헤쳐 뜯어보고 언어의 내적 · 구조적 현상을 기술

③ **언어습득이론**

㉠ 경험주의 이론: 경험적 훈련에 의한 후천적 학습으로 이루어진다.

㉡ 합리주의 이론: 타고난 언어학습 능력과 추상적인 선험적 지식에 의해 이루어진다. → 언어습득의 균일성, 언어에 대한 통달성, 언어의 창조성

(2) 훈민정음 제작의 목적

① **훈민정음 서문**: 일반 백성들을 문자 생활에 참여시키고자 함 [欲使人人易習 便於日用耳] → 애민사상, 자주사상 23 24

② **훈민정음 창제 이후 서적**: 「용비어천가」, 「월인천강지곡」, 「석보상절」, 「월인석보」, 「두시언해」, 「금강경삼가해」 등 20

③ 훈민정음을 유일한 문자체계로 발전시킬 의도가 없었으며, 국한문혼용을 염두에 둠

(3) '한글'의 유래에 대하여

① **한글 명칭**: '한글'의 '한'은 '一', '大', '韓', '正'의 의미

㉠ 한글 명칭의 최초 사용: 1913년 3월 23일 조선어문회 창립총회

㉡ 한글 명칭의 실용화: 1913년 9월에 창간한 『아이들보이』 지의 '한글풀이'

㉢ 한글 명칭의 보편화: 1927년 한글학회의 전신인 조선어학회에서 간행된 「한글」

② **한글 명칭이 여러 번 바뀐 이유**

㉠ '국문', '국어' → '한말', '배달말글': 정치적 상황과 관련됨

㉡ '배달말글' → '한글'

- '배달' → '한': 음절수가 간결, '한'의 뜻이 '삼한', '대한제국'의 한과 연결
- '말글' → '글': '글'이 문자와 함께 문자언어까지 포괄하기 때문

(4) 표준어의 기능 22 24

① **표준어**: 교양 있는 사람들이 두루 쓰는 현대 서울말 23

② **표준어의 기능**: 통일의 기능, 우월의 기능, 준거의 기능

(5) 언어 예절

① **높임법**

㉠ 주체 높임법 20 21 23

- 말하는 사람이 서술어가 나타내는 주어를 높이는 높임법
- 용언의 어간에 높임의 어미 '-(으)시-'를 붙여서 표현
- 높임의 용어가 따로 있는 경우: '있다 → 계시다', '먹다 → 잡수시다', '자다 → 주무시다'

㉡ 상대 높임법

- 듣는 사람을 높이거나 낮추는 높임법
- 해라체, 해체, 하게체, 하오체, 해요체, 합쇼체로 구분

㉢ 객체 높임법 20 21

- 동작이 미치는 대상(서술어가 나타나는 객체)을 높이는 높임법
- 특수한 어휘: 드리다, 여쭙다, 말씀드리다, 모시다

② **인사말**

㉠ 만나고 헤어질 때: 안녕하십니까? 어디 가십니까? (언어의 친교적 기능: 실제로 어디 가는지 궁금한 것이 아니라 안부를 묻는 정도)

㉡ 소개할 때

- 가까운 사람을 덜 가까운 사람에게 먼저 소개한다.
- 손아랫사람을 손윗사람에게 먼저 소개한다.
- 남성을 여성에게 먼저 소개한다.

㉢ 압존법: 말하는 이보다 윗사람이지만, 말을 듣는 이 보다 아랫사람인 주체에 대하여 그 높임의 정도를 낮추는 높임법

예 할아버지, 아버지께서 오셨습니다. → 할아버지, 아버지가 왔습니다.

02 고전문학

(1) 총론

① **한국문학의 영역** 23

㉠ 구비문학
- 구비(口碑): '대대로 전해오는 말'
- 설화, 민요, 무가, 판소리, 민속극 등이 포함

㉡ 한문학
- 한자 문명권의 공동문어
- 민족문학으로 발전시키고자 노력

㉢ 국문문학
- 국문으로 표현된 문학
- 종류: 순수 국문문학(한글로 된 문학), 차자문학(향찰로 표기된 문학)
- 시조, 가사, 소설, 수필류(여성들의 문장이 주류를 이룸)

② **한국문학사의 전개**

㉠ 고대: 처음에는 구비문학만 존재, 5세기 이전에 본격적인 한문학을 이룩

㉡ 중세
- 한문학의 등장~쇠퇴까지의 시대
- 17세기 이후에는 국문문학이 활발하게 창작

㉢ 근대: 1894년 갑오개혁에서 과거제도를 폐지하고, 국문을 공용의 길로 삼은 것이 근대문학 성립의 결정적인 계기

(2) 고전시가

① **「황조가(黃鳥歌)」** 23

㉠ 고구려 2대 유리왕이 지은 고대가요

㉡ 현전 최고(最古)의 개인 서정시, 『삼국사기』에 수록

㉢ 의태어 사용

② **「정읍사(井邑詞)」** 20

㉠ 현전하는 유일의 백제 노래, 『악학궤범』에 수록

㉡ 달: 기다림과 그리움의 정서

㉢ 주제: 행상하는 남편을 기다리며 걱정하는 노래

(3) 향가(신라 시대) 20 23

① 우리말로 기록된 최초의 정형시

② **형식**: 4구체(「서동요」, 「헌화가」, 「도솔가」), 8구체(「모죽지랑가」, 「처용가」), 10구체(「찬기파랑가」, 「제망매가」)

③ **수록**: 『삼국유사』(14수), 『균여전』(11수)

④ **주요 작품**

㉠ 「제망매가(祭亡妹歌)」
- 월명사가 지은 10구체 향가로, 『삼국유사』에 수록
- 떨어지는 낙엽: 죽은 누이
- 한 가지: 혈육

㉡ 「처용가(處容歌)」 20 22
- 처용이 지은 8구체 향가, 무가(巫歌), 『삼국유사』에 수록
- 아내를 빼앗은 역신에게 관용의 정신을 베풂

(4) 고려속요 23

① 평민층에서 불렸던 민요적 시가

② 구전되다가 훈민정음이 창제된 후 기록 · 정착

③ **내용**: 주로 남녀간의 사랑, 자연에 대한 예찬, 이별의 아쉬움 등 현세적 · 향락적 평민들의 인간상

④ **주요 작품**: 「동동」, 「청산별곡」, 「가시리」, 「쌍화점(雙花店)」 22 24

⑤ **「쌍화점(雙花店)」**

㉠ 전 4연 분절체 고려속요, 남녀상열지사(음사), 『악장가사』에 수록

㉡ 당시의 퇴폐적이고 문란한 성 윤리를 노골적 · 풍자적으로 그린 노래

㉢ 배경: 만두가게, 절, 우물, 술집

(5) 경기체가 21

① 사대부가 한자로 기록

② 구체적 사물들을 나열하면서 객관적인 설명을 하는 교술시

③ **음수율**: 3음절, 4음절

④ '경(景)긔 엇더ᄒᆞ니잇고'라는 문구 포함

⑤ **「한림별곡(翰林別曲)」** 24

㉠ 한림 유생들의 향락적 풍류생활을 노래한 8장의 분절체

㉡ '경(景)긔 엇더ᄒᆞ니잇고'의 후렴구

㉢ 경기체가의 효시로 가사문학에 영향을 줌, 『악장가사』에 수록

(6) 악장 24

① **개념**: 궁중의 여러 의식과 행사 및 연례, 즉 나라에서 거행하는 공식적인 행사에 사용되던 조선 초기의 송축가(頌祝歌)

② **특성**: 궁중의 목적 문학(금방 소멸), 교훈적 목적성

③ **내용**: 조선 건국의 정당성 강조, 조선 창업과 왕의 업적을 송축, 왕의 만수무강 기원, 문물제도의 찬양, 후대왕들에 대한 권계 등

(7) 시조

① 고려 중기에 발생하여 말엽에 완성된 형태로서, 조선 시대를 거쳐 지금까지 창작되고 애송되는 우리 국문학의 대표적인 장르

② 형식
- ㉠ 3장(초장, 중장, 종장) 6구 12음보 45자 내외가 기본형인 정형시
- ㉡ 음수율은 3 · 4조 또는 4 · 4조가 기조
- ㉢ 4음보의 율격을 이루며, 종장의 첫 음보는 3음절로 고정

③ **종류**: 평시조, 엇시조, 사설시조

(8) 가사 20 21 23

① 3 · 4조 또는 4 · 4조 연속체로 된 4음보의 운문

② 임금에 대한 은총, 자연에서의 유유자적한 삶을 표현

③ 「상춘곡」, 「관동별곡」, 「사미인곡」, 「속미인곡」

④ 주요 작품
- ㉠ 「사미인곡(思美人曲)」 24
  - 정철의 서정가사로, 「속미인곡」과 더불어 가사 문학의 극치를 이룬 작품
  - 고려속요의 맥을 잇는 연군지사
  - 화자를 기러기에 비유
  - 괴시니 → 사랑하시니
- ㉡ 「용부가(庸婦歌)」
  - 작자 미상의 4 · 4조로 된 조선 후기 가사, 풍자적 · 교훈적 성격
  - 여성들의 비행(非行)을 비판, 조선 후기 새로운 시대상을 사실적 · 서사적으로 반영
- ㉢ 「안심가(安心歌)」
  - 최제우가 부녀자들을 안심시키려고 지은 가사
  - 동학혁명의 사상적 동력이 됨

⑤ **동방의 이소라고 칭하는 정철의 작품**: 「관동별곡」, 「사미인곡」, 「속미인곡」

(9) 서사문학

① 설화문학
- ㉠ 「조신몽 설화(調信夢說話)」
  - 몽유록계 문학의 효시, 『삼국유사』에 수록
  - 「구운몽」(김만중), 「꿈」(이광수), 「잃어버린 사람들」(황순원)에 영향을 줌
  - 남가일몽, 한단지몽
- ㉡ 「도미처 설화(都彌妻說話)」
  - 「춘향전」의 근원설화, 『삼국사기』에 수록
  - 백제 개루왕 때의 사람인 도미 이야기

② 패관문학
- ㉠ 민간의 가담과 항설을 토대로 한자로 기록함으로써 형성
- ㉡ 「파한집」, 「보한집」, 「역옹패설」, 「백운소설」 23

③ 가전체 문학 24
- ㉠ 물건을 의인화하여 사람들에게 경계심을 일깨워 줄 목적
- ㉡ 「국순전」, 「국선생전」, 「죽부인전」, 「저생전」, 「공방전」 24

(10) 고전산문

① 소설
- ㉠ 임란 이전의 전기: 본격적으로 소설이 창작되었지만, 완전하지 않음(『금오신화』) 23
- ㉡ 임란 이후의 완숙기: 한글소설이 비로소 출현(「홍길동전」, 「구운몽」)
- ㉢ 군담소설: 「임진록」, 「임경업전」, 「박씨전」, 「최고운전」 22
- ㉣ 애정소설: 「숙향전」, 「옥단춘전」, 「춘향전」, 「숙영낭자전」 23

② 판소리
- ㉠ 서민들의 일상생활을 해학적으로 풍자
- ㉡ 판소리 6마당: 춘향가, 수궁가, 심청가, 흥부가, 적벽가, 변강쇠가 21
- ㉢ 판소리계 소설 23
  - 비속어와 고사성어, 우리말의 생생한 느낌의 의성어 · 의태어 사용
  - 풍자적 · 해학적 인물 등장
  - 근원 설화 및 판소리와 밀접한 관련
  - 서민의식의 발달상 반영
  - 표면적 주제와 이면적 주제가 다름

③ 주요 작품
- ㉠ 「양반전(兩班傳)」
  - 풍자소설, 사상적 배경: 실사구시(實事求是)의 실학사상, 북벌론 비판
  - 주제: 양반의 무기력하고 위선적인 생활에 대한 비판과 풍자
  - 양반 매매 문권 1: 문권의 엄격한 준서 조항으로 양반 사류의 모습을 희화화
  - 양반 매매 문권 2: 가문에 기대어 무단을 자행하는 일그러진 양반의 행태 표출
- ㉡ 「운영전(雲英傳)」 21
  - 애정소설(염정소설) · 몽유소설, 액자식 구성
  - 주제: 신분적 제약을 초월한 남녀 간의 비극적인 사랑
  - 고대소설의 보편적 주제인 권선징악에서 벗어난 비극적 소설
- ㉢ 「최척전(崔陟傳)」 21
  - 군담소설 · 영웅소설 · 한문소설
  - 주제: 전쟁으로 인한 슬픔의 재회
  - 당시의 시대적 상황이 사실적으로 반영됨

ⓔ 「박씨전(朴氏傳)」 22
- 군담소설, 설화적 근거의 변신 모티프(박색 → 변신 → 절색)
- 병자호란 패배를 문학적으로 보상받고자 하는 심리 반영

ⓜ 「구운몽(九雲夢)」
- 몽자류 소설의 효시, 양반 소설의 대표작, 국문소설 · 이상 소설
- 근원설화: 조신몽 설화
- 유교(입신양명, 부귀공명), 도교(신선사상), 불교(핵심적 주제인 空사상) 다룸
- 주제: 인생무상과 불법 귀의(불교 空사상 중심)

ⓑ 「배비장전(裵裨將傳)」
- 판소리계 소설, 해학적 · 풍자적, 발치설화와 미궤설화가 근간이 됨
- 주제: 양반의 위선을 폭로하고 조롱 · 풍자

ⓢ 「춘향전(春香傳)」 23
- 판소리계 소설
- 근원설화: 신원 설화, 암행어사 설화, 노진 설화, 남원 고사
- 특권계급에 대한 평민들의 저항, 근대의식 성장
- 주제: 굳은 정절과 신분을 초월한 사랑

ⓞ 「허생전(許生傳)」 22
- 작가 박지원, 고대 소설, 한문 소설, 풍자 소설
- 몰락한 양반 주인공, 당시의 빈약한 경제사정 반영, 조선 시대 지배계층의 위선적 행동 비판

ⓙ 「홍길동전」
- 최초 국문소설
- 봉건제도 개혁, 적서차별 타파, 이상국 건설

(11) 한문학

① 한문 한시의 실제

㉠ 신라 시대
- 「秋夜雨中」(추야우중)
  - 근체시와 율시의 형식을 갖춤(5언절구)
  - 타국에서 고향을 그리워하는 마음을 밤중에 내리는 비를 통해 묘사
  - 주제: 고국에 대한 그리움
- 「登潤州慈和寺」(등윤주자화사)
  - 최치원의 7언율시의 한시, 중국 역사에 대한 회고의 정을 읊은 작품
  - 주제: 인생의 무상함에 대한 성찰

㉡ 고려 시대 23
- 「大同江」(대동강에서)
  - 정지상의 7언절구의 한시, 이별을 슬퍼하는 애상적 어조, 도치법, 과장법
  - 이별을 노래한 가장 뛰어난 한시 작품
  - 주제: 임을 보내는 정한
- 「送人」(송인: 임을 보내며) 21
  - 「대동강」의 또 다른 작품
  - 이별은 만날 것을 기약하는 이별
  - 주제: 사랑하는 사람을 보내는 심정
- 「山居」(산거: 산에서 사노라니)
  - 이인로의 5언절구의 한시
  - 시간적 배경: 늦봄 한낮
  - 대구법: 기와 승구
  - 주제: 깊은 산속의 풍경
- 「夏日卽事」(하일즉사: 어느 여름날에)
  - 이규보의 7언율시, 여름날의 한가로움과 권태로움을 노래
  - 대낮의 빛이 아니라, 어두운 세상을 밝히는 구름 사이의 빛을 자신이라 표현
- 「山中雪夜」(산중설야: 산속의 눈 오는 밤)
  - 이제현의 7언절구
  - 주제: 설야에 산속 절간의 정경과 설압송에 끌리는 작자의 심정
- 「讀漢史」(독한사: 한나라 역사를 읽다가)
  - 『한서(漢書)』를 읽은 소감의 글
  - 현실의 모순과 타락한 유풍(儒風)을 한탄
- 「浮壁樓」(부벽루: 부벽루에 올라서서)
  - 이색의 5언율시, 율시와 대구 표현이 중심, 역사와 인간의 무상함을 노래한 한시
  - 새로운 왕조에 적극적으로 가담하거나 반대하지도 못한 시인의 우유부단함

㉢ 조선 시대 23
- 「獨坐」(독좌: 홀로 앉아서)
  - 서거정의 5언율시, 자연물을 통해 화자의 처지와 내면 심리를 암시적으로 표현
  - '거문고의 소리', '화로의 불씨'를 통해 관직에 나가고 싶은 마음을 표출
  - 주제: 은거하는 삶에서 느끼는 고독
- 「訪曹處士山居」(방조처사산거: 산에 사는 조처사를 방문하여)
  - 박순의 7언절구
  - 주제: 친구와의 이별
  - 속세를 떠나 은거하는 친구 조준룡을 찾아가 주변 풍경을 보고 느낀 바를 쓴 시

- 「忠州石」(충주석)
  - 조선 중기 권필이 지은 7언고시, 사회 모순을 포착하여 현실주의 미학으로 승화
  - 탐욕스러운 세도가의 신도비를 세우기 위해 파헤쳐지는 돌과 그것을 나르는 민중을 나타냄
- 「田舍」(전사: 시골집에서)
  - 조선 후기 실학자 박제가의 5언율시, 농촌의 사실적인 풍경 묘사
  - 주제: 농촌의 한가로운 풍경

② 한문 문장의 실제

㉠ 고려 시대 23

- 「溫達傳」(온달전)
  - 김부식의 신분상승형 설화, 기전체 역사서
  - 입신양명을 통한 유교적 가치 실현
  - 주제: 신분을 초월한 사랑과 공주와 온달의 자아실현
- 「上元伯住丞相書」(상원백주승상서: 원나라 백주 승상에게 올리는 글)
  - 이제현이 백주승상에게 충선왕의 방환을 요청하는 우국충정(憂國衷情)의 편지글
  - 3단 구성, 끊는 듯한 간결미의 문체
- 「眞宗寺記」(진종사기)
  - 공민왕 때 영밀공의 영정이 진종사에 봉안되자 목은 이색이 지은 글
  - 세상 사람들이 불교에만 집착하여 유교를 돌아보지 않음을 비판

㉡ 조선 시대

- 「祭金而好文」(제김이호문: 김이호를 제사하는 제문): 김이호의 죽음을 애도하는 제문으로 김이호를 보내는 작자의 안타까운 심정을 훌륭하게 표현
- 「辭戶曹參議疏」(사호조참의소: 호조참의를 사양하는 상소문)
  - 김만중의 작품으로, 자신이 존중하는 인물(송시열, 송준길, 이유태)을 언급
  - 송시열이 탄핵을 받는 상황에서 출사할 수 없음을 밝힌 작품
- 「夜出古北口記」(야출고북구기: 밤에 고북구를 나가면서): 연암 박지원의 견문기, 한밤중에 만리장성을 넘는 감회를 서술한 글 → 간결하고 응축적인 연암 특유의 문체

(12) 구비문학

① 민요 22

㉠ 민중 속에 전승되어 온 비전문적인 향토가요, 3 · 4조(4 · 4조) 운율

㉡ 삶에서 부딪히는 문제들에 대한 소명, 그리움, 슬픔, 기쁨 등의 주제 24

② 무가

㉠ 주술성, 신성성, 전승의 제한성, 오락성, 율문성

㉡ 판소리 발생의 토대가 되었고, 영웅소설 서사 구조의 원형을 제공

㉢ 고대의 제천의식에서 비롯되었다고 추정

③ 판소리 22 24

㉠ 주로 서민들의 일상생활을 해학적으로 풍자

㉡ 창사(唱詞)의 내용에는 극적 요소가 많고, 체제는 소설적이기보다 희곡적이며, 문체는 산문이 아닌 시가체(詩歌體)

㉢ 풍자 · 해학 등의 골계적인 수법을 풍부하게 구사하고 있음

④ 민속극

㉠ 민간에서 행위로 전승되는 연극(무극 · 가면극 · 인형극)

㉡ 민속극은 피지배계층(민중) 다수의 삶과 사고방식에 깊이 관련되어 있음

㉢ 양반에 대한 비판, 풍자의 정도가 큼

⑤ 속담 및 수수께끼

㉠ 구비전승됨

㉡ 단문(대체로 20음절 이내이며, 길어도 40음절을 넘지 않음)

㉢ 서사적 줄거리 등이 없음

㉣ 교술산문

㉤ 말 이외의 가락 등이 쓰이지 않음

03 현대문학

(1) 문학에 대한 총체적 이해

① 문학의 본질

㉠ 문학의 정의: 인생을 탐구하고 표현하는 창조의 세계

㉡ 문학의 기원: 모방 본능설, 유희 본능설, 흡인 본능설, 자기표현 본능설, 발생학적 기원설, 발라드 댄스설

㉢ 문학의 본질: 언어 예술, 개인 체험의 표현, 사상과 정서의 표현, 상상의 세계, 통합된 구조

㉣ 문학의 특성: 항구성, 보편성, 개성

㉤ 문학의 관점: 모방론(플라톤, 아리스토텔레스), 표현론(영감설, 장인설), 효용론(공리설, 쾌락설), 존재론

② 최근 30년간 북한소설의 창작 경향

㉠ 북한소설의 창작원리: 주체적 인간학 정립, 당성 · 노동계급성 · 인민성 구현, 종자론과 수령현상 창조, '산 인간'을 그림

ⓒ 주체문예이론은 혁명적 수령관과 연결되며, 김일성의 항일투쟁과 관계

ⓒ 북한문학의 창작 시기 구분: 해방 직후(사회 개혁기), 6 · 25 전쟁 이후(전후 복구와 건설기), 사회주의제도 확립기(1959～1966), 주체사상 적립기(1967년 이후), 구소련 연방의 붕괴(1988년 이후), 동구권 변혁기(식량난 시기～오늘날)

ⓔ 1970년대: 혁명역사, 토지개혁 투쟁, 6 · 25 전쟁 현실, 사회주의 현실, 장편역사소설

ⓜ 1980년대: 인텔리 형상과 노동자의 전형 창조, 과학기술 혁신, 청년 전위의 주체적 등장, 여성의 자주성

ⓑ 1990년대: 김정일의 형상 창조, 농촌에서의 삶의 가치 고양, 애정모티브의 등장, 과학기술의 문제와 소설 창조, 통일염원의 문학

(2) 현대시에 대한 이해

① 한국 현대시 개관

ⓐ 1910년대: 자유시 등장(최초의 문예 주간지 『태서문예신보』), 계몽성과 교훈성 쇠퇴, 새로운 시인의 등장, 새로운 내용과 형식의 모색 22

ⓒ 1920년대: 3 · 1 운동 실패의 좌절감, 퇴폐 풍조 유입, 프로문학과 국민문학파 등장, 시조부흥운동, 서정시의 정립, 감상주의 23

ⓒ 1930년대: 카프 해체, 순수 서정시 지향과 옹호, 모더니즘 대두, 생명파 · 청록파 등장, 여류시인의 등장, 초현실주의 · 리얼리즘 등 다양한 기법 등장 22 23

ⓔ 1940년대: 저항과 자기성찰의 문학, 전통에 대한 관심의 표출, 청록파와 생명파의 시 발표, 이념 논쟁의 심화, 민족주의적 경향 23

ⓜ 1950년대: 전쟁체험의 형상화, 현실참여의식, 전통적 순수시 추구, 주지적 서정시 대두

ⓑ 1960년대: 적극적 변혁의 의지 표현, 순수 서정과 낭만성을 강조한 경향시 대두

ⓢ 1970년대: 현실 참여시 등장, 모더니즘적 경향

② 이상화와 김소월의 현실과 자연 23

ⓐ 시관

- 이상화: 식민지 시대의 작가로서 시대적 · 사회적 책임 강조, 현실 · 역사에 참여하여 양심 역설
- 김소월: 도시문명에 대한 혐오와 자연 예찬, 시공간을 초월한 시혼의 불변성 강조

ⓒ 시문학관

- 이상화: 초기의 유미적 · 퇴폐적 성격 → 후기의 민족 현실에 대한 관심 고조로 저항의지를 노래
- 김소월: 자연발생적 정감에 바탕을 두면서도 존재론적 측면을 강조, 전통 지향성

③ 한국 현대시 작품 감상

ⓐ 「빼앗긴 들에도 봄은 오는가」(이상화) 23

- 자연적 소재들의 비유를 통해 향토적 정서와 친근감, 촉각적 · 시각적 심상, 직유법 · 의인법
- 주제: 국권 회복에의 염원과 의구심

ⓒ 「유리창」(정지용) 20

- 유리창(이승과 저승의 운명적 단절과 연결의 매개체), 역설법('외로운 황홀한 심사이어니')
- 슬픔을 억제하는 차분한 어조, 선명한 시각적 이미지 23
- 별 · 새: 죽은 아이를 상징
- 주제: 죽은 아이에 대한 그리움과 슬픔

ⓒ 「바다와 나비」(김기림)

- 색채 대비를 통한 선명한 이미지 제시, 회화적 심상을 중시하는 주지적 모더니즘 시
- 시각적 심상(흰 나비, 푸른 바다, 새파란 초생달)
- 주제: 새로운 세계에 대한 동경의 좌절과 냉혹한 현실 인식

ⓔ 「성북동 비둘기」(김광섭) 23

- 선명한 감각적 이미지 제시(청각, 후각, 시각의 심상 대비)
- 비둘기를 의인화하여 인간과 자연의 문제를 대립적으로 설정
- 주제: 파괴되어 가는 자연의 순수성에 대한 향수와 인간성 상실에 대한 비판

ⓜ 「생명의 서」(유치환)

- 직설적 어조로 강한 의지 표현, 관념적 한자어의 사용
- 현실 속의 자아는 삶의 본질을 모르고 회의하고, 본질적 자아는 삶의 본질을 파악함
- 주제: 삶의 본질을 추구하려는 강한 생명 의지

ⓑ 「와사등」(김광균) 23

- 수미쌍관 구성, 공감각적 심상, 감각적 묘사와 비유를 통한 이미지 제시
- 주제: 현대인의 고독감과 불안 의식

ⓢ 「청노루」(박목월)

- 조사를 생략, 'ㄴ' 음의 반복 사용, 시선의 이동(원근법), 현실과 단절된 이상세계의 평화를 그림
- 주제: 봄의 정경과 정취

ⓞ 「깃발」(유치환)

- 색채의 대조(푸른 해원과 백로), 공감각적 심상, 역동적 이미지, 의인법 · 도치법
- 인간과 생명의 탐구에 주력, 깃발의 비유(아우성, 손수건, 순정, 애수, 마음)
- 모순 형용: 이것은 소리 없는 아우성
- 주제: 이상향에 대한 향수와 그 좌절

㉠ 「진달래꽃」(김소월)
- 여성적 어조, 수미상관, '진달래꽃'은 시적 화자의 분신이며 임을 향한 변함없는 사랑을 상징, 비극적 상황을 절제된 어조로 표현
- 주제: 이별과 한(恨)의 승화

㉡ 「절정」(이육사)
- 주제: 극한 상황의 역설적 극복 의지
- 간결한 표현 속에 시적 의미를 응축함으로써 단호하고 강한 느낌을 줌
- 모순 형용: 강철로 된 무지개

(3) 현대소설에 대한 이해

① 한국 현대소설의 흐름

㉠ 신소설 22 24
- 갑오개혁 이후 개혁운동의 내용을 담은 소설의 등장
- 독서 대중의 확대, 출판기술의 발달, 개화사상을 배경으로 발생
- 친일성과 중국 비판, 낡은 풍습과 제도를 탈피, 고소설과 근대소설의 교량적 역할
- 이인직: 「혈의 누」(최초의 신소설), 「은세계」, 「치악산」, 「모란봉」 등 22
- 이해조: 「강상련」(「심청전」 개작), 「자유종」(정치소설, 토론소설), 「토의 간」, 「옥중화」(「춘향전」 개작) 등
- 최찬식: 「추월색」(애정소설), 「안의 성」
- 안국선: 「금수회의록」(정치소설, 연설문체)

㉡ 근대소설
- 근대적 자아의 각성이 이루어진 문학, 귀족 중심이 아닌 시민계층이 향유하는 문학
- 특징: 영웅적 형상의 약화, 전지적 서술자의 후퇴, 시간적 경향에서 공간적 경향으로 이행

㉢ 소설 구성(Plot)의 3요소: 인물, 사건, 배경

㉣ 1910년대
- 이광수: 계몽적 민족주의, 유교적 가족제도 비판, 근대 · 고대적 요소 공존 21 23 24
- 「무정」: 근대소설의 효시, 계몽문학, 섬세한 인물 심리 묘사, 주인공들이 지도자적 인물, 구어체 21

㉤ 1920년대
- 특징: 장편보다 단편이 주류, 예술성에 치중, 일제 강점기의 궁핍과 애환을 다룸, 사실적 묘사
- 김동인 23
  - 문학의 독자성 주장, 비속어와 사투리를 최초로 소설에 도입, 간결하고 개성적인 문체 도입, 과거형 시제 도입, 『창조』 창간
  - 주요 작품: 「감자」, 「배따라기」, 「광화사」 등
- 현진건
  - 일제 강점기 우리 민족의 현실을 아이러니하게 표현
  - 주요 작품: 「운수 좋은 날」, 「빈처」, 「술 권하는 사회」 등 23
- 염상섭 21
  - 일제 강점기 부정정신과 비판정신이 가장 투철한 작가
  - 주요 작품: 「삼대」, 「만세전」, 「표본실의 청개구리」 등 23
- 나도향
  - 빈부와 신분의 차이 등을 통해 어긋난 남녀관계의 문제를 주로 다룸
  - 주요 작품: 「물레방아」, 「뽕」, 「벙어리 삼룡이」 등

㉥ 1930년대
- 특징: 단편에서 장편으로 바뀜, 순수문학, 심리 · 농민소설, 샤머니즘 문학 등장, 농촌 계몽 운동 활발
- 채만식 22 24
  - 주로 아이러니 등 풍자적 기법을 사용, 역설적 효과, 전통지주와 서민계층의 몰락을 그림
  - 주요 작품: 「태평천하」, 「탁류」, 「레디메이드 인생」 등
- 이효석 20
  - 섬세하고 감각적인 언어의 기교로 자연의 심미 세계 표현, 원시적인 에로티시즘 문학 구축
  - 주요 작품: 「메밀꽃 필 무렵」, 「돈」, 「분녀」 등
- 유진오
  - 일제 강점기 지식인의 고민과 번뇌를 그림
  - 주요 작품: 「김강사와 T교수」, 「창랑정기」 등
- 이상 22 23 24
  - 초현실주의, 자학적 자의식의 세계에서 심리적 심층을 파고 든 특색 있는 작품을 남김
  - 주요 작품: 「날개」, 「종생기」, 「실낙원」 등
- 김유정 22
  - 농촌과 농민의 현실을 사실적으로 그려냄
  - 주요 작품: 「봄봄」, 「동백꽃」, 「소낙비」 등
- 김동리
  - 휴머니즘 부각
  - 주요 작품: 「무녀도」, 「황토기」 등
- 정비석
  - 자연의 순수성에 결합된 인간 본능의 세계를 그림
  - 주요 작품: 「성황당」, 「제신제」 등

㉦ 1940년대
- 특징: 문학사의 암흑기, 조선어 말살 정책으로 민족지와 순문예지 폐간
- 주요 작가: 황순원, 안수길, 최명익, 최태웅 등

② 작품 감상

㉠ 「자유종」(이해조)
- 신소설, 토론체 소설로서 여러 등장인물의 주장을 순차적으로 나열

- 국권회복을 위한 반봉건 · 반외세 정신과 근대화를 지향하는 계몽정신 강조
- 주제: 애국 계몽기의 현실 직시와 국권 회복의 방향 제시

㉡ 「무정」(이광수) 21

- 한국 최초의 현대 장편소설, 계몽소설
- 신소설의 문어체 극복, 서구적 가치관을 지향, 인물들의 내면 심리 묘사 강조, 사건을 역순행적으로 배열, 개인보다는 공동체적 가치를 우선함, 과학에 대한 긍정적 시각을 지님
- 주제: 민족적 현실의 자각과 새로운 사회에 대한 열망

㉢ 「감자」(김동인)

- 사실주의적 기법, 자연주의적 경향, 하층 사회의 비속어 구사
- '복녀(福女)' 명명의 반어, 주인공의 성격과 공간적 환경이 상관관계를 이룸
- 주제: 빈곤과 무지가 빚어낸 인간의 파멸과 타락상에 대한 고발

㉣ 「운수 좋은 날」(현진건)

- 사실주의 단편소설, 비속한 말의 구어체(사실감의 고조와 아내에 대한 애정), 반어, 상황의 아이러니
- 설렁탕이 주는 효과: 비극성의 고조
- 주제: 일제 강점기 가난한 하층민의 비참한 삶에 대한 고발

㉤ 「홍염(紅艶)」(최서해)

- 현실 고발적 성격의 신경향파 소설
- 구성: 지주 대 소작인 또는 공장주 대 노동자
- 비극적 결말의 작품
  예 김동인의 「감자」(살인), 현진건의 「불」(방화)
- 주제: 타향에서 겪어야 했던 우리 민족의 비극적 현실과 저항 정신

㉥ 「치숙(痴叔)」(채만식)

- 독백체와 대화체를 통한 반어적 표현, 식민지 시대 상황을 사실적으로 묘사
- 주제: 지식인이 정상적으로 살 수 없는 사회적 모순과 노예적 삶의 비판

㉦ 「소낙비」(김유정)

- 김유정의 처녀작, 사실주의적 경향의 농촌소설, 작가 관찰자 시점
- 주제: 일제 강점기 농촌 사회의 현실적 모순과 도착된 성 윤리 풍자

㉧ 「날개」(이상) 23

- 고백적 · 상징적 심리주의 소설, 1인칭 주인공 시점
- 날개의 의미: 종속된 삶으로부터 벗어나려는 수단과 의지
- 주제: 자의식의 심화 과정과 그 극복을 위한 몸부림

(4) 희곡과 수필

① 한국 근대극 개관

㉠ 우리의 전통극: 그림자극, 가면극, 인형극, 음악극(판소리)

㉡ 한국 신연극의 효시: 이인직의 「은세계」

㉢ 신파극

- 감상적 주제, 통속적 오락
- 최초의 근대 희곡: 조중환의 「병자삼인」 22
- 개선 · 발전시키지 못해 외면하고 이에 대한 돌파구로 연쇄극(연극 + 영화) 등장

㉣ 1920년대: 사실주의 극 등장, 동경 유학생들의 활동, 토월회 등장, 학생극 번성

㉤ 1930년대: 신극 단체의 본격적 활동

- 극예술연구회 활동: 신극 수립 노력, 기성극계 정화 시도, 리얼리즘 극을 주도, 유치진의 「토막」 공연 22 23
- 대중극 시대: 대중적인 신파극의 전성기, 동양극장 등장

㉥ 해방 이후: 전국연극인 대회, 극예술협회 발족

㉦ 근대 신극운동: 극예술협회, 토월회, 극예술연구회 22

② 수필의 성격 22

㉠ 특징: 자신의 글, 표현의 문학, 붓가는 대로 써진 글, 서경 · 회고 · 서정의 문학, 불만과 격정과 관용의 유로, 밖에서 얻은 것을 안으로 삼키는 문학

㉡ 수필문학의 묘미: 소설 같지도 시 같지도 않은 수필 같은 문학, '놀'과 같은 정서

③ 작품 감상

㉠ 「멋」(外)(피천득)

- 멋: '멋'은 작고 소박한 내면의 아름다움에서 비로소 나오는 것이며, 이러한 '멋'들이 있어 각박한 세상을 살아갈 수 있음
- 수필: 수필은 원숙한 생활 체험에서 우러나오는 고아(高雅)한 글이고 독특한 개성과 분위기가 있어야 하며, 균형 속에서도 파격(破格)을 할 줄 아는 마음의 여유를 가져야 함

㉡ 「오척단구(五尺短軀)」(이희승)

- 작은 키로 생활하면서 겪게 되는 이야기
- 작은 키가 때로는 세상을 살아가는 데 어려움을 주긴 하지만 큰 인물이 되는 것에는 문제가 되지 않음

㉢ 「목근통신(木槿通信)」(김소운)

- 서간 수필집, 일본 지성인들의 양심에 호소하여 충격을 준 글
- 일제 강점기와 6 · 25 전쟁을 겪으면서 일본에 대해 느낀 바를 진솔하게 써내려간 수필

독학사 1단계 합격을 결정하는

필수 암기 키워드

국사

01 원시 사회와 고조선

(1) 정치

① **정치제도**: 군장 중에서 왕이 추대됨 → 왕의 권력 취약

② **지방행정**

군장 세력이 각기 자기 부족 통치: 군장의 관료 명칭이 왕의 관료와 동일한 명칭으로 사용됨 → 왕의 권위가 약함

③ **군사제도**: 군장 세력이 독자적으로 지휘

(2) 사회

① **신분제**

㉠ 구석기: 무리 생활, 평등사회(이동 생활)

㉡ 신석기: 부족사회, 평등사회(정착 생활 시작)

㉢ 청동기: 사유재산제, 계급 발생(고인돌), 군장국가(농경 보편화)

㉣ 초기 철기: 연맹왕국 형성

② **사회조직**

㉠ 구석기: 가족 단위의 무리 생활

㉡ 신석기: 씨족이 족외혼을 통해 부족 형성

㉢ 청동기: 부족 간의 정복활동, 군장사회

㉣ 초기 철기: 군장이 부족을 지배하면서 국왕 선출

(3) 경제

① **구석기** 22

㉠ 빙하기: 고기잡이와 사냥, 채집 생활 → 무리 생활 → 이동 생활 → 동굴과 막집 생활(뗀석기, 골각기)

㉡ 주먹도끼: 연천군 전곡리 출토 → 서구 우월주의 비판

② **신석기** 24

㉠ 농경의 시작 → 정착 생활 → 강가나 해안가(물고기 잡이 병행): 움집 생활, 씨족 공동체사회(부족, 평등사회)

㉡ 빗살무늬 토기, 간석기 사용, 원시 신앙 발달

③ **청동기** 23

㉠ 청동기 사용 → 전반적인 기술의 급격한 발달 → 부와 권력에 의한 계급 발생 → 국가 등장: 고조선(선민사상)

㉡ 비파형 동검과 미송리식 토기(고조선의 세력 범위와 일치)

㉢ 벼농사의 시작과 농경의 보편화 → 구릉지대 생활

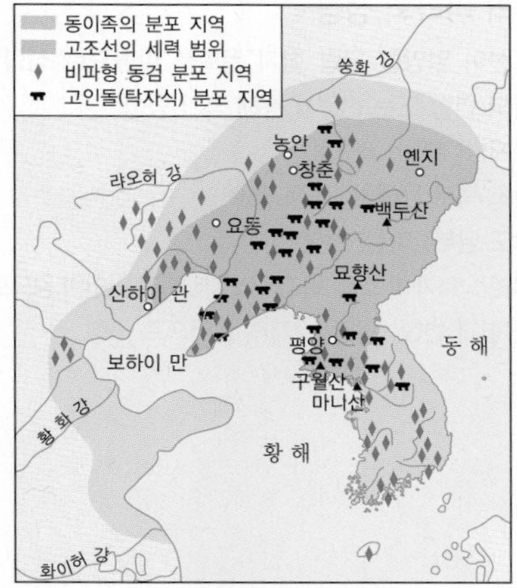

[동이족과 고조선의 세력 범위]

④ **철기** 23

㉠ 세형 동검, 명도전과 거푸집, 암각화

㉡ 연맹왕국이 나타나기 시작함

㉢ 배산임수의 취락 구조 정착, 장방형 움집, 지상가옥화

(4) 문화

① **신석기**: 애니미즘, 샤머니즘, 토테미즘, 영혼숭배와 조상숭배(원시 신앙)

② **청동기**: 선민사상(정치이념)

(5) 고조선 20 21

① 청동기 문화를 바탕으로 기원전 2333년에 건국

② 만주의 요령 지방과 한반도 서북 지방의 여러 부족을 통합

③ **홍익인간(널리 인간을 이롭게 한다)**: 민족의 자긍심을 일깨워줌

④ **변천과정**: 건국 → 중국의 연과 대립으로 쇠퇴 → 철기 도입 → 위만조선 건국(기원전 194년) → 철기와 중계 무역으로 성장 → 한의 침입으로 멸망
⑤ **의의**: 민족사의 유구성과 독자성
⑥ **사회 모습**
㉠ 선민사상: 환인과 환웅의 후손
㉡ 농경사회: 농사에 필요한 비, 바람, 구름을 주관
㉢ 토테미즘: 곰과 호랑이 숭배
㉣ 제정일치 사회
㉤ 사유재산제 사회
⑦ **단군 건국 신화의 수록 문헌**: 『한서지리지』, 『삼국유사』(일연), 『제왕운기』(이승휴), 『응제시주』(권남), 『세종실록지리지』(춘추관), 『동국여지승람』(노사신)
⑧ **멸망**: 기원전 109년 한무제가 공격했을 때 대승을 거두었지만 기원전 108년 왕검성이 함락되어 멸망

(6) 여러 나라의 성장

① 고조선이 멸망할 무렵 철기 문화를 바탕으로 성립 → 각 부족의 연합 또는 전쟁을 통해 국가 형성
② **만주지방**: 부여, 고구려
③ **한반도 북부 동해안**: 옥저, 동예
④ **한반도 남부**: 마한, 변한, 진한
㉠ 마한: 54개의 소국, 목지국의 지배자가 마한의 왕으로 행세
㉡ 진한과 변한: 각각 12개의 소국으로 구성

02 삼국 시대와 남북국 시대(통일신라와 발해)

(1) 정치

① **삼국 시대(민족 문화의 동질적 기반 확립)**
㉠ 정치제도(왕권 강화와 중앙 집권화)
- 왕위세습, 율령반포, 관등제
- 귀족합의제도: 제가, 정사암, 화백 회의는 국가 중대사 결정 → 왕권 중심의 귀족국가 정치 22

㉡ 지방행정
- 군사적 성격, 부족적 전통
- 고구려: 5부(욕살)
- 백제: 5방(방령)
- 신라: 5주(군주)

㉢ 군사제도: 군사조직은 지방제도와 관련, 국왕이 직접 군사를 지휘함

② **남북국 시대**
㉠ 정치제도(왕권의 전제화 – 신라 중대)
- 집사부 시중의 권한 강화
- 국학 설치: 유교정치이념 수용

※ 발해: 왕위의 장자상속, 독자적 연호 사용 23

㉡ 지방행정(지방 제도 정비)
- 신라: 9주(도독) – 행정 중심, 5소경 – 지방세력 통제
- 발해: 5경 · 15부 · 62주 23 24

㉢ 군사제도
- 신라: 9서당(왕권 강화, 민족 융합), 10정(지방군)
- 발해: 8위(10위라는 견해도 있음)

(2) 경제

① **토지제도**
㉠ 왕토사상: 토지 공유
㉡ 통일신라의 토지 분급, 녹읍(귀족의 농민 징발도 가능) → 관료전 지급(신문왕, 왕권 강화) → 녹읍의 부활(신라 하대, 왕권약화)
㉢ 농민에게 정전 분급
② **조세제도**
㉠ 조세: 생산량의 1/10
㉡ 역: 군역과 요역
㉢ 공물: 토산물세
③ **산업**
㉠ 신석기: 농경 시작
㉡ 청동기: 벼농사 시작, 농경의 보편화
㉢ 철기: 철제농기구 사용 → 경작지 확대
㉣ 지증왕: 우경 시작 24
㉤ 신라 통일 후 상업 발달, 아라비아 상인 출입(울산항) 21

(3) 사회

① **신분제(신분제도 성립)**
㉠ 지배층 특권을 유지하기 위해 율령제도, 신분제도 마련
㉡ 신분은 친족의 사회적 위치에 따라 결정됨
- 귀족: 권력과 경제력 독점
- 평민: 생산 활동에 참여, 조세 부담
- 천민: 노비, 부곡민

㉢ 신라 골품제
- 골품은 개인의 신분과 정치활동 제한
- 관등조직은 골품제와 연계 편성, 복색은 관등에 따라 지정

② **사회조직** 23
㉠ 골품제도: 중앙 집권 국가 성립시기에 군장세력 재편
㉡ 귀족합의기구: 화백, 정사암, 제가회의 → 왕권 견제
㉢ 화랑제도: 교육의 기능, 계급갈등을 조절 20

※ 신라 하대에 골품제도의 모순 노출

㉣ 진골 귀족의 왕위 쟁탈전
㉤ 반신라 세력: 호족, 6두품, 도당유학생, 선종, 풍수지리설
㉥ 전국적 농민 봉기

(4) 문화

① **삼국 시대** 21
㉠ 불교 23
- 수용: 중앙 집권 체제 확립과 통합
- 발전: 왕실불교, 귀족불교

㉡ 유교
- 고구려: 태학, 경당(모든 계층 망라) 24
- 백제: 5경 박사
- 신라: 임신서기석

㉢ 전통사상 및 도교
- 시조신 숭배: 지배층
- 샤머니즘, 점술: 민중
- 도교: 사신도, 산수무늬 벽돌, 사택지적비, 백제봉래산 향로

② **남북국 시대**
㉠ 불교
- 원효의 정토종: 불교의 대중화, 화쟁사상(불교 통합)
- 의상의 화엄종: 전제왕권 지지
- 교종: 경전, 귀족 – 신라 중대
- 선종: 참선, 호족 – 신라 하대(반신라), 개인의 정신 중시 → 신라 중대에 탄압
- 발해: 고구려 불교 계승(모줄임 구조), 고구려 문화(토대) + 당 문화(흡수)

㉡ 유교
- 유교이념 수용: 국학, 독서삼품과(귀족의 반대로 실패) 20
- 강수: 외교 문서
- 설총: 이두 정리
- 김대문: 주체적
- 최치원: 사회개혁 22

㉢ 전통사상 및 도교
- 도교: 최치원의 난랑비, 정효공주 묘비
- 풍수지리설: 중국서 전래, 국토 재편론(호족 지지) → 신라 왕권의 권위 약화 20

03 고려 시대

(1) 정치

① **정치제도**
㉠ 고려 건국 세력: 태조 왕건, 지방 호족 23
㉡ 최승로의 시무28조: 중앙집권적, 귀족정치, 유교정치이념 채택 23
㉢ 광종의 노비안검법: 국가 재정 기반 확보, 왕권 안정, 호족 · 공신의 경제적 기반 약화 22 24
㉣ 귀족제: 공음전과 음서제
㉤ 합좌기구: 도병마사 → 도평의사사(귀족연합체제)
㉥ 지배계급 변천: 호족 → 문벌귀족 → 무신 → 권문세족 → 신진사대부
㉦ 무신정권기: 정중부(중방) → 경대승(도방) → 이의민 → 최충헌(교정도감) → 최우(정방, 삼별초)
㉧ 서경제: 관리임명 동의, 법률개폐 동의

② **지방행정**
㉠ 지방제도의 불완전성(5도 양계: 이원화)
㉡ 중앙 집권의 취약성(속군, 속현)
※ 속군과 속현: 지방관이 파견되지 않은 곳으로 향리가 실제 행정을 담당. 이들 향리가 후에 신진사대부로 성장
㉢ 중간행정기구의 미숙성(임기 6개월, 장관품계의 모순)
㉣ 지방의 향리세력이 강함

③ **군사제도**
㉠ 중앙: 2군 6위(직업군인)
㉡ 지방: 주현군, 주진군(국방 담당)
㉢ 특수군: 광군, 별무반, 삼별초
㉣ 합의기구: 중방

④ **대몽항쟁과 공민왕의 개혁 정치**
㉠ 대몽항쟁: 삼별초(처인성, 용장산성, 항파두리성), 팔만대장경 조판
㉡ 공민왕의 개혁 정치: 친원 세력 숙청, 정동행성 폐지, 쌍성총관부 공략 등 24

(2) 경제

① **토지제도(전시과 체제 정비)**
㉠ 역분전(공신) 20
㉡ 전시과 제도: 수조권만 지급, 시정전시과 → 개정전시과(직, 산관) → 경정전시과(직관)
㉢ 귀족의 경제 기반: 공음전
㉣ 고려 후기: 농장 발달(권문세족)

② **조세제도**
㉠ 전세: 민전은 1/10세
㉡ 공납: 상공, 별공
㉢ 역: 정남(16~60세), 강제노동
㉣ 잡세: 어세, 염세, 상세

(3) 사회

① **신분제(신분제도의 재편성)**

㉠ 골품제도의 붕괴: 호족 중심의 중세 사회 형성

㉡ 호족의 문벌 귀족화

㉢ 중간계층의 대두

- 귀족: 왕족, 문무 고위 관리
- 중간계층: 남반, 서리, 향리, 군인
- 양인: 농, 상, 공 – 조세부담, 신량역천 – 천역 담당
- 천민: 노비, 향·소·부곡민(향·소·부곡민은 법적으로는 양인)

㉣ 여성의 지위가 조선 시대보다 격상

② **사회조직**

㉠ 법률: 대가족 제도를 운영하는 관습법 중심

㉡ 지배층의 성격 비교

- 문벌귀족(고려 중기): 과거나 음서를 통해 권력 장악, 경원 이씨·파평 윤씨
- 권문세족(몽골간섭기): 친원파로 권력 독점, 농장 소유
- 사대부(무신집권기부터): 성리학자, 지방향리 출신, 중소 지주

㉢ 사회시설

- 제위보·의창: 빈민구제
- 상평창: 물가 조절

③ **고려의 난**: 조위총의 난(1174), 망이·망소이의 난(1176), 죽동의 난(1182), 만적의 난(1198)

(4) 문화

① **불교**

㉠ 숭불정책(훈요10조: 연등회, 팔관회)

㉡ 연등회, 팔관회: 왕실 권위 강화

㉢ 불교의 통합운동(원효 화쟁론의 영향)

- 의천의 천태종: 교종 중심, 귀족적(중기)
- 지눌의 조계종: 선종(돈오점수, 정혜쌍수) 중심, 무신정권기 20 22 24
- 혜심의 유불일치설: 성리학 수용 토대 마련

② **유교**

㉠ 유교 정치이념 채택(최승로의 시무28조) 23

㉡ 유학성격 변화: 자주적(최승로) → 보수적(김부식) → 쇠퇴(무신)

㉢ 성리학의 수용(몽골간섭기): 사대부의 정치사상으로 수용, 사회개혁 촉구

㉣ 이제현의 사략(성리학적 사관)

㉤ 교육기관: 중앙(국자감), 지방(향교)

③ **전통사상 및 도교** 23

㉠ 도교행사 빈번: 장례

㉡ 풍수지리설: 서경길지설(북진정책 기반 – 묘청의 서경천도) 24

㉢ 묘청의 서경 천도 운동: 귀족사회의 구조적 모순에서 비롯됨 24

④ **역사서 편찬** 23

㉠ 초기: 왕조실록, 7대 실록

㉡ 중기: 『삼국사기』(김부식) – 현존하는 최고(最古)의 역사서

㉢ 후기: 『해동고승전』(각훈), 『동명왕편』(이규보), 『삼국유사』(일연) 20 24

⑤ **인쇄술 발달**

㉠ 상정고금예문: 강화도 피난 시 인쇄

㉡ 직지심체요절(1377): 청주 흥덕사에서 간행, 현존하는 세계 최고의 금속활자본 22

⑥ **예술**

㉠ 패관문학 유행: 이규보의 백운소설, 이제현의 역옹패설, 이규보의 국선생전

㉡ 건축: 주심포식(봉정사 극락전, 부석사 무량수전), 다포식(성불사 응진전)

㉢ 고려 청자: 강진·부안 유명, 상감 청자, 서긍의 '고려도경'에서 극찬

⑦ **교육기관**: 국자감(국학), 향교, 예종의 7재, 문헌공도(최충), 국학을 성균관으로 개칭

04 조선 시대(전기)

(1) 정치

① **정치제도(15C: 훈구파 주도, 16C: 사림파의 성장과 주도)**

㉠ 왕권과 신권의 균형(성리학을 바탕으로 한 왕도정치)

㉡ 의정부: 합의기구, 왕권 강화

㉢ 6조: 행정분담

㉣ 3사: 왕권 견제 21 22

㉤ 승정원·의금부: 왕권 강화

② **지방행정(중앙집권과 지방자치의 조화)**

㉠ 8도(일원화): 부, 목, 군, 현 – 면, 리, 통

㉡ 모든 군현에 지방관 파견

㉢ 향리의 지위 격하(왕권 강화)

㉣ 향·소·부곡 소멸: 양인 수 증가

㉤ 유향소·경재소 운영: 향촌자치를 인정하면서도 중앙집권 강화

㉥ 사림은 향약과 서원을 통해 향촌 지배

③ **사림의 대두와 붕당 정치** 23

㉠ 훈구 세력과 사림 세력: 훈구 관학파 계승, 사림 온건파 계승

㉡ 사림의 성장: 성리학(학문), 중소 지주(경제)

㉢ 사화의 발생: 사림과 훈구 세력 간의 정치적 · 학문적 대립(무오사화 → 갑자사화 → 기묘사화 → 을사사화) 20 22

㉣ 조광조의 혁신 정치: 현량과 실시, 불교 · 도교 행사 폐지, 향약 전국적 시행 등 24

㉤ 붕당의 출현: 이조전랑직을 둘러싸고 동인과 서인으로 양분

④ **왜란과 호란**

㉠ 임진왜란(1592): 이순신 승리 → 인구 · 농토 격감, 공명첩 대량 발급, 문화재 소실 등

㉡ 광해군의 중립 외교: 명과 후금 사이의 중립

㉢ 호란의 발발: 정묘호란(1627, 화의), 병자호란(1636, 청과의 굴욕적 강화 체결)

(2) 경제 23

① **토지제도(과전법 체제)**

㉠ 과전법: 사대부의 경제기반 마련 22

㉡ 직전법(세조, 직관): 농장의 출현

㉢ 관수관급제(성종): 국가의 토지 지배 강화, 양반의 농장 보편화 촉진

㉣ 녹봉제(명종): 과전법 체제의 붕괴, 지주 전호제 강화, 농민 토지 이탈 → 부역제와 수취제의 붕괴(임란과 병란이 이를 촉진시킴)

② **조세제도**

㉠ 전세: 수확의 1/10세, 연분 9등법, 전분 6등법

㉡ 공납: 호구세, 상공과 별공

㉢ 군역: 양인개병제, 농병일치제

(3) 사회

① **신분제(양반 관료제 사회)**

㉠ 양인수 증가: 향 · 소 · 부곡의 해체, 다수의 노비 해방

㉡ 양천제 실시(양인과 천민)

㉢ 과거를 통한 능력 중심의 관료 선발

㉣ 16C 이후 양반, 중인, 상민, 천민으로 구별

② **사회조직**

㉠ 법률: 경국대전 체제(성리학적 명분질서의 법전화)

㉡ 종법적 가족제도 발달: 유교적 가족제도로 가부장의 권한 강화, 적서차별

㉢ 사회시설

- 환곡: 의창 → 상평창(1/10)
- 사창: 양반지주층 중심의 자치적인 구제기구

㉣ 사회통제책: 오가작통법, 호패법

(4) 문화

① **불교**

㉠ 불교의 정비: 유교주의적 국가기초확립

㉡ 재정확보책: 도첩제, 사원전 몰수, 종파의 통합

※ 고대: 불교, 중세: 유 · 불교, 근세: 유교

② **유교**

㉠ 훈구파(15C): 중앙집권, 부국강병, 사장중시, 과학기술 수용, 단군숭배

㉡ 사림파(16C): 향촌자치, 왕도정치, 경학중시, 과학기술 천시, 기자숭배

㉢ 주리론: 이황(영남학파, 남인, 도덕중시)

㉣ 주기론: 이이(기호학파, 서인, 현실중시)

③ **전통사상 및 도교**

㉠ 도교 행사 정비: 소격서(중종 때 조광조에 의해 폐지) 24

㉡ 풍수지리설: 한양 천도(왕권 강화), 풍수 · 도참사상 – 관상감에서 관리

㉢ 민간신앙의 국가신앙화

※ 기타 종교와 사상에 대한 국가 관리는 유교사회를 확립하려는 의도

④ **교육기관**: 성균관(국립교육기관), 사학(중앙에 설치), 향교(지방에 설치), 서원(사립교육기관, 백운동 서원), 서당(초등교육기관) 20 24

⑤ **사서 편찬**: 한글 창제, 역사서(고려국사, 고려사), 지리서(혼일강리역대국도지도, 팔도도), 지리지(동국여지승람), 윤리서(삼강행실도), 법전(조선경국전, 경국대전), 농서(농사직설) 20 23 24

05 조선 시대(후기)

(1) 정치

① **정치제도**

㉠ 임란을 계기로 비변사 강화 → 왕권 약화(상설기구 전환) 20

㉡ 정쟁의 심화 → 서인의 일당 독재화, 영 · 정조의 탕평책 실패 → 세도정치의 등장 → 대원군의 개혁(왕권 강화, 농민 안정책) 23

② **군사제도**

㉠ 중앙: 5군영(용병제), 임란과 병란으로 인한 부역제의 해이로 실시

㉡ 지방: 속오군(향촌 자체 방위, 모든 계층)

㉢ 조선 초기(진관체제) → 임란(제승방략체제) → 조선 후기(진관체제, 속오군 편성)

(2) 경제

① **토지제도**: 실학자의 토지제 개혁론 "농민의 토지 이탈과 부역제의 붕괴를 막는 것은 체제의 안정을 유지하는 것"
  ㉠ 유형원: 균전제(계급 차등분배)
  ㉡ 이익: 한전제(영업전 지급)
  ㉢ 정약용: 여전제(급진적 내용, 공동생산과 공동분배) 22 24

② **조세제도**: 농민의 불만 해소와 재정 확보를 위해, 궁극적으로는 양반 지배체제의 유지를 위하여 수취제도를 개편 23
  ㉠ 영정법(전세): 1결 4두 → 지주 유리
  ㉡ 대동법(공납): 공납의 전세화, 토지 결수로 징수 20 24
  ㉢ 균역법: 2필 → 1필, 선무군관포, 결작 22
  ※ 조세의 전세화, 금납화 → 화폐경제, 도시와 시장발달 → 수요 증대 → 상품경제와 상공업 발달 ➡ 자본주의 맹아

③ **산업**: 서민경제의 성장 → 서민의식의 향상 23
  ㉠ 농업: 이앙법, 견종법의 보급 → 광작 → 농촌사회 농민의 계층 분화 20
  ㉡ 상업: 사상, 도고의 성장 → 상인의 계층 분화, 장시의 발달 → 도시의 발달, 금난전권 폐지 22
  ㉢ 민영수공업 발달: 납포장, 선대제
  ㉣ 광업
  • 17C: 사채의 허용과 은광 개발이 활발(대청 무역)
  • 18C: 상업 자본의 광산 경영 참여로 잠채 성행(금 · 은광)
  • 자본과 경영의 분리: 덕대가 채굴 노동자 고용

(3) 사회

① **신분제(신분제도의 동요)** 24
  ㉠ 양반수의 증가: 납속책, 공명첩, 족보 위조
  ㉡ 중인층의 지위 향상: 서얼의 규장각 등용, 역관
  ㉢ 평민의 분화: 농민(경영형 부농, 임노동자), 상인(도고상인, 영세상인)
  ㉣ 노비수의 감소: 공노비 해방(순조), 양인 확보

② **사회조직(사회 불안의 고조)**
  ㉠ 신분제 동요: 몰락양반의 사회개혁 요구
  ㉡ 삼정(전정, 군정, 환곡)의 문란: 서민의식의 향상(비판의식) 21 24
  ㉢ 위기의식의 고조: 정감록 유행, 도적의 출현, 이양선의 출몰

(4) 문화

① **불교**: 불교의 민간 신앙화

② **유교**
  ㉠ 양명학의 수용: 정제두의 강화학파
  ㉡ 실학: 통치 질서의 붕괴와 성리학의 한계, 서학의 전래, 고증학의 영향으로 등장
  • 중농학파: 토지제도 개혁
  • 중상학파: 상공업 진흥책, 박제가(소비론), 박지원(화폐유통론, 『열하일기』)
  ㉢ 국학: 『동사강목』(한국사의 정통론), 『해동역사』(다양한 자료 이용), 『동사』 · 『발해고』(반도 사관 극복), 『연려실기술』(실증적 연구) 23

③ **전통사상 및 도교(사회의 동요)**
천주교 수용, 동학의 발전, 정감록 등 비기도참 사상 , 미륵신앙 유행 → 현실 비판(서민문화의 발달) 20

④ **국학 연구와 그림**
  ㉠ 국학 연구
  • 역사: 이익, 안정복(『동사강목』), 이긍익(『연려실기술』), 유득공(『발해고』), 김정희(『금석과안록』)
  • 지리서: 한백겸(『동국지리지』), 정약용(『아방강역고』), 이중환(『택리지』)
  • 지도: 김정호(대동여지도), 정상기(동국지도)
  ㉡ 그림
  • 진경산수화: 정선(인왕제색도, 금강전도)
  • 풍속화: 김홍도(서민적), 신윤복(양반, 남녀 간의 애정)

06 근 · 현대 시대

Ⅰ. 개항과 근대 변혁 운동

① **흥선대원군의 정책** 23
  ㉠ 19세기 중엽의 상황: 세도정치의 폐단, 민중 세력의 성장, 열강의 침략적 접근
  ㉡ 흥선대원군의 집권(1863~1873)
  • 왕권 강화 정책: 서원 철폐, 삼정의 문란 시정, 비변사 폐지, 의정부와 삼군부의 기능 회복, 『대전회통』 편찬
  • 통상수교 거부 정책: 병인양요, 신미양요, 척화비 건립 20

② **개항과 개화정책**
  ㉠ 개항 이전의 정세
  • 개화 세력의 형성
  • 흥선대원군의 하야와 민씨 세력의 집권(1873)
  • 운요호 사건(1875)
  ㉡ 문호개방
  • 강화도 조약(1876): 최초의 근대적 조약, 불평등 조약
  • 조 · 미 수호통상조약(1882): 서양과의 최초 수교, 불평등 조약, 보빙사 파견

③ **개화 정책의 추진과 반발**

㉠ 개화 정책 추진: 통리기무아문 설치, 별기군 창설, 조사 시찰단과 영선사 파견 **20**

㉡ 위정척사 운동: 반외세적 자주 운동의 성격, 항일의병으로 이어짐

㉢ 임오군란: 구식 군인과 신식 군인의 반발, 청의 내정 간섭

④ **갑신정변(1884)**: 최초의 근대화 운동(정치적 – 입헌군주제, 사회적 – 신분제 폐지 주장) **22**

㉠ 전개: 급진개화파(개화당) 주도

㉡ 실패원인: 민중의 지지 부족, 개혁 주체의 세력 기반 미약, 외세 의존, 청의 무력간섭

㉢ 결과: 청의 내정 간섭 심화

㉣ 1880년대 중반 조선을 둘러싼 열강의 대립 심화

⑤ **동학 농민 운동의 전개** **21** **22**

㉠ 배경

- 대외적: 열강의 침략 경쟁에 효과적으로 대응하지 못함
- 대내적: 농민 수탈, 일본의 경제적 침투
- 농민층의 상황: 불안과 불만 팽배 → 농촌 지식인들과 농민들 사이에서 사회 변화 움직임 고조

㉡ 전개 과정

- 고부 봉기: 전봉준 중심으로 봉기
- 1차 봉기: 보국안민과 제폭구민을 내세움 → 정읍 황토현 전투의 승리 → 전주 점령
- 전주 화약기: 폐정개혁 12개조 건의, 집강소 설치
- 2차 봉기: 항일 구국 봉기 → 공주 우금치 전투에서 패배

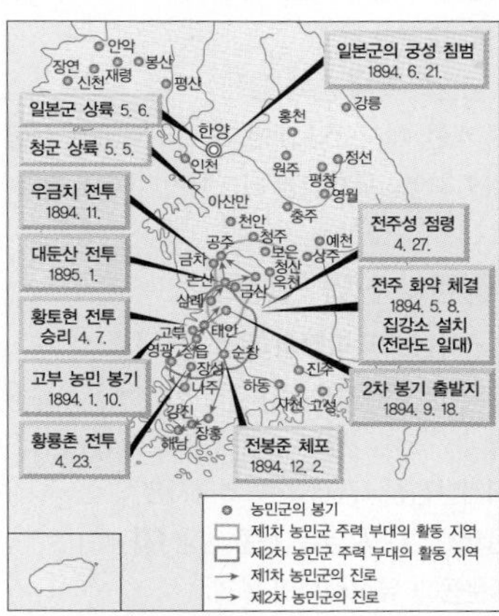

[동학농민운동의 전개]

⑥ **갑오개혁과 을미개혁**

㉠ 갑오개혁(1894)

- 군국기무처 설치: 초정부적 회의 기관으로 개혁추진
- 내용: 내각의 권한 강화, 왕권 제한, 신분제 철폐
- 과정: 홍범 14조 반포
- 한계: 군사적 측면에서의 개혁이나 농민들의 요구에 소홀

㉡ 을미개혁(1895)

- 과정: 일본의 명성 황후 시해 → 친일 내각을 통해 개혁 추진
- 내용: 단발령, 태양력 사용 등

⑦ **독립협회와 대한제국**

㉠ 독립협회(1896~1898) **21** **22** **23**

- 배경: 아관파천으로 인한 국가 위신 추락
- 활동: 국권 · 이권 수호 운동, 민중 계몽 운동, 입헌군주제 주장
- 만민 공동회(1898): 최초의 근대식 민중대회
- 관민 공동회: 헌의 6조 결의

㉡ 대한제국 성립(1897)

- 배경: 고종의 환궁 여론 고조
- 자주 국가 선포: 국호 – 대한제국, 연호 – 광무 **24**
- 성격: 구본신참의 복고주의, 전제 황권 강화

⑧ **일제의 국권 강탈**

㉠ 러 · 일 전쟁: 일본의 승리(한반도에 대한 일본의 독점적 지배권)

㉡ 러 · 일 전쟁(1904) 전 · 후: 일본의 토지 약탈, 재정정리 사업, 화폐 정리 사업

㉢ 을사늑약(1905, 제2차 한 · 일 협약) **21**

㉣ 헤이그 만국평화회의에 이준, 이상설 파견: 을사늑약 무효 알림 시도 → 고종 강제 퇴위

⑨ **항일 의병 운동과 애국 계몽 운동**

㉠ 항일 의병 운동 **21**

- 을미의병(1895): 한말 최초의 의병봉기(을미사변과 단발령이 원인)
- 을사의병(1905): 평민의병장 신돌석의 활약
- 정미의병(1907): 고종의 강제퇴위, 군대 해산, 13도 창의군 조직, 서울진공작전

㉡ 애국 계몽 운동(교육과 산업)

- 신민회(1907): 비밀결사 조직, 문화적 · 경제적 실력 양성 운동, 105인 사건으로 해산
- 보안회(1904): 일제의 황무지 개간권 요구 철회
- 국채 보상 운동(1907): 거족적인 경제적 구국 운동 **22**
- 동양척식주식회사: 일제가 조선의 토지 · 자원 수탈을 목적으로 설립

Ⅱ. 민족의 수난과 항일 민족 운동

(1) 정치

① **일제의 식민정책** **23**

㉠ 1910년대(1910~1919): 무단통치(헌병경찰제 – 즉결 처분권 부여) → 토지 조사 사업

㉡ 1920년대(1919~1931): 문화통치 → 산미 증식 계획 **20**

ⓒ 1930년대(1931~1945): 민족 말살 통치 21

※ 병참 기지화 정책, 내선일체, 황국 신민화, 일본식 성명 강요

② **3 · 1 운동(1919)** 22 24

㉠ 배경: 미국 윌슨 대통령의 '민족자결주의'와 2 · 8 독립 선언

㉡ 대한민국 임시정부가 세워진 계기가 됨

㉢ 정부의 수립: 대한국민의회(연해주), 한성정부(국내), 대한민국 임시정부(상하이)

③ **대한민국 임시정부(1919. 9, 상하이)** 20 24

㉠ 한성정부의 법통 계승

㉡ 연통제, 교통국, 외교활동(구미위원부)

④ **국내외 항일 민족 운동**

㉠ 국내 항일 운동

- 신간회(1927): 비타협적 민족주의자와 사회주의 세력 연합 → 노동 · 소작쟁의, 동맹 휴학 등을 지원 21 24
- 학생운동: 6 · 10 만세 운동(1926) , 광주 학생 항일 운동(1929) 24

㉡ 국외 항일 운동: 간도와 연해주 중심

- 대표적 전과: 봉오동 전투, 청산리 전투(1920) 20 24
- 간도 참변(1920): 봉오동 · 청산리 전투에 대한 일제의 보복
- 자유시 참변(1921): 러시아 적군에 의한 피해
- 3부의 성립(1920년대): 정의부, 참의부, 신민부
- 중국군과 연합하여 항일전 전개(1930년대)
- 한국광복군(1940. 충칭): 임시정부 산하 군대, 국내 진공 작전 준비 20 21 24

㉢ 사회주의 세력: 중국 공산당과 연계 – 화북 조선독립 동맹 결성, 조선 의용군 조직

(2) 경제 · 사회

① **토지제도**

㉠ 동학농민운동에서 토지의 평균분작 요구

㉡ 대한제국: 지계 발급

㉢ 일제의 수탈

- 토지 조사 사업(1910~1918): 조선의 토지약탈을 목적으로 실시
- 산미 증식 계획(1920~1934): 농지개량, 수리시설확충 비용 소작농이 부담 22
- 병참 기지화 정책(1930~1945): 중화학공업, 광업 생산에 주력(기형적 산업구조) – 군사적 목적

② **신분제(평등 사회로의 이행)**

㉠ 갑신정변(1884): 문벌폐지, 인민평등권

㉡ 동학 농민 운동(1894): 노비제 폐지, 여성 지위 상승

㉢ 갑오개혁(1894): 신분제 폐지, 봉건폐습 타파

㉣ 독립협회(1896): 민중의식 변화, 민중과 연대

㉤ 애국 계몽 운동(1905): 민족 교육 운동, 실력양성

(3) 문화

① **동도서기(東道西器)**: 우리의 정신문화는 지키고 서양의 과학 기술을 받아들이자는 주장(중체서용, 구본신참) → 양무운동, 대한제국

② **불교 유신론**: 미신적 요소를 배격하고 불교의 쇄신을 주장

③ **민족사학의 발전**: 신채호(낭가), 박은식(혼)

④ 기독교계는 애국 계몽 운동에 힘씀

Ⅲ. 대한민국의 성립과 발전

(1) 정치

① **광복 직후의 국내 정세**

㉠ 조선건국준비위원회: 여운형 주도, 좌 · 우익 합작형태로 조직 20

㉡ 모스크바 삼국 외상 회의: 한반도 신탁통치 결정(미 · 영 · 소) 20 21

㉢ 미 · 소 공동위원회: 남북한 공동 정부 수립 논의 – 결렬

② **대한민국 정부의 수립**: 5 · 10 총선거 → 제헌국회 → 대통령 선출 → 정부 수립(1948.8.15)

(2) 분단 체제의 고착화와 4월 혁명

① **1950년 한국전쟁** 20

㉠ 전개과정: 북한의 전면 남침 → 인천상륙작전 → 중국군의 참전 → 서울 재수복 → 38도선 전선 교착 24

㉡ 한국전쟁의 영향 : 인명피해, 경제적 손실, 반공 이데올로기의 도구화

② **이승만 정권의 독재 강화** 23

㉠ 발췌 개헌, 사사오입 개헌, 3 · 15 부정선거 21

㉡ 4 · 19 혁명 : 독재정권 타도한 민주주의 혁명

(3) 군부정권과 산업 근대화

① **5 · 16 군사정변과 박정희 권력 강화** 23

㉠ 박정희 군사정부의 시대 : 한 · 일 국교 정상화, 베트남 파병, 3선 개헌 22

㉡ 경제개발정책: 경제발전, 외국자본 의존, 국제수지 약화

㉢ 유신체제: 7 · 4 남북 공동 성명 21

② **민주화 운동과 유신체제의 붕괴**

(4) 새로운 국제 질서와 민주주의 발전

① **세계 자본주의 체제의 변화**: 우루과이 라운드

② **5 · 18 민주화 운동**: 민주화 운동 기폭제, 유네스코 세계 기록유산 등재 20 22 23 24

③ **6월 민주항쟁**: 6 · 29 선언, 대통령 직선제

독학사 1단계 합격을 결정하는

필수 암기 키워드

영어

01 동사

● 동사의 종류

동사	자동사 (목적어 無)	완전자동사(보어 無) → 1형식
		불완전자동사(보어 有) → 2형식
	타동사 (목적어 有)	완전타동사(목적어 1개) → 3형식
		수여동사(목적어 2개) → 4형식
		불완전타동사(목적어 & 보어) → 5형식

● 문장의 형식과 동사의 종류

• S: 주어 • V: 동사 • C: 보어 • O: 목적어

자동사	1형식	S+V
	2형식	S+V+SC
타동사	3형식	S+V+O
	4형식	S+V+IO+DO
	5형식	S+V+O+OC

1형식 S+V+(부사구)	예 She goes (to school).
2형식 S+V+SC (명/형) 21	예 She is a teacher. (명사) She is smart. (형용사) • 오감동사: look, smell, taste, sound, feel • 상태동사: stay, stand, lie, remain, keep, continue • 판단동사: appear, seem, prove, turn out • become 동사류 : become, get, come, run, fall, make, go
3형식 S+V+O	예 She loves a teacher.
4형식 S+V+IO+DO	예 She gives you a book. • give 동사류(to 사람): give, owe, offer, send • buy 동사류(for 사람): buy, make, cook, choose • ask 동사류(of 사람): ask, beg, inquire, require ※ 4형식으로 착각하기 쉬운 3형식 동사 introduce, explain, describe, suggest, confess, propose, announce
5형식 S+V+O+OC 21 24	예 I call you Lee. • 지각동사: see, watch, observe, look at, listen to, notice, hear, smell, feel, perceive • 사역동사 – make, let, bid, help+O+동사원형 – have+O+동사원형/과거분사 – get+O+to 부정사/과거분사 • 인식류 동사: think, imagine, believe, know, guess, suppose, consider +O+to be 명사 • 기타 동사: tell, ask, urge, oblige

02 시제

● 시제의 구분 20 21

현재시제	현재의 반복되는 습관 예 I eat breakfast. (계속 반복)
	진리, 속담, 과학적 사실 예 She said that the earth goes round the sun.
	왕래 · 발착 · 개시 · 종료 동사(go, come, arrive, depart, start, finish, leave)+미래 표시 부사구 → 미래 예 I go Seoul tomorrow.
	시간이나 조건의 부사절에서는 현재시제가 미래를 대신한다. 예 When he comes here, I will tell him the news.
과거시제 23	과거사실 예 He played tennis yesterday.
	역사적 사실 예 Columbus discovered America first.
	would/used to+동사원형 예 I would smoke. (현재 상황은 모름) I used to smoke. (현재의 단절)
미래시제	will/shall(= be going to)+동사원형
현재완료 20	완료(지금 막 ~해 버렸다) 예 I have already eaten dinner.
	결과(과거에 일어난 일이 현재까지 영향) 예 I have lost my book.
	경험(~해 본 적이 있다) 예 I have never seen the house.
	계속(지금까지 ~해왔다) 예 I have lived in Seoul since 2000. ※ since, for 등과 함께 쓰임

● 현재완료의 개념

과거완료
(had+p.p)
It had rained
for a month.
현재완료
(have+p.p)
It has rained
since
yesterday.
미래완료
It will have
rained by
six.
과거
It rained
yesterday.
현재
It rains
today.
미래
It will rain
tomorrow.

03 수동태

● 수동태의 기본 형태 24

3형식 문장	S+V+O → O+V(be+p.p)+by S 예 I love you. → You are loved by me.
4형식 문장	S+V+O+O: 사람O+V(be+p.p)+사물O+by S / 사물O+V(be+p.p)+사람O+by S 예 I give you a book. → You are given a book by me. / A book is given you by me. ※ 원칙적으로 수동태 뒤에는 명사가 나올 수 없지만, 예외적으로 '4형식 동사(be+p.p)+명사'는 가능하다.
5형식 문장	S+V+O+OC → O+V(be+p.p)+OC+by S 예 I call you Lee. → You are called Lee by me. ※ 예외적으로 '5형식 동사[be+p.p(given, named, elected, called, considered)]+명사'는 가능하다.

● 기타 수동태

지각동사 수동태	예 I saw him dance on the street. → He was seen to dance on the street by me.
명령문의 수동태	예 Do it at once. → Let it be done at once. [let(5형식 사역동사)+목적어+동사원형]
의문사가 있는 의문문의 수동태	예 Who broke the window? → The window is broken by whom. → By whom is the window broken?
그 외	• be laughed at by S • be spoken to by S • be referred to as S

04 준동사

● 준동사의 기본틀

하나의 문장에는 동사가 2개 나올 수 없다.

준동사 형태	• to 부정사 • 동명사 • 현재분사 • 과거분사
준동사의 공통점 (동사적 성격)	• 보어를 취한다. • 목적어를 취한다. • 부사에 의해서 수식을 받는다.

예 I like play tennis. (×) → I like to play tennis.
→ I like playing tennis.

동명사 (동사+ 명사적 성격)	• 주어로 쓰임 • 보어로 쓰임 • 목적어로 쓰임 • 전치사의 목적어로 쓰임
분사 (형용사적 성격) 21	현재분사 예 I saw him studying very hard.
	과거분사 예 I saw him punished by his father.
to 부정사 21 22 24	• 동명사가 지닌 명사적 성격 • 분사가 지닌 형용사적 성격 • 부사적 성격 • 동사적 성격

● 동명사와 현재분사 구분하기 20

예 Seeing you is loving you.

성분	동사 앞 → 주어 / be동사 뒤 → 보어
구성	S – V – C 동명사 – 동사 – 분사(×) 동명사 – 동사 – 동명사(○) 분사 – 동사 – 분사(○)
동명사 = 동사적+ 명사적 성격	Seeing이 you라는 목적어를 취하고 있다.
	loving이 you라는 목적어를 취하고 있다.
to 부정사	예 To see you is to love you. (○) To see you is loving you. (×)

● 동명사의 성격 파악하기 24

예 The boy playing tennis over there is my son.

명사적 성격	S, C, O, 전치사의 목적어로 쓰이지 않음
동사적 성격	playing이 tennis라는 명사를 받는다.
	playing이 over there이라는 부사의 수식을 받는다.
형용사적 성격을 지닌 to 부정사	예 The boy to play tennis over there is my son.

● 부사절을 분사구문으로 고치는 방법 24

접속사 생략	예 Because the work was finished, I am free now. → The work finished, I am free now.
부사절의 주어와 주절의 주어 비교	주어가 서로 일치 → 부사절 주어 생략 예 If you turn left, you can find it. → Turning left, you can find it.
	주어가 서로 불일치 → 부사절 주어 생략 불가
부사절 동사시제와 주절 동사시제 비교	동사시제가 일치 → 부사절 동사의 단순형 (~ing)
	동사시제가 불일치 → 부사절 동사의 완료형 (having+p.p) 예 When he saw me, he ran away. → Seeing me, he ran away.
부사절을 분사구문으로 바꾸었을 때	문장 안에서 being, having been 생략 가능
	분사구문 앞에는 접속사 생략 가능 예 (When) seeing me, he ran away.

● 동명사의 관용법

- There is no ~ing = It is impossible to~ (도저히 ~할 수 없다)
- There is no use ~ing = It is no use ~ing (~해도 소용이 없다)
- cannot help ~ing = cannot but V (~하지 않을 수 없다) 22
- of one's own ~ing = ~ed by oneself (~가 직접 ~한)
- feel like ~ing (~하고 싶은 심정이다)
- On ~ing = As soon as, When ~ (~하자마자)

- go ~ing (~하러 가다)
- be worth ~ing (~할 가치가 있다)
- not[never] ~ without ~ing (~하면 반드시 ~하다)
- It goes without saying (that) (~은 말할 것도 없다)

05 전치사 21 24

● 전치사와 부사에 따른 용법

구분	용법
자동사+전치사	자동사의 목적어는 반드시 전치사 다음에 온다. 예 Look at the picture. (○) Look the picture. (×)
타동사+부사	타동사의 목적어는 타동사 다음에 올 수도 있고, 부사 다음에 올 수도 있다. 예 Put on your coat. (○) Put your coat on. (○) Put on it. (×) ※ 대명사는 반드시 타동사와 부사 사이에 온다.

● 시간을 나타내는 전치사

전치사	용법
at	일정한 시간, 비교적 짧은 시간 (명절이나 night, weekend 앞)
in	하루 중 일부(morning, afternoon 등) 월 · 계절 · 해(年) 등 비교적 긴 시간 ※ ~ 안에, ~ 지나서
on	요일, 날짜 등 일정한 일시
till(until) / by	'~까지' • till: 동작의 계속 • by: 일회적이거나 동작의 완료
for / during / through	'~ 동안' • for: 일정한 길이의 시간, 숫자 앞 • during: 계속 진행되는 특정 기간 • through: 처음부터 끝까지
from / since	• from: '~부터'(시간의 출발점) • since: '~ 이래로'(계속)

● 장소 · 위치를 나타내는 전치사

전치사	용법
at / in / on	• at: 한 지점, 주소 앞, 경유지나 지도상의 한 지점 • in: 일정한 공간이나 지명, 거리명, 도시나 마을의 공간 • on: 표면 또는 지명, 건물의 층수, 거리명
between / among	• between: '(둘) 사이에' • among: '(셋 이상) 사이에'
before / behind / after	• before: '~의 앞에' • behind: '~ 뒤에' • after: '~의 뒤를 쫓아'
by / along / across / through	• by: '~ 옆에' • along: '~을 따라서' • across: '~을 건너' • through: '~을 통하여'
round / around / about	• round: '~을 돌아서', 동작 • around: '~ 주위에, ~ 둘레에', 정지 상태 • about: '~의 주위에', 막연한 주변

● 방향을 나타내는 전치사

전치사	용법
on / beneath / over / under / above / below	above(보다 위에) ↑ over(바로 위에) ↑ on(표면에 접촉된 바로 위) beneath(하면에 접촉된 밑에) ↓ under(바로 밑에) ↓ below(보다 아래에)
up / down / in / out / into /out of	up(위쪽으로) ↑ into(안으로) → in(안에) → out of(밖으로) out (밖에) ↓ down(아래쪽으로)
to / for / toward / from	• to: '~로(에)', 도착 지점 • for: '~을 향하여', 방향 • toward: '~쪽으로', 운동 방향 • from: '~로부터', 출발점

● 기타 전치사의 용법

구분	용법
관련 / 제외	• on: '~에 관하여' 예 He has many books on psychology. • except: '~을 제외하고' 예 Everyone except him liked the idea.
찬성 / 반대	• for: '~에 찬성하는' 예 Are you for the plan? • against: '~에 반대하는' 예 She is against the idea.

~를 가진 / ~를 입고	• with: '(신체상의 특징)을 가진' 예 The woman with long hair is Jack's wife. • in: '(옷 · 장신구)를 입고' 예 The man in the black suit is his father.

06 접속사

● 접속사의 형태

하나의 문장에 여러 개의 동사가 나올 때 접속사가 필요하다.

※ 동사의 개수 = 접속사의 개수+1

명사절을 이끄는 접속사	예 I believe the fact. I believe that she died. (that은 목적어절을 이끄는 접속사)
형용사절을 이끄는 접속사	예 She is a smart lady. She is a lady who is smart. (who는 형용사절을 이끄는 접속사)
부사절을 이끄는 접속사	예 Yesterday I met my father. When it rained, I met my father. (when은 부사절을 이끄는 접속사)

● 명사절을 이끄는 접속사

that 용법 21 22	예 That she died is true. (that은 주어절을 이끄는 접속사)
	예 The fact is that she died. (that은 보어절을 이끄는 접속사)
	예 I believe that she died. (that은 목적어절을 이끄는 접속사)
	예 I believe the fact that she died. (that은 동격절을 이끄는 접속사)
If or Whether (목적어절을 이끄는 접속사)	If나 Whether은 '타동사+목적어절'일 때 '~인지 아닌지(목적어절)'의 의미로 쓰인다. 예 I wonder whether he loves me(or not). (목적어절) I wonder if he loves me. (or not을 쓸 수 없음)
	If는 주절로는 사용하지 못하고, 목적어절로만 쓰인다. 예 If she died is true. (×)
의문사	주어절을 이끄는 접속사 → 명사절을 이끄는 접속사

	부사절을 이끄는 접속사 예 When paper was introduced to Europe is not certain. (명사절) When paper was introduced to Europe, it was expensive. (부사절)

● 형용사절을 이끄는 접속사

관계대명사 23 24	• 선행사는 관계대명사 앞에 위치한다. • 관계대명사 뒤에는 불완전한 문장이 나온다. 예 I am a teacher who gives dream and courage to the students who want to transfer a good university which is S university. (who나 which 관계대명사: 앞에 나온 명사를 보충, 부연설명)
	〈관계대명사 연습〉 주격 관계대명사: 사람O+V(be+p.p)+사물O+by S 목적격 관계대명사: 사물O+V(be+p.p)+사람O+by S
관계부사 22 23 24	• '접속사+부사'의 역할로, where, when, why, how가 있다. • 선행사를 수식하는 형용사절을 이끌며, '전치사+관계대명사(which)'로 바꾸어 쓸 수 있다. 예 I don't remember the day when Mr.Lee left Seoul. = I don't remember the day on which Mr. Lee left Seoul.
	〈복합관계부사〉 선행사를 포함하고 부사절을 이끈다. (wherever, whenever, however) 예 He gets lost wherever he goes.

● 등위접속사

단어와 단어, 구와 구, 절과 절을 문법상 대등한 관계로 연결

and	• 절과 절을 연결하여 동작의 순서를 나타내기도 함 • 명령문 뒤에서 결과를 나타내는 절을 연결하기도 함(~하라, 그러면…)
but	• not A but B: 'A가 아니라 B' • not that A but that B: 'A 때문이 아니라 B 때문이다'
or / nor	• 명령문 뒤에서 결과를 나타내는 절을 연결하기도 함(~하라, 그렇지 않으면 …) • and나 or의 전후에 부정어구를 반복하는 대신 접속사 nor를 사용하기도 함
for	• 접속사로 쓰일 경우 앞에 comma(,)가 오며, 간접적 또는 부가적인 이유를 나타냄 • for가 이끄는 절은 반드시 다른 절의 뒤에 놓임

● 자주 나오는 접속사

상관 접속사	both A and B	'A도 B도(같이)'
	either A or B / neither A nor B	'A이거나 B이거나' / 'A도 아니고 B도 아닌'
	not only A but also B	'A뿐만 아니라 B도'
종속 접속사 (부사절) 24	as soon as	'~하자마자'
	no sooner ~ than	'~하자마자 ~하다 (= hardly ~ when, scarcely ~ before)'
	because / since / as	'~ 때문에'
	so …(형/부) that ~ / such …(명) that ~	'~할 만큼 …하다, 너무 …해 ~하다'
	so that	'~하기 위하여(목적), 따라서 ~하다(결과)'
	in case	'~에 대비하여'
	though / although	'~에도 불구하고'
	while / whereas	'~인 반면'(대조)
	as / as if(as though)	• as: '~처럼'(양태, 비교의 부사절) • as if(as though): '(마치) ~처럼'(가정을 내포한 양태, 비교의 부사절)
	as far as / as(so) long as / in so far as	'~인 한'

● 주의할 접속사 용법

접속부사 21	본래 부사이던 것이 접속사처럼 쓰임 • besides • else • hence • however • so • therefore • nevertheless • otherwise • still • then • yet 예 I think, therefore I am.
접속명사	시간을 나타내는 접속사의 역할을 함 • the moment(minute, instant) • next time • every time(= whenever) • by the time(~할 무렵에는) 예 The moment she saw me, she raised her hand.

07 가정법

● 가정법의 종류

현재	현재 또는 미래에 관하여 불확실한 것 〈If+주어+동사원형, 주어+will/can+동사원형〉 예 If it be[is] rainy tomorrow, I will not go to church.
과거	현재 사실과 다르거나 현실성이 없는 상황 〈If+주어+동사의 과거형, 주어+would/should/could/might+동사원형(be동사는 were)〉 예 If I knew her address, I would write to her.
	〈I wish+동사의 과거형(be동사는 were)〉: ~이었으면 좋았을 텐데 예 I wish I were rich. = I am sorry that I am not rich.
과거완료 23	과거 사실에 반대되는 상상 〈If+주어+had+p.p, 주어+would/should/could/might+have+p.p〉 예 If I had had much money, I would have bought the house.
미래	미래에 일어날 확률이 극히 낮거나 있을 수 없는 일 〈If+주어+should+동사원형, 주어+조동사의 과거+동사원형〉 예 If you should fail, what would you do? ※ 주절에는 '조동사의 과거+동사원형'이 일반적인 형태지만 미래형이나 현재형도 사용된다. 예 If he should come, I will tell you.

● 가정법 도치와 생략 21

• 조건절이 없어도 추측할 수 있는 경우, 조건절을 생략할 수 있다.

예 I should like to make a tour round the world (if I could).

• 주절이 없어도 추측할 수 있는 경우, 주절을 생략할 수 있다.

예 If only you would work harder! (How glad I should be!)

• if ever: 설사 ~한다 해도

예 I seldom, if ever, have a dinner.

• had best: ~하는 게 가장 좋다

예 You had best take a walk after dinner.

• If로 시작되는 가정법 문장에서 접속사 if를 생략할 수 있다. If를 생략하게 되면 if절의 주어와 동사의 순서가 바뀐다.

예 If I were a bird, I could fly to you. = Were I a bird, I could fly to you.

● 혼합가정법

- 한 문장 안에 두 시제의 가정법이 함께 존재하는 것
- 대개 조건절에는 가정법 과거완료, 주절은 가정법 과거가 오는 형태가 많이 쓰임

  예 If you had worked harder, you could live happily now.

  → As you didn't work harder, you can't live happily now.

● 기타 조건문

- unless ~하지 않는다면(if ~ not)
- provided/providing/so long as/if only 만일 …이라고 한다면
- In case (that) 만일의 경우에 대비해서
- on condition that ~인 조건으로, 만일 …이라면
- Grant(Granted, Granting) that 가령 …라고 해도
- Suppose(Supposing) 만일 …이라면

08 자주 출제되는 동의어

- account for(= explain) ~을 설명하다
- at first hand(= directly) 직접적으로
- at second hand(= indirectly) 간접적으로
- be in charge of(= be responsible for) ~에 책임이 있는
- break away(= escape, run away) 도망가다
- break up(= disperse, scatter) 해산시키다
- bring up(= rear, educate) 기르다, 양육하다
- call down(= reprimand, scold, rebuke) 꾸짖다
- candid(= frank, straightforward) 솔직한, 공평한
- carry out(= accomplish, execute) 달성하다, 수행하다
- come by(= obtain, get/visit) 얻다, 획득하다
- count on(= rely, depend on, rest on, be dependent upon, fall back on) ~에 의지하다
- enhance(= improve) 개선하다
- figure out(= make out, understand, grasp, calculate) ~을 이해하다/계산하다
- get[take] hold of(= grasp) 붙잡다
- give birth to(= bear, produce, turn out) 만들다, 생산하다
- have done with(= finish, have no connection with, get through) ~을 끝내다
- immense(= enormous) 거대한
- lay aside(= save, lay by, put aside, put by) 저금하다
- let on(= reveal, disclose) (비밀을) 누설하다
- look back on(= recall, recollect) ~을 회상하다
- look forward to(= anticipate) ~을 기대하다
- look up to(= respect, esteem) 존경하다
- lose heart(= depressed) 낙담하다
- make believe(= pretend) ~인 체하다
- make haste(= hasten, hurry up) 서두르다
- one and all(= unanimously) 만장일치로
- once and for all(= finally, decisively) 마지막으로, 단연코
- pass over(= overlook) 간과하다
- prevail on(= persuade) ~을 설득하다
- put an end to(= cause to end, stop) 끝내다
- put off(= postpone, holdover) 연기하다
- put up with(= endure, bear, tolerate, stand) 참다, 견디다
- reimburse(= repay) 갚다
- run out of(= exhaust, run short of) 고갈되다
- set up(= establish) 설립하다
- significant(= considerable, substantial) 상당한, 현저한, 중요한
- take after(= resemble) 닮다
- take in ① 숙박시키다, 받아들이다(= accommodate)
  ② 속이다(= cheat)
- tell on(= influence, effect on) ~에 영향을 끼치다
- think over(= ponder, deliberate) 심사숙고하다
- work on(= influence, effect) 영향을 끼치다
- yield to(= surrender, give way to, give in) 항복하다

09 자주 출제되는 반의어

- antipathy(반감) ↔ sympathy(동정, 동감)
- expense(지출) ↔ income(수입)
- inferiority(열등, 열세) ↔ superiority(우월, 우세)
- mercy(자비) ↔ cruelty(잔인)
- optimism(낙천주의) ↔ pessimism(비관주의)
- synonym(동의어) ↔ antonym(반의어)
- vice(악덕) ↔ virtue(미덕)
- absolute(절대적인) ↔ relative(상대적인)
- abstract(추상적인) ↔ concrete(구체적인)
- arrogant(거만한) ↔ humble(소박한)
- artificial(인공적인) ↔ natural(자연적인)
- doubtful(의심스러운) ↔ obvious(명백한)

- guilty(유죄의) ↔ innocent(무죄의)
- permanent(영구적인) ↔ temporary(일시적인)
- sharp(날카로운) ↔ dull(둔한, 재미 없는)
- superior(우월한) ↔ inferior(열등한) 24
- voluntary(자발적인) ↔ compulsory(강제적인)
- conceal(숨기다) ↔ reveal(폭로하다)
- dismiss(해고하다) ↔ employ(고용하다)
- encourage(격려하다) ↔ discourage(낙담시키다)
- freeze(얼어붙다) ↔ melt(녹다)
- separate(분리하다) ↔ unite(결합하다)
- underestimate(과소평가하다) ↔ overestimate(과대평가하다)
- ability(능력) ↔ inability(무능력)
- literate(글을 아는) ↔ illiterate(문맹의)
- treat(대접하다) ↔ maltreat(푸대접하다)
- nutrition(영양) ↔ malnutrition(영양실조)
- ascent(동의) ↔ dissent(이의)

10 자주 출제되는 다의어

- account 계좌, 설명, 이유, 고려, 설명하다
- address 주소, 연설을 하다
- alternative 양자택일, 대안
- apply 지원하다, 적용되다 24
- appreciate 이해하다, 감상하다, 감사하다
- apprehend 이해하다, 염려하다, 체포하다
- article 기사, 논설, 조항, 조목, 물품, 관사
- attribute 특성, ~의 탓으로 돌리다
- balance 균형, 저울, 나머지, 잔액
- bear 곰, 낳다, 참다, (생각이나 태도 등을) 품다
- block 큰 덩어리, 한 구획, 장애(물), (통로를) 막다, 방해하다
- bound 튀어 오르다, ~로 향하는, 묶인, 꼭 하는, ~해야 하는
- command 명령하다, (경치가) 내려다보이다, 지배
- convention 회의, 관습, 인습
- count 중요성을 지니다, 간주하다, 세다
- dear 친애하는, 비싼
- decline 거절하다, 기울다, 쇠퇴하다
- divine 신성한, 점치다
- domestic 가정의, 국내의
- even 평평한, 짝수의, 조차도, 더욱[비교급 앞에서]
- fare 공평한, 맑은, 아름다운, 박람회
- fine 훌륭한, 벌금, 미세한
- grave 무덤, 중대한, 근엄한
- issue 논쟁점, 발행(물), 발행하다, 발표하다 24
- lean 기대다, 구부리다, 마른
- long 긴, 장황한, 따분한, 열망하다
- matter 문제, 물질, 중요하다 23
- mean 의미하다, 수단, 재산, 중간의, 비열한 24
- note 메모, 지폐, 주목, 적다, 주목하다
- object 물건, 대상, 목적, 반대하다
- observe 관찰하다, 준수하다, (명절 등을) 쇠다
- odd 남는, 나머지의, 홀수의, 이상한
- odds 차이, 승산, 가망성
- present 참석한, 현재의, 선물, 현재, 제출하다, 소개하다
- rather 오히려, 차라리, 다소, 약간, 좀 24
- rear 뒤(의), 후방(의), 기르다
- second 초, 두 번째의, 지지하다
- serve 봉사하다, 근무하다, ~에 쓸모가 있다
- stuff 재료, 속, ~을 채우다
- tell 말하다, 구별하다
- utter 말하다, 발언하다, 완전한, 전적인
- want 원하다, 부족하다, 결핍
- well 우물, 건강한, 잘
- yield 산출하다, 낳다, 양보하다 24

11 독해의 팁

1. 주어, 동사 찾기

문장에서 주어와 동사를 찾는 것이 우선이다. 짧은 문장의 경우 주어와 동사를 찾는 것이 어렵지 않겠지만, 주어와 동사가 수식어구를 받고 있는 경우 어떤 것이 주어이고 어떤 것이 동사인지를 찾기 어려울 수 있다. 구(句)로 구분하면서 주어와 동사를 찾도록 하자.

2. 문장 형식 파악하기

문장의 구조가 어떻게 구성되어 있는지 확인한다. 주어와 동사를 수식하고 있는 구를 표시하고 단어(구)끼리 어떤 관계에 놓여 있는지를 파악한다.

3. 해석하고 이해하기

문법사항에 따라 해석한다. 동사의 시제, 형태, 문법 등에 맞춰 꼼꼼하게 해석을 한다. 그리고 전체적으로 어떤 주제를 나타내고 있는 글인지를 이해하도록 한다. 단순 독해가 아니라 전반적인 글을 이해할 수 있는 능력이 필요하다.

독학사 1단계 합격을 결정하는

필수 암기 키워드

현대사회와 윤리

01 인간과 윤리

(1) 인간의 삶과 윤리

① 인간의 본성에 대한 견해

㉠ 인간의 동물적 본성
- 종족 보존을 위한 본능과 충동: 식욕 · 성욕
- 찰스 다윈의 진화론: "인간 역시 동물 존재의 한 종류로서 진화한 것이므로 그에 따른 본성을 갖고 있다."라고 주장함

㉡ 인간의 이성적 본성: 인간은 동물과 달리 이성을 가지고 있기 때문에 자기가 하는 행동을 목적에 맞게 계획하고 그 결과를 예측할 수 있음

㉢ 인간의 존엄성: 인간은 이성을 가진 존재로 자율적인 도덕적 행위의 주체

② 인간의 본질과 특성 20 22 24

㉠ 사회적 존재: 사회화를 거쳐야 온전한 인간으로 성장

㉡ 이성적 존재: 이성적인 사고 능력 보유

㉢ 도구적 존재: 여러 가지 도구를 만들어 사용

㉣ 유희적 존재: 생활상의 이해관계를 떠나 삶의 재미 추구

㉤ 문화적 존재: 상징 체계를 바탕으로 문화를 계승 · 창조

㉥ 예술적 존재: 예술 활동을 통해 아름다움 추구

㉦ 정치적 존재: 국가를 이루며 정치 활동을 전개

㉧ 종교적 존재: 절대적 존재에 대한 믿음 존재

㉨ 윤리적 존재: 도덕적 주체로서 스스로 가치 있다고 생각하는 것을 행할 수 있음

(2) 윤리학의 기본 원리

① 윤리의 개념과 특징 24

㉠ 윤리: 동양 – 인간관계의 이치와 도리를 의미, 서양 – 에토스에서 유래하여 사회의 풍습이나 관습, 개인의 성품이나 품성을 의미

㉡ 윤리설: 절대론적 윤리설과 상대론적 윤리설, 목적론적 윤리설과 의무론적 윤리설 24

② 윤리학의 구분

㉠ 규범 윤리학: 인간이 어떻게 행동해야 하는가에 대한 보편적 원리를 탐구함

㉡ 메타 윤리학: 도덕 언어의 의미를 분석하고 도덕 추론의 타당성을 검토함 20 22 24

㉢ 기술 윤리학: 도덕적 관습이나 풍습 등을 경험적으로 조사하여 기술함

(3) 실천윤리

① 생명과 성

㉠ 생명에 대한 윤리 24
- 생명 과학: 생명과 관련된 순수한 자연의 발견과 탐구를 주목적으로 연구
- 생명 윤리: 생물학과 의학 분야의 기술적 발전에 따라 기존의 도덕적 관념과 배치될 수 있는 이슈를 다룸
- 생명 과학과 생명 윤리의 지향점: 공통적으로 생명의 존엄성 실현을 목적으로 함
- 윤리적 쟁점: 장기 이식, 생명 복제, 인체 실험, 유전자 조작 등

㉡ 성 · 사랑에 관한 윤리 24
- 성의 가치: 사랑은 인간의 근원적 정서, 인간 사이에 인격적 교감이 이루어짐
- 성차별 문제: 여성 혹은 남성이라는 이유로 정당한 근거 없이 차별 대우하는 것
- 성적 자기결정권: 개인이 자신의 성 문제를 자유롭게 선택하고 결정할 수 있는 권리 20 22
- 성 상품화의 문제: 인간의 성을 직접 또는 간접적으로 이용하여 이윤을 추구하는 것 20

② 소수자와 인권 20

㉠ 소수자 보호
- 소수자: 한 사회 안에서 문화, 종교, 신체 등 다수의 사람들과 구별되는 특징을 지니고 있어 소외되기 쉬운 사람
- 소수자 보호를 위한 노력: 인식의 변화, 경제적 자립 지원, 정책적 노력

ⓛ 역차별 제도: 부당한 차별을 받는 쪽을 보호하기 위해 마련한 제도나 장치가 너무 강하여 오히려 반대편이 차별받는 것

- 역차별 제도의 정당화 요건: 사회 제도나 관습에 의해 부당한 차별을 받아왔다는 사실과 기대만큼 차별 시정의 효과가 있는지가 명확해야 함

③ **삶과 죽음**

㉠ 출생과 죽음의 윤리적 의미

- 출생: 사회 구성원으로서 삶의 시작이자 인간의 종족 보존
- 죽음: 인간의 삶은 유한하며 삶의 소중함을 깨달음

ⓛ 생명의 윤리학: 뇌사, 인공유산, 안락사, 장기 이식 등 주로 의학 및 생물과학과 관련된 윤리 문제를 다룸

- 생식 보조술: 시험관 아기, 대리모 출산, 비배우자 인공수정 문제 등에 대한 찬반 논란

④ **분배와 정의**

㉠ 정의의 의미와 기능

- 의미: 사회 제도를 구성하고 운영함으로써 질서유지의 역할을 하며, 구성원과 사회관계를 원활하게 유지
- 기능: 옳고 그름에 대한 사회적 기준 제공, 재화 분배 과정에서 일어나는 갈등과 분쟁 조정

ⓛ 분배적 정의: 개인의 권리를 존중하고 사회 갈등 예방을 위해 이익과 부담을 공정하게 분배하는 것

⑤ **다문화와 인종**

㉠ 문화와 다양성

- 특징: 인간의 생활양식에서 공통적으로 보이는 보편성과 지역이나 민족, 국가에 따라 독특하게 나타나는 특수성을 가짐
- 문화 상대주의: 인류의 보편적 가치를 바탕으로 문화의 다양성을 인정하고, 각 문화를 그 사회의 독특한 환경과 역사적 · 사회적 상황에 비추어 이해하는 태도

ⓛ 다문화 사회: 인종, 종교, 관습 등이 서로 다른 사람들이 함께 모여 사는 사회 20

- 자문화 중심주의: 자기 문화의 우월성에 빠져 다른 문화를 부정하는 배타적 태도
- 문화 사대주의: 자문화를 비하하고 주체성을 상실하여 타문화를 맹목적으로 추종하는 태도

⑥ **형벌과 사형제도**

㉠ 형벌의 교정적 정의: 범죄를 일으킨 사람을 처벌함으로써 사회 정의를 실현하며 공정성을 확보

- 공정한 처벌의 조건: 죄형 법정주의, 비례 조건

ⓛ 사형 제도: 국가가 범죄자의 생명을 인위적으로 박탈하는 행위 20 23

- 사형 제도에 대한 여러 관점

단계	내용
칸트	다른 사람의 생명을 빼앗은 범죄자의 생명을 빼앗는 것은 정당하며, 인간의 존엄성을 존중하는 행위
공리주의 (예방주의) 22	사형 제도가 범죄를 예방하여 더 행복한 삶을 살게 한다면 정당함
루소	계약자의 생명권을 보존하는 사회계약설의 관점에 따라 사회 구성원의 생명 보전을 위해 살인자에 대한 사형에 동의함
베카리아 23	생명권 양도는 사회계약의 내용에 포함되지 않으므로 사형제도 반대, 범죄 예방을 위해서는 종신 노역형 등의 지속적 처벌이 더욱 효과적

⑦ **전쟁과 평화**

㉠ 평화와 폭력

- 평화: 국가나 민족 간에 물리적 폭력인 전쟁과 갈등이 없고, 인간의 기본적 욕구가 충족된 상태
- 폭력: 불법으로 신체적 공격이나 물리적 강제력을 행사하는 것
  - 직접적 폭력: 폭행, 구타, 고문, 테러, 전쟁 등 행위자가 존재하는 의도적인 폭력
  - 구조적 폭력: 사회 제도나 관습, 법률 등 사회 구조로부터 비롯되는 폭력
  - 문화적 폭력: 종교, 사상, 언어, 예술 등이 폭력을 정당화하는 기능을 수행

ⓛ 국제 평화에 대한 관점 20 23

- 현실주의: 인간의 이기적 본성으로 갈등 발생, 국가 간 세력 균형을 통해 전쟁 방지
- 이상주의: 인간의 본성은 선하며, 갈등을 야기한 제도를 국제법이나 국제기구로 교정 가능

ⓒ 국제 평화에 대한 책임과 기여

- 국제 정의: 세계 구성원 모두의 인간다운 삶을 위해 필요
- 해외 원조: 절대 빈곤을 해결하기 위해 재화를 공정하게 분배하는 방법 중 하나로, 인류의 존엄성 및 지구 평화 유지, 해외 자원 확보 등의 기능

⑧ **환경**

㉠ 인간과 자연의 관계

- 동양의 자연관: 유학의 천인합일, 불교의 연기설, 도가의 무위자연
- 서양의 자연관: 인간은 사고 능력을 지닌 유일한 존재이며, 자연을 인간의 수단이나 도구로 보는 도구적 자연관

㉡ 환경 문제에 대한 윤리적 접근 20

- 환경 문제: 인간의 과도한 자원 소비와 오염 물질 배출로 발생하며, 생태계의 자정 능력을 초과하여 전 지구적 영향을 끼침
- 기술결정론: 과학기술의 발달로 생긴 환경 문제의 해결을 위해 과학기술을 더욱 발전시켜야 한다고 봄(과학기술에 대한 낙관)
- 사회결정론: 이윤을 추구하는 자본주의 사회를 환경 오염의 주범으로 보고 체제 변화를 주장함
- 지속 가능한 발전을 위한 국제적 협약: 람사르 협약, 몬트리올 의정서, 바젤 협약 등

⑨ **과학기술과 정보**

㉠ 과학기술의 가치중립성에 대한 입장 24

찬성	반대
• 윤리적 평가와 사회적 비판이나 책임에서 자유로워야 하는 사실의 영역 • 과학 기술자의 학문적 목적 달성을 위해 지적 호기심의 충족을 보장해야 하지만, 결과에 대한 책임은 활용자의 몫임	• 연구 목적을 설정하고 연구 결과를 현실에 적용할 때는 가치 판단이 개입하게 됨 • 과학 연구와 기술 개발에 대한 기업, 국가 등의 후원으로 인해 가치중립성을 유지하기 어려움

㉡ 정보 사회

- 긍정적 측면: 유연하고 분권적인 조직 촉진, 새롭고 다양한 인간관계 형성, 능률 · 효율성 제고
- 부정적 측면: 익명성으로 인한 비윤리적 행위 증가, 개인 정보 유출 문제, 정보 격차 심화

⑩ **남북한 관계와 통일**

㉠ 통일의 의미와 필요성

- 기본적 의미: 지리 · 정치 · 경제 · 문화적 통일
- 궁극적 의미: 한민족으로서 동질성 회복을 통해 동질적인 삶의 양식과 정신문화를 공유하게 되는 것

㉡ 남북한 통일의 방법 및 그에 따른 비용

- 통일 방법: 한반도 상황에 대한 정확한 이해, 정신적 · 제도적 준비, 내면적 동질성 회복을 위한 노력, 남북한의 상호 신뢰와 화해
- 남북 분단과 통일에 따른 비용 20 23 24
  - 분단 비용: 군사비, 안보비, 이산가족의 고통 등
  - 평화 비용: 대북 지원 비용 등
  - 통일 비용: 북한 경제 재건 비용, 통일 후 위기관리 및 유지 비용 등
  - 투자 비용: 경제 재건 비용, 대북 지원 비용 등

㉢ 조국 통일의 당위성 및 필요성

민족문화의 전통 계승 · 발전, 손상된 민족 자부심 회복, 남북한 이질화 현상 극복, 인도주의적 고통 해소, 민족 역량의 낭비 방지, 세계 평화에 기여, 민족의 자주적 역량 발휘, 경제 규모 확대 · 통합으로 새로운 성장 동력 확보

㉣ 통일 국가 실현의 전제 조건

- 국가적: 대내적 통일 기반 구축, 민족의 동질성 회복, 주변 국가들의 통일 지원 분위기 조성
- 국민적: 통일 의식의 강화, 정보의 확충, 희생의 각오

㉤ 조국 통일을 위한 우리의 역할과 자세

통일에 유리한 여건 형성, 통일 역량과 의지 배양, 자유 민주주의 체제의 지속적인 발전 추구, 폐쇄된 북한 체제의 문제점을 인식시켜 개방 체제로 유도

02 동양 윤리와 한국 윤리 사상

(1) 동양 및 한국 윤리 사상의 흐름

① **동양 윤리 사상의 특징**: 유기체적 세계관, 이상 사회(유교의 대동사회, 불교의 불국정토, 도교의 소국과민), 이상적 인간상(유교의 군자, 불교의 보살, 도교의 지인 · 신인 · 천인)

② **한국 윤리 사상의 특징**

㉠ 특징: 고유한 전통과 외래 전통 사상이 혼합되어 다양한 유형의 모습으로 구체화

㉡ 중심 사상: 신화와 무속(고유한 전통), 유교 · 불교 · 도교(외래문화에서 유입)

㉢ 근대 이후 전통과 외적인 것의 갈등: 기독교의 유입, 외세의 조선 침략 및 민족 전통의 말살 정책, 산업화 · 근대화

(2) 고유 사상

① **단군 신화** 20

㉠ 특징: 건국 · 시조 신화, 기원이 없으며 현세적 신화, 상보적 관계이며 농본 사회적 사고를 반영

㉡ 영향: 주체적 역사의식의 표상, 남북 통일의 이념적 기반, 외세에 저항하는 민족의식의 기원

㉢ 의의: 기층적 민족의식의 원형, 윤리 의식의 바탕
㉣ 윤리적 의의: 인본주의 사상, 천인합일 사상, 조화정신, 광명이세, 민본정치 24
㉤ 홍익인간: '인간'이란 단순히 '사람'이 아니라, '사람이 사는 세상'이나 '인간의 사회'를 의미
→ '사람이 사는 세상인 사회를 크게 이롭게 한다.' (인간 중심적)

② **무속신앙(샤머니즘)**
㉠ 본래 의미: 집단의 공동선을 이루기 위한 어우러짐
㉡ 가치관: 현세적, 공동체적 측면, 무속의 미분화 현상
㉢ 한국 사상에서의 무속의 흐름
- 신화는 무속적 요소를 가진 가장 오래된 것
- 무속과 융합된 불교 행사: 고려의 팔관회나 연등회
- 무속과 융합된 유교 행사: 조선의 나례

③ **풍류도와 화랑 정신**
㉠ 풍류: 최치원의 『난랑비서』에 처음 등장, 풍류도가 화랑도로 제도화됨
㉡ 화랑도: 원광법사의 세속오계 20
- 사군이충, 사친이효, 교우이신, 임전무퇴, 살생유택

(3) 유교 사상

① **중국 유학**
㉠ 공자: 사회 혼란의 원인은 인간의 도덕적 타락, 인 중시 → 극기복례, 정명사상, 덕치사상, 대동사회 20 21 22 23 24
㉡ 맹자: 양주의 위아설, 묵적의 겸애설을 비판하며 공자의 사상을 체계화, 의 중시, 성선설, 이상적 인간상(호연지기), 왕도 정치 20 22 24
㉢ 순자: 도덕 윤리의 외면을 추구해 예와 같은 덕목을 강조 → 성악설, 화성기위, 예치 20
㉣ 한당 유학(훈고학): 경의 글자의 의미를 밝히는 학문
㉤ 송 · 명 유학(성리학)
- 주자학: 이기론, 격물치지, 거경함양
- 양명학(왕수인): 심즉리설, 지행합일설, 치양지설 22
- 고증학: 청나라 때 지나치게 도덕 · 윤리설에만 치우쳤던 송 · 명의 유학을 비판하고 출현

② **한국의 유학** 22
㉠ 신라의 유학: 이념적 측면에서 유학 수용(국학과 독서삼품과의 과목 중 『논어』와 『효경』을 공통과목으로 삼음)
㉡ 고려의 유학
- 시대적 특징: 고려 초기 중앙집권화 수요에 부응, 최충의 문헌공도를 비롯한 사학 12도
- 유학의 특징: 사장학(과거 출신 귀족문화가 배경), 훈고학, 의리학(자유로운 경전 해석)

㉢ 조선의 유학
- 유학 사상의 융성(오륜, 삼강행실도, 오륜행실도), 성리학의 발전, 이황과 이이의 사상
- 이황과 이이의 사상: 사단칠정논변 20 21 22
  - 이황: 이기호발설(사단은 이가 발하고 기가 그것에 따른 것이고, 칠정은 기가 발하고 이가 그것을 따른 것임)
  - 이이: 이기일도설(이의 운동성을 부정하고 기의 운동성만을 인정함)

㉣ 실학: 유교적 경세론을 바탕으로 하는 부국강병과 국민의 화합을 추구한 점진적 개혁론 20 24
- 학파의 흐름
  - 경세치용파: 토지 제도의 개혁 주장(이익, 정약용)
  - 이용후생파: 상공업의 진흥 강조(홍대용, 박지원, 박제가)
  - 실사구시파: 과학적인 연구방법(고증학)으로 우리 고대사의 새로운 발굴에 기여(김정희)
- 토지제도의 개혁론: 유형원(균전론 – 토지 재분배), 이익(한전론 – 농가마다 사고팔 수 없는 영업전 설정), 박지원(한전론 – 토지 소유의 상한 설정), 정약용(여전론 – 집단 농장제, 정전론 – 경세유표에서 현실적 방안으로 제시, 『목민심서』) 21
- 상공업론: 사농공상의 신분제적 직업관 타파, 자본형성론, 기술혁신론, 해외통상론

③ **유교 사상의 특징**: 인본주의(현세적 삶, 천인합일), 도덕주의(윤리적 인간관), 공동체 중시와 공익 추구

(4) 불교 사상

① **불교의 사상의 연원과 전개**
㉠ 고대 인도 사상, 베다적 전통을 부정하는 대표적 비정통사상 → 계급적 인간관을 부정(평등성)
㉡ 주된 가르침: 사성제, 연기, 팔정도, 열반 20 21
㉢ 인도 불교의 발전
- 소승불교: 지나치게 이론적 경향을 띠며 교단이 비구 중심이 되었음
- 대승불교: 기원을 전후하여 기존 교단의 자기 구제 방식을 지양하고 타인 구제까지 고려할 것을 주장하는 보살을 강조 23

② **불교 사상의 특징**
㉠ 연기설: 모든 사물은 생겨날 원인에 의하여 존재하고, 그 원인이 소멸되었을 때 소멸한다는 것, 우주만물이나 타인들과의 불가피한 인과관계로 맺어져 있다는 상호의존성

ⓛ 사성제설: 인간이 달성해야 할 목표와 올바른 삶의 방법을 총제적으로 제시하는 고집멸도의 네 가지 진리 – 고성제, 집성제, 멸성제, 도성제 20 21

ⓒ 삼법인설: 세상의 모든 현상과 존재의 참다운 모습에 대한 불타의 깨달음에 대하여 설명한 것, '제행무상, 제법무아, 일체개고' 23

ⓔ 공: 모든 사물에 변하지 않는 실체는 없으며, 너와 내가 본질적으로 다른 존재가 아니며, 서로 사랑하고 봉사해야 한다는 사상 22

③ **한국 불교 윤리 사상의 특징과 의의** 20

㉠ 수용: 고대 국가 형성시기(4~5세기경) – 국가 불교적 성격으로 호국불교라는 특징을 갖게 됨

ⓛ 불교와 무속의 결합: 토속적 · 주체적 · 통합적 측면

ⓒ 통일신라 시대

- 의상: 화엄종의 시조, 영주의 부석사 등 전국 10군데의 화엄종 사찰을 세움, 『화엄일승법계도』
- 원효: 국제 불교로서의 자주성을 보임, 민중생활 속에 실천불교로 전환, 대승기신론소, 일심사상, 화쟁사상, 원융회통사상 20 22 23 24

ⓔ 고려 시대: 의천(교종과 선종의 조화 추구, 내외겸전), 지눌(돈오점수, 정혜쌍수 등 교선 일치 강조) 20 21 22

ⓜ 조선 시대: 숭유억불책으로 지배체제의 억압 속에서 민중적이고 토착적인 모습을 띠고 발전

(5) 도가 · 도교 사상

① **도가 · 도교 사상의 연원**

㉠ 노자의 윤리 사상: 도 사상(무위자연), 소국과민 23

ⓛ 장자의 윤리 사상: 소요유, 제물, 물아일체의 경지 22 23

② **도교 사상의 전개**

㉠ 유교의 영향을 받아 충효를 강조 → 유가에서 강조하는 인과 예를 인위적인 도덕규범으로 규정하고 배격

ⓛ 전개: 황로학파(한나라 초) → 태평도, 오두미교 → 현학(위진시대) → 민중 도교(송대 이후)

③ **한국의 도교**

㉠ 문헌 기록: 을지문덕의 시, 최치원의 『난랑비서』, 조선의 소격서

ⓛ 신라의 화랑도(국선도, 풍월도, 화주, 풍류도): 한국 고유의 사상과 도교, 불교, 유교가 합해진 이념에 따른 일종의 심신 수련 단체

03 서양 윤리 사상

(1) 고대 및 중세 윤리 사상

① **소피스트와 소크라테스** 21 22

구분		소피스트	소크라테스
차이점	인간	감각적 경험의 존재	보편적 이성의 존재
	진리	상대주의, 주관주의, 회의주의(프로타고라스: "인간은 만물의 척도이다.")	절대주의, 보편주의, 객관주의(지행합일설, 지덕복합일설) 24
	영향	경험론, 실용주의	금욕주의, 합리주의, 관념론
공통점		인간 중심의 철학	

② **플라톤의 이상주의** 20

㉠ 이데아: 영구불변하는 참다운 세계(최고의 이데아는 선의 이데아)

ⓛ 철인 통치: 인격, 지혜를 갖춘 철학자에 의한 통치

ⓒ 4주덕: 지혜, 용기, 절제, 정의

③ **아리스토텔레스의 윤리사상** 20 21

㉠ 덕에 대한 관점: 지성적인 덕, 품성적인 덕, 중용의 덕 22 23 24

ⓛ 목적론적 세계관(행복론): 인생의 궁극적 목적(최고선)

ⓒ 중용, 도덕적 실천의지(선의지), 인간은 사회적 동물

④ **헬레니즘 시대**

㉠ 스토아 학파: 금욕주의, 아파테이아(정념이 없는 마음 상태), 신적인 이성(Logos)

ⓛ 에피쿠로스 학파: 쾌락주의, 아타락시아(마음이 평온한 상태), 경험론과 공리주의 윤리설에 영향

⑤ **중세 그리스도교의 윤리 사상**: 아우구스티누스의 교부 철학, 아퀴나스의 스콜라 철학, 프로테스탄티즘 윤리

(2) 근대 윤리 사상

① 절대론적 윤리설과 상대론적 윤리설 23 24

구분	절대론적 윤리설	상대론적 윤리설
윤리 행위	윤리 규범의 필요성을 구속적 · 당위적 입장에서 수용	인간관계를 정의롭고 평화롭게 만들며 자아를 성취할 수 있게 함
행동 원리	의무, 당위와 같은 동기를 중요시함	행복, 쾌락 등과 같은 결과를 중시함
대표 학자	소크라테스, 플라톤, 스피노자, 아리스토텔레스, 칸트, 헤겔	소피스트, 에피쿠로스, 홉스, 벤담, 듀이

② 목적론적 윤리설과 법칙(의무)론적 윤리설

목적론적 윤리설	법칙론적 윤리설
인간에게는 누구나 실현해야 하는 목적이 있음	인간에게는 누구나 지켜야 하는 법칙이 있음
결과주의	동기주의
아리스토텔레스	칸트

③ 경험 중심의 윤리 사상
- ㉠ 베이컨: 행복한 삶의 실현, 우상론(종족 · 동굴 · 시장 · 극장의 우상)
- ㉡ 홉스: 성악설, 사회계약설 22 23
- ㉢ 로크: 백지설, 야경국가론
- ㉣ 흄: 이성보다 감성에 기초, 이타심 중시

④ 공리주의 윤리 사상 21
- ㉠ 벤담: 양적 공리주의, 최대 다수의 최대 행복 24
- ㉡ 밀: 질적 공리주의, 정신적 쾌락 중시, 행복한 삶, 내적인 양심의 제재, 도덕의 본질 20 23

⑤ 이성 중심의 윤리 사상
- ㉠ 데카르트: 방법적 회의, 사유의 제1원리("나는 생각한다. 그러므로 나는 존재한다.")
- ㉡ 스피노자: 해탈의 윤리, 지성이나 이성을 최대로 완성
- ㉢ 칸트: 의무론적 윤리설, 선의지, 실천 이성, 정언 명령 20 21 22 23 24
- ㉣ 헤겔: 객관주의, 인륜, 변증법, 이성의 간지

⑥ 계약론의 윤리 사상 20 21 22 23 24
- ㉠ 홉스: 만인의 만인에 대한 투쟁, 사회계약설(전부양도)
- ㉡ 로크: 성선설, 자연권 일부양도설(주권재민, 국민주권론)
- ㉢ 루소: 성선설, 양도불가설(직접 민주정치)

(3) 현대 윤리 사상

① 실용주의 윤리: 듀이(상대주의적 진리, 개선주의 세계관)

② 실존주의 윤리와 생명존중 사상, 생철학
- ㉠ 실존주의: 키르케고르(신 앞에 선 단독자), 하이데거, 야스퍼스, 사르트르
- ㉡ 생명존중 사상: 슈바이처(생명 외경) 24
- ㉢ 생철학: 쇼펜하우어의 부정적 생철학, 니체의 긍정적 생철학

③ 정의 윤리와 배려 윤리
- ㉠ 정의 윤리: 콜버그의 도덕 발달 이론
- ㉡ 배려 윤리: 길리건, 나딩스 21 23 24

④ 덕 윤리 · 책임 윤리 · 평화 윤리
- ㉠ 덕 윤리: 행위자 중심, 도덕적 공동체 지향
- ㉡ 책임 윤리: 요나스의 책임 윤리 20 22 23
- ㉢ 평화 윤리: 세계 평화의 중요성, 진정한 의미는 적극적 평화 22 24

04 사회 사상

(1) 사회 사상의 흐름

① 사회 사상의 특징과 현대적 의의 20
- ㉠ 사회 사상의 의미: 사회를 종합적으로 이해하는 이성의 작용으로, 사회의 바람직한 모습에 관한 체계적인 생각이나 태도

㉡ 사회 사상의 특징
- 가변성: 사회 구성원들의 의사와 사회는 끊임없이 변함
- 개혁성: 사회를 더 나은 방향으로 발전시키려 함
- 실천성: 더욱 바람직한 사회로의 변혁을 지향함
- 다양성: 사회적 삶의 대한 다양한 관점을 제시하며, 상호 유기적인 관계를 유지함

㉢ 사회 사상의 역할
- 개념적 가치: 주변의 사회적 현상과 구성원들의 삶의 가치를 올바르게 이해할 수 있는 틀을 제공함
- 설명적 가치: 사회 구성원들의 삶이 특정한 방식으로 이루어지는지를 설명함
- 규범적 가치: 그 사회를 정당화시키거나 비판하는 규범적 기준을 제시함
- 실천적 가치: 사회 구성원이 자신의 삶을 선택할 때 선택의 범위를 확정하는 기능을 함

㉣ 사회 사상의 현대적 의의: 이상적인 모습 제시, 비판적 인식 가능, 바람직한 삶의 영위를 위한 지침 제공

② 사회 정의에 대한 다양한 관점

㉠ 분배적 정의: 이익과 부담을 공정하게 분배하는 것(형식적 정의와 실질적 정의, 결과적 정의와 절차적 정의) 22 24

㉡ 교정적 정의: 국가의 법을 집행함으로써 실천

㉢ 롤스의 정의론 20 21 22 23 24
- 평등한 자유의 원칙: 차등의 원칙보다 우선시
- 최소 수혜자에게 최대 이익 보장, 정의로운 사회

③ 자유주의와 공동체주의, 공화주의 윤리 사상 21

㉠ 자율성: 스스로의 의지(자유의지)로 자신의 행동을 규제함 – 자기 입법의 원리
- 인간적 · 도덕적 자율: 삶의 원칙과 도덕 법칙을 스스로 정하여 실천 – 칸트(인간은 자율적인 도덕적 존재)
- 시민적 · 정치적 자율: 시민으로 삶을 규제하는 원칙을 스스로 결정함 – 사회계약론(구성원의 자율적 계약 · 합의 강조), 롤스(사회정의 원리에 복종)

㉡ 자유주의: 개인의 자유가 가장 소중한 가치라고 봄 20
- 자유주의 국가관(국가는 개인의 자유인 언론 · 출판 · 집회 · 결사 · 종교의 자유를 보장하기 위해 존재)

㉢ 공동체주의의 의미 24
- 개인주의에 바탕을 둔 자유주의를 비판, 개인보다 공동체를 우선시함
- 공동체의 유지와 발전을 위해 필수적인 가치를 강조(구성원 간의 사회적 유대감과 책임감, 공동체 구성원에 대한 배려와 사랑)

㉣ 공동체주의의 특징
- 자유주의 인간관을 '무연고적 자아'라고 비판함
- 인간은 공동체를 중심으로 자신의 정체성을 형성하고 공동체에 뿌리를 둔 존재임
- 공동체와 개인은 상호 보완적 관계에 있음

㉤ 민족주의 윤리 사상: 세계화 시대의 민족 정체성, 보편적 가치와 민족적 가치의 조화로운 발전이 중요

(2) 민주주의의 이념과 전개

① 민주주의의 개념

㉠ 좁은 의미: 자유롭고 평등한 입장에서 국민이 지배하는 정치체제

㉡ 넓은 의미: 국민의 국가 사회 생활의 실천원리

㉢ 인권 존중: 민주주의의 가장 근원적인 기본 이념 → 미국독립선언, 프랑스인권선언, 세계인권선언

㉣ 자유 23
- 소극적 의미: 외부의 부당한 지배를 받지 않는 상태
- 적극적 의미: 모든 개인이 스스로 자기 자신을 지배하는 자율, 이성에 따른 지배

㉤ 평등: 인간 존중의 평등, 법 앞에서의 평등, 정치적 · 경제적 · 사회적 평등

㉥ 민본주의: 인륜성, 도덕성, 호혜성, 저항 가능성, 홍익인간의 정신, 세종, 정약용의 민본주의 21 23

② 민주주의의 기원과 발전

㉠ 고대 민주주의
- 그리스 아테네의 직접 민주주의: 시민이 직접 참여하여 정책, 집행까지 담당
  - 플라톤과 아리스토텔레스: 아테네 민주주의는 소수 부자들에 의한 다수 빈자들의 지배, 우매한 천민의 지배가 초래되며 전반적인 정치적 책임의 부재가 우려됨
  - 한계: 노예, 여성, 외국인은 제외
- 로마의 자연법사상: 통치자와 피치자에게 다같이 적용되는 법의 정신을 중시
  - 키케로: "인간에게 부여되는 자연권은 누구에 의해서도 부정될 수 없는 것"
  - 법의 분류: 자연법, 만민법, 시민법 → 자연법이 만민법과 시민법에 우선
  - 영향: 향후 사회계약설로 전개(아퀴나스, 크로티우스, 홉스, 로크, 루소 등에 영향)

㉡ 근대 자유주의적 민주주의
- 민주주의 사상의 부활
  - 로크: 자연권, 사회계약, 이권분립, 미국독립선언서에 영향 21
  - 루소: 일반의지에 기초한 입법 강조, 인민주권론, 『사회계약론』 24
  - 몽테스키외: 삼권분립 → 권력남용의 경향 시정, 민주정치 실현 의도

- 근대 자유민주주의적 민주주의 특징: 개인의 자유 보장, 형식적 원리 존중, 소극적 정치(야경국가관), 시민민주주의

㉢ 현대 대중민주주의
- 배경: 일반 대중의 참정권 부여(보통선거)로 대중민주주의 시작, 남녀 보통선거제 실시
- 특징: 보통선거제, 대정부, 적극적 정치

③ 민주주의 운영원리

㉠ 국민주권: 국가의 권력은 국민으로부터 나오는 것(사회계약설 – 홉스, 로크, 루소)

㉡ 대의정치: 국민들이 권력의 행사를 투표를 통해 선택한 자에게 위탁

㉢ 권력분립: 국가권력을 각기 다른 독립기관이 담당하여 균형 유지 23

㉣ 다수결: 다수의 결정을 국민 전체의 합의로 인정

㉤ 법치주의: 정해진 법에 따라 정치, 개인 또는 소수의 자의적 정치 배격, 개인의 자유 보장

④ 민주주의 생활원리

㉠ 듀이: "민주주의란 단순한 정치형태 이상의 것으로서 그것은 일차적으로 공동생활의 한 양식이며 또 서로 교섭하는 경험의 한 양식이다."

㉡ 성격: 인권 · 개성 존중, 이성 우위, 진보 · 개방사회

㉢ 실천원리: 다원주의, 경쟁과 타협, 합의의 원리, 참여의 원리

㉣ 행동규범: 책임과 의무의 완수, 규칙과 법률의 준수, 공동의 목표 추구, 문제와 갈등의 민주적 해결

(3) 자본주의와 사회주의

① 자본주의와 사회주의 사상의 기원과 발전

㉠ 자본주의 사상
- 개인의 경제적 자율성을 최대한 보장하는 것 – 근면, 성실, 절약, 금욕 등을 통한 부의 획득을 긍정(칼뱅이즘, 베버의 금욕주의에 따른 직업 윤리) 23
- 상업 자본주의 → 산업 자본주의 → 수정 자본주의 → 신자유주의

㉡ 사회주의 사상
- 사회 중심의 인간관, 생산수단의 공동 소유와 통제, 경제적 불평등의 해소 중시
- 마르크스의 과학적 사회주의: 유물론, 평등주의적 분배, 역사 발전 5단계설

② 자본주의 사회에서의 윤리

㉠ 윤리적 장점: 개인의 자유와 권리 신장에 기여, 개인의 근면성과 창의성 증진, 민주주의 발전에 기여

㉡ 윤리적 문제점: 경제적 불평등 심화, 가치 전도 현상, 인간 소외, 불공정한 경쟁 → 국가 · 시민사회 · 개인적 차원에서 해결 노력

③ 사회주의 사상의 윤리적 함의

㉠ 한계: 경제 침체, 인권 침해, 관료와 국민 간 불평등 심화

㉡ 윤리적 시사점: 경제적 평등이나 분배의 중요성 자각, 자유의 가치에 대한 인식 등

㉢ 자유 경쟁 사회와 평등 사회의 조화: 복지 자본주의, 민주사회주의, 복지 국가

(4) 인간과 국가

① 국가의 필요성과 바람직한 국가

㉠ 국가의 구성 요소: 국민, 영토, 주권, 연대 의식

㉡ 국가의 기원에 대한 학설: 아리스토텔레스(인간 본성 기원론), 사회계약론자(홉스, 로크, 루소), 동양의 유가 사상

㉢ 바람직한 국가가 추구하는 가치: 자유, 평등, 민주, 인권, 정의, 평화, 복지 20

② 국가의 권위와 개인의 자율성

㉠ 국가 권력: 주체는 국민이며 존엄성 보장, 생명과 자유 및 재산 보호, 사회 복지, 사회의 공동 이익 추구 등을 목적으로 함

㉡ 개인의 자율성
- 개인의 권리: 인간의 존엄과 가치 및 행복추구권, 자유권, 평등권, 참정권, 청구권적 기본권
- 개인의 의무: 교육 · 근로 · 납세 · 국방 · 환경 보전의 의무 등

③ 인간 존엄성과 인권 존중 24

㉠ 인간 존엄성: 인간은 성별, 종교, 피부색, 국적, 빈부 차이, 사회적 지위 등 조건에 관계없이 누구나 평등하게 살아야 함

㉡ 인권 존중: 인간이면 마땅히 누려야 할 권리로, 인간 존엄성을 유지하면서 평등하게 살아갈 권리

독학사 1단계 합격을 결정하는

필수 암기 키워드

사회학개론

01 사회학의 성립

(1) 사회학의 창시자들

① **사회학의 성립**
- ㉠ 사회학: 프랑스 오귀스트 콩트에 의해 처음 붙여짐
- ㉡ 사회 계약설: 시민 혁명의 사상적 기반이 됨

② **사회학의 시조**: 오귀스트 콩트(A. Comte) 24
- ㉠ 사회학의 창시자, 사회 정학과 사회 동학
- ㉡ 인류의 지적 진화 3단계 법칙 20 21 22 24
  - 1단계: 신학적 · 운명적, 사제와 군인, 가족
  - 2단계: 형이상학적 · 추상적, 성직자와 법률가, 국가
  - 3단계: 실증적 · 과학적, 경영자와 과학자, 전 인류

③ **마르크스(K. Marx)의 사회학**: 계급 투쟁, 유산자와 무산자의 투쟁, 자본가와 노동자로 구분 20

(2) 사회학 이론의 선구자들

① **스펜서**: 진화론과 사회 유기체설을 사회학에 도입 22

② **뒤르켐**: 사회적 사실을 집합의식에 의해서 설명 21 23

③ **베버**: 학문의 가치중립성 주장, 관료제 20

02 사회학의 대상과 방법

(1) 사회학의 대상

① **사회학의 사회 과학**
- ㉠ 짐멜의 형식 사회학
- ㉡ 소로킨(P. A. Sorokin)의 종합 사회학

② **사회학의 연구 대상**: 사회 실재론적 관점, 사회 명목론적 관점, 상호작용론적 관점, 지식 사회학

(2) 사회학의 방법

① **사회학적 이론화**: 객관성, 체계성, 논리적 일관성, 타당성, 일반화된 명제에 근거
- ㉠ 사회학은 사회에 관한 지식을 체계적으로 정리하려는 과학임
- ㉡ 사회학 이론

② **이념형적 방법**: 보편화적 이념형, 개별화적 이념형

③ **사회 조사의 방법**: 현지 조사, 사례 조사, 표본 조사, 서베이 조사

④ **사회과학 연구 방법** 20
- ㉠ 실증적 연구 방법(양적 접근법): 경험적 자료를 계량화하고 연구하여 과학적, 객관적, 통계적으로 분석 23
- ㉡ 해석적 연구 방법(질적 접근법): 직관적 통찰을 통해 인간 행동 내면의 의미를 해석하는 심층적 고찰 22

03 사회학의 이론

(1) 현대 사회학의 이론 조류

① **합의론**: 사회를 하나의 유기체로 보는 입장 24

② **사회체계론**: 사회행위 이론, 사회체계이론(파슨스) 20 23

③ **갈등론**: 급진적 성향의 이론, 사회 변동에 관점을 둠 21

④ **상호작용론**: 교환이론, 상징적 상호작용론, 현상학적이론, 민속방법론의 통칭

⑤ **상징적 상호작용론**: 미드와 쿨리 22 24

⑥ **교환이론**: 호만스(교환이론의 대표자) 20 22

⑦ **급진사회학**: 계급 간의 대립과 갈등이 사회구조의 핵심을 이룸

(2) 가치중립의 문제 24

① **베버의 가치중립론**: 가치이념과 가치판단을 선명하게 밝혀 객관적 · 중립적 노력 20 21

② **사회 · 문화 현상을 탐구하는 자세**: 객관적인 태도, 개방적인 태도, 상대주의적 태도, 조화의 중요성 인식

04 사회학의 과제

(1) 사회학 이론의 수준

① **역사이론**: 역사주의의 전통에서 유래
② **체계이론**: 인간과 사회에 대한 체계 이론, 파슨스 중심
③ **실증이론**: 라자스펠트, 런드버그
④ **한국의 사회학**: 한국 사회는 발전 지향적이나 사회학 전공자가 적음, 서구 제도의 모방에 관심, 사회문제 도외시

(2) 한국 사회학의 과제

① **사회학의 공헌**: 우리나라에서 행동과학을 주도
② **과제**: 역사와 사상의 빈곤증 주의

05 문화

(1) 문화의 개념

① **사회학에서의 문화**: 문화는 지식과 가치 체계, 즉 사회적으로 규준화된 사회성원의 지식 체계
② **문화의 산물**: 문화의 내용이 겉으로 드러나는 것
③ **문화의 속성**: 창조성, 후천성, 축적성, 공유성, 체계성, 변동성, 보편성, 다양성 21 24

(2) 문화의 내용 23

① **경험적 문화**: 주어진 자연적 · 사회적 환경에 적응하면서 얻어진 기술과 지식이 축적된 문화
② **심미적 문화**: 아름다움에 대한 판단적 기준을 제공
③ **규범적 문화**: 인간 행동의 가치를 제시 → 민습, 원규, 법률 22 23

(3) 문화의 기능

① **개인적 차원**: 기본적인 욕구 충족과 제한의 기능
② **사회적 차원**: 사회 질서의 유지와 존속의 기능

(4) 문화의 다양성

① **전체 문화(지배 문화)**: 사회성원 대부분이 공유하는 문화 24
② **부분 문화(하위문화)**: 특정 집단의 독특한 문화 21 24
③ **문화적 상대주의**: 각 문화는 그 문화의 독특한 환경과 역사, 사회적 상황에서 이해해야 한다는 태도
④ **자민족 중심주의**: 자기 민족의 모든 것이 타민족보다 우월하다고 믿고 타민족의 문화를 배척하는 태도 24
⑤ **문화 사대주의**: 다른 사회권의 문화가 자신이 속한 문화보다 훨씬 우월하다고 생각하는 태도

(5) 문화의 변동

① **문화 접변**: 문화 간 상호작용으로 일어나는 문화 변동 24
  ㉠ 문화 수용: 한 사회 내에서 공존하는 문화 현상
  ㉡ 문화 동화: 그 사회의 지배 문화로 통합되는 문화 현상
  ㉢ 문화 변형: 각각 본래의 문화 유형을 잃어가고 새로운 문화를 창조해 내는 문화 현상
② **문화 지체**: 문화가 변동할 때 같은 속도로 변하지 않고 일반적으로 물질문화가 정신문화를 앞질러 발전할 때 생기는 문화의 부조화 현상(오그번의 개념) 20 21 22 23 24

(6) 클로드 레비-스트로스에 대한 이해

① 인류학에 구조주의 방법론을 도입
② 인간은 누구나 동일한 논리적 감각과 사고 구조를 가지고 있다는 입장으로, 이분적 대립 관계를 사용해 인간 심성의 구조를 찾으려 함

(7) 한국 문화의 특성

복합적 성격, 다종교적 상황, 심미적 · 규범적 측면

06 사회화와 퍼스낼리티

(1) 사회화의 뜻과 의의 20 21 22 24

① **사회화**: 한 사람이 사고나 감정, 행동 방식을 획득하는 사회적 상호작용 과정
② **사회화의 형태**: 원초적 사회화, 예기 사회화, 발달 사회화, 역사회화, 재사회화 20 24

(2) 사회화의 과정

① **프로이트(S. Freud)의 성품발달이론** 20 21
  ㉠ 성적 본능의 에너지(Libido)의 집중 부위의 변화

단계	시기	특징
구강기	0~1세	입을 통해 만족을 얻는 시기
항문기	2~3세	사회 도덕과 질서 관념이 정립되는 시기
음경기	4~5세	쾌감을 느끼는 만족대가 성기로 옮겨짐
잠복기	6~11세	성적 욕구가 철저히 억압되는 시기
생식기	11세 이후	성적 완숙이 보이는 시기

  ㉡ 자아개념: Id(원초적 자아), Ego(자아), Super-ego(초자아) 20 24
② **에릭슨(E. Erikson)의 자아발달 8단계 이론**
  ㉠ 신뢰감과 불신감의 단계(0~1세)
  ㉡ 자율성과 의구심의 단계(2~3세)
  ㉢ 진취성과 죄의식의 단계(4~5세)

㉣ 근면성과 열등감의 단계(6~11세)
㉤ 자아정체감과 역할 혼돈의 단계(12~18세)
㉥ 친근감과 고립감의 단계(청년기)
㉦ 창의력과 침체의 단계(중년기)
㉧ 자아 완성과 절망의 단계(노년기)

③ **피아제의 인지발달이론**: 지각 동작 단계, 조작 전기 단계, 구체적 조작 단계, 형식적 조작 단계

④ **미드의 자아발달이론**
㉠ 중요한 타자: 자아 개념과 자아정체감 형성에 중요한 역할
㉡ 일반화된 타자: 선과 악에 대한 판단의 기준이 됨
㉢ 미드의 자아: 주체적 자아(I), 사회적 자아(Me)

⑤ **쿨리(Cooley)의 영상 자아**: 거울에 비친 자아

(3) 사회화의 행동자(대행자)

① **대행 기관**: 가족, 동료 집단, 학교, 직장, 대중 매체

② **재사회화와 탈사회화**
㉠ 재사회화: 새로운 가치 규범, 신념을 내면화하는 것 22 23
㉡ 탈사회화: 사회화 과정에서 학습한 모든 것을 잊고 백지화되는 현상 20

(4) 사회 문화의 유형과 퍼스낼리티

① **베네딕트의 구분**: 아폴로형 문화와 디오니소스형 문화

② **사회 유형과 퍼스낼리티(리스먼)** 20 22
㉠ 전통 지향형: 1차 산업이 지배적이었던 사회 유형
㉡ 내부 지향형: 초기 공업화 사회에서 개인적인 표준에 따라 행동하는 유형
㉢ 타자 지향형: 3차 산업의 비중이 커진 사회에서 나타나는 유형
㉣ 고독한 군중: 리스먼이 퍼스낼리티 유형을 제시한 저서 20 21 23

07 지위와 역할

(1) 사회적 지위

① **귀속 지위**: 본인의 의사와 노력과는 관계없이 주어진 지위(나이, 성별 등) 20 21 22 23 24

② **성취 지위**: 본인의 의사와 노력에 의해 성취된 지위(직업, 학력 등) 20 22 24

③ **지위 불일치**: 지위들이 동등하게 평가되지 못하여 지위 간의 균형을 유지할 수 없는 상태 20 22 23 24

(2) 역할의 개념

① **역할**: 어떤 지위에 기대되는 행동 방식

② **다렌도르프(R. G. Dahrendorf)의 역할의 성격**
㉠ 역할의 내용은 사회 구조에 의해 규정 · 수정됨
㉡ 역할은 사회 구속력 또는 제재력을 가짐

(3) 역할 행동

① **개념**: 특정한 사람이 그 역할을 수행하는 활동

② **작용 요인**: 역할 기대, 역할 지각 능력, 역할 요구, 역할 수행 능력, 자아 특성과 역할의 일치 정도, 타인의 반감

(4) 역할 갈등 22 23 24

① **역할 갈등의 개념**: 두 개 이상의 역할들이 동시에 요구되어 양립 불가능하게 된 경우에 발생하는 사회 갈등

② **역할 갈등의 해소**: 외적 요인을 변형시킴, 구분화, 합리화, 결단, 신념의 변화, 역할 소원

08 사회 집단

(1) 개인과 집단

① **사회학적 관심의 대상이 되는 집단(비어슈테트의 분류)**
㉠ 통계적 집단
㉡ 준사회 집단
㉢ 사회 집단
㉣ 결사체적 집단

② **사회 집단의 특성과 의미**: 다수의 사람, 소속감 또는 공동체 의식, 지속적 상호작용 24

(2) 집단의 종류

① **일차(원초)집단**: 친밀한 유대관계, 강한 소속의식, 전체감 · 협동적 · 상호의존적, 지속성 23 24

② **이차집단**: 수단적 관계, 제한적 · 형식적 · 일시적

③ **내집단**: 소속의식과 동료의식이 강함, 정체성 형성 20 22

④ **외집단**: 소속되어 있지 않은 집단, 배타적

⑤ **준거집단**: 개인의 신념 · 행동과 가치판단의 기준으로 삼는 사회 집단 20 21 22 23

⑥ **상대적 박탈감**: 자신과 다른 사람을 비교하면서 다른 사람보다 열등하다고 느끼는 감정 20

(3) 게마인샤프트와 게젤샤프트 20

① **게마인샤프트**: 가족, 친족, 민족, 마을처럼 혈연이나 지연 등 애정을 기초로 하여 이루어진 공동 사회 20

② **게젤샤프트**: 기업, 조합, 국가, 단체 등과 같이 선택에 의해 인위적으로 만들어진 사회

(4) 집단의 유지와 와해

① **집단의 유지 · 발전 요인**: 집단의 크기와 성원 비율, 의견의 일치와 동조, 정서적 만족과 통제, 자발적 헌신, 역할분담과 조정, 지도력, 의사소통, 보상과 제재

② **집단의 와해**: 가치관의 불일치, 역할 분담과 서열 체계의 무질서, 의사소통의 단절

(5) 자발적 결사체

① **의미**: 비슷한 관심과 이해관계를 가진 사람들이 자발적으로 결성한 집단

② **기능**: 긴장 해소와 정서적 만족, 사회의 다원화에 기여

09 일탈 행동

(1) 일탈의 개념 20 21

① **일탈 개념의 상대성**: 시간적 · 공간적으로 상대적 24

② **긍정적 일탈(일탈의 순기능)**: 집단의 결속력 강화, 축적된 욕구 불만을 해소, 사회 변동의 근원

③ **부정적 일탈(일탈의 역기능)**: 사회 조직의 해체 및 붕괴 초래, 신뢰감 저하, 사회적 자원을 낭비하는 결과

(2) 문화적 · 사회 구조적 환경에서 찾는 견해

① **아노미**: 인간이 추구해야 하는 뚜렷한 목적이 없는 무규범 상태

② **뒤르켐의 「자살론」** 20 24

㉠ 자살을 사회 현상으로 보는 입장

㉡ 자살의 유형: 이기적 · 이타적 · 아노미적 · 숙명적 자살

③ **마르크스(K. Marx)의 갈등론적 견해** 20

㉠ 경제적 · 물질적 조건이 일탈을 발생시킴

㉡ 자본주의의 경제적 불평등 구조는 일탈을 내재함

④ **머튼(R. K. Merton)의 아노미 이론**

㉠ 문화적 목적과 제도적 수단 사이의 괴리에서 발생

㉡ 아노미에 대한 개인적 적응 방식: 동조형, 개혁형, 의례형, 패배형, 반역형

⑤ **서덜랜드(E. Sutherland)의 차별교제이론** 24

㉠ 일탈자와 가까이하면 일탈자가 될 개연성이 커짐

㉡ 범죄 행위는 범죄 문화를 깊이 수용한 자들과 상호작용하는 과정에서 형성(시카고학파)

⑥ **낙인 이론(베커, 레머트)**: 일탈 과정에 관심을 두는 이론 20 21 23 24

⑦ **마짜의 중화이론**: 범죄자들이 자기 행위의 정당성을 주장하기 위해 중화의 기술이라는 변명을 내세움

⑧ 클라우드와 올린의 기회구조론(아노미이론)

(3) 범죄의 유형

① **유형**

㉠ 화이트칼라 범죄: 사회의 지도적 · 관리적 위치에 있는 사람이 직무상 지위를 이용하여 저지르는 범죄로, 횡령 · 사기 · 문서 위조 · 탈세 등 21 23

㉡ 피해자 없는 범죄: 알코올 중독, 마약 사용, 도박, 매춘 등 피해를 받는 사람이 없는 범죄 22

② 고전적 범죄 이론(베카리아, 벤담), 신고전적 범죄 이론

10 사회 구조론

(1) 사회 구조의 개념

① **사회 구조의 개념** 23

㉠ 개념: 하나의 사회 단위에서 개인들 · 집단들이 상호관계를 맺는 질서정연하고 유형화된 방식

㉡ 특성: 지속성과 안정성, 변화 가능성

② **사회 구조의 구성요소와 차원**

㉠ 구성요소: 규범, 지위, 역할, 집단, 제도 등

㉡ 거시적 차원: 집단의 특성, 집단 간, 지역 사회와 국가 또는 국제 사회의 상호작용

㉢ 미시적 차원: 개인의 특성, 개인과 개인 또는 집단의 상호작용

(2) 사회 구조의 이론

① **개인과 사회의 관계에 따른 시각**: 사회 명목론(호만스 등), 사회 실재론(뒤르켐 등)

② **마르크스주의적 사회 구조 이론**: 사회 구조는 상부 구조와 하부 구조로 나뉨 22

③ **기능주의적-체계이론적 구조(Parsons의 사회체계이론)**: 체계가 통합 문제를 해결하는 방식들로 사회화, 사회통제, 문화적 유형

(3) 사회적 구조 관계의 유형

① 경쟁 · 적대 · 갈등관계, 화해 · 동화 · 협동 · 통합

② **코저가 제시한 갈등관계의 기능**: 집단 결속 · 집단 보존의 기능, 집단 구조의 결정, 이데올로기의 창출, 세력 균형의 창출, 집단 동맹의 확대

11 사회 조직

(1) 조직이론

① **과학적 관리론(테일러)**: 시간 연구의 원리, 성과급의 원리, 계획과 작업 수행 분리의 원리, 과학적인 작업 방법의 원리, 관리 통제의 원리, 기능적 관리의 원리 23
② **고전적 관리론(패이욜)**: 산업 관리론, 행정 관리론
③ **인간관계론**
  ㉠ 대표학자: 메이요, 문스터베르크, 뢰슬리스버거 등
  ㉡ 호손(Hawthorn)의 공장의 실험
④ **체계이론(투입－전환－산출－환류)**
  ㉠ 폐쇄 체계: 자급자족적 실체
  ㉡ 개방 체계: 외부 환경과 상호관련 및 작용하는 실체
  ㉢ 체계의 기능(AGIL): 적응 · 목표 달성 · 통합 · 잠재성
⑤ **행동 과학의 조직이론**: 버나드, 사이몬, 리비트

(2) 관료제 23

① **관료제의 개념**
  ㉠ 베버(M. Weber): 관료제 연구의 시조이자 가장 큰 업적을 남긴 학자
  ㉡ 라스키(H. Laski)와 파이너(H. Finer): 소수의 관료 집단이 정치권력을 장악한 형태
② **관료제의 장점**: 신속 · 정확한 업무 달성, 비합리적 · 감정적 요소가 배제된 공무 처리, 전문적 업무에 따라 계산 가능성 지님, 경제적 · 사회적 불평등을 평준화
③ **관료제의 단점**: 몰인정함과 비인간화, 절차 합리성의 번문욕례, 훈련받은 무능력자로 전락, 경직화, 변화 및 혁신에 대한 저항, 소모적 업무의 창출, 과두제의 출현 20 24
④ **관료제의 유형**: 강제적 · 규범적 · 공리적 관료제

(3) 조직과 리더십

① **공식 집단과 리더십**: 집단의 목적 달성을 위함
② **비공식 집단과 리더십**: 리더십의 확립을 위해서는 성원 지향적인 인간관계의 기술이 요청됨

12 사회 제도

(1) 사회 제도의 개념

① **사회 제도의 의미**
  ㉠ 카노이: 제도는 사회적으로 시인되고 보상이 뒤따르는 행동의 유형을 지배하는 특수한 사회적 규범 내지 표준으로 규정
  ㉡ 허츨러: 제도가 내포하고 있는 개념을 수집 · 정리
② **사회 제도의 분류**
  ㉠ 섬너: 제도의 성립 과정을 기준으로 분류
  ㉡ 베커와 비제: 작용적 제도와 규제적 제도
  ㉢ 파슨스: AGIL 기능 → 사회체계 유지에 필수적인 기능적 측면에서 분류
③ **사회 제도의 기능**
  ㉠ 순기능: 사회의 유지와 존속에 기여
  ㉡ 역기능: 사회의 유지와 존속에 방해
  ㉢ 허츨러: 개인의 욕구 충족 및 사회질서 유지, 사회화와 통제, 문화를 다음 세대로 전승, 기존 가치 체계 수호
  ㉣ 볼드리지: 기초적인 제도와의 비교

(2) 사회 제도의 유형

① **경제 제도**
  ㉠ 사회의 모든 재화와 용역의 생산과 분배, 소비에 관여하는 제도
  ㉡ 통제하고 있는 제도적 기제: 시장 기제, 문화적 규범, 공통의 문화적 목적, 행정부와 조직체의 통제
② **정치 제도**
  ㉠ 일정 영역 내에서 권력의 획득과 행사를 규제하는 규범을 제도화한 체제
  ㉡ 베버의 분류: 카리스마적 · 전통적 · 합법적 지배
③ **교육 제도**: 사회화를 담당하는 필수적 기관, 교육의 기회에 관한 이론(볼드리지)
④ **종교 제도**: 인간의 퍼스낼리티 특성과 사회 유대의 필요성 중심으로 종교 성립의 기초 제시(브롬과 셀즈닉)

13 사회 계층

(1) 계층과 계급의 개념 20 21 23

① **계층화**: 사회층이 시간이 지남에 따라 점차 위계서열적으로 배열되는 과정
② **계층 구조**: 계층화에 의해 배열된 구조적 형상
③ **계급**: 계층 성원들이 자기 계층 소속을 확연히 인지하고 있을 때 이 사실을 강조하기 위해 사용
④ **계층의 형태**: 완전 성층형(카스트제도), 완전 평등형, 부분 성층형, 부분 평등형
⑤ **사회 계층의 차원론**
  ㉠ 마르크스의 단일차원론: 생산 수단의 유무로 분류
  ㉡ 베버의 다차원론: 계급(경제적 부), 사회적 지위, 정치적 권력 22 23

(2) 계층 이론 24

① **기능주의 이론**: 데이비스-무어 이론 22

② **갈등론적 이론**: 튜민의 이론(계층 구조의 부정적인 역기능)

③ **렌스키의 종합이론**: 기능주의와 갈등론의 종합

(3) 계급 구조

① **상류 계급**: 자본주의 사회에서 자본 계급, 리스먼의 엘리트 분류(적응형 · 아노미형 · 자치형 엘리트)

② **신중간 계급**: 자본가와 임금 노동자의 중간에서 봉급 생활을 하는 모든 사람(화이트칼라) 20 21

③ **하류 계급**: 임금 노동자, 농업 노동자, 룸펜, 프롤레타리아 등(무산 계급)

(4) 사회 이동 21 23

① **사회 이동의 요인**

㉠ 사회 구조적 원인: 공업화, 출생 · 사망 · 계층별 출산력의 차이 또는 인구의 전 · 출입

㉡ 개인적 원인: 교육 수준, 상향 이동의 열망, 가정이나 교우 집단의 사회화, 결혼 혹은 개인적 행운 등

② **사회 이동의 종류**

㉠ 리스먼: 직업적 · 수입적 · 교육적 이동을 구분 20

㉡ 립셋과 제터버그: 직업적 서열의 이동

③ **사회 이동의 유형**

㉠ 수평적 이동과 수직적 이동: 이동의 방향으로 구분

㉡ 세대 내 이동과 세대 간 이동: 이동이 이루어진 시간적 거리 또는 기간을 기준으로 구분

㉢ 이동의 주체에 따른 구분: 개인적 이동, 집단적 이동

(5) 한국의 계급 구성

① **한국의 소득과 빈곤**: 절대 빈곤과 상대 빈곤 20

② **소득과 불평등의 관계**: 역U자 가설(쿠즈네츠), 지니계수, 불평등 지수

14 가족

(1) 가족의 개념

① **버제스와 로크**: 혼인, 혈연, 입양에 의해 결합된 집단 20

② **머독의 정의**: 핵가족적 정의

③ **레비-스트로스의 정의**: 확대가족적 정의

④ **가족과 유사한 개념들**: 가구, 친족, 동족 등

(2) 결혼 및 가족의 형태

① **배우자의 수에 따른 분류**: 단혼제, 복혼제

② **배우자의 선택 범위에 따른 분류**: 내혼, 외혼

③ **가족원의 구성 방식과 주거 형태에 따른 분류**: 핵가족, 확대가족 22

④ **가계 계승의 원칙에 따른 분류**: 부계제, 모계제, 양계제, 장자상속제

⑤ **가족 내 구성의 소재에 따른 분류**: 부권제, 모권제

(3) 가족의 기능

① 가족의 사회적 기능(기능론적 관점), 갈등론적 관점 22

② **가족 기능의 분화**: 제도의 분화 24

③ **가족 제도의 변천과 여성 문제**: 보수적(파슨스) · 자유주의적(미드) · 급진적(마르크스) 관점

(4) 한국의 가족

① **전통적 가족 제도와 가족 규범**

㉠ 조선 시대: 부계 혈통 계승에 의한 종족제와 적 · 장자 중심의 직계가족 형태가 제도로 확립

㉡ 전통적 가족 생활을 지배한 유교적 행동 규범 중 가장 중요한 것: 효(孝)

② **현대의 가족 제도와 가족 의식** 21

㉠ 도시화로 인하여 핵가족 형태가 널리 확산

㉡ 친족의 중요성 약화, 가부장권이 점차로 축소

15 농촌 사회와 도시 사회

(1) 농촌 사회의 발전 단계

① **전근대적 농촌사회**

㉠ 특징: 자급자족적 생산, 촌락 공동체

㉡ 유형: 아시아적 · 고전 고대적 · 게르만적 형태

② **근대적 농촌 사회**: 분업과 상품 교환의 진전에 따라 전근대적인 농촌 사회인 촌락 공동체가 해체되면서 출현

(2) 농촌의 저발전

농업과 공업의 분리, 수확량의 증대에만 급급함, 농업의 기계화 어려움으로 농업 발전 지체

(3) 한국의 농촌 사회 21 23 24

① **농촌 인구의 특성**: 산업화에 따른 대량 이농 현상, 농촌인구의 노령화

② **농촌 사회의 계층 구조**: 농촌 하류 계층, 독립 자영농 계층

③ **문제점**: 노동력 부족, 기술 수준의 미흡, 노동 인구의 노령화, 취약한 경제 구조, 사회 · 문화적 기반 부족

(4) 도시화 22

① **차일드**: '인구의 도시화'를 제2의 도시 혁명이라고 함
② **인구 집중으로서의 도시화**: 압출형(저발전국), 흡인형 (선진국)
③ **생활 양식과 의식의 도시화**: 인간생활의 변화가 더욱 도시적인 방향으로 이동함
④ **거대도시**: 중심이 되는 도시와 그 주변의 비 농업 근교 및 위성도시들을 포괄하는 광범위한 지역
⑤ **위성도시**: 대도시의 주변에 있으면서 대도시의 기능을 분담하는 도시

(5) 도시의 공간 구조와 사회 과정

① **도시의 생태학적 과정**: 멕켄지는 '집중 → 분산 → 중심화 → 분심화 → 격리 → 침입 → 계승' 과정으로 분류 20
② **도시 공간구조의 생태학적 과정**
　㉠ 시카고학파: 자연지역 이론, 동심원지대 가설(버제스), 선형 이론(호이트), 다핵형 이론(해리스와 울만) 20
　㉡ 사회 지역 분석법: 사회적 서열, 격리 · 도시화 지표

(6) 한국의 도시화와 도시 문제

① **도시화**: 과잉도시화, 종주도시화
② **도시 문제**: 도시의 하부 구조 및 주민 복지 시설의 미비

16 현대 사회

(1) 사회 체제의 이행

① **사회 체제**: 특정한 역사적 시기에 있어서 사회의 각 부분들을 전체로서 결합시키는 양식
② **스펜서**: 공동 사회에서 산업형 사회
③ **퇴니스**: 공동 사회에서 이익 사회 20
④ **메인**: 신분 사회에서 계약 사회
⑤ **마르크스**: 원시 공산 사회 → 노예제 사회 → 봉건제 사회 → 자본주의 사회 → 사회주의 사회 20

(2) 현대사회론

① **산업사회론**
　㉠ 다렌도르프(R. G. Dahrendorf)의 산업사회론 20 21
　㉡ 벨(D. Bell)의 후기 산업사회론
② **대중사회론**: 아렌트(H. Arendt)는 대중의 고립성과 정상적 사회관계의 결여에서 대중 사회가 전체주의 사회로 되는 이유를 찾음
③ **복지사회론**: 사회 보장, 완전 고용과 경제 계획, 노동자 보호와 노동조합 육성, 삶의 기회의 균점
④ **관리사회론**: 마르쿠제(H. Marcuse)

(3) 제3세계의 사회이론

① **제3세계**: 세계 체제의 변방에 있는 빈국이나 약국
② 아시아적 생산양식론, 식민지 반봉건사회론, 주변부 자본주의 사회론, 세계체계론 24

17 집합 행동과 사회 운동

(1) 집합 행동의 의미 24

① **집합 행동**: 제도적으로 합법화된 질서 밖에서 구성된 행동
② **기본 형태(스멜서)**: 집합 도주, 원망 표출 행동, 적의 표출 행동, 규범 지향 운동, 가치 지향 운동

(2) 군중과 공중

① **군중**: 어떤 개인 또는 사건을 중심으로 모여 있는 사람들의 일시적인 집합
→ 우연적 · 인습적 · 능동적 · 표출적 군중
② **공중**: 어떤 사회 문제에 대해 공통의 관심을 갖고 있는 분산된 사람들 23
③ **대중**: 군중보다 규모가 크고 이질적이며 상호작용이 없는 사람들의 모임
④ **여론**: 사회 전체의 이해가 관련된 문제에 대해 시민으로서의 공중이 표명하는 집합적 의견
⑤ **선전**: 여론에 영향을 미칠 목적으로, 계획된 방법에 의해 일방적으로 특정의 정보를 전파

(3) 사회 운동

① **사회 운동의 의미**
　㉠ 사회 운동: 변화를 증진시키거나 또는 그것을 저지하기 위해 조직된 인간 집단의 집합 행위
　㉡ 사회 운동의 유형: 복고적 · 보수주의적 · 개혁주의적 · 혁명적 · 표출적 사회 운동
　㉢ 사회 운동의 전개 과정: 스멜서(N. Smelser)의 부가가치이론, 사회 운동의 주기이론 20
　㉣ 사회 운동의 특성: 뚜렷한 목표, 구체적인 프로그램, 지도자와 추종자 사이의 역할 구분, 당위성과 이데올로기 확립, 연속성과 확산성, 성원의 참여 촉진, 조직성 및 계획성, 지속적 · 반복적 · 장기적 진행 23
② **신사회 운동과 구사회 운동**
　㉠ 신사회 운동: 중간 계급이 주체, 탈물질적 경향, 다변화 추세, 문화적 · 사회적 측면에 관심 22 24
　㉡ 구사회 운동: 노동 계급이 주체, 물질적 지향, 노동운동 중심으로 전개

(4) 혁명

① **혁명**: 일반적으로 가장 과격하고 급격한 총체적인 사회 운동의 한 형태

② **혁명의 이론**: 마르크스의 프롤레타리아 혁명이론, 토크빌의 이론, 데이비스의 J곡선 이론(심리적 요인 중심), 브린톤의 이론, 존슨의 이론

18 사회 변동과 사회 발전

(1) 사회 변동의 의미

① 사회적 과정, 유형 또는 형태의 어떤 측면에서의 변화과정

② 하나의 사회 질서(관습, 규범, 사회 제도 등)가 다른 사회질서로 바뀌는 것

(2) 사회 변동의 이론

① **진화론** 24

㉠ 스펜서의 진화론: 사회를 생물학적 유기체에 비유, 사회구조의 분화 및 통합에 초점을 둔 이론

㉡ 뒤르켐의 진화론: 사회적 분업과 상호의존성의 시각

② **순환론**

㉠ 이븐 할둔(Ibn Khaldun): 최초로 순환론 제시

㉡ 파레토(V. Pareto): 엘리트 순환론 제시 20

㉢ 소로킨(P. Sorokin): 사회 문화 체계 내부에 변동의 원천이 있음

③ **균형론**

㉠ 사회를 균형 잡힌 체계로 보고, 사회 변동을 사회 유기체의 개체 유기 과정으로부터 유출하여 설명한 이론

㉡ 대표학자: 파슨스(T. Parsons)의 균형이론

④ **갈등론** 23

㉠ 마르크스의 변증법적 변동이론: 계급 간의 상호갈등을 통해 사회 변동을 이해

㉡ 다렌도르프의 갈등론: 사회 갈등의 원인을 정치적인 권위 관계에서 찾음

⑤ 기술 결정론(마르크스, 오스번)

⑥ **관념론**: 베버의 프로테스탄트 윤리이론, 사회심리학적 변동이론 22

(3) 사회 발전의 문제 22

① **근대화이론**: 로스토우의 경제 발전 5단계설, 호셀리츠의 근대화이론, 스멜서의 근대화이론, 레버의 근대 사회 20

② **종속이론**: 프랭크의 세 가지 가설, 푸르타도의 저발전 과정론, 에반스의 종속적 발전론 23 24

19 한국 근 · 현대의 사회 변동과 발전

(1) 19세기 중엽의 한국 사회

① **체제 위기**: 서학(천주교)의 포교, 이양선의 연안 출몰, 외국 상선의 통상 요구, 선진 자본주의의 개항 요구, 선진 자본주의 국가들에 의한 식민지화의 위협

② **새로운 사상과 사회 운동**: 개화사상과 개화파의 변화운동, 동학사상과 농민 혁명 운동, 척사 사상과 유림의 체제

(2) 체제 개혁 시도의 계승과 좌절

① **갑오개혁과 을미개혁**: 조선 정부에서 전개한 제도 개혁 운동, 근대적 성격의 개혁, 일본에 의한 타율적 개혁

② **독립 협회와 만민 공동회 운동**: 독립신문(최초의 한글 신문) 발간, 독립문 건립, 자주독립의식 보급, 러시아 공사관에 있는 고종의 환궁을 요구

(3) 일제 치하의 한국사회

① **1910년대의 일제 식민지 정책과 3 · 1 운동**

㉠ 일제 식민지 정책: 무단 통치, 토지 조사 사업

㉡ 3 · 1 운동: 민족 자결주의의 영향

② **1920년대의 일제 식민지 정책**: 문화 통치, 경제적 침탈

③ **1930년대의 일제 식민지 정책**: 민족 말살 통치, 병참기지화 정책

(4) 해방과 한국 사회 23

① **1950년의 농지 정책**: 농지 개혁법의 제정

② **1960년대의 이후의 사회 변동의 요인**: 급속한 경제 성장, 무분별한 서구 사회의 제도와 문물의 수용

③ **공업화와 성장 전략의 문제**

㉠ 경제 발전의 착수와 대외지향적 성장 전략의 채택(1960년대) → 경제 개발 5개년 계획(1962년)

㉡ 대내외 여건의 불확실성 증대와 중화학 공업의 추진(1970년대)

④ **문화적 갈등**: 자주성에 입각한 가치 창조 작업의 결여, 외래문화의 무비판적 수용

(5) 21세기 정보 사회의 전망 23

① **역사적 전환과 구조적 변화**: 냉전 체제의 해체(탈냉전), 정보통신 혁명

② **초고속 정보 통신망 구축**: 멀티미디어 시대, 대규모 쌍방향 통신

③ **정보 사회의 변화**: 가족의 변화, 전자 공동체의 출현, 교육의 변화, 국제 관계의 변화

독학사 1단계 합격을 결정하는

필수 암기 키워드

심리학개론

01 심리학의 본질

(1) 심리학(Psychology)

인간의 정신과정과 행동을 과학적으로 연구하는 학문

(2) 분트(Wundt. W)

1879년 심리학 실험실 개설 → 심리학의 탄생(실험심리학)

(3) 분트의 심리학

① **심리학의 대상**: 의식
② **내성법**: 실험이라는 통제된 조건 속에서 자신의 의식 경험을 분석 21
③ **심적 요소**: 여러 개의 요소로 분석한 의식의 최소 단위

(4) 행동주의

심리학의 목적은 인간 및 동물의 행동을 예측하고 제어하는 데 있다고 봄

(5) 형태주의

인간의 정신은 요소의 집합이 아닌 전체성을 가진 구조라고 주장

(6) 심리학의 분류

① **기초심리학**: 관찰 · 실험 · 조사로 일반법칙을 탐구
② **응용심리학**: 현실문제의 해결과 개선에 적용

(7) 심리학의 연구방법 24

실험법, 관찰법, 조사법, 임상법

(8) 실험의 3요소 20 22 23 24

독립변인, 종속변인, 통제변인

02 행동의 생리적 기초

(1) 신경세포

신경계를 구성하는 기본단위로 정보전달과 정보처리 기능
① **신경세포의 구성**: 뉴런, 세포체, 수상돌기, 축색 20
② **시냅스**: 신경세포 상호 간의 접합부위
③ **신경전달물질**: 시냅스에서 신경세포 간의 정보전달을 중개하는 물질

(2) 중추 신경과 말초 신경 22

신경계	중추 신경	뇌, 척수	
	말초 신경	체성 신경	운동 신경, 감각 신경
		자율 신경	교감 신경, 부교감 신경

(3) 대뇌

① **좌반구**: 이성적인 사고를 담당하는 중추
② **우반구**: 창조적 활동, 예술적 능력에 관여 20
③ **신 피질**: 언어, 판단, 창조 등의 고도의 정신기능을 담당
④ **구 피질**: 분노 · 기쁨 · 불안 등의 정동행동, 식욕, 성욕, 기억 등을 담당
⑤ **대뇌 변연계**: 본능행동, 정동, 자율 신경을 담당 24
⑥ **편도체**: 외부 자극에 대하여 유쾌, 불쾌, 불안 등의 본능적인 반응을 일으킴 22
⑦ **해마**: 기억의 정리와 관리를 담당 20 23
⑧ **뇌량**: 뇌의 좌반구와 우반구를 연결

(4) 대뇌피질의 각 부위와 기능 20 21 24

① **전두엽**: 사고, 판단, 계산 등을 담당
② **두정엽**: 신체의 입체감각 등을 담당
③ **측두엽**: 청각, 언어, 기억 등을 담당
④ **후두엽**: 시각 정보의 처리 등을 담당

(5) 소뇌 23

신체운동의 균형을 조절

(6) 뇌간

간뇌, 중뇌, 뇌교, 연수로 구성

① **시상**: 중뇌, 뇌교, 연수로부터 온 정보를 대뇌로 전달

② **시상하부**: 섭식 · 음수 행동, 성 행동, 체온 조절 등 생명 유지에 가장 중요한 역할

(7) 척수의 역할

① 말초 신경과 뇌 사이의 정보전달을 중계

② **척수반사**: 말초 신경의 정보를 척수만의 판단으로 신속히 처리

예 뜨거운 것을 만지면 재빨리 손을 뗌

(8) 자율 신경 21 23 24

① **교감 신경**: 활동할 때, 긴장과 스트레스를 느낄 때 기능

② **부교감 신경**: 휴식할 때, 수면을 취할 때 기능

(9) 분리 뇌

좌뇌와 우뇌를 연결하는 뇌량이 절단되어 두뇌가 서로 정보를 주고받지 못하는 상태

(10) 실어증

① **브로카 실어증**: 타인의 말은 이해 가능하지만 매끄럽지 않은 발화 → 표현적 실어증

② **베르니케 실어증**: 매끄러운 발화를 하지만 말을 이해하는 능력의 손상 → 수용적 실어증

03 심리적 발달

(1) 발달

출생에서 사망에 이르는 전 생애에 걸친 신체적 · 정신적 변화 과정

(2) 발달연구방법 23

① **종단적 방법**: 둘 이상의 시점에서 동일한 분석 단위를 장기간에 걸쳐 추적

② **횡단적 방법**: 어느 한 시점에서 다수의 분석 단위에 대한 자료를 수집

(3) 발달의 원리

① 발달에는 순서와 방향이 있음[두미법칙: 위(머리) → 아래(발) / 중심말단법칙: 중추 → 말초]

② 발달은 연속적임

③ 개인차가 있음

(4) 발달단계

① **피아제의 인지발달단계** 20 21 23 24

감각운동기	0~2세, 현재 세계만 인식, 자신과 외부대상을 구분하지 못함
전조작기	2~7세, 직관적 사고, 대상영속성
구체적 조작기	7~12세, 이론적 · 논리적 사고, 분류 · 서열화 · 보존개념
형식적 조작기	12세 이상, 추상 사고, 연역 사고, 가설 설정

② **콜버그의 도덕성 발달단계** 21 24

전인습적 수준 (4~10세)	1단계: 타율적 도덕성
	2단계: 욕구충족의 수단
인습적 수준 (10~13세)	3단계: 대인관계의 조화
	4단계: 법과 질서의 준수
후인습적 수준 (13세 이상)	5단계: 사회계약정신
	6단계: 보편적 도덕원리

③ **프로이트의 심리적 성격발달단계** 22 24

구강기 (0~1세)	리비도가 구강에 집중
항문기 (1~3세)	배변훈련을 통한 사회화의 기대에 직면
남근기 (3~6세)	• 리비도가 성기에 집중 • 초자아 성립
잠복기 또는 잠재기 (6~12세)	• 성적 충동 등이 잠재되어 있는 시기 • 리비도의 대상은 동성 친구
생식기 (12세 이후)	• 이성 친구에 대한 관심 • 사춘기, 2차 성징

④ **에릭슨의 인간발달단계** 22 23

시기	심리사회적 위기	심리사회적 능력
유아기 (출생~1년 또는 18개월)	신뢰감 대 불신감	희망
초기 아동기 (1년 또는 18개월~3세)	자율성 대 수치심 · 회의	의지력
학령전기 또는 유희기 (3~5세)	주도성 대 죄의식	목적의식
학령기 (5~12세)	근면성 대 열등감	능력감
청소년기 (12~20세)	자아정체감 대 정체감 혼란	성실성
성인 초기 (20~24세)	친밀감 대 고립감	사랑
성인기 (24~65세)	생산성 대 침체	배려
노년기 (65세 이후)	자아통합 대 절망	지혜

04 동기와 정서

(1) 동기의 정의

① 일정한 방향으로 행동을 일으키고 지속시키는 과정이나 기능
② 행동의 원동력이자 행동의 방향을 결정하는 심리적 요인

(2) 동기의 분류

동기	일차적 동기 (기본적 동기)	생리적 동기
		심리적 동기
	이차적 동기	사회적 동기

(3) 매슬로우의 욕구 5단계 모형 20 21 23 24

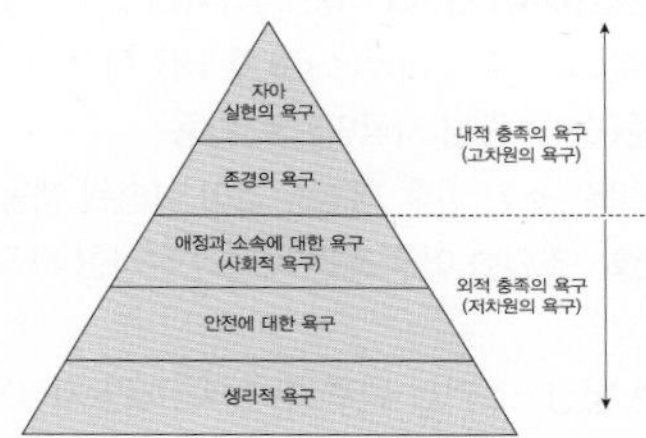

(4) 생리적 동기

유기체의 생존에 있어 충족되어야 하는 동기

① **항상성(Homeostasis)**: 생명체가 신체의 상태를 최적의 상태로 유지하려는 기능
② **추동**: 유기체의 생존에 필요한 생리적 동기로 배고픔, 목마름 등 생리적 결핍 상태에 반응

(5) 심리적 동기 22

① **외재적 동기**: 성과에 대한 평가 · 보수 또는 칭찬 · 벌과 같은 외부요인에 의한 동기부여
② **내재적 동기**: 자기결정, 지적 호기심 등 자신의 내면으로부터 부여되는 동기

(6) 사회적 동기

① **친화동기**: 타인과 우호적인 관계를 형성하고 유지하고자 하는 동기
② **달성동기**: 바라는 목표를 세우고 높은 수준으로 완수하고자 하는 동기

(7) 정서

기쁨, 슬픔, 분노, 불안, 공포 등 일시적이고 급격한 감정의 움직임

(8) James-Lange 이론(말초기원설) 21 23 24

외부자극에 대한 신체적 변화가 정서체험의 원인이 된다는 이론 (인지 → 생리적 변화 → 감정)

(9) Cannon-Bard 이론(중추기원설) 20

자극이 자율신경계의 활동과 정서경험을 동시에 일으킨다는 이론

(10) Schachter의 정서 2요인설 22

정서란 신체의 반응과 그 원인에 대한 인지적 해석임

(11) Plutchick의 이론

8가지 인간의 기본적인 정서들이 있고, 이 정서들이 서로 섞여 새로운 정서를 만든다는 이론

05 감각과 지각

(1) 감각

감각기관에 대한 자극으로 일어나는 주관적 경험

(2) 감각의 측정

① **절대역**: 외부의 자극을 감지할 수 있는 최소한의 물리량 23
② **차이역(최소가치 차이)**: 자극의 강도 차이를 감지할 수 있는 최소치 22
③ **베버의 법칙**: 차이역은 처음 자극의 크기에 비례하여 변화함 20 21 24

ΔR(차이역)/R(자극량) = K(베버상수)

④ **페히너의 법칙**: 감각의 크기는 자극 강도의 대수에 비례함

S(감각의 강도) = K(상수) log I(자극의 강도)

(3) 가시광선

눈으로 지각되는 전자파의 영역

(4) 색 지각설 24

① **영-헬름홀츠의 삼원색 이론**: 색의 지각은 삼원색의 각 파장에 대한 반응의 조합이라는 이론
② **반대색설**: 빨강-초록, 흰색-검은색, 파랑-노랑과 같이 대립 쌍의 합성과 분해를 통해 색을 인식한다는 이론

(5) V1(선조 피질)의 기능

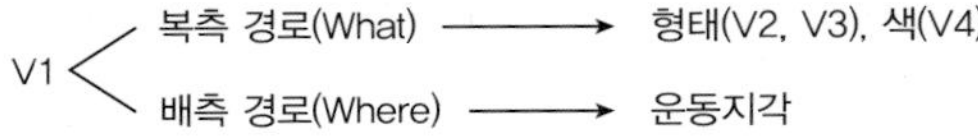

(6) 음의 3요소

음의 크기, 음의 고저, 음색

(7) 주파수

진폭이 1초 동안 반복되는 횟수

(8) 지각의 정의

감각 수용기를 통해 외부의 사상(事象) · 사물의 상태와 변화 등을 아는 것

(9) 체제화 원리 20 21 22

근접의 원리, 유사성의 원리, 폐합의 원리, 연속의 원리, 공동행선의 원리(크기 · 모양 · 밝기 · 색 · 위치의 항상성)

(10) 지각 항상성 21 23

근자극이 변화하더라도 대상의 성질을 같은 것으로 유지하려는 지각의 작용

(11) 항상성의 종류

① **크기의 항상성**: 물체가 가까이 있든 멀리 있든 같은 크기의 물체로 인식
② **모양의 항상성**: 사물을 보는 위치가 달라도 같은 모양의 사물로 인식
③ **밝기의 항상성**: 백지는 밝은 곳에서든 어두운 곳에서든 하얀 것으로 인식
④ **색의 항상성**: 주변의 조건이 달라져도 같은 색으로 인식
⑤ **위치의 항상성**: 관찰자의 움직임으로 대상의 망막상이 함께 움직여도 같은 위치에 있는 것으로 인식

(12) 3차원 지각

① **단안단서**: 한 눈으로 봤을 때 나타나는 깊이지각의 여러 측면
예 중첩, 선형조망, 결의 밀도
② **양안시차(= 양안단서)**: 물체를 볼 때 두 눈이 서로 떨어진 거리만큼 다른 시야를 갖는 현상 20
예 시선수렴, 폭주각

(13) 운동지각

① **실제운동**: 대상이 물리적으로 움직일 때 생기는 현상
② **가현운동**: 물리적 운동이 존재하지 않음에도 지각되는 운동
③ **유인운동**: 두 대상 간의 거리가 변화하면서 지각되는 운동

(14) 선택적 주의 20 23 24

여러 가지 정보들 속에서 특정 정보만을 의식하는 것으로 칵테일파티 효과가 대표적

06 학습과 기억

(1) 학습의 심리학적 정의

경험에 의해 나타나는 비교적 영속적인 행동의 변화

(2) 고전적 조건형성 21 23

① **무조건 자극(US)**: UR을 일으키는 자극
② **무조건 반응(UR)**: US에 의한 생득적인 반응
③ **조건 자극(CS)**: 중성 자극(소리) 후 UR 제시
④ **조건 반응(CR)**: 중성 자극만으로 반응
⑤ **자발적 회복**: 소거 이후 재훈련 없이 학습된 행동 재연
⑥ **자극일반화**: 조건화 이후 조건 자극과 유사한 자극에도 조건 반응 24
⑦ **고차조건 형성**: 조건화 이후 두 번째 조건 자극을 첫 번째 조건 자극과 연합시켜 두 번째 조건 자극에도 조건 반응

(3) 조작적 조건 형성 21 22 23

① **강화**: 어떠한 자극 조건에서 특정 반응이 나타나는 빈도를 높이는 과정
② **강화물**: 반응의 빈도를 높이는 데 사용되는 자극물
③ **소거**: 바람직하지 않은 행동을 감소시키기 위해 자극조건의 제시를 중지하는 것
④ **벌**: 행동을 감소시키기 위해 불쾌한 자극을 가하는 것

(4) 강화와 처벌 21 22 24

구분		행동	
		증가	감소
자극	제시	정적 강화 (유쾌 자극을 제시함으로써 행동의 빈도를 증가시킴)	정적 처벌 (불쾌 자극을 제시함으로써 행동의 빈도를 감소시킴)
	소거	부적 강화 (불쾌 자극을 소거함으로써 행동의 빈도를 증가시킴)	부적 처벌 (유쾌 자극을 소거함으로써 행동의 빈도를 감소시킴)

(5) 강화계획 20 21 22 23

고정간격계획 (FI)	일정한 시간이 지난 후 처음 행동이 있을 때 강화물을 부여
가변간격계획 (VI)	일정하지 않은 시간이 지난 후 처음 행동에 강화물을 부여
고정비율계획 (FR)	정해진 횟수만큼 행동했을 때 강화물을 부여
가변비율계획 (VR)	일정하지 않은 몇 번의 행동이 있을 때 강화물을 부여

(6) 기억의 과정 22

부호화(Encoding) → 응고화(Storage) → 인출(Retrieval)

(7) 기억의 종류 22 24

① **감각기억**: 감각기관을 통해 들어온 정보를 매우 짧은 시간 동안 저장
② **단기기억**: 장기기억에 앞서 정보를 일시적으로 보관
③ **장기기억**: 정보를 무제한 · 영구적으로 저장

(8) 장기기억의 분류 23 24

① **일화기억**: 개인의 자전적 기억
② **의미기억**: 일반적인 지식 · 정보
③ **절차기억**: 몸으로 익힌 기억으로 언어로 표현할 수 없음

(9) 기억의 망각 20 22 24

① **쇠퇴**: 시간의 흐름에 따라 사용되지 않는 정보의 망각
② **역행간섭**: 이후에 학습한 것이 이전에 학습한 것을 간섭
③ **순행간섭**: 먼저 학습한 것이 나중에 학습한 것을 간섭

07 언어와 사고

(1) 명제 표상

대상에 의미를 부여하여 언어기호로 기술하는 추상적인 표상

(2) 개념

개개의 대상에 공통된 속성을 추상화 · 범주화하는 심적 표상
① **개념형성**: 어느 대상을 추상화하여 어떤 범주에 속하는 것으로 일반화하는 과정
② **범주화**: 어느 기준에 따라 유사한 속성을 가진 대상들을 하나로 묶는 것

(3) 원형이론(Prototype Theory)

전형적인 예와 그것과의 유사성으로 범주화되는 이론

(4) 가족 유사성

하나의 범주 안에 속하는 구성원이 모든 특성을 공유하지는 않는다는 이론

(5) Chomsky의 생득이론

선천적으로 언어습득능력을 가진다는 설[언어자료(경험) → 언어습득장치(보편문법) → 개별언어의 문법]

(6) Skinner의 학습이론

언어습득은 강화 · 소거와 같은 조건형성의 원리에 따른다는 이론

(7) 언어발달과정

옹알이기 (1~8개월)	의미 없는 발성
한 단어 시기 (생후 1년 무렵)	• 한 단어로 다양한 내용을 전달 • 과잉확대, 과잉축소
두 단어 시기 (18개월 무렵)	전보식 문장(조사 등이 탈락)
어휘 수의 변화 (12개월 이후)	• 문장을 구성하는 단어 수와 종류 증가 • 과잉일반화

(8) 과잉일반화

앞서 익힌 문법적 지식을 새로이 출현하는 상황에도 일반화하는 현상

(9) 문제 해결

① **잘 정의된 문제**: 초기 상태, 목표 상태, 제어 조건 등 문제 해결에 필요한 과정이 포함된 문제
② **문제 해결의 4단계**: 문제의 이해 → 계획 세우기 → 계획 실행 → 결과의 평가
③ **추론**: 기존의 정보를 바탕으로 새로운 결론을 도출하는 사고 과정
④ **유추**: 과거에 경험한 유사한 사례로 새로운 문제를 추론하는 것
⑤ **통찰**: 시행착오를 거치지 않고 여러 가지 정보의 통합으로써 비약적으로 문제 해결에 이르는 과정

(10) 기능적 고착 24

어느 사물의 습관적인 기능 이외의 잠재적인 기능을 활용하지 못하는 경향 → 창의성에 의한 문제 해결을 방해

08 정신능력과 측정

(1) 신뢰도가 높은 검사

측정 결과의 안정성 · 일관성 21 23 24

① 검사-재검사 신뢰도
② 동형검사 신뢰도
③ 반분 신뢰도
④ 내적 합치도

(2) 타당도가 높은 검사

측정 도구가 측정하고자 의도한 바를 잘 반영하는가의 정도

① 내용타당도
② 기준타당도(동시타당도, 예언타당도) 22
③ 구인타당도

(3) 스탠포드-비네 검사

① 처음으로 지능지수의 개념을 사용
② 스탠포드-비네 검사로 측정되는 지능지수를 비율 IQ라고 함

$$\text{지능지수(IQ)} = \frac{\text{정신연령(MA)}}{\text{생활연령(CA)}} \times 100$$

(4) Wechsler 지능검사

① **편차 IQ**: 동일연령 집단의 평균치에 대한 상대적인 위치로 지능을 측정
② 언어성 검사 6개와 동작성 검사 5개로 이루어진 11개의 소검사로 구성
③ WPPSI(유아용), WISC-Ⅲ(아동용), WAIS-R(성인용)

$$\text{지능지수(IQ)} = 15 \times \frac{\text{개인점수} - \text{해당 연령규준의 평균}}{\text{해당 연령규준의 표준편차}} + 100$$

(5) 지능

새로운 환경에 대한 적응능력, 과제에 대한 대처능력, 학습능력 등

(6) 지능의 구조

① **Spearman의 2요인설**: 지능은 일반요인(G)과 특수요인(S)으로 구성된다는 개념 20 23
② **서스톤의 다요인설**: 언어능력, 언어의 유창성, 수리능력, 기억, 공간관계인식, 지각속도, 논리능력의 요인으로 구성 22

(7) 길포드의 입체모형설

내용의 차원	시각, 청각, 상징, 의미, 행동
조작의 차원	평가, 수렴적 조작, 확산적 조작, 기억, 인지
결과의 차원	단위, 분류, 관계, 체계, 전환, 함축

(8) 카텔과 혼의 위계적 요인설 22

유동성 지능, 결정성 지능

(9) 가드너의 다중지능이론

인간의 지능은 다수의 능력으로 구성

(10) 스턴버그의 삼원지능이론 21 23

성분적 지능, 경험적 지능, 상황적 지능

(11) 유전계수

개인 간의 지능 차이에서 유전적인 요소가 차지하는 비율

09 성격과 측정

(1) 성격 특성이론 24

성격은 일관성을 가진 여러 가지 특성으로 구성되어 있다는 이론

① **올포트(Allport)**: 주특성, 중심특성, 이차적 특성 20
② **카텔(Cattell)**: 표면특성, 원천특성
③ **아이젱크(Eysenck)**: 외향-내향, 신경증적 경향 21

(2) 프로이트의 정신역동이론

무의식은 어린 시절에 억압된 의식 · 욕구 · 감정 등이 자리한 마음의 심층으로 개인의 성격 형성과 신경증의 발생에 중요한 의미를 가짐을 강조함

① **의식**: 감각과 경험으로 인식할 수 있음
② **전의식**: 필요할 때 의식화할 수 있는 영역
③ **무의식**: 스스로 의식할 수 없는 사고와 감정을 지배하는 심층 영역

(3) 프로이트의 성격구조 24

① **원초아**: 쾌락의 원리에 지배되는 영역으로 현실의 규제를 받지 않음
② **자아**: 현실의 요구에 따라 원초아를 통제하는 분별력의 영역
③ **초자아**: 인간을 이상적 · 도덕적으로 움직이게 하는 양심의 영역 23

(4) 사회학습이론

① **관찰학습(모델링)**: 타인의 행동과 그 결과를 관찰함으로써 학습자의 행동에 변화가 일어남 23
② **대리강화**: 타인(모델)의 행동이 강화되는 것을 관찰하여 학습자의 행동이 간접적으로 강화

(5) 현상학적 이론(자기이론)

① **자기개념**: 자기 자신에 대해 가지는 지식이나 이미지
② **자기일치**
  ㉠ 자기개념과 실제의 경험이 일치된 상태
  ㉡ 반대의 경우는 '자기불일치'이며, 심리적 고통이 따름
③ **자기실현**: 자아를 초월하여 보다 큰 자율성을 향해 심리적으로 성숙해가는 것

(6) 성격의 5요인 모델(Big Five) – 특질이론 22

① **신경증**: 불안, 적개심, 우울증, 자의식, 취약성
② **개방성**: 상상력, 심미안, 호기심, 창의성, 진보성향
③ **성실성**: 성실, 질서, 근면, 성취지향, 신중, 끈기
④ **순응성**: 온화함, 얌전함, 순종, 관대, 솔직, 신뢰
⑤ **외향성**: 온정, 활동성, 사교성, 유쾌, 자극 추구, 단호함

(7) 자기보고법(질문지법)

질문항목을 설정하고 피험자가 이에 회답하는 자기보고식 성격 측정 방법
예 다면성 인성검사(MMPI)

(8) 투사법

구조화되지 않은 다의적인 자극을 지각할 때 투사되는 개인 고유의 욕구, 정서 등을 측정하는 성격 측정 방법 22 23 24
예 주제통각검사(TAT), 로샤검사(Rorschach)

10 적응과 이상행동

(1) 욕구좌절(Frustration)

욕구충족이 지연되거나 저지됨으로써 나타나는 불쾌한 긴장상태

(2) 갈등(Conflict)

동시에 만족시킬 수 없는 욕구나 충동 사이에서 어느 한쪽만을 선택하고 다른 한쪽을 단념해야 하는 상황

(3) 갈등의 세 가지 유형

① **접근–접근형**: 둘 다 매력적인 선택
② **회피–회피형**: 둘 다 바람직하지 않은 선택
③ **접근–회피형**: 매력적이거나 바람직하지 않은 요소를 동시에 가짐

(4) 방어기제

갈등, 혐오감, 수치 등 불쾌한 감정을 대처할 수 있는 수준으로 변용하는 심리적 작용

(5) 방어기제의 종류

① **억압**: 용납할 수 없는 것들을 의식 밖으로 몰아냄
② **부정**: 의식하고 싶지 않은 것들을 부정함
③ **합리화**: 핑계를 대거나 다른 것에 책임을 전가함
④ **지성화**: 불안을 일으키는 요소에 이성적으로 접근함
⑤ **격리**: 과거의 불쾌한 기억에 연관된 감정을 의식에서 격리시킴
⑥ **퇴행**: 곤란한 상황에서 과거의 미숙했던 행동으로 돌아감
⑦ **동일시**: 타인이 가진 뛰어난 능력이나 실적을 자신의 것으로 함
⑧ **투사**: 자신의 생각이나 감정을 타인에게 돌리는 것
⑨ **반동형성**: 억압하고 있는 생각이나 감정을 정반대의 것으로 대치함
⑩ **도피**: 갈등을 일으킬 만한 상황을 회피함
⑪ **치환**: 한 대상에 대한 느낌이나 반응을 덜 위협적인 다른 대상에게로 전이
⑫ **보상**: 자신이 부족하다고 느끼는 감정을 다른 분야에서 성취하여 보상받으려 함
⑬ **승화**: 사회적으로 용납되지 않는 욕구를 사회적으로 허용되는 형태로 표출

(6) 심리적 장애의 전통적 분류

① **외인성**: 뇌 손상에 따른 장애 등 신체적 장애에서 기인
② **내인성**: 유전적인 요인에 따른 스트레스로 추정
③ **심인성**: 급격한 환경변화, 대인관계의 갈등과 같은 사회적 스트레스

(7) 심리적 장애의 진단 기준

① **DSM–5**: 미국정신의학회(APA)의 정신질환 진단 및 통계편람, 다축평가 → 심리적 질환의 진단에 가장 널리 사용
② **ICD**: WHO의 국제질병분류

(8) 정신병의 원인

① **내인성 정신병**: 뇌의 기능 이상
② **외인성 정신병**: 신체질환이 원인(기질성, 증상성, 중독성)
③ **심인성 정신병**: 심리적 스트레스가 원인

(9) 정신병의 종류

① **정신분열증**: 피해망상, 대인기피 20 24
② **조울증(양극성 장애)**: 큰 감정 기복
③ **우울증**: 만성적 우울, 의욕 저하

(10) 신경증 장애

① **불안장애**: 범불안장애, 공황장애, 공포증, 강박장애
② 사회불안장애(SAD)

③ 전환장애
④ 외상 후 스트레스 장애
⑤ 건강염려증
⑥ 해리성 장애

(11) 성격장애

① 사회적 고립(편집증 · 분열성 · 분열형 성격장애)
② 감정적이고 불안정(반사회적 · 경계성 · 연극성 · 자기애성 성격장애)
③ 자신감 결여, 불안함(회피성 · 의존성 · 강박성 성격장애)

11 사회적 행동

(1) 태도

특정 대상에 대한 감정적 경향으로, 학습과 경험을 통해 형성

(2) 태도의 구성요소

① **인지적 요소**: 경험과 학습을 통해 얻은 지식 · 개념 · 신념
② **감정적 요소**: 대상에 대한 정서적인 반응
③ **행동적 요소**: 어느 대상에 대하여 특정 행동을 하려는 경향

(3) 인지부조화이론 23 24

개인이 가지는 인지요소(신념 · 태도 등)와 새로운 인지요소의 정보가 모순되는 상태로 사람들은 인지부조화에 불쾌함을 느끼고 모순 상태를 해소하고자 함

(4) 태도변화 22

① **설득의 효과에 영향을 주는 요인**: 신빙성(슬리퍼 효과), 일면 메시지와 양면 메시지, 적당한 공포 유발, 설득 의도의 유무
② **승낙을 얻어내는 방법**: 문간에 발 들여놓기 효과, 면전에서 문 닫기 효과, 낮은 공 기법

(5) 동조현상 20 23 24

판단 · 태도 등을 정하는 데 있어 타인 또는 집단이 제시하는 표준, 기대에 따라 행동

(6) 인상형성

타인에 관한 제한적인 정보를 단서로 인물의 전체적인 인격을 추론

(7) 인상형성의 편향

① **후광효과(할로효과)**: 타인이 가지는 긍정적(부정적) 특징이 그 사람의 전체적인 평가에 영향을 주는 것
② **피그말리온 효과**: 누군가에 대한 기대가 실제 그 사람의 성취에 작용하는 것
③ **부정적 편향**: 긍정적인 정보보다 부정적인 정보가 판단을 크게 좌우하는 것

(8) 귀인

어느 현상(결과)의 원인을 어디에 둘 것인가의 귀속문제를 이론화 20 24

① **내적 귀인**: 행위자의 능력 · 성격에 귀속시킴
② **외적 귀인**: 상황 · 환경에 귀속시킴

(9) 귀인의 편향 21

① **이기적 편향(Self-Serving Bias)**: 성공은 내부귀인으로, 실패는 외부귀인으로 돌리는 편향
② **행위자-관찰자 편향**: 같은 행동에 대하여 타인에게는 내부귀인을, 자신에게는 외부귀인을 하는 편향

(10) 친교대상자의 선택요인(대인매력) 22

친숙성, 근접성, 유사성, 보상, 신체적 매력, 인격적 매력

(11) 친교관계의 형성과 유지

① **자기개방**: 자신의 사적인 정보를 상대에게 알림으로써 친근감을 높이는 방법
② **사회적 침투이론**: 개인과 개인이 주변부에서 만나 상대의 주변부로 침투해가는 친교형성과정
③ **사회교환이론**: 대인관계는 비용과 보수의 상호교환으로 성립한다는 이론

(12) 집단

공동의 목표를 가지는 상호의존적인 두 사람 이상의 공동체

(13) 집단의사결정

다수의 사람들이 합의를 통해 공동의 결정을 내리는 것

(14) 역할

집단이나 사회에서 어느 지위에 요구되는 가치 · 행동양식 · 태도 등

(15) 군중심리

군중 속의 한 사람이 됨으로써 자기의식이 약화되는 현상

독학사 1단계 합격을 결정하는

필수 암기 키워드

문학개론

01 총설

(1) 문학을 어떻게 볼 것인가

① 문학의 '언어예술성'
㉠ 문학은 '언어'를 표현매체로 하며, 동시에 그것을 예술적으로 가다듬은 것
㉡ '언어'는 문학을 다른 예술과 구분해주는 본질적 요소
② 좁은 의미(협의)의 문학의 정의
㉠ 즐거움을 주는 문자예술
㉡ 정서적 표현 예술(언어: 표현매체)
㉢ 상상의 산물, 일반적 지식에 호소
㉣ 가치 있는 체험의 형상화 → 예술적 승화, 작품화
㉤ 개연성(가능성) 있는 허구

(2) 문학의 속성, 언어 예술성

① 문학의 기원
㉠ 심리학적 기원설: 모방본능설, 유희본능설, 흡인본능설, 자기표현본능설 20 21 24
㉡ 발생학적 기원설
㉢ 발라드 댄스설
② 문학의 속성: 체험의 표현, 전달(보편성), 기록(항구성) 23
③ 과학적 언어와 문학적 언어 23 24

과학적 언어	문학적 언어
직접적 · 외연적	함축적 · 내포적
개념의 정확성	개념의 다양성
사실의 설명에 기반	비유, 상징 등의 표현을 통한 이미지의 구체화 실현
관찰 · 보고	느낌 · 해석

(3) 문학을 보는 관점(아리스토텔레스의 모방이론) 21 22

① 문학은 인간의 보편적 · 개연적 행위에 대한 모방이며, 인간의 행동을 모방함으로써 이념의 세계를 형상화
㉠ 비천한 인물을 모방: 희극
㉡ 고상한 인물을 모방: 비극
② 모방은 인간의 본능적 행위이며, 동시에 즐거운 행위 20 24

(4) 문학의 기능(효용론)

① 문학의 교시적 기능: 작품을 통해 독자들로 하여금 새로운 세계를 발견하고 주위의 사물을 새롭게 인식하여 스스로 자신의 행위를 돌아보게 하고 교훈을 주는 것 22 24
② 문학의 쾌락적 기능 21
㉠ 문학은 예술가에 의한 상상적 창조물로, 독자에게 감동(재미)과 즐거움을 주는 것
㉡ 아리스토텔레스가 말한 "모방이란 즐거운 행위이며, 모방을 대하면 기쁨을 느낀다."와 직결

(5) 제작자의 문제와 의도

① 존재론과 표현론 23
㉠ 존재론: 작품 자체만을 대상으로 하여 그것의 실체를 규명하는 것
㉡ 표현론: 표현의 주체인 작가와의 연관 속에서 작품을 파악하는 것 22
② 의도의 오류(Intentional fallacy): 작가가 표현하고자 의도한 것과 그것이 실제로 표현된 결과인 작품이 일치하지 않을 수 있는 경우를 배제한 것에서 보이는 오류로, 표현론에서 보이는 한계임 20 21
③ 분석의 초점 22 23
㉠ 모방론(반영론): 현실 중시
㉡ 표현론(생산론): 작가 중시
㉢ 효용론(영향론 · 수용론): 독자 중시
㉣ 구조론(절대론 · 존재론): 작품 자체 중시 20
④ 의도 비평: 작품을 이해하기 위해서 작가의 의도와 계획을 파악하는 것으로, 작품 속에 작가의 의도가 어떤 방식으로 반영되어 있는지, 또는 그 방식이 성공적인지 등을 비평하는 것 20

(6) 구조의 이론 22

① 유기체설: 하나의 작품은 각 요소가 긴밀하게 연결되어 그 자체로 완벽한 짜임새를 가진 조직체임 – 작품을 생물체로 파악
② 동적(動的) 구조: 작가는 인상 깊었던 미적(美的) 대상을 언어를 통해 표현하는데, 이때 각 부분의 요소들은 하나의 구조를 이루는 하나의 조직체로서의 구성요소임

(7) 문학의 장르

① **장르의 정의**
- ㉠ 본래 생물학에서 동 · 식물의 분류 및 체계를 설명할 때 사용
- ㉡ 문학의 '갈래', 문학의 '종류'를 의미하는 것이지만, 문학의 종류가 모두 장르를 의미하는 것은 아님

② **장르의 구분** 24
- ㉠ 전통적 구분: 서정시, 서사시, 극시 24
- ㉡ 작품의 매체 · 형태: 운문, 산문
- ㉢ 제재의 성격: 농촌소설, 연애소설, 해양소설, 역사소설 등
- ㉣ 창작 목적: 참여문학, 계몽문학, 오락문학 등
- ㉤ 독자와의 관계: 순수문학, 대중문학, 통속문학 등

(8) 스타일론

① **문체(Style)**
- ㉠ 문학적 목적을 위해 독특하게 구성되는 문장의 특수성 및 개성
- ㉡ 문학의 개성, 독창성 등을 살려 줌

② **문체의 결정 요소**
- ㉠ 사용 어휘 및 낱말
- ㉡ 운율 및 비유적 언어의 사용 빈도와 유형
- ㉢ 문장의 구조 및 수사적 효과

02 시론(詩論)

(1) 시와 언어

① **시어의 외연(外延)과 내포(內包)** 20
- ㉠ 외연(外延): 언어의 사전적 · 지시적 기능
- ㉡ 내포(內包): 언어의 시적 · 함축적 기능

② **시어의 함축성** 21
- ㉠ 언어의 표면적 의미가 아닌 작가가 의도하고자 한 의미와 정서, 즉 내포적 의미
- ㉡ 개념 지시에 충실한 언어는 '외연(外延)'에 충실한 언어이지만, 시어는 '내포(內包)'에 충실한 언어

③ **시어의 애매성(曖昧性)과 긴장 언어** 21
- ㉠ 애매성: 의미 해석이 두 가지 이상으로 가능한 시어의 특성으로, 이로 인해 다양성의 혼란이 일고 이해 불가능의 상황을 맞게 됨 20 22 24
- ㉡ 긴장(Tension): 문학의 본질적 성격을 가리키는 개념으로, 하나의 문학 언어란 작품 외부를 향한 문자적 의미와 작품 내부를 향한 비유적 의미의 충돌에서 비롯되는 긴장을 품고 있다는 것을 의미 – A. 테이트

(2) 시의 운율(음악성) 20 22 23 24

① **외형률**
- ㉠ 외형률(外形律): 시의 외형상 분명히 드러나 있는 운율로 정형시에서 흔히 볼 수 있음
- ㉡ 음보율(音譜律) 24
  - 우리 시에서 가장 두드러진 운율
  - 한국 시가에서 가장 자주 쓰이는 것은 2음보, 3음보, 4음보

② **정형시**
- ㉠ 시의 형식이 일정한 규칙을 따르는 시로, 보통 외형률에 의해 쓰인 시
- ㉡ 행이 리듬의 단위
- ㉢ 우리나라 시가에서 가장 대표적인 정형시는 '시조' → 현재까지 명맥을 유지

③ **자유시**
- ㉠ 일정한 외형적 형식에 얽매이지 않음
- ㉡ 형식이 없는 시가 아니라 형식이 매우 다양한 시
- ㉢ 자유로운 체험을 자유롭게 표현하려는 표현 욕구의 소산

④ **산문시**
- ㉠ 행과 연의 구분이 없으며, 시적 운율을 의도적으로 배제한 시
- ㉡ 운율적 요소를 가지지 않음
- ㉢ 행과 연의 구분이 없음
- ㉣ 산문시와 산문은 행과 연의 구분이 없다는 면에서는 일치하지만, 산문시는 산문에는 없는 시 정신(Poesie)이 담겨 있음

(3) 비유의 이해 23

① **주지(主旨)와 매체(媒體) – 리처즈** 22
- ㉠ 주지: 시인이 본래 표현하고자 하는 사상 · 정서 등의 주된 요소 → 원관념
- ㉡ 매체: 주지를 구체화하거나 변용 · 전달하는 데 사용되는 표현 방식 또는 수단을 의미 → 보조관념

② **비유의 유형** 20
- ㉠ 직유법: 두 개의 사물을 직접적으로 비교, '~같은', '~인 양', '~처럼', '~듯이' 등의 형식 24
- ㉡ 은유법: 원관념은 숨기고 보조관념만 드러내어 표현하려는 대상을 설명, 'A는 B이다.'
- ㉢ 의인법: 사람이 아닌 것을 사람인 것처럼 표현하는 방법

③ **환유와 제유**
- ㉠ 환유: 어떤 사물을 그것의 속성과 밀접한 관계가 있는 다른 낱말을 빌려서 표현하는 방법, 주지와 매체가 1:1의 관계 21
- ㉡ 제유: 어느 한 부분이 전체를 나타내는 것으로, 주지와 매체가 1:다(多)의 관계

④ **죽은 비유**: 일상생활에서 일반적으로 쓰이고 있는 식상한 비유로, 독창성 · 생명력을 갖지 못하므로 시에서는 가치가 없는 표현법 → 별다른 유추 과정 없이 그 뜻을 쉽게 파악할 수 있음

예 '앵두 같은 입술', '세월이 유수와 같다.' 등의 표현

(4) 시와 이미지(이미지의 유형) 20

① **시각 이미지**: 색채, 명암(明暗), 모양, 동작 등을 시각 [눈]을 통해 떠올리는 이미지 23 24

② **청각 이미지**: 청각[귀]을 통해 떠올리는 소리에 대한 이미지
③ **후각 이미지**: 냄새를 통해 구현되는 이미지
④ **미각 이미지**: 맛으로 구현되는 이미지
⑤ **촉각 이미지**: 피부의 감각으로 구현되는 이미지
⑥ **공감각 이미지**: 하나의 감각이 다른 감각으로 전이되어 일어나는 심상 22 23 24

(5) 시와 상징

① **은유와 상징**
㉠ 은유: 유사성, 비슷비슷한 속성, 1:1(원관념:보조관념), 보조관념의 독립적 의미 없음
㉡ 상징: 개별성, 관계없는 속성, 1:多(원관념:보조관념), 보조관념의 독립적 의미 있음, 원관념이 주로 생략됨 22 23 24

② **상징의 종류**
㉠ 원형적 상징: 하나의 사물이 지니는 근원적 양상으로, 모든 사건이나 사물은 그저 막연히 나타나는 것이 아니라 신화적인 원형의 변모된 모습이라고 보는 것 22
㉡ 관습적 상징(인습적 상징): 오랜 세월을 거친 인습적 친근함, 즉 사회적 공인을 지니게 된 상징 20 23
- 자연적 상징: 하늘 → 신성함
- 제도적 상징: 태극기 → 대한민국
- 알레고리컬 상징: 매화 → 절개

㉢ 창조적 상징(개인적 상징): 한 개인의 독창적 체험에 의해 창출해낸 상징 21 23

③ **재문맥화와 장력상징**
㉠ 재문맥화: 이미 알려진 상징의 이미지에 새로운 의미를 부여하는 것
㉡ 장력상징
- 개인의 상상력에 의해 만들어낸 것
- 필연적으로 의미가 조작되며, 그 의미가 언제나 애매함

03 소설론

(1) 소설의 본질

① **소설의 자의(字義)**
㉠ 노벨(Novel): '새로운 이야기(사실적인 사건)'라는 의미로 근대 이후 출현한 서사문학
㉡ 로망스(Romance): 이국적 경향을 가지고 있는 중세의 서사문학 20
※ 로망어로 씌어진 글로 보통 중세의 용감한 기사들의 무용담이나 사랑 · 모험 등의 이야기를 다룸
㉢ 픽션(Fiction): 사실이 아닌 지어낸 이야기
㉣ 스토리(Story): 역사(History)와 같은 어원으로 '사실의 이야기'를 의미

② **근대소설의 발생**
㉠ 근대적 인간관의 발견 22
㉡ 부조리한 세계에 대한 비판정신
㉢ 부르주아 계급의 등장

③ **근대소설의 갈등구조**: 영웅의 운명과 신의 계시 사이의 괴리가 존재

④ **소설의 특징** 23
㉠ 허구적인 이야기
- 소설은 작가에 의해 창조 · 가공된 이야기의 기록
- 개연성: 실제로 있었던 일은 아니나, 일어날 가능성이 있는 일을 실제로 있었던 것처럼 그럴 듯하게 꾸며내는 것 20

㉡ 서술적 산문: 소설이 다른 문학양식과 구별되는 중요한 요소는 '서술'이라는 기술 방법
㉢ 삶의 세계를 표현하는 창작 문학: 인간의 삶을 근거로 하는 인생 이야기

⑤ **로망스와 노벨**

로망스	노벨
• 인플레이션 양식 • 과장되고 부풀린 삶 • 로망스에 등장하는 청년들은 전부 영웅, 상대방은 악마, 처녀들은 자연의 걸작으로 묘사	• 디플레이션 양식 • 리얼리즘의 방법, 즉 구성과 감정 · 사고 면에서 긴밀성과 절제의 논리에 따름 • 노벨은 로망스와 철학적 이야기 사이에 놓임
모험 · 여행 등	형성 · 교육 등
아이러니의 형질이 없음	아이러니컬한 허구 형태를 본질로 삼음

(2) 소설의 요소

① **소설의 플롯(Plot)과 스토리(Story)** 20 21 24
㉠ 플롯 23
- 사건의 서술이지만, 인과관계에 중점을 둠 22
- 사건의 논리적 전개: 사실성 · 소설의 미학(美學)과 직결
- 'Why(왜)'의 반응을 이끌어 냄
  예 "왕비가 죽자, 왕이 슬퍼서 울었다."

㉡ 스토리
- 시간적 순서대로 배열된 사건의 서술
- 'And(그리고)'의 반응을 이끌어 냄
  예 "왕이 죽고, 왕비가 죽었다."

② **플롯의 유형**
㉠ 단순 플롯: 단순 · 단일한 사건이 시간적 순서에 따라 진행되는 플롯(순행적)
㉡ 복합 플롯: 하나의 소설 속에 둘 이상의 플롯이 중첩되어 진행됨으로써 많은 이야기가 전개되는 플롯(역행적)
㉢ 피카레스크(Picaresque): 몇 개의 독립된 스토리가 그것을 종합적으로 이어 놓는 하나의 플롯 위에 배열되는 것 20 22 24
㉣ 액자형 플롯: 하나의 플롯 속에 또 하나의 플롯이 삽입된 것 22 24

③ **인물** 23

㉠ 전형적 인물: 한 사회의 어떤 계층이나 집단의 공통된 성격적 기질을 대표 20 21 22 24

㉡ 개성적 인물: 작가의 독특한 개성이 발휘된 창조적 인물로, 전형성에서 탈피

㉢ 입체적 인물(동적 인물)

- 작품 전개에 따라 성격이 발전 · 변화
- 독자들을 감동시켜 유머를 제외한 어떠한 감정에도 빨려들어가 몰입할 수 있게 하며, 경이감을 줌
- 독자에게 강렬한 인상을 남길 수 있음

㉣ 문제적 인물: 근대적 세계관과 문제의식을 반영하고 불확실한 가치들의 관계를 스스로 탐구 24

④ **R. 스탠턴의 소설의 시점의 분류**

㉠ 1인칭 중심인물 시점: 주인공 혹은 그에 상응하는 인물이 자신의 목소리로 이야기를 이끌어감

㉡ 1인칭 주변인물 시점: 보조인물 또는 주변인물이 이야기를 전개

㉢ 제한적 3인칭 시점: 3인칭으로 된 한 인물에 의해 보이는 것, 아는 것만 서술

㉣ 전지적 3인칭 시점: 아무런 제한 없이 모든 사건과 생각 등을 서술

⑤ **시점의 종류** 23 24

㉠ 1인칭 주인공 시점: 작품의 주인공이 자신의 이야기를 함

㉡ 1인칭 관찰자 시점(제한적 시점): 작품에 등장하는 부수적 인물이나 사건 밖에 있는 단순 관찰자가 주인공의 이야기를 함

㉢ 3인칭 작가 관찰자 시점(극적 시점): 작가가 관찰자의 입장에서 이야기함

㉣ 전지적 작가 시점: 작가가 전지(全知)의 입장에서 작중인물의 심리상태나 행동의 동기, 감정 등을 해설 · 분석하여 서술

⑥ **소설의 인물 제시 · 설명 방법**

말하기(Telling)	보여주기(Showing)
• 작가가 인물을 직접 해설 · 분석 · 요약 · 편집 • 논평적 방법	• 작가가 대화나 행동만 보여줌 • 극적 · 입체적 방법
직접적 제시	간접적 제시
고대소설에 많음	현대소설에 많음
전지적 작가 시점	3인칭 관찰자 시점

⑦ **소설의 주제와 제재** 20 21 23

주제	• 소설이 말하고자 하는 '무엇'에 해당 • 제재의 속성을 추상화 · 일반화하여 얻은 것 • 주제 자체가 목적 • 추상화의 산물
제재	• 주제를 낳기 위해 동원되는 재료나 근거 • 특수한 상황이나 경우를 알려주는 것 • 주제를 나타내는 효과적 수단 • 구체적

(3) 소설의 종류

① **뮤어의 분류에 따른 소설의 종류** 21 22 23 24

㉠ 행동 소설: 스토리 중심의 소설로, 호기심과 기대감을 유발

예 루이스 스티븐슨의 『보물섬』

㉡ 성격 소설: 사건보다는 인물에 초점을 맞춤

예 새커리의 『허영의 시장』

㉢ 극적 소설: 작중인물과 플롯이 거의 완벽하게 결합된 것으로, 행동 소설과 성격 소설이 종합된 소설

예 에밀리 브론테의 『폭풍의 언덕』

㉣ 연대기 소설: 시간과 공간을 총체적으로 그린 소설

예 허버트 로런스의 『아들과 연인』

㉤ 시대 소설: 한 시대의 풍속을 반영한 소설

예 드라이저의 『아메리카의 비극』

② **루카치의 분류에 따른 소설의 종류** 20 22

㉠ 추상적 이상주의 소설: 복잡한 세계와 연결된 주인공의 행동 양식이 좁은 의식에 의해 지배를 받으며, 맹목적 신앙에 가까운 형태를 취함

예 세르반테스의 『돈키호테』

㉡ 심리 소설: 작중인물의 내면세계를 분석하는 데 주력하는 소설

예 곤차로프의 『오블로모프』

㉢ 교양 소설: 주인공이 일정한 삶의 형성이나 성취에 도달하기까지의 과정을 그린 소설

예 헤르만 헤세의 『싯다르타』

㉣ 톨스토이의 소설형: 문화를 초월하여 자연에 대한 본질적 체험 및 구체적 · 실제적 체험을 그린 소설 유형

③ **단편소설과 장편소설의 차이** 20 22 23 24

단편소설	장편소설
단일성, 통일성(Unity)	총체성, 전체성(Totality)
인생의 단면	인생의 전면
단순구성	복합구성
김동인 • 단일묘사 방법 • 인물 하나에 초점 • 나머지 인물은 조종(인형조종술)	염상섭 • 복합묘사 방법 • 여러 인물에 초점

04 비평론

(1) 문학비평의 어원과 개념

① **역사 · 전기적 비평** 20 22 23 24

㉠ 작가와 작품의 역사적 배경, 사회적 환경, 작가의 전기 등 문학을 결정하는 여러 가지 체계와 관련시켜 작품을 연구

㉡ 작품의 위상 정립 및 텍스트(원전) 확정, 사용된 언어에 대한 해명, 작가에 대한 전기적 접근, 문학적 관습 및 전통성의 형성 여부 등

② **형식주의 비평** 21

㉠ 문학이 문학다운 속성, 즉 '문학성'을 철저하게 그 언어적 조직과 일체화시켜 분석 · 기술

㉡ 상세한 기술과 분석에 관심을 집중

㉢ 구조주의 비평과 관련

㉣ 텍스트 자체를 고유한 자율적 존재를 가진 객관적 의미 구조로 파악

③ **구조주의 비평** 21 23

㉠ 현대 언어학의 이론 모형을 적용하여 문학작품을 분석

㉡ 인간의 문화 활동의 전체성을 파악할 수 있는 과학적 방법에 대한 요구와 사상적 자각에서 비롯

㉢ 의미 자체보다 의미가 만들어지는 방식에 초점
→ 내재적 접근

㉣ 작품의 역사성을 배제하고 작품의 현재성은 물론, 작품을 있게 만드는 구조를 파악

㉤ 문학을 기표와 기의의 결합물로 인지

④ **사회 · 문화적 비평** 20 24

㉠ 문학을 사회 · 문화적 배경과 관련하여 설명

㉡ 문학 작품과 시대적 배경, 사회 현실과의 관련성에 초점

㉢ 문학과 사회제도, 작가의 사회적 지위, 문학적 소재로서의 사회의 양상 등을 주요 과제로 삼음

㉣ 마르크스주의 비평이 이에 해당

⑤ **심리주의 비평** 23 24

㉠ 프로이트의 정신분석학이 나타난 이후 발달되었음

㉡ 내면세계(무의식)를 분석함으로써 작가와 작품의 관계, 즉 창작 심리를 해명하여 작품의 창작 배경을 밝힘

㉢ 프로이트: 인간의 심리 구조를 '에고(Ego, 자아)', '슈퍼에고(Superego, 초자아)', '이드(Id, 무의식)'로 분류하고, 이를 '리비도(Libido)'와 관련시켜 설명

㉣ 프로이트 이론의 수정: 아들러, 융, 라캉 등

⑥ **신화 · 원형 비평** 20 21 22 23

㉠ 문학작품 속에서 신화의 원형을 찾아내고, 이 원형들이 어떻게 재현 · 재창조되어 있는지를 살피는 방법

㉡ 작품이란 형상을 원형의 반영으로 보고 그러한 원형이 시대와 개인에 따라 변형되는 모습을 추적

㉢ 융 20

- 인류의 원시적 체험의 저장고라 할 수 있는 '집단 무의식'의 개념을 제시
- 개인은 고립된 개체 혹은 사회 속의 단순한 한 단위가 아니라 지금까지 생존한 무수한 개인의 집적임을 강조
- 원형의 개념: 옛 조상들의 생활 속에서 되풀이되는 체험의 원초적 심상을 원형이라 보고, 이에는 페르소나, 아니마 · 아니무스, 그림자, 자기 등이 있다고 보았음 22

㉣ 신화 · 원형 비평의 적용의 예

- 이육사의 「광야」 23
  - '백마 타고 오는 초인': 강력한 아버지의 모습 [부상(父像)]으로 해석
  - 「광야」를 아버지 신에게 바치는 초혼으로 간주
- 현길언의 『용마의 꿈』: 장수전설, 용마전설의 모티프의 원형적 패턴을 밝힘
- 이청준의 『침몰선』: 통과의례의 패턴
- 한승원의 『바다의 뿔』: 통과의례의 패턴

(2) 실존주의 비평과 현상학적 비평

① **실존주의 비평**

㉠ 문학비평이란 문학작품에 사용된 실존적 정신분석

㉡ 문학작품의 보편적인 상징력과 신비를 그대로 수용

㉢ 수용미학 이론과 연계될 가능성이 있음

② **현상학적 비평**

㉠ 후설의 현 상황에서의 개념과 방법을 근거로 하여 예술작품을 분석

㉡ 관념론과 경험론의 한계를 극복하려는 현상학을 바탕으로 함

㉢ 비평가 자신의 이해 관계 및 선입견이 개입되는 능동적인 작품 해석을 비평으로 보는 이들에게는 비평의 역할에 의구심을 갖게 함

05 수필문학론

(1) 수필의 특징 및 장르의 설정

① **수필의 특징** 20 22 23 24

㉠ '붓을 따라서', '붓 가는 대로' 그때그때 보고 듣고 느낀 것을 쓴 글

㉡ 형식이 자유로운 글

㉢ 글쓴이의 체험을 소재로 한 글

㉣ 개성적 · 고백적 · 서정적인 글

㉤ 인생이나 자연 또는 일상생활에서의 느낌이나 체험을 생각나는 대로 쓴 글

㉥ 문체가 정교하며, 산문적인 글

② **수필의 장르 분류의 세 가지 견해**

㉠ 수필을 잡문에 포함시키는 견해: 장르 개념이 불분명하다는 단점이 있음 – 조윤제와 이병기

㉡ 수필을 독자 장르로 설정하는 견해: 현대 수필에 있어 가장 바람직한 견해 – 김동욱, 김기동 등

㉢ 서정 · 서사 · 극 양식의 3분법에 교술 양식을 제4의 양식으로 포함시키자는 견해: 기존의 3분법에서 어느 범주에도 포함시킬 수 없었던 경기체가 · 가전 · 비평 · 전기 등의 장르를 구분할 수 있지만, 서정 또는 서사 장르에 포함시킬 수 있는 장르가 교술 양식에 포함될 수 있다는 단점이 있음 – 조동일

(2) 수필의 어원

① **수필과 에세이** 24

㉠ 수필과 에세이를 동일시하는 견해: 수필에서 다룰 수 있는 것은 에세이에서도 다룰 수 있고, 에세이에서 다룰 수 있는 것은 수필에서도 다룰 수 있다고 봄 – 백철, 최승범, 정봉구 등

㉡ 수필과 에세이를 서로 다른 영역에 속한 것으로 보는 견해: 수필을 의미하는 말에는 '미셀러니(Miscellany)'와 '에세이(Essay)'가 있는데, 에세이라는 말에는 '평론'과 '수필'이라는 두 가지 의미가 있으므로, 수필과 에세이가 동일시되는 것은 아니라고 봄 – 곽종원, 문덕수 등

② **수필의 기원**

㉠ 중국: 남송(南宋)시대 때 홍매(洪邁)가 『容齋隨筆(용재수필)』에서 '수필(隨筆)'이란 용어를 맨 처음 사용

㉡ 우리나라

- 이규보의 『백운소설』: 우리나라 수필류 책의 원조
- 조성건의 『한거수필(閑居隨筆)』: 최초의 본격 수필

㉢ '수필'이라는 용어의 정착: 신문학기까지 '수상(隨想), 감상(感想), 상화(想華), 만필(漫筆), 수감(隨感), 수의(隨意)' 등의 명칭으로 창작되다가 1920년에 이르러 '수필'이라는 이름으로 정착

(3) 수필의 특성 20 23

① **형식의 개방성(무형식의 형식)**: 수필은 형식상 제한이 없는 자유로운 문학양식으로, 이는 형식이 다양하다는 뜻이며 아무렇게나 써도 된다는 뜻은 아님

② **자기 고백성(개성 표출성)**: 수필은 작가의 개성이 생생하게 드러난 글

③ **제재의 다양성**: 인생이나 자연 등 소재를 어디에서나 구할 수 있음

④ **유머와 위트, 비평 정신의 문학**: 유머, 위트, 비평 정신 등은 다른 문학 양식에서도 나타나지만, 어떤 사건의 구성이 없는 수필에서는 특히 중요한 요소가 됨

⑤ **간결한 산문의 문학**: 수필은 간결하며, 비교적 길이가 짧은 산문 문학

⑥ **심미적 · 예술적인 글**: 글쓴이의 심미적 안목과 철학적 사색의 깊이가 드러나 있으며, 예술적인 언어를 바탕으로 한 예술의 한 분야

⑦ **비전문성의 문학**: 누구나 쓸 수 있음

(4) 수필의 종류

① **수필의 이종설 – 경수필과 중수필** 23 24

㉠ 경수필(Informal essay)

- 주정적, 주관적 · 개인적 · 사유적 · 인상적 · 감성적
- 대상에 대한 표현이 암시적 · 소극적
- 주제가 비교적 가벼움
- 연(軟)문장적
- '나'가 겉으로 드러남
- 몽테뉴형 수필

㉡ 중수필(Formal essay)

- 주지적, 객관적 · 의론적(議論的) · 논리적 · 객관적 · 지적 · 사색적
- 경(硬)문장적
- '나'가 겉으로 드러나지 않음
- 베이컨형 수필

② **수필의 오종설(한흑구의 분류)**

㉠ 작가 자신의 경험을 서술하는 주관적 산문

㉡ 인생에 대한 주관적인 견해

㉢ 일상생활에 대한 관찰

㉣ 자연계에 대한 사고와 관찰

㉤ 세상에 대한 비판

③ **수필의 팔종설**

㉠ 공정호: 과학적 수필, 철학적 수필, 비평적 수필, 역사적 수필, 종교적 수필, 개인적 수필, 강연집, 설교집

㉡ 백철: 사색적 수필, 비평적 수필, 스케치 수필, 담화(譚話) 수필, 개인 수필, 연단(演壇) 수필, 성격 수필, 사설 수필

06 희곡론

(1) 희곡의 본질

① **희곡의 기원**

㉠ Drama: '행동한다, 움직인다'는 의미의 그리스어 'Dran'에서 유래 23

㉡ Play: '유희한다'의 뜻으로, 우리의 전통극인 양주 별산대놀음 등의 명칭과 유사

㉢ 희곡의 발생: 표출의 형태를 취한 극시에서 발생

② **희곡의 개념** 23

무대 상연을 전제로 대화와 행동을 통해 관객에게 작가의 의도를 직접 전달하는 문학 → 대사와 행동을 통한 직접적인 인생 표현

③ **레제드라마(Lesedrama)** 20

㉠ 일반적인 의미의 희곡과는 달리 문학적 요소만이 강조된 형식의 희곡 → 문학성에 중점, 읽기 위한 희곡

㉡ 연극이 요구하는 조건이나 제약의 구분 없이 순수한 문학적 형태를 띰

㉢ 폴켈트

- 상상극: 레제드라마
- 무대극: 상연을 목적으로 하는 희곡
- 대표작: 괴테의 『파우스트』, 하웁트만의 『조용한 종』 등

④ **부흐드라마와 뷔넨드라마**

㉠ 부흐드라마(Buchdrama): 출간 당시에는 무대에서 상연하지 않고, 일정한 시기에 이르러서 공연하는 희곡 → 레제드라마와 뷔넨드라마의 중간

㉡ 뷔넨드라마(Bühnendrama): 무대 상연을 위하여 쓴 희곡

⑤ **희곡과 소설의 차이점** 20

구분	희곡	소설
서술자 개입	없음	있음
시·공간적 제약	많음 (무대·상연시간)	적음
전개	대화와 행동 중심 → 표출	서술과 묘사 중심
등장인물의 수	제약 있음	제약 없음
시제	주로 현재 시제	주로 과거 시제
배경	제약 있음	제약 없음

⑥ **희곡의 특질** 22

㉠ 연극성: 희곡은 무대 위에서 상연될 것을 전제로 하는 연극적 성격을 가짐

㉡ 행동성

- 희곡에서의 행동은 의미를 전달하는 데 있어 중요한 역할을 하며, 서술자나 작가의 개입은 전혀 허용되지 않음
- 희곡에 있어 행동이나 시추에이션·표현·제스처 등이 지니는 의미를 작가가 직접적으로 설명 또는 논평할 수 없음

㉢ 대화성: 인물의 성격, 사건, 심리 표현 등이 대화를 통해 이루어짐 24

㉣ 현재성: 희곡은 무대 위에서 직접적으로 인생을 표현하는 문학이므로, 모든 이야기를 현재화하여 표현

⑦ **희곡의 컨벤션(Convention)**

㉠ 희곡은 무대라는 제한된 공간에서 대사와 행동을 통해 표현하기 때문에 연기자와 관객(독자) 사이에 일종의 묵계(默契)가 이루어지는데, 이를 희곡의 '컨벤션'이라 함

㉡ 희곡(연극)에서 전개되는 세계가 실제 현실은 아니나 실제 현실과 똑같다고 봄

㉢ 희곡이 상연되는 무대(배경 그림, 소도구, 현수막 등 포함)는 극이 전개되는 가공의 장소이지만 희곡에서는 이것을 진짜 현실로 받아들임

㉣ 배우는 실제 극중 인물이 아니라 분장한 인물이지만 실제 인물로 간주

㉤ 배우의 행동 역시 실제 행동으로 간주

㉥ 등장인물의 방백이나 독백도 다른 등장인물은 듣지 못한다고 인정함 23

(2) 희곡의 요소

① **희곡의 5막 구성** 20 21 22

㉠ 발단(도입부): 극의 도입이며 설명의 단계, 인물의 소개가 이루어짐, 플롯의 실마리가 드러나 사건의 방향성·성격 등을 제시, 등장인물 간의 갈등의 단서를 암시 24

㉡ 상승(전개): 발단에서 시작된 사건과 성격이 복잡해지고 갈등과 분규가 구체화, 관객의 흥미·주의를 집중시키는 단계, 주동인물과 반동인물의 대결이 나타남, 인물이 성장·변화·발전해야 하며, 복잡화되어야 함

㉢ 정점(위기, 절정, 클라이맥스): 발단과 상승 단계에서 전개된 사건이 논리적으로 귀결되어야 함, 반복되는 위기를 거쳐 주동인물과 반동인물의 대립이 최고조에 이름

㉣ 하강(반전): 파국 또는 대단원으로 향하는 단계, 새로운 인물이나 사건이 개입되어서는 안됨, 비극에서는 주인공의 파멸·불행을 이끌 대립된 세력이 강해지는 단계이며, 희극에서는 주인공에게 방해가 되었던 장애물이 제거되어 행복한 결말로 이어지는 단계

㉤ 파국(결말, 대단원): 플롯의 결말 부분으로, 극적 행동의 해결 및 이해가 이루어지는 단계, 극적 갈등과 투쟁이 모두 해소, 감정의 정화 및 인간 행위의 진실한 표현인 카타르시스를 체득

② **희곡의 성격**

㉠ 작가가 제공하는 창조 과정과 연출가·연기자들이 모든 이해과정을 거쳐야만 비로소 그 효과를 나타낼 수 있음

㉡ 희곡은 순수한 문학으로서 존재하는 것이 아니라 연극으로서 무대에 상연되는 것을 전제로 하는 이중적 문학 형태를 띰 → 연극적 성격 + 문학적 성격

㉢ 무대 상연을 전제로 하므로 이에 따른 특수성과 제약성을 가짐

③ **무대지시문 – 지문** 22

㉠ 무대장치, 분위기, 등장인물, 연기자의 동작 등을 가리키는 무대 지시를 적은 것

※ 배우의 등장·퇴장은 물론 인물의 행동·표정·성격 등을 설명하여 포괄적 성격을 지닌다.

㉡ 대사를 제외하고 무대 위에서 이루어지는 모든 것을 지시함

④ **독백과 방백** 23

㉠ 독백 – 모놀로그(Monologue) 22

- 한 인물(배우)이 혼자 중얼거리는 말
- 관객에게는 들리나 다른 배우들은 듣지 못하는 것으로 약속된 말로, 인위적 성격을 띰
- 가장 순수한 의미의 독백은 자문자답(自問自答)

㉡ 방백(傍白)

- 화자가 직접 관객이나 무대 위의 배우 중 몇 사람만을 선택하여 그들만 듣는 것으로 가정하고 혼자 말하는 것
- 독백보다 짧으며, 지금 막 진행되고 있는 사실에 대해 논평할 때 효과적으로 사용됨

⑤ **희곡의 인물**

㉠ 희곡의 인물은 전형적이며, 동시에 개성적이어야 함

㉡ 그 인물이 속해 있는 사회적 계층과 교양·사상·습관 등의 보편성을 대표하는 전형성을 지녀야 함

㉢ 전형적 인물을 통해 인생을 직접적으로 재현하는 극적 표현을 더욱 선명하게 부각시킬 수 있음

㉣ 전형적 인물은 시대·관습에 따라 다르게 설정될 수있으며, 그 자체로서 개성을 지니고 있어야 함

㉤ 개성적 인물은 곧 작가의 개성이며, 다른 작품과의 차별성을 가질 수 있게 함

ⓑ 전형적 인물을 자주 등장시키는 이유는 전형적 인물이 곧 실제적 인간 경험의 산물로서 제한된 시간 내에 성격 묘사가 가능하기 때문

ⓢ 돈키호테형
- 희극의 인간형이며, 외향적 성격
- 과대망상적 공상가이며, 이상(理想)을 위해 자신의 목숨까지 버리고 돌진하는 실천형 인물
- 이론 · 지식 등을 경시(輕視)

ⓞ 햄릿형
- 비극의 인간형이며 내향적 성격
- 성격이 예민하며 반성적
- 결단력 · 실행력 등이 결여, 비관적 인물의 전형

(3) 희곡의 종류(비극) 22

① **비극의 특징** 20 23

㉠ 가공적이며, 그 자체의 구조 패턴을 지닌 예술 형식

㉡ 고양된 내용을 통해 불행하게 결론 맺는 진지한 극

㉢ 비극의 주인공은 선(善)을 대표하며, 주인공의 투쟁은 악(惡)과의 싸움

㉣ 비극적 결함: 주인공은 비극적 결함(본의 아닌 과실 또는 범죄 등 – 고의가 아님)을 가진 인물이며, 비극의 동기는 바로 이러한 '비극적 결함'에서 비롯됨

㉤ 비극의 결말은 주인공의 파멸

② **비극의 효과 – 아리스토텔레스**

㉠ 연민과 공포 20
- 연민: 비극의 주인공에 대한 전적인 공감, 타인에 대한 감정
- 공포: 가까운 누구에게라도 일어날 수 있을 것이라는 두려움, 자신에 대한 감정
- 연민과 공포가 곧 감정의 정화를 불러일으킴
  ※ 연민과 공포는 불가분의 관계이다.

㉡ 카타르시스(Catharsis) 20 21 24
- 정화(淨化), 배설(排泄)을 의미
- 체내의 모든 찌꺼기를 배설하듯이 연민과 공포의 체험을 통해 일상에서 쌓인 정서의 찌꺼기를 표출, 마음의 정화를 얻을 수 있음

(4) 희곡의 종류(희극) 20 22

① **희극의 종류**

㉠ 소극(笑劇, Farce): 해학을 기발하게 표현하여 사람을 웃길 목적으로 만든 비속한 연극 23

㉡ 코메디아 델라르테(Commedia dell'arte, 델아트 희극): 16세기~18세기 초까지 이탈리아에서 성행한 희극으로, 이탈리아 민간의 직업 배우들이 가면을 쓰고 미리 의논한 줄거리에 따라 즉흥적으로 연기를 함 → 즉흥극

㉢ 풍속희극(Comedy of manners): 왕정복고시대에 성행한 희극으로, 사치하고 음란하던 왕정복고기의 귀족사회 및 젊은 남녀들의 연애 등을 풍자

㉣ 최루희극(Comedia larmoyante): '눈물희극'이라고도 하며, 고전비극과 희극의 어느 쪽에도 속하지 않는 시민극의 일종으로, 지적 능력보다는 감상에 의존
  ※ 희비극은 희극적 요소(골계)와 비극적 요소(비장)가 융합된 것으로 비극적 진행 뒤에 희극적 결말이 나타난다. 22

② **희극의 효과**

㉠ 도덕적 의미에서 만인을 교정, 모순 · 부조리 풍자

㉡ 웃음 속에서 건강한 자를 더욱 건강하게 함

(5) 희곡의 삼일치론 20 23

① '사건 · 시간 · 장소의 일치'를 의미하며, 오늘날 시간의 일치와 장소의 일치는 무시됨

② 다만 '사건의 일치'는 극의 플롯과 밀접한 관계에 있기 때문에 그 타당성이 인정되고 있음

07 비교문학론

(1) 비교문학이란 어떤 것인가

① **비교문학의 개념** 23

㉠ 비교문학은 단순히 두 개의 문학을 비교하는 것이 아니라, 그 이상의 뚜렷한 목적을 수행하기 위한 문학연구의 새로운 방법

㉡ 통상적으로 단수 인자 간의 이원적 관계를 연구하는 것을 의미

㉢ 서로 다른 문화권에 속한 작품의 영향관계를 관찰하고 문학의 보편성과 세계성 고찰

② **방 티겜의 비교문학의 영역** 20 21 22 24

㉠ 발신자 연구: 한 작가가 국경을 넘어 다른 나라에 어떠한 영향을 주었는지를 연구

㉡ 수신자 연구: 도착점인 수신자로부터 출발점인 발신자를 발견하는 것으로, 원천론이라고도 함

㉢ 송신자 연구: 전달을 중개하는 개인, 단체, 원작의 모방, 번역의 연구

㉣ 이행(移行): 문학이 언어적 국경을 넘어 운반되는 것 → 물질적 · 심리적 요소 포함

(2) 비교문학의 방법(영향의 범주) 21 23

① **영향**: 발신자에게서 영향을 받은 수신자의 본래의 면모가 변화되는 것

② **모방**: 일반적으로 수신자가 특별히 선호하는 발신자가 있을 때 일어남

③ **표절**: 의식적으로 수신자의 원작을 이용하는 것으로, 가장 의식적 · 의도적임

④ **암시**: 창작의 계기가 발신자에 의해 마련되는 경우

⑤ **차용**: 수신자가 필요한 부분을 빌려 쓰는 것

⑥ **번안**: 타인의 것을 가져다 쓰지만, 원작의 내용에 자신의 창의성을 가미 22

국어

최신기출문제

2024년 기출복원문제

2023년 기출복원문제

2022년 기출복원문제

2021년 기출복원문제

2020년 기출복원문제

출/ 제/ 유/ 형/ 완/ 벽/ 파/ 악/

훌륭한 가정만한 학교가 없고, 덕이 있는 부모만한 스승은 없다.

– 마하트마 간디 –

2024년 기출복원문제

▶ 온라인(www.sdedu.co.kr)을 통해 기출문제 무료 강의를 만나 보세요.

01 다음 내용에 해당하는 음운현상은?

> 자음 중에는 조음 과정에서 비강 공명을 발생시키는 것들이 있다. 이러한 자음들이 파열음과 만날 경우 발음을 보다 편하게 하기 위해 파열음을 자신과 마찬가지로 비강 공명이 일어나는 소리로 변화시킨다.

① 내가 <u>굳이</u> 거기에 가야 할까?
② 그가 밤에 야식을 <u>먹는다</u>.
③ <u>봄바람에</u> 민들레 홀씨가 날아다닌다.
④ 햇빛이 눈부셔서 <u>실눈을</u> 뜨고 바라보았다.

01 제시문에서 설명하고 있는 음운현상은 '비음화'이다. 비음화는 파열음 'ㄱ, ㄷ, ㅂ'이 비음 'ㄴ, ㅁ, ㅇ'과 만났을 때, 비음의 영향으로 'ㅇ, ㄴ, ㅁ'으로 바뀌어 소리 나는 현상이다. '먹는다'의 경우, '먹-'의 받침 'ㄱ'이 뒤에 오는 'ㄴ'과 만나 'ㅇ'으로 바뀌어 [멍는다]로 발음되는데, 이것이 비음화에 해당한다.
① 첫 음절의 받침 'ㄷ'이 모음 'ㅣ'와 만나 'ㅈ'으로 바뀌어 [구지]로 발음되는데, 이는 구개음화에 해당한다.
③ [봄빠라메]로 소리 난다. 이는 '봄'과 '바람'이 합쳐져 합성명사가 만들어질 때 뒤에 오는 명사의 첫 자음이 된소리로 바뀌는 된소리되기 현상과 연음 현상을 보여준다.
④ 두 번째 음절의 초성인 'ㄴ'이 첫 음절의 받침 'ㄹ'과 만나 유음 'ㄹ'로 바뀌어 [실룬]으로 소리 나는데, 이는 유음화에 해당한다.

02 다음 내용에 해당하는 것으로 옳은 것은?

> • 파생어를 만든다.
> • 의미는 더하는데 품사는 바꾸지 못한다.
> • '맨손'에서 '맨-', '시퍼렇다'에서 '시-'가 그 예이다.

① 보조사
② 접두사
③ 형용사
④ 대명사

02 접사는 어근에 붙어 파생어를 만드는 것으로, 어근의 앞에 붙는 접두사와 어근의 뒤에 붙는 접미사가 있다. 접두사는 어근에 특정한 뜻을 더하거나 강조하기만 하고, 접미사는 뜻을 더할 뿐 아니라 '깊이'의 '-이'처럼 품사를 바꿀 수도 있다.

정답 01 ② 02 ②

03 다음 중 한글과 로마자 표기의 연결이 옳지 않은 것은?

① 신라 – [Sinla]
② 독도 – [Dokdo]
③ 종로 – [Jongno]
④ 울산 – [Ulsan]

03 한글을 로마자로 표기할 때는 외국인이 우리말 발음에 가장 비슷하게 발음하도록 하기 위해 소리 나는 대로 적는 것을 원칙으로 한다. 따라서 '신라'의 올바른 로마자 표기는 실제 발음인 [실라]를 반영한 [Silla]이다.

04 다음 중 훈민정음에 대한 설명으로 옳지 않은 것은?

① 훈민정음은 '백성을 가르치는 바른 소리'라는 뜻이다.
② 훈민정음은 1443년에 창제되었고, 1446년에 반포되었다.
③ 훈민정음 창제 이전에는 어미나 조사를 표현할 수단이 없었다.
④ 훈민정음 가운데 'ㆆ, ㅿ, ㆁ, ㆍ'는 현재 사용하지 않는다.

04 훈민정음 창제 이전에도 이두나 향찰과 같은 방법으로 한국말의 어미나 조사를 표현하고자 하는 시도가 있었다. 실질 형태소는 주로 한자어의 훈을 이용하여 나타내고, 어미나 조사와 같이 중국어에는 없는 우리말의 문법적 특징을 표현할 때는 한자어의 음을 이용했다.

05 다음 중 표준어와 방언에 대한 설명으로 틀린 것은?

① 표준어는 특별 대접을 받는다.
② 표준어는 교과서, 신문, 방송 등에서 두루 사용된다.
③ 표준어는 국민들의 일체감을 높인다.
④ 표준어는 방언보다 언어적으로 우위에 있다.

05 표준어를 사용하는 사람은 그렇지 않은 사람보다 우월한 사람임을 드러낸다. 그러나 이러한 이유는 표준어가 방언보다 언어 자체적으로 우월해서가 아니라 표준어를 사용한다는 것이 교육을 정상적으로 받았다는 것을 의미하기 때문이다.

정답 03 ① 04 ③ 05 ④

06 다음 중 밑줄 친 부분의 맞춤법이 옳은 것은?

① 밥을 앉힌 지 얼마나 되었니?
② 지금은 바쁘니까 있다가 얘기할래?
③ 아이들이 사방으로 흐터졌다.
④ 그는 보따리를 끄르고 안에 있던 상자를 보여주었다.

06 '맺은 것이나 맨 것을 풀다'는 의미의 말은 '끄르다'이므로, '끄르고'는 옳은 표기이다.
① '앉히다'는 '앉게 하다'라는 의미이다. '불 위에 올리다'라는 의미로 사용할 때는 '안치다'가 적절하므로 '안친'이 맞다.
② '조금 지난 뒤'라는 의미를 지닌 말은 '있다가'가 아니라 '이따가'이다.
③ '사방으로 퍼지다'라는 의미의 말은 '흩어지다'이므로 '흩어졌다'라고 수정해야 한다.

07 다음 중 밑줄 친 부분이 표준어 문법에 맞는 것은?

① 오늘은 어머니 제삿날이라 서둘러 일을 마쳤다.
② 아무런 댓가도 치르지 않고 무언가를 얻기 바라서는 안 된다.
③ 그는 벌써 나룻터까지 마중을 나갔다.
④ 할머니 말씀을 예삿말로 듣지 말고 명심해야 한다.

07 '제삿날'은 '제사'와 '날'이 합쳐져서 된 합성어로, 앞말이 모음으로 끝나고 뒷말의 첫소리가 'ㄴ', 'ㅁ' 앞에서 'ㄴ' 소리가 덧나는 경우이므로 사이시옷을 넣어 적는다.
② '대가'가 맞는 표기이다. '대가'처럼 한자어로만 이루어진 합성어의 경우, '곳간, 셋방, 숫자, 찻간, 툇간, 횟수'를 제외하고는 사이시옷을 사용하지 않는다.
③ '나루터'가 맞는 표기로, 이는 '나루 + 터'로 구성된 말이다. 이때 뒤에 오는 어근이 거센소리로 시작하므로 사이시옷이 들어갈 조건이 되지 않는다.
④ '예사말'은 '보통으로 가벼이 하는 말'이라는 뜻으로, 표준 발음은 [예:사말]이다. 'ㄴ' 소리가 덧나는 발음이 아니므로 사이시옷을 넣지 않고 '예사말'이라 쓰는 게 맞다.

정답 06 ④ 07 ①

08 다음 중 밑줄 친 부분이 두음법칙에 해당하지 않는 것은?

① 사이버 공간은 익명성(匿名性)이 보장되므로 거친 말이 오가기 쉽다.
② 열심(熱心)히 하면 좋은 결과가 올 거야.
③ 갈수록 노인(老人)들의 수가 증가하고 있다.
④ 지나치게 유행(流行)을 따르는 것은 좋지 않다.

08 두음법칙에 따르면 한자음 '녀, 뇨, 뉴, 니'가 단어 첫머리에 올 때는 '여, 요, 유, 이'로 적고, 한자음 '라, 래, 로, 뢰, 루, 르'가 단어 첫머리에 올 때는 '나, 내, 노, 뇌, 누, 느'로, 한자음 '랴, 려, 례, 료, 류, 리'가 단어 첫머리에 올 때는 '야, 여, 예, 요, 유, 이'로 적는다. '열심'의 '열'은 원래부터 '더울 열' 자이기 때문에 두음법칙이 적용된 예라 볼 수 없다.
①·③·④ '익명성'의 '익'은 '숨을 닉' 자이고, '노인'의 '노'는 '늙을 로', '유행'의 '유'는 '흐를 류'이므로 두음법칙이 적용된 사례이다.

09 다음 중 밑줄 친 용어와 의미가 유사한 것을 옳게 고른 것은?

• 그는 은근히 내 ㉠ 마음을 떠 보았다.
• 공부에 ㉡ 마음이 없다.

	㉠	㉡
①	의중	관심
②	심중	감정
③	느낌	성격
④	마음씨	의도

09 제시된 문장 중 ㉠은 문맥상 '마음의 속'이라는 의미를 지닌 '의중'과 바꿔 쓸 수 있다. ㉡은 문맥상 '어떤 일에 대해 갖는 관심'이라는 의미를 지니므로 '관심'과 바꿔 쓸 수 있다.

정답 08 ② 09 ①

10 다음 고사와 관련된 성어를 옳게 고른 것은?

> 춘추 전국시대 진나라에 위무자라는 사람에게는 애첩이 있었다. 그는 평소 아들 위과에게 자기가 죽으면 애첩을 개가시키라고 일렀다. 그러나 죽기 직전에 갑자기 애첩을 순장시키라고 말을 바꿨다. 그러나 아들은 아버지가 죽기 직전에 한 말은 정신이 혼미한 가운데 나온 것으로 판단하였고, 평소 했던 말에 따라 개가시켜 살려주었다. 훗날 위과가 전쟁터에서 싸우다가 적군에 쫓겨 막다른 곳에 이르렀는데, 불현듯 한 노인이 나타나 적군이 탄 말들이 달려오는 길목에 무성하게 자란 풀들을 열심히 묶었다. 조금 뒤 적군의 말들이 노인이 묶어놓은 풀에 다리가 걸려 모두 넘어졌고, 위과는 이틈을 타 적군을 모두 생포하여 전공을 세울 수 있었다. 그날 밤 위과의 꿈에 그 노인이 나타나 이르기를 "나는 당신이 개가시킨 여자의 아버지요. 당신이 내 딸 목숨을 구해줬기에 내가 보답을 한 것이오."라고 말했다. 즉, 여자의 죽은 아버지가 혼령이 되어 은혜를 갚은 것이다.

① 각골난망
② 결사보국
③ 결초보은
④ 난망지은

10 결초보은(結草報恩)은 풀을 묶어서 은혜에 보답한다는 뜻으로, 죽은 뒤에라도 은혜를 잊지 않고 갚는다는 뜻이다.
① 각골난망(刻骨難忘)은 은혜를 마음속에 깊이 새겨 잊지 않는다는 뜻이다.
② 결사보국(決死報國)은 죽기를 각오하고 있는 힘을 다해 나라의 은혜에 보답한다는 뜻이다.
④ 난망지은(難忘之恩)은 잊을 수 없는 은혜라는 뜻이다.

11 다음 중 밑줄 친 부분의 띄어쓰기가 옳은 것은?

① 누구나 <u>한 번</u>은 해야 하는 일이다.
② 제가 일단 <u>한 번</u> 해보겠습니다.
③ 낚시나 <u>한 번</u> 가시죠.
④ 이 개는 <u>한 번</u> 물면 놓지 않는다.

11 '한 번'의 '번(番)'이 '일의 횟수'를 나타낼 때는 '번'이 의존 명사이므로 '한 번'이라고 띄어 써야 한다. 그러나 '한번'의 의미가 '기회, 시도, 강조'일 경우에는 '한번'이 명사 혹은 부사가 되므로 붙여 써야 한다.
②·③·④의 '한 번'은 반드시 '1회'를 뜻하는 횟수의 의미가 아니므로 붙여 써야 한다. 그러나 ①은 '최소한 한 번'이라는 횟수의 의미로 사용되었기 때문에 띄어 써야 한다.

정답 10 ③ 11 ①

12 밑줄 친 부분이 조사에 해당하는 것을 모두 고른 것은?

㉠ 무엇을 먹을지 어서 정하자.
㉡ 설탕 대신 꿀로 해도 된다.
㉢ 밖이 추우니 따뜻하게 입고 가거라.
㉣ 그 회사에서 대회를 개최했다.

① ㉠, ㉡
② ㉠, ㉢
③ ㉡, ㉢
④ ㉡, ㉣

13 다음 중 중의적 표현이 없는 문장은?

① 나는 배가 좋다.
② 원고를 투고한 그의 동생이 찾아왔다.
③ 그는 나보다 등산을 더 좋아해.
④ 도로 공사 중이라 차들이 서행하고 있었다.

14 다음 중 고려 시대 작품에 해당하는 것만 모두 고른 것은?

㉠ 「일동장유가」
㉡ 「동명왕편」
㉢ 「한림별곡」
㉣ 「고산구곡가」

① ㉠, ㉡
② ㉡, ㉢
③ ㉢, ㉣
④ ㉠, ㉣

---

12 ㉠의 '-(으)ㄹ지'는 추측에 대해 막연하게 의문을 나타내는 연결어미이다.
㉡의 '-로'는 수단을 나타내는 부사격 조사이다.
㉢의 '-게'는 부사형 전성어미이다.
㉣의 '-에서'는 주어가 단체일 때 쓰는 주격 조사이다.

13 ① '나는 먹는 배가 좋다'와 '나는 타는 배가 좋다'는 두 가지 의미를 지닌다. 이는 동음이의어로 인해 어휘적 중의성이 생긴 경우이다.
② '원고를 투고한'이 수식하는 게 '그'인지 '그의 동생'인지가 불분명하여 구조적 중의성이 생긴 경우이다.
③ '그는 내가 등산을 좋아하는 것보다 더 등산을 좋아한다'는 것과 '그는 나와 등산 중 등산을 더 좋아한다'는 두 가지 의미를 지닌다. 이는 비교대상이 불분명하여 구조적 중의성이 생긴 경우이다.

14 ㉠ 「일동장유가」는 조선 후기에 김인겸이 일본 통신사로 갔을 때 지은 장편 기행가사이다.
㉡ 「동명왕편」은 고려 후기에 이규보가 고구려 동명왕에 관해 쓴 장편 서사시이다.
㉢ 「한림별곡」은 고려 고종 때 한림(翰林)의 여러 선비들이 지은 경기체가 작품이다.
㉣ 「고산구곡가」는 조선 중기에 이이가 지은 연시조이다.

정답 12 ④ 13 ④ 14 ②

15 다음 중 조선 후기 문학에 대한 설명으로 가장 적절한 것은?

① 팔관회, 연등회에서 구연되었다.
② 가전체 문학이 등장하였다.
③ 가정을 배경으로 한 국문 장편소설(가문소설)이 등장하였다.
④ 민간에서 불리던 노래들이 궁중음악으로 편입되었다.

15 국문 장편소설은 주로 낙선재문고에 속하는 것들로, 「완월회맹연」, 「윤하정삼문취록」, 「명주보월빙」 등 수십 권이 넘는 작품들이 창작되었다. 이러한 작품들은 가정소설 혹은 가문소설이라 불린다. 가문소설은 한 가문 내에서 일어나는 가족 구성원 간의 갈등이나 가정과 가정, 세대와 세대 간의 갈등을 중심 소재로 한 작품들을 말한다.
① 고려가요에 대한 설명이다.
② 가전체는 설화와 소설의 교량적 역할을 하였는데, 고려 시대에 등장한 「국순전」, 「국선생전」, 「공방전」 등의 작품들이 대표적이다.
④ 조선 초기에 발생한 일들로, 악장의 형성과 관련된다.

16 다음 설명에 해당하는 작품으로 옳은 것은?

> 신라의 향가로, 「찬기파랑가」를 지은 승려가 경덕왕의 요청에 따라 지었다고 전해진다. 승려가 지었음에도 불구하고 유교적 가치관을 보인다는 점에서 독특하다고 할 수 있다. 내용은 국가의 구조와 가정의 구조가 같다는 것으로, 군・신・민이 각자의 할 일을 다 하면 나라가 태평해진다는 것이다.

① 「안민가」
② 「제망매가」
③ 「모죽지랑가」
④ 「서동요」

16 제시문은 충담사가 지은 「안민가」에 대한 설명이다.
② 「제망매가」는 월명사의 작품으로, 불교적・주술적 성격을 지닌다.
③ 「모죽지랑가」는 낭도였던 득오가 화랑 죽지랑을 그리워하며 지은 노래이다.
④ 「서동요」는 백제 무왕의 작품이다. 선화공주를 아내로 맞이하기 위해 아이들에게 부르게 한 것으로, 동요적 성격이 강하다.

정답 15 ③ 16 ①

17 다음은 고려가요 작품인 「동동」이다. 밑줄 친 부분 중 지시대상이 다른 하나는?

> 二月(이월)ㅅ 보로매, 아으 노피 현 ㉠ 燈(등)ㅅ블 다호라.
> 萬人(만인) 비취실 즈ᅀᅵ샷다.
> 아으 動動(동동)다리.
>
> 三月(삼월) 나며 開(개)ᄒᆞᆫ 아으 滿春(만춘) ㉡ 돌욋고지여.
> ᄂᆞᄆᆡ 브롤 즈슬 디뎌 나샷다.
> 아으 動動(동동)다리.
>
> 四月(사월) 아니 니저 아으 오실셔 ㉢ 곳고리새여.
> 므슴다 ㉣ 錄事(녹사)니ᄆᆞᆫ 녯 나ᄅᆞᆯ 닛고신뎌.
> 아으 動動(동동)다리.

① ㉠
② ㉡
③ ㉢
④ ㉣

17 ㉠의 '燈(등)ㅅ블', ㉡의 '돌욋고지', ㉣의 '錄事(녹사)'는 모두 '님'을 뜻한다. 그러나 ㉢의 '곳고리새'는 사월이 되어 잊지 않고 찾아온 꾀꼬리를 뜻하는 말로, 옛날을 잊고 나를 찾아오지 않는 '님'과 대조를 이루는 존재이다.

18 조선 초기 등장한 악장에 대한 설명으로 적절하지 않은 것은?

① 「납씨가」는 이성계의 무공과 업적에 대한 내용이다.
② 「용비어천가」는 조선 건국의 정당성을 노래하였다.
③ 「신도가」는 이전한 수도인 서울의 훌륭함을 노래하였다.
④ 「월인천강지곡」은 억불숭유 정신을 반영하여 유교의 장점을 노래하였다.

18 「월인천강지곡」은 세종이 아내 소헌왕후가 죽자 명복을 빌기 위해 1447년에 지은 노래로, 석가모니의 공덕을 찬양하는 찬불가이다.

정답 17 ③ 18 ④

19 다음 설명에 해당하는 가사 작품은 무엇인가?

- 사계절의 변화에 따라 서술하였다.
- 충신연주지사의 대표적인 작품이다.
- 조선 전기, 양반 사대부가 창작하였다.
- 여성적 독백을 사용하였다.

① 「누항사」
② 「사미인곡」
③ 「속미인곡」
④ 「어부사시사」

19 ① 박인로의 「누항사」는 조선 후기 가사로, 임진왜란 후 선비의 곤궁한 삶과 안빈낙도의 추구를 주제로 한다.
③ 정철의 「속미인곡」은 「사미인곡」의 속편이다. 여성적 어조를 사용하고 충신연주지사의 내용을 갖는 것은 맞지만, 사계절의 변화에 따라 서술되지는 않았다.
④ 윤선도의 「어부사시사」는 조선 중기 때의 작품으로, 사계절의 변화에 맞춰 서술된 것은 맞지만 가사가 아닌 연시조 작품에 해당한다. 여성적 어조 또한 사용되지 않았다.

20 다음 중 인정세태를 풍자한 조선 시대의 소설 작품만 옳게 고른 것은?

㉠ 「옹고집전」
㉡ 「국순전」
㉢ 「이춘풍전」
㉣ 「주생전」

① ㉠, ㉢
② ㉡, ㉣
③ ㉠, ㉣
④ ㉡, ㉢

20 ㉠ 「옹고집전」은 작자 미상의 조선 시대 판소리계 소설로, 인색하고 고약한 성격을 가진 옹고집을 풍자한 작품이다.
㉡ 「국순전」은 술을 의인화하여 풍자한 가전체로, 고려 시대 임춘의 작품이다.
㉢ 「이춘풍전」은 작자 미상의 조선 시대 판소리계 소설로, 방탕한 생활을 하는 이춘풍을 풍자한 작품이다.
㉣ 「주생전」은 1593년 권필이 지은 염정소설이다.

정답 19 ② 20 ①

21 다음 설명에 해당하는 작품은 무엇인가?

- 『금오신화』의 수록작 중 하나이다.
- 홍건적의 난을 배경으로 한다.
- 인간과 귀신의 사랑을 다뤘다는 점에서 명혼소설로 분류되기도 한다.
- 해당 작품의 제목은 주인공인 선비가 담장 안을 엿본다는 뜻을 담고 있다.

① 「만복사저포기」
② 「용궁부연록」
③ 「이생규장전」
④ 「취유부벽정기」

21 ① 「만복사저포기」 : 주인공이 만복사에서 부처님과 저포놀이를 하여 이긴 결과 부인을 얻어 사랑을 나눈다는 내용이다. 이 작품에 나오는 부인이 귀신인 것은 맞으나, 홍건적의 난이 아닌 임진왜란을 배경으로 한다.
② 「용궁부연록」 : 주인공 한생이 용궁에 다녀온 이야기를 소재로 한다.
④ 「취유부벽정기」 : 개성 상인이었던 홍생이 기자의 딸을 만나 대화를 나눈다는 이야기이다.

22 다음 설명에 해당하는 작품은 무엇인가?

신라의 설화를 모은 작품집으로, 「심화요탑」, 「수삽석남」 등의 작품이 수록되어 있다. 신라 시대 초기 서사문학의 모습을 살피는 데 도움이 되며, 최치원, 박인량 등 그 편찬자에 대한 논란의 소지가 있다. 현재 원본은 전해지지 않으나 고려 시대 및 조선 시대 문헌에 일부 내용이 전해진다.

① 『수이전』
② 『삼국사기』
③ 『삼국유사』
④ 『삼대목』

22 ② 『삼국사기』는 김부식이 쓴 삼국의 역사책이다.
③ 『삼국유사』는 일연이 삼국 시대의 여러 설화와 역사를 담아 쓴 역사책이다. 『수이전』에 실려 있던 여러 설화들 중 일부가 『삼국유사』에 축약된 형태로 실려 있기도 하다.
④ 『삼대목』은 신라 후기에 위홍과 대구화상이 편찬했다는 향가집이다.

정답 21 ③ 22 ①

23 **다음 중 가전체 작품과 그 소재가 옳게 연결된 것은?**

① 「국순전」 – 국화
② 「공방전」 – 종이
③ 「정시자전」 – 돈
④ 「청강사자현부전」 – 거북이

23 「청강사자현부전」은 고려 시대의 문인 이규보가 거북을 '현부'라고 의인화한 작품으로, 사신은 항상 말과 행동을 삼가고 조심해야 한다는 교훈을 담고 있다.
① 임춘의 「국순전」은 술을 의인화한 작품이다.
② 임춘의 「공방전」은 돈을 의인화한 작품이다.
③ 석식영암의 「정시자전」은 지팡이를 의인화한 작품이다.

24 **다음 설명에 해당하는 인물은 누구인가?**

- 『성수시화』, 『학산초담』 등의 평론집을 썼다.
- 성정론에서 정의 중요성을 강조하였다.
- 「호민론」, 「유재론」 등을 저술하였다.

① 권근
② 허균
③ 정약용
④ 박지원

24 「홍길동전」의 작가인 허균은 조선 중기의 문신으로 소설 이외에도 「호민론」, 「유재론」 등의 논설을 통해 당시 사회의 모순을 비판했으며, 그의 평론집인 『성수시화』, 『학산초담』 등에서는 우리나라 당대 및 역대 시에 대해 평론하였다. 또한 그는 문학을 풍속 교화나 성정의 순화 도구로 보던 당시 문학관과 달리, 인간 본연의 정을 표현하는 것이야말로 문학의 본질이라 보았다.

25 **다음 중 민담에 대한 설명으로 옳지 않은 것은?**

① 대개 일상적 인간을 주인공으로 한다.
② 구체적인 장소, 시간, 증거 등을 제시한다.
③ 신성성, 진실성을 문제 삼지 않는다.
④ 흥미 위주로 꾸며낸 허구의 이야기이다.

25 구체적인 장소, 시간, 증거물이 제시되는 것은 전설에 대한 내용이다. 민담은 전설과 달리 이러한 것들이 없어서 '옛날에', '호랑이 담배피던 시절에'와 같은 말로 시작한다.

정답 23 ④ 24 ② 25 ②

26 다음 중 민요의 주요 기능으로 옳지 <u>않은</u> 것은?

① 노동적 기능
② 유희적 기능
③ 계몽적 기능
④ 의식적 기능

26 민요는 작자가 민중 자신이므로, 계몽적 기능은 거의 지니지 않고 민중의 생활감정을 솔직하게 나타내는 경우가 대부분이다.

27 다음 중 판소리에 대한 설명으로 옳지 <u>않은</u> 것은?

① 남도 판소리에서 명창이 많이 배출되었다.
② '판'은 많은 사람들이 어떠한 일을 벌이는 곳을 의미한다.
③ 신재효는 판소리 광대를 지원하고, 여성 명창을 육성하였다.
④ 식민지 시대 기생들이 배척하면서 판소리는 암흑기를 맞이하였다.

27 식민지 시대 내내 판소리가 침체기였던 것은 사실이나, 그 원인은 기생들이 배척했기 때문이 아니라 일제가 자행한 우리 민족 문화에 대한 탄압과 서구 사조의 영향 때문이었다. 그동안 판소리를 지탱해 준 양반층이 해체된 것 또한 판소리 침체에 영향을 주었다.

28 다음 작품들을 발표 순서대로 옳게 나열한 것은?

㉠ 김춘수의 「꽃」 ㉡ 유치환의 「깃발」 ㉢ 주요한의 「불놀이」 ㉣ 김지하의 「타는 목마름으로」

① ㉠ - ㉡ - ㉢ - ㉣
② ㉠ - ㉢ - ㉡ - ㉣
③ ㉢ - ㉡ - ㉠ - ㉣
④ ㉢ - ㉠ - ㉡ - ㉣

28 ㉢ 주요한의 「불놀이」는 1919년에 발표되었으며, 우리나라 자유시의 효시로 여겨진다.
㉡ 유치환의 「깃발」은 1936년에 발표되었고, '깃발'이라는 상징물을 통해 이상 세계에 대한 동경과 좌절을 노래하였다.
㉠ 김춘수의 「꽃」은 1952년에 발표되었고, 존재에 대한 탐구를 노래한 시이다.
㉣ 김지하의 「타는 목마름으로」는 1975년에 발표되었는데, 군사독재 정권에 맞서 민주주의에 대한 열망을 담은 시이다.

정답 26 ③ 27 ④ 28 ③

29 **다음 설명에 해당하는 작가는 누구인가?**

- 일제 강점기, 조선총독부에서 건축기사로 근무하였다.
- 신문에 연재된 그의 작품은 독자들로부터 난해하다는 평을 받는다.
- 1934년 구인회에 가입하였다.
- 그의 작품은 주로 초현실주의적 경향을 띤다.

① 이태준
② 이상
③ 김기림
④ 이효석

30 **다음 중 가장 이른 시기와 가장 늦은 시기에 발생한 문학사적 사건을 옳게 고른 것은?**

㉠ 문예지 『폐허』, 『백조』가 창간되었다.
㉡ 「경부철도가」가 발표되었다.
㉢ 『청록집』이 간행되었다.
㉣ 문학의 현실 참여 문제를 계기로 순수・참여논쟁이 벌어졌다.

① ㉠, ㉡
② ㉢, ㉣
③ ㉠, ㉢
④ ㉡, ㉣

29 이태준, 이상, 김기림, 이효석은 모두 구인회에 소속되어 있던 문인들이다. 구인회 소속 작가들의 작품은 초현실주의적이며 예술지상주의적인 색채가 강한데, 그중에서도 1934년에 가입한 이상은 소설 「날개」, 시 「거울」, 「오감도」와 같은 작품들을 통해 무척 난해하다는 평을 듣는다.

30 제시된 사건 중 가장 이른 시기의 사건은 「경부철도가」 발표이고, 가장 늦은 시기의 사건은 순수・참여 논쟁이다.

㉡ 「경부철도가」는 1908년에 최남선이 지은 창가이다.
㉠ 『폐허』는 1920년에 창간되었고, 『백조』는 1922년에 창간된 문예동인지이다. 즉, 『폐허』와 『백조』 창간은 1920년대의 사건으로 볼 수 있다.
㉢ 『청록집』은 조지훈, 박목월, 박두진 3인의 시집으로, 1946년에 간행되었다.
㉣ 순수・참여논쟁은 4・19 혁명과 5・16 군사혁명이 일어난 1960년대 문학논쟁이다.

정답 29 ② 30 ④

31 이광수는 문학 일반론을 담고 있는 「문학이란 하오」(1916년)에서 문학을 literature의 역어로 파악하여 서구적인 의미의 문학론을 펼쳐냈다. 그는 민족주의적인 관점에 따라 국문 전통만을 강조했다. 또한 인간의 정신이 '지-정-의'의 삼분법으로 나뉠 수 있다는 이론을 받아들이고, 문학은 이 세 가지 중 '정'을 만족시키고 기르는 분야로서, '지(진)'를 만족시키는 과학과 '의(선)'를 만족시키는 윤리와 대등하며 독립적인 예술 영역이라 보았다.

32 제시된 작품은 김소월의 「산유화」로, 「엄마야 누나야」도 김소월의 작품이다.

① 「유리창」은 정지용의 작품이다.
② 「돌담에 속삭이는 햇발」은 김영랑의 작품이다.
③ 「나의 침실로」는 이상화의 작품이다.

정답 31 ① 32 ④

31 다음 설명에 해당하는 인물은 누구인가?

- '문학'을 'literature'의 번역으로 보았다.
- 한문으로 된 문학을 배제하였다.
- 문학의 독립성을 강조하였다.
- '지정의' 및 '진선미'의 균형을 주장하였다.

① 이광수 ② 최남선
③ 정지용 ④ 김기림

32 다음 작품의 작가가 창작한 작품으로 옳은 것은?

산에는 꽃 피네
꽃이 피네
갈 봄 여름 없이
꽃이 피네

산에
산에
피는 꽃은
저만치 혼자서 피어 있네

산에서 우는 작은 새여
꽃이 좋아
산에서
사노라네

산에는 꽃 지네
꽃이 지네
갈 봄 여름 없이
꽃이 지네

① 「유리창」
② 「돌담에 속삭이는 햇발」
③ 「나의 침실로」
④ 「엄마야 누나야」

33 **다음 작품에 대한 설명으로 옳지 않은 것은?**

> 처.........ㄹ썩, 처........ㄹ썩, 척, 쏴...........아.
> 따린다, 부순다, 무너 바린다.
> 태산 같은 높은 뫼, 집채 같은 바윗돌이나,
> 요것이 무어야, 요게 무어야.
> 나의 큰 힘 아나냐, 모르나냐, 호통까지 하면서
> 따린다, 부순다, 무너 바린다.
> 처.........ㄹ썩, 처........ㄹ썩, 척, 튜르릉, 콱.

① 개화기 때 등장한 최초의 자유시이다.
② '나'를 '해'에 빗대어 강한 힘으로 각성할 것을 촉구한다.
③ '따린다, 부순다, 무너 바린다'의 객체는 낡은 문물이다.
④ 젊은이의 강한 기상을 독려하여, 새 시대를 맞이하기 위해 노력할 것을 강조한다.

33 최남선의 「해에게서 소년에게」는 자유시가 아니라 신체시이다. 신체시는 창가와 자유시의 중간적인 형태를 지니고 있다.

34 **다음 설명에 해당하는 인물은 누구인가?**

> • 『태서문예신보』에 상징주의 시를 번역해 소개하였다.
> • 대표작으로 번역시집 『오뇌의 무도』가 있다.
> • 시집 『해파리의 노래』 등의 작품을 발표하였다.

① 김억
② 김영랑
③ 이상화
④ 이육사

34 제시문은 1920년대에 주로 활동했던 김억에 대한 설명이다.
② 김영랑은 시문학파 시인으로, 순수시를 주로 지은 시인이다.
③ 이상화는 1920년대에 퇴폐적 낭만주의 경향의 작품을 쓴 시인이다.
④ 이육사는 1940년대에 주로 활동한 저항시인이다.

정답 33 ① 34 ①

35 다음 작품 중 개화 신소설만 옳게 고른 것은?

㉠ 「혈의 누」
㉡ 「광장」
㉢ 「자유종」
㉣ 「요한시집」

① ㉠, ㉡
② ㉢, ㉣
③ ㉠, ㉢
④ ㉡, ㉣

35 신소설은 19세기 말에서 20세기 초, 개화기에 걸쳐 발생하고 성장한 소설 장르이다. 대표적인 작가와 작품으로 이인직의 「혈의 누」·「은세계」, 이해조의 「빈상설」·「자유종」, 안국선의 「금수회의록」 등이 있다.
㉠ 「혈의 누」 : 1906년 발표된 이인직의 소설로, 최초의 신소설로 평가된다.
㉡ 「광장」 : 1960년 발표된 최인훈의 장편소설이다.
㉢ 「자유종」 : 1910년 발표된 이해조의 신소설이다.
㉣ 「요한시집」 : 1955년 발표된 장용학의 단편소설이다.

36 다음 설명에 해당하는 작품의 작가는 누구인가?

- 1937년부터 1938년까지 『조선일보』에 연재되었다.
- 아버지의 뜻에 따라, 자신의 뜻과는 상관없이 결혼하는 주인공이 등장한다.
- 군산의 미두장을 배경으로 한다.
- 이 작품의 작가는 「레디메이드 인생」, 「태평천하」 등의 작품도 발표하였다.

① 김유정
② 채만식
③ 박태원
④ 현진건

36 제시문은 채만식의 장편소설 「탁류」에 대한 설명이다. 「탁류」는 식민지 시대 항구도시 군산을 배경으로 하였으며, '정초봉'이라는 여주인공의 삶을 통해 식민지 시대의 현실과 세태를 다루었다.

정답 35 ③ 36 ②

37 **다음 설명에 해당하는 작품은 무엇인가?**

- 1976년 발표된 중편소설이다.
- 철거민촌을 배경으로 한다.
- 과거의 기억과 현재의 사실을 병치하는 기법을 사용하였다.
- 빈부, 노사 등의 갈등을 다뤘다.

① 「아홉 켤레의 구두로 남은 사내」
② 「객지」
③ 「당신들의 천국」
④ 「난장이가 쏘아올린 작은 공」

38 **다음 중 현대수필의 작가와 그 작품의 연결이 옳지 않은 것은?**

① 피천득 – 「인연」
② 윤오영 – 「달밤」
③ 김소운 – 「가난한 날의 행복」
④ 이양하 – 「방망이 깎던 노인」

37 제시된 설명에 해당하는 작품은 조세희의 「난장이가 쏘아올린 작은 공」이다.
① 「아홉 켤레의 구두로 남은 사내」는 1977년 발표된 윤흥길의 중편소설로, 산업화·도시화된 사회에서 소외된 계층의 삶과 소시민의 허위의식을 다루었다.
② 「객지」는 1971년 발표된 황석영의 단편소설로, 노동자의 노동과 투쟁의 과정을 다루었다.
③ 「당신들의 천국」은 1976년 발표된 이청준의 장편소설로, 소록도를 배경으로 권력과 자유, 개인과 집단 등의 문제를 다루었다.

38 「방망이 깎던 노인」은 윤오영의 작품이다. 이양하가 쓴 수필에는 「봄을 기다리는 마음」, 「신록예찬」 등이 있다.

정답 37 ④ 38 ④

39 다음 설명에 해당하는 작가는 누구인가?

- 「토막」으로 데뷔하였다.
- 농촌과 빈민촌의 피폐한 현실을 묘사하였다.
- 「빈민가」, 「소」 등의 작품을 발표하였다.
- 리얼리즘 희곡의 효시가 되는 작품을 썼다.

① 함세덕
② 김우진
③ 유치진
④ 이규환

40 다음 중 1910년대에 발표된 희곡이 아닌 것은?

① 이광수 – 「규한」
② 윤백남 – 「국경」
③ 이강백 – 「파수꾼」
④ 조중환 – 「병자삼인」

39 함세덕, 김우진, 유치진, 이규환 모두 비슷한 시기(1920~1930년대)에 리얼리즘 경향을 띠는 작품들을 쓴 희곡작가들이다. 그중 「토막」, 「빈민가」, 「소」 등의 작품을 쓴 건 유치진인데, 이 중 「토막」은 리얼리즘 희곡의 효시로 여겨진다.

40 이강백의 「파수꾼」은 1974년에 발표되었다.
① 이광수의 「규한」은 1917년에 발표되었다.
② 윤백남의 「국경」은 1918년에 발표되었다.
④ 조중환의 「병자삼인」은 1912년에 발표되었다.

정답 39 ③ 40 ③

2023년 기출복원문제

01 다음 설명에 해당하는 음운 현상으로 옳은 것은?

> 받침 'ㄷ', 'ㅌ'이 모음 'ㅣ'와 결합되는 경우 'ㅈ', 'ㅊ'으로 바뀌어 발음되는 현상이다. 이러한 현상이 일어나는 까닭은 'ㄷ', 'ㅌ'을 모음 'ㅣ'가 발음되는 위치와 가까운 자리에서 나는 소리로 바꿈으로써 발음을 편하게 할 수 있기 때문이다.

① 비음화
② 구개음화
③ 유음화
④ 두음법칙

01 ① 비음화는 'ㄱ', 'ㄷ', 'ㅂ'이 비음 'ㄴ', 'ㅁ'의 영향을 받아 각각 비음인 'ㅇ', 'ㄴ', 'ㅁ'으로 바뀌는 현상이다.
③ 유음화는 'ㄴ'이 앞이나 뒤에 오는 유음 'ㄹ'의 영향을 받아 'ㄹ'로 바뀌어 소리나는 현상이다.
④ 두음법칙은 'ㄴ' 혹은 'ㄹ'이 단어의 첫머리에 오는 것을 꺼려 다른 소리로 발음되는 현상이다.

02 다음 중 한국어의 특징으로 옳은 것은?

① 위치에 따라 품사가 달라진다.
② '주어–서술어–목적어'의 순서를 가진다.
③ 유성음과 무성음은 소리를 구분하는 기준이 된다.
④ 말하는 이의 판단으로 대우가 달라지는 언어법이 발달했다.

02 한국어는 말하는 이가 어떤 대상이나 듣는 이에 대해 높고 낮은 정도를 판단하여 높이거나 낮추는 높임법이 발달하였다.
① 한국어의 품사는 위치와 상관없이 고정적이다.
② '주어–서술어–목적어'는 영어의 어순이다. 한국어의 어순은 '주어–목적어–서술어'이다.
③ 한국어는 유성음과 무성음의 구분이 두드러지지 않는다.

정답 01 ② 02 ④

03 다음 내용에서 괄호 안에 들어갈 숫자로 옳은 것은?

> 우리나라 말이 중국과 달라 한자와는 서로 통하지 아니하여서 이런 까닭으로 어리석은 백성이 말하고자 하는 바가 있어도 마침내 제 뜻을 펴지 못하는 사람이 많다. 내 이것을 가엾게 여겨 새로 (　　)글자를 만드니, 모든 사람으로 하여금 쉽게 익혀서 날마다 쓰는 데에 편하게 하고자 할 따름이다.
>
> －『훈민정음』 서문

① 26　② 27
③ 28　④ 29

04 다음 중 발음기관의 모양을 본떠 만들어진 자음자는?

① ㄱ
② ㄷ
③ ㅂ
④ ㅈ

05 다음 중 방언에 대한 설명으로 옳지 <u>않은</u> 것은?

① 제주 방언에는 지금은 타 지역 방언에서 사라진 'ㅿ'이 존재한다.
② 서울 방언을 기준으로 표준어가 완성되었으나, 서울 방언도 비표준어에 속한다.
③ 함경도 방언은 성조로 뜻을 구분한다.
④ 경상도 방언은 타 지역 방언에 비해 단모음의 수가 적다.

---

03 제시문은 한문으로 된『훈민정음』의 해례본 서문을 현대어로 번역한 것이다. 세종대왕이 만든 훈민정음은 초성(자음) 17자, 중성(모음) 11자로, 총 28자였다.

04 훈민정음의 초성은 상형의 원리에 따라 발음기관의 모양을 본떠 기본자 5개(ㄱ, ㄴ, ㅁ, ㅅ, ㅇ)를 만들고, 기본자에 획을 더해 가획자 9개(ㅋ, ㄷ, ㅌ, ㅂ, ㅍ, ㅈ, ㅊ, ㆆ, ㅎ)를 만드는 한편 여기에 이체자 3개(ㆁ, ㄹ, ㅿ)를 더하는 방식으로 만들어졌다. 'ㄱ'은 혀뿌리가 목구멍을 막는 모양을 본뜬 것이다. 'ㄷ'은 'ㄴ'에 가획한 것이고, 'ㅂ'은 'ㅁ'에 가획한 것, 'ㅈ'은 'ㅅ'에 가획해서 만든 글자들이다.

05 제주 방언에 다른 지역에서는 이미 사라진 중세 한국어의 특징이 남아 있기는 하다. 그러나 그것은 'ㅿ(반치음)'이 아니라 'ᄒᆞᆫ저 옵셔예'의 'ᄒᆞᆫ'과 같은 말에 사용된 'ㆍ(아래아)' 발음이다.
② 표준어는 '현대 서울말'이라고 정의되어 있으나 이것은 서울 방언과는 구별되는 개념으로, 서울 방언 역시 경기 방언의 하위 방언에 해당하는 비표준어이다.
③ 함경도 방언은 중세 국어의 성조를 계승하여 뜻을 구별하고 있다.
④ 경상도 방언은 단모음의 수가 가장 적은 방언으로, 'ㅐ'와 'ㅔ', 'ㅓ'와 'ㅡ'의 구별이 이루어지지 않는다.

정답　03 ③　04 ①　05 ①

06 **다음 괄호 안에 들어갈 말로 옳게 짝지어진 것은?**

> 표준어는 (㉠) 있는 사람들이 두루 쓰는 (㉡) 서울말로 정함을 원칙으로 한다.

	㉠	㉡
①	지식	현대
②	지식	표준
③	교양	현대
④	교양	표준

06 표준어의 정의 속에는 사회적 조건에 해당하는 '교양 있는', 시대적 조건에 해당하는 '현대', 지역적 조건에 해당하는 '서울'이라는 개념이 담겨 있다.

07 **다음 밑줄 친 부분에 모두 해당하는 문장을 옳게 고른 것은?**

> 한국어의 경어법은 용언의 활용을 통해 실현되는 경우가 많다. <u>주체 경어법의 경우 용언에 '-시-'를 붙여 활용하는 경우가 대부분이나, 높임 어휘가 따로 있을 시 그것을 사용한다</u>.

① 할머니께서 낮잠을 주무신다.
② 모르는 건 선생님께 여쭤보렴.
③ 나는 아버지를 모시고 여행을 갔다.
④ 선생님, 지금 시간 있으세요?

07 ①에는 '주무신다(주무시다)', ②에는 '여쭤보렴(여쭙다)', ③에는 '모시고(모시다)'라는, 따로 존재하는 높임 어휘가 사용되었다. 그러나 '여쭙다', '모시다'는 주체 경어법이 아니라 객체 경어법에 사용하는 높임 어휘이다.
④의 '있으시다'는 '시간'을 높임으로써 선생님을 간접적으로 높이는 주체 경어법을 사용한 것으로, 따로 높임 어휘를 사용한 게 아니라 서술어 '있다'를 활용할 때 높임 선어말 어미 '-시-'를 넣은 것이다. 따라서 주체 경어법이면서 동시에 높임 어휘를 사용한 것은 ①이다.

정답 06 ③ 07 ①

08 다음 밑줄 친 한자가 <u>다른</u> 것은 무엇인가?

① <u>마</u>이동풍
② 새옹지<u>마</u>
③ 죽<u>마</u>고우
④ 호사다<u>마</u>

09 다음 중 밑줄 친 단어의 쓰임이 옳은 것은?

① 그는 <u>뇌졸증</u>으로 쓰러졌다.
② 그의 친구는 굳은살 <u>박힌</u> 손을 흔들었다.
③ 그는 휴일마다 뒷산 <u>봉오리</u>에 올랐다.
④ 어쩌다가 이 <u>사달</u>이 난 것인가.

10 다음 설명에 해당하지 <u>않는</u> 것은 무엇인가?

> 한자어에 같은 의미의 고유어가 붙어 뜻이 중복되는 단어들이 있다. 이러한 경우 표현의 경제성을 위해 중복되는 단어 중 한 단어를 생략하는 것이 좋다.

① 삼월달
② 모래사장
③ 처갓집
④ 아수라장

08 호사다마(好事多魔) : '좋은 일에는 탈[魔]이 많다'는 뜻으로, 좋은 일에는 방해되는 일이 많다는 뜻이다.
① 마이동풍(馬耳東風) : '말[馬] 귀에 동풍'이라는 뜻으로, 남의 말을 귀담아듣지 않고 흘려버린다는 뜻이다.
② 새옹지마(塞翁之馬) : '새옹의 말[馬]'이라는 뜻으로, 어떤 일이 좋은지 나쁜지는 예측할 수 없다는 뜻이다.
③ 죽마고우(竹馬故友) : '대나무 말[馬]을 타고 놀던 옛 친구'라는 뜻으로, 어릴 때부터 아주 친하게 지내며 놀던 친구라는 뜻이다.

09 '사고나 탈'의 뜻을 지닌 단어는 '사달'이 맞다.
① 표준어는 '뇌졸중'이다.
② '손바닥, 발바닥 따위에 굳은살이 생겼다'는 의미의 말은 '박이다'이므로 '박인'이라 써야 한다.
③ '봉오리'는 '망울만 맺히고 아직 피지 않은 꽃'을 말한다. 문맥상 '산에서 뾰족하게 높이 솟은 부분'을 뜻하는 '봉우리'라고 써야 한다.

10 '아수라장'은 '아수라(阿修羅)'와 '장(場)'이 합쳐진 말로 한자어와 한자어가 결합한 형태이며, 뜻이 중복되는 단어도 아니다.
① 삼월달 : '삼월(三月)'의 '월'과 고유어 '달'의 의미가 중복된다.
② 모래사장 : 고유어 '모래'와 '사장(沙場)'의 '사'의 의미가 중복된다.
③ 처갓집 : '처가(妻家)'의 '가'와 고유어 '집'의 의미가 중복된다.

정답 08 ④ 09 ④ 10 ④

11 **다음 중 신체 부위가 포함된 관용구를 사용하지 않은 문장은?**

① 그의 범죄행각은 결국 덜미가 잡혔다.
② 나무꾼은 호랑이를 보자마자 오금이 저려서 주저앉고 말았다.
③ 나는 오늘부로 그 일에서 손을 뗐다.
④ 그는 오지랖이 너무 넓어서 탈이야.

11 '오지랖'은 '옷의 앞자락'을 가리키는 말로, '오지랖이 넓다'는 것은 '남의 일에 간섭을 잘 한다'는 의미이다.
① '덜미'는 '목의 뒤쪽 부분과 그 아래 근처'를 가리키는 말로, '덜미가 잡힌다'는 것은 '죄가 드러난다'는 뜻이다.
② '오금'은 '무릎의 구부러지는 오목한 안쪽 부분'을 가리키는 말로, '오금이 저리다'는 것은 '공포감 때문에 맥이 풀리고 마음이 졸아드는 것'을 말한다.
③ '손'은 '일손'의 의미로, 이것은 사람의 신체 일부를 뜻하는 '손'의 의미가 확장된 것이다. '손을 떼다'는 '사람이 하던 일을 중도에 그만둔다'는 의미이다.

12 **다음 중 어문규정에 어긋난 문장은 무엇인가?**

① 저녁에 먹을 생선을 조렸다.
② 바람에 문이 닫쳤다.
③ 그 안건을 회의에 부쳤다.
④ 헌 옷을 다리니 새 옷처럼 보인다.

12 '문을 닫다'에 사용되는 동사 '닫다'의 피동사는 '닫히다'이므로 '바람에 문이 닫혔다'라고 써야 한다.

13 **다음 중 주어와 서술어의 호응이 어색한 것은?**

① 불필요한 정책이 없애고 필요한 정책만 남겨 간소화했습니다.
② 인간은 자연을 지배하기도 하고 자연에 복종하기도 한다.
③ 날씨가 흐려지더니 비가 내렸다.
④ 분리수거에 적극적으로 참여하면 밝은 미래로 가는 길이 열립니다.

13 '정책'은 '없애고'라는 서술어의 대상이 되는 말로, 목적어이다. 따라서 목적격 조사 '을/를'을 붙여, '불필요한 정책을 없애고~'라고 써야 자연스럽다.

정답 11 ④ 12 ② 13 ①

14 다음 중 한국문학의 범위와 영역에 대한 설명으로 옳지 않은 것은?

① 한문으로 작성된 것도 포함한다.
② 재외동포가 한글로 작성한 것도 포함한다.
③ 문자로 기록되지 않은 것은 포함하지 않는다.
④ 한민족의 사상과 문화를 내포하고 있어야 한다.

14 구비문학은 '말로 된 문학'을 의미하는 것으로, 문자로 기록된 기록문학과 상대되는 개념이다. 문학이란 언어를 매개로 한 것이며, 이때의 언어는 문자언어뿐만 아니라 음성언어도 포함하는 것으로 보아 구비문학 역시 한국문학의 범위에 속한다고 본다. 설화, 민요, 무가, 판소리, 민속극 등이 구비문학에 해당한다.

15 다음 중 「황조가」에 대한 설명으로 옳지 않은 것은?

① 신라의 유리왕이 지었다.
② 『삼국사기』에 그 유래가 전해진다.
③ 꾀꼬리 한 쌍을 보고 지었다고 전해진다.
④ 젊은 남녀가 짝을 찾을 때 부르기도 했다.

15 「황조가」의 작가 유리왕은 고구려의 2대 왕이다.

16 다음 설명에 해당하는 향가 작품은 무엇인가?

- 「도솔가」를 지은 승려가 지었다.
- 비유법으로 삶과 죽음을 묘사했다.
- 이 노래를 가창한 후 기이한 일이 벌어졌다.

① 「처용가」
② 「서동요」
③ 「제망매가」
④ 「모죽지랑가」

16 승려 월명사는 죽은 누이를 위해 재(齋)를 올릴 때 향가를 지어 불렀다고 하는데, 이것이 「제망매가」이다. 「제망매가」는 '이른 바람', '떨어지는 나뭇잎' 등의 구절을 통해 누이가 어린 나이에 죽었다는 사실을 암시하고, '한 가지에 나고'라는 구절을 통해 화자와 남매지간으로 태어났음을 암시하는 등 비유적 표현이 뛰어난 작품으로 평가된다. 또한 월명사가 이 노래를 부르니 광풍이 불어 지전(紙錢)이 서쪽으로 날아가 사라졌다는 일화가 전해진다. 월명사의 또 다른 작품으로는 「도솔가」 등이 있다.
① 「처용가」는 동해 용왕의 아들 처용(신라의 관리로 추정됨)이 지은 작품이다.
② 「서동요」는 백제 무왕이 지은 작품이다.
④ 「모죽지랑가」는 낭도였던 득오가 지은 작품이다.

정답 14 ③ 15 ① 16 ③

17 **다음 작품에 대한 설명으로 옳지 <u>않은</u> 것은?**

호ᄆᆡ도 ᄂᆞᆯ히어신 마ᄅᆞᄂᆞᆫ
낟ᄀᆞ티 들리도 어ᄡᅳ섀라
아바님도 어ᅀᅵ어신 마ᄅᆞᄂᆞᆫ
위 덩더둥셩
어마님 ᄀᆞ티 괴시리 어ᄲᅦ라
아소 님하 어마님 ᄀᆞ티
괴시리 어ᄲᅦ라.

① 엇노래이다.
② 어머니의 사랑을 예찬하는 내용이다.
③ 고려가요로 분류되기도 한다.
④ 아버지의 사랑을 '낟ᄀᆞ티'로 비유했다.

17 제시된 작품은 작자 미상의 「사모곡」으로, 「엇노리」라고도 불린다. 「엇노리」는 「엇노래」에서 유래한 것으로, '어머니의 노래'를 뜻한다. 어머니의 사랑을 예찬하는 내용의 노래이며 고려가요의 일반적인 형태와는 다소 다르지만 3음보라는 점, 여음이 있는 점 등 고려가요의 중요한 특징을 갖고 있기에 고려가요로 분류된다. '호미도 날이 있지만 낫같이 잘 들 리가 없다'는 구절에서 '호미'는 아버지의 사랑을 뜻하고 '낫'은 어머니의 사랑을 뜻한다.

18 **다음 작품의 주제와 관련 있는 감정은 무엇인가?**

묏버들 갈ᄒᆡ 것거 보내노라 님의손ᄃᆡ
자시ᄂᆞᆫ 창밧긔 심거두고 보쇼서
밤비예 새닙곳 나거든 날인가도 너기쇼서

– 홍랑

① 권학
② 애정
③ 충절
④ 회고

18 해당 시조는 조선 선조 때 기생이었던 시인이 삼당 시인 중 한 명이었던 최경창과 사귀다가 이별할 때 지은 것이다. 임에게 자신의 분신이라 할 수 있는 묏버들을 꺾어 보내면서 자신을 잊지 말아 달라는 당부를 하고 있다.

정답 17 ④ 18 ②

19 다음 중 가사의 종류와 작품의 연결이 옳지 않은 것은?

① 유배가사 – 「누항사」(박인로)
② 연군가사 – 「사미인곡」(정철)
③ 규방가사 – 「규원가」(허난설헌)
④ 기행가사 – 「일동장유가」(김인겸)

19 「누항사」는 작가가 임진왜란 후 고향으로 돌아가 살고 있을 때 친구 이덕형이 사는 형편을 묻자 답으로 지은 가사이다. 고향에서 살고 있기는 하지만 작가가 유배를 간 것은 아니므로 유배가사라 할 수 없다.
② 「사미인곡」은 작가가 조정에서 밀려나 은거하는 동안 임금에 대한 그리움과 충정을 노래한 충신연주지사이다.
③ 「규원가」는 가정을 돌보지 않는 남편으로 인한 슬픔과 한을 표현한 규방가사이다.
④ 「일동장유가」는 영조 때 일본에 간 통신사 일행에 동행했던 작가가 그 여정과 견문을 기록한 기행가사이다.

20 다음 괄호 안에 들어갈 작품으로 옳은 것은?

(　　)은 세태소설로, 조선 효종 때 평안도 철산 부사였던 전동흘이 처리했던 사건을 토대로 하여 미상의 작가가 쓴 작품이다. 가장이었던 배 좌수의 무능함과 계모의 악행을 묘사하고 있다.

① 「장화홍련전」
② 「금방울전」
③ 「옥단춘전」
④ 「숙영낭자전」

20 ② 「금방울전」은 신기한 재주를 가졌으나 금방울 모양으로 태어난 여성 주인공이 남성 주인공을 도와 시련을 극복하고 부귀영화를 누리게 된다는 전기소설이다.
③ 「옥단춘전」은 「춘향전」과 비슷한 내용을 지닌 작품으로 두 선비의 우정과 배신, 그리고 기생 옥단춘의 활약을 그린 애정소설이다.
④ 「숙영낭자전」은 백선군과 선녀 숙영의 사랑을 그린 작품이다.

정답 19 ① 20 ①

21 다음 설명에서 괄호 안에 들어갈 작가는 누구인가?

> (　　)은 당대의 일반적인 경향과 달리 우리글을 중시해 국문시가의 가치를 높이 평가했다. 임금(숙종)이 인현왕후를 쫓아내고 장희빈을 왕비로 맞이하자 이러한 임금의 행실을 풍자하는 소설을 지었다. 한편, (　　)의 소설은 그가 유배당했을 때 어머니를 위로하기 위해 저술한 것이라는 견해가 일반적이다.

① 허균
② 김만중
③ 김시습
④ 박지원

21 「구운몽」, 「사씨남정기」 등을 쓴 김만중에 대한 설명이다. 그는 우리말을 두고 다른 나라 말로 시문을 짓는 것은 앵무새가 사람 말을 흉내 내는 것과 마찬가지라고 보았으며, 한글로 쓴 문학이야말로 진정한 것이라고 보았다. 그는 숙종이 인현왕후를 내쫓은 것에 반대하다가 유배를 당하게 되자 유배지에서 어머니를 위해 「구운몽」을 썼다고 한다.

22 다음 중 판소리계 소설에 해당하지 <u>않는</u> 것은?

① 「심청전」
② 「토끼전」
③ 「춘향전」
④ 「홍길동전」

22 판소리계 소설은 조선 후기에 주로 판소리로 불리다가 소설로 정착된 것으로 「춘향전」, 「흥부전」, 「토끼전」, 「화용도」, 「장끼전」, 「배비장전」, 「옹고집전」, 「변강쇠전」 등이 있다. 「홍길동전」은 조선 중기 허균이 쓴 최초의 국문소설로, 판소리계 소설과는 관계가 없다.

23 다음 중 고려의 한시 작가가 <u>아닌</u> 인물은 누구인가?

① 김부식
② 이규보
③ 이제현
④ 서거정

23 서거정(1420~1488)은 조선 전기 세조 때의 문신이다.
① 김부식(1075~1151)은 『삼국사기』의 저자로 유명하지만, 「관란사루」 등의 한시도 썼다.
② 이규보(1168~1241)는 수많은 작품을 창작한 고려 시대의 대표적 문인이다.
③ 이제현(1287~1367)은 『익재난고』, 『역옹패설』 등을 쓴 문인으로, 특히 영사시(역사적 사실이나 인물을 제재로 한 시)를 많이 저술했다.

정답 21 ② 22 ④ 23 ④

24 다음 중 괄호 안에 들어갈 작품은 무엇인가?

(　　)은(는) 『금오신화』에 수록되어 있는 5편의 작품 중 하나로, 죽은 여인과의 사랑을 다룬다는 점에서 「이생규장전」과 더불어 명혼소설로 분류되기도 한다.

① 「남염부주지」
② 「만복사저포기」
③ 「취유부벽정기」
④ 「용궁부연록」

24 「만복사저포기」는 양생이 왜적들로부터 정절을 지키다 죽은 여자와 만나 사랑을 나눈다는 내용이다.
① 「남염부주지」는 박생이 염부주의 왕과 만나 대화를 나눈다는 내용이다.
③ 「취유부벽정기」는 홍생이 기자의 딸과 만나 대화를 나눈다는 내용이다. 죽은 여성과의 만남이 이루어지고, 육체적인 관계가 배제되어 있다.
④ 「용궁부연록」은 한생이 용궁 구경을 하는 내용이다.

25 다음 괄호 안에 들어갈 작품의 제목으로 옳은 것은?

본격적인 문학비평은 고려 후기부터 시작되었는데, 이 시기의 문학비평서로는 이인로의 (　　)이 대표적이다. 이 책은 당시 고려 내에 떠도는 각종 이야기뿐만 아니라 시평을 싣고 있는 시화 모음집이다.

① 『보한집』
② 『파한집』
③ 『백운소설』
④ 『역옹패설』

25 이인로의 『파한집』은 우리나라 시화집의 효시로 알려진 책이다. 이인로가 생전에 모아 놓은 글들을 토대로 그의 사후 1260년에 발간되었다. 이제현의 『역옹패설』, 최자의 『보한집』과 함께 고려 시대 3대 문학비평서로 손꼽힌다.
① 『보한집』은 최자가 지은 책으로, 이인로의 『파한집』을 보충하여 속편 형식으로 제작하였다.
③ 『백운소설』은 이규보가 쓴 책으로, 책 제목에 '소설'이라고 했으나 현대적 의미의 소설을 뜻하는 것은 아니고 시화집 성격의 책이다.
④ 『역옹패설』은 고려 말기 이제현이 지은 수필집으로, 주로 시평을 담고 있다.

정답 24 ② 25 ②

26 다음 설명에 해당하는 무가 작품은 무엇인가?

> 일곱 번째로 낳은 자식도 딸이자 화가 난 왕이 일곱 번째 딸을 버린다. 그 후 왕과 왕비가 병이 들어 서역국에 있는 약려수가 필요하게 된다. 버림을 받았다가 살아남았던 딸은 우여곡절 끝에 약려수를 구해와서 부모를 구하고 신이 된다.

① 「바리공주」
② 「당금애기」
③ 「세경본풀이」
④ 「이공본풀이」

26 제시된 설명은 「바리데기 신화」라고도 전하는 「바리공주」에 대한 것이다. 버림받았던 일곱 번째 딸이 바로 바리공주이다.
② 「당금애기」는 당금애기가 부모의 허락 없이 스님과 결혼하여 아들 셋을 낳았는데, 그 아들 삼형제가 제석신(집안에 있는 신)이 되었다는 내용이다.
③ 「세경본풀이」는 「자청비 신화」라고도 하는데, 지상에 살던 자청비와 옥황의 아들 문도령이 우여곡절 끝에 부부가 되었다가 나중에는 농경의 신이 된다는 내용이다.
④ 「이공본풀이」는 사라도령이 서천꽃밭의 꽃감관으로 부임되어 가다가 임신한 부인과 헤어지게 되고, 훗날 아들 할락궁이가 사라도령을 찾아온 뒤 어머니의 복수를 한 후 서천꽃밭의 꽃감관이 된다는 내용이다.

27 다음 중 신체시에 대한 설명으로 옳지 않은 것은?

① 서정성을 띤다.
② 최초의 신체시 작품은 최남선의 「해에게서 소년에게」이다.
③ 창가와 자유시 사이에 있고, 중간 단계적 성격을 가진다.
④ 고시가의 정형성에서 탈피해 형식상의 자유와 개방성을 지향한다.

27 신체시는 정형적 율조에서 벗어났다는 점에서 의의가 있으나 그럼에도 불구하고 정형시의 잔재가 남아있으며, 계몽성이 강하여 개인의 정서를 노래하는 데에는 이르지 못했다는 평가를 받는다.

정답 26 ① 27 ①

28 다음 중 이광수와 그의 작품에 대한 설명으로 옳은 것은?

① 청소년 시절 유럽에 유학을 다녀왔다.
② 1917년 신문에 「무정」을 연재했다.
③ 그가 쓴 「붉은 산」, 「광염소나타」는 사실적 묘사가 돋보인다.
④ 소외계층에 관심을 갖고 근대문물을 비판했다.

29 1930년대에 창간된 문학 동인지로만 옳게 짝지어진 것은?

① 『창조』, 『폐허』
② 『백조』, 『인문평론』
③ 『청춘』, 『문장』
④ 『시문학』, 『시인부락』

30 다음 〈보기〉 중 가장 이른 시기와 가장 늦은 시기에 발생한 문학사적 사건을 옳게 고른 것은?

보기
㉠ 『님의 침묵』 발표
㉡ 최남선의 시조 부흥 운동
㉢ 『청록집』 간행
㉣ 『창조』 간행

① ㉠, ㉢
② ㉡, ㉣
③ ㉢, ㉣
④ ㉡, ㉢

28 이광수는 1910년 『대한흥학보』에 단편소설 형태로 「무정」을 처음 발표했고, 이것을 장편화하여 1917년 1월부터 6월까지 『매일신보』에 연재하였다.
① 이광수는 1905년부터 일본에서 유학했을 뿐 유럽을 방문한 적이 없다.
③ 「붉은 산」, 「광염소나타」는 김동인의 작품이다.
④ 소외계층에 대한 관심과 근대문물 비판은 이광수에 대한 설명과 거리가 멀다. 이광수는 오히려 당시의 사회적 관념에서 벗어나 전통적인 가부장제를 비판하고 자유로운 결혼생활을 주장하여 논란이 되기도 했다.

29 각 잡지들이 창간된 해는 다음과 같다.
① 『창조』(1919), 『폐허』(1920)
② 『백조』(1922), 『인문평론』(1939)
③ 『청춘』(1914), 『문장』(1939)
④ 『시문학』(1930), 『시인부락』(1936)

30 ㉣ 『창조』는 1919년에 제1호가 간행되었다.
㉠ 『님의 침묵』은 1926년에 발표되었다.
㉡ 최남선의 시조 부흥 운동은 1920년대 후반에 전개되었다.
㉢ 『청록집』은 1946년에 초판이 간행되었다.

정답 28 ② 29 ④ 30 ③

31 다음 중 작가에 대한 설명으로 옳은 것은?

① 이상 : 「오감도」로 서정적 자아를 섬세한 율조로 표현하였다.
② 김광균 : 「여우난 곬족」으로 도시적 감각을 표현하였다.
③ 백석 : 「와사등」으로 소박한 농촌의 삶을 묘사하였다.
④ 임화 : 「우리 오빠와 화로」는 노동일가의 수난을 여동생이 오빠에게 보내는 편지 형식으로 작성하였다.

31 ① 「오감도」가 이상의 시인 것은 맞지만, 이상의 시는 서정적 자아를 율조를 살려 쓴 시가 아니라 난해시로 볼 수 있다.
② 「여우난 곬족」은 백석의 시이다. 김광균이 도시적 감각을 감각적 이미지로 표현한 시인이라는 설명은 옳다.
③ 「와사등」은 김광균의 시이다. 백석이 소박한 농촌의 삶을 묘사했다는 설명은 옳다.

32 다음 괄호 안에 들어갈 작가가 옳게 짝지어진 것은?

- 1930년대 말 형성된 작가군으로 '생명파'라고 불린다.
- 사회적 불행과 괴로움을 생명의식과 융합시킨 경향의 시를 썼다.
- 인간적인 문제와 생명적인 구경(究竟)의 탐구에 주력하였다.
- 대표 시인으로는 (㉠), (㉡)이(가) 있다.

	㉠	㉡
①	이상화	김영랑
②	조지훈	박목월
③	유치환	서정주
④	정지용	한용운

32 청록파는 조지훈, 박목월, 박두진 등이 형성한 시파로, 이들은 정지용, 김영랑 등이 중심이 된 시문학파의 기교적・감각적인 경향에 반대하여 인생의 본질을 탐구하는 시와 자연 속에 인간의 심성을 담은 시를 썼다. 한편, 한용운과 이상화는 조국 광복에 대한 염원을 담은 시를 썼다.

정답 31 ④ 32 ③

33 다음 설명에 해당하는 작가는 누구인가?

- 일제 강점기에 활동한 시인으로 전통적인 정감을 민요적 리듬으로 구성하여 한국 서정시를 확립했다는 평을 받는다.
- 「접동새」, 「산유화」, 「초혼」 등 우리 민족의 정한이 담긴 작품들을 다수 창작했다.

① 임화
② 이상화
③ 김소월
④ 한용운

33 「진달래꽃」으로 유명한 김소월에 대한 설명이다.
① 임화는 「우리 오빠와 화로」, 「네거리의 순이」 등의 작품을 썼다.
② 이상화는 「빼앗긴 들에도 봄은 오는가」, 「나의 침실로」 등의 작품을 썼다.
④ 한용운은 「님의 침묵」, 「알 수 없어요」 등의 작품을 썼다.

34 다음 설명에 해당하는 작가는 누구인가?

- 공간적 지형의 미를 살린 작품을 썼다.
- 감정을 배제하고 절제된 시어를 사용했다.
- 후기에는 사물과 현상을 순수한 관념으로 포착하여 형상화하는 시를 주로 썼다.
- 「바다」, 「유리창」 등의 시가 널리 알려졌다.
- 『백록담』 등의 시집을 썼다.

① 정지용
② 김현승
③ 김영랑
④ 김광균

34 ② 김현승은 기독교 정신을 바탕으로 인간 존재의 운명과 내면을 절제된 언어로 노래하였다. 「눈물」, 「플라타너스」 등의 시를 썼다.
③ 김영랑은 박용철, 정지용 등과 함께 시문학파 활동을 통해 순수시 운동을 주도하였으며 우리말의 아름다움을 발견하는데 힘썼다. 「모란이 피기까지는」, 「오-매 단풍 들것네」 등의 시를 썼다.
④ 김광균은 도시적이고 감각적 이미지를 즐겨 사용한 모더니즘 시인으로 「와사등」, 「외인촌」 등의 작품을 썼다.

정답 33 ③ 34 ①

35 다음 작품을 쓴 작가의 작품에 해당하는 것은?

> 거울속에는소리가없소
> 저렇게까지조용한세상은참없을것이오
>
> 거울속에도내게귀가있소
> 내말을못알아듣는딱한귀가두개나있소
>
> 거울속의나는왼손잡이오
> 내악수(握手)를받을줄모르는악수(握手)를모르는왼손잡이오
>
> 거울때문에나는거울속의나를만져보지를못하는구료마는
> 거울아니었던들내가어찌거울속의나를만나보기만이라도했겠소
>
> 나는지금(至今)거울을안가졌소마는거울속에는늘거울속의내가있소
> 잘은모르지만외로된사업(事業)에골몰할께요
>
> 거울속의나는참나와는반대(反對)요마는
> 또꽤닮았소
> 나는거울속의나를근심하고진찰(診察)할수없으니퍽섭섭하오

① 「날개」
② 「불놀이」
③ 「성북동 비둘기」
④ 「빼앗긴 들에도 봄은 오는가」

35 제시된 작품은 이상의 「거울」이다. 이상은 초현실주의적 경향을 지닌 작가로 심리주의적 기법에 의해 내면세계를 다루는 작품들을 창작하였다. 시 「오감도」 및 소설 「날개」, 「종생기」, 「봉별기」 등의 작품이 있다.
② 「불놀이」는 주요한의 작품이다.
③ 「성북동 비둘기」는 김광섭의 작품이다.
④ 「빼앗긴 들에도 봄은 오는가」는 이상화의 작품이다.

정답 35 ①

36 다음 중 박태원의 소설에 대한 설명으로 옳지 않은 것은?

① 최재서로부터 '리얼리즘의 확대'라는 평가를 받았다.
② 지식인의 무기력한 자의식으로 본 일상의 모습을 그려내었다.
③ 「지주회시」를 통해 자본주의 착취 구조를 비판하였다.
④ 청계천 주변의 서민 일상을 그린 「천변풍경」이 있다.

36 「지주회시」는 박태원이 아니라 이상의 단편소설로, 제목은 거미(지주)가 돼지(시)를 만난다는 뜻이다. 거미로 상징되는 남편과 아내가 '양돼지' 전무를 착취하는 사건을 다루고 있다.

37 다음 설명에 해당하는 작가의 작품은?

> 1962년 「생명연습」으로 등단하여 현실의 문제를 치밀하게 묘사하는 작품들을 다수 썼다. 일탈에 대한 열망을 토대로 한 그의 작품들은 무기력에 빠진 전후문학에 새로운 지평을 열었다는 평가를 받는다.

① 「광장」
② 「카인의 후예」
③ 「병신과 머저리」
④ 「서울, 1964년 겨울」

37 김승옥은 「건」, 「누이를 이해하기 위하여」, 「무진기행」, 「서울, 1964년 겨울」 등의 작품을 통해 '감수성의 혁명'이라는 평을 받으며 60년대 문학을 이전의 전후세대 문학과는 다른 차원으로 끌어올렸다.
① 「광장」은 최인훈의 작품으로, 남북한 이념 문제에 대해 다루었다.
② 「카인의 후예」는 황순원의 작품으로, 해방 후 북한에서 이루어진 토지개혁과 애정문제를 다룬 이야기이다.
③ 「병신과 머저리」는 이청준의 작품으로, 한 형제의 모습을 통해 전후세대의 상처를 보여주는 작품이다.

38 다음 설명에 해당하는 작품의 제목은?

> 3·1 운동 이전의 사회 상황을 배경으로 삼아 동경에서 유학 중이던 주인공이 고향인 조선으로 귀환하는 과정을 그렸다. 원제인 「묘지」는 당시 사람들의 위축된 삶을 나타낸다.

① 「만세전」
② 「탈출기」
③ 「술 권하는 사회」
④ 「붉은 산」

38 ② 「탈출기」는 최서해가 1925년 발표한 작품으로, 간도 이주민들의 비참한 삶의 모습을 보여준다.
③ 「술 권하는 사회」는 현진건이 1921년 발표한 작품으로, 일제 강점기 때 사회에 적응하지 못하는 지식인의 모습을 보여준다.
④ 「붉은 산」은 김동인이 1932년 발표한 작품으로, 주인공이 만주 조선족 마을에서 '삵'이라는 인물을 만난 일을 그렸다.

정답 36 ③ 37 ④ 38 ①

39 다음 설명에 해당하는 단체의 이름은?

> 1931년 신파극에서 벗어나 진정한 의미의 우리 신극을 수립하겠다는 목표로 결성된 극단이다. 초기에는 서구 작품을 계승한 리얼리즘 연극을 주로 했으나 이후 창작극 중심의 공연을 이어가다가 1938년 일제의 탄압에 의해 해산되었다.

① 구인회
② 토월회
③ 극예술연구회
④ 조선프롤레타리아예술동맹

39 ① 구인회는 1933년 서울에서 활동하던 9명의 문인들이 모여 조직한 단체로 순수예술을 추구한다는 취지의 활동을 펼쳤다.
② 토월회는 1923년 조직된 극단이다.
④ 조선프롤레타리아예술동맹은 1925년에 사회주의 혁명을 위해 문학가들이 모여 결성한 단체로 '카프(KAPF)'라고도 한다.

40 다음 설명에 해당하는 작품과 그 작가가 옳게 연결된 것은?

> 이 작품은 명서네 아들과 경선네 이야기를 주축으로 한 한국 리얼리즘 희곡의 백미로 손꼽힌다. 1920년대 농촌을 배경으로 삼아 식민지 조선의 참상을 그려냈다.

① 「토막」 – 유치진
② 「불모지」 – 차범석
③ 「산돼지」 – 김우진
④ 「위대한 실종」 – 이근삼

40 ② 「불모지」는 최 노인 가족의 이야기를 중심으로 6・25 이후 사회에 대한 비판을 담고 있다.
③ 「산돼지」는 식민지 시대를 살아가는 젊은 지식인 최원봉(별명이 '산돼지')의 이야기로, 인물의 심리묘사가 두드러지는 사실주의 극이다.
④ 「위대한 실종」은 공미순이라는 주인공을 통해 드러나는 현대사회의 비인간화를 비판하는 작품이다.

정답 39 ③ 40 ①

2022년 기출복원문제

▸ 온라인(www.sdedu.co.kr)을 통해 기출문제 무료 강의를 만나 보세요.

01 다음 중 표준어에 대한 설명으로 옳은 것은?

① 서울 중류사회에서 쓰는 말이다.
② 서울 지역에 사는 사람들이 널리 쓰는 말이다.
③ 교양 있는 사람들이 두루 사용하는 현대 서울말이다.
④ 서울 지역에서 오래 전부터 쓰던 말이다.

01 표준어 규정은 표준어 사정 원칙과 표준 발음법으로 구성되어 있는데, 표준어 사정 원칙에서는 표준어를 '교양 있는 사람들이 두루 쓰는 현대 서울말'로 규정했다.

02 국어와 한국어에 대한 설명으로 옳지 않은 것은?

① 한국어는 한반도 전역에서 쓰는 말이다.
② 일제 강점기에 일제는 한국어는 조선어, 일본어는 국어라고 칭했다.
③ 국어 교육, 한국어 교육 등 국어와 한국어는 분리해서 사용 가능하다.
④ 우리나라에서는 한국어를 가리키기 위해 주로 국어라는 용어를 사용한다.

02 한국어는 한반도 전역이 그 본거지이지만 우리 동포가 해외 여러 나라에 집단적으로 이주해서 사는 만주, 일본, 미국, 시베리아 등에도 널리 퍼져 있다.

03 다음 중 국어에 대한 특징으로 옳은 것은?

① 서술어가 목적어 앞에 오는 구조이다.
② 문장의 어순이 바뀌면 단어의 문법이 달라진다.
③ '읽지'와 같이 모음과 자음 사이에 자음이 3개까지 발음된다.
④ 어간 또는 어간에 접사를 결합하여 문장 안에서 자격을 갖추는 교착어이다.

03 ① 서술어가 목적어 뒤에 오는 구조이다.
② 문장의 어순이 바뀌어도 단어의 문법이 달라지지 않는다.
③ '읽지'와 같이 모음과 자음 사이에 자음이 최대 2개까지 발음된다.

정답 01 ③ 02 ① 03 ④

04 『훈민정음 해례본』 제자해 중 '혀뿌리가 목구멍을 막아서 내는 소리'는 무엇인가?

① 아음 /ㄱ/
② 설음 /ㄴ/
③ 순음 /ㅁ/
④ 치음 /ㅅ/

04 '혀뿌리가 목구멍을 막아서 내는 소리'는 설근폐후지형으로, 아음 'ㄱ'을 묻는 문제이다.
② 설음 /ㄴ/ : 설부상악지형(혀끝이 윗잇몸에 닿은 모양을 본떠 만든 글자)
③ 순음 /ㅁ/ : 구형(입 모양)
④ 치음 /ㅅ/ : 치형(이 모양)

05 다음 밑줄 친 단어 중 표준어는 몇 개인가?

- 그런 말을 한다고 빼지면 안 되겠지?
- 시험이 코앞인데 맨날 놀기만 하니?
- 손해 본 것을 언제 다 메꿀 수 있을지 모르겠다.

① 0
② 1
③ 2
④ 3

05 기존 '삐치다, 만날, 메우다'와 새롭게 '삐지다, 맨날, 메꾸다'가 표준어로 인정되었다.

06 언어예절에서 어떠한 경우에서든 아내에 대한 호칭으로 적절하지 않은 것은? (단, ㅇㅇ은 이름임)

① 여보
② 자기야
③ 임자
④ ㅇㅇ씨

06 아내에 대한 호칭어는 '여보'가 일반적이며, 아이가 있을 때는 아이 이름을 붙여 'ㅇㅇ엄마', 자녀가 없을 때는 'ㅇㅇ씨'도 허용했지만 부모 앞에서는 삼가야 한다. 노년에는 '임자'를 쓸 수 있고, 애칭으로 쓸 때는 '마누라'도 허용했다. 하지만 '자기'는 찬반 의견이 많아 남편과 아내를 부르는 호칭어로 인정하지 않았다.

정답 04 ① 05 ④ 06 ②

07 다음 호칭 중 언어예절에 맞게 제시된 것은 무엇인가?

① 장인을 '아버지'라고 부른다.
② 오빠의 아내를 '형님'이라고 부른다.
③ 아내의 여동생을 '처형'이라고 부른다.
④ 자녀 배우자의 어머니를 '사부인'이라고 부른다.

07 언어예절에 맞는 표현은 각각 다음과 같다.
① 아버님, 장인어른
② (새)언니
③ 처제

08 다음 중 특정한 상황에서의 인사말로 옳은 것은?

① 천수를 누리고 돌아가신 분의 상주에게 '호상입니다.'라고 인사말을 건넨다.
② 어떤 경우에는 문상 중 상주에게 아무 말도 하지 않는 게 좋은 인사말일 때가 있다.
③ 연초 세배할 때 어른들에게 '새해 복 많이 받으세요.'라고 꼭 인사말을 건넨다.
④ 연초 어른들에게 인사할 때 '절 받으십시오.'라고 절 받기를 권한다.

08 ① 어떠한 경우에도 상호 간에 호상이라는 표현을 써서는 안 된다.
③ 세배 자체에 그런 의미가 담겨 있으므로 굳이 '새해 복 많이 받으세요.'라고 할 필요는 없다.
④ 어른이 받을 준비가 되어 있을 때만 세배를 드리는 것이 예의를 갖춘 것이다.

09 다음 중 접속관계가 자연스러운 문장은 무엇인가?

① 점토병에 담은 씨는 껍질을 벗긴 뒤 볶아서 밥이나 차로 마시기도 한다.
② 겉보리를 돌화로와 절구에 넣고 종일 찧었다.
③ 인간다운 환자의 권리가 지켜진다면 의료사고를 예방할 수 있다.
④ 시험 발표 후 얼마 동안은 기쁨으로 무얼 할지도 몰랐고 해야 할 일도 없었다.

09 ① 지나친 서술어 공유 (→ ~밥으로 먹거나 차로 마시기도 한다.)
② 지나친 서술어 공유 (→ 겉보리를 돌화로에 구워 먹거나 절구에 넣고 종일 찧었다.)
③ 수식의 중의성 (→ 환자의 인간다운 권리가 지켜진다면~)

정답 07 ④ 08 ② 09 ④

10 다음 중 밑줄 친 단어의 쓰임새가 잘못된 것은 무엇인가?

① 과제를 하느라 밤을 꼬박 샜다.
② 연말이라서 일손이 많이 달린다.
③ 글씨를 갈겨써서 알아볼 수 없다.
④ 이렇게 되면 걷잡을 수 없는 사태가 벌어질 수 있다.

10 '새우다'와 '새다'를 구별하는 문제다. '새우다'는 '한숨도 자지 아니하고 밤을 지내다'의 뜻으로 목적어를 필요로 하는 동사이고, '새다'는 자동사이다.

11 다음 중 사자성어의 뜻이 옳지 않은 것은?

① 등화가친(燈火可親) : 등불을 가까이할 만하다는 뜻으로 글 읽기에 좋음을 이르는 말
② 주마간산(走馬看山) : 자세히 살피지 아니하고 대충대충 보고 지나감을 이르는 말
③ 오비이락(烏飛梨落) : 아무 관계도 없이 한 일이 공교롭게도 때가 같아 억울하게 의심을 받거나 난처한 위치에 서게 됨을 이르는 말
④ 동가홍상(同價紅裳) : 같은 값이면 붉은색 치마가 더 좋다는 말

11 '동가홍상'은 '같은 값이면 다홍치마'라는 뜻으로, 같은 값이면 좋은 물건을 가짐을 이르는 말이다.

12 다음 예문에서 괄호 안에 공통으로 들어갈 관용구로 가장 적절한 것은?

> • 손을 (　　).
> • 붓을 (　　).
> • 다리를 (　　).

① 꺾다
② 들다
③ 놓다
④ 놓치다

12 • 손을 놓다 : 일을 중도에 그만두다.
• 붓을 놓다 : 문필 활동을 그만두다.
• 다리를 놓다 : 일이 잘되게 하기 위하여 둘 또는 여럿을 연결하다.

정답 10 ① 11 ④ 12 ③

13 다음 내용에서 괄호 안에 들어갈 말이 순서대로 옳게 짝지어진 것은?

> • 분위기에 (㉠) 옷차림
> • 빈칸에 (㉡) 말은?

	㉠	㉡
①	걸맞은	알맞은
②	걸맞은	알맞는
③	걸맞는	알맞은
④	알맞는	걸맞는

13 '알맞다'와 '걸맞다'는 형용사이므로 현재를 나타내는 관형사형 어미 '–은'과만 결합할 수 있다.

14 다음 중 문장의 성분과 호응이 자연스러운 것은?

① 이 도시의 바람직한 모습은 이 지방의 행정, 문화, 교육 분야의 중심 기능을 담당해야 한다.
② 노사 간에 지속적인 대화를 시도하고 있으나, 불필요한 공방으로 인하여 기약 없이 지연되고 있다.
③ 예전에 한국인은 양만 따진다는 말이 있었으나, 이제는 양뿐 아니라 질을 아울러 따질 수 있게 되었다.
④ 해외여행이나 좋은 영화나 뮤지컬 등은 빠놓지 않고 관람하는 것이 이른바 골드 미스의 전형적인 생활양식이다.

14 ① 주어와 서술어의 호응이 부자연스러움 (→ 이 도시의 바람직한 모습은 이 지방의 행정, 문화, 교육 분야의 중심 기능을 담당하는 것이다.)
② '~지연되고 있다'의 주어가 없어 문장성분이 지나치게 생략됨 (→ 노사 간에 지속적인 대화를 시도하고 있으나, 불필요한 공방으로 인하여 협상이 기약 없이 지연되고 있다.)
④ 문장의 서술어가 지나치게 생략됨 (→ 해외여행을 하거나 좋은 영화나 뮤지컬 등은 빠놓지 않고 관람하는 것이~)

15 한국문학에 대한 설명으로 옳지 않은 것은?

① 한국의 서사문학은 그 결말이 비극적인 경우가 일반적이다.
② 정형시라 하더라도 음절 수의 변화가 가변적이다.
③ 작품을 전개하면서 기교를 부리는 풍조를 멀리하고, 일상생활에서 하는 자연스러운 말을 그대로 살렸다.
④ 문학하는 행위를 놀이로 여기고, 흥겨운 놀이면서 심각한 고민을 나타내는 문학의 양면성을 하나가 되게 합치는 것을 바람직한 창조로 여겼다.

15 한국의 서사문학 작품은 대부분 그 결말이 해피엔딩으로 끝난다.

정답 13 ① 14 ③ 15 ①

16 남녀 사이의 애정을 노래한 작품이 아닌 것은?

① 「서경별곡」
② 「동동」
③ 「처용가」
④ 「가시리」

16 「서경별곡」과 「가시리」는 이별의 정한을, 「동동」은 임에 대한 송축과 애련의 심정을 노래한 작품으로, 모두 남녀 사이의 애정을 노래했다고 볼 수 있다. 하지만 「처용가」는 자기 아내를 범한 역신을 물리치는 내용이다.

17 다음 내용에서 괄호 안에 공통으로 들어갈 인물은?

> (　　)은 경정산가단을 조직한 인물 중 하나이다. (　　)이 시가문학사에 남긴 업적 중 하나는 조선 시대 3대 시조집의 하나인 『해동가요(海東歌謠)』를 편찬했다는 점이다.
> 현재 전하는 작품으로는 『해동가요』 을해본에 16수, 계미본에 117수, 『청구가요』에 3수, 기타 가집에 5수가 있는데, 이 중 중복된 것을 빼면 총 129수가 된다.

① 김수장
② 김천택
③ 이형상
④ 송계연월옹

17 선지의 인물들의 대표 작품은 다음과 같다.
② 김천택 : 『청구영언』
③ 이형상 : 『병와가곡집』
④ 송계연월옹 : 『고금가곡』

18 다음 작품에 대한 설명으로 옳지 않은 것은?

> 동짓달 기나긴 밤 한 허리를 베어 내어
> 춘풍 이불 아래 서리서리 넣었다가
> 어론 님 오신 날 밤이어든 굽이굽이 펴리라

① 주어진 불행을 극복하려는 의지를 드러낸다.
② 황진이가 창작한 것으로, 기녀시조에 해당한다.
③ 긴 밤의 허리를 자른다는 기발한 착상이 나타난다.
④ 당시의 현실에 대한 비판적 태도를 우회적으로 표현한다.

18 해당 작품은 기녀 황진이의 연정시조로, 기다림의 소망을 통해 이별의 아픔을 극복하고자 하는 의지를 드러내고 있다. 당시의 현실에 대한 비판적 태도를 우회적으로 표현한 것과는 거리가 멀다.

정답 16 ③　17 ①　18 ④

19 여성영웅소설에 대한 설명으로 옳지 않은 것은?

① 한글소설의 유통에 따라 독자층이 확대되면서 형성된 갈래로 추정된다.

② 영웅의 일대기라는 영웅소설의 기본적 틀을 깨뜨린 갈래로 평가되기도 한다.

③ 혼사장애가 중심이 된 유형과 입신양명이 중심이 된 유형으로 분류할 수 있다.

④ '고난 – 수학 – 출정 – 입공'의 구조와 '만남 – 헤어짐 – 재회'의 구조가 결합되어 나타난다.

19 영웅의 일대기라는 영웅소설의 기본적 틀을 깨뜨린 갈래가 아니라 영웅소설의 일반적인 구조를 토대로 했으나 주인공이 여성으로 바뀌었을 뿐이다.

20 「토끼전」의 주제에 대한 설명으로 옳지 않은 것은?

① 우화소설의 형식을 잘 활용하여 대상을 과감하게 풍자하였다.

② 토끼의 행동은 무엇이든 수단화하는 권력의 횡포를 의미한다.

③ 별주부의 충성을 표면적 주제로 내세웠으나 설득력이 떨어진다.

④ 조선 왕조의 지배 체제가 위기에 처하였다는 현실 인식을 반영한다.

20 무엇이든 수단화하는 권력의 횡포를 의미하는 것은 용왕과 자라의 모습이다. 토끼의 행동에는 세속적인 부귀영화를 추구하는 속물적인 모습과 동시에 죽을 위기에 처했으나 상대를 속여 극복하는 지혜로움이 있다.
① 「토끼전」은 우화적, 의인화 수법으로 인간사회를 풍자한 작품이다.
③ 「토끼전」의 표면적 주제는 토끼의 허욕에 대한 경계와 고난을 극복하는 지혜, 그리고 자라의 왕에 대한 충성심이다. 하지만 이면적 주제는 상류 계층에 대한 비판 및 풍자, 평민 계층의 속물적 근성에 대한 풍자이다. 따라서 별주부의 충성은 무능하고 권위적이고 부패한 왕에 대한 맹목적인 모습이므로 설득력이 떨어진다.
④ 당대의 부패함과 권력 및 횡포를 비판하고자 하는 현실 인식을 반영한 작품이다.

정답 19 ② 20 ②

21 **다음 중 각 작품에 대한 설명으로 옳지 않은 것은?**

① 「규중칠우쟁론기」 : 바느질에 쓰이는 일곱 가지 도구를 의인화한 작품이다.

② 「한중록」 : 사도세자의 빈인 혜경궁 홍씨의 자전적인 회고록 형식의 작품이다.

③ 「무오연행록」 : 병자호란 당시 남한산성에서의 일을 기록한 일기체 형식의 작품이다.

④ 「조침문」 : 애지중지하던 바늘이 부러지자 그 서운한 심정을 표현한 제문 형식의 작품이다.

21 병자호란 당시 남한산성에서의 일을 기록한 일기체 형식의 작품은 어느 궁녀의 작품 「산성일기」이다.
「무오연행록」은 조선 시대, 1798(정조 22)년에 서유문(徐有聞)이 서장관(書狀官)으로 중국 청나라에 갔다가 이듬해에 조선으로 돌아온 뒤 지어서 펴낸 한글 기행문으로, 전 6권이다.

22 **다음 내용에서 괄호 안에 들어갈 작품의 제목은?**

> 연암 박지원의 한문소설 중 ( )은 분(糞)을 수거하는 비천한 생활을 하면서도 대인군자 못지않은 의리와 덕행을 겸비한 주인공 엄 행수를 통하여 당시의 양반과 고관대작들의 무위도식하는 행태와 호의호식을 꿈꾸는 허욕을 풍자하였다.

① 「마장전」

② 「광문자전」

③ 「허생전」

④ 「예덕선생전」

22 해당 문제의 선지 모두 연암 박지원의 한문소설이다.
① 소외되기 쉬운 서울의 하류층 인물인 세 사람을 등장시켜 당시의 '군자의 사귐'을 비판하였다. 그리고 이들이 옷과 갓을 찢고 허리에 새끼줄을 매고 거리에서 노래하게 하는 것으로 끝맺음으로써 그 풍자 효과를 극대화하고 있다.
② 거지인 광문(廣文)의 순진성과 그의 거짓 없는 인격을 그려 서민이나 양반이 다를 바 없음을 강조하여 당시의 양반 사회를 은근히 풍자하였다.
③ 가난한 선비인 허생의 상행위(商行爲)를 통해 자연경제의 타파를 주장하고, 양반들의 무능을 풍자한 작품이다.

23 **다음 중 신화에 대한 설명으로 옳지 않은 것은?**

① 신화는 그것을 신성하다고 생각하는 집단의 이야기이다.

② 신화는 전설이나 민담에 비해 그 구조와 성격이 단순하다.

③ 일단 성립되면 행동의 규범이나 당위로 간주되기도 한다.

④ 종교적으로 전파될 때 민족의 한계를 넘어서기도 한다.

23 신화는 각 나라와 민족마다의 특성이 반영되기 때문에 그 구조가 복잡하다. 전설이나 민담에 비해 그 구조와 성격이 단순한 것은 아니다.

정답 21 ③ 22 ④ 23 ②

24 민요의 가창 방식에 대한 설명으로 옳지 않은 것은?

① 독창으로 부르지 않는 것이 원칙이다.
② 교환창은 후렴이 없다는 점에서 선후창과 구분된다.
③ 선후창의 후창자는 선창에 이어서 후렴을 부른다.
④ 선후창의 선창자는 가사를 선택할 권리를 부여받는다.

25 다음 중 판소리에 대한 설명으로 옳지 않은 것은?

① 가창은 보통 '허두가'로부터 시작된다.
② 공연에서 말로 하는 부분을 '아니리'라고 한다.
③ 장단 가운데 가장 빠른 것을 '자진모리'라고 한다.
④ 섬진강 서쪽 나주, 보성 등지에서 성행한 소리를 '서편제'라고 한다.

26 다음 중 바람직한 문학사 서술에 대한 설명으로 옳지 않은 것은?

① 문학이면서 동시에 역사가 될 만한 것을 서술하는 것이다.
② 문학 전반에 대하여 통사적이고 총체적으로 서술하는 것이다.
③ 가치판단을 배제하고 정보를 시간 순서로 나열하는 것이다.
④ 작품 및 작가를 시대의 올바른 위치에 자리 잡게 하는 것이다.

---

24 민요는 독창 방식으로도 부를 수 있다. 독창은 혼자서 부르고, 제창은 여럿이 부르는 방식으로 선후창으로 나뉘지 않는 점에서 같다. 독창 민요는 선후창으로 불릴 수도 있는데, 「아리랑」・「신고산타령」은 독창 민요이면서도 후렴이 있기 때문에 선후창으로 부를 수도 있다. 또 「쾌지나칭칭나네」・「오돌또기」는 주로 선후창으로 부르나 후렴까지 독창으로 부를 수도 있어 후렴이 있는 민요는 선후창・독창의 구분이 불분명하다. 「길쌈노래」는 대표적 독창 민요이다. 이 경우 가사는 한정 없이 길어지며, 일정한 선율이 반복되는 가락보다는 가사의 내용이 더 중요한 의미를 갖게 된다. 이러한 민요를 서사민요라고 한다. 독창으로 불리는 민요 중에는 다른 종류의 민요보다 음악적으로 훨씬 세련된 것도 있는데, 이를 가창민요라고 한다. 대표적인 예로 「신고산타령」을 들 수 있다.

25 판소리 장단 가운데 제일 빠른 것은 '휘모리'다.

[판소리 장단 빠르기 순서]
진양조 〈 중모리 〈 중중모리 〈 자진모리 〈 휘모리

26 가치판단을 배제하는 것이 아니라 이를 토대로 정보를 시간 순서로 나열하는 것이다.

정답 24 ① 25 ③ 26 ③

27 **다음 중 신소설에 대한 설명으로 옳지 않은 것은?**

① 이인직의 「혈의 누」에서 비롯되었다고 본다.
② 고소설과는 완전히 절연된 새로운 양식이다.
③ 개화사상과 독립사상의 고취를 주요 테마로 삼았다.
④ 시간의 역전 구조, 구어체의 사용 등 새로운 특징이 발견된다.

27 신소설은 고소설과는 완전히 절연된 새로운 양식이 아니라, 고대소설적 요소와 현대소설적인 요소를 동시에 포함하고 있는 과도기 형태의 소설 장르이다.

28 **1930년대 시에 대한 설명으로 옳지 않은 것은?**

① 서정주, 유치환 등의 청록파 동인은 자연 속에 인간의 심성을 담은 시를 썼다.
② 김기림, 김광균 등이 모더니즘 시운동을 통하여 이미지즘의 감각적 시풍을 주도하였다.
③ 박용철, 김영랑 등의 시문학 동인이 섬세한 언어감각을 통하여 순수시를 지향하였다.
④ 이육사, 윤동주 등의 저항시인은 초극의 정신으로 일제강점기의 암울함에 맞섰다.

28 서정주, 유치환은 생명파로 인생의 본질을 탐구하는 시를 썼으며, 자연 속에 인간의 심성을 담은 시를 썼던 유파는 조지훈, 박두진, 박목월 같은 청록파였다.

29 **다음 설명에 해당하는 작가는 누구인가?**

- 모더니즘 문학 단체인 구인회의 회원이다.
- 복잡한 수식이나 기호를 시에 도입하였다.
- 「오감도」, 「거울」 등의 작품을 창작하였다.

① 이상
② 정지용
③ 김기림
④ 박태원

29 1930년대 국내의 선구적인 모더니즘 작가로서, 약 6년간 2,000여 점의 작품을 집필하며 인간 사회의 도구적 합리성을 극복하고 미적 자율성을 정립하고자 했다. 이상의 작품 활동은 한국 근대문학이 국제적·선진적 사조에 합류하는 데 지대한 공헌을 했다는 점에서 의의가 있으며, 초현실주의와 심리소설의 개척자로도 높이 평가받는 반면, 한편으로는 인간의 인식가능성을 부정한 극단적인 관념론자로 평가되기도 한다. 이상이 쓴 「오감도」, 「거울」 등은 초현실주의 계열의 실험작이다.

정답 27 ② 28 ① 29 ①

30 다음 설명에 해당하는 작가는 누구인가?

> 『창조』의 동인으로 등단하여 우리 근대시의 형성과정에서 선구적 위치에 섰던 시인으로, 『학우』와 『창조』에서 시작 활동을 본격화하였다. 이를테면 『학우』 창간호의 「에듀우드」 시편과 『창조』 창간호의 「불놀이」, 「새벽꿈」, 「하이얀 안개」 등 일련의 시편은 그의 시사적 위상을 확고히 하였고, 근대적 자유시 형식을 실험하였다.

① 주요한
② 김동환
③ 홍사용
④ 최남선

30 주요한이 우리말로 쓴 최초의 작품은 1917년 『청춘』 11월호에 발표한 단편 「마을집」이다. 이 소설은 한 유학생이 조선의 현실을 개혁하겠다는 뜻을 품고 일본에서 귀향했다가 현실의 완강한 힘에 좌절당하고 다시 일본으로 도망치듯 돌아간다는 이야기로, 그가 지니고 있던 근대관과 개혁사상의 허와 실을 잘 보여준다. 이어 「시내」・「봄」・「눈」・「이야기」・「기억」 등 5편의 시를 「에듀우드」라는 제목으로 『학우』에 발표했으며, 1921년 『창조』 창간호에 시 「불놀이」를 발표하면서 시창작에 전념했다.
「불놀이」는 최근까지도 한국 최초의 근대자유시라고 알려져 왔으나 그보다 앞서 김억과 황석우의 자유시 형식실험이 있었던 것으로 밝혀져 역사적 의의는 다소 달라졌다. 그러나 근대자유시의 형성과 발전에 큰 영향을 준 작품임에는 변함이 없다.

31 다음 중 1910년대에 창간된 잡지가 <u>아닌</u> 것은?

① 『청춘』
② 『학지광』
③ 『백조』
④ 『태서문예신보』

31 『청춘』(1914), 『학지광』(1914), 『태서문예신보』(1918)는 모두 1910년대에 나왔다. 『백조』는 1922년에 나온 낭만주의 경향의 문예지로, 현진건, 나도향, 이상화, 박종화 등이 중심이었다.

정답 30 ① 31 ③

32 다음 설명에 해당하는 시인의 작품만 옳게 고른 것은?

- 만주 북간도 명동 출생
- 1945년 일본 후쿠오카 형무소에서 옥사
- 유고 시집 『하늘과 바람과 별과 시』
- 자아의 성찰과 '부끄러움의 미학'을 특징으로 한 시세계

① 「절정」, 「광야」
② 「서시」, 「십자가」
③ 「향수」, 「백록담」
④ 「화사」, 「자화상」

32 윤동주에 관한 내용이다.
① 이육사의 대표작들이다.
③ 정지용의 대표작들이다.
④ 서정주의 대표작들이다.

33 전후의 문단과 소설적 경향에 대한 설명으로 옳지 않은 것은?

① '암흑'의 시대라고 불렸으며, 모국어 사용이 제한되었다.
② 『문예』, 『문학예술』, 『신천지』 등 게재지가 늘어났다.
③ 휴머니즘을 바탕으로 하고, 현실과의 화해를 추구하는 소설이 발간되었다.
④ 부정적 현실에 희생하는 개인의 비극을 통해 현실을 비판하는 작품이 나왔다.

33 '암흑'의 시대라고 불렸으며, 모국어 사용이 제한되었던 때는 일제 말기인 1941~1945년이다.

34 황순원의 작품에 대한 설명으로 옳지 않은 것은?

① 「독 짓는 늙은이」 : 장인 정신을 문제 삼았다.
② 「별」 : 누이에 대한 감정을 동화처럼 섬세한 필치로 그렸다.
③ 「암사지도」 : 전쟁 후 젊은이들의 자포자기적 생활을 그렸다.
④ 「카인의 후예」 : 토지 개혁이 진행된 북한의 농촌을 배경으로 하였다.

34 「암사지도」는 서기원(徐基源)이 지은 단편소설로, 1956년 『현대문학(現代文學)』 11월호에 추천되어 문단에 등단하게 된 작품이다. 이 작품은 1950년대의 사회적 배경을 바탕으로 하여 삶의 훼손상이 규범과는 무관하게 나타나는 현실에서 도덕적 논리와 삶의 논리가 어긋난 극심한 갈등을 주제로 다루었다. 전쟁 후 젊은이들의 자포자기적 생활을 그렸던 것은 「나무들 비탈에 서다」라는 작품이다.

정답 32 ② 33 ① 34 ③

35 다음 설명에 해당하는 작가와 작품은?

> 1957년『한국일보』신춘문예 당선 작품이다. 이 작품은 일제강점기에 강제 동원되어 팔을 잃은 아버지 박만도와 한국전쟁 당시에 부상하여 다리를 잃은 그 아들의 수난이 주제인 작품이다.

① 최인훈,「광장」
② 이범선,「오발탄」
③ 하근찬,「수난이대」
④ 황순원,「나무들 비탈에 서다」

35 ① 최인훈,「광장」: 1960년에 발표된 작품으로 광복과 동시에 남북이 분단됨으로써 생기는 이념의 분열을 주제로 방황하는 지식인의 모습을 다룬 소설이다.
② 이범선,「오발탄」: 전쟁 이후, 해방촌에 살고 있는 철호와 그의 가족들의 이야기를 다룬 작품으로, 전쟁 직후의 부조리한 사회 상황을 잘 드러내고 있다는 점에서「오 분간」과 상통하는 면이 있다. 단,「오 분간」이 기발한 상상력을 바탕으로 한 우화적인 기법의 작품인 데 비해「오발탄」은 피난민의 비애, 절망감 등을 사실적으로 드러낸 작품이라는 점이 다르다.
④ 황순원,「나무들 비탈에 서다」: 전쟁이라는 극한의 상황을 겪은 젊은이들의 전후(戰後)의 정신적 방황과 갈등을 통하여 인간 구원의 문제를 다루었다. 이 작품은 1950년대에서 1960년대에 이르는 시기의 전후문학사의 한 지표로 간주된다.

36 김유정의 소설에 대한 설명으로 옳지 않은 것은?

① 순진하고 어리숙한 인물을 주인공으로 삼기도 하였다.
② 토착적 정서를 해학적으로 형상화하기도 하였다.
③ 식민지 도시 서민층의 애환과 삶을 그렸다.
④ 대표작인「동백꽃」은 사춘기 시골 남녀의 사랑을 해학적으로 그린 작품이다.

36 「동백꽃」은 어수룩하고 우직한 시골 청년을 주인공으로 하여 향토적 분위기와 토속적인 어휘를 그대로 사용하고 있다는 점에서「봄·봄」과 유사하다.

정답 35 ③ 36 ③

37 1930년대 대표 소설에 대한 설명으로 옳지 않은 것은?

① 최서해, 「탈출기」 : 일제 강점 하에서 착취당하고 소외당하는 농민의 삶을 응칠과 응오 형제의 상반된 삶을 통해 사실적으로 형상화한 소설로, 현실 비판 의식을 강하게 드러내고 있다.

② 이상, 「날개」 : 현대인의 도착되고 분열된 내면을 보여 주면서 동시에 그것을 집요하게 탐구하고 있는 심리주의 계열의 단편소설이다.

③ 채만식, 「레디메이드 인생」 : 1930년대는 지식인의 실업자 홍수 시대로, 그 역사적 현실을 배경으로 하여 독특한 필치로 엮어나간 단편소설이다.

④ 박영준, 「모범 경작생」 : 1930년대 시행되었던 일제의 농업진흥책에 숨겨진 허구적 성격을 고발하고, 이에 대한 농민들의 자각 과정을 구체적으로 그리고 있는 농민소설이다.

37 일제 강점 하에서 착취당하고 소외당하는 농민의 삶을 응칠과 응오 형제의 상반된 삶을 통해 사실적으로 형상화한 소설로, 현실 비판 의식을 강하게 드러내고 있는 작품은 김유정의 「만무방」이다. 최서해의 「탈출기」는 신경향파 문학작품으로, 1920년대 우리 민족의 비참한 삶의 모습을 작가의 생생한 체험을 바탕으로 그린 빈궁문학의 대표작이다.

38 다음 내용에서 괄호 안에 공통으로 들어갈 말로 적절한 것은?

- (　　)은(는) 근본적으로 잡문과 다르다.
- (　　)은(는) 무형식의 자유로운 산문문학으로서 이는 형식이 다양하다는 뜻이지, 아무렇게나 써도 된다는 뜻은 아니다.
- (　　)은(는) 글쓴이의 개성과 적나라한 심성이 생생하게 드러나는 자기고백적인 문학이다.
- (　　)은(는) 표면적인 사실만을 쓰지 않고 현실을 재해석하는 심미적 · 철학적 가치가 드러나는 글이다.

① 소설

② 수필

③ 희곡

④ 영화

38 해당 내용은 수필의 특성과 관련되어 있다. 수필의 전달자는 작가 자신이기 때문에 다른 장르에 비해 개성이 강하며 사실성과 교훈성이 짙다.

정답 37 ① 38 ②

39 다음 설명에 해당하는 작품으로 옳은 것은?

- 국한문(國漢文)을 혼용한 최초의 기행문으로 언문일치(言文一致)의 선구적 역할을 하였다.
- 고수필에서 현대수필로 넘어가는 과정에서 교량적 구실을 하였다.
- 근대적 기행수필의 효시이다.

① 「심춘순례」
② 「탐라기행」
③ 「서유견문」
④ 「독일 가는 길에」

40 한국 현대희곡에 대한 설명으로 옳지 않은 것은?

① 1930년대 현대극이 발전하면서 신파극이 위축되었다.
② 1931년에 극예술연구회가 조직되었다.
③ 한국 최초 창작 희곡은 1921년에 창작된 「병자삼인」이다.
④ 극예술연구회 일원인 유치진은 1932년 「토막」을 발표, 공연하였다.

39 「서유견문」은 조선 말기의 정치가 유길준(俞吉濬)이 미국 유학 중에 유럽을 여행하며 보고 느낀 것들을 기록한 책이다. 국한문(國漢文)을 혼용한 최초의 기행문으로 언문일치(言文一致)의 선구적 역할을 하였으며, 개화사상을 접하게 하여 갑오개혁(甲午改革)의 사상적 배경이 되었다. 1895(고종 32)년에 간행되었다. 1책이다.

40 한국 최초 창작 희곡은 1912년에 창작된 「병자삼인」이다.

정답 39 ③ 40 ③

2021년 기출복원문제

▶ 온라인(www.sdedu.co.kr)을 통해 기출문제 무료 강의를 만나 보세요.

01 다음 중 국어의 특징으로 옳은 것은?

① 수식어가 피수식어 앞에 온다.
② 몽골어, 터키어 등과 함께 우랄어족에 속한다.
③ 받침자리에서 자음을 2개까지 발음할 수 있다.
④ 조사와 어미가 발달한 굴절어적인 특성을 보인다.

01 수식어(관형어, 부사어)는 피수식어(체언, 용언)의 앞에 온다.
② 국어는 계통상 알타이어족(한국어, 일본어, 몽골어, 만주어, 터키어 등)에 속한다.
③ 어말이나 자음 앞에서 받침자리의 겹받침은 제 음가대로 발음되지 못하고 자음군단순화(탈락)가 적용되어 하나의 대표음으로만 발음된다.
④ 국어는 형태상 형식형태소(조사, 어미, 접사)가 실질형태소(자립형태소, 용언의 어간)에 첨가되어 문법적 관계를 나타내는 '첨가어(= 부착어 = 교착어)'에 해당한다. 굴절어는 어형의 변화를 통해 문법적 관계를 나타내는 말로 영어, 불어, 독어 등이 이에 해당한다.

02 ㉠~㉣의 발음위치와 소리가 옳게 짝지어진 것은?

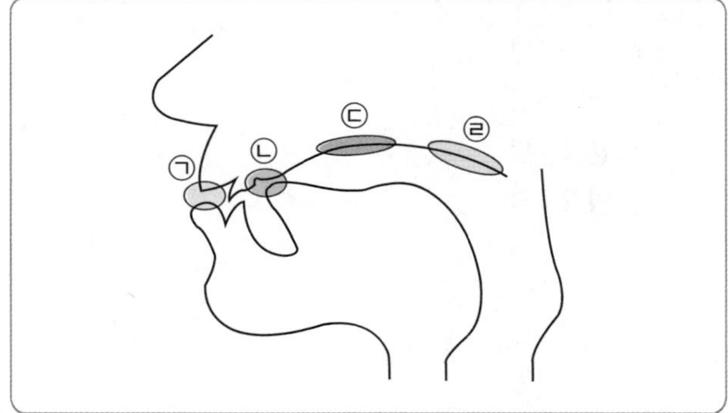

① ㉠ : ㅁ
② ㉡ : ㄱ
③ ㉢ : ㅎ
④ ㉣ : ㅈ

02 ㉠ 양순음(입술소리) : [ㅂ, ㅃ, ㅍ / ㅁ]
㉡ 치조음(잇몸소리, 혀끝소리) : [ㄷ, ㄸ, ㅌ / ㄴ / ㄹ], [ㅅ, ㅆ]
㉢ 경구개음(센입천장소리) : [ㅈ, ㅉ, ㅊ]
※ 'ㅎ'의 조음 위치는 '후음(= 목청소리)'이다.
㉣ 연구개음(여린입천장소리) : [ㄱ, ㄲ, ㅋ / ㅇ]

정답 01 ① 02 ①

03 밑줄 친 단어의 품사가 나머지와 <u>다른</u> 것은?

모든 권세를 <u>깨끗이</u> 버리고 <u>훨씬</u> <u>더</u> 넓은 <u>새</u> 세계를 설계하고 싶다.

① 깨끗이
② 훨씬
③ 더
④ 새

03 새[관형사] : 이미 있던 것이 아니라 처음 마련하거나 다시 생겨난. 명사 '세계'를 수식한다.
① 깨끗이[부사] : 남은 것이나 자취가 전혀 없이. 용언 '버리고'를 수식한다.
② 훨씬[부사] : 정도 이상으로 차이가 나게. 부사 '더'를 수식한다.
③ 더[부사] : 어떤 기준보다 정도가 심하게, 또는 그 이상으로. 용언 '넓은'을 수식한다.

04 단어의 짜임이 나머지와 <u>다른</u> 것은?

① 집안
② 새파랗다
③ 짚신
④ 높푸르다

04 새파랗다[파생어] : 새(접두사)+파랗(용언의 어근)+다
① 집안[합성어] : 집(명사)+안(명사)
③ 짚신[합성어] : 짚(명사)+신(명사)
④ 높푸르다[합성어] : 높(용언의 어근)+푸르(용언의 어근)+다

05 두 명사가 결합해 한 단어가 될 때 사이시옷이 들어가는 것은?

① 나라+말
② 인사+말
③ 혼자+말
④ 머리+말

05 혼잣말 : 합성명사에서 앞말이 모음이고 뒷말의 첫소리 'ㅁ' 앞에서 [혼잔말]처럼 'ㄴ' 소리가 덧나는 경우 사이시옷을 밝혀 적는다.
① 나라말 : 합성명사에서 앞말이 모음이고 뒷말의 첫소리 'ㅁ' 앞의 조건이라도 [나라말]처럼 'ㄴ' 소리가 덧나지 않는 경우 사이시옷을 밝혀 적지 않는다.
② 인사말 : 합성명사에서 앞말이 모음이고 뒷말의 첫소리 'ㅁ' 앞의 조건이라도 [인사말]처럼 'ㄴ' 소리가 덧나지 않는 경우 사이시옷을 밝혀 적지 않는다.
④ 머리말 : 합성명사에서 앞말이 모음이고 뒷말의 첫소리 'ㅁ' 앞의 조건이라도 [머리말]처럼 'ㄴ' 소리가 덧나지 않는 경우 사이시옷을 밝혀 적지 않는다.

정답 03 ④ 04 ② 05 ③

06 상형의 원리에 따라 만들어진 글자가 아닌 것은?

① ㄱ
② ㄷ
③ ㅅ
④ ㅣ

※ 다음 글을 읽고 물음에 답하시오. (07 ~ 08)

> 불휘 기픈 남ᄀᆞᆫ ᄇᆞᄅᆞ매 아니 뮐ᄊᆡ 곶 됴코 여름 하ᄂᆞ니
> ᄉᆡ미 기픈 므른 ᄀᆞᄆᆞ래 아니 그츨ᄊᆡ 내히 이러 바ᄅᆞ래 가ᄂᆞ니
>
> – 「용비어천가」 2장

07 이 작품의 표기에 대한 설명으로 옳지 않은 것은?

① 현대에는 쓰이지 않는 음운이 있다.
② 현대에는 쓰이지 않는 어휘가 있다.
③ 중세의 일반적 쓰기 규정과 다르게 쓰인 받침이 있다.
④ '됴코' 등에서 보이듯이 구개음화의 진행이 확인된다.

08 밑줄 친 어휘의 뜻풀이로 옳은 것은?

① 뮐ᄊᆡ : 미워하므로
② 여름 : 여름(夏)
③ ᄀᆞᄆᆞ래 : 가뭄에
④ 바ᄅᆞ래 : 발아래

06 ㄷ : 설음의 기본자 'ㄴ'의 가획자
① ㄱ : 아음의 기본자
③ ㅅ : 치음의 기본자
④ ㅣ : 사람의 모습을 본뜬 모음의 기본자

07 중세국어 '둏다[好]'는 18세기 구개음화 현상의 진행으로 '좋다'로 바뀌는데 '됴코'의 표기가 사용된 것으로 보아 15세기에는 구개음화 현상이 나타나지 않았다.
① '남ᄀᆞᆫ, ᄇᆞᄅᆞ매, 뮐ᄊᆡ, 하ᄂᆞ니, ᄉᆡ미, ᄀᆞᄆᆞ래, 그츨ᄊᆡ, 바ᄅᆞ래, 가ᄂᆞ니' 등에서 현대에는 쓰이지 않는 '아래아(ㆍ)'가 사용되고 있음을 알 수 있다.
② '불휘[뿌리], 뮈다[흔들리다], 곶[꽃], 바ᄅᆞᆯ[바다]' 등에서 현대에는 쓰이지 않는 어휘가 있음을 확인할 수 있다.
③ 중세국어의 일반적 받침규정은 표음적 표기를 적용한 8종성법(ㄱ, ㄴ, ㄷ, ㄹ, ㅁ, ㅂ, ㅅ, ㆁ)인데 '곶'에는 표의적 표기의 '종성부용초성'과 관련된 'ㅈ' 받침이 쓰이고 있다.

08 ᄀᆞᄆᆞ래 : ᄀᆞᄆᆞᆯ(가뭄) + 애(조사) → 가뭄에. 현대에서도 '가말–가뭄'은 복수표준어이다.
① 뮐ᄊᆡ : 뮈(움직이다, 흔들리다) + ㄹᄊᆡ(어미) → 흔들리므로
② 여름 : 열(동사의 어근) + 음(명사화접미사) → 열매[實]
※ 녀름[夏]
④ 바ᄅᆞ래 : 바ᄅᆞᆯ(바다) + 애(조사) → 바다에

정답 06 ② 07 ④ 08 ③

09 **다음 문장에서 괄호 안에 들어갈 단어의 표기가 옳게 짝지어진 것은?**

> 나는 (㉠) 구이와 (㉡) 볶음을 좋아한다.

	㉠	㉡
①	꼼장어	쭈꾸미
②	곰장어	주꾸미
③	꼼장어	주꾸미
④	곰장어	쭈꾸미

09 ㉠ 곰장어 : '먹장어'를 일상적으로 이르는 말
㉡ 주꾸미 : 문어과의 연체동물. 낙지와 비슷한데 몸의 길이는 20~30cm 정도이고 짧으며 둥글다.
※ 어두 된소리는 표준어로 인정하지 않음이 원칙이다. 다만 '자장면-짜장면'은 복수표준어로 인정한다.
→ 쪽제비(〉 족제비), 쪽집게(〉 족집게), 쑥맥(〉 숙맥), 꼼장어(〉 곰장어), 쭈꾸미(〉 주꾸미) 등

10 **밑줄 친 부분의 높임 양상이 나머지 셋과 다른 것은?**

① 그분을 찾아뵙고 인사를 드렸다.
② 그는 공손하게 선생님의 존함을 여쭈었다.
③ 아버지는 김치를 안주로 하여 막걸리를 드셨다.
④ 종업원이 귀빈을 호텔 2층 접견실로 모셨다.

10 드시다[주체높임] : 높임 선어말 어미 '-시'를 사용하여 주체인 '아버지'를 높이고 있다.
① 드리다[객체높임] : '주다'의 높임말인 '드리다'를 사용하여 목적어의 대상(그분)을 높이고 있다.
② 여쭈다[객체높임] : '묻다'의 높임말인 '여쭈다'를 사용하여 목적어의 대상(선생님의 존함)을 높이고 있다. '여쭙다'도 복수로 사용할 수 있다.
④ 모시다[객체높임] : '데리다'의 높임말인 '모시다'를 사용하여 목적어의 대상(귀빈)을 높이고 있다.

정답 09 ② 10 ③

11 '저녁에는 잠자리를 보아 드리고, 아침에는 문안(問安)을 드린다.'는 뜻으로, 자식(子息)이 아침저녁으로 부모(父母)의 안부(安否)를 물어서 살핌을 이르는 한자성어는?

① 昏定晨省
② 望雲之情
③ 結草報恩
④ 風樹之嘆

11 昏定晨省(혼정신성) : 밤에는 부모의 잠자리를 보아 드리고 이른 아침에는 부모의 안부를 묻는다는 뜻으로, 부모를 잘 섬기고 효성을 다함을 이르는 말 ≒ 조석정성

② 望雲之情(망운지정) : 자식이 객지에서 고향에 계신 어버이를 생각하는 마음 ≒ 망운지회
③ 結草報恩(결초보은) : 죽은 뒤에라도 은혜를 잊지 않고 갚음을 이르는 말. 중국 춘추 시대에, 진나라의 위과(魏顆)가 아버지가 세상을 떠난 후에 서모를 개가시켜 순사(殉死)하지 않게 하였더니, 그 뒤 싸움터에서 그 서모 아버지의 혼이 적군의 앞길에 풀을 묶어 적을 넘어뜨려 위과가 공을 세울 수 있도록 하였다는 고사에서 유래한다.
④ 風樹之嘆(풍수지탄) : 효도를 다하지 못한 채 어버이를 여읜 자식의 슬픔을 이르는 말
≒ 풍목지비

12 다음 소설을 쓴 작가는 누구인가?

> 경성학교 영어교사인 이형식은, 성실하고 한편으로 우유부단한 청년이다. 그가 개화한 기독교인인 김장로의 딸 선형에게 처음으로 영어를 가르치고 온 날, 뜻밖에도 옛 스승의 딸인 영채가 그를 찾아온다. 어릴 적에 정혼한 사이나 다름없었던 영채에게서 형식은, 스승 박진사가 억울하게 옥에 갇혔고, 영채는 아버지를 구하기 위해 기생이 되었다는 사연을 듣는다. 영채가 돌아간 후 형식은 영채와 선형을 두고 여러 공상을 하며, 영채의 순결을 의심하면서도 한편으론 그와 결혼하겠다고 결심하기도 한다.

① 김동인
② 이광수
③ 현진건
④ 나도향

12 제시된 작품은 1917년 『매일신보』에 연재된 근대 최초의 장편소설인 이광수의 「무정」의 줄거리이다. 일제 식민지하에서 신음하는 우리 동포에 대한 뜨거운 애정과 민족의식 그리고 박영채와 이형식과 김선형 사이에서 벌어지는 자유연애와 삼각연애를 소설적으로 형상화하고 있다.

정답 11 ① 12 ②

13 다음 내용에서 '영채'의 태도에 대한 설명으로 가장 옳은 것은?

> 옳다, 되었다 하는 듯이 여학생이
> "그러면 몇 가지를 물어보겠습니다. 첫째, 이 씨에게 마음을 허하신 것이 영채 씨오니까. 다시 말하면 영채 씨가 당신의 생각으로 마음을 허한 것입니까, 또는 부친의 말씀 한마디가 허한 것입니까."
> "그게야, 물론 아버지께서 허하신 게지요."
> "그러면 부친의 말씀 한마디로 영채 씨의 일생을 작정한 것이오그려."
> "그렇지요. 그것이 삼종지도(三從之道)가 아닙니까."
> "흥. 그 삼종지도라는 것이 여러 천 년간, 여러 천만 여자를 죽이고 또 여러 천만 남자를 불행하게 하였어요. 그 원수의 글자 몇 자가, 흥."
> 영채는 놀라며
> "그러면 삼종지도가 그르단 말씀이야요?"
> "부모의 말에 순종하는 것이 자식의 도리겠지요. 지아비의 말에 순종하는 것이 아내의 도리겠지요. 그러나 부모의 말보다도 자식의 일생이, 지아비의 말보다도 아내의 일생이 더 중하지 아니할까요. 다른 사람의 뜻을 위하여 제 일생을 결정하는 것은 저를 죽임이외다. 그야말로 인도(人道)의 죄라 합니다. 더구나 부사종자(夫死從子)라는 말은 참 남자의 포학(暴虐)을 표함이외다.……

① '영채'는 '여학생'의 말에 강하게 반발하고 있다.
② '영채'는 부친의 말을 따랐음에 후회하고 있다.
③ '영채'는 '여학생'의 말이 옳다고 생각하고 있다.
④ '영채'는 삼종지도는 반드시 지켜야 한다고 다짐하고 있다.

13 '영채'는 더 이상 아버지의 뜻대로 다른 이를 사랑할 필요도 없고 정절을 잃었다고 생각할 필요도 없다는 '여학생'의 말을 듣고 옳다고 생각하고 있다.

① '영채'는 '여학생'의 말을 들으며 자신이 옳다고 여겨왔던 사실에 대해 의구심을 갖기 시작한 것이지 '여학생'의 말에 강하게 반발하고 있는 것은 아니다.
② '영채'는 부친의 말에 따라 행동했음을 당연하게 생각하다 '여학생'에게 설득당하고 있는 것이지 부친의 말을 따랐음에 후회하고 있는 부분은 없다.
④ '영채'가 '여학생'의 말을 듣기 전에는 삼종지도가 옳다고 여긴 것이지 삼종지도는 반드시 지켜야 한다고 다짐하고 있는 것은 아니다.

정답 13 ③

14 다음 중 경기체가에 대한 설명으로 옳은 것은?

① 주로 사대부가 작가인 정형시로서, 조선 전기 이후 자취를 감추었다.
② 삼국 시대에 출현한 장르로서, 향찰표기로 되어 있다.
③ 조선 초기의 산문으로, 가사문학의 형성에 영향을 주었다.
④ 우리나라 고유의 정형시로서, 고려 초기부터 발달하여 왔다.

14 경기체가는 고려 중엽 무신 집권 이후 등장한 신진 사대부들의 득의에 찬 삶과 향락적인 여흥을 위하여 창출된 정형시가로, 조선 전기 이후 가사로 통합되면서 발전적 해체를 하게 된 교술양식이다.

② 향가에 대한 설명이다. 경기체가는 고려 시대에 출현한 장르로 한문구의 나열과 부분적으로 이두 문자를 사용하였다.
③ 가사문학의 형성에 영향을 주었다는 설명은 맞지만, 조선 초기의 산문이 아니라 고려 중기의 운문이다.
④ 우리나라 고유의 정형시는 시조이며, 시조는 고려 후기에 완성되었다.

15 다음 중 합성법의 유형이 <u>다른</u> 하나는?

① 덮밥
② 부슬비
③ 높푸르다
④ 스며들다

15 스미(어간)+어(보조적 연결어미)+들(어간)+다(어미)
→ 통사적 합성어 : 어간 뒤에 어미가 있다.

① 덮(어간)+[은(관형사형 전성어미) 생략]+밥(명사)
→ 비통사적 합성어 : 어간 뒤에 어미가 생략되어 있다.
② 부슬(부사)+비(명사)
→ 비통사적 합성어 : 부사가 체언을 수식하는 우리말의 일반적 수식구조에 어긋난다.
③ 높(어간)+[고(대등적 연결어미) 생략]+푸르(어간)+다(어미)
→ 비통사적 합성어 : 어간 뒤에 어미가 생략되어 있다.

 정답 14 ① 15 ④

16 제시문은 영조 39년(1763년)에 조엄이 일본 통신사로 갈 때 삼방서기(三房書記 : 통신사를 보좌하여 여러 기록을 책임지는 사람)로 동행한 작가가 그 여정과 견문을 기록한 장편 기행 가사인 김인겸의 「일동장유가」이다. 청나라 여행기로는 홍순학의 「연행가」가 있다.

17 이 작품은 정서의 「정과정곡」으로 참소 받고 귀양 간 신하가 임금을 그리워하는 정을 여인의 애절한 심정에 빗대어 나타내고 있다. 행상 나간 남편의 무사귀환을 염원하고 있는 작품은 백제의 고대가요인 「정읍사」이다.

① '過도 허믈도 千萬업소이다(저는 결코 아무런 잘못도 없습니다.)'에서 자신의 결백에 대한 심정을 직접적으로 진술하고 있다.

③ '내 님믈 그리ᅀᆞ와 우니다니 / 山 졉동새 난 이슷ᄒᆞ요이다'에서 자연물인 '접동새'에 감정을 이입하여 자신의 처지를 드러내고 있다.

④ 10~11행은 '임께서 저를 벌써 잊으셨습니까? / 아소 임이시여, 마음을 돌이켜 들으시어 다시 사랑해 주소서.'의 뜻으로 임이 마음을 돌이켜 자신을 사랑해 줄 것을 하소연하고 있다.

정답 16 ① 17 ②

16 다음 글에 대한 설명으로 맞지 않는 것은?

평ᄉᆡᆼ의 소활(疎闊)ᄒᆞ야 공명(功名)의 ᄠᅳ디 업ᄂᆡ.
진ᄉᆞ 청명(淸名) ᄶᆞᆨᄒᆞ거니 대과(大科)ᄒᆞ야 무엇ᄒᆞ리.
당듕 제구(場中諸具) 업시ᄒᆞ고 유산(遊山) ᄒᆡᆼ장(行裝) 출혀 내여,
팔도(八道)로 두루 노라 명산(名山) 대천(大川) 다 본 후의
풍월(風月)을 희롱(戲弄)ᄒᆞ고 금호(錦湖)의 누엇더니
북창(北窓)의 ᄌᆞᆷ을 ᄭᆡ야 세샹 긔별 드러 ᄒᆞ니
관ᄇᆡᆨ(關白)이 죽다 ᄒᆞ고 통신ᄉᆞ(通信使) 청ᄒᆞᆫ다ᄂᆡ.

① 청나라 여행기다.
② 필자는 대과에 급제하지 못했음을 대수롭지 않게 생각하고 있다.
③ 4음보의 음보율과 3·4 또는 4·4조의 음수율을 지닌 교술 양식에 속한다.
④ 필자의 상황과 어울리는 한자성어는 '泉石膏肓(천석고황)'이다.

17 다음 작품의 시적 자아에 대한 설명으로 틀린 것은?

내 님믈 그리ᅀᆞ와 우니다니
山 졉동새 난 이슷ᄒᆞ요이다
아니시며 거츠르신 ᄃᆞᆯ 아으
殘月曉星이 아ᄅᆞ시리이다
넉시라도 님은 ᄒᆞᆫᄃᆡ 녀져라 아으
벼기더시니 뉘러시니잇가
過도 허믈도 千萬업소이다
ᄆᆞᆯ힛 마리신뎌
ᄉᆞᆯ읏븐뎌 아으
니미 나ᄅᆞᆯ ᄒᆞ마 니ᄌᆞ시니잇가
아소 님하 도람 드르샤 괴오쇼셔

① 자신의 심정을 직접적으로 진술하고 있다.
② 행상 나간 남편의 무사귀환을 염원하고 있다.
③ 자연물에 빗대어 자신의 처지를 드러내고 있다.
④ 임의 태도변화를 소망하고 있다.

18 **다음 작품과 창작 시기의 왕이 잘못 짝지어진 것은?**

ㄱ. 「계축일기」	ㄴ. 「인현왕후전」
ㄷ. 「한중록」	ㄹ. 「산성일기」

① ㄱ : 광해군
② ㄴ : 숙종
③ ㄷ : 명종
④ ㄹ : 인조

18 ㄷ. 「한중록」 : 1795년(정조 19) 정조의 어머니 혜경궁 홍씨가 지은 자전적 회고록이다.
ㄱ. 「계축일기」 : 광해군이 선조의 계비인 인목대비의 아들 영창대군을 죽이고 대비를 폐하여 서궁에 감금했던 사실을 어느 궁녀가 일기체로 기록한 국문수필이다.
ㄴ. 「인현왕후전」 : 인현왕후의 폐비사건을 다룬 국문수필이다. 숙종과 장희빈의 관계를 그린 작품으로 김만중의 소설인 「사씨남정기」는 같은 내용을 비유적으로 작품화하고 있다.
ㄹ. 「산성일기」 : 병자호란 당시(조선후기 인조) 임금과 신하들이 남한산성으로 피란하여 겪은 일을 사실적이고 간결하게 기록한 어느 궁녀의 글로, 역사적 자료로서의 가치뿐만 아니라 문학적인 가치도 엿보이는 글이다.

19 **밑줄 친 부분의 띄어쓰기를 맞게 수정한 것은?**

> 영이는 오직 <u>빨래하는데</u> 목적이 있는 듯 다른 것에는 전혀 관심이 없다.

① 빨래∨하는∨데
② 빨래하는∨데
③ 빨래하는데
④ 빨래∨하는데

19 빨래하는∨데 : '빨래하다'는 '더러운 옷이나 피륙 따위를 물에 빨다.'의 뜻을 지닌 한 단어이므로 붙여 써야 하며, '데'는 '일'이나 '것'의 뜻을 나타내는 의존명사이므로 띄어 써야 한다.
③ '-는데'는 뒤 절에서 어떤 일을 설명하거나 묻거나 시키거나 제안하기 위하여 그 대상과 상관되는 상황을 미리 말할 때에 쓰는 연결 어미이므로 붙여 쓴다.
예 영이가 빨래하는데 전화벨이 울렸다.

정답 18 ③ 19 ②

20 다음 작품이 속한 장르에 대한 설명으로 적절하지 않은 것은?

초랭이 : 이매야, 이노마야.
이매 : (비실비실 바보스런 걸음걸이로 초랭이 쪽으로 걸어오며) 왜 이노마야.
초랭이 : (귓속말로) 아까 중하고 각시하고 춤추다가 도망갔대이.
이매 : 허허, 우습다, 우스워. (비실비실 선비에게 가서) 선비 어른요, 아까 중하고 각시하고 춤추다가 도망갔다 그래요.
선비 : (신경질적으로) 뭐이라고. 에이 고약한지고. (담뱃대 재를 땅바닥에 탁탁 턴다.)
초랭이 : (이매에게 가서 꽃신을 가지고 이매와 주고받다가 껴안으며 수작한다.)
양반 : (그 광경을 보고 못마땅스러운 듯 부채를 집어 벙거지를 때리며) 이 놈! 거기서 그러지 말고 부네나 불러오너라.
초랭이 : (바쁜 제자리 걸음으로 뛰어나가 부네를 데리고 나온다.)
부네 : (요사스럽게 춤을 추며 몸을 비비 꼬아대면서 나온다.)
초랭이 : (부네의 엉덩이를 만지면서 냄새를 맡는다.)
부네 : (초랭이를 때리려고 하지만 손이 뒤로 가다가 그만둔다.)
초랭이 : (조착조착 뛰어와서) 양반요, 부네 왔니더.
양반 : (부채질을 하다가) 어디 어디?
부네 : 양반 내 여기 왔잖나.

① 별도의 무대장치가 없다.
② 관중이나 악사는 철저히 방관적이다.
③ 봉건적 질서에서 벗어나려는 하층민의 욕구가 담겨 있다.
④ 언어는 일상적 구어를 기조로 한다.

20 '하회별신굿'은 경상북도 안동 하회 마을에서 서민들이 연행한 전통 가면극으로, 마을굿의 일종인 별신굿을 거행할 때 공연되었다. 외설적인 언어와 재담을 통한 양반 계층에 대한 민중들의 비판 의식이 담긴 작품이다. 가면극에서 관중이나 악사는 방관적인 제3자가 아니다. 그들이 극에 개입함으로써 극적 환상이 차단되고 현실적 비판이 선명해진다. 관중이나 악사가 철저한 방관자인 제3자가 되는 것은 '서양극'의 특징이다.

① 가면극에는 무대장치가 없기 때문에 극중 시간과 공간을 자유롭게 선택・변화시킬 수 있으며, 두 개의 사건을 한 무대에서 보여 줄 수 있다.
③ 가면극은 봉건적 질서에서 벗어나려는 하층민의 욕구가 담겨 있다.
④ 가면극의 언어는 일상적 구어를 기조로 하고, 때때로 관용적인 한문구를 빌려 쓰며, 신랄한 비어(卑語)와 재담(才談)을 거리낌 없이 구사한다.

정답 20 ②

21 다음 작품과 관련 있는 역사적 사실은?

> 千萬里(천만리) 머나먼 길에 고은 님 여희옵고
> 내 ᄆᆞ음 둘 듸 업서 냇ᄀᆞ에 안자이다
> 져 물도 내 안 ᄀᆞᆺ도다 우러 밤길 녜놋다

① 임진왜란
② 중종 조광조 유배
③ 이성계 조선 건국
④ 수양대군 왕위 찬탈

21 제시된 시조는 작자가 의금부도사가 되어 강원도 영월로 귀양 가는 단종을 압송해 갔다가 돌아오는 길에 지은 것이다. 어린 임금을 두메산골인 영월에 두고 돌아오는 길의 외로운 심정을 읊고 있다. 어쩔 수 없이 어린 임금을 유배지에 남겨 두고 되돌아와야만 했던 죄책감과 가련한 심정을 냇물에 의탁하고 있다.

22 가사 작품에 대한 설명으로 옳지 않은 것은?

① 정극인, 「상춘곡」 : 속세를 떠나 자연에 몰입하여 봄을 완상하고 인생을 즐기는 심정을 담은 최초의 가사이다.
② 박인로, 「누항사」 : 고향에 돌아가 생활하던 작가가 친구 이덕형이 두메 생활의 어려움을 묻자 그에 대한 답으로 지은 가사이다.
③ 정철, 「사미인곡」 : 갑녀와 을녀 두 여인이 등장해 임(임금)을 향한 일편단심을 간곡하게 노래한 충신연주지사의 대표작이며, 가사문학 중 우리말 표현이 가장 뛰어난 작품으로 평가된다.
④ 김인겸, 「일동장유가」 : 조선 영조 때 일본 통신사로 가게 된 작가가 약 11개월에 걸친 여정과 견문을 기록한 장편 기행가사로, 일본으로 떠나는 과정, 도착 과정, 일본과의 외교 관계, 풍속, 문물 등을 생생하고 실감나게 기록하였다.

22 정철의 가사 「속미인곡」에 대한 설명으로, 「사미인곡」의 속편이다. 「사미인곡」은 작가가 당파 싸움으로 관직에서 물러나 고향인 창평에 내려가 있을 때 임금을 향한 충성심을 임을 생각하는 여인의 마음과 견주어 지은 작품으로, 다양한 표현 기법과 절묘한 언어 구사가 돋보이는 가사이다.

정답 21 ④ 22 ③

23 애정소설에 해당하는 것끼리만 바르게 묶인 것은?

① 「운영전」, 「최척전」
② 「춘향전」, 「허생전」
③ 「옥단춘전」, 「배비장전」
④ 「만복사저포기」, 「박씨전」

23 • 「운영전」 : 선비 유영이 안평대군의 궁녀인 운영과 그의 애인 김 진사를 만나 그들의 비극적 사랑 이야기를 듣는 형식으로 된 애정소설
• 「최척전」 : 주인공 최척과 옥영의 사랑 이야기를 바탕으로 전란으로 인한 가족의 이산과 기적적인 재회를 그린 애정소설

24 다음 글의 밑줄 친 ㉠에 해당하는 작품이 아닌 것은?

역사적으로 볼 때 우리나라의 극 갈래는 가면극, 인형극, 판소리 등을 거쳐 신파극, 근대극, 현대극으로 발전해 왔다. 가면극은 신라의 오기, 검무, 처용무에서 시작하여 고려의 나례, 조선의 산대희와 탈춤으로 발전하였다. 인형극은 삼국 시대의 목우희에서 나무인형으로 노는 인형극, 고려 시대의 꼭두각시놀음과 그림자극인 망석중 놀이로 이어졌다. 조선 후기에 발생한 판소리는 신재효가 ㉠ 여섯 마당으로 정리하면서 전환기를 맞이하였다.

① 「만분가」
② 「적벽가」
③ 「심청가」
④ 「춘향가」

24 「만분가」는 조위가 '무오사화[1498년(연산군 4년)]' 때 전남 순천으로 유배가서 지은 우리나라 최초의 유배가사이다.
※ 신재효의 판소리 6마당 : 「춘향가」, 「심청가」, 「수궁가」, 「흥부가」, 「적벽가」, 「변강쇠 타령」

정답 23 ① 24 ①

25 다음 작품에 대한 설명으로 옳은 것은?

> 비 갠 긴 둑엔 풀빛이 짙어 가는데
> 남포에서 임 보내며 슬픈 노래 부르네
> 대동강 물은 어느 때 마르려는지
> 해마다 이별 눈물 푸른 강물에 더해지네
>
> – 정지상, 「송인(送人)」

① 이별을 하는 상황에서 임을 원망하는 마음을 표현하고 있다.
② 이별 후에도 임에 대한 그리움과 슬픔이 더욱 깊어갈 것임을 보여주고 있다.
③ 이별의 상황을 객관적으로 묘사하고 있다.
④ 시적 화자의 감정을 과장 없이 절제하여 표현하고 있다.

25 기구의 '풀빛'과 결구의 '푸른 강물'을 대비하여 이별 후에도 해마다 깊어가는 그리움과 슬픔을 해마다 흘리는 눈물 때문에 대동강 물이 마를 날이 없다는 과장적 표현을 통해 표현하고 있다.
① 임에 대한 원망의 마음은 나타나 있지 않다.
③ 객관적으로 이별의 상황을 묘사하고 있는 것이 아니라 이별의 슬픔을 노래내고 있다.
④ 시적 자아의 감정을 과장법을 통해 절제하지 않고 직접 표출하고 있다.

26 박지원이 지은 한문 단편소설이 아닌 것은?

① 「광문자전(廣文者傳)」
② 「호질(虎叱)」
③ 「예덕선생전(穢德先生傳)」
④ 「창선감의록(彰善感義錄)」

26 「창선감의록」 : 조성기. 한 가문의 복잡하게 얽힌 갈등과 그 해소 과정을 통해 유교적 덕목을 강조한 한문 소설이다. 내용상 전통적 관념을 고수하고 있지만 구성이 치밀하고 소설적인 흥미 요소가 많은 작품이다.

정답 25 ② 26 ④

27 민속극의 하위 장르가 나머지 셋과 다른 것은?

① 봉산 탈춤
② 양주 별산대
③ 통영의 오광대
④ 꼭두각시 놀음

27 꼭두각시 놀음 : 인형극
① 봉산 탈춤 : 해서(황해도) 일대의 가면극
② 양주 별산대 : 서울 및 서울 근처의 가면극
③ 통영의 오광대 : 경남 지방의 가면극

28 다음 설명에 해당하는 소설의 요소는?

> 사건을 한정하고 연속화하는 법칙의 집합, 혹은 이야기를 선택하고 배열하는 원리이다.

① 플롯(plot)
② 인물(character)
③ 어조(ton)
④ 시점(point of view)

28 ② 인물(character) : 소설에서 인물이란 외부에서의 관찰의 대상과 그 인물의 내적 속성이라는 두 속성을 동시에 지닌다.
③ 어조(ton) : 글에 나타난 서술자나 작가의 정서적 태도로 작품 전체의 분위기를 조성한다.
④ 시점(point of view) : 이야기가 서술되는 방식. 소설의 이야기를 구성하고 있는 인물, 행위, 배경, 사건 등을 독자에게 제시하는 방법으로 작가가 세운 양식 또는 관점

플롯(plot)
- 키어런 이갠 : "하나의 결정적인 감각적 반응을 불러일으키도록 사건들을 한정하고 연속화하는 법칙들의 집합"
- 포스트 : "플롯은 인과관계를 강조하는 서술"

정답 27 ④ 28 ①

29 **개화기에서 근대로 이어지는 시 장르의 흐름으로 옳은 것은?**

① 신체시 → 향가 → 자유시
② 창가가사 → 신체시 → 자유시
③ 신체시 → 창가가사 → 자유시
④ 자유시 → 향가 → 창가가사

29 • 창가가사 : 개화기의 전통적 가사 형식(4·4조)이나, 거기에 찬송가나 민요의 영향을 받아들인 형식으로 개화·계몽이라는 새로운 사상을 노래한 시가이다. 개화 가사가 신체시(新體詩)로 넘어가는 교량 구실을 하였다.
• 신체시 : 1908년 이후에 등장한 새로운 형태의 시로 6·5, 7·5, 8·5조 등의 외형률에서 탈피하여 좀 더 자유시에 접근한 형태이다. 전대의 정형시가(창가 가사)에서 현대적 자유시로 넘어가는 교량적 역할을 하였다. 최초의 신체시는 1908년 『소년』에 발표한 최남선의 「해에게서 소년에게」이다.
• 자유시 : 외형률(정형시)의 규칙성에서 탈피하여 내재율(자유시)이 지배하는 형식으로 신체시를 계승하고 서구의 시를 수용하면서 1918년 무렵부터 현대적 자유시가 등장하였다. 최초의 자유시는 1919년 『창조』의 창간호에 발표한 주요한의 「불놀이」이다.

30 **다음 설명에 해당하는 잡지는?**

> 1908년 최남선이 창간하였으며, 근대적 형식을 갖춘 최초의 문예 월간지이다. 창간호에는 「해에게서 소년에게」가 실려 있다.

① 『창조』
② 『백조』
③ 『소년』
④ 『태서문예신보』

30 ① 『창조』 : ㉠ 1919년 창간된 최초의 순문예 동인지 ㉡ 주요 동인 : 김동인, 주요한, 전영택 ㉢ 1910년대 이광수의 관념적 계몽주의를 반대하고 순수문학을 추구 ㉣ 창간호에 최초의 자유시인 주요한의 「불놀이」, 최초의 사실주의 소설이자 언문일치 완성작인 김동인의 「약한 자의 슬픔」 수록
② 『백조』 : ㉠ 병적 감상주의 특성 ㉡ 주요 동인 : 박종화, 이상화, 홍사용, 현진건, 나도향, 박영희 ㉢ 최초의 시 전문 동인지 『장미촌(1921)』의 후신
④ 『태서문예신보』 : ㉠ 순국문의 최초의 문예주간지 ㉡ 김억 주로 활동 ㉢ 해외문학 특히 프랑스의 세기말적인 상징시를 소개

정답 29 ② 30 ③

31 시대별 한국 현대시에 대한 설명으로 옳지 않은 것은?

① 1920년대 : 「진달래꽃」

② 1920년대 : 「빼앗긴 들에도 봄은 오는가」

③ 1930년대 : 「모란이 피기까지는」

④ 1940년대 : 「와사등」

31 『와사등(1930년대)』 : 1939년 김광균의 처녀 시집

① 『진달래꽃』(1920년대) : 1925년 김소월의 처녀 시집

② 「빼앗긴 들에도 봄은 오는가」(1920년대) : 1926년 『개벽』에 발표된 이상화의 시

③ 「모란이 피기까지는」(1930년대) : 1934년 『문학』에 발표된 김영랑의 시

32 다음 설명에 해당하는 작가는?

- 신화적 인식을 통해 특출난 토착어 공간 형식을 작품의 구조로 삼았다.
- 시적 대상은 토착적인 민속과 삶이다.
- 시집 『사슴』에 포함된 「가즈랑집」, 「여우난 곬족」 등은 고향의 토속성을 소재로 한다.

① 백석

② 윤동주

③ 이용악

④ 오장환

32 ② 윤동주 : ㉠ 1917년 북간도 용정 출생 ㉡ 1945년 2월 후쿠오카[福岡] 형무소에서 옥사 ㉢ 내면화된 윤리적 성찰과 고백 ㉣ 부끄럼의 미학 ㉤ 유고 시집 : 『하늘과 바람과 별과 시』(1948) ㉥ 대표작 : 「서시」, 「간」, 「십자가」, 「또 다른 고향」, 「별 헤는 밤」, 「자화상」, 「참회록」, 「쉽게 씌어진 시」 등

③ 이용악 : ㉠ 1914년 함북 경성 출생 ㉡ 식민지 치하의 뿌리 뽑힌 유랑민이 삶을 노래 ㉢ 짓밟히면서도 일어나는 민중의 끈질긴 생명력을 다룸 ㉣ 대표작 : 「낡은 집」, 「오랑캐꽃」, 「전라도 가시내」, 「분수령」 등

④ 오장환 : ㉠ 1918년 충북 보은 출생 ㉡ 『시인부락』(1936) 동인 ㉢ 한국 시의 순수 서정성과 모더니즘의 한계를 한꺼번에 극복하려는 자세를 보임 ㉣ 대표작 : 「목욕간」, 「성벽」, 「성씨보」, 「소야의 노래」 등

정답 31 ④ 32 ①

※ 다음 작품을 읽고 물음에 답하시오. (33 ~ 34)

㉠ 님은 갔습니다. 아아, 사랑하는 나의 님은 갔습니다.
푸른 산빛을 깨치고 단풍나무숲을 향하여 난 작은 길을 걸어서, 차마 떨치고 갔습니다.
황금의 꽃같이 굳고 빛나던 옛 맹서는 차디찬 티끌이 되어서 한숨의 미풍에 날아갔습니다.
날카로운 첫 키스의 추억은 나의 운명의 지침을 돌려놓고, 뒷걸음쳐서 사라졌습니다.
나는 향기로운 님의 말소리에 귀먹고, 꽃다운 님의 얼굴에 눈멀었습니다.
㉡ 사랑도 사람의 일이라, 만날 때에 미리 떠날 것을 염려하고 경계하지 아니한 것은 아니지만, 이별은 뜻밖의 일이 되고, 놀란 가슴은 새로운 슬픔에 터집니다.
그러나 이별은 쓸데없는 눈물의 원천을 만들고 마는 것은 스스로 사랑을 깨치는 것인 줄 아는 까닭에, ㉢ 걷잡을 수 없는 슬픔의 힘을 옮겨서 새 희망의 정수박이에 들어부었습니다.
우리는 만날 때에 떠날 것을 염려하는 것과 같이, 떠날 때에 다시 만날 것을 믿습니다.
㉣ 아아, 님은 갔지마는 나는 님을 보내지 아니하였습니다.
제 곡조를 못 이기는 사랑의 노래는 님의 침묵을 휩싸고 돕니다.

– 한용운, 「님의 침묵」

33 이 작품에 대한 설명으로 옳지 않은 것은?

① 내용상 '기승전결'의 4단 구성을 취하고 있다.
② 남성적이면서도 의지적인 어조를 통해 주제의식을 강화하고 있다.
③ '님'은 시적자아가 그리워하는 모든 존재를 표상한다.
④ 불교의 윤회설을 바탕으로 임과의 새로운 만남을 기약하고 있다.

33 여성적 어조와 경어체를 사용하여 임에 대한 영원한 사랑을 노래하고 있다.
① 4단 구성 : ㉠ 기(1~4행 : 임의 부재) → ㉡ 승(5~6행 : 이별 후의 슬픔) → ㉢ 전(7~8행 : 슬픔의 극복과 만남에의 희망) → ㉣ 결(9~10행 : 임을 향한 정진)
③ '님'은 '조국', '불타', 또는 '조국과 불타가 일체된 존재' 등 시적자아가 그리워하는 모든 존재를 표상한다.
④ 불교의 윤회설, 즉 '회자정리'와 '거자필반'의 사상을 바탕으로, 현실로는 부재하지만 영원한 임의 존재를 믿으며 임과의 새로운 만남을 기약하고 있다.

정답 33 ②

34 ㉠~㉣ 중 〈보기〉의 밑줄과 같은 표현 기법이 구사된 부분은?

보기

모란이 피기까지는,
나는 아직 나의 봄을 기다리고 있을 테요.
모란이 뚝뚝 떨어져 버린 날
나는 비로소 봄을 여읜 설움에 잠길 테요.
오월 어느 날, 그 하루 무덥던 날,
떨어져 누운 꽃잎마저 시들어 버리고는
천지에 모란은 자취도 없어지고,
뻗쳐 오르던 내 보람 서운케 무너졌느니
모란이 지고 말면 그뿐, 내 한 해는 다 가고 말아,
삼백 예순 날 하냥 섭섭해 우옵내다.
모란이 피기까지는,
나는 아직 기다리고 있을 테요, 찬란한 슬픔의 봄을,

– 김영랑, 「모란이 피기까지는」

① ㉠ ② ㉡
③ ㉢ ④ ㉣

34 〈보기〉의 '찬란한 슬픔의 봄'은 '역설법(모순형용)'을 사용하여 시적 화자의 승화된 슬픔을 드러내고 있다.
㉣ : 임에 대한 영원한 사랑을 역설적으로 표현하고 있다.
① ㉠ : '영탄법, 반복법'을 사용하여 이별을 자각하고 있다.
② ㉡ : '회자정리'의 상황만 제시하고 있을 뿐이다.
③ ㉢ : 시적 허용('정수박이' 방언 사용)을 통하여 슬픔을 새로운 희망으로 전환시키고 있다.

35 다음 설명에 해당하는 작가는?

- 「무정」의 작가
- 구어체적 문장의 개척자
- 친일 반민족적 활동은 지울 수 없는 과오로 지적됨

① 이광수
② 나도향
③ 최서해
④ 전영택

35 ② 나도향 : ㉠ 본명은 경손(慶孫), 필명은 빈(彬). 『백조』 동인 ㉡ 초기 : 애상적이고 감상적 ㉢ 후기 : 감상에서 벗어나 냉정하고 객관적인 사실주의 경향을 보임 ㉣ 대표작 : 「젊은이의 시절」, 「별을 안거든 울지나 말걸」, 「환희」, 「물레방아」, 「뽕」, 「벙어리 삼룡이」 등
③ 최서해 : ㉠ 본명은 학송(鶴松), 호는 서해(曙海) ㉡ 신경향파의 대표적 작가 ㉢ 카프에는 가담하지 않음 ㉣ 대표작 : 「탈출기」, 「기아와 살육」, 「홍염」, 「박돌의 죽음」 등
④ 전영택 : ㉠ 호는 늘봄. 『창조』 동인 ㉡ 인도주의적 사실주의 경향 ㉢ 대표작 : 「소」, 「화수분」, 「크리스마스 전야의 풍경」, 「천치냐 천재냐」 등

정답 34 ④ 35 ①

36 작가 염상섭에 대한 설명으로 적절하지 않은 것은?

① 호는 횡보(橫步)이고 1920년대 절충주의 문학론을 전개하였다.
② 「표본실의 청개구리」를 발표하여 자연주의 문학의 선구자로 평가를 받았다.
③ 다원 묘사 방법인 '복합묘사법'을 중시하여 장편 소설의 기틀을 확립하였다.
④ 3인칭 대명사 '그'를 정착하였고, 언문일치 문장을 확립하였다.

37 다음 설명에서 해당하는 작품으로 알맞은 것은?

> • 1959년부터 1967년까지 『사상계』 연재 대하소설로서 "해방 뒤 십년 이래 우리 문학사에서 가장 뛰어난 작품"이라는 평가를 받음
> • 1870년부터 1945년 광복까지 약 80년간 이한복 일가의 4대에 걸친 이주민의 가족사를 통해 조선 농민의 수난과 끈질긴 생명력을 그림

① 「태백산맥」
② 「아리랑」
③ 「토지」
④ 「북간도」

36 김동인 : 남자(He)와 여자(She)를 구별하지 않고 모두 '그'를 사용하여 3인칭 대명사 '그'를 정착하였고, '더라', '이라' 등의 문어체를 탈피하여 언문일치[口語體] 문장을 확립하였다.

37 ① 「태백산맥」(조정래) : ㉠ 분단과 전쟁으로 이어지는 우리 근대사의 큰 흐름에서 좌우 정치 세력의 대립과 갈등을 우리 삶의 근원적인 활력과 한의 측면에서 본질적으로 다루고 있다. ㉡ 대하소설, 분단소설 ㉢ 1948년 이후(여순 반란 사건)부터 6 · 25 전쟁 종료까지, 지리산 일대 ㉣ 『현대문학』(1983~1989)
② 「아리랑」(조정래) : ㉠ 일제의 불합리한 수탈과 폭압을 적나라하게 묘사한 한편 이에 맞서 싸운 독립 운동가들의 모습을 보여 주고 있다. ㉡ 대하소설, 역사소설 ㉢ 구한말~해방, 전북 김제 만경 평야, 군산, 만주, 러시아, 하와이 일대 ㉣ 『한국일보』(1990~1995)
③ 「토지」(박경리) : ㉠ 구한말에서 일제 강점기에 이르기까지 최 참판 댁의 삼대와 그 주변 인물, 당시 민중들의 삶을 통해 한국 근대사를 형상화하고 있다. ㉡ 대하소설, 가족사 소설, 연대기 소설 ㉢ 1897년 한가위~1945년 해방, 경남 하동, 서울, 만주(북간도) 등 ㉣ 『토지』(1969~1994)

정답 36 ④ 37 ④

※ 다음 작품을 읽고 물음에 답하시오. (38 ~ 39)

> 무진에 명산물이 없는 게 아니다. 나는 그것이 무엇인지 알고 있다. 그것은 (　　　)다. 아침에 잠자리에서 일어나서 밖으로 나오면, 밤사이에 진주해온 적군들처럼 안개가 무진을 삥 둘러 싸고 있는 것이었다. 무진을 둘러싸고 있던 산들도 안개에 의하여 보이지 않는 먼 곳으로 유배당해버리고 없었다. 안개는 마치 이승에 한(恨)이 있어서 매일 밤 찾아오는 여귀(女鬼)가 뿜어내놓은 입김과 같았다. 해가 떠오르고, 바람이 바다 쪽에서 방향을 바꾸어 불어오기 전에는 사람들의 힘으로써는 그것을 헤쳐버릴 수가 없었다. 손으로 잡을 수 없으면서도 그것은 뚜렷이 존재했고 사람들을 둘러쌌고 먼 곳에 있는 것으로부터 사람들을 떼어 놓았다. 안개, 무진의 안개, 무진의 아침에 사람들이 만나는 안개, 사람들로 하여금 해를 바람을 간절히 부르게 하는 무진의 안개, 그것이 무진의 명산물이 아닐 수 있을까!
>
> – 김승옥, 「무진기행」

38 괄호 안에 들어갈 말로 옳은 것은?

① 안개
② 소금기
③ 꽃가루
④ 흙먼지

38 괄호 앞의 "무진에 명산물"과 뒷부분 "안개, 무진의 안개, 무진의 아침에 사람들이 만나는 안개, 사람들로 하여금 해를 바람을 간절히 부르게 하는 무진의 안개, 그것이 무진의 명산물이 아닐 수 있을까!"에서 '안개'를 유추할 수 있다. 제목 '무진'과 연관해 본다.

39 작품의 전반적인 내용을 고려할 때 느껴지는 무진의 분위기로 적절한 것은?

① 따뜻함
② 상업성
③ 폭력성
④ 무기력함

39 김승옥의 「무진기행」은 한 인물의 귀향 체험을 통하여 일상과 꿈, 현실과 몽환이라는 대립적 가치를 설정하여, 일상을 벗어나 꿈의 세계로 도피하고 싶어 하는 현대인의 심리를 감각적인 문체로 형상화하고 있다. 이 소설에서 '나'에게 '무진'이라는 공간이 지닌 의미는 ㉠ 새 출발이 필요할 때 찾아가는 공간, ㉡ 현실에서와는 달리 공상에 빠질 수 있는 공간, ㉢ 권태와 무기력의 추억을 불러일으키는 공간이므로 '무기력함'이 무진의 분위기로 가장 적합하다.

정답 38 ① 39 ④

40 다음 설명에 해당하는 극작가는?

- 1932년 「토막」으로 데뷔하였다.
- 초기작품은 1930년대 중반 어려운 농민과 근로자의 밑바닥 생활을 제재로 삼았다.
- 「소」, 「마의태자」, 「흑룡강」 등의 작품을 남겼다.

① 유치진
② 함세덕
③ 이강백
④ 김우진

40 ② 함세덕 : ㉠ 1936년 『조선문학』에 「산허구리」를 발표하면서 문단에 데뷔 ㉡ 초기(리얼리즘극, 낭만주의극), 후기(사회주의 리얼리즘극) ㉢ 1947년 월북, 1950년 사망, 1980년대 해금 ㉣ 「산허구리」, 「동승」, 「해연」, 「감자와 쪽제비와 여교원」 등

③ 이강백 : ㉠ 1971년 「다섯」이 『동아일보』 신춘문예에 당선되어 등단 ㉡ 주로 현대 사회의 모순을 비판하는 우화적인 희곡을 씀 ㉢ 「결혼」, 「파수꾼」, 「북어 대가리」, 「느낌, 극락 같은」 등

④ 김우진 : ㉠ 1921년 '극예술협회' 조직 ㉡ 1926년 윤심덕과 현해탄 동반자살 ㉢ 「정오」, 「이영녀」, 「난파」, 「산돼지」 등

정답 40 ①

출제유형 완벽파악

국어

2020년 기출복원문제

▶ 온라인(www.sdedu.co.kr)을 통해 기출문제 무료 강의를 만나 보세요.

01 괄호 안에 들어갈 말로 알맞은 것은?

> 말소리와 그것이 나타내는 뜻 사이의 관계는 (　　　)이다.

① 역사적　　② 창조적
③ 자의적　　④ 필연적

02 국어의 모음을 혀의 높이로 분류할 때, 중모음인 것은?

① ㅔ, ㅓ, ㅗ
② ㅡ, ㅗ, ㅜ
③ ㅐ, ㅔ, ㅗ
④ ㅏ, ㅣ, ㅟ

03 다음 중 ㉠, ㉡에 들어갈 말로 알맞은 것은?

> (　㉠　)은(는) 하나의 실질 형태소에 접사가 있는 형태이고,
> (　㉡　)은 두 개 이상의 실질 형태소가 결합된 형태이다.

	㉠	㉡
①	먹이	덧신
②	집안	공부방
③	덧신	집안
④	공부방	덧신

01 언어의 의미와 음성, 즉 내용과 형식은 필연적 관계로 결합되는 것이 아닌 우연한 결합이고, 그 말을 사용하는 사회 구성원들끼리 임의적으로 정해 놓은 것이다. 이를 언어의 특징 중 언어의 자의성이라고 한다.

02 국어의 모음을 혀의 높낮이로 분류할 때, 고모음, 중모음, 저모음으로 분류할 수 있다.
- 고모음 : ㅣ, ㅟ, ㅡ, ㅜ
- 중모음 : ㅔ, ㅚ, ㅓ, ㅗ
- 저모음 : ㅐ, ㅏ

03 단어를 형태소 단위로 쪼갰을 때 실질적인 의미를 나타내는 형태소를 '어근'이라 하고, 어근에 붙어서 특정한 의미나 기능을 부여하는 형태소를 '접사'라 한다. ㉠은 '어근+접사' 형태의 파생어를 말하고, ㉡은 '어근+어근' 형태의 합성어를 말한다. ③의 덧신은 '접두사+어근'의 형태, 집안은 '어근+어근'의 형태이다.

정답 01 ③ 02 ① 03 ③

04 다음 밑줄 친 부분에 해당하는 단어는 무엇인가?

> 자음동화는 자음과 자음이 만나 서로 영향을 주고받아, 한 쪽이 다른 쪽을 닮아서 그와 비슷하거나 같은 자음으로 변하기도 하고, <u>양쪽이 서로 닮아 두 소리 모두 변하기도 한다</u>.

① 섭리
② 국물
③ 신라
④ 칼날

05 국어의 자음 체계에서 조음 위치가 같은 것은?

① ㄴ, ㅅ, ㄹ
② ㄱ, ㅈ, ㅎ
③ ㅁ, ㄴ, ㅇ
④ ㅅ, ㅈ, ㄷ

04 섭리 – [섭니] – [섬니]

05 국어 자음 체계에서의 조음 위치
- 두 입술(양순음) : ㅂ, ㅃ, ㅍ, ㅁ
- 윗잇몸–혀끝(치조음) : ㄷ, ㄸ, ㅌ, ㅅ, ㅆ, ㄴ, ㄹ
- 센입천장 – 혓바닥(경구개음) : ㅈ, ㅉ, ㅊ
- 여린입천장 – 혀 뒤(연구개음) : ㄱ, ㄲ, ㅋ, ㅇ
- 목청 사이(후음) : ㅎ

정답 04 ① 05 ①

06 다음 중 밑줄 친 부분의 표기원리로 옳은 것은?

곶 프 ᄃᆞ래, 놉고, 平ᄒᆞᆫ 받은 이럼, 좆거니와

① 병서
② 종성부용초성
③ 연서
④ 팔종성가족용

06 밑줄 친 부분은 모두 받침이 있고, 받침으로 쓰일 수 있는 글자에 제한이 있다는 것을 알 수 있다.
- 종성부용초성 : 종성(받침소리)을 나타내는 글자를 따로 만들지 않고 초성을 그대로 쓴다는 원칙이다.
- 팔종성가족용 : 초성 8자[ㄱ, ㄴ, ㄷ, ㄹ, ㅁ, ㅂ, ㅅ, ㆁ(옛이응)]만 받침으로 사용해도 가히 족하다는 규정으로, 종성부용초성에 대한 구체적인 규정이라 할 수 있다.

07 다음 중 음가가 중세국어 시기와 다른 것은?

① ㅔ
② ㅘ
③ ㅝ
④ ㅢ

07 'ㅔ'는 중세에는 없었는데 현대에 새로 생긴 단모음이다. 원래 이중모음이었다가 현대에 들어와 단모음으로 변했다.

08 훈민정음에 대한 설명으로 옳지 않은 것은?

① 설음 기본자가 'ㄴ'이다.
② 초성 17자에 'ㅸ'이 포함된다.
③ 중성 기본자는 'ㆍ, ㅡ, ㅣ'이다.
④ 중성 초출자는 'ㅗ, ㅏ, ㅜ, ㅓ'이다.

08 초성 17자
- 기본자 : ㄱ, ㄴ, ㅁ, ㅅ, ㅇ
- 가획자 : ㅋ, ㄷ, ㅌ, ㅂ, ㅍ, ㅈ, ㅊ, ㆆ, ㅎ
- 이체자 : ㆁ, ㄹ, ㅿ

정답 06 ④ 07 ① 08 ②

※ 다음을 읽고, 물음에 답하시오. (09 ~ 10)

> 나·랏 : 말ᄊᆞ·미 中듕國·귁·에 달·아 文문字ᄍᆞᆼ·와·로 서
> 르 ᄉᆞᄆᆞᆺ·디 아·니 ᄒᆞᆯ·ᄊᆡ·이런 젼·ᄎᆞ·로 어·린 百·ᄇᆡᆨ姓
> ·셩·이 니르·고져·ᄒᆞᇙ·배 이·셔·도 ᄆᆞ·ᄎᆞᆷ : 내제·ᄠᅳ·
> 들 시·러 펴·디 : 몯ᄒᆞᇙ·노·미 하·니·라·내·이·ᄅᆞᆯ 爲·
> 윙·ᄒᆞ·야 : 어엿·비 너·겨·새·로·스·믈여·듧 字·ᄍᆞᆼ
> ·ᄅᆞᆯ ᄆᆡᇰ·ᄀᆞ노니 : 사ᄅᆞᆷ : 마·다 : ᄒᆡ·ᅇᅧ : 수·ᄫᅵ니·겨·날·
> 로·ᄡᅮ·메 便뼌安ᅙᅡᆫ·킈ᄒᆞ·고·져 ᄒᆞᇙ ᄯᆞᄅᆞ·미니·라

09 다음 밑줄 친 내용의 해석이 잘못된 것은?

① ᄉᆞᄆᆞᆺ·디 : 통하지
② 어·린 百·ᄇᆡᆨ姓·셩 : 나이가 어린 백성
③ 하·니·라 : 많으니라
④ 어엿·비 : 가엽게

09 '어리석은 백성'이라는 뜻이다.

10 훈민정음에 대한 설명으로 옳지 않은 것은?

① 지금은 사라진 음운이 사용되었다.
② 앞글자 받침을 뒤로 넘기는 연철 표기를 하였다.
③ '펴디' 등의 어휘를 볼 때 구개음화가 본격적으로 시작되었다.
④ '스믈' 등의 어휘를 볼 때 원순모음화가 아직 시작되지 않았다.

10 구개음화란 구개음이 아닌 자음 'ㄷ, ㅌ'이 구개모음 'ㅣ' 앞에서 구개음 'ㅈ, ㅊ'으로 발음되는 현상으로, 보통 17세기 후반부터 18세기 초반 사이 근대 국어 시기에 시작되었다.

정답 09 ② 10 ③

11 다음 중 표준발음법이 틀린 것은 무엇인가?

① 담요 : [담ː뇨]
② 송별연 : [송ː벼련]
③ 늑막염 : [능망념]
④ 직행열차 : [지캥열차]

11 직행열차 : [지캥녈차]라고 발음한다.

12 다음 설명에서 밑줄 친 부분에 해당하는 높임법은?

> 며느리가 시부모를 모시고 산다.

① 객체 높임법
② 주체 높임법
③ 상대 높임법
④ 겸양 표현법

12 객체 높임법이란 주어의 어떤 행위가 미치는 대상을 대우하여 높이는 높임법이다. 즉, 목적어나 부사어가 지시하는 대상인 서술어의 객체나 대상을 높인다.

13 다음 중 괄호 안에 들어갈 내용으로 옳은 것은?

> 할아버지께서 저를 오(　　).

① 래
② 래요
③ 시래요
④ 라세요

13 주체 높임법으로 '오라세요'가 맞는 표현이다.

정답 11 ④ 12 ① 13 ④

14 다음 중 고유어와 그 뜻이 잘못 연결된 것은?

① 모꼬지 : 남을 해치고자 하는 짓
② 희나리 : 채 마르지 아니한 장작
③ 시나브로 : 모르는 사이에 조금씩 조금씩
④ 의뭉스럽다 : 보기에 겉으로는 어리석어 보이나 속으로는 엉큼한 데가 있음

14 '모꼬지'는 '놀이나 잔치 또는 그 밖의 일로 여러 사람이 모이는 일'을 뜻한다. '남을 해치고자 하는 짓'은 '해코지'이다.

15 다음 설명에 해당하지 않는 것은?

> 두 개 이상의 단어가 연결되어 각각의 단어의 뜻만으로는 의미를 파악할 수 없는 특수한 의미를 나타내는 어구

① 사람이 그렇게 귀가 얇아서 무슨 일을 하겠어?
② 상처의 딱지를 손톱으로 뜯적대어 결국엔 피를 본다.
③ 그의 작품은 참신한 아이디어로 언론의 눈길을 끌었다.
④ 동생은 전교생을 거의 다 알 정도로 발이 넓다.

15 제시된 설명은 관용구에 대한 설명이다.
① '귀가 얇다'는 남의 말을 쉽게 받아들인다는 의미이다.
③ '눈길을 끌다'는 관심을 끈다는 의미이다.
④ '발이 넓다'는 사귀어 아는 사람이 많거나 교제 관계가 넓다는 의미이다.

16 다음 중 밑줄 친 부분의 띄어쓰기가 잘못된 것은?

① 그녀는 답답하다는 듯이 말하였다.
② 사람마다 생김새가 다르 듯이 성격도 다르다.
③ 그는 곧 떠날 듯이 보인다.
④ 장군의 늠름한 모습에 병사들의 사기가 하늘을 찌를 듯이 올라갔다.

16 ①·③·④ 의존명사는 띄어 쓴다. 의존명사는 다른 말에 의존적이지만 자립적인 말을 대신해서 나타내는 일이 많으므로 띄어 쓰는 것이 원칙이다.
② 앞말이 어간일 때에는 어미로 쓰인 것이니 붙여서 적는다.

정답 14 ① 15 ② 16 ②

17 다음 중 대등적으로 연결된 문장은 무엇인가?

① 철수는 왔고, 영희는 오지 않을 것이다.
② 영희가 나갔으니까, 철수는 공부하겠다.
③ 철수가 공부하도록, 영희가 조용히 해라.
④ 영희가 오면, 철수는 출발할 것이다.

17 **이어진 문장**
두 개의 절이 나란히 결합하여 하나로 이어진 문장을 말한다. 앞 뒤 절의 관계에 따라 '대등하게 이어진 문장'과 '종속적으로 이어진 문장'으로 나뉘어진다.

18 이야기의 주제에 대한 설명으로 적절하지 않은 것은?

① 단일해야 한다.
② 한정된 것이어야 한다.
③ 제목에 반드시 구현되어야 하는 것은 아니다.
④ 이야기의 최종 목표가 되어야 한다.

18 이야기의 주제는 우리가 살고 있는 세계의 모든 것이 될 수 있다. 작가가 나타내려는 중심 사상으로 작가의 인생관·세계관 등이 나타난다.

19 다음 설명에 해당하는 고사성어는 무엇인가?

> 서로 적의를 가진 사람들이 협력해야 하는 상황을 비유적으로 이르는 말

① 오월동주
② 각주구검
③ 일취월장
④ 파부침주

19 ② 융통성 없이 현실에 맞지 않는 낡은 생각을 고집하는 어리석음을 이르는 말
③ 나날이 다달이 자라거나 발전함을 이르는 말
④ 싸움터로 나가면서 살아 돌아오기를 바라지 않고 결전(決戰)을 각오(覺悟)함을 이르는 말

정답 17 ① 18 ② 19 ①

※ 다음을 읽고, 물음에 답하시오. (20 ~ 21)

> 돌하 노피곰 도ᄃᆞ샤
> 어긔야 머리곰 비취오시라
> 어긔야 어강됴리
> 아으 다롱디리
> 져재 녀러신고요
> 어긔야 즌 데롤 드데욜셰라
> 어긔야 어강됴리
> 어느이다 노코시라
> 어긔야 내 가논 데 졈그롤셰라
> 어긔야 어강됴리
> 아으 다롱디리

20 이 작품에 대한 설명으로 적절하지 않은 것은?

① 궁중음악으로 연주되었다.
② 『악학궤범』에 기록되었다.
③ 현전 유일의 백제 가요이다.
④ 원래의 가사는 한문으로 되어 있다.

21 밑줄 친 부분의 현대어 해석으로 옳은 것은?

① 오다
② 가다
③ 팔다
④ 놀다

20 이 작품은 「정읍사」로 주제는 행상 나간 남편의 안전을 기원하는 것이다. 현전하는 유일한 백제 가요이며, 국문으로 기록되어 전하는 가장 오래된 가요이다.

21 '져재'는 '시장에', '녀러신고요'는 '가 계신가요?'라고 풀이한다. 이를 통하여 남편의 신분이 행상인임을 알 수 있다.

정답 20 ④ 21 ②

22 • 「혜성가」 : 내침한 왜구와 혜성을 물리쳤다는 축사의 노래
• 「처용가」 : 아내를 침범하는 역신에게 관용을 베푼 노래
• 「찬기파랑가」 : 기파랑을 찬양하여 부른 노래

정답 22 ③

22 괄호 안에 들어갈 작품을 순서대로 옳게 나열한 것은?

• (　　)는 제망매가를 쓴 월명사가 쓴 향가로서 두 개의 해가 나타난 괴변을 없애기 위해 부른 산화공덕의 노래이다.
• (　　)는 인간과 비인간의 혼인에 대한 배경설화가 전해지며, 현전하는 가장 오래된 향가이다. 동요적인 성격을 지니고 있으며, 이 노래를 통하여 앞으로 일어날 일을 미리 암시하는 참요의 성격을 갖고 있다.

① 「혜성가」, 「도솔가」
② 「서동요」, 「처용가」
③ 「도솔가」, 「서동요」
④ 「찬기파랑가」, 「서동요」

※ 다음을 읽고, 물음에 답하시오. (23 ~ 24)

머자 외야자 綠李여
빨리나 내 신고흘 매여라
아니옷 매시면 나리어다 머즌 말
東京 발근 다래
새도록 노니다가
드러 ㉠ 내 자리를 보니
가라리 네히로섀라
아으 둘흔 내해어니와
둘흔 ㉡ 뉘해어니오
이런저긔 處容 아비옷 보시면
熱病大神이아 膾ㅅ가시로다
千金을 주리여 處容 아바
七寶를 주리여 處容 아바
千金 七寶도 마오
熱病神을 ㉢ 날 자바 주쇼셔
山이여 ㉣ 매히여 千里外예
處容 아비를 어여녀거져
아으 ㉤ 熱病大神의 發願이샷다

버찌야, 오얏아, 녹리야
빨리 나와서 나의 신을 매어라.
아니 매면 나릴 것이나 궂은 말이
신라 서울 밝은 달밤에
밤새도록 놀다가
돌아와 내 자리를 보니
다리가 넷이로구나
아아, 둘은 내 것이거니와,
둘은 누구의 것인가?
이런 때에 처용 아비가 보시면
열병대신 따위야 횟갓이로다.
천금을 줄까? 처용 아비여
칠보를 줄까? 처용 아비여
천금도 칠보도 다 말고
열병신을 나에게 잡아 주소서
산이나 들이나 천리 먼 곳으로
처용 아비를 피해 가고 싶다.
아아, 열병대신의 소망이로다.

23 **밑줄 친 ㉠~㉤ 중 지시하는 대상이 동일한 것은?**

① ㉠, ㉡
② ㉡, ㉤
③ ㉢, ㉣
④ ㉣, ㉤

23 ㉠ 처용
㉡ 열병대신
㉢ 처용
㉣ 들
㉤ 열병대신

정답 23 ②

24 신라의 향가인 「처용가」는 고려에 와서 나례와 결부되어 '처용무'로 발전되었고, 조선 시대까지 무용으로 계승되었다.
① 「구지가」에 대한 설명이다.
③ 향가인 「처용가」는 향찰로 표기되었고, 고려가요인 「처용가」는 훈민정음으로 표기되었다.
④ 향가인 「처용가」에 대한 설명이다.

25 『용비어천가』 2장 내용이다. '바ᄅᆞ래'는 '바다에'로 풀이할 수 있다.

26 가사는 4음보로 구성되어 있다.

정답 24 ② 25 ① 26 ①

24 **다음 중 해당 작품에 대한 설명으로 옳은 것은?**

① 현전하는 최고의 집단 무요이며, 주술성을 지닌다.
② 조선 시대까지 무용으로 계승되었다.
③ 한문으로 창작되었다.
④ 작품 속 인물은 체념 또는 관용적인 태도를 보인다.

25 **다음 중 밑줄 친 부분의 의미로 옳은 것은?**

> 불휘 기픈 남ᄀᆞᆫ ᄇᆞᄅᆞ매 아니 뮐ᄊᆡ 곶 됴코 여름 하ᄂᆞ니
> ᄉᆡ미 기픈 므른 ᄀᆞᄆᆞ래 아니 그츨ᄊᆡ 내히 이러 <u>바ᄅᆞ래</u> 가ᄂᆞ니

① 바다
② 섬
③ 마을
④ 물

26 **다음 중 가사의 특징으로 옳지 <u>않은</u> 것은?**

① 3음보로 구성되어 있다.
② 작가의 계층이 조선 전기에는 주로 양반들이었다.
③ 조선 후기에 이르러 평민 가사, 내방 가사 등이 지어졌다.
④ 「관동별곡」, 「사미인곡」, 「속미인곡」 등이 주요 작품이다.

※ 다음을 읽고, 물음에 답하시오. (27 ~ 29)

ᄀᆞᆺ 괴여 닉은 술을 葛巾으로 밧타 노코, 곳나모 가지 것거, 수노코 먹으리라. 和風이 건ᄃᆞᆺ 부러 錄水ᄅᆞᆯ 건너오니, 淸香은 잔에 지고, 落紅은 옷새 진다. 樽中이 뷔엿거ᄃᆞᆫ 날ᄃᆞ려 알외여라. 小童 아ᄒᆡ ᄃᆞ려 酒家에 술을 믈어, 얼운은 막대 집고, 아ᄒᆡᄂᆞᆫ 술을 메고, ㉠ <u>微吟緩步</u>ᄒᆞ야 시냇ᄀᆞ의 호자 안자, 明沙 ㉡ <u>조한</u> 믈에 잔 시어 부어 들고, 淸流ᄅᆞᆯ 굽어보니, ᄯᅥ오ᄂᆞ니 桃花 ㅣ 로다. 武陵이 갓갑도다, 져 ᄆᆡ이 긘 거인고.

27 다음 중 위 작품에 대한 설명으로 옳지 <u>않은</u> 것은?

① 속세를 떠나 자연과 조화를 이루며 살고자 하는 작가 정극인의 생활철학을 담고 있다.
② 충신연주지사적 성격을 띠고 있다.
③ 운율은 4음보의 연속체이다.
④ 자연에 묻혀 사는 즐거움을 표방하는 은일 가사의 첫 작품이다.

27 정극인의 「상춘곡」은 충신연주지사적 성격과는 거리가 멀다.

28 다음 중 밑줄 친 ㉠의 의미로 옳은 것은?

① 작은 소리로 읊조리며 천천히 걷는다.
② 안개와 노을과 빛나는 햇살
③ 화창한 바람이 문득 불어
④ 붉은 꽃잎은 옷에 떨어진다.

28 ㉠ 微吟緩步(미음완보) : '작은 소리로 읊조리며 천천히 걷는다.'라는 뜻으로 한적하게 노닒을 가리키는 말이다.

29 다음 중 밑줄 친 ㉡의 의미로 옳은 것은?

① 시원한
② 시린
③ 차가운
④ 맑은

29 '明沙(명사) ㉡ <u>조한</u> 믈에'를 현대어로 풀이하면 '고운 모래가 비치는 맑은 물에'이다. 이 부분에서 화자는 맑은 물에 떠오르는 복숭아꽃을 보며 무릉도원을 떠올린다. '무릉도원'은 도연명의 「도화원기」에 나오는 말로, 이 세상을 떠난 이상향을 뜻하는 말이다. 화자는 봄의 흥취를 즐길 수 있는 봄의 아름다운 자연을 무릉도원에 비유하고 있다.

정답 27 ② 28 ① 29 ④

30 다음 중 작품과 그에 대한 설명이 옳지 않은 것은?

① 「사씨남정기」 : 고진감래와 권선징악에 관한 내용이다.
② 「운영전」 : 신분을 초월한 남녀 간의 비극적 사랑에 대한 내용이다.
③ 「계축일기」 : 시집가는 딸에게 전하는 당부의 내용이다.
④ 「허생전」 : 무능한 양반 계층을 비판하고 선비로서의 자아 각성을 촉구하는 내용이다.

30 「계축일기」는 광해군이 선조의 계비인 인목대비를 폐위시키고 영창대군을 죽인 사건을 어느 궁녀가 기록한 것으로 추정되는 한글 수필이다.

31 다음 내용과 관련된 작품의 제목과 작자가 옳게 연결된 것은?

- 한문학 최초의 오언시
- 조롱적 작법

① 「추야우중」 : 최치원
② 「추야우중」 : 을지문덕
③ 「여수장우중문시」 : 을지문덕
④ 「여수장우중문시」 : 최치원

31 「여수장우중문시」는 고구려의 명장 을지문덕이 수나라 장수 우중문에게 조롱조로 지어 보낸 5언 4구의 한시로, 현전하는 가장 오래된 한시이다.

32 다음 내용에서 설명하는 것은 무엇인가?

갑오경장 직후 서구 사상의 영향을 받아 나타난 시 형식으로, 4·4, 6·5, 7·5조 등의 리듬을 자유로이 선택하였으며, 평등·독립 사상과 같은 내용이 주조를 이루었다.

① 잡가
② 창가
③ 신체시
④ 자유시

32
- 신체시 : 창가 가사와 자유시 사이의 징검다리 역할을 한 과도기적인 시가 형태로, 최남선의 「해에게서 소년에게」가 최초의 작품이다.
- 자유시 : 1919년 이후 오늘날까지 존속한 것으로서 주요한의 「불놀이」가 최초의 작품이다.

정답 30 ③ 31 ③ 32 ②

※ 다음을 읽고, 물음에 답하시오. (33 ~ 34)

> 유리에 차고 슬픈 것이 어른거린다.
> 열없이 붙어서서 입김을 흐리우니
> 길들은 양 언 날개를 파닥거린다.
> 지우고 보고 지우고 보아도
> 새까만 밤이 밀려나가고 밀려와 부딪히고
> 물 먹은 별이, 반짝, 보석처럼 박힌다.
> 밤에 홀로 유리를 닦는 것은
> 외로운 황홀한 심사이어니,
> 고운 폐혈관이 찢어진 채로
> 아아, 너는 산(山)새처럼 날아갔구나!
>
> – 정지용, 「유리창1」

33 위 시에 대한 특징으로 옳은 것은?

① 공감각적 이미지를 사용
② 직설적 이미지를 사용
③ 점층적 표현
④ 감각적 이미지를 사용

34 밑줄 친 '열없이'의 의미로 옳지 않은 것은?

① 기운 없이
② 별다른 의미 없이
③ 겸연쩍고 부끄럽게
④ 어설프고 짜임새 없이

33 정지용, 「유리창」
이 시는 어린 자식을 잃은 아버지의 애절하고 슬픈 마음을 유리창을 통해 감각적 이미지로 노래한 작품이다. 화자는 자식을 잃은 슬픈 마음을 '차고 슬픈 것', '물 먹은 별', '산새', '별' 등 객관적 사물의 상황과 연결하여 표현함으로써, 대상의 선명한 이미지를 떠올리게 하고 있다.

34 '열없이'는 자식을 잃은 상실감을 표현하고 있다.

정답 33 ④ 34 ④

※ 다음을 읽고, 물음에 답하시오. (35 ~ 37)

(가) 여승은 합장하고 절을 했다.
가지취의 내음새가 났다.
쓸쓸한 낯이 옛날같이 늙었다.
나는 불경처럼 서러워졌다.

(나) 평안도의 어느 산 깊은 금전판
나는 파리한 여인에게서 옥수수를 샀다.
여인은 나어린 딸아이를 때리며 가을밤같이 차게 울었다.

(다) 섶벌같이 나아간 지아비 기다려 십년이 갔다.
지아비는 돌아오지 않고
어린 딸은 도라지꽃이 좋아 돌무덤으로 갔다.

(라) 산꿩도 섧게 울은 슬픈 날이 있었다.
산절의 마당귀에 여인의 머리오리가 눈물방울과 같이 떨어진 날이 있었다.

– 백석, 「여승」

35 위 시의 (가), (나), (다), (라) 연에서 가장 이른 시기는?

① (가)
② (나)
③ (다)
④ (라)

35 이 시는 시간의 흐름에 따른 구성이 아닌 역순행적 구성 방식으로 시상이 전개되고 있다. (가)는 현재의 상황으로 시적 화자가 여승이 된 여인과 재회하는 장면이고, (나)~(라)는 과거의 상황이다.

36 위 시에서 밑줄 친 '가지취의 내음새'의 시적 의미는?

① 탈속
② 소박
③ 빈곤
④ 애상

36 여승이 이미 속세를 떠나 있음을 보여 주는 구절로, 후각적 심상을 통해 속세에 대한 미련을 버린 여승의 모습을 감각적으로 형상화하고 있다.

정답 35 ② 36 ①

37 **위 시에서 밑줄 친 '도라지꽃'의 시적 의미는?**

① 슬픔
② 죽음
③ 깨끗함
④ 아름다움

38 **다음 설명에 해당하는 문예지로 옳은 것은?**

> 우리나라 최초의 순수 문예지로서 1919년 2월, 김동인, 주요한, 전영택 등에 의해 발간되었다. 기성 문단에 대해 예리한 비판적 태도를 취하였으며, 주요한의 「불놀이」, 김동인의 「약한 자의 슬픔」 등이 실렸다.

① 『소년』
② 『백조』
③ 『창조』
④ 『폐허』

37 어린 딸의 죽음을 절제된 감정으로 표현하고 있다.

38 ① 『소년』은 우리나라 최초의 월간 잡지로 1908년 최남선이 주관하여 발간하였다.
② 『백조』는 1922년 1월 홍사용, 이상화, 현진건, 박종화, 박영희, 노자영 등이 창간한 문학동인지이다.
④ 『폐허』는 1920년 염상섭, 오상순, 황석우, 남궁벽, 김억 등 자연주의 작가들이 발간한 문학 동인지로, 퇴폐적 · 세기말적 · 사실적 · 이상주의적인 여러 사상 경향을 보여주었다.

정답 37 ② 38 ③

※ 다음을 읽고, 물음에 답하시오. (39~40)

조 선달과 동이는 각각 제 나귀에 안장을 얹고 짐을 싣기 시작하였다. 해가 꽤 많이 기울어진 모양이었다.

드팀전 장돌림을 시작한 지 이십 년이나 되어도 허 생원은 봉평장을 빼논 적은 드물었다. 충주 제천 등의 이웃 군에도 가고, 멀리 영남 지방도 헤매기는 하였으나, 강릉쯤에 물건 하러 가는 외에는 처음부터 끝까지 군내를 돌아다녔다. 닷새만큼씩의 장날에는 달보다도 확실하게 면에서 면으로 건너간다. 고향이 청주라고 자랑삼아 말하였으나 고향에 돌보러 간 일도 있는 것 같지는 않았다.

장에서 장으로 가는 길의 아름다운 강산이 그대로 그에게는 그리운 고향이었다. 반날 동안이나 뚜벅뚜벅 걷고 장터 있는 마을에 거지 반 가까왔을 때, 거친 나귀가 한바탕 우렁차게 울면, 더구나 그것이 저녁녘이어서 등불들이 어둠 속에 깜박거릴 무렵이면, 늘 당하는 것이건만 허 생원은 변치 않고 언제든지 가슴이 뛰놀았다.

젊은 시절에는 알뜰하게 벌어 돈푼이나 모아둔 적도 있기는 있었으나, 읍내에 백중이 열린 해 호탕스럽게 놀고 투전을 하고 하여 사흘 동안에 다 털어버렸다. 나귀까지 팔게 된 판이었으나 애끊는 정분에 그것만은 이를 물고 단념하였다. 결국 도로아미타불로 장돌림을 다시 시작할 수밖에 없었다.

짐승을 데리고 읍내를 도망해 나왔을 때에는 너를 팔지 않기 다행이었다고 길가에서 울면서 짐승의 등을 어루만졌던 것이었다. 빚을 지기 시작하니 재산을 모을 염은 당초에 틀리고 간신히 입에 풀칠을 하러 장에서 장으로 돌아다니게 되었다.

호탕스럽게 놀았다고는 하여도 계집 하나 후려보지는 못하였다. 계집이란 쌀쌀하고 매정한 것이다. 평생 인연이 없는 것이라고 신세가 서글퍼졌다. 일신에 가까운 것이라고는 언제나 변함없는 한 필의 당나귀였다. 그렇다고 하여도 꼭 한번의 첫 일을 잊을 수는 없었다. 뒤에도 처음에도 없는 단 한번의 괴이한 인연! 봉평에 다니기 시작한 젊은 시절의 일이었으나 그것을 생각할 적만은 그도 산 보람을 느꼈다.

"달밤이었으나 어떻게 해서 그렇게 됐는지 지금 생각해두 도무지 알 수 없어."

허 생원은 오늘 밤도 또 그 이야기를 끄집어내려는 것이다. 조 선달은 친구가 된 이래 귀에 못이 박히도록 들어왔다. 그렇다고 싫증은 낼 수도 없었으나 허 생원은 시치미를 떼고 되풀이할 대로는 되풀이하고야 말았다.

"달밤에는 그런 이야기가 격에 맞거든."

조 선달 편을 바라는 보았으나 물론 미안해서가 아니라 달빛에 감동하여서였다.

이지러는 졌으나 보름을 갓 지난 달은 부드러운 빛을 흔붓이 흘리고 있다. 대화까지는 팔십 리의 밤길, 고개를 둘이나 넘고 개울을 하나 건너고 벌판과 산길을 걸어야 된다. 달은 지금 긴 산허리에 걸려 있다.

밤중을 지난 무렵인지 죽은 듯이 고요한 속에서 짐승 같은 달의 숨소리가 손에 잡힐 듯이 들리며, ㉠ 콩 포기와 옥수수 잎새가 한층 달에 푸르게 젖었다. 산허리는 온통 메밀 밭이어서 피기 시작한 ㉡ 꽃이 소금을 뿌린 듯이 흐뭇한 달빛에 숨이 막힐 지경이다. 붉은 대궁이 향기같이 애잔하고 ㉢ 나귀들의 걸음도 시원하다.

길이 좁은 까닭에 세 사람은 나귀를 타고 외줄로 늘어섰다. ㉣ 방울소리가 시원스럽게 딸랑딸랑 메밀 밭께로 흘러간다. 앞장선 허 생원의 이야기 소리는 꽁무니에 선 동이에게는 확적히는 안 들렸으나, 그는 그대로 개운한 제멋에 적적하지는 않았다.

39 위 소설에 대한 설명으로 옳지 않은 것은?

① 이효석의 「메밀꽃 필 무렵」이다.
② '메밀꽃'으로 볼 때 계절은 봄이다.
③ 위 내용으로 보아 동이가 허 생원의 아들임을 추측할 수 있다.
④ 허 생원과 나귀는 불가분적 관계이다.

39 이 글의 시간적 배경은 1920년대 어느 여름 낮부터 밤까지이다.

40 밑줄 친 부분 중에서 공감각적 이미지가 사용되지 않은 것은?

① ㉠
② ㉡
③ ㉢
④ ㉣

40 ㉡은 공감각적인 이미지는 사용되지 않았고, 표현기법으로는 직유법이 사용되었다.

정답 39 ② 40 ②

교육은 우리 자신의 무지를 점차 발견해 가는 과정이다.

- 윌 듀란트 -

국사

최신기출문제

2024년 기출복원문제

2023년 기출복원문제

2022년 기출복원문제

2021년 기출복원문제

2020년 기출복원문제

출/ 제/ 유/ 형/ 완/ 벽/ 파/ 악/

교육이란 사람이 학교에서 배운 것을 잊어버린 후에 남은 것을 말한다.

– 알버트 아인슈타인 –

2024년 기출복원문제

▸ 온라인(www.sdedu.co.kr)을 통해 기출문제 무료 강의를 만나 보세요.

01 다음 내용과 관련된 시기에 해당하는 물건은?

> • 집터는 대개 움집 자리로, 바닥은 원형이나 모서리가 둥근 사각형이다.
> • 농경 생활이 시작되었고, 돌괭이, 돌삽, 돌보습, 돌낫 등의 농기구를 사용하였다.

① 주먹도끼
② 고인돌
③ 빗살무늬 토기
④ 비파형 동검

02 다음 내용과 관련 있는 국가에 대한 설명으로 옳은 것은?

> 백성들에게 금하는 법 8조가 있었다. 그것은 대개 사람을 죽인 자는 즉시 죽이고, 남에게 상처를 입힌 자는 곡식으로 갚는다. 도둑질을 한 자는 노비로 삼는다. 용서받고자 하는 자는 한 사람마다 50만 전을 내야 한다. … 백성은 도둑질을 하지 않아 대문을 닫고 사는 일이 없었다. 여자는 모두 정조를 지키고 신용이 있어 음란하고 편벽된 짓을 하지 않았다.
>
> – 『한서』

① 상, 대부, 장군의 직위를 두고 있었다.
② 천군이 제사를 주관하는 소도가 있었다.
③ 동맹이라는 제천 행사가 행해졌다.
④ 다른 부족의 영역을 침범하면 노비나 소, 말 등으로 변상하였다.

01 제시된 자료는 신석기 시대의 특징이다. 신석기 시대의 움집은 반지하 형태로, 바닥은 원형 또는 모서리가 둥근 네모 형태로 되어 있으며, 중앙에는 화덕을 설치하여 취사와 난방을 하였다. 또한 이른 민무늬 토기, 덧무늬 토기, 눌러찍기무늬 토기, 빗살무늬 토기 등이 제작되었다.
① 구석기 시대에는 주먹도끼, 찍개, 팔매돌, 긁개, 밀개, 슴베찌르개 등의 뗀석기와 뼈도구를 사용하였다.
② 청동기 시대에는 정치권력과 경제력을 가진 군장이 등장하였으며, 이들의 무덤인 고인돌을 통해 당시 부족장의 권력을 가늠할 수 있었다.
④ 청동기 시대에는 비파형 동검과 거친무늬 거울 등이 사용되었다.

02 제시된 자료는 고조선의 8조법에 대한 설명이다. 고조선 건국 시에는 계급의 형성이 존재했는데, 단군조선은 기원전 3세기경 부왕, 준왕과 같은 왕이 등장하여 왕위를 세습하였으며, 그 밑에 상, 대부, 장군 등의 관직도 두었다.
② 삼한의 소도는 군장세력이 미치지 못하는 신성 지역으로 천군이 따로 지배하였고, 종교의식을 주관하였다.
③ 고구려는 매년 10월에 국동대혈(수혈)에서 동맹이라는 제천 행사를 지냈다.
④ 동예에는 부족적 성격이 강했기 때문에 부족의 영역을 침범하지 못하게 하는 책화라는 제도가 있었는데, 만약 다른 부족을 침범하게 되면 노비 또는 소나 말로 변상하게 하였다.

정답 01 ③ 02 ①

03 다음 내용과 관련 있는 국가는 무엇인가?

- 다른 부족과의 족외혼이 성행하였다.
- 산과 하천을 경계로 구역을 정하여 함부로 들어갈 수 없었고, 읍락이 서로 침범하면 노비나 소, 말을 내도록 하였다.

① 부여
② 옥저
③ 동예
④ 고구려

03 제시된 자료는 동예에 대한 설명이다. 동예는 부족의 영역을 침범하지 못하게 하는 책화라는 제도가 있었는데, 만약 다른 부족의 영역을 침범하게 되면 노비 또는 소나 말로 변상하게 하였다.

① 부여는 왕 아래에 가축의 이름을 딴 마가, 우가, 저가, 구가를 두었다. 각 가들은 저마다의 행정 구획인 사출도를 다스리고 있었는데(5부족 연맹체), 왕권이 미약하여 수해나 한해로 흉년이 들면 왕에게 책임을 묻기도 하였다.
② 옥저는 어물과 소금 등 해산물이 풍부하였고, 가족 공동 묘와 민며느리제가 있었다.
④ 고구려는 매년 10월에 국동대혈(수혈)에서 동맹이라는 제천 행사를 지냈는데, 고구려의 시조인 주몽과 그 어머니 유화부인을 제사지냈다.

04 다음 사건들을 먼저 일어난 순서대로 옳게 나열한 것은?

㉠ '영락'이라는 독자적인 연호를 사용하였다.
㉡ 불교를 공인하고 태학을 설립하여 인재를 양성하였다.
㉢ 한성을 함락시키고 한강 유역을 차지하였다.

① ㉠ → ㉡ → ㉢
② ㉡ → ㉠ → ㉢
③ ㉠ → ㉢ → ㉡
④ ㉢ → ㉠ → ㉡

04 ㉡ 태학은 4세기 고구려 소수림왕(371~384)이 유교 경전과 역사 교육을 위해 수도에 설치한 교육 기관이었다.
㉠ 4세기 후반~5세기 초반 광개토대왕(391~413)은 영락이라는 연호와 태왕의 호칭을 사용하는 등 대외적으로 강국으로서의 면모를 보여 국가의 위신을 높였다.
㉢ 5세기 장수왕(413~491)은 백제의 개로왕을 전사시킴으로써 백제의 수도인 한성을 함락(475)시켰다.

정답 03 ③ 04 ②

05 다음 내용과 관련 있는 왕은 누구인가?

- 대외 진출이 수월한 사비로 천도하고, 국호를 남부여로 개칭하였다.
- 신라와 연합하여 고구려를 공격하였으며, 한강 유역을 일시적으로 수복하였다.

① 무령왕
② 소수림왕
③ 근초고왕
④ 성왕

06 다음 내용과 관련 있는 왕은 누구인가?

- 재위 3년에 순장을 금지하는 명령을 내렸다.
- 철제 농기구를 일반 농민에게 보급하고, 우경을 장려하였다.

① 지증왕
② 진흥왕
③ 법흥왕
④ 고국천왕

05 제시된 자료는 6세기 백제의 성왕에 대한 설명이다. 성왕은 대외 진출이 수월한 사비(부여)로 천도하고 국호를 남부여로 개칭하였으며(538), 백제의 중흥을 꾀하였다. 고구려의 내정이 불안한 틈을 타서 신라와 연합하여 공격하였으며, 한강 유역을 일시적으로 수복하였으나(551), 곧 신라 진흥왕에 빼앗기게 되고, 결국 신라와의 관산성 전투에서 성왕은 전사하였다(554).

① 6세기 백제 무령왕은 지방에 대한 통제를 강화하기 위하여 22담로를 설치하여 왕족을 파견하는 등 통치 체제를 정비하였다.
② 4세기 고구려 소수림왕은 불교를 공인하여 사상을 통합하였고(372), 중앙에 태학을 설립하여 학문 진흥에 힘썼으며(372), 율령을 반포하여 국가 통치의 기본질서를 확립하였다(373).
③ 백제는 4세기 근초고왕 때에 크게 발전하였는데, 마한 세력을 완전히 정복(369)하여 영역이 전라도 남해안까지 이르렀으며, 낙동강 유역의 가야에 대해서도 지배권을 행사하였다.

06 제시된 내용은 6세기 신라 지증왕에 대한 설명이다. 지증왕은 국호를 신라로 바꾸고, 왕의 칭호도 마립간에서 왕으로 고쳤으며, 노동력의 확보를 위하여 순장을 금지(502)하였다. 우경을 실시하였으며, 이사부를 보내 우산국(울릉도)을 복속(512)시켜 세력을 확장하였다. 또한, 무역의 발달로 시장을 감독하는 관청인 동시전을 설치하였다.

② 6세기 신라 진흥왕은 562년 고구려 지배하에 있었던 한강 유역을 장악하고, 남으로는 고령의 대가야를 정복하여 낙동강 서쪽을 장악하는 등 영토를 확장하였다.
③ 6세기 신라 법흥왕은 병부 설치, 율령 반포, 17관등 및 공복 제정 등을 통해 통치 질서를 확립하였다.
④ 2세기 고구려 고국천왕은 을파소를 국상으로 채용(191)하여 진대법을 실시(194)하였다.

정답 05 ④ 06 ①

07 6세기 신라의 상황에 대한 설명으로 옳지 않은 것은?

① 우산국을 복속시켜 영토로 편입하였다.
② 화랑도를 국가적인 조직으로 개편하였다.
③ 건원이란 연호를 사용하였다.
④ 왕호를 이사금에서 마립간으로 바꾸었다.

07 4세기 신라 내물왕 때 김씨가 왕위를 독점하면서 왕위 계승권을 확립하였고, 왕의 칭호도 이사금에서 대군장을 뜻하는 마립간으로 바꾸어 사용하였다.
① 6세기 신라 지증왕은 국호를 신라로 바꾸고, 왕의 칭호도 마립간에서 왕으로 고쳤으며, 이사부를 보내 우산국(울릉도)을 512년 복속시켜 세력을 확장하였다.
② 6세기 신라 진흥왕은 인재를 양성하기 위하여 청소년 집단이었던 화랑도를 국가적인 조직으로 개편하였다.
③ 6세기 신라 법흥왕 때였던 536년, 건원이라는 신라 최초의 연호를 사용하였다.

08 백제 부흥 운동에 대한 설명으로 옳지 않은 것은?

① 임존성에서 제2의 활로를 모색하려 하였다.
② 주류성에서 나·당 연합군을 공격하였다.
③ 부흥세력이 열세였으므로, 왜의 지원을 받았다.
④ 검모잠과 고연무가 안승을 왕으로 추대하고, 한성과 오골성을 중심으로 일으킨 운동이다.

08 고구려 멸망 이후 검모잠, 고연무 등은 보장왕의 서자인 안승을 왕으로 추대하여 한성(황해도 재령)과 오골성을 근거지로 군사를 일으켰다(670~674, 고구려 부흥 운동).
①·② 백제 멸망 이후 흑치상지(임존성), 복신·도침(주류성) 등은 군사를 일으켜 백제의 왕자 풍을 왕으로 추대하여 백제 부흥 운동(660~663)을 전개하였다. 이들은 200여 개의 성을 회복하였고, 사비성과 웅진성의 나당 연합군을 공격하며 저항했으나, 결국 부흥 운동은 실패로 돌아간다.
③ 왜의 수군이 백제 부흥 운동을 지원하여 백강 입구까지 왔으나 나·당 연합군에게 패하였다(663, 백강 전투).

정답 07 ④ 08 ④

09 다음 내용에서 괄호 안에 들어갈 적절한 용어는?

> 고구려의 사람들은 학문을 좋아하여 마을 궁벽한 곳의 보잘것없는 집에 이르기까지 또한 학문에 부지런히 힘써서 거리 모서리마다 큰 집을 짓고 (　　)(이)라고 부르는데, 자제로 미혼인 자를 무리 지어 살도록 하고, 경전을 읽으며 활쏘기를 연습한다.
>
> –『신당서』

① 경당
② 서원
③ 향교
④ 국자감

09 5세기 고구려 장수왕은 지방에 경당을 건립하여 청소년을 대상으로 무예와 한학을 교육하였다.
② 조선 시대 서원은 선현을 제사지내고, 향촌에서의 교육을 통해 후진을 양성하던 기구이다. 이를 통해 향촌에서의 사림의 지위를 강화시켜 주었다.
③ 조선의 향교는 중등 교육을 담당하였던 관립 교육기관이다. 성현에 대한 제사, 유생 교육, 지방민 교화를 위해 부・목・군・현에 각각 하나씩 설립되었다.
④ 고려의 국자감에는 국자학, 태학, 사문학 등을 가르치는 유학부와 율학, 서학, 산학 등을 가르치는 기술학부가 있었다.

10 다음 내용에서 괄호 안에 들어갈 적절한 말은?

> 백제와 고구려가 멸망한 후, 당은 (　　) 이남의 땅을 신라에게 준다는 약속을 어기고 한반도 전체를 지배하려는 야심을 드러냈다. 백제와 고구려의 옛 땅에 군대를 주둔시키고, 신라에도 계림도독부를 설치하여 지배하려고 하였다.

① 두만강
② 청천강
③ 대동강
④ 낙동강

10 당이 대동강 이남을 넘어서 한반도 전체를 지배하려는 야욕을 보이자, 신라는 고구려와 백제의 유민과 연합하여 당과 정면으로 대결하게 되었다(나당 전쟁). 신라는 676년 문무왕 때 금강 하구의 기벌포 전투에서 설인귀가 이끌었던 당의 수군을 섬멸하면서 실질적인 삼국 통일을 이룩하였다.
① 세종 때, 김종서와 최윤덕을 보내 여진을 토벌하고 4군과 6진을 설치하여 압록강과 두만강을 경계로 하는 오늘날과 같은 국경선을 확정하였다.
② 612년, 청천강에서는 살수 대첩이 있었다. 수나라의 양제는 대군을 이끌고 고구려를 침략하였으나 을지문덕이 살수에서 대항하여 대승리를 이루어냈다.
④ 6세기, 신라의 진흥왕은 562년 고령의 대가야를 정복하여 낙동강 서쪽을 장악하는 등 영토를 확장하였다.

정답 09 ① 10 ③

11 다음 내용과 관련된 국가에 대한 설명으로 가장 적절한 것은?

> • 수도인 상경 용천부 등 도시와 교통의 요충지에서는 상업이 발달하였다. 상품 매매가 활발하였고, 현물 화폐가 중심이 되었으나 외국 화폐도 통용되었다.
> • 당나라의 장안성을 모방한 궁궐터는 외성을 쌓고, 남북으로 넓은 주작대로를 내어 그 안에 궁궐과 사원을 세웠다. 또한, 사찰은 높은 단 위에 금당을 짓고 그 좌우에 건물을 배치하였는데, 이 건물들을 회랑으로 연결하였다.

① 중앙의 정치 조직으로 2성 6부를 두었다.
② 최고 교육 기관으로 국학을 두었다.
③ 벽란도를 통하여 아라비아 상인이 왕래하였다.
④ 5경 15부 62주의 지방 행정 체계를 완비하였다.

11 제시문의 '상경', '주작대로'를 통하여 해당 국가가 발해임을 도출할 수 있다. 발해의 선왕은 지방 행정 구역을 5경 15부 62주로 정비하였다. 전략적 요충지에 5경을 두었고, 각 지방 행정 업무의 중심에는 도독이 다스리는 15부를 두었으며, 그 밑의 62주는 자사가 다스리게 하였다.
① 고려 성종은 2성 6부 제도를 만들어 중앙 관제를 정비하였다.
② 통일신라의 신문왕은 682년 국학을 설치하여 유교 이념을 확립하려 하였다.
③ 벽란도는 고려의 국제 무역항으로, 이슬람 상인이 왕래하였던 교통로와 산업의 중심지였다.

12 다음 내용과 관련된 인물에 해당하는 설명은?

> 927년 신라 왕도에 난입하여 경애왕을 살해한 후 경순왕을 새 왕으로 올렸다. 또한 신라 왕실의 사람들과 고관들을 포로로 삼고, 창고를 약탈하여 진귀한 보물과 병장기들을 빼앗았다. 이에 신라의 구원 요청을 받은 왕건은 기병 5,000명을 이끌고 급히 신라에 당도하였으나, 이미 늦은 것을 깨닫고 공산 아래에서 대기하였다.

① 미륵불을 자처하면서 백성들을 현혹하였다.
② 국호를 마진에서 태봉으로 바꾸었다.
③ 지방 출신 관리를 사심관으로 임명하였다.
④ 후당(後唐) 및 오월(吳越)과 외교활동을 전개하였다.

12 제시된 내용은 견훤에 대한 설명이다. 견훤은 전라도 지방의 군사력과 호족 세력을 통합하여 완산주(전주)에 도읍을 정하고 900년에 후백제를 건국하였다. 927년 견훤은 신라의 수도인 경주를 침공하여 경애왕을 살해하는 등 반신라 정책을 내세우며 후백제를 발전시켰다. 또한 중국과의 외교 관계를 수립하였고, 각국에 외교 사절을 파견하였으며, 오월(吳越), 거란, 후당(後唐)과 외교활동을 전개하였다.
① 궁예는 계속되는 전쟁을 치르면서 지나치게 조세를 수취하였고, 미륵신앙을 이용하여 전제 정치를 추구하였으며, 실정이 계속 되어 감에 따라 민심을 잃게 되어 결국 신하들에 의해 축출되었다(918).
② 궁예는 영토가 확장됨에 따라 도읍을 철원으로 옮기면서 국호를 '마진'으로 바꾸었다가 다시 '태봉(泰封)'으로 바꾸었고, 연호는 '무태(武泰)'로 하였다.
③ 왕건은 그 지역의 출신자를 지방관으로 임명하는 사심관 제도를 시행하였다.

정답 11 ④ 12 ④

13 다음 내용과 관련 있는 왕이 시행한 정책으로 옳은 것은?

> • 관리의 공복 제도 시행
> • 노비안검법의 시행

① 2성 6부제를 중심으로 하는 중앙 관제를 마련하였다.
② 쌍기의 건의로 과거제를 실시하였다.
③ 국정을 총괄하는 정치 기구인 교정도감을 설치하였다.
④ 호족을 견제하기 위해 사심관과 기인 제도를 마련하였다.

13 제시된 내용은 고려 광종에 대한 설명이다. 광종은 노비안검법을 시행하여 호족 세력을 약화시켰고, 관리의 공복 제도를 시행하여 위계질서를 확립하였다. 또한, 황제의 칭호 및 광덕·준풍과 같은 독자적인 연호를 사용하였다. 이 외에도 후주에서 귀화한 쌍기의 건의를 수용하여 유교 경전 시험을 통해 문반관리를 선발하는 과거제를 시행하였다(958).
① 고려 성종은 당의 3성 6부 제도를 수용하여, 2성 6부제를 중심으로 하는 중앙 관제를 마련하였다.
③ 최충헌은 무신 정권 최고의 권력 기구인 교정도감을 설치하여, 도방·정방·서방 등의 기구를 총괄하였다.
④ 고려 태조 왕건은 사심관과 기인 제도를 활용하여 지방 호족을 견제하고 지방 통치를 보완하려 하였다.

14 다음 내용에서 괄호 안에 들어갈 나라에 대한 고려의 대응으로 가장 적절한 것은?

> ( )의 병사들이 귀주를 지나가자 강감찬 등이 동쪽 교외에서 마주하여 싸웠으나 양쪽 진영이 서로 대치하며 승패가 나지 않았다. … ( )군이 북쪽으로 달아나자 아군이 그 뒤를 쫓아가서 공격하였는데, 석천을 건너 반령에 이르기까지 쓰러진 시체가 들을 가득 채우고, 노획한 포로·말·낙타·갑옷·투구·병장기는 이루 다 셀 수가 없었으며, 살아서 돌아간 적군은 겨우 수천인에 불과하였다.
> – 『고려사절요』 권3

① 별무반을 편성하여 동북 9성을 개척하였다.
② 개경에 나성을 축조하여 침입에 대비하였다.
③ 도읍을 강화도로 옮겨 장기 항쟁을 준비하였다.
④ 이종무로 하여금 근거지를 정벌하게 하였다.

14 제시된 자료는 강감찬의 귀주 대첩에 대한 설명으로, 괄호 안에 들어갈 나라는 거란이다. 거란은 고려 현종의 입조약속 불이행과 강동 6주 반환 거부에 대하여 불만을 품었다. 이에 거란의 소배압이 10만 대군을 끌고 고려를 재차 침략하였으나(1018, 거란 3차 침입), 귀주에서 강감찬이 지휘하는 고려군에게 섬멸되었다(1019, 귀주 대첩). 거란의 3차 침입 이후 고려는 1029년 개경에 나성을 쌓아 도성의 수비를 강화하였다.
① 예종 때 윤관은 1107년 별무반을 이끌고 여진을 정벌하여 동북 9성을 쌓았다.
③ 고종 때 최우는 몽골과의 장기 항전을 대비하기 위하여 1232년 강화도로 천도하였다.
④ 1419년 세종 때, 이종무는 병선 227척, 병사 1만 7,000명을 이끌고 대마도를 토벌하여 왜구의 근절을 약속받고 돌아왔다.

정답 13 ② 14 ②

15 다음 내용에 해당하는 인물에 대한 설명으로 가장 적절한 것은?

> 신(臣)들이 서경의 임원역 지세를 관찰하니, 이곳이 곧 음양가들이 말하는 매우 좋은 터입니다. 만약 궁궐을 지어서 거처하면 천하를 병합할 수 있고, 금나라가 폐백을 가지고 와 스스로 항복할 것이며, 36국이 모두 신하가 될 것입니다.

① 여진을 축출하고 동북 9성을 쌓았다.
② 최초의 서원인 백운동 서원을 건립하였다.
③ 칭제건원과 금국 정벌을 주장하였다.
④ 사회개혁안인 봉사 10조를 제시하였다.

15 제시된 자료는 묘청의 서경 천도 운동에 대한 설명이다. 고려가 윤관이 쌓은 9성의 반환 이후 금의 군신 관계 요구를 수락(1125, 이자겸)하는 등 그 집권세력이 보수화되자, 묘청은 풍수지리설을 내세워 서경으로 천도하여 서경에 궁(대화궁)을 짓고, 황제를 칭하며 연호를 사용하는 등의 자주적인 개혁과 금국을 정벌할 것을 주장하였다(1135, 고려 인종).
① 예종 때 윤관은 별무반을 이끌고 여진을 정벌하여 동북 9성을 쌓았다(1107).
② 최초의 서원인 백운동 서원은 조선 중종 때이던 1543년, 풍기군수 주세붕에 의해 세워졌다.
④ 고려 시대, 최충헌은 집권 당시의 혼란을 극복하기 위하여 조세제도의 개혁, 토지겸병의 금지, 승려들의 고리대업 금지 등을 내용으로 하는 봉사 10조와 같은 개혁 도서를 제시하였으나, 실질적인 개혁은 미비하였다.

16 다음 내용에 해당하는 왕에 대한 설명으로 가장 적절한 것은?

> 성균관을 다시 짓고 이색을 판개성 부사 겸 성균관 대사성으로 삼았다. … 이색이 다시 학칙을 정비하고 매일 명륜당에 앉아 경을 나누어 수업하고, 강의를 마치면 서로 더불어 논란하여 권태를 잊게 하였다.
>
> - 『고려사』

① 천리장성을 쌓아 외적의 침략에 대비하였다.
② 12목을 설치하고 지방관을 파견하였다.
③ 경기 지방에 한하여 과전법을 시행하였다.
④ 인사 행정을 담당하던 정방을 폐지하였다.

16 성균관을 다시 짓고, 이색을 판개성 부사 겸 성균관 대사성으로 삼아 성리학을 부흥시킨 왕은 공민왕이다. 공민왕은 성균관을 순수한 유교 교육 기관으로 개편하고 유교 교육을 강화하였다. 또한 왕권을 제약하고 신진 사대부의 등용을 억제하고 있던 정방을 폐지하여 인사권을 회복하였다.
① 거란의 침입 이후 북쪽 국경 일대인 압록강에서 도련포까지의 천리장성[덕종(1033)~정종(1044)]을 쌓아 거란과 여진의 침략을 대비하였다.
② 성종은 최승로의 건의를 받아들여 전국에 12목을 설치하여 처음으로 지방관을 파견하였다(983).
③ 공양왕 때 권문세족의 토지를 몰수·재분배하여, 신진 사대부의 경제적 기반을 마련하기 위하여 과전법을 실시하였다(1391).

정답 15 ③ 16 ④

17 다음 내용에 해당하는 인물은?

- 수선사 결사를 제창하였다.
- 선종과 교종의 통합을 주장하였다.
- 돈오점수와 정혜쌍수를 주장하였다.

① 의상
② 의천
③ 지눌
④ 요세

17 제시된 내용은 12세기에 활동한 지눌에 대한 설명이다. 지눌의 사상적 바탕은 '정혜쌍수'로, 이는 선과 교학이 근본에 있어 둘이 아니라는 사상 체계이다. 지눌은 이를 바탕으로 철저한 수행을 선도하였고, 선종을 중심으로 교종을 통합하려 수선사 결사 운동을 전개하기도 하였다.

① 7세기 의상은 모든 존재가 상호 의존적인 관계(一卽多 多卽一)에 있음과 동시에 서로 조화를 이루고 있다는 화엄 사상을 정립하였고, 『화엄일승법계도』를 남겼으며, 부석사 등의 많은 사찰을 건립하였다.
② 11세기에 활동한 의천은 교종 중심에서 선종을 통합하려 노력하였고, 이를 뒷받침할 사상적 바탕으로 이론의 연마와 실천 모두를 강조하는 교관겸수를 제창하였다.
④ 13세기에 활동한 요세는 자신의 행동에 대한 진정한 참회를 강요하는 법화 신앙에 중점을 둔 백련결사를 제창하였다.

18 다음 설명에 해당하는 역사서는?

충렬왕 때, 불교사를 중심으로 고대의 민간 설화나 전래 기록을 수록 및 편찬하였다. 우리 고유의 문화와 전통을 중시하여 자주 의식을 높였으며, 단군을 우리 민족의 시조로 여겨 단군의 건국 이야기를 수록하였다.

① 『동명왕편』
② 『삼국유사』
③ 『삼국사기』
④ 『제왕운기』

18 제시된 내용은 『삼국유사』(1281)에 대한 설명이다. 『삼국유사』는 충렬왕 때에 일연이 편찬한 역사서로, 불교사를 중심으로 고대의 민간 설화나 전래 기록을 수록하는 등 우리 고유의 문화와 전통을 중시하였다.

① 고려 무신 집권기 이규보의 『동명왕편』(1193)은 고구려의 시조이자 영웅인 동명왕의 업적을 칭송한 일종의 영웅 서사시로서, 고구려의 계승 의식을 반영하고 고구려의 전통을 노래하였다.
③ 인종 때 김부식이 왕명에 의해 편찬한 『삼국사기』(1145)는 기전체 서술방법으로 쓰인 역사서로, 현존하는 우리나라 최고(最古)의 역사서이다.
④ 이승휴가 편찬한 『제왕운기』(1287)는 우리나라의 역사를 단군에서부터 서술하였는데, 이를 통해 우리 역사를 중국사와 대등하게 파악하려는 자주성을 드러냈다.

정답 17 ③ 18 ②

19 다음 내용에 해당하는 인물에 대한 설명으로 가장 적절한 것은?

> 친원 정책에 반대하다가 전라도 나주에 유배되었는데, 유배가 끝나고 이성계를 찾아가 그의 세력으로 들어가게 되었다. 이성계를 추대하여 조선 왕조를 개창한 공으로 개국 1등 공신이 되었으며, 의정부를 중심으로 하는 재상 중심의 관료정치를 주창하였다. 그리고 『불씨잡변』을 저술하여 불교의 사회적 폐단을 비판하였다.

① 만권당에서 원의 학자들과 교류하였다.
② 계유정난을 통해 권력을 장악하였다.
③ 소격서 폐지를 주장하였다.
④ 요동 정벌 계획을 추진하였다.

19 제시된 내용은 정도전에 대한 설명이다. 정도전은 『조선경국전』과 『경제문감』을 저술하여 민본적 통치 규범을 마련하였고, 성리학을 국가의 통치 이념으로 확립시켜 재상 중심의 정치를 주장하였다. 또한 요동 정벌을 추진하기 위하여 진법서를 편찬하였다.
① 만권당은 충숙왕 때 충선왕이 연경에 설치하였고, 이제현은 만권당에서 성리학을 연구하였다.
② 단종 때 수양대군은 계유정난을 일으켜 실권을 장악한 이후 왕으로 즉위하였다.
③ 소격서는 도교 행사를 담당하는 기관으로, 조광조가 개혁 정치를 추진하면서 폐지를 주장하였다. 이후 사림이 집권하면서 소격서는 폐지되었다.

20 다음 내용에 해당하는 왕은 누구인가?

> • 『경국대전』의 편찬을 마무리하여 반포하였다.
> • 고조선부터 고려 말까지의 역사를 정리하여 『동국통감』을 편찬하였다.
> • 국가의 여러 행사에 필요한 의례를 정비하여 의례서인 『국조오례의』를 편찬하였다.

① 세조
② 현종
③ 성종
④ 태종

20 제시된 내용은 조선 성종에 대한 설명이다. 성종은 세조 때에 편찬하기 시작한 『경국대전』을 완성하여 반포함으로써 이후 조선 사회의 기본 통치 방향과 이념을 제시하였다.
① 세조는 강력한 왕권을 위해 통치 체제를 6조 직계제로 되돌려놨으며, 왕의 활동을 견제하는 집현전을 없앴다. 또한, 국가의 통치 체제를 확립하기 위하여 역대 법전을 종합하여 『경국대전』을 편찬하기 시작하였다.
② 현종 때 효종의 왕위 계승 정통성에 대한 두 차례의 예송이 발생하였고, 이로 인해 서인과 남인 사이의 대립이 심해졌다.
④ 태종은 왕권을 강화하고 국왕 중심의 통치 체제를 강화하기 위하여 6조 직계제를 실시하였으며, 사간원을 독립시켜 대신들을 견제하였다.

정답 19 ④ 20 ③

21 다음 표에서 괄호 안에 들어갈 내용으로 가장 적절한 것은?

기구	담당업무
사헌부	( )
사간원	임금에게 간언하고, 정사의 잘못을 논박하는 직무를 관장한다.
홍문관	궁궐 안에 있는 경적을 관리하고, 문서를 처리하며, 왕의 자문에 대비한다.

① 화폐와 곡식의 출납을 담당하였다.
② 관리의 비리를 감찰하거나 중대한 사건을 재판하였다.
③ 실록의 편찬을 담당하였다.
④ 국방에 관한 중요 정책을 결정하였다.

21 제시된 표는 조선 시대의 삼사에 대한 설명이다. 조선 시대 삼사 중 하나였던 사헌부는 관리의 비리를 감찰하고 풍속을 교정하였으며, 중대한 사건을 재판하였던 기관이다.
① 고려의 삼사는 화폐와 곡식의 출납에 대한 회계를 담당하였다.
③ 춘추관은 왕조실록 등의 역사서 편찬과 보관을 담당하였다.
④ 고려의 도병마사와 병부, 조선의 의정부와 병조 및 비변사는 국방 및 군사 관련 문제를 담당하였다.

정답 21 ②

22 다음 내용에 해당하는 문화유산은?

- 유네스코 세계문화유산으로 지정되었다.
- 조선 시대에 지어진 궁궐로, 인정전, 선정전, 희정당, 대조전 등의 중요 전각이 있다.
- 북쪽에 있는 후원은 왕들의 휴식처로 사용되었던 왕실 정원이다.

① 덕수궁
② 경복궁
③ 창경궁
④ 창덕궁

22 임진왜란 때 경복궁이 소실된 이후 창덕궁이 약 300여 년간 조선의 본궁 역할을 하였다. 창덕궁의 정전인 인정전은 정령을 반포하였던 곳이다. 이 외에도 편전인 선정전, 침전인 희정당, 대조전 등이 있다.

① 덕수궁은 조선 초 성종의 형이었던 월산대군의 집이다. 임란 후에는 의주에서 귀궁한 선조의 임시 거처로 사용되었고, 광해군 때에는 인목대비의 유폐장소였으며, 고종이 아관파천 후 환궁한 곳이기도 하다. 근・현대 시기에는 1909년 르네상스 양식인 석조전이 건축되었고, 1946년에는 미소공동위원회 개최장소로 사용되었으며, 이후 1986년까지는 국립현대미술관으로 운영되었다.

② 조선의 본궁 역할을 한 경복궁은 이성계가 왕이 되어 곧 도읍을 옮기기로 하고, 즉위 3년째인 1394년에 창건하기 시작하여 그 이듬해인 1395년에 완성된 궁이다. 그중 조선 왕실을 상징하는 근정전은 1395년 태조 때 지어진 건물로, 역대 국왕의 즉위식이나 대례 등이 거행되었다.

③ 창경궁은 성종 때 건축되어 세조・덕종・예종의 왕후가 거처하던 곳으로써, 임진왜란 때 소실된 뒤 광해군 때 재건된다. 1909년 일제에 의해 동물원과 식물원으로 운영되었고, 1911년 일제에 의해 창경원으로 격하되었다.

정답 22 ④

23 다음 내용에 해당하는 기관에 대한 설명으로 가장 적절한 것은?

> 풍기군수 주세붕이 고려 말의 성리학 도입에 공헌한 안향을 배향하기 위하여 건립하였다. 지방 유학자들의 사기를 높이기 위하여 사림의 모범이 될 수 있는 옛 선현을 제사지냈고, 유학 교육을 시행하여 후학을 양성하였다. 이황의 요청으로 국가의 공인과 지원을 얻게 되었다.

① 평민의 자제들이 주로 다니는 교육기관이었다.
② 국왕으로부터 편액과 함께 서적 등을 받기도 하였다.
③ 유학부와 기술을 가르치는 기술학부가 있었다.
④ 입학자격은 생원, 진사를 원칙으로 하였다.

23 서원의 시점은 1543년(중종 38) 풍기군수 주세붕이 세운 백운동 서원이다. 백운동 서원은 이후 이황의 건의로 소수서원으로 사액되었고, 국가로부터 토지와 노비 등을 받았으며, 면세의 특권까지 누렸다. 서원은 선현에 대해 제사를 지내고, 향촌에서의 교육을 통해 후진을 양성하던 기구로써 향촌에서의 사림의 지위를 강화시켜 주었다.
① 조선의 서당은 초등 교육을 담당하는 사립 교육 기관으로서, 4부학당(4학)이나 향교에 입학하지 못한 선비와 평민의 자제가 교육을 받았다.
③ 고려 성종은 유학 교육의 진흥을 위하여 국자감을 설립(992)하였다. 국자감은 크게 유학부, 기술학부로 나눌 수 있었다.
④ 성균관의 입학은 소과(생원시, 진사시) 합격자를 원칙으로 하였다.

24 다음 내용에 해당하는 인물은?

> • 소격서 폐지를 주장하였다.
> • 위훈 삭제를 주장하였다.
> • 현량과 실시를 건의하였다.

① 김종직
② 조광조
③ 정제두
④ 정여립

24 제시된 자료는 중종 때 조광조의 개혁정치에 대한 내용이다. 조광조는 중종 때 중용된 사림파로, 왕도 정치의 실현을 위해 경연과 언론 기능의 강화, 현량과 실시, 성리학 이외의 사상과 학문 배척 등 개혁을 추진하였다. 하지만 위훈 삭제 문제로 인한 공신들의 반발로 조광조를 비롯한 대부분의 사림 세력은 정계에서 밀려나게 되었다(1519, 기묘사화).
① 연산군 때 김종직의 「조의제문」을 김일손이 사초에 포함시켜 사림들이 화를 입었다(1498, 무오사화).
③ 18세기 초 정제두는 양명학을 체계적으로 연구하여 학파로 발전시켰다.
④ 선조 때 정여립은 대동계를 조직하여 평등 사상을 주장하였고, 정계에 의해 모반 사건의 구실로 이용되었다.

정답 23 ② 24 ②

25 다음 내용에 해당하는 제도는?

- 선혜청에서 주관하였다.
- 토지의 결수를 기준으로 공납을 부과하였다.
- 특산물 대신 쌀, 베, 동전을 납부하였다.

① 대동법

② 호포법

③ 균역법

④ 영정법

25 제시된 자료는 대동법에 대한 설명이다. 조선 후기 방납의 폐해가 나타나자 이를 방지하기 위한 제도로 대동법이 시행되었다. 공납을 현물 대신 쌀, 포, 돈으로 대납하는 대동법은 광해군 때 선혜청을 설치하고 1608년 처음으로 경기도에서 시행되었다가 1708년 숙종 때 전국으로 확대 실시되었다.

② 고종 때 흥선대원군은 상민에게만 징수하던 군포를 양반에게도 징수하는 호포제를 실시하여, 군정을 바로잡고 조세 부담을 공평히 하여 민생 안정을 도모했다.

③ 영조는 1년에 군포 1필만 부담하는 균역법을 시행하였는데, 감소된 재정은 지주에게 결작미를 부담시켜 충당하였다(1750).

④ 인조는 농민들의 전세 경감을 위하여 영정법을 시행하여 풍년이든 흉년이든 관계없이 전세를 토지 1결당 미곡 4두로 고정시켰다(1635).

정답 25 ①

26 조선 후기의 신분 변화에 대한 설명으로 가장 적절한 것은?

① 양반의 수는 더욱 줄어들고, 상민과 노비의 수는 갈수록 늘었다.
② 광작이 성행하면서 부농과 빈농의 계급분화가 촉진되었다.
③ 백성의 다수를 차지하는 농민을 백정이라 불렀다.
④ 향, 부곡의 주민은 군현의 주민에 비해 여러 가지 차별 대우를 받았다.

26 조선 후기 일부 농부들은 광작 농업으로 이전보다 넓은 농토를 경작할 수 있게 되었고, 이를 통해 소득이 늘어나 부농이 될 수 있었다. 반면, 소작 농민들은 소작지를 잃거나 노동력이 절감되면서 새로운 소작지를 얻기가 더욱 어려워졌다.

① 임진왜란 이후에는 납속책과 공명첩의 발급으로 양반의 수는 더욱 늘어나고, 상민과 노비의 수는 갈수록 줄어들었다. 다수의 양반은 이 과정에서 몰락하였다.
③ 고려 시대 양민은 농사에 종사하는 농민층이 주류를 이루었다. 농민들은 농업 이외에 국가에서 지정한 특수 임무를 수행하지 않았으므로 '별도의 의무가 없는 사람'의 의미로 백정이라 불렸다. 여기서 고려 시대의 백정은 일반 농민을 말하는 것이며, 조선 시대의 백정은 도축업자를 뜻하는 천민을 말하는 것이었다.
④ 고려 시대 특수 행정 구역의 향·부곡민은 농업, 소민은 수공업에 종사하였는데, 이들은 일반 양민에 비해 무거운 세금 부담을 지고 있었고, 원칙적으로 거주 이전의 자유가 없었다.

정답 26 ②

27 다음 내용에 해당하는 인물은?

- 조선 후기의 대표적인 실학자이다.
- 거중기를 제작하였다.
- 여전론을 주장하였다.
- 『목민심서』를 저술하였다.

① 유수원
② 박제가
③ 정약용
④ 홍대용

[정약용, 『여유당전서』]

구성	내용
「목민심서」	지방관(목민)의 정치적 도리를 저술하였다.
「경세유표」	중앙 정치제도의 폐단을 지적하고 개혁의 내용을 저술하였다.
「기예론」	인간이 동물과 다른 것은 기술임을 주장, 과학 기술의 혁신을 저술하였다.
「마과회통」	종두법 연구, 천연두 치료법 등이 수록되어 있다.

27 제시된 자료는 정약용에 대한 설명이다. 정약용은 정조 때 벼슬을 지낸 학자로, 중농주의 실학을 집대성한 인물이다. 그러나 신유박해 때 연루되어 강진에서 유배 생활을 하게 되며, 이 시기에 500여 권의 『여유당전서』를 남겼다. 이 외에도 정약용은 서양 선교사가 중국에서 펴낸 『기기도설』을 참고하여 거중기를 만들었다. 또한, 마을 단위의 공동 농장제도인 여전론을 주장하였고, 지방관(목민)의 정치적 도리를 내용으로 하는 『목민심서』를 저술하였다.
[문제 하단의 표 참조]
① 유수원은 『우서』를 저술하여 상공업의 진흥과 기술의 혁신을 강조하고, 사농공상의 직업 평등 및 전문화를 주장하였다.
② 중상학파 박제가는 청에 다녀온 후 『북학의』를 저술하여 청의 문물을 적극적으로 수용할 것을 제창하였다.
④ 홍대용은 지구가 우주의 중심이 아니라는 무한우주론을 주장하였다.

정답 27 ③

28 다음 사건들의 직접적인 원인으로 가장 적절한 것은?

> ㄱ. 홍경래의 지휘 하에 영세 농민, 중소 상인, 광산 노동자 등이 합세하여 일으킨 봉기이다. 이들은 처음 가산에서 난을 일으켜 선천, 정주 등을 별다른 저항 없이 점거하였다. 한때는 청천강 이북 지역을 거의 장악하기도 하였으나 5개월 만에 평정되었다.
> ㄴ. 진주의 유계춘을 중심으로 농민들이 봉기하였다. 농민들은 탐관오리와 토호의 탐학에 저항하여 한때 진주성을 점령하기도 하였다. 이를 계기로 농민의 항거는 삼남 지역을 거쳐 북쪽의 함흥 지역에까지 전국으로 확대되었다.

① 사화
② 임진왜란
③ 삼정의 문란
④ 예송논쟁

28 제시된 자료 중 ㄱ은 홍경래의 난(1811), ㄴ은 임술 농민 봉기(1862)이다. 세도 정치 시기, 지방 수령의 부정과 백골징포, 황구첨정 등 삼정의 문란은 극도에 달하여 농민들의 생활은 피폐해져 갔지만, 오히려 농민의 사회의식은 더욱 강해져 봉기로 이어졌다.
① 15세기 후반부터 16세기 전반까지 일어난 사화는 훈구와 사림의 대립·갈등이었고, 이때 많은 사림들이 피해를 입었다.
② 선조 때 일본의 도요토미 히데요시는 16만 대군을 이끌고 조선을 침략하였다(1592, 임진왜란).
④ 현종 때 효종의 왕위 계승에 대한 정통성 문제를 두고 두 차례의 예송이 발생하면서, 서인과 남인 간의 대립이 격화되었다.

29 광무개혁에 대한 설명으로 가장 적절하지 않은 것은?

① 은 본위의 화폐제도와 조세의 금납제를 시행하였다.
② 원수부를 설치하여 황제가 직접 육·해군을 통솔하였다.
③ 황제 직속의 입법 기구인 교정소를 설치하여 운영하였다.
④ 지계아문을 통해 최초의 토지 소유권 증명서인 지계를 발급하였다.

29 고종은 1897년 국호를 대한제국으로, 연호를 광무로 정하여 자주 국가임을 내외에 선포하였다. 대한제국의 개혁인 광무개혁을 시행하였고, 금본위제의 화폐제도를 추진하였다. 은본위제 채택 등의 조치가 있었던 것은 제1차 갑오개혁(1894. 7. ~ 1894. 12.) 때이다.
② 대한제국 황제는 군권 장악을 위해 1899년 원수부를 설치하여 황제가 육·해군을 통솔하였고, 서울의 시위대와 지방의 진위대 군사 수를 대폭 증강하였다.
③ 대한제국은 법률과 칙령의 개정안을 마련하기 위하여 1899년 황제 직속의 입법 기구인 교정소를 설치하였다.
④ 대한제국은 광무개혁의 일환으로 1901년 지계아문을 통해 양전 사업을 실시하여 최초의 토지 소유권 증명서인 지계(地契)를 발급하였다.

정답 28 ③ 29 ①

30 다음 내용에 해당하는 종교는 무엇인가?

- 동학을 계승하였다.
- 『개벽』, 『어린이』, 『신여성』 등의 잡지를 발간하였다.
- 손병희가 동학 교단을 정비하여 근대 종교로 발전시킨 것이다.

① 원불교
② 천도교
③ 대종교
④ 천주교

31 다음 사건을 먼저 일어난 순서대로 옳게 나열한 것은?

ㄱ. 광주 학생 항일 운동
ㄴ. 3·1 운동
ㄷ. 신간회 조직
ㄹ. 봉오동 전투

① ㄱ → ㄴ → ㄷ → ㄹ
② ㄴ → ㄱ → ㄹ → ㄷ
③ ㄴ → ㄹ → ㄷ → ㄱ
④ ㄹ → ㄴ → ㄱ → ㄷ

30 제시된 자료는 천도교에 대한 설명이다. 민족 종교인 동학의 제3대 교주인 손병희는 1905년 동학을 천도교로 개칭하여 근대 종교로 발전시켰다. 또한 인쇄소인 보성사를 경영하면서 『만세보』라는 민족 신문을 발간하였다. 3·1 운동 이후 제2의 3·1 운동을 계획하여 자주독립선언문을 발표하였고, 『개벽』, 『어린이』, 『학생』, 『신여성』 등의 잡지를 간행하여 민중의 자각과 근대 문물의 보급에 기여하였다.

① 박중빈이 1916년 창시한 원불교는 불교의 현대화를 주장하였고, 새생활운동을 전개하였다.
③ 나철, 오기호 등이 1909년 창시한 대종교는 단군숭배 사상을 통하여 민족의식을 높였다.
④ 방우룡, 김연군 등의 천주교도들은 1919년 만주에서 항일 운동 단체인 의민단을 조직하여 무력 투쟁에 나서기도 하였다.

31 ㄴ. 3·1 운동(1919) : 우리 민족은 고종의 인산일을 기하여 1919년 3월 1일 평화적인 만세운동을 시작하였다. 3·1 운동은 처음에 대도시를 중심으로 학생과 지식인이 중심이 되어 비폭력 운동으로 진행되었는데, 일제는 제암리 학살 등을 저지르며 가혹하게 탄압하였다.

ㄹ. 봉오동 전투(1920. 6.) : 독립군의 본거지인 봉오동까지 기습해 온 일본군을 홍범도의 대한독립군, 안무의 대한국민회군, 최진동의 군무도독부군의 연합부대가 공격하여 대승을 거두었다.

ㄷ. 신간회 조직(1927) : 1920년대 민족유일당 운동을 전개하여 그 결실로 신간회가 창립되게 되었다.

ㄱ. 광주 학생 항일 운동(1929) : 나주에서 광주까지의 통학 열차 안에서 일본 남학생들이 한국 여학생을 희롱하는 사건을 계기로 시작되었다.

정답 30 ② 31 ③

32 **다음 중 한인애국단에 참여하지 않은 인물은?**

① 김구
② 김원봉
③ 윤봉길
④ 이봉창

33 **한국광복군에 대한 설명으로 가장 적절하지 않은 것은?**

① 함경남도 갑산의 보천보에서 식민기관을 파괴하였다.
② 조선의용대 병력을 일부 흡수하여 조직을 강화하였다.
③ 총사령관에는 지청천, 참모장에는 이범석이 임명되었다.
④ 중국 주둔 미국전략정보국(OSS)과 합작하여 국내 진공 작전을 계획하였다.

32 김원봉은 1919년 만주 길림에서 비밀결사로 의열단을 조직하였고, 활발한 독립 활동을 전개하였다.
① 김구는 대한민국 임시정부 활동의 침체를 극복하기 위하여 1931년 상하이에서 한인애국단을 조직하였다.
③ 한인애국단 소속의 윤봉길은 1932년 훙커우 공원에서 많은 일본군 장성과 고관들을 처단하였다.
④ 1932년 1월, 한인애국단 소속의 이봉창은 도쿄에서 일본 국왕에게 폭탄을 투척하였다. 일본 국왕 폭살 의거는 비록 실패로 끝났지만 항일 민족 운동의 활력소가 되었다. 이 사건의 보복으로 일제는 이른바 상하이 사변을 일으켰다.

33 1937년, 동북 항일연군 내의 한인 항일유격대가 함경남도 갑산의 보천보에 들어와 경찰 주재소, 면사무소 등을 파괴하여 국내 신문에 크게 보도되었다.
② 한국광복군은 1942년 김원봉의 조선의용대를 흡수하여 군사력을 보강하였다.
③ 대한민국 임시정부는 충칭에서 한국광복군을 창립하였고, 총사령관에는 지청천, 참모장에는 이범석을 임명하였다.
④ 한국광복군은 미군의 OSS부대와 연합하여 국내 진공 작전을 계획하였으나 일본의 패망으로 실행에 옮기지 못하였다.

정답 32 ② 33 ①

34 다음 내용에 해당하는 단체에 대한 설명으로 가장 적절한 것은?

- 3·1 운동을 계기로 상하이에 수립하였다.
- 현재 청사로 사용되었던 건물 2층에 요인의 집무실을 복원하였다.

① 민족 교육을 위해 대성학교와 오산학교를 설립하였다.
② 기관지로 『독립신문』을 간행 및 배포하여 독립 의식을 고취시켰다.
③ 일본의 황무지 개간권 요구에 대한 반대운동을 전개하였다.
④ 광주 학생 항일 운동에 진상 조사단을 파견하였다.

34 제시된 자료는 대한민국 임시정부에 대한 설명이다. 3·1 운동 직후 독립 운동의 구심점 역할을 수행할 지도부의 필요성을 절감하였기에 상하이에 대한민국 임시정부를 수립하였다. 대한민국 임시정부는 기관지로 『독립신문』을 간행하여 배포하고, 사료 편찬소를 두어 한일 관계 사료집을 간행함으로써 안으로는 민족의 독립 의식을 고취시키고, 밖으로는 한국의 자주성과 민족 문화의 우월성을 인식시켰다.

① 민족 교육 추진을 위하여 신민회의 안창호는 1908년 평양에 대성학교, 이승훈은 1907년 정주에 오산학교 등을 설립하여 인재를 양성하였다.
③ 일본의 황무지 개간권 요구에 대항하기 위해 송수만, 원세성 등은 1904년 서울에서 항일 운동 단체인 보안회를 조직하여 활동하였고, 일본의 요구를 철회시키는 데 성공하였다.
④ 신간회의 광주지회에서는 1929년 광주 학생 항일 운동 당시 진상 조사단을 파견하여 지원하였다.

정답 34 ②

35 다음 내용에 해당하는 사건은 무엇인가?

> • 일제는 시라카와 요시노리 대장을 사령관으로 삼아 상하이를 습격하여 점령하였다.
> • 중국의 장제스가 "중국의 100만 대군도 못한 일을 한국 용사가 단행하였다."고 감탄하였으며, 이후 중국군관학교에 한인 특별반을 설치하는 등 대한민국 임시정부에 대한 지원을 강화하였고, 그 결과 중국 국민당 정부가 중국 영토 내의 우리 민족의 무장 독립 투쟁을 승인하는 등 임시정부를 적극 지원하는 계기가 되었다.

① 이재명이 명동성당 앞에서 이완용을 습격하여 중상을 입혔다.
② 이봉창이 일본 국왕이 탄 마차 행렬에 폭탄을 던졌다.
③ 안중근이 한국 침략의 원흉인 이토 히로부미를 사살하였다.
④ 윤봉길이 홍커우 공원에서 폭탄을 투척하였다.

36 다음 내용에 해당하는 인물은 누구인가?

> • 1868년에 출생하였다.
> • 함경도 일대에서 포수들을 모아 산포대를 조직하였고, 의병 전쟁에 앞장섰다.
> • 1920년 봉오동 전투와 청산리 전투에서 일본군을 격파하였다.
> • 대한독립군단을 조직하고 부총재에 선임되었다.
> • 1937년 스탈린의 한인강제이주정책에 의하여 카자흐스탄으로 강제 이주되었다.
> • 1943년에 카자흐스탄에서 별세하였다.

① 김좌진
② 신돌석
③ 지청천
④ 홍범도

35 제시된 자료는 윤봉길 의거에 대한 설명이다. 한인애국단 소속의 윤봉길은 1932년 4월 29일 홍커우 공원에서 진행하는 이른바 천장절 겸 상하이 점령 전승축하 기념식에 참석하여 폭탄을 투척하였다. 이로 인해 파견군 사령관 시라카와, 일본거류민단장 가와바다 등이 즉사하였고, 많은 일본군 장성과 고관들이 처단되었다.
① 이재명은 1909년 명동성당에서 벨기에 황제 레오폴트 2세 추도식을 마치고 나오는 이완용을 찔러 복부와 어깨에 중상을 입히고 체포되었다.
② 이봉창은 1932년 1월 도쿄에서 일본 국왕에게 폭탄을 투척하였다. 이는 실패로 끝났지만 항일 민족 운동의 활력소가 되었다. 이 사건의 보복으로 일제는 상하이 사변을 일으켰다.
③ 간도와 연해주에서 의병으로 활약하던 안중근은 1909년 만주 하얼빈 역에서 한국 침략의 원흉인 초대 통감 이토 히로부미를 처단하였다.

36 제시된 내용은 홍범도 장군에 관한 설명이다. 홍범도의 대한독립군은 봉오동 전투(1920. 6.)에서 대승을 거두었다.
① 김좌진이 이끌던 북로군정서군을 중심으로 한 여러 독립군의 연합부대는 1920년 청산리 일대에서 6일간 10여 차례의 전투를 통해 일본군을 대파하였다.
② 을사의병 때 활동한 '태백산 호랑이' 신돌석은 평민 출신 의병장으로, 영해에 입성하여 무기를 탈취한 후 평해, 울진 등지에서 활동하였다. 정용기, 이현규 의병 부대 등과도 연계하는 등 의병의 수는 한때 3천여 명을 넘었다.
③ 지청천은 한국독립군 총사령관과 한국광복군 총사령관을 역임하였다.

정답 35 ④ 36 ④

37 다음 내용과 같은 말을 한 인물은 누구인가?

> 현재 나의 유일한 염원은 3천만 동포와 손잡고 통일된 조국을 위하여 공동 분투하는 것이다. 조국이 필요하다면 이 육신을 당장에라도 제단에 바치겠다. 나는 통일된 조국을 건설하려다 38도선을 베고 쓰러질지언정 일신에 구차한 안일을 취하여 단독정부를 세우는 데는 협력하지 아니하겠다.

① 여운형
② 김구
③ 이승만
④ 신채호

37 제시된 자료는 김구의 「삼천만 동포에 읍고함」이다. 김구, 김규식, 김일성, 김두봉 등은 남한만의 선거로 단독 정부가 수립되면 남북의 분단이 계속될 것을 우려하여 남북한이 협상을 통해서 통일 정부를 수립하자고 주장하였다.
① 여운형은 건국준비위원회를 운영하였으며, 1946년 좌우합작위원회의 활동을 전개하였다.
③ 이승만은 독립촉성중앙협의회를 기반으로 본격적인 정치활동을 전개하였다.
④ 신채호는 김원봉의 요청을 받아 1923년 의열단의 행동강령인 「조선혁명선언」을 작성하였다.

38 다음 노래의 직접적인 배경이 된 사건은?

> 눈보라가 휘날리는 바람 찬 흥남부두에
> 목을 놓아 불러봤다 찾아를 봤다
> 금순아 어디로 가고 길을 잃고 헤매었더냐
> 피눈물을 흘리면서 일사 이후 나 홀로 왔다

① 인천상륙작전
② 애치슨 선언
③ 중국군의 참전
④ 휴전협정 체결

38 제시된 자료는 1953년 발표된 대중가요인 '굳세어라 금순아'이다. 6·25 한국전쟁 중인 1950년 10월 25일, 약 30만의 중공군이 한국전쟁에 참전하였다. 이로 인하여 미군 제10군단과 국군 제1군단이 1950년 12월 15일부터 23일까지 흥남항구를 통한 해상 철수 작전을 진행하게 되었다.
① 1950년 9월 15일, 국군과 유엔군은 맥아더 유엔군 총사령관의 인천상륙작전으로 전세를 반전시켰다.
② 1950년 1월, 미국은 한반도를 미국의 극동 방위선에서 제외한다는 애치슨 선언을 발표하였는데, 이는 한국전쟁의 배경이 되었다.
④ 1953년 7월 27일, 판문점에서 국제연합군 총사령관 클라크와 북한군 최고 사령관 김일성, 중공인민지원군 사령관 펑더화이가 최종적으로 서명함으로써 휴전협정이 체결되었다.

정답 37 ② 38 ③

39 **다음 중 5 · 18 민주화 운동에 직접적인 영향을 미친 사건은?**

① 한 · 일 국교 정상화
② 계엄령 전국 확대
③ 4 · 13 호헌 조치
④ 3 · 15 부정 선거

39 1980년 5월 17일 전두환의 신군부는 비상계엄을 전국으로 확대하였고, 광주 지역에서 비상계엄 철회 및 민주화를 열망하는 시민들의 요구가 1980년 5 · 18 민주화 운동으로 이어졌다.

① 박정희 정부의 대일 굴욕 외교 반대 항쟁인 6 · 3 시위는 1964년에 있었다. 정부는 계엄령을 선포한 후 1965년 한 · 일 협정을 체결하였다.
③ 전두환 정부의 4 · 13 호헌 조치에 반대하여 1987년 6월 민주항쟁이 전개되었다.
④ 1960년 3 · 15 부정선거에 항의하는 시위가 확대되어 4 · 19 혁명이 전개되었다.

40 **다음 중 박정희 정부 때의 사건으로 가장 적절한 것은?**

① 6월 민주 항쟁
② YH무역 사건
③ 금융실명제
④ 한미 상호 방위 조약

40 1970년대 후반 전개되었던 YH무역 노동운동의 과잉 진압을 비판하던 신민당 총재인 김영삼이 국회에서 제명되었고, 이를 계기로 부마항쟁이 전개되었다(1979, 박정희 정부).

① 전두환 정부의 4 · 13 호헌 조치에 반대하여 1987년 6월 민주 항쟁이 전개되었다.
③ 김영삼 정부는 투명한 금융거래를 위해 1993년 금융실명제를 시행하였다.
④ 이승만 정부는 6 · 25 전쟁 직후 우리 민족의 휴전 반대 입장을 외면하는 미국에 대해 보장책을 요구하였고, 어떠한 외부의 침략에도 상호 협조하고 대항한다는 내용의 한미 상호 방위 조약을 1953년 10월에 체결하였다.

정답 39 ② 40 ②

출제유형 완벽파악

국사

2023년 기출복원문제

▸ 온라인(www.sdedu.co.kr)을 통해 기출문제 무료 강의를 만나 보세요.

01 다음 설명에 해당하는 시기의 유물이 아닌 것은?

- 부족장이 죽으면 고인돌을 만들어 장례를 치렀다.
- 읍락공동체인 읍락국가나 정치적 지배자가 등장한 성읍국가도 등장하였다.

① 반달돌칼
② 민무늬 토기
③ 철제 갑옷
④ 거친무늬 거울

01 해당 제시문은 청동기 시대를 나타내고 있다. 청동기 시대에는 계급이 분화되어 부족을 지배하는 족장(군장)이 등장하였으며, 군장이 죽으면 고인돌을 만들어 장례를 치렀다. 삼국사기의 기록에 의하면, 성읍국가란 도읍에 성곽을 쌓은 구조로 되어 있는 국가 형태로, 국가의 초기 형태를 지칭하고 있다.
③ 철제 갑옷은 철기 시대 이후에 출현하였다.
① 반달돌칼은 청동기 시대에 벼를 수확하기 위한 추수도구이다.
② 청동기 시대에는 미송리식 토기와 민무늬 토기를 만들어 사용하였다.
④ 청동기 시대에는 거친무늬 거울 등을 만들어 사용하였다.

정답 01 ③

02 다음 설명과 관련된 왕은 누구인가?

- 불교를 공인하여 사상을 통합하였다.
- 수도에 태학을 설립하여 귀족 자제에게 유교 경전과 역사서를 교육하였다.
- 율령을 반포하여 국가의 통치 질서를 확립하였다.

① 개로왕
② 소수림왕
③ 수로왕
④ 고국천왕

02 해당 제시문은 고구려 4세기 소수림왕에 대한 설명이다. 소수림왕은 전진의 승려 순도가 가져온 불상과 경문을 받아들여 불교를 공인하여 사상을 통합하였고(372), 중앙에 태학을 설립하여 유학의 보급과 학문 진흥에 힘썼으며(372), 율령을 반포하여 국가 통치의 기본질서를 확립하였다(373).

① 백제의 개로왕은 고구려의 남진 정책을 견제하기 위해 중국 북조의 북위에 국서를 보내 원병을 요청하기도 하였으나(472), 장수왕의 공격으로 아차산성에서 전사하였다(475).
③ 수로왕은 금관가야를 건국하였는데(42), 세력 범위는 낙동강 유역 일대에 걸쳐 발전하였다.
④ 2세기 고구려의 고국천왕(179~197)은 부족적 성격이었던 계루부, 소노부, 절노부, 순노부, 관노부의 5부를 행정적 성격인 동부, 서부, 남부, 북부, 중부의 5부 체제로 개편하고 형제 상속으로 되어 있었던 왕위 계승도 부자 상속으로 변경하며 왕권을 강화하려 노력하였다. 또한, 을파소를 국상으로 기용하여 빈민을 구제하기 위한 진대법을 실시하였다(194).

정답 02 ②

03 다음 중 백제의 왕과 그 업적이 옳게 연결된 것은?

① 고이왕 – 동진으로부터 불교를 수용하여 공인하였다.
② 근초고왕 – 마한을 멸하여 영역을 전라남도 해안까지 확보하였다.
③ 침류왕 – 수도를 사비로 옮기고 남부여라 하였다.
④ 성왕 – 신라의 교통 요충지인 당항성을 공격하였고, 신라의 대야성을 공격하였다.

03 백제는 4세기 중반 근초고왕 때에 크게 발전하여 마한 세력을 완전히 정복(369)하고, 세력이 전라도 남해안에 이르렀으며, 낙동강 유역의 가야에 대해서도 지배권을 행사하였다. 북으로는 황해도 지역을 놓고 고구려와 대결하였는데 평양성까지 진격하여 고구려 고국원왕을 전사시켰다(371).

① 3세기 백제 고이왕은 6좌평 16관등의 관제를 정비하였으며 관복제를 도입하였다. 불교를 수용하여 공인한 왕은 침류왕이다.
③ 4세기 백제의 침류왕은 동진으로부터 불교를 수용한 후 공인하여 중앙 집권 체제를 사상적으로 뒷받침하였다(384). 수도를 사비로 옮기고 국호를 남부여라 한 것은 6세기 백제 성왕이다.
④ 7세기 백제의 의자왕은 신라 서쪽의 40여 성을 함락시켰으며, 고구려 군사와 연합해 신라의 교통 요충지인 당항성을 공격하였다. 이후 의자왕은 신라의 대야성을 공격하였고, 대야성의 도독이자 김춘추의 사위였던 김품석이 항복하자 그를 죽였다(642).

정답 03 ②

04 다음 설명과 가장 관련 깊은 사건은?

> 수나라의 양제는 113만의 대규모 군대를 동원해 고구려를 공격하였다. 양제가 거느린 육군의 1개 부대는 고구려의 요동성을 포위하여 공격했으나 성공하지 못하게 되자, 수군은 별동대 30만 명을 압록강 서쪽에 집결시켜 평양성을 공격할 계획을 세웠다.

① 천리장성 축조
② 안시성 전투 승리
③ 살수 대첩
④ 서안평 공격

04 해당 제시문은 살수 대첩과 관련된 내용이다. 수나라의 문제에 이어 양제는 113만의 대군을 이끌고 침략하여 왔으나, 을지문덕이 살수(청천강)에서 수나라에 대항하여 대승을 거두었다(612, 살수 대첩). 이후 수나라는 계속된 고구려 원정과 패배로 인하여 국력이 크게 소모되었고, 결국 내란으로 멸망하였다(618).

① 고구려의 천리장성은 부여성에서 비사성까지 축조되었는데, 영류왕 때에 건립하기 시작하여 보장왕 때 완공되었다(631~647).
② 당 태종은 직접 대군을 이끌고 고구려를 침략하였다. 고구려는 요동성, 개모성, 비사성이 정복당하는 등 어려움을 겪었으나, 안시성에서의 전투를 승리로 이끌며(645) 당나라군을 물리쳤다.
④ 고구려 3세기 동천왕은 서안평을 공격하였으나 위나라의 침입을 받았고, 4세기 미천왕은 서안평을 점령하였다(311).

정답 04 ③

05 다음 중 신라가 당군을 크게 격파한 전투는?

① 매소성 전투
② 대야성 전투
③ 관산성 전투
④ 황산벌 전투

05 매소성 전투는 신라가 당군을 격퇴한 전투이다. 당은 웅진도독부(공주), 안동도호부(평양), 계림도독부(경주)를 설치하고 한반도 전체를 지배하려는 야욕을 보이자 신라는 당과의 전쟁을 시작하게 되었다. 신라는 남침해 오던 당의 20만 대군을 매소성에서 격파하여 전쟁의 승기를 잡았다(675).

② 대야성 전투는 백제가 신라를 격파한 전투이다. 7세기 백제 의자왕은 고구려 군사와 연합해 신라의 교통 요충지인 당항성을 공격하였고, 이후 대야성 등을 공격하여 40여 개의 성을 빼앗았다(642).

③ 관산성 전투는 신라가 백제를 격퇴한 전투이다. 신라 진흥왕은 일방적으로 나제 동맹을 결렬하고 백제를 공격하여 한강 유역을 장악하였다(553). 이에 백제는 일본 및 대가야와 연합하여 신라를 공격하였으나 패하였고, 관산성(충북 옥천) 전투에서 백제의 성왕은 전사하게 되었다(554).

④ 황산벌 전투는 신라가 백제를 격파한 전투이다. 7세기 백제 의자왕 때 계백의 결사대는 황산벌 전투에서 김유신에 맞서 싸웠으나 패배하였다(660).

정답 05 ①

06 **다음 중 신분이 다른 인물은 누구인가?**

① 강수
② 김대문
③ 설총
④ 최치원

06 김대문은 진골 출신이다. 통일 이후 신라의 김대문은 화랑들의 전기를 모아 『화랑세기』를 편찬하였고, 유명한 승려들의 전기를 모아 『고승전』을 편찬하였으며 한산주 지방의 지리지인 『한산기』도 저술하였다. 또한, 신라에 관한 이야기를 모아 『계림잡전』을 편찬하였다.

① 강수는 6두품에 해당하는 신분이었다. 강수는 「청방인문표」를 작성하였는데, 이는 당나라에 갇혀있던 김인문을 석방하여 줄 것을 요청한 외교문서이다.

③ 설총은 6두품 출신이다. 설총은 유교 경전에 조예가 깊어 유교적 도덕 정치를 강조하였는데, 「화왕계」를 저술하여 신문왕에게 바쳤으며 이두를 정리하여 한문 교육에 공헌하기도 하였다.

④ 최치원은 6두품 출신이다. 최치원은 당나라의 빈공과에 급제하여 활동하였으며 『계원필경』을 저술하였다. 귀국 후 진성여왕에게 유교 정치 이념과 과거 제도 등의 내용이 담긴 시무 10조를 건의하였으나 진골 귀족들의 반대로 시행되지 못하였다(894).

정답 06 ②

07 다음 내용에 해당하는 나라에 대한 설명으로 옳지 않은 것은?

> • 5경 15부 62주
> • 정혜공주 묘, 정효공주 묘
> • 해동성국, 정안국

① '임나일본부'가 통치하였다.
② 일본과 무역이 활발하였다.
③ 당의 문화를 수용하여 통치 체제를 정비하였다.
④ 수도 상경은 당의 수도인 장안을 모방하였다.

08 통일신라 말기에 대한 설명으로 옳지 않은 것은?

① 중앙정부의 지방통제력이 강화되었다.
② 진골 귀족 사이에 치열한 왕위 쟁탈전이 벌어졌다.
③ 골품제에 따른 차별로 6두품의 불만이 증가하였다.
④ 귀족의 사적인 대토지 소유가 증가하였다.

---

07 해당 제시문은 발해를 나타내고 있다. 발해 선왕은 전국을 5경 15부 62주로 정비하여 통치하였고, 중국인들은 발해를 보며 해동성국이라고 칭송하기도 하였다. ①의 임나일본부설은 '왜가 신묘년에 바다를 건너와 백제, 가야, 신라를 격파하고 신민으로 삼았다.' 라는 내용으로 일본이 주장하는 한국사 왜곡이다.

② 발해는 외교 관계를 중시하여 일본 및 거란 등과의 여러 나라와 한 번에 수백 명이 오고 갈 정도로 활발한 교류를 하였다.
③ 발해의 문왕은 당과 친선 관계를 체결하면서 당의 3성 6부를 받아들여 통치 체제를 정비하였으나, 명칭과 구성은 독자적으로 편성하여 운영하였다.
④ 당의 장안성을 모방한 발해의 상경 궁궐터는 외성을 쌓고, 남북으로 넓은 주작대로를 내어 그 안에 궁궐과 사원을 세웠다.

08 신라 말에는 왕실과 귀족들의 사치와 타락으로 농민의 고통이 심해졌고, 지방에서는 호족이라는 새로운 반신라 세력이 성장하였으며, 반정부 봉기가 곳곳에서 일어났다. 하지만 중앙정부는 통제력을 상실하여 반란을 진압할 수 없었다.

② 신라 하대 중앙에서는 진골 귀족들이 경제기반을 확대하여 사병을 거느리고 권력 싸움을 벌이며 치열한 왕위 쟁탈전을 전개하였다.
③ 당에 유학하였다가 돌아온 6두품 출신의 유학생들은 골품제 사회를 비판하면서 새로운 정치 이념을 제시하였다. 이들은 진골 세력에 의하여 자신들의 뜻을 펴지 못하자, 선종 승려 및 지방의 호족 세력과 연계하여 사회 개혁에 앞장서게 된다.
④ 신라 말에는 자연 재해가 빈번히 발생하였고, 왕실과 귀족들은 사치와 향락에 빠져 있었으며, 농민에 대한 강압적인 수탈 등으로 인해 농민들은 살기가 어려워졌으며 귀족들의 대토지 소유가 증가하였다.

정답 07 ① 08 ①

09 다음 내용에서 괄호 안에 들어갈 인물로 옳은 것은?

> 보육(寶育)이 곡령(鵠嶺)에서 소변을 보아 삼한을 덮는 꿈을 꾸고, 형 이제건(伊帝建)에게 이야기하였는데 형은 제왕을 낳을 꿈이라면서 딸 덕주(德周)를 아내로 삼아 주었다. 이어 두 딸을 두었는데 아우의 이름이 진의(辰義)였다. 진의는 언니가 오관산(五冠山)에서 다시 오줌이 천하를 잠기게 하는 꿈을 꾼 것을 비단 치마를 주고 샀다. 당나라의 황제가 잠저 시에 송악의 보육가에 와 묵게 되었다. 찢어진 옷을 깁는데 언니가 코피가 나자, 아우가 대신한 것이 인연이 되어 동침하고 (   )의 할아버지인 작제건을 낳았다.
> – 「작제건 설화」, 한국민족문화대백과사전

① 궁예
② 왕건
③ 견훤
④ 장보고

09 해당 자료는 작제건을 신성시하려는 의도로 구성한 작제건 설화로, 『삼국유사』에 실려 있는 김유신의 누이동생 문희와 보희의 매몽 설화에서 유래된 것이다.
② 작제건은 고려 태조 왕건의 할아버지이다.
① 궁예는 신라 왕족의 후예로서 북원(원주)의 도적 집단 양길의 수하로 있다가 독립하여 송악(개성)에 도읍을 정하고 후고구려를 건국하였다(901).
③ 견훤은 무진주(광주)를 점령하고(892) 완산주(전주)를 수도로 하여 후백제를 건국하였다(900).
④ 신라 말 9세기 흥덕왕 때 장보고는 완도에 청해진을 설치(828)하여 해적을 소탕하였고 남해와 황해의 해상 무역권을 장악하였다.

정답 09 ②

10 고려 시대의 신분 제도에 대한 설명으로 옳지 않은 것은?

① 향리는 과거 응시가 금지되었다.
② 사노비는 매매, 증여, 상속의 대상이다.
③ 직업 군인은 군인전을 받고, 그 역을 세습할 수 있었다.
④ 특정한 직역 부담이 없는 양인 농민을 백정이라고 하였다.

10 고려 시대의 과거 제도는 문과, 잡과, 승과로 구성되어 있었는데, 법적으로 양인 이상이면 응시 가능하였다. 따라서 향리도 과거 응시가 가능하였고, 귀족이나 향리의 자제는 문과에 응시하는 경우가 일반적이었다.
② 노비는 재산으로 간주되어 국가에서 엄격히 관리하였다. 매매, 증여, 상속의 방법을 통하여 주인에게 예속되어 인격적 대우를 받지 못하였다.
③ 고려 시대 중앙군은 직업 군인으로 군적에 등록되어 군인전을 지급받았으며 역은 자손에게 세습되었다. 또한, 군공을 세워 무신으로 신분 상승이 가능한 중류층이었다.
④ 농민들은 농업 이외에 국가에서 지정한 특수 임무를 수행하지 않았다. 따라서 '별도의 의무가 없는 사람'이라는 뜻의 '백정'이라 불렸다. 고려 시대의 백정은 일반 농민을 말하는 것으로, 도축업자를 뜻하는 조선 시대의 천민이었던 백정과는 구별된다.

11 다음 내용 중 괄호 안에 들어갈 지역에서 일어난 사건은?

> 정종은 지리도참설에 의해 (　　)(으)로 천도할 것을 결의하고 궁궐을 짓는 공사를 착수하는 등 크게 토목을 일으켜 백성들을 노역하게 하였다. 개경에 살고 있던 부유한 계층들을 억지로 (　　)(으)로 이주하게 하여 원성이 높아졌으나, 정종이 승하하여 실현을 보지 못하였다.

① 강조가 김치양 일파를 제거하였다.
② 이자겸이 난을 일으켰다.
③ 묘청이 난을 일으켰다.
④ 김보당이 반란을 일으켰다.

11 해당 제시문은 서경(평양)을 나타내고 있다. 고려 정종은 개경 세력을 견제하기 위해 서경으로 천도를 계획하였으나 실패하였다. 묘청은 풍수지리설을 내세워 서경으로 천도하여 서경에 궁(대화궁)을 짓고, 국호를 '대위', 연호를 '천개'로 칭하여 자주적인 개혁과 금을 정벌할 것을 주장하였다(1135).
① 서북면 도순검사 강조는 군사를 일으켜 개경에서 김치양의 반란을 진압하였다(1009).
② 고려 인종 때 이자겸은 개경에서 난을 일으켜 권력을 장악하려 하였다(1126).
④ 명종 때 동북면 병마사 김보당이 무신 정권 타도와 의종 복위를 주장하며 동계에서 무신 정권에 반대하는 난을 일으켰다(1173).

정답 10 ① 11 ③

12 고려 시대의 대외관계에 대한 설명으로 옳지 않은 것은?

① 윤관이 여진을 몰아내고 동북 9성을 축조하였다.
② 송과의 관계는 문화적 교류에 큰 목적이 있었다.
③ 서희는 거란과 교섭하고, 강동 6주를 확보하였다.
④ 일본과 정식 국교를 맺고, 정기적으로 무역을 하였다.

12 고려 목종 때 일본인 20호(戸)가 투항한 적이 있어 이천에 거주하게 한 일이 있었는데(890), 이 외에는 일본과 공적인 교류를 하지 않았다. 고려 상인이 일본을 대상으로 하는 정기적 상업 활동은 없었던 것으로 보인다. 또한, 고려의 국교 재개 노력에도 불구하고 일본은 비협조적인 태도로 일관하였으며, 고려 후기 2차에 걸친 일본 원정으로 인해 고려와 일본과의 관계는 급속도로 악화되었고, 고려 시대에는 일본과의 직접적인 교류는 찾아보기 힘들다.

① 고려 예종 때 윤관은 별무반을 이끌고 여진을 정벌하여 동북 9성을 쌓았다(1107).
② 10세기 송과 고려는 경제, 문화, 군사, 외교적으로 밀접한 관계를 맺고 있었는데 그중에서도 문화적 교류에 큰 목적이 있었다.
③ 고려 성종 때 서희는 외교 담판으로 거란과 교류를 약속하였고, 고려가 고구려의 후예임을 인정받음과 동시에 압록강 동쪽의 강동 6주를 획득하였다(994).

정답 12 ④

13 김부식이 왕명을 받아 만든 역사서에 대한 설명으로 옳은 것은?

① 기전체로 편찬하였다.
② 일기처럼 날짜순으로 기록하였다.
③ 고조선, 부여, 삼한의 역사까지 기록하였다.
④ 고구려 계승 의식과 북진 정책이 나타나 있다.

13 인종 때, 김부식 등이 왕명을 받아 『삼국사기』를 편찬하였다(1145). 『삼국사기』는 현존하는 우리나라 최고(最古)의 역사서이다. 고려 초에 쓰인 『구삼국사』를 바탕으로 하여 유교적 합리주의 사관에 따라 기전체로 작성되었는데, 우리 고유의 풍습과 명칭, 신라 고유의 왕명과 관직명이 기록되어 있다.
② 편년체는 연월(연도)을 중심으로 하여 시간 순으로 편찬한 서술 방법으로, 『고려사절요』, 『동국통감』, 『조선왕조실록』 등이 대표적인 서적이다. 『삼국사기』는 기전체로 편찬하였다.
③ 『삼국유사』는 삼국의 역사뿐만 아니라 고조선, 부여, 삼한, 가야 등의 역사까지 기록하였다.
④ 이규보의 「동명왕편」(1192)은 고구려의 시조인 동명왕의 업적을 칭송한 일종의 영웅 서사시로, 이를 통해 고구려의 계승 의식을 반영하고 고구려의 전통을 노래하였다.

14 다음 중 무신 정권기 상황에 대한 설명으로 옳은 것은?

① 향・소・부곡이 소멸되었다.
② 문벌 귀족 정치가 강화되었다.
③ 모든 지방에 수령을 파견하였다.
④ 각지에서 농민・천민이 봉기하였다.

14 무신 정변으로 인해 신분 제도가 흔들리면서 권력층으로 그 신분이 상승한 하층민이 많았다. 또한, 무신들끼리의 대립이 늘어나고 지배 체제가 붕괴되면서 통제력이 약화되었고, 수탈이 강화되었다. 이에 따라 전국 각지에서 하층민이 봉기하였다.
① 향・소・부곡은 무신 집권기에는 존재하고 있었다. 고려 시대까지 특수 행정 구역이었던 향・소・부곡은 조선 전기 일반 군현으로 승격되거나 포함되었다.
② 무신 집권기에는 문벌 귀족의 정치가 몰락하였다.
③ 조선은 전국의 주민을 국가가 직접 지배하기 위하여 모든 군현에 지방관을 파견하였다.

정답 13 ① 14 ④

15 다음 설명에 해당하는 사건이 일어난 시기에 활동하지 않은 인물은?

- 변발과 호복을 폐지하였다.
- 쌍성총관부를 공격하여 철령 이북의 땅을 수복하였다.
- 신돈을 등용하여 전민변정도감을 설치하였다.

① 이색
② 최승로
③ 정도전
④ 정몽주

15 공민왕은 즉위 후 기철을 비롯한 친원 세력을 숙청하고, 내정 간섭 기구인 정동행성 이문소의 폐지, 원의 간섭으로 격하된 관제의 복구, 몽골 풍속 금지 등을 실시하였으며, 신돈을 등용하여 전민변정도감을 설치해 권문세족을 견제하였다.
② 성종 때 활동한 최승로는 시무 28조와 함께 상소문을 올렸고 고려의 체제 정비에 영향을 주었다.
① 공민왕은 성균관을 다시 짓고, 이색을 판개성 부사 겸 성균관 대사성으로 임명하여 성리학을 부흥시켰다.
③·④ 공민왕 때 활동한 이색(외형적 폐단 비판)은 정몽주, 권근, 정도전 등을 가르쳐 성리학을 더욱 확산시켰다.

16 다음 설명과 가장 관련 깊은 왕의 업적으로 옳은 것은?

- 6조가 각기 사무를 왕에게 직계하였다.
- 사간원을 독립시켜 대신들을 견제하였다.
- 억울한 일을 당한 백성의 억울함을 풀어주려 신문고를 설치하였다.
- 호구와 인구 파악을 위해 호패법을 실시하였다.

① 사병을 혁파하여 공신들의 세력을 약화시켰다.
② 『조선경국전』을 저술하여 통치규범을 마련하였다.
③ 언관의 활동을 억제하기 위하여 집현전을 없앴다.
④ 연분 9등법을 실시하여 세금을 낮추고 공평하게 부과하였다.

16 해당 제시문은 조선 태종을 나타내고 있다. 태종은 왕권 및 국왕 중심의 통치 체제를 강화하기 위하여 6조 직계제를 실시하였다. 언론 기관인 사간원을 독립시켜 대신들을 견제하였고, 사병을 철폐하여 왕이 군사 지휘권을 장악하였고 친위 군사를 늘렸다. 양전 사업과 호구 파악에 노력을 기울였고, 호패법을 실시하였으며, 사원의 토지를 몰수하고, 억울한 노비를 조사하여 해방시켰다.
② 태조 때 정도전은 『조선경국전』과 『경제문감』을 저술하여 민본적 통치 규범을 마련하고, 재상 중심의 정치를 주장하였다(재상론).
③ 세조는 경연을 주관하던 집현전을 폐지하고 왕과 신하들의 학문 토론의 장이었던 경연도 열지 않으려 했다.
④ 세종은 좀 더 체계적인 조세 제도의 운영을 위해 풍흉의 정도에 따라 조세를 부과하는 연분 9등법으로 바꾸고, 조세 액수를 1결당 최고 20두에서 최하 4두까지 차등을 두어 내도록 하였다.

정답 15 ② 16 ①

17 다음 설명과 가장 관련 깊은 제도는 무엇인가?

> 홍문관이 왕과 대신들이 참여하는 학술 세미나를 주최하였는데, 이 과정에서 정책 자문과 정책 협의를 통해 정책을 결정하기도 하였다.
> 또한, 왕과 신하들이 옛 선현들의 글에 대하여 토론하다가 왕의 잘못이 있으면 고칠 것을 권하는 등 왕권을 견제하는 역할도 하였다.

① 서연
② 사가독서
③ 경연
④ 수렴청정

17 홍문관은 경연을 담당하였는데, 정승을 비롯한 주요 관리도 다수 경연에 참여하였다. 이를 통해 경연은 단순한 왕의 학문 연마를 위한 것이 아닌, 왕과 신하가 함께 정책에 대해 토론하고 심의하는 중요한 자리로 발전하였다. 이때 '사서(四書)', '오경(五經)', 『자치통감』, 『자치통감강목』을 기본서로, 『성리대전』, 『소학』, 『심경』, 『대학연의』, 『국조보감』을 참고서로 학습하였다.
① 서연은 조선 시대 왕세자를 위한 교육제도로, 경사를 강론해 유교적인 소양을 쌓게 하는 교육의 장이었다.
② 사가독서는 조선 시대 때, 국가의 인재를 키우고 문운을 진작하기 위해서 독서에 전념할 수 있도록 젊은 문신들에게 휴가를 준 제도이다.
④ 수렴청정은 어린 왕이 즉위하였을 때, 왕실의 가장 큰 어른인 대비 또는 대왕대비가 국왕을 대신해 나랏일을 결정하는 정치 형태이다.

정답 17 ③

18 다음 설명과 가장 관련 깊은 제도는 무엇인가?

> 1391년(공양왕 3)에 피폐해진 농민 생활을 안정시키고 부족한 국가 재정을 확보하기 위해 시행되었다. 전・현직 관리에게 경기 일대 토지에 대한 수조권 지급을 원칙으로 하였다. 관리가 죽거나 반역하면 국가에 반환하도록 하였으나 수신전, 휼양전 등의 이름으로 세습이 이루어지는 경우도 있었다.

① 전시과
② 과전법
③ 역분전
④ 관수 관급제

18 공양왕 때 권문세족의 토지를 몰수・재분배하여, 신진 사대부의 경제적 기반을 마련하기 위하여 과전법을 실시하였다(1391). 과전은 전・현직 관리에게 관등에 따라 경기 지역의 토지에 한하여 수조권을 지급하였고, 이를 받은 사람이 사망하거나 반역을 했을 시 국가에 다시 돌려주는 것이 원칙이었다.

① 고려 경종 때 시행한 전시과 체제 하에서는 문무 관리로부터 군인, 한인에 이르기까지 18등급으로 나누어 전지와 시지를 지급하였다.
③ 고려 태조 때 지급한 역분전은 공신전으로, 후삼국을 통일하는 건국 과정에서 공을 세운 사람들에게 지급한 토지였다. 인품에 따라 경기에 한하여 지급하였다.
④ 성종 때에는 지방 관청에서 생산량을 조사한 뒤 거두어 다시 관리에게 분배하는 방식으로 변경했다. 그 결과 관료들이 수조권을 핑계 삼아 토지와 농민을 지배하는 일은 줄었고, 그 대신 국가의 토지 지배권이 강해졌다.

정답 18 ②

19 현재까지 조선 전기의 기록이 남아 있는 것은?

① 『일성록』
② 『승정원일기』
③ 『내각일력』
④ 『조선왕조실록』

19 『조선왕조실록』(태조~철종)은 한 국왕이 죽으면 다음 국왕 때 춘추관을 중심으로 실록청을 설치하여 편찬하였는데, 사관이 국왕 앞에서 기록한 사초, 각 관청의 문서를 모아 만든 시정기를 중심으로 『승정원일기』, 『의정부등록』, 『비변사등록』, 『일성록』(정조 이후) 등을 보조 자료로 하여 종합・정리한 후 편년체로 편찬하였다.

① 『일성록』은 1760년(영조 36)부터 1910년(순종 4)까지 국왕의 동정과 국정을 매일 기록한 일기이다. 『일성록』은 국보 제153호로 지정되어 있으며 2011년 5월 유네스코 세계기록유산으로 등록되었다.
② 『승정원일기』(국보 제303호)는 승정원에서 기록한 왕과 신하 간의 문서와 국왕의 일과를 기록한 사서로 업무관련 기록이 일지 형식으로 작성되어 있다. 『승정원일기』는 임진왜란 때 소실되어 인조~고종까지의 일기만 현존하고 있다. 2001년 9월 유네스코 세계기록유산으로 등재됨으로써 그 가치를 확고히 인정받았다.
③ 『내각일력』은 1779년(정조 3) 1월부터 1883년(고종 20) 2월까지의 규장각의 일기를 말한다.

20 다음 중 조선 전기에 편찬된 서적이 아닌 것은?

① 『발해고』
② 『삼강행실도』
③ 『경국대전』
④ 『동국여지승람』

20 18세기 실학자 유득공은 『발해고』(1784)에서 최초로 남북국 시대를 주장하여 민족의 자주성을 높였다.

② 『삼강행실도』(1434)는 모범이 될 만한 충신, 효자, 열녀 등의 행적을 그림으로 그리고 설명을 붙인 윤리서로서 세종 때 편찬하였다.
③ 『경국대전』(1485)은 조선의 기본 법전으로 세조 때 편찬하기 시작하여 성종 때 완성・반포하였다. 육전체제를 유지하였고 통일성과 안정성 확보 작업을 실시하였다.
④ 성종 때 조선 최대의 인문 지리서인 『동국여지승람』(1481)을 편찬하였다.

정답 19 ④ 20 ①

21 조선 전기 사림에 대한 설명으로 가장 옳지 않은 것은?

① 향사례, 향음주례 등의 실시를 주장하였다.
② 성리학 이외의 학문과 사상에 대해 관용적이었다.
③ 현량과를 통해 재야에서 인사들을 등용하였다.
④ 성종 때 훈구 대신들을 견제할 목적으로 중앙 관직에 등용되어 주로 3사와 전랑직에서 활동하였다.

21 15세기 중반 이후, 중소 지주적인 배경을 가지고 성리학에 투철한 지방 사족이 영남과 기호 지방을 중심으로 성장하였는데, 이들을 사림이라 부른다.

② 성리학 이외의 학문과 사상에 대해 비교적 관대하였던 것은 훈구파이다.
① 16세기 사림들은 서원 등을 설치하여 향사례·향음주례의 보급 등을 강조하였다.
③ 조선 중종 때 조광조가 훈구세력을 견제하기 위하여 현량과를 시행하여 사림을 대거 등용하였다.
④ 성종 때, 김종직과 그 문인이 중앙에 진출하면서 사림의 정치적 성장이 시작되었다.

22 다음 중 임진왜란 때 활동한 의병장이 아닌 인물은?

① 정인홍
② 정문부
③ 권율
④ 곽재우

22 권율은 의병이 아닌 관군이었다. 임진왜란 당시 전라 순찰사 권율이 서울 수복을 위해 북상하다가 행주산성에서 왜적을 크게 쳐부수어 승리하였고, 왜군의 연이은 북상을 막았다(1593, 행주 대첩).

① 정인홍은 1592년 임진왜란 때 합천에서 성주에 침입한 왜군을 격퇴하고, 10월 영남 의병장의 호를 받아 많은 전공을 세웠다. 이듬해 의병 3,000명을 모아 성주·합천·고령·함안 등지를 방어했으며, 의병 활동을 통해 강력한 기반을 구축하였다.
② 정문부는 임진왜란 때 활동한 의병장으로 길주 왜성을 포위하여 왜군과 대치하였고 이들을 지원하기 위해 진군해 온 왜적 2만을 상대로 매복전을 펼쳤다. 왜군은 패전하여 관북지방에서 완전히 철군하여 남하했다(장덕산 대첩).
④ 곽재우는 임진왜란 당시 경상도 의령에서 의병을 일으켰으며, 진주성 전투, 화왕 산성 전투에 참전한 의병장이다. 붉은 옷을 입고 의병을 지휘하여 홍의장군이라 불리었다.

정답 21 ② 22 ③

23 조선 후기 산업 발전에 대한 설명으로 옳지 않은 것은?

① 도고라 불리는 독점적 도매상인이 활동하였다.
② 금광・은광을 몰래 개발하는 잠채가 번성하였다.
③ 인삼, 담배 등의 상품작물이 널리 재배되었다.
④ 민영 수공업이 쇠퇴하고 관영 수공업이 발전하였다.

24 조선 후기 부세 제도의 변화에 대한 설명으로 옳지 않은 것은?

① 전세는 풍흉에 관계없이 토지 1결당 미곡 4두로 정해졌다.
② 대동법을 시행하여 전국의 농민이 공납을 현물로 납부하게 되었다.
③ 균역법을 시행하여 농민의 군포 부담을 1년에 1필로 줄여 주었다.
④ 균역법의 시행으로 지주에게 토지 1결당 2두의 결작미를 징수하였다.

23 관영 수공업이 발전한 것은 조선 전기 상황이다. 조선은 16세기부터 상업이 발전하면서 관영 수공업은 점차 쇠퇴하기 시작하였고, 민영 수공업이 발달하였다.
① 조선 후기 대동법의 시행 이후 상품 수요가 증가하여 상품 화폐 경제가 발달하였고 공인이 성장하게 되었다. 또한 도고라고 불리는 독점적 도매상인이 활동하기도 하였다.
② 조선 후기 정부가 설점수세제를 폐지하자 정부에 신고하지 않고 몰래 광산을 개발하였던 잠채가 성행하였다.
③ 조선 후기에는 일부 농민은 인삼・담배・쌀・목화・채소・약재 등과 같은 상품 작물을 재배해 높은 수익을 올렸는데, 특히 쌀의 상품화가 활발하였다.

24 대동법은 기존에 현물(토산물)로 납부하던 방식을 토지의 결수에 따라 쌀・삼베・무명・동전 등으로 납부하게 하는 제도였다.
① 인조는 풍년・흉년 관계없이 전세를 토지 1결당 미곡 4두로 고정(양척동일법)시켰는데, 이를 영정법이라 한다(1635).
③ 군역의 부담을 시정하고자 영조 때 균역법을 시행하였는데, 이를 통해 농민은 1년에 군포를 1필만 부담하게 되었다(1750).
④ 영조는 균역법의 시행으로 감소된 재정부분에 대하여 지주에게 토지 1결당 미곡 2두를 부담시켜 보충하였는데, 이를 결작이라고 한다. 이 외에도 선무군관포 및 어장세, 선박세 등 잡세로 보충하게 하기도 하였다.

정답 23 ④ 24 ②

25 다음 제시어들과 가장 관련 깊은 도시는?

- 정조
- 장용영
- 행궁
- 만석거

① 강화
② 수원
③ 개성
④ 광주

25 해당 제시어들은 경기도 수원시를 나타내고 있다.

- 정조는 친위 부대인 장용영을 설치하여 왕권을 뒷받침하는 군사적 기반을 갖추었는데, 장용영의 내영은 한성에, 외영은 수원 화성에 설치하여 병권을 장악하였다.
- 화성 행궁은 수원 화성 안에 건축된 행궁으로, 정조가 현륭원(현재의 융건릉)에 능행할 목적으로 건축하였다.
- 만석거는 수원 화성 성역이 한창 진행되고 있던 1795년, 가뭄을 극복하기 위해 황무지 위에 조성하였다.

① 강화도는 삼별초의 항쟁, 강화도 조약 등의 유적지이다.
③ 개성은 고려의 수도이다.
④ 광주는 광주 학생 항일 운동, 5·18 민주화 운동 등의 유적지이다.

26 다음 중 세도 정치 시기에 대한 설명으로 옳지 <u>않은</u> 것은?

① 소수의 유력한 가문이 비변사를 장악하였다.
② 관직을 사고파는 일이 성행하였다.
③ 청에 대한 반감으로 북벌이 추진되었다.
④ 삼정의 문란으로 농민 봉기가 빈번하게 발생하였다.

26 호란 이후인 효종 때 소중화 사상이 팽배하면서, 명에 대한 의리를 지키고 청 사상을 배척하며 청을 벌해야 한다는 북벌 운동이 전개되었다.

① 세도 정치란 국왕의 위임을 받아 정권을 잡은 특정인과 그 추종 세력에 의하여 이루어지는 정치 형태를 지칭하는데, 세도 가문들이 비변사와 3사 등의 권력을 독점하여 행사하는 정치 형태가 출현하게 되었다.
② 세도 정치 시기에는 불법적인 매관매직이 성행하였다.
④ 세도 정치 시기에는 삼정의 문란이 극에 달하여 홍경래의 난과 임술 농민 봉기와 같은 농민 봉기가 잇따랐다.

정답 25 ② 26 ③

27 흥선대원군의 개혁 정치에 대한 설명으로 옳지 않은 것은?

① 비변사를 폐지하고, 의정부와 삼군부의 기능을 부활시켰다.
② 군포를 양반에게도 징수하는 호포제를 실시하였다.
③ 임진왜란 때 불타버린 경복궁을 중건하였다.
④ 『대전통편』, 『육전조례』 등 새로운 법전을 편찬하였다.

27 흥선대원군은 통치 체제의 정비를 목표로 국가의 기본 법전인 『대전회통』과 6조의 행정 법규인 『육전조례』 등의 새로운 법전을 정비하고 간행하였다. 『대전통편』은 정조 때 편찬되었다.

① 흥선대원군은 비변사를 폐지하고 의정부와 삼군부의 기능을 부활시켜 각각 정치와 군사의 최고 기관으로 삼아 왕권을 강화하려 하였다.
② 흥선대원군은 종래 상민에게만 징수하던 군포를 양반에게도 징수하는 호포제를 실시하여 군정을 바로잡고 조세 부담을 공평히 하여 민생을 안정시키고자 노력하였다.
③ 고종 때 흥선대원군은 임진왜란 때 불타버린 경복궁을 중건하여 실추된 왕권을 확립하고자 하였다. 경복궁 중건은 막대한 재정이 드는 공사였기 때문에 원납전을 강제로 징수하고 당백전을 남발하였는데, 이 때문에 인플레이션 발생 등 경제 혼란을 초래하기도 하였다.

28 독립협회의 활동에 대한 설명으로 옳지 않은 것은?

① 중추원 개편을 통한 의회 설립을 추진하였다.
② 러시아의 절영도 조차 요구를 저지하였다.
③ 일본에게 진 빚을 갚자는 국채 보상 운동을 주도하였다.
④ 만민공동회를 개최하여 민권 신장을 추구하였다.

28 국채 보상 운동은 서상돈, 김광제 등이 국채 보상금을 모금하기 위해 대구에서 개최한 국민 대회를 계기로 시작되었다(1907).

① 독립협회는 중추원관제를 반포하여 의회 설립 운동을 추진하였다(1898).
② 러시아가 절영도의 조차를 요구하자 독립협회는 만민공동회를 배경으로 구국 운동 상소 운동(1898)을 전개하여 러시아의 요구를 좌절시켰다.
④ 독립협회는 서울에서 만민공동회와 관민공동회를 개최하여 헌의 6조(1898)를 결의하였다.

정답 27 ④ 28 ③

29 다음 설명과 가장 관련 깊은 인물은?

> 1907년에 양기탁, 신채호 등과 함께 비밀결사인 신민회를 조직하였고, 평양에 대성학교를 설립하여 인재 양성에 힘썼다. 105인 사건으로 신민회가 해체되자, 1913년 샌프란시스코에서 흥사단을 창설하여 본국에서 이루지 못한 대성학교, 신민회의 뜻을 실현하기 위하여 노력하였다.

① 조소앙
② 안창호
③ 박용만
④ 안중근

[도산 안창호의 활동]

시기	활동
1907	양기탁 등과 함께 신민회를 창설
1908	평양에 대성학교 설립(계몽 운동, 실력 양성)
1913	미국에서 흥사단(기독교 중심) 조직, 군인 양성, 외교에 노력, 잡지(동광) 발간
1918	중국 길림에서 무오 독립 선언을 발표
1923	임시정부 국민대표회의(개조파 참여)에서 실력 양성・외교 활동 주장
1926	베이징・상하이 등지에서 활동, 북경촉성회 창립(한국 독립 유일당)
1938	서울에서 별세

29 해당 제시문은 도산 안창호에 대한 설명이다. 안창호의 활동은 해당 문제 하단의 표와 같이 정리할 수 있다.

① 대한민국 임시정부는 조소앙의 삼균주의에 바탕을 둔 건국 강령을 발표하였는데(1941), 보통선거・의무 교육・토지 국유화・토지 분배・생산 기관의 국유화 등의 건국 목표를 세웠다.

③ 박용만은 하와이에서 가장 큰 군사 조직인 대조선국민군단(1914)을 조직하여 독립투쟁에 앞장섰다.

④ 간도와 연해주에서 의병으로 활약하던 안중근은 만주 하얼빈역에서 한국 침략의 원흉인 초대 통감 이토 히로부미를 처단하였다(1909).

정답 29 ②

30 다음 중 산미 증식 계획에 대한 설명으로 옳지 않은 것은?

① 쌀 생산량의 증가보다 일본으로 수탈하는 양의 증가가 많았다.
② 수리조합비, 비료 대금 등 농민부담이 늘어났다.
③ 많은 수의 소작농이 산미 증식 계획을 통해 자작농으로 바뀌었다.
④ 만주로부터 조, 수수, 콩 등의 잡곡 수입이 증가하였다.

30 산미 증식 계획은 1차 세계대전 이후 일본에서 이촌향도 현상이 진행되면서 쌀값이 폭등하여 혼란이 있을 무렵 시작한 것으로, 일제는 이를 통해 부족한 식량을 한반도에서 착취하려 했다(1920~1934). 그 결과 많은 수의 농민들이 몰락하여 만주, 연해주 등의 해외로 이주하기도 하였다.
① 일제가 강제로 수탈해 간 미곡이 증산량보다 많아 식량 부족이 심화되었다.
② 수리조합비, 비료 대금 등 농민부담이 늘어나 농가의 부채가 증가되어 많은 수의 농민층은 몰락하게 되었고, 대다수의 농민은 화전민이 되었다.
④ 일제는 쌀 수탈로 인한 국내의 식량문제를 만회하기 위하여 만주에서 조, 콩 등의 잡곡을 수입하였다.

31 다음 중 민족 말살 정책에 대한 설명으로 옳지 않은 것은?

① 일본식 성과 이름으로 고치는 창씨개명을 시행하였다.
② 한글을 사용하는 신문과 잡지를 강제 폐간시켰다.
③ 토지 현황 파악을 위해 전국적으로 토지 소유권을 조사하였다.
④ 국민 징용령을 근거로 한국인이 공장에 강제 동원되었다.

31 일제는 1910년대에 토지 조사령(1912)을 발표하여 토지 조사 사업을 실시하였는데, 표면상 근대적 소유권이 인정되는 토지 제도를 확립한다고 선전하였으나, 실제로는 한국인 토지의 약탈, 토지세의 안정적인 확보, 그리고 지주층의 회유를 위한 것이었다.
① 창씨개명은 일제가 강제로 우리나라 사람의 성을 일본식으로 고치게 한 황국신민화의 일환으로, 일제는 1939년 조선민사령을 개정하여 창씨개명을 추진하였고 1940년부터 시행하였다.
② 일제는 1940년 『조선일보』, 『동아일보』 등 민족 신문을 폐간시켰다.
④ 1939년 일제는 국민 징용령을 실시하여 100만여 명의 청년들을 강제 징용하여 탄광, 철도 건설, 군수 공장 등에 동원하였다.

정답 30 ③ 31 ③

32 다음 중 성격이 다른 하나는 무엇인가?

① 강제징용
② 신사참배 강요
③ 조선학 운동
④ 황국 신민화 정책

32 조선학 운동은 정인보, 문일평, 안재홍 등이 1934년 정약용의 『여유당전서』의 간행을 계기로 전개하였다. 1930년대 중반 조선학 운동은 일제와 극좌노선에 대응하려는 비타협적 민족주의 역사가들의 민족운동이었다. 조선학 운동은 기존의 민족주의 역사학이 국수적·낭만적이었다고 비판하고, 우리 학문의 주체성과 자주적인 근대 사상을 실학에서 찾으려고 하였다.
① 1939년 일제는 국민 징용령을 실시하여 100만여 명의 청년들을 강제 징용하여 탄광, 철도 건설, 군수 공장 등에 동원하였다.
② 일제는 곳곳에 신사를 세우고 한국인들로 하여금 강제로 참배하게 하였다.
④ 일제는 민족 말살 정책의 일환으로 황국 신민화를 강요하였고, 학교에서는 황국 신민의 서사를 암송시켰다.

33 다음 제시어와 관련된 인물은 누구인가?

- 무정부주의
- 의열단
- 광복군 부사령관
- 조선민족혁명당

① 신채호
② 김원봉
③ 이동휘
④ 윤봉길

33 김원봉은 만주 길림에서 의열단(1919)을 조직하였다. 이들은 신채호의 「조선혁명선언」(1923)을 행동강령으로 삼고, 조선총독부·경찰서·동양척식주식회사 등 식민지배 기구의 파괴 및 조선총독부 고위 관리와 친일파 처단을 목표로 1920년대 활발한 독립운동을 전개하였다. 이후 1937년 조선민족혁명당을 결성하고 산하에 조선의용대를 조직하였다.
김원봉은 자신이 이끌었던 조선의용대를 한국광복군에 편입시켰고, 한국광복군 부사령관으로 활동하였다.
① 신채호는 의열단의 행동 강령으로 김원봉의 요청을 받아 「조선혁명선언」을 작성(1923)하였다.
③ 이동휘는 신민회 조직에 참여하였고 대한민국 임시정부의 국무총리를 역임하였다.
④ 상하이 사변(1932)에서 승리한 일본이 상하이 홍커우 공원에서 전승 축하식을 거행하자 한인애국단 소속의 윤봉길은 식장을 폭파하였고, 많은 일본군 장성과 고관들을 처단하였다.

정답 32 ③ 33 ②

34 다음 설명과 가장 관련 깊은 사건은?

> 정부는 사전 투표, 3인조 · 9인조 공개 투표, 투표소 앞 완장 부대 활용, 투표함 바꿔치기 등 대대적인 부정선거를 자행하였다.

① 4 · 19 대규모 시위 전개
② 5 · 18 민주화 운동
③ 6월 민주 항쟁
④ 3 · 1 민주 구국 선언

35 다음 사건들을 시간 순서대로 옳게 나열한 것은?

> ㉠ 5 · 16 군사정변
> ㉡ 4 · 19 혁명
> ㉢ 한일 협정
> ㉣ 10월 유신

① ㉠ → ㉡ → ㉢ → ㉣
② ㉡ → ㉠ → ㉢ → ㉣
③ ㉠ → ㉡ → ㉣ → ㉢
④ ㉡ → ㉠ → ㉣ → ㉢

34 해당 제시문은 3 · 15 부정선거에 대한 설명이다. 이승만 정부는 부정과 부패, 장기 집권으로 민심을 잃은 상태에서 이승만과 이기붕을 각각 대통령, 부통령으로 당선시키고자 1960년 3월 15일 대대적인 부정선거를 자행하였다. 이에 대항하여 학생과 시민들이 중심이 되어 민주화 운동이 전개되었으며, 이승만 정부는 몰락하게 되었다(1960. 4. 19.).
② 1980년 신군부가 비상계엄을 전국으로 확대하였고 이에 반대하여 광주 민주화 운동이 전개되었다.
③ 전두환 정부의 4 · 13 호헌 조치에 반대하여 1987년 6월 민주 항쟁이 전개되었다.
④ 윤보선, 김대중, 문익환 등 재야 인사들이 명동성당에서 긴급조치의 철폐, 박정희 정권 퇴진, 민족 통일 운동을 추구할 것 등을 요구하는 3 · 1 민주 구국 선언을 발표하였다(1976).

35 ㉡ 1960년 3 · 15 부정선거에 항의하는 시위가 확대되어 4 · 19 혁명이 전개되었다.
㉠ 1961년 5월 16일 박정희를 중심으로 하여 몇몇 군부 세력이 사회의 무질서와 혼란을 이유로 군사정변을 일으켰다.
㉢ 1965년 한일 국교 정상화로 인하여 우리 정부는 일본 정부로부터 무상 3억 달러, 유상 3억 달러의 차관을 제공받았다(박정희 정부).
㉣ 1972년 7 · 4 남북 공동 성명을 발표한 직후 박정희 정부는 강력하고도 안정된 정부가 필요하다는 명분으로 비상계엄을 발령하고 10월 유신을 선포하였다.

정답 34 ① 35 ②

36 **다음 중 1964년 6·3 시위의 원인이 된 사건은 무엇인가?**

① YH무역 노동운동
② 남북 기본 합의서
③ 한일 협정
④ 7·4 남북 공동 성명

36 박정희 정부는 경제 개발에 필요한 자본을 확보하기 위하여 일본과의 국교 정상화를 추진하였다. 중앙정보부장 김종필과 일본 외상 오히라는 '무상 3억 달러, 정부 차관 2억 달러, 민간 상업 차관 1억 달러 이상' 등의 대일 청구권과 경제 협력 자금 공여에 합의하였으나 재일동포 문제와 문화재 반환 문제가 해결되지 않았고, 독도 문제는 언급하지도 않았다. 한일 회담의 추진은 시민과 대학생들의 대일 굴욕 외교 반대에 부딪혀 이른바 6·3 시위를 유발시켰다(1964). 그러나 정부는 계엄령을 선포한 후 한일 협정을 체결하였다(1965. 8. 15.).

① 1979년 YH무역 노동운동으로 인하여 신민당 당수인 김영삼 총재가 국회의원직에서 제명이 되어 부마항쟁이 전개되었으며, 곧바로 10·26 사태가 발생하였다.
② 1991년 노태우 정부는 남북 기본 합의서를 채택하여 남북한의 상호 화해와 불가침을 선언하였고 교류와 협력을 하기로 하였다.
④ 1972년 박정희 정부 때 남과 북은 자주 통일, 평화 통일, 민족적 대단결의 3대 통일 원칙을 발표하였다(7·4 남북 공동 성명).

정답 36 ③

37 '한강의 기적'이라고도 불리는 급속한 경제성장이 낳은 문제점이 아닌 것은?

① 소수 재벌에게 자본이 집중되어 정경유착이 심화되었다.
② 저임금과 저곡가 등으로 빈부의 격차가 심화되었다.
③ 미국과 일본에 대한 의존 심화와 외채가 급증하였다.
④ 경제가 발전함에 따라 민주주의도 한층 발전할 수 있었다.

37 한강의 기적이란 박정희 정부의 경제 개발 5개년 계획의 추진과 성공으로 1962~1981년 사이에 수출이 증대하는 등 아시아 신흥 공업국으로 발전을 이룩한 것을 의미한다. 박정희 정부의 경제 성장 정책은 공업화의 급속한 추진으로 나타났고 일정 부분 성공했지만, 강력한 정부 주도의 경제성장은 민주주의를 억압하게 되는 계기가 되었다.
① 정부 주도로 인한 급속한 개발이었으므로 소수 재벌에게 자본이 집중되었고, 그에 따른 정경유착의 부패가 심화되었다.
② 급격한 개발로 인하여 빈부의 격차가 심화되었으며, 저임금과 저곡가, 선성장과 후분배 정책으로 노동 환경이 열악해지면서 노동운동은 증가하였다.
③ 급속한 개발로 인한 불규칙적 경제 성장 때문에 미국과 일본에 대한 의존이 심화되었고 외채가 급증하였다.

38 다음 중 각 정부와 대표적 사건이 옳게 연결된 것은?

① 노태우 정부 - 남북 정상 회담 개최
② 김영삼 정부 - OECD 가입
③ 김대중 정부 - 금융실명제 전면 실시
④ 노무현 정부 - 국민교육헌장 제정

38 1996년 김영삼 정부는 경제협력개발기구(OECD)에 가입하였다.
① 제1차 남북 정상 회담은 2000년 김대중 정부에서 진행하였고, 제2차 남북 정상 회담은 2007년 노무현 정부에서 추진하였다. 또한, 2018년 문재인 정부의 판문점 회담이 있었다.
③ 김영삼 정부는 투명한 금융거래를 위해 금융실명제를 시행하였다(1993).
④ 민족주의적·국가주의적 교육 이념을 강조하기 위해 박정희 정부는 국민교육헌장을 선포하였다(1968).

정답 37 ④ 38 ②

39 **다음 내용에 해당하는 것은 무엇인가?**

> 제1조 남과 북은 서로 상대방의 체제를 인정하고 존중한다.
> 제9조 남과 북은 상대방에 대하여 무력을 사용하지 않으며 상대방을 무력으로 침략하지 아니한다.
> 제15조 남과 북은 민족 경제의 통일적이며 균형적인 발전과 민족 전체의 복리 향상을 도모하기 위하여 자원의 공동 개방, 민족 내부 교류로서의 물자 교류, 합작 투자 등 경제 교류와 협력을 실시한다.

① 6・23 평화 통일 선언
② 남북 기본 합의서
③ 한민족 공동체 통일 방안
④ 7・7 선언

40 **다음 중 각 정부와 남북 교류 방안이 잘못 연결된 것은?**

① 박정희 정부 – 남북한 유엔 동시 가입
② 노태우 정부 – 한반도의 비핵화에 관한 공동 선언
③ 김대중 정부 – 6・15 남북 공동 선언 발표
④ 노무현 정부 – 10・4 남북 공동 선언 발표

39 해당 자료는 노태우 정부(1988~1993) 당시에 체결한 남북 기본 합의서이다(1991). 남북한은 상호 화해와 불가침을 선언하고 교류와 협력을 합의하였다.

① 1973년 박정희 정부는 6・23 평화 통일 선언을 발표하였는데, 남북 유엔 동시 가입 제의, 호혜 평등의 원칙하에 모든 국가에 문호 개방, 내정 불간섭 등에 반대하지 않는다는 내용으로 합의하였다.
③ 한민족 공동체 통일 방안은 1989년 노태우 정부 때 있었는데, 자주, 평화, 민주의 원칙 아래 남북 연합을 구성하여 남북 평의회를 통해 헌법을 제정하고 총선거를 실시하여 통일 민주공화국을 구성하자고 제안하였다.
④ 1988년 7・7 선언(민족의 자존과 통일 번영을 위한 특별선언, 1988)은 남북한 관계를 동반 관계, 나아가서는 함께 번영해야 할 민족 공동체 관계로 규정하였다.

40 남북한이 유엔에 동시 가입(1991)한 것은 노태우 정부 때이다.

② 노태우 정부 때 남북 기본 합의서(1991)에 의거하여 남북한은 상호 화해와 불가침을 선언하고 교류와 협력을 하였다. 또한 한반도의 비핵화에 관한 공동 선언을 채택하였다(1991. 12. 31.).
③ 김대중 정부(1998~2003) 시기의 6・15 남북 공동 선언(2000)은 분단 이후 처음으로 남북 정상이 평양에서 만나 합의한 것으로, 이 선언에서 남과 북은 경제 협력을 통해 민족의 신뢰를 구축하기로 합의하였다.
④ 노무현 대통령은 2007년 10월 평양을 방문하여 제2차 남북 정상회담을 진행하였고 남과 북은 10・4 남북 공동 선언(평화 번영을 위한 선언)에 합의하였다.

정답 39 ② 40 ①

출제유형 완벽파악

국사

2022년 기출복원문제

▶ 온라인(www.sdedu.co.kr)을 통해 기출문제 무료 강의를 만나 보세요.

01 다음 설명에 해당하는 시기의 유물은 무엇인가?

- 동굴, 막사에서 생활을 했다.
- 이동생활을 했다.
- 가족 단위의 무리생활을 하였다.

① 고인돌
② 세형 동검
③ 주먹도끼
④ 비파형 동검

01 구석기인들은 대체로 먹이를 찾아 이동생활을 하며 지냈으며 동굴이나 바위 그늘에서 생활하였는데, 후기에 이르러서는 담 자리 및 불 땐 자리가 발견되면서 강가의 막집에서 거주하였음을 알 수 있다.
구석기 시대에는 주먹도끼, 찍개, 팔매돌, 긁개, 밀개, 슴베찌르개 등의 뗀석기와 뼈도구를 사용하였다.

02 다음 설명에 해당하는 인물은 누구인가?

- 한강 유역을 장악하였다.
- 대가야를 정벌하여 낙동강 유역을 확보하였다.
- 청소년 조직인 화랑도를 국가적인 조직으로 개편하였다.

① 내물왕
② 지증왕
③ 진흥왕
④ 법흥왕

02 신라 진흥왕은 고구려 지배하에 있었던 한강 유역을 장악하였고 북한산 순수비(555)를 세웠으며, 남으로는 고령의 대가야를 정복해 낙동강 서쪽을 장악하는 등 영토를 확장하였다(562). 또한, 국가 발전을 위한 인재를 양성하기 위하여 청소년 집단이었던 화랑도를 국가적인 조직으로 개편하였다.

정답 01 ③ 02 ③

03 다음 괄호 안에 들어갈 내용은 무엇인가?

- 고구려 : 감옥(뇌옥)이 없고, 범죄자가 있으면 제가들이 모여서 논의하여 사형에 처하고 처자는 몰수하여 노비로 삼는다.
- 백제 : (　　)
- 신라 : 큰 일이 있을 때에는 반드시 중의를 따른다. 이를 화백이라 부른다. 한 사람이라도 반대하면 통과하지 못하였다.

① 골품제
② 정사암회의
③ 서옥제
④ 세속 5계

03 제시문은 삼국의 귀족회의를 설명하고 있다. 고구려의 제가회의, 백제의 정사암회의, 신라의 화백회의는 귀족들의 회의로 국가 중대사를 결정하였다.

04 괄호 안에 들어갈 나라에 대한 설명으로 옳은 것은?

- 교사 : 3세기경 여러 소국 중에서 경남 김해 지역을 기반으로 발전하였어요.
- 학생 : (　　)

① 해당 지역의 국가는 상평통보를 사용했다.
② 빈민을 구제하기 위해 진대법을 실시하였다.
③ 지방을 통제하기 위해 22담로를 설치하였다.
④ 철이 많이 생산되어 왜 등에 수출하였다.

04 제시문은 금관가야의 시작 지역인 김해와 관련된 설명이다. 3세기경 김해의 금관가야가 연맹국가로 발전하면서 6가야 연맹체가 성립되었다. 금관가야는 제철 기술이 뛰어났으며, 낙랑과 왜의 규수 지방을 연결하는 해상 중계 무역이 번성하였다.

정답 03 ② 04 ④

05 신라 촌락문서에 대한 설명으로 옳은 것은?

① 촌락의 촌주는 촌주위답을 받았다.
② 동원경의 4개 촌의 장적(帳籍) 문서였다.
③ 중앙에서 파견된 촌주가 변동사항을 조사하여 3년마다 작성하였다.
④ 인구는 남녀 모두 연령에 따라 12등급으로 나누어 파악하였다.

05 신라 민정문서는 1933년 일본 도다이사(東大寺) 쇼소인(正倉院)에서 발견된 통일신라의 장적이다.
① 민정문서에 기록된 촌주위답(村主位畓)은 국가의 역을 수행한 대가로 촌주에게 지급한 토지였다.
② 민정문서는 서원경(청주)의 4개 촌의 장적(帳籍) 문서로, 신라장적 또는 신라 촌락문서라고도 한다.
③ 지역 토착세력인 촌주가 매년 변동 사항을 조사하였고, 3년마다 작성하였다. 촌주는 중앙에서 파견된 관리가 아니다.
④ 사람의 다소에 따라 9등급, 연령과 성별에 따라 6등급으로 구분하였다.

06 다음 설명에 해당하는 인물은 누구인가?

- 신라의 6두품 출신이다.
- 빈공과에 급제하였고 당나라에서 활동하였다.
- 당에서 귀국하여 진성여왕에게 시무책 10여 조를 올렸다.

① 설총
② 최치원
③ 원효
④ 장보고

06 제시문은 신라 말 6두품 출신의 최치원을 설명하고 있다. 통일 이후 신라와 당의 문화 교류가 활발해지면서 도당 유학생들의 활동이 활발하였는데, 그중 최치원은 빈공과에 급제하여 활동하였으며 계원필경을 저술하였다. 최치원은 당에서 신라로 귀국한 후 진성여왕에게 유교 정치 이념과 과거 제도 등의 내용이 담긴 시무 10조를 건의하였으나, 진골 귀족들의 반대로 시행되지 못하였다(894).

정답 05 ① 06 ②

07 괄호 안에 들어갈 나라에 대한 설명으로 맞는 것은?

> 고려가 발해사를 편찬하지 않은 것을 보면 고려가 국세를 떨치지 못했음을 알 수 있다. … 그러나 부여씨와 고씨가 망한 다음에 김씨의 신라가 남에 있었고, 대씨의 (　　)이 (가) 북에 있었으니 이것이 남북국이다. 마땅히 남북사가 있어야 할 터인데, 고려가 편찬하지 않은 것은 잘못이다.

① 전국을 9주로 나누고 5개의 소경을 두었다.
② 왜의 왕에게 칠지도를 하사하였다.
③ 일부 주민을 북방으로 이주시켜 압록강과 두만강 이남 지역을 개발하였다.
④ 해동성국이라 불릴 정도로 강성한 나라였다.

07 제시문은 『발해고』(1784)의 일부이다. 18세기 실학자 유득공은 『발해고』에서 최초로 남북국 시대를 주장하며 민족의 자주성을 높였다.
발해 선왕 때 중국인들은 발해를 보며 해동성국이라고 칭송하기도 하였다.

08 다음 내용에서 설명하고 있는 인물은 누구인가?

> 898년에는 송악으로 도읍을 옮겼고, 901년에는 국호를 고려(高麗)라고 칭하고 자신을 왕으로 부르게 하였다. 이어 904년에 국호를 마진(摩震)으로 바꾸고 연호를 처음으로 제정하여 무태(武泰)라고 하였다. 905년에는 도읍을 다시 철원으로 옮기고 연호를 성책(聖册)이라 고쳤으며, 911년에는 다시 연호를 고쳐 수덕만세(水德萬歲)라고 하고 국호를 태봉(泰封)으로 변경하였다.
>
> – 『삼국사기』

① 왕건
② 도선
③ 궁예
④ 견훤

08 제시문은 『삼국사기』의 일부로, 궁예에 대한 설명이다. 궁예는 신라 왕족의 후예로서 북원(원주)의 도적 집단 양길의 수하로 있다가 독립하여 송악(개성)에 도읍을 정하고 후고구려를 건국하였다(901). 후고구려는 국호를 마진으로 바꾸었다가 다시 태봉(泰封)으로 바꾸었고, 연호는 무태(武泰)로 하였다.

정답 07 ④ 08 ③

09 다음 정책을 시행한 태조 왕건의 또 다른 정책으로 옳은 것은?

- 제1발표 삼국 및 발해 유민까지도 수용하였다.
- 제2발표 정계와 계백료서, 훈요 10조 등을 남겼다.
- 제3발표 여러 호족과 혼인 및 왕씨 성을 하사하였다.

① 과전법
② 사심관 제도
③ 과거제
④ 12목

09 태조는 개국 공신과 지방 호족을 관리로 등용하였고, 역분전을 지급하여 경제적 기반도 마련해 주었다. 또한, 지방의 유력한 호족과는 혼인을 통하여 관계를 다졌고, 지방 호족의 자치권도 인정하는 등 왕권강화를 꾀하였다. 고려 태조 왕건은 항복한 신라의 마지막 왕인 경순왕을 경주의 사심관으로 삼고 그 지방의 자치를 감독하게 하였다(935).

10 다음 설명과 관련된 인물의 정책은 무엇인가?

- 쌍기의 건의를 수용하여 유교 경전 시험을 통해 문반관리를 선발하는 과거제를 시행하였다.
- 호족의 수탈을 방지하고 국가의 재정을 확보하기 위하여 주현공부법을 시행하였다.
- 개경을 황도, 서경을 서도로 칭하는 등 자주적 위상을 높였다.

① 훈요 10조
② 평양 천도
③ 노비안검법
④ 쌍성총관부

10 고려 광종은 공신의 자제를 우선적으로 등용하던 종래의 관리 등용 제도를 억제하고 새로운 관리 선발을 위해 과거제도를 시행하였다. 또한, 주현 단위로 공물과 부역을 책정・징수하는 주현공부법을 시행하여 국가의 수입 기반을 확대하였으며, 왕실의 권위를 높이기 위하여 황제의 칭호 및 광덕・준풍과 같은 독자적인 연호도 사용하였고, 개경을 황도, 서경을 서도로 칭하는 등 자주적 위상을 높였다. 고려 광종은 노비안검법을 시행하여 호족 세력을 약화시켰고, 국가 재정을 확충하였다(956).

정답 09 ② 10 ③

11 다음 설명에 해당하는 것은 무엇인가?

> • 유네스코 세계기록유산이다.
> • 현존하는 세계 최고(最古)의 금속 활자본으로 공인받고 있다.
> • 청주 흥덕사에서 간행되었다.

① 직지심체요절
② 동의보감
③ 훈민정음
④ 팔만대장경

11 해당 제시문은 직지심체요절에 대한 설명이다. 직지심체요절은 백운 경한 스님이 공민왕 때(1372) 저술한 '직지심체(直指心體)'를 우왕 때(1377) 청주 흥덕사에서 금속활자로 간행한 2권의 도서이다. 1887년 프랑스 대리공사인 '콜랭 드 플랑시'가 프랑스로 가져간 뒤 골동품 수집가에게 넘겼다. 현재 프랑스 파리 국립도서관에서 보관하고 있다. 직지심체요절은 2001년 세계기록유산으로 지정되었다.

12 다음 사건이 일어난 이후의 일이 아닌 것은?

> 내시지후(內侍祗候) 김찬(金粲), 내시녹사(內侍錄事) 안보린(安甫鱗)은 동지추밀원사(同知樞密院事) 지녹연(智祿延)과 함께 이자겸을 제거하려고 하였다. 이들은 이자겸 일파를 제거할 뜻을 왕에게 보고하였다. 왕은 중대한 일이므로 김찬을 평장사 이수(李需), 전평장사(前平章事) 김인존(金仁存)에게 보내어 그 계획을 문의하게 하였다. 이자겸의 재종형이기도 한 이수와 김인존은 원칙에 있어서는 동조했으나 신중론을 폈다. 이러한 자중론에도 불구하고 왕은 김찬 등의 의견에 쏠렸다. 지녹연 등은 최탁(崔卓)·오탁(吳卓)·권수(權秀) 등 장군들과 의논해 군사를 이끌고 궁궐로 들어가 먼저 척준경의 아우 병부상서 척준신(拓俊臣)과 아들 내시 척순(拓純) 등을 죽여 시체를 궁성 밖으로 내던졌다.
>
> – 「고려사」

① 무신 차별과 군인전 미지급으로 무신 정변이 발생하였다.
② 관리에게 토지를 지급하는 전시과 제도를 시행하였다.
③ 묘청이 서경 천도 운동을 전개하였다.
④ 처인성에서 김윤후가 적장 살리타를 사살하였다.

12 제시문은 '이자겸의 난(1126)'에 대한 내용이다. 대표적인 문벌 귀족이었던 이자겸은 금에 타협적인 모습을 보였고, 이에 이자겸의 반대 세력들이 왕을 중심으로 결집하였다. 이자겸은 반대파를 제거하고 척준경과 난을 일으켜 권력을 장악하려 하였으나, 이자겸이 척준경에 의하여 몰려나게 되고 척준경도 탄핵을 받아 축출됨으로써 이자겸의 세력은 몰락하게 되었다.

② 고려 경종은 인품과 관품을 고려하여 지급한 시정전시과를 시행하였다(976).
① 의종의 실정으로 인하여 이의방과 정중부는 정변을 일으켜 정권을 장악하였다(1170, 무신 정변).
③ 묘청은 고려가 윤관이 쌓은 9성의 반환 이후 금의 군신 관계 요구를 수락(1125, 이자겸)하는 등 집권세력이 보수화되자 칭제건원과 금국정벌론을 내세워 서경천도 운동을 일으켰다(1135).
④ 1232년 몽골군이 고려에 침입하였는데 김윤후가 처인성(용인)에서 몽골 장수 살리타를 사살하여 퇴각하게 하였다.

정답 11 ① 12 ②

13 다음 내용과 관련이 깊은 인물의 활동은?

> • 고려의 승려이며 보조국사로 불렸다.
> • 선종을 중심으로 교종을 포용하여 교와 선의 대립을 극복하고자 하였다.
> • 수행방법으로 정혜쌍수를 제시하였다.

① 이론의 연마와 실천을 아울러 강조하는 교관겸수를 제창하였다.
② 화엄 사상을 바탕으로 교단을 형성하여 많은 제자를 양성하였다.
③ 일심 사상을 바탕으로 불교 종파들의 사상적 대립을 조화시키고자 하였다.
④ 수선사 결사를 통해 불교계를 개혁하고자 하였다.

13 제시문은 지눌에 대한 설명이다. 지눌은 송광사를 중심으로 승려 본연의 자세로 돌아가 독경과 선 수행, 노동에 고루 힘쓰자는 개혁 운동인 수선사 결사를 제창하였다.

14 괄호 안에 들어갈 설명으로 알맞은 것은?

〈조선의 정치 기구〉

기구	담당업무
사간원	(　　　　　　　　　　　　)
홍문관	조정의 문서 관리 및 처리와 더불어 국왕의 각종 자문에 응하는 업무를 맡았던 중앙 관서
사헌부	언론 활동, 풍속 교정, 백관에 대한 규찰과 탄핵 등을 관장하던 관청

① 화폐와 곡식의 출납을 담당하였던 관청
② 임금에게 간언하고, 정사의 잘못을 논박하는 직무를 관장하던 관청
③ 국왕 직속 기구로 국가 중범죄를 담당하였던 사법기관
④ 수도 한성의 행정과 치안을 담당하였던 관청

14 제시된 자료는 조선의 삼사를 나타내고 있다. 삼사는 사간원, 사헌부, 홍문관으로 언론기관이었으며, 서경·간쟁·봉박권을 행사하였고, 왕이라도 함부로 막을 수 없는 왕권 견제의 역할을 하였다.
사간원은 왕의 잘못을 논하는 간쟁과 논박을 하며 정사를 비판하는 업무를 담당하였다.

정답 13 ④ 14 ②

15 **다음 내용과 가장 관련이 깊은 것은?**

> 경기는 사방의 근본이니 마땅히 과전을 설치하여 사대부를 우대한다. 무릇 경성에 거주하여 왕실을 시위(侍衛)하는 자는 직위의 고하에 따라 과전을 받는다. 토지를 받은 자가 죽은 후, 그의 아내가 자식이 있고 수신하는 자는 남편의 과전을 모두 물려받고, 자식이 없이 수신하는 자의 경우는 반을 물려받는다. 부모가 모두 사망하고 그 자손이 유약한 자는 휼양전으로 아버지의 과전을 전부 물려받고, 20세가 되면 본인의 과에 따라 받는다.
>
> – 「고려사」

① 직전법
② 과전법
③ 균역법
④ 진대법

15 해당 제시문은 과전법에 대한 설명이다. 고려 말 이성계는 위화도 회군으로 권력을 장악한 후 신진 사대부의 경제적 기반을 마련하고, 국가의 재정 기반을 확보하며 권문세족의 경제적 기반을 무너뜨리기 위해 과전법을 시행하였다.
과전은 전·현직 관리에게 관등에 따라 경기 지역의 토지에 한하여 수조권을 지급하였고, 원칙적으로 받은 사람이 죽거나 반역을 하면 국가에 반환하도록 정해져 있었다. 그러나 예외적으로 수신전, 휼양전, 공신전 등 세습이 가능한 토지도 존재하였다.

16 **다음 설명에 해당하는 문화재는 무엇인가?**

> • 유네스코 세계문화유산이다.
> • 조선 시대 역대 왕과 왕비 및 추존된 왕과 왕비의 신주를 모신 유교사당이다.
> • 의례와 음악과 무용이 잘 조화된 전통의식과 행사가 이어지고 있다.

① 사직
② 선농단
③ 종묘
④ 문묘

16 제시문에 나타난 문화재는 종묘이다. 종묘는 조선 왕조 역대 왕과 왕비 및 추존(追尊)된 왕과 왕비의 신주(神主)를 모신 유교사당으로서, 가장 정제되고 장엄한 건축물 중 하나이다. 종묘는 사적 제125호로 지정·보존되고 있으며, 1995년 12월 유네스코 세계유산으로 등록되었다.

정답 15 ② 16 ③

17 다음과 같은 사건이 발생하게 된 배경이 아닌 것은?

> 남곤은 나뭇잎의 감즙(甘汁)을 갉아 먹는 벌레를 잡아 모으고 꿀로 나뭇잎에다 '주초위왕(走肖爲王)' 네 글자를 쓰고서 벌레를 놓아 갉아 먹게 하였다. … (중략) … 그는 왕에게 이 글자가 새겨진 나뭇잎을 바치게 하여 문사(文士)들을 제거하려는 화(禍)를 꾸몄다.

① 경연과 언관의 활동을 강화하였다.
② 공신들의 위훈 삭제를 추진하였다.
③ 현량과를 통하여 사림세력이 중앙으로 진출하였다.
④ 공론 수렴을 위한 붕당정치를 활성화하였다.

17 제시문은 기묘사화(1519, 중종)와 관련이 있다. 중종은 당시 명망이 높았던 조광조를 중용하여 훈구세력을 견제하려 하였는데, 조광조는 현량과를 통하여 사림을 대거 등용하였다. 사림은 3사의 언관직을 차지하고 자신들의 의견을 공론이라 표방하면서 급진적 개혁을 추진해 나가고자 하였지만, 훈구 공신들의 반발로 말미암아 조광조를 비롯한 사림 세력은 대부분 제거되었다.
④ 붕당정치는 선조 이후 사림들의 집권으로 출현하게 되는 정치형태이다.
①·③ 조광조는 중종 때 중용된 사림파로, 왕도 정치의 실현을 위해 경연과 언론 기능의 강화, 현량과 실시, 성리학 이외의 사상과 학문 배척 등 개혁을 추진하였다.
② 위훈 삭제 문제로 인한 공신들의 반발로 조광조를 비롯한 대부분의 사림세력은 정계에서 밀려나게 되었다.

18 다음 내용과 관련이 깊은 것은 무엇인가?

> 그(허생)는 안성의 한 주막에 자리 잡고서 밤, 대추, 감, 배, 귤 등의 과일을 모두 사들였다. 허생이 과일을 도거리로 사두자, 온 나라가 잔치나 제사를 치르지 못할 지경에 이르렀다. 따라서 과일 값은 크게 폭등하였다. 허생은 이에 10배의 값으로 과일을 되팔았다. 이어서 허생은 그 돈으로 곧 칼, 호미, 삼베, 명주 등을 사 가지고 제주도로 들어가서 말총을 모두 사들였다. 말총은 망건의 재료였다. 얼마 되지 않아 망건 값이 10배나 올랐다. 이렇게 하여 허생은 50만 냥에 이르는 큰돈을 벌었다.

① 광작
② 덕대
③ 도고
④ 전황

18 허생전은 조선 후기에 발생한 한문소설로, 양반 사회를 비판하였다.
③ 방납의 폐단을 방지하기 위한 제도로 대동법이 시행되었는데, 대동법의 시행 이후 상품 수요가 증가하여 상품 화폐 경제가 발달하였고, 공인 및 도고가 성장하게 되었다. 도고는 독점적 도매상인으로, 전국을 대상으로 하였고 조선 후기에는 사회문제를 일으키기도 하였다.

정답 17 ④ 18 ③

19 다음 괄호 안에 공통으로 들어갈 말로 옳은 것은?

> 남경(南京)에서 일본으로 들어와 일본의 육지와 여러 섬들에 많이 있다는데, 그중에서도 대마도가 더욱 많다. 조엄은 조선통신사 정사로 일본에 가서 (　　)을(를) 보았다. 식량으로 혹은 구황작물로 안성맞춤이라고 생각했다. 두 차례 (　　) 종자를 동래 일대로 보낸다. 1763년 일본에 도착한 후 바로 보낸 것은 재배에 실패했다. 다행히 이듬해 귀국 길에 보낸 종자는 재배에 성공한다.
>
> – 「해사일기」

① 고구마
② 당근
③ 마
④ 감자

20 조선 후기 가족제도 변화에 대한 설명으로 옳지 않은 것은?

① 재산 상속에서 큰아들이 우대받았다.
② 혼인 후에 곧바로 남자 집에서 생활하는 경우가 보편화되었다.
③ 사위와 외손자에게도 음서의 혜택이 주어졌다.
④ 대를 잇기 위해 양자를 들이는 일이 일반화되었다.

19 「해사일기」는 조선통신사였던 조엄의 일기로 대마도(쓰시마)에서 본 고구마를 설명하고 있다. 당시에는 고구마를 감저, 효자마, 고귀마 등으로 표현하였다. 조선 후기인 18세기 영조 때 일본에서 구황작물인 고구마가 유입되었고, 국내에서 재배되기 시작하였다.

20 조선 후기에는 부계 중심의 가족제도가 더욱 강화되었다. 고려 시대는 사위가 처가의 호적에 입적하여 처가에서 생활하는 경우가 적지 않았으며, 사위와 외손자에게까지 음서의 혜택이 있었고, 공을 세운 사람의 부모는 물론, 장인과 장모도 함께 상을 받았다.

정답 19 ① 20 ③

21 다음 설명에 해당하는 제도는 무엇인가?

- 군역의 부담을 줄이기 위해 영조 때 설치하였다.
- 백성에 거두는 군포를 2필에서 1필로 줄였다.
- 부족한 재정을 보충하기 위해 선무군관포를 징수하였다.

① 대동법
② 직전법
③ 균역법
④ 호패법

21 제시문은 균역법을 나타내고 있다. 양난 이후 지방의 감영이나 병영까지도 독자적으로 군포를 징수하면서 장정 한 명에게 이중 삼중으로 군포를 부담시키는 경우가 많았다. 균역법은 과중한 군역의 부담을 시정하고자 영조 때 시행된 것으로, 농민은 1년에 군포 1필만 부담하게 되었다(1750). 균역법의 시행으로 감소된 재정은 지주에게 결작이라고 하여 토지 1결당 미곡 2두를 부담시키고, 선무군관포 및 어장세, 선박세 등 잡세 수입으로 보충하게 하였다.

22 다음 내용과 관련 깊은 인물의 활동으로 옳은 것은?

1여의 토지는 1여의 사람들로 하여금 공동으로 경작하게 하고, 내 땅 네 땅의 구분 없이 오직 여장의 명령만을 따른다. 매 사람마다의 노동량은 매일 여장이 장부에 기록한다. 가을이 되면 무릇 오곡의 수확물을 모두 여장의 집으로 보내어 그 식량을 분배한다. 먼저 국가에 바치는 공세를 제하고, 다음으로 여장의 녹봉을 제하며, 그 나머지를 날마다 일한 것을 기록한 장부에 의거하여 여민들에게 분배한다.

① 영남만인소를 올렸다.
② 양명학을 체계화하였다.
③ 사상의학을 확립하였다.
④ 『목민심서』를 저술하였다.

22 제시문은 정약용의 여전론이다. 정약용은 토지 개혁으로 균전론과 한전론을 모두 반대하며 여전론을 주장하였고, 후에 정전제를 현실에 맞게 실시할 것을 주장하였다. 여전론은 마을 단위의 공동 농장제도로서, 마을의 토지를 공동 소유·공동 경작하고, 수확량에 따라 분배하자는 것이다. 다시 말해 여전론은 여(閭)라는 공동구역을 설정하고, 그 안에서 여장의 지휘 아래 공동생산을 하고 수확량은 각자의 노동량만큼 가져가게 한다는 이론이다.
정약용은 지방관(목민)의 정치적 도리를 내용으로 하는 『목민심서』를 저술하였다.

정답 21 ③ 22 ④

23 다음 중 조선 후기 천주교와 그 관련 사건에 대한 설명으로 옳지 않은 것은?

① 서양 선교사들이 오기 전에 이미 천주교가 퍼졌다.
② 어머니 제사 신주를 없앤 윤지충을 사형에 처했다.
③ 안정복은 천주교를 비판하는 「천학문답」을 저술하였다.
④ 노론 벽파를 숙청하는 과정에서 대규모로 천주교도를 탄압했다.

23 신유박해(1801)는 순조가 즉위하고 집권한 노론 벽파 세력이 남인 시파를 탄압하기 위하여 천주교 신자를 박해한 사건이었다.

24 다음 (가)와 (나) 사이에 발생한 사건은?

> (가) 효종이 죽자 인조의 계비인 자의대비의 복제 문제로 송시열 등 서인과 허목 등 남인 간에 예송이 발생하였다.
> (나) 경종이 재위 4년 만에 죽고, 세제인 연잉군이 뒤를 이어 즉위하였다. 그는 자신을 인정하지 않는 소론을 제거하고 노론을 복귀시켰다.

① 탕평비를 건립하였다.
② 무오사화가 발생하였다.
③ 사림이 동인과 서인으로 분당되었다.
④ 서인과 남인의 대립으로 환국이 일어났다.

24 (가)는 1차 예송논쟁(1659, 기해예송)에 대한 설명이다. 현종 때 효종이 승하하자 인조의 계비인 자의대비가 적장자에 준하는 상복을 입을 것인지를 둘러싸고 벌어졌던 논쟁이다. 남인은 3년, 서인은 1년을 주장하였다.
(나)는 영조의 즉위(1725)에 대한 설명이다. 영조는 자신을 지지하는 노론세력과 함께 정국을 이끌어갔다.
④ 숙종 때의 편당적인 인사 관리로 인해 환국이 발생하였고, 이후 노론과 소론이 정국을 주도하였다.

정답 23 ④ 24 ④

25 다음 괄호 안에 들어갈 역사적 사실로 가장 적절한 것은?

> 을미사변 발발 → (　　) → 을사조약 강제 체결

① 독립협회 창립
② 정미7조약 체결
③ 신민회 조직
④ 13도 연합 의병이 결성되어 서울진격작전 시도

25 • 을미사변(1895) : 1895년 삼국간섭으로 조선에서는 친러 세력이 급증하였고, 일본은 친러파를 제거하고 친일 내각을 수립하고자 명성황후를 살해하였다.
• 을사늑약(1905. 11.) : 일본은 강력한 식민지화 정책을 추진하기 위하여 이토 히로부미(1906, 초대통감)는 군대로 궁궐을 포위하고 통감 통치를 강요하는 을사늑약의 체결을 강요하였다. 대한제국은 외교권을 박탈당하였고, 일본은 통감부를 설치하여 대한제국의 외교뿐만 아니라 내정까지도 간섭하였다.
① 아관파천 이후 열강의 이권 침탈이 심화되자 국민의 힘으로 자주 독립 국가를 건설하기 위하여 서재필, 윤치호, 이상재, 남궁억 등 개혁적 정부 관료와 다양한 계층이 참여하여 독립협회를 창립하였다(1896. 7.).

26 다음 중 갑신정변에 대한 설명으로 옳지 않은 것은?

① 농민층의 적극적인 지지를 받았다.
② 우정총국 개국 축하연을 계기로 단행되었다.
③ 일본군을 끌어들여 신정권 수립을 시도하였다.
④ 고종을 장악한 뒤 민씨 척족 세력을 살해하였다.

26 삼일천하로 끝난 갑신정변은 지배층을 중심으로 추진된 위로부터의 개혁이었으므로, 백성들이 원하는 토지 제도의 개혁을 외면하였다. 따라서 일반 백성의 지지를 받지 못했고, 결국 지지기반이 약했던 개화당은 청의 무력간섭 등으로 실패하게 되었다.

정답 25 ① 26 ①

27 **다음 괄호 안에 들어갈 내용으로 옳은 것은?**

〈동학 농민 운동 전개 과정〉
1894년 3월 전봉준 등의 주도로 무장지역에서 봉기
→ 1894년 5월 전주화약 체결
→ (   )
→ 1894년 11월 우금치 전투

① 황룡촌 전투에서 농민군이 승리하였다.
② 삼례에서 교조신원운동을 전개하였다.
③ 집강소를 설치하여 폐정개혁안을 추진하였다.
④ 조병갑의 학정에 분노하여 고부 관아를 습격하였다.

27 동학 농민 운동의 전개 과정을 나타낸 것으로, 전주화약과 우금치 전투 사이에 있었던 사건을 찾아내는 문제이다.
③ 동학농민군이 전주성을 점령한 뒤 정부와 전주화약을 체결하였다. 이후 폐정개혁안을 실천하기 위하여 전라도 지방 각 고을에 동학농민군의 자치 기구인 집강소를 설치하였다(1894. 5.).
① 동학농민군은 고부와 태인에서 봉기하여 황룡촌에서 관군을 격파하였다(1894. 4.).
② 동학의 교세가 확장되자 동학교도들은 삼례와 보은 등지에서 대중 대회를 열고, 최제우의 명예회복을 위한 교조신원운동을 전개하였는데, 정부의 동학 탄압을 중지할 것을 요구하며 동학을 공인받고자 한 것이었다(1892~1893).
④ 1892년 이후 고부군수 조병갑이 파견된 직후 백성을 동원하여 만석보를 쌓게 하고 수세를 강제로 징수하는 등 횡포를 일삼았다. 이에 항거하여 전봉준이 1천여 명의 농민군을 이끌고 봉기하여 관아를 습격해 군수를 내쫓고 아전들을 징벌한 뒤 곡식을 농민들에게 나눠 주었다(1894. 1.).

28 **다음 내용에 대한 설명으로 옳은 것은?**

지금 우리들은 정신을 새로이 하고 충의를 떨칠 때이니, 국채 1,300만 원은 우리나라의 존망에 직결된 것이다. 이것을 갚으면 나라가 보존되고 갚지 못하면 나라가 망함은 필연적인 사실이나, 지금 국고에서는 도저히 갚을 능력이 없으며 만일 나라가 못 갚는다면 그때는 이미 3,000리 강토는 내 나라 내 민족의 소유가 못 될 것이다.

① 일제의 조직적 방해로 실패하였다.
② 일제는 이를 명분으로 화폐정리사업을 실시하였다.
③ 만민공동회와 같은 대규모 집회에서 열렬한 호응을 받았다.
④ 시전상인들은 황국중앙총상회를 조직하여 외국 상인의 상권 침탈을 저지하고자 하였다.

28 제시문은 국채 보상 운동에 대한 설명이다. 서상돈, 김광제 등이 대구에서 시작한 국채 보상 운동(1907)은 전국으로 확산되었다.
국채보상기성회의 간사인 양기탁에게 국채 보상 모금액을 횡령하였다는 누명을 씌워 구속하는 등 통감부와 일진회의 간교한 방해로 탄압이 있었고, 1908년에는 일제가 2,000만 원의 차관을 강제로 공급하여 국채 보상 운동은 결국 좌절되고 말았다.

정답 27 ③ 28 ①

29 다음 법령에 대한 설명으로 옳은 것은?

> 제1조 회사의 설립은 조선총독의 허가를 받아야 한다.
> 제5조 회사가 본령(本令) 혹은 본령에 의거해 발표되는 명령이나 허가의 조건에 위반하거나 또는 공공의 질서, 선량한 풍속에 반하는 행위를 하였을 때에는 조선총독은 사업의 정지・금지, 지점의 폐쇄 또는 회사의 해산을 명할 수 있다.

① 조선인 소유의 은행을 강제 합병하였다.
② 일본의 부족한 쌀을 조선에서 반출하였다.
③ 조선인의 기업 설립과 민족자본 성장을 억제하였다.
④ 한반도에서 전쟁에 필요한 인적・물적 자원을 수탈하였다.

29 제시문은 일제가 1910년 제정하고 시행한 회사령의 내용이다. 일제는 한국인의 회사 설립을 억제하고 민족자본의 성장을 저지하기 위하여 회사 설립 시 총독부의 허가를 받도록 하는 회사령을 공포하였다(1910~1920).

30 다음 괄호 안에 들어갈 내용으로 옳은 것은?

> 〈3・1 운동 조사 보고서〉
> • 원인 : 일제의 가혹한 식민 통치
> • 배경 : 윌슨의 민족자결주의
> • 결과 : 경성에서 시작하여 전국으로 확산
> • 영향 : (　　)

① 신민회 결성
② 대통령 직선제 개헌
③ 한・일 회담 반대 시위
④ 대한민국 임시정부 수립

30 우리 민족은 고종의 인산일을 기하여 1919년 3월 1일 평화적인 만세운동을 시작하였으나 일제는 무자비하게 탄압하였다. 일제는 3・1 운동에 대한 국제 여론이 악화되자 가혹한 식민 통치를 은폐하기 위하여 1910년대의 헌병무단통치를 기만적인 문화통치로 바꾸어 시행하였다.
1919년 3・1 운동 이후 독립운동의 구심점 역할을 수행할 지도부의 필요성을 절감하였기에 상하이에 대한민국 임시정부를 수립하였다.

정답 29 ③ 30 ④

31 **1920년대 일제가 자행한 정책으로 옳은 것은?**

① 공출제도
② 산미 증식 계획
③ 토지 조사 사업
④ 병참 기지화 정책

31 1920년대 일제가 시행한 산미 증식 계획은 1차 세계대전 후 일본 내 이촌향도 현상이 진행되면서 쌀값이 폭등하게 된 것을 기화로 한다. 즉, 부족한 식량을 한반도에서 착취하려 한 것이 산미 증식 계획이다. 산미 증식 계획으로 인한 수리 조합비, 품종 개량비, 비료 대금 등 증산 비용을 대부분 농민들이 부담하게 되어 농민들은 몰락하게 되었고, 쌀 수탈로 지주의 이익은 오히려 증대하여 식민지 지주제가 강화되었다.

32 **한인애국단에 대한 설명으로 옳지 않은 것은?**

① 김구가 결성하였다.
② 김책의 주도하에 북만주에서 관동군을 공격하였다.
③ 이봉창은 일왕의 행차에 폭탄을 투척하였다.
④ 윤봉길은 상하이 홍커우 공원에서 일제의 전승 축하 행사장에 폭탄을 투척하였다.

32 김책 주도로 북만주에서 관동군을 공격한 단체는 동북항일연군이다. 동북항일연군은 일제에 반대하는 사람은 사상이나 노선, 민족에 관계없이 단결하자는 주장에 따라 1936년 편성된 사회주의계 무장 부대이다.

정답 31 ② 32 ②

33 일제는 1938년 국가총동원령을 제정하여 전쟁 수행에 필요한 인적·물적 자원을 총동원하는 것은 물론 한민족의 생존과 문화까지 말살하려 하였고, 국민정신총동원조선연맹(1938)을 조직하여 총독부의 시책을 강요하였으며, 곧이어 국민총력조선연맹으로 개칭하여 국민총력운동을 강요하였다.

③ 일제는 1920년 지방제도를 개편하여 도평의회와 부·면 협의회를 설치하여 일부 한국인들을 의원으로 뽑게 하였으나, 실질적으로는 친일파만을 참여시켜 민족 분열을 야기하였다.

33 다음 중 국가총동원법과 관련이 적은 것은?

① 징병제 실시
② 학도지원병제 실시
③ 민족분열통치 실시
④ 일본군 위안부 강제 동원

34 제시문은 신채호의 「조선혁명선언」(1923)으로 의열단의 행동강령이다. 일제강점기 신채호는 주로 고대사 연구에 치중하여 『조선상고사』, 『조선사연구초』 등을 저술하며 주체적으로 한국사를 정리함으로써 민족주의 역사학의 기반을 확립하였다. 신채호는 「독사신론」을 연재하여 민족주의 사학의 발판을 마련하였다(1908).

34 다음 선언문을 작성한 인물의 저서로 옳은 것은?

> 민중은 우리 혁명의 대본영(大本營)이다. 폭력은 우리 혁명의 유일 무기이다. 우리는 민중 속에 가서 민중과 손을 잡고 끊임없는 폭력·암살·파괴·폭동으로써, 강도 일본의 통치를 타도하고 우리 생활에 불합리한 일체 제도를 개조하여 인류로써 인류를 압박치 못하며 사회로써 사회를 수탈하지 못하는 이상적 조선을 건설할지니라.

① 「독사신론」
② 「매천야록」
③ 「동국사략」
④ 「한국통사」

정답 33 ③ 34 ①

35 다음 설명과 관련 깊은 단체는 무엇인가?

> • 주요 인물 : 김원봉, 윤세주 등
> • 국내활동 : 나석주가 동양척식주식회사에 폭탄을 투척하였다.
> • 국외활동 : 김지섭이 일본 도쿄 궁성에 폭탄을 투척하였다.

① 신간회
② 의열단
③ 보안회
④ 한인애국단

35 제시문은 의열단에 대한 설명이다. 의열단은 김원봉이 만주 길림에서 비밀 결사로 조직하였다(1919). 이들은 조선총독부 · 경찰서 · 동양척식주식회사 등 식민지배기구의 파괴 및 조선총독부 고위관리와 친일파 처단을 목표로 1920년대 활발한 독립운동을 전개하였다.

36 반민족행위특별조사위원회의 대상이 아닌 인물은?

① 조봉암
② 최남선
③ 노덕술
④ 이광수

36 제헌국회는 일제 잔재의 청산을 위해 친일파를 처벌하기 위한 반민족행위처벌법을 공포하고, 반민족행위특별조사위원회를 구성하여 활동하였다. 하지만 이승만 정부의 비협조와 정부 및 경찰 요직에 자리 잡은 친일파의 방해로 인해 반민특위는 해체되었다(1949. 8. 31.).

① 조봉암은 1956년 진보당을 창당하여 정당 활동을 하다가 1958년 1월 국가보안법 위반으로 체포되어 대법원에서 사형선고를 받고 1959년에 처형되었다.

정답 35 ② 36 ①

37 1950년대에 대한 설명만 옳게 고른 것은?

> ㄱ. 전쟁으로 배우자를 잃은 여성들이 가장 많았다.
> ㄴ. 제2차 경제개발 5개년 계획을 추진하였다.
> ㄷ. 농지개혁법이 제정되었다.
> ㄹ. 휴전협정이 이루어졌다.

① ㄱ, ㄷ
② ㄱ, ㄹ
③ ㄴ, ㄷ
④ ㄷ, ㄹ

37 ㄱ. (○) 북한의 김일성은 비밀리에 소련을 방문하여 남침을 위한 소련과 중국의 지원을 약속받고 마침내 1950년 6월 25일 무력으로 불법적인 남침을 감행하였고, 당시 전쟁으로 배우자를 잃은 여성들이 많았다.
ㄹ. (○) 1953년 7월 27일 판문점에서 국제 연합군 총사령관 클라크와 북한군 최고 사령관 김일성, 중공 인민 지원군 사령관 펑더화이가 최종적으로 서명함으로써 휴전협정이 체결되었다.
ㄴ. (×) 제2차 경제개발 5개년 계획(1967~1971)은 경공업 중심의 수출 주도형 공업화 정책이다(박정희 정부).
ㄷ. (×) 농지개혁법은 경자유전의 원칙하에 농지를 농민에게 적절히 분배함으로써 농가 경제의 자립과 농업 생산력의 증진으로 농민 생활의 향상과 국민 경제의 발전을 위하여 1949년 제정되었다. 당시 지주들은 농지 개혁에 소극적인 입장이었다.

38 다음 중 박정희 정부 때의 사실이 아닌 것은?

① 베트남 파병
② 한일기본조약 체결
③ 통일주체국민회의
④ 국가보위비상대책위원회

38 전두환이 중심이 되었던 신군부 세력은 국가보위비상대책위원회(1980. 5. 31.)를 구성하여 입법・사법・행정 등 국가의 통치권을 장악하였다.

정답 37 ② 38 ④

39 **5·18 민주화 운동에 영향을 미친 것이 아닌 것은?**

① 박종철 고문치사사건
② 전국적 비상계엄령 선포
③ 언론, 출판 등의 사전 검열
④ 김대중, 문익환 등 주요 인사의 구속

39 1987년에는 박종철 고문치사사건이 발생하여 반정부 국민여론이 활성화되었고, 대통령 직선제 개헌을 요구하는 전국적인 민주화 운동이 시작되었다. 이에 대해 전두환 정부는 4·13 호헌 조치를 발표하였고, 야당과 재야의 연합 기구인 '민주 헌법 쟁취 국민운동본부'가 박종철 고문치사 규탄과 호헌 철폐를 위한 국민 대회를 전국 주요 도시에서 개최하였다. 이러한 시위는 범국민적 반독재 민주화 투쟁으로 발전하게 되었다(6월 민주 항쟁).

40 **다음 괄호 안에 들어갈 말로 옳은 것은?**

〈평화 통일 노력〉

- 1970년대 – 7·4 남북 공동 성명
- 1980년대 – 남북 이산가족 고향 방문단 및 예술 공연단의 교환 방문
- 1990년대 – (　　　　　)
- 2000년대 – 6·15 남북 공동 선언

① 10·4 남북 공동 선언
② 남북한 유엔 동시 가입
③ 남북 조절 위원회
④ 제1차 남북 적십자 회담

40 노태우 정부는 급격한 국제 정세 속에서 적극적인 북방외교 정책을 전개하여 남북 고위급 회담이 시작되었고(1990), 남북이 유엔에 동시 가입하였다(1991. 9.).

정답 39 ① 40 ②

출제유형 완벽파악

국사

2021년 기출복원문제

▶ 온라인(www.sdedu.co.kr)을 통해 기출문제 무료 강의를 만나 보세요.

01 고조선 멸망에 대한 설명으로 틀린 것은?

① 위만 시기에 멸망하였다.
② 고조선 멸망 후에 한사군을 설치하였다.
③ 한나라 군대에 맞서 약 1년 동안 항전하였다.
④ 한나라 팽창에 맞서 고조선은 여진과 연합하였다.

01 고조선이 존재하던 당시에는 '여진'이라는 명칭이 존재하지 않았고, 여진의 조상인 '숙신(肅愼)' 또는 '읍루(挹婁)'가 존재하였다.

02 다음 설명과 관련된 백제의 왕은?

- 재위기간에 안정적 왕권을 확립하기 위해 노력하였다.
- 주요지역에 담로를 두고 왕족을 파견해 지방 통제권을 강화하였다.
- 중국 남로의 양나라와 교류해 왕실의 권위를 높이고 선진 문물을 들여왔다.
- 중국 영향을 받아 벽돌무덤에 안장되었다.

① 성왕
② 무령왕
③ 동성왕
④ 개로왕

02 자료는 무령왕에 대한 설명이다. 백제의 무령왕은 지방에 대한 통제를 강화하기 위하여 지방에 22담로를 설치하여 왕족을 파견하는 등 통치체제를 정비하여 백제 중흥의 발판을 마련하였다(538).

정답 01 ④ 02 ②

03 삼국시대 문화에 대한 설명으로 틀린 것은?

① 연개소문은 도교 진흥 정책을 추진하였다.
② 장군총은 굴식돌방무덤 양식으로 만들어졌다.
③ 신라는 삼국 중 불교를 제일 늦게 수용하였다.
④ 백제의 박사들은 일본에 유교경전을 전해주었다.

03 고구려 장군총은 계단식 돌무지무덤의 양식으로 만들어졌다. 계단식 돌무지무덤은 돌을 계단식으로 7층까지 정밀하게 쌓아올린 형태의 무덤이다.

04 다음 자료와 관련 있는 나라로 묶인 것은?

- 1차 전쟁 - 홍수와 풍랑
- 2차 전쟁 - 100만 명 이상의 군사 동원
- 을지문덕이 살수 대첩에서 승리

① 고구려, 수
② 고구려, 백제
③ 고구려, 당
④ 고구려, 돌궐

04 자료는 7세기 고구려와 수나라의 관계를 나타낸 것이다.
중국을 재통일한 수가 동북쪽으로 세력을 점차 확대하자 고구려에서는 위기감이 고조되었고, 북쪽의 돌궐과 남쪽의 백제, 왜와 연결하는 연합세력을 구축하며 수를 견제하고자 하였다. 이에 수는 돌궐을 압박하여 세력을 약화시키고, 위기감이 높아진 고구려는 전략적 군사 요충지인 요서 지방을 선제공격하기에 이르렀다(598, 영양왕).
수나라 문제가 30만의 병력을 이끌고 침입(598)해왔으나 장마와 전염병 등 힘든 상황을 맞이하게 되었고, 고구려 군에게 대패하였다. 수의 문제에 이어 양제는 113만의 대군을 이끌고 침략하여 왔으나 을지문덕이 살수(청천강)에서 수나라에 대항하여 대승을 이끌었다(612, 살수 대첩).

05 통일신라 시대 대외교류에 대한 설명으로 틀린 것은?

① 사신을 통한 공무역 외에 사무역도 활발하였다.
② 아라비아 상인이 정기적으로 벽란도에 왕래하였다.
③ 장보고는 당, 일본과 국제 무역을 활발하게 하였다.
④ 당에 신라 상인과 승려의 거주지 및 사찰 등이 지어졌다.

05 벽란도는 고려의 국제 무역항으로 교통로와 산업의 중심지였다. 고려시대 아라비아 상인들이 벽란도를 통해 수은·향료·산호 등을 판매하였는데, 이때 고려(Corea)의 이름이 서방에 알려졌다.

정답 03 ② 04 ① 05 ②

06 통일신라 말기 선종에 대한 설명으로 틀린 것은?

① 9개의 사원인 산문(山門)을 성립하게 되었다.
② 지방 호족의 지원 속에 세력을 확대하였다.
③ 경전연구와 교단 조직을 중요하게 여겼다.
④ '불립문자(不立文字)' '견성오도(見省悟道)'를 주장하였다.

06 경전연구와 교단 조직을 중요하게 여겼던 불교는 교종에 가깝다. 삼국시대 수용한 교종 불교는 중앙 집권 체제의 확립과 지방 세력의 통합을 위하여 왕실이 중심이 되어 불교를 수용하였다.

07 다음 중 발해 건국에 대한 설명으로 틀린 것은?

① 고구려 계승의식이 있었다.
② 거란족과 연대해 건국하였다.
③ 대조영이 동모산에서 건국하였다.
④ 고구려 유민과 말갈족으로 이뤄졌다.

07 발해는 거란이 아닌 말갈을 복속하여 건국하였다. 발해는 10세기 초 거란의 침략으로 멸망하게 되었다.

08 후삼국시대 지방 세력과 관련 지역이 옳게 연결된 것은?

① 궁예 – 철원
② 왕건 – 강주
③ 견훤 – 송악
④ 기훤 – 완산

08 후고구려 궁예는 영토가 확장됨에 따라 도읍을 철원으로 옮기면서 국호를 마진으로 바꾸었다가 다시 태봉(泰封)으로 바꾸었고, 연호는 무태(武泰)로 하였다.

정답 06 ③ 07 ② 08 ①

09 **고려 태조의 정책에 대한 설명으로 틀린 것은?**

① 혼인정책을 통해 유력호족의 지지를 얻었다.
② 불법으로 노비가 된 사람을 양인으로 해방시켰다.
③ 평양을 서경으로 삼아 강력 북진정책을 추진하였다.
④ 조세제도를 합리적으로 조정해 세율을 10분의 1로 낮추었다.

09 광종은 왕권을 강화하기 위하여 후삼국 시대의 혼란기에 불법적으로 노비가 된 자를 조사하여 양인으로 해방시켜 주는 노비안검법을 시행하였다(956). 이로 인하여 호족 세력의 경제적・군사적 기반은 약화되었고 국가의 재정은 확대되었다.

10 **(가), (나)의 담판으로 나타난 직접적인 결과는?**

> • (가) : 고려는 신라의 땅에서 일어났는데도 우리가 소유하고 있는 고구려 땅을 침식하고 있으니 고려가 차지한 고구려의 옛 땅을 내 놓아라. 또한 고려는 우리나라와 땅을 연접하고 있으면서도 바다를 건어 송을 섬기고 있으니 송과 단교한 뒤 요와 통교하라.
> • (나) : 우리나라는 고구려하여 고려라 하고 평양에 도읍하였으니, …어찌 침식했다고 할 수 있느냐? 또한, 압록강 내외도 우리의 경내인데, 지금 여진족이 할거하여 그대 나라와 조빙을 통하지 못하고 있으니, 만약에 여진을 내쫓고 우리 땅을 되찾아 성보를 쌓고 도로가 통하면 조빙을 닦겠다.

① 9성 축조
② 천리장성 축조
③ 귀주 대첩
④ 강동 6주 확보

10 사료는 서희의 외교담판을 나타낸 것으로 (가)는 소손녕, (나)는 서희다. 거란의 소손녕은 송과의 교류를 끊을 것과 아울러 고려가 차지하고 있는 옛 고구려의 영토를 요구하며 80만 대군을 이끌고 고려를 침략해 온다(993, 거란 1차 침입). 이에 맞서 서희는 외교 담판으로 거란과 교류를 약속하고, 고려가 고구려의 후예임을 인정받음과 동시에 압록강 동쪽의 강동 6주를 획득하였다(994, 성종).

정답 09 ② 10 ④

11 다음 외교 정책을 시행한 사람은 누구인가?

- 성종 때 발생한 사건
- 소손녕이 80만 대군을 이끌고 고려 침입
- 소손녕과 담판하여 외교적 승리 거둠

① 서희
② 윤관
③ 최승로
④ 정약용

11 거란은 고구려의 옛 땅을 내놓을 것과 송과의 관계를 끊고 자신들과 교류할 것을 요구하며 침입해 왔다. 고려는 서희의 담판으로 강동 6주를 확보하게 되었다.

12 조선 시대 서얼과 관련한 설명으로 틀린 것은?

① 무과에 응시하여 등용되기도 하였다.
② 서얼은 아버지의 관직 높낮이나 어머니의 신분에 따라 재산상속권이 있었다.
③ 양반 첩에게서 태어난 서얼은 중서라고도 불리었으며, 이들은 중인 신분이었다.
④ 정조 때 박제가, 유득공 등이 규장각 검서관으로 참여하였다.

12 서얼은 양반의 자손 가운데 첩의 소생을 이르는 말로 아버지의 관직 높낮이나 어머니의 신분에 따라 제한된 범위에서 등용되기는 하였으나 재산상속권은 없었다.

13 다음 중 의병 항쟁으로 발전하지 않은 것은?

① 일제는 헤이그 특사 파견을 문제 삼아 고종 황제를 강제로 퇴위시켰다.
② 태양력을 사용하고 단발령을 반포하였다.
③ 일본 낭인들이 명성황후를 시해하였다.
④ 황성신문, 대한매일신보 등의 민족 언론 투쟁이 전개되었다.

13 민족 언론의 항일 투쟁은 직접적인 의병항쟁으로 전개되지는 않았지만 의병투쟁에 관련한 기사를 적극적으로 게재하였다.

정답 11 ① 12 ② 13 ④

14 동학농민군이 주장한 내용에 대한 설명으로 옳지 않은 것은?

① 청상과부의 재혼을 허가하지 않는다.
② 백정이 쓰는 평양갓을 없앤다.
③ 칠반천인의 대우를 개선한다.
④ 노비 문서를 소각한다.

14 동학농민운동 중 농민군이 요구한 폐정 개혁안 12개조의 주요 내용은 탐관오리의 숙청, 부패한 양반 토호의 징벌, 봉건적 신분 차별의 폐지, 농민 수탈의 구조적 원인인 각종 잡세의 폐지와 농민 부채의 혁파 등이었다. 동학농민군은 청상과부의 재혼을 허가할 것을 주장하였다.

15 다음 중 조선의 삼사 기관이 아닌 것은?

① 사헌부
② 의정부
③ 사간원
④ 홍문관

15 조선의 삼사는 사헌부, 사간원, 홍문관으로 서경·간쟁·봉박권을 행사하였으며 왕이라도 함부로 막을 수 없었던 언론기관이었다. 의정부는 조선의 국정 최고 관부로서 재상(3정승)들의 합의를 통해 정책을 결정·심의하는 기구로 국정을 총괄하였다.

16 다음의 사건을 순서대로 바르게 나열한 것은?

ㄱ. 강화도 조약 체결
ㄴ. 동학농민운동
ㄷ. 척화비 건립
ㄹ. 대한제국 선포

① ㄱ - ㄷ - ㄴ - ㄹ
② ㄱ - ㄷ - ㄹ - ㄴ
③ ㄷ - ㄱ - ㄴ - ㄹ
④ ㄷ - ㄱ - ㄹ - ㄴ

16 ㄷ. 척화비 건립(1871) → ㄱ. 강화도 조약 체결(1876) → ㄴ. 동학농민운동(1894) → ㄹ. 대한제국 선포(1897)

정답 14 ① 15 ② 16 ③

17 한국광복군(1940)은 총사령관인 지청천, 부대장인 이범석 등을 중심으로 신흥 무관학교 출신의 독립군과 중국 각지에서 활동하던 청년들, 일본군을 탈출한 학도병들까지 합류시켜 충칭에서 창설하였다(1940).

18 ㄴ. 5·16 군사정변(1961) → ㄹ. 베트남 파병(1964~1973) → ㄷ. 한일 국교 정상화(1965) → ㄱ. 3선 개헌 파동(1969)

19 자료는 1882년 체결한 조청상민수륙무역장정이다. 이 조약의 체결로 조선 내의 청과 일본의 상권 경쟁이 매우 치열하게 되었다.

② 조일수호조규 부록의 체결로 인해 일본 화폐가 국내에 유통되었다.
③ 1876년 조일통상장정에서는 일본의 수출입 상품에 대한 무관세, 양곡의 무제한 유출의 허용, 일본 상선의 무항세 등을 규정하였다.
④ 화폐정리사업 이후 일본은 제일은행권을 본위 화폐로 발행하였다.

정답 17 ④ 18 ④ 19 ①

17 다음 중 1940년대 창설된 독립군은?

① 조선혁명군
② 대한독립군
③ 조선의용대
④ 한국광복군

18 박정희 정부에서 일어난 사건을 순서대로 나열한 것은?

ㄱ. 3선 개헌 파동
ㄴ. 5·16 군사정변
ㄷ. 한일국교 정상화
ㄹ. 베트남 파병

① ㄱ - ㄷ - ㄹ - ㄴ
② ㄱ - ㄹ - ㄴ - ㄷ
③ ㄴ - ㄱ - ㄷ - ㄹ
④ ㄴ - ㄹ - ㄷ - ㄱ

19 (가) 조약이 조선의 경제 상황에 끼친 영향으로 옳은 것은?

조선은 (가)을(를) 체결함으로써, 청에게 치외법권은 말할 것도 없고, 최초로 한성과 양화진에서 점포를 개설할 수 있는 권리와 여행권을 소지한 경우 개항장 밖에서도 통상할 수 있는 권리 및 조선 연안에서 자유롭게 무역할 수 있는 권리를 넘겨주었다.

① 청과 일본의 상권 경쟁이 치열해졌다.
② 개항장에서 일본 화폐가 사용되었다.
③ 최초로 무관세 협정을 체결하게 되었다.
④ 일본 제일은행권이 본위 화폐가 되었다.

20 광무개혁과 관련된 것으로 옳지 않은 것은?

① 구본신참
② 양전사업
③ 만민공동회 개최
④ 교정소 설치

20 고종은 러시아 공사관에서 경운궁으로 환궁한 뒤 대한제국을 선포(1897)하고 광무개혁(1899)을 시행하였다. 양전 사업을 실시하여 지계를 발급하였고, 각종 공장과 회사 및 학교를 설립(소학교 · 중학교 · 사범학교)하는 등 근대 시설을 확충하였다.

21 다음과 같은 시기의 문화에 관한 설명으로 옳지 않은 것은?

- 서민의 경제적 · 신분적 지위가 향상됨에 따라 서민을 포함한 넓은 계층의 독특한 문화가 대두하였다.
- 판소리 작품으로는 열두 마당이 있었으나, 지금은 춘향가, 심청가, 흥보가, 적벽가, 수궁가 등 다섯 마당만 전하고 있다.
- 문학의 저변이 서민층에까지 확대되면서 소설과 사설시조가 유행하였다.

① 양반 사회를 풍자한 한글소설이 유행하였다.
② 탈놀이와 산대놀이 등의 서민 문화가 발달하였다.
③ 중인층과 부농층의 문예 활동이 활발하였다.
④ 청자에 백토의 분을 칠한 분청사기가 유행하였다.

21 자료는 조선 후기의 서민 문화에 대한 설명이다. 조선 후기에는 한글소설, 판소리, 탈춤, 민화 등의 서민 문화가 발전하였고, 풍속화는 당시 사람들의 생활정경과 일상적인 모습을 생동감 있게 나타내어 회화의 폭을 확대하였다.
분청사기는 15세기 조선 전기에 유행하였다.

정답 20 ③ 21 ④

22 조선 후기 정치경제의 변화과정을 순서대로 나열한 것은?

ㄱ. 정국이 급격하게 변하는 환국이 발생하였다.
ㄴ. 사림은 동인과 서인으로 나뉘어 정국을 이끌었다.
ㄷ. 왕권이 약화되면서 세도 가문에 권력을 집중시켰다.
ㄹ. 탕평파를 조직하였고 완론탕평을 실시하였다.

① ㄱ → ㄴ → ㄷ → ㄹ
② ㄴ → ㄱ → ㄹ → ㄷ
③ ㄴ → ㄷ → ㄱ → ㄹ
④ ㄹ → ㄴ → ㄱ → ㄷ

22 ㄴ. 선조 때 분당 → ㄱ. 숙종 때 환국 → ㄹ. 영조 때 탕평책 → ㄷ. 세도정치(순조~철종)

23 괄호 안에 들어갈 말로 옳게 짝지어진 것은?

삼정이란 전답에 매기고, 세금을 전결세로 거두는 (㉠), 양인 남자에게 군포를 거두는 (㉡), 부세의 성격으로 변질된 환곡의 분조수취를 가리키는 (㉢)을 말한다.

	㉠	㉡	㉢
①	전정	군정	환정
②	전정	환정	군정
③	군정	전정	환정
④	환정	군정	전정

23 삼정의 문란이란 조선후기의 대표적인 수취 제도 문란으로 군역의 문란인 전세의 문란인 ㉠ 전정(전세수취제도), 군역의 문란인 ㉡ 군정(군포징수제도), 환곡(구휼 제도)의 문란인 ㉢ 환정을 말한다.
특히, 군포의 폐단이 많았는데 군포 수납의 과정에서 실무를 담당한 수령, 아전들의 농간까지 겹쳐, 백골징포, 황구첨정, 인징, 족징 등의 폐단이 자행되었다.

정답 22 ② 23 ①

24 다음 사건의 결과로 일어난 것은?

> • 1866년 상선이 대동강을 거슬러 올라와 평양 근처에서 통상을 요구하며 평양 주민을 약탈하고 살육하는 등의 난동을 부렸다.
> • 평양 주민들이 관군과 합세하여 배를 불사르고, 선원을 모두 살해하였다.

① 프랑스군은 초지진을 초토화시킨 뒤 정족산성을 공격해 조선군의 수자기를 약탈했다.
② 미국의 군함이 초지진을 함락하고 광성보를 공격하자 어재연이 이끄는 부대는 격렬하게 항전하였다.
③ 프랑스군은 강화도 일대에 대한 약탈과 방화를 자행하여 행궁과 외규장각 등을 불태웠다.
④ 조선이 처음으로 서양 국가와 외교 관계를 맺었다.

24 자료는 제너럴셔먼호 사건에 대한 내용이다. 1866년 미국 상선 제너럴셔먼호가 소각된 사건을 구실로 미국의 로저스 제독은 5척의 군함으로 강화도를 공격하는 신미양요를 발발하였다(1871). 미국 함대가 강화도에 침입하여 초지진, 덕진진 등을 점령하자 어재연 등이 이끄는 조선의 수비대가 광성보와 갑곶 등에서 이를 격퇴시켰다.

25 조선 정부가 개화정책을 본격적으로 추진하기 위해 설치한 기구는?

① 군국기무처
② 통리기무아문
③ 비변사
④ 평리원

25 정부는 개화정책 추진의 핵심 기구로 통리기무아문을 설치(1880)하고, 그 아래에 12사를 두어 외교・군사・산업 등의 업무를 분담하게 하였다.

정답 24 ② 25 ②

26 1894년 동학농민운동 전개과정을 사건 순서대로 나열한 것은?

㉠ 우금치 전투
㉡ 전주성 점령
㉢ 고부관아 점령
㉣ 집강소 설치

① ㉡ - ㉢ - ㉠ - ㉣
② ㉡ - ㉢ - ㉣ - ㉠
③ ㉢ - ㉡ - ㉣ - ㉠
④ ㉣ - ㉠ - ㉡ - ㉢

26 ㉢ 고부관아 점령(1894.1.) → ㉡ 전주성 점령(1894.4.) → ㉣ 집강소 설치(1894.5.) → ㉠ 우금치 전투(1894.11.)

27 다음 중 광무개혁에 대한 설명으로 옳은 것은?

① 의회를 설립하여 민의정치를 실현하였다.
② 교육입국조서를 반포하고 소학교를 세웠다.
③ 중단되었던 근대적 우편사무를 재개하였다.
④ 근대적 토지 측량을 하고 지계를 발급하였다.

27 고종은 대한제국을 선포(1897)하고 광무개혁(1899)을 시행하였고, 각종 공장과 회사 및 학교를 설립(소학교·중학교·사범학교)하는 등 근대 시설을 확충하였다.
대한제국은 광무개혁의 일환으로 지계아문(1901)을 통해 양전 사업을 실시하여 최초의 토지 소유권 증명서인 지계(地契)를 발급하였다.

28 다음 중 독립협회의 활동으로 옳은 것은?

① 고종 강제 퇴위 반대 운동을 주도하였다.
② 일제의 황무지 개간권 요구를 저지시켰다.
③ 중추원 개편을 통한 의회 설립을 추진하였다.
④ 한·일 관계 사료집을 편찬하고 독립신문을 발행하였다.

28 자유 민주주의적 개혁 사상을 민중에게 보급하고 국민의 힘으로 자주 독립 국가를 건설하기 위하여 창립된 독립협회는 1898년 중추원 관제를 반포하여 의회 설립 운동을 추진하였다.

정답 26 ③ 27 ④ 28 ③

29 다음 괄호 안에 들어갈 말로 옳은 것은?

> 일제는 1905년 을사조약 체결로 외교권을 장악하고 (　　) 을(를) 설치하여 대한제국을 보호국화하였다.

① 중추원
② 총독부
③ 통감부
④ 도평의회

29 자료는 제2차 한·일 협약(을사늑약)이다. 강력한 식민지화 정책을 추진하기 위하여 이토 히로부미(1906, 초대통감)는 군대로 궁궐을 포위하고 통감 통치를 강요하는 을사조약의 체결을 강요하였다.
대한제국은 을사늑약으로 인하여 일제에 외교권을 박탈당하고 통감부를 설치하여 외교뿐만 아니라 내정까지도 간섭받았다.

30 일제가 1930년대 식민지 경제체제를 재편하면서 만든 법령이 아닌 것은?

① 조선농지령
② 국가총동원령
③ 지세령
④ 사상범보호관찰령

30 일제는 1912년부터 실시한 토지 조사사업을 바탕으로 1914년 지세령(地稅令) 및 시가지세령(市街地稅令)을 공포하였다. 1918년에는 토지대장의 정리 및 과세방법의 전면개혁을 단행하였는데, 이로 인하여 1920년에는 지세 수입이 1910년에 비해 약 2배 증가하였고, 총 조세 수입 가운데 지세가 25% 정도를 차지하였다.

31 일제 문화통치에 맞선 실력 양성 운동이 아닌 것은?

① 문맹 퇴치와 농촌 계몽을 위한 운동을 전개하였다.
② 경영이 어려운 조선인들이 물산 장려 운동을 전개하였다.
③ 조선어학회는 우리말 큰사전 편찬을 시작하였다.
④ 교원이 제복을 입고 칼을 찬 상태에서 수업을 하였다.

31 1910년대인 무단통치 시기에는 교원이 제복을 입고 칼을 찬 상태에서 수업을 하였다. 이는 실력 양성 운동이 아닌 일제의 무자비한 식민통치이다.

정답 29 ③ 30 ③ 31 ④

32 다음 설명에 해당하는 단체는 무엇인가?

- 1927년 창립
- 사회주의세력과 비타협적 민족주의세력의 힘을 합침
- 한국인 본위의 교육 실시, 착취기관 철폐 주장

① 광복회
② 근우회
③ 신간회
④ 대한자강회

32 자료는 신간회에 대한 설명이다. 1920년대 국내의 민족주의 진영에서는 일제의 식민 지배를 인정하며 자치운동을 벌이자는 타협적 민족주의 세력과 그렇지 않은 비타협적 민족주의 세력으로 분열하게 되었고, 비타협적 민족주의 계열과 사회주의 계열은 서로 협력하여 민족유일당 운동을 전개하게 되었는데 그의 결실로 신간회가 창립되게 되었다(1927).

33 다음 내용과 같은 시기에 일어난 사실로 알맞은 것은?

조선인의 성과 이름을 일본식으로 바꾸도록 강요하였으며, 이에 따르지 않으면 자녀를 학교에 보낼 수 없고, 식량 배급과 기타 물자 배급 대상에서 제외하였다.

① 조선태형령과 경찰범처벌규칙을 만들어 시행하였다.
② 농공은행을 통합하여 조선식산은행을 설립하였다.
③ 내선일체를 표방하고 일선동조론을 선전하였다.
④ 일제에게 자치권을 요구하는 움직임이 등장하였다.

33 자료는 1930년대 일제의 민족 말살 정책의 일환인 창씨개명의 모습을 나타낸 것이다. 1930년대 후반 일제는 내선일체와 일선동조론을 강조하여 민족 말살 정책을 추진하였다. 민족 말살 정책의 일환으로 학교에서는 황국신민서사의 암송을 강요하였고, 한국어와 한국사 등의 한국학과 관련된 교육은 받을 수 없었으며, 일본식 이름으로의 개명을 강요하였다.

정답 32 ③ 33 ③

34 **다음 설명에 해당하는 것은 무엇인가?**

> 일본 제국주의는 1932년 무렵부터 침략전쟁을 확대해 가면서, 점령 지구에서 "군인들의 강간 행위를 방지하고 성병 감염을 방지하면서 군사기밀의 누설을 막기 위한다."는 구실로 우리나라와 타이완 및 점령지역의 10만 명에서 20만 명에 이르는 여성들을 속임수와 폭력을 통해 연행하였다.

① 징병제
② 학도 지원병제
③ 지원병제
④ 일본군 위안부

34 자료는 일제강점기 일본군 위안부에 대한 내용을 나타낸 것이다.
전쟁에 광분한 일제는 12세에서 40세의 배우자 없는 젊은 여성들을 정신대라는 이름으로 강제 동원하여 군수 공장 등지에서 혹사시켰으며, 그중 일부는 전선으로 끌고 가 일본군 위안부로 삼는 만행을 저질렀다.

35 **1940년 창설된 대한민국 임시정부 군대는?**

① 한국광복군
② 한국독립군
③ 조선혁명군
④ 조선의용대

35 대한민국 임시정부의 김구, 지청천 등은 신흥 무관 학교 출신의 독립군과 중국 각지에서 활동하던 청년들, 일본군을 탈출한 학도병들까지 합류시켜 충칭에서 한국광복군을 창설하였다(1940).

36 **다음 설명에 해당하는 것은 무엇인가?**

> • 한반도에 독립 국가를 건설하기 위한 임시 정부를 수립한다.
> • 임시 정부 수립을 논의하기 위해 미·소 공동 위원회를 설치한다.
> • 4개국이 공동으로 최고 5년간 한반도를 통치한다.

① 마셜 플랜
② 포츠담 선언
③ 카이로 선언
④ 모스크바 3국 외상회의

36 자료는 1945년 모스크바 3국 외상회의에서 결의된 내용이다.
모스크바 3국 외상회의는 미국, 영국, 소련이 참여하였는데, 한국에 임시 민주 정부를 수립하기 위하여 미·소 공동 위원회를 설치하고, 미·영·중·소 4개국이 공동으로 최고 5년간 한반도를 신탁 통치하에 두기로 결정하였다.

정답 34 ④ 35 ① 36 ④

37 다음 개헌의 공통점은 무엇인가?

- 발췌 개헌
- 사사오입 개헌

① 6·25 전쟁 중에 공포되었다.
② 정부 형태를 내각 책임제로 규정하였다.
③ 제1공화국에서 진행된 개헌이다.
④ 계엄하에서 국회의원의 기립 표결로 통과되었다.

37 • 발췌 개헌(1952) : 이승만의 지지 세력이 약화되어 간선제로는 재당선이 어려웠기 때문에 직선제로 개헌하자는 내용이다. 이로 인하여 대통령 직선제와 부통령제, 양원제 국회가 이루어졌다.
• 사사오입 개헌(1954) : 이승만의 장기 집권을 위하여 초대 대통령에 한하여 3선 금지조항의 철폐(초대 대통령에 한하여 중임 제한 철폐)를 골자로 한 개헌안을 수학적 논리로 부당하게 통과시켰다.

발췌 개헌(1952)과 사사오입 개헌(1954)은 모두 제1공화국인 이승만 정부에서 있었던 사건이다.

38 다음 사건들을 일어난 순서대로 바르게 나열한 것은?

㉠ 4·19 혁명
㉡ 5·16 군사정변
㉢ 7·4 남북 공동 성명
㉣ 독일에 광부와 간호사 파견

① ㉠ → ㉡ → ㉢ → ㉣
② ㉠ → ㉡ → ㉣ → ㉢
③ ㉡ → ㉢ → ㉠ → ㉣
④ ㉣ → ㉡ → ㉠ → ㉢

38 ㉠ 4·19 혁명(1960) → ㉡ 5·16 군사정변(1961) → ㉣ 광부와 간호사 파견(1963) → ㉢ 7·4 남북 공동 성명(1972)

정답 37 ③ 38 ②

39 다음 내용과 관련 있는 통일 방안은?

> 첫째, 통일은 외세에 의존하거나 외세의 간섭을 받음이 없이 자주적으로 해결하여야 한다.
> 둘째, 통일은 서로 상대방을 반대하는 무력행사에 의거하지 않고 평화적인 방법으로 실현하여야 한다.
> 셋째, 사상과 이념, 제도의 차이를 초월하여 우선 하나의 민족으로서 민족적 대단결을 도모하여야 한다.

① 7・4 남북 공동 성명
② 6・23 평화 통일 선언
③ 6・15 남북 공동 선언
④ 한민족 공동체 통일 방안

39 자료는 7・4 남북 공동 성명(1972)을 나타낸 것이다.
1972년 7월 4일 오전 10시에 남북이 공동으로 발표한 7・4 남북 공동 성명은 자주 통일, 평화 통일, 민족적 대단결의 3대 통일 원칙에 남과 북이 합의하였다.

40 북한이 '주체사상'을 노동당의 '유일사상'으로 규정한 시기는?

① 1950년대
② 1960년대
③ 1970년대
④ 1980년대

40 북한의 주체사상은 일인독재지배체제의 사상적 기반 마련을 위하여 독재지배체제를 옹호하는 데 주력한 것이다. 대외적으로 중・소 이념분쟁이 가열되는 상황에서 북한의 중립적 위치를 고수하는 역할도 하였다.
유일사상체계는 1967년에 조선노동당이 채택한 지도적 이념이다. 이후 북한은 1972년 헌법을 개정하며 주체사상을 유일로 한다는 결정을 명문화시켰다.

정답 39 ① 40 ②

출제유형 완벽파악

2020년 기출복원문제

국사

▸ 온라인(www.sdedu.co.kr)을 통해 기출문제 무료 강의를 만나 보세요.

01 다음 중 고조선에 대한 설명으로 옳은 것은?

㉠ 사유재산제도가 있다.
㉡ 귀족과 노비로 계층이 분화되었다.
㉢ 사람을 죽인 자는 사형에 처했다.
㉣ 10월에 무천이라는 행사를 지냈다.
㉤ 철이 많이 생산되어 왜와 낙랑에 수출하였다.

① ㉠, ㉡, ㉢
② ㉠, ㉡, ㉣
③ ㉡, ㉢, ㉣
④ ㉢, ㉣, ㉤

01 고조선의 8조법을 보면 사유재산제도가 있고, 귀족과 노비로 분화된 계급사회가 있으며, 사람을 죽인 자는 사형에 처한다는 내용이 있다.
㉣ 동예
㉤ 변한

고조선의 8조법
- 남을 죽인 사람은 사형에 처한다.
- 남을 때려 다치게 한 사람은 곡식으로 보상한다.
- 남의 물건을 훔친 사람은 그 물건의 주인집의 노예가 되어야 한다. 만약 풀려나려면 50만 전을 내야 한다.

02 다음 중 제사장의 성격이 가장 강한 신라의 왕호는?

① 왕
② 마립간
③ 이사금
④ 차차웅

02 차차웅 : 신라 초기 왕호로 제2대 남해왕을 차차웅으로 칭하였다. 보통 차차웅은 방언으로 무당(제사장)을 뜻한다.

정답 01 ① 02 ④

03 **다음 중 화랑제도에 대한 설명으로 옳은 것은?**

① 9서당으로 조직되었다.
② 화랑도 교육은 경당에서 실시하였다.
③ 원화제도를 대체한 귀족 청소년 조직이다.
④ 태종 무열왕 때 제도화되었다.

04 **다음 중 신문왕의 업적이 아닌 것은?**

① 국학 설치
② 9서당 설치
③ 녹읍 폐지
④ 독서삼품과 실시

05 **다음 내용과 관련 있는 중국의 지역은 어디인가?**

> • 발해 무왕 때 선제 공격한 지역이다.
> • 신라인의 거주지가 설치된 지역이다.

① 요동 지역
② 산동 지역
③ 요서 지역
④ 양자강

03 원화(源花)제도는 화랑제도 전에 있었던 제도로 원화제도가 폐지되면서 대신 외모가 예쁜 남자를 화랑으로 선발하는 화랑제도로 개편하였다.
① 9서당은 통일신라의 신문왕 때 설치된 중앙군사조직이다.
② 경당은 고구려의 지방에 있었던 민간교육기관이다.
④ 신라 진흥왕 때 제도화되었다.

04 독서삼품과는 통일신라의 원성왕 때(788년) 실시한 제도로 유교 경전의 독서능력에 따라 상·중·하로 관리를 임용하는 관리선발제도이다.

05 발해 무왕 때 당이 흑수말갈과 연합하여 발해를 위협하자 732년에 장문휴가 당나라의 산동 지역을 먼저 공격했다. 또한, 산동 반도에 신라인의 거주지인 신라방이 생겨났다.

정답 03 ③ 04 ④ 05 ②

06 도선의 풍수지리설이 유행한 것은 신라 말기인 9세기 무렵이며, 이는 신라 하대에 해당한다.
① 해당 내용은 김유신 묘에 대한 설명으로 신라 중대에 해당한다.
③ 7세기 무렵에 활동했던 의상에 대한 설명으로 신라 중대에 해당한다.
④ 세계 최고(最古)의 목판 인쇄본으로 알려진 무구정광대다라니경은 여러 설이 있지만, 신라 중대의 경덕왕 때인 751년에 제작된 것으로 추정된다.

07 태조 왕건은 견훤과 달리 신라와 우호적인 관계를 유지했고 결국 신라 왕인 경순왕(김부)이 935년에 고려에 항복하게 된다. 또한, 호족들을 포섭하기 위해서 혼인정책 등을 펼쳐 후삼국 통일에 유리한 고지를 점하게 되었다.

08 고려 시대의 토지제도에서 관직과 관계없이 인품과 공로만 고려하여 토지를 지급한 제도는 역분(전) 제도이다. 역분전은 고려 태조 때인 940년에 후삼국 통일 후 공신들에게 논공행상적인 성격으로 나눠준 토지이다.

정답 06 ② 07 ③ 08 ①

06 신라 하대에 대한 설명으로 가장 옳은 것은?

① 왕릉에 12지 신상을 새긴 둘레돌(호석) 조각이 있다.
② 도선의 풍수지리설이 유행하였다.
③ 하나 속에 우주 만물을 아우르는 화엄사상이 발전하였다.
④ 세계에서 가장 오래된 목판 인쇄물인 무구정광대다라니경을 만들었다.

07 다음 중 태조 왕건이 고려를 건국할 수 있었던 요인으로 옳은 것은?

> ㉠ 농민 출신으로 농민들의 지지를 받았다.
> ㉡ 신라와 우호적인 관계를 유지하였다.
> ㉢ 미륵불을 자처하였다.
> ㉣ 호족을 통합하였다.

① ㉠, ㉡
② ㉠, ㉢
③ ㉡, ㉣
④ ㉢, ㉣

08 괄호 안에 들어갈 토지제도로 가장 옳은 것은 무엇인가?

> 고려 시대에는 여러 토지제도가 있었다. 이 중 (　　)은(는) 초기에 관직과 상관없이 인품과 공로를 고려하여 나눠준 토지이다.

① 역분
② 과전
③ 전시
④ 식전

09 다음 중 천리장성을 축조한 계기와 관련 있는 사건은 무엇인가?

① 강감찬의 귀주대첩
② 이성계의 왜구 격퇴
③ 윤관의 별무반 편성
④ 최우의 강화도 천도

09 천리장성은 고려 덕종 때인 1033년에 축조를 시작한 장성으로 1018년 거란의 3차 침입과 이후 강감찬의 귀주대첩으로 거란을 물리친 것이 계기가 되었다.

10 다음 중 고려 시대의 대외관계에 대한 설명으로 옳지 않은 것은?

① 삼별초는 몽골과의 항전을 벌였다.
② 여진족을 공략하고 동북 9성을 축조하였다.
③ 송나라와 우호적인 관계를 유지하였다.
④ 거란의 침입에 대비해 도읍을 강화도로 천도했다.

10 거란이 아닌 몽골에 대항하기 위해 무신 집권기인 최우 때 강화도로 천도하였다.

11 다음 설명에 해당하는 역사서는 무엇인가?

> 불교사 중심으로 쓴 역사서로 설화와 야사 등이 기록되었다. 단군을 시조로 하는 자주 의식이 담겨 있는 역사서이다.

① 삼국유사 ② 삼국사기
③ 역옹패설 ④ 제왕운기

[삼국사기와 삼국유사]

구분	삼국사기	삼국유사
저자	김부식	일연
편찬시기	인종(1145)	충렬왕(1281)
역사 서술방법	기전체	기사본말체
사관	합리적 유교 사관	자주적 불교 사관
특징	• 관찬 사서 • 현존 최고(最古) 사서 • 신라 계승의식	• 개인이 저술 • 설화 중심, 단군신화 최초 수록 • 고구려 계승의식

11 삼국유사는 고려 충렬왕 때인 1281년에 승려 일연이 편찬한 역사서이다. [문제 하단의 표 참고]

정답 09 ① 10 ④ 11 ①

12 다음 내용에서 지눌에 대한 설명으로 옳은 것은?

> ㄱ. 수선사 결사 운동을 추진하였다.
> ㄴ. 선종을 위주로 한 혁신 운동을 강조하였다.
> ㄷ. 수련 방식은 돈오점수였다.
> ㄹ. 교종을 중심으로 선종을 포섭하려 노력하였다.
> ㅁ. 강진 지역에 있는 토호세력의 지원을 받아 백련사 결사 운동을 조직하였다.

① ㉠, ㉡, ㉢
② ㉠, ㉡, ㉣
③ ㉡, ㉢, ㉤
④ ㉢, ㉣, ㉤

12 보조국사 지눌은 무신집권기 때 신앙 결사 운동을 전개한 인물이다. 지눌(조계종)은 순천 송광사(수선사)에서 승려 본연의 자세로 돌아가 독경과 선 수행, 노동에 힘쓰자는 수선사 결사 운동을 제창하였다. 즉, 선종 중심의 교종을 통합하는 운동으로 정혜쌍수와 돈오점수를 강조하였다.

13 조선 시대에 물가와 도량형을 관할했던 관청은 무엇인가?

① 관상감
② 경시서
③ 포도청
④ 혜민서

13 경시서는 본래 고려 시대에 시전을 관리·감독하던 관청이었으나 조선 시대에 이르러 물가와 도량형을 관리하던 관청으로 세조 때 평시서로 개칭되었다.

① 관상감은 조선 시대에 천문·지리·역수 등을 관장하던 관청이었다.
③ 포도청은 조선 시대에 죄인을 심문하고 도적을 포획하고 순찰하는 등의 업무를 하던 관청이었다.
④ 혜민서는 조선 시대에 의약과 일반 서민의 치료를 담당하던 관청이다.

정답 12 ① 13 ②

14 다음 설명에 해당하는 농업서는 무엇인가?

> 정초, 변효문이 왕명으로 편찬하였으며, 전국 각지 노농(老農)의 실제 경험을 수집하여 정리하였다. 각종 곡식 재배법이 지역마다 다른 것을 알려주어 각 지역 권농관의 지침서가 되었다.

① 농가집성 ② 금양잡록
③ 농상집요 ④ 농사직설

15 다음 중 조선 시대에 편찬된 책이 아닌 것은?

① 주자어류
② 삼강행실도
③ 농사직설
④ 신증동국여지승람

16 다음 조치에 대한 반발로 일어난 조선 시대 사화는?

> • 현량과와 향약의 실시
> • 불교와 도교 행사의 폐지

① 무오사화
② 갑자사화
③ 기묘사화
④ 을사사화

»»

[조광조의 개혁 정치]

• 현량과 실시	• 소격서(불교 · 도교 행사) 폐지
• 소학 장려	• 수미법 건의
• 경연 강화	• 향약 시행
• 위훈 삭제	

14 농사직설은 조선 세종 때인 1429년에 편찬된 관찬 농업서이다. 이전의 농서들이 중국의 농서에 바탕을 둔 데에 반해 농사직설은 우리 실정에 맞게 편찬된 최초의 농서라고 할 수 있다.

15 주자어류는 중국 남송 때 주자학으로 유명한 주희가 제자들과 나눈 대화를 모은 책으로 조선 시대에 편찬된 책이 아니다.
②・③ 조선 세종 때 편찬된 책이다.
④ 조선 중종 때인 1530년에 편찬된 관찬 지리서이다.

16 문제의 내용은 중종 때 활동했던 조광조의 개혁 정치의 내용 중 하나로 결국 위훈 삭제 등으로 인한 훈구 세력들의 반발로 조광조를 비롯한 사림세력들이 제거되었다(기묘사화, 1519).
[문제 하단의 표 참고]

정답 14 ④ 15 ① 16 ③

17 조선 시대 사림이 정국을 주도했던 시기에 대한 설명으로 옳은 것은?

① 동문선이 편찬되었다.
② 혼일강리역대국도지도가 제작되었다.
③ 일부 군현의 읍지를 본격적으로 편찬하고, 향토의 문화유산에 대한 관심이 반영되었다.
④ 고려사·동국통감 등 민족적 지각과 왕실을 높이는 역사서가 편찬되었다.

17 조선 시대 때 사림이 정국을 주도했던 시기는 붕당 정치가 시작되었던 16세기 선조 무렵이라고 할 수 있다. 16세기에는 일부 군현의 읍지가 편찬되기도 하여 당시 향토의 문화적 유산에 대한 관심을 반영해 주고 있다.

① 동문선은 조선 초기인 1478년 성종의 명으로 서거정 등이 편찬한 시문선집이다.
② 혼일강리역대국도지도는 현전하는 동양 최고(最古)의 세계지도로 조선 초기인 1402년 태종 때 이회 등이 그린 지도이다.
④ 고려사는 1451년 문종 때 김종서·정인지 등이 완성한 관찬 역사서이고, 동국통감은 1485년 성종 때 서거정 등이 편찬한 관찬 역사서로 고조선부터 고려까지 역사를 담고 있다.

18 다음 괄호 안에 들어갈 기관에 대한 설명으로 가장 옳은 것은?

> 조선 초기에는 관학이 우세하였으나 16세기 이후 지방 사족이 자기 고을에 세운 (　　)이(가) 늘어나 관학과 사학이 서로 경쟁하게 되었다.

① 서민 문화의 발달에 기여하였다.
② 학파와 붕당을 결속시키는 구심점 역할을 하였다.
③ 지방 사족의 자제를 대상으로 기술 교육에 힘썼다.
④ 향촌에서 한문이나 초보적 유학 교육을 담당했다.

18 괄호 안에 들어갈 기관은 서원이다. 서원은 조선 중기 이후 학문 연구와 선현의 제사를 위해 사림이 세운 사학기관이자 향촌 자치 운영기구이다. 서원은 각 학파의 본거지로 학파와 붕당을 연결하기도 했다.

①·④ 서당에 대한 설명이다.
③ 서원에서는 기술 교육이 아니라 유교 교육을 실시하였다.

정답 17 ③ 18 ②

19 다음 중 조선 시대의 비변사에 대한 설명으로 옳지 않은 것은?

① 비변사는 삼포왜란 이후 상설화되었다.
② 임진왜란 이후 비변사는 그 기능이 강화되고 권한도 크게 확대되어 국정 전반을 총괄하는 최고 회의 기구가 되었다.
③ 비변사에는 의정부의 정승들과 공조를 제외한 5조 판서, 문무 2품 이상의 고위 당상 등이 참여하였다.
④ 흥선대원군은 비변사의 기능을 축소하다가 결국 폐지하였다.

19 비변사가 상설화된 것은 1555년 명종 때의 을묘왜변 이후이다. 비변사는 1510년 중종 때 삼포왜란을 계기로 임시기구로 설치된다.

20 다음 중 대동법의 실시로 일어난 변화가 아닌 것은?

① 공인이 활동하기 시작했다.
② 결작이 부과되었다.
③ 조세의 금납화가 촉진되었다.
④ 상품화폐경제가 활성화되었다.

20 결작은 균역법이 실시되면서 부족한 재정을 지주들에게 토지 1결당 미곡 2말을 부과하는 제도로 대동법과는 상관이 없다.

21 다음 중 조선 후기의 경제생활로 옳지 않은 것은?

① 육의전 이외의 시전 상인들의 금난전권이 폐지되었다.
② 직파법이 전국적으로 보급되어 생산량과 소득이 크게 증가하였다.
③ 인삼, 담배, 목화 등의 상품작물들이 등장하여 수입이 증대되었다.
④ 도조법의 등장으로 소작농의 소득이 증가하였다.

21 조선 후기에는 모내기법(이앙법)이 확대되어 벼와 보리의 이모작으로 소득이 크게 증가하였다.

정답 19 ① 20 ② 21 ②

22 다음 내용이 유행하고 있는 시기에 대한 설명으로 가장 옳은 것은?

> 이 책은 조선의 선조인 한륭공의 두 아들 이심 · 이연과 조선 멸망 후 일어설 정씨(鄭氏)의 조상이라는 정감(鄭鑑)이 금강산에서 마주 앉아 대화를 나누는 형식으로 엮어져 있다. 그 내용은 조선 이후의 흥망대세를 예언하여 이씨의 한양(漢陽) 도읍 몇 백 년 다음에는 정씨의 계룡산(鷄龍山) 도읍 몇 백 년이 있다는 등의 내용을 차례로 예언하고 있다.

① 우리나라 최초의 국문 소설인 홍길동전이 등장하였다.
② 도선 대사의 풍수지리설이 크게 유행하였다.
③ 묘청은 서경 길지설을 근거로 서경 천도 운동을 주장하였다.
④ 사회 혼란이 심해지자 비기도참설 등이 유행하였다.

22 문제의 내용은 정감록에 관한 내용으로 조선 후기 세도 정치 등으로 사회 혼란이 극심해지자 정감록이나 비기도참설, 미륵신앙 등이 유행하였다.
① 홍길동전은 조선 중기 광해군 때 허균이 지은 국문 소설이다.
② 도선 대사는 신라 말에 풍수지리설을 유행시켰다.
③ 묘청은 고려 인종 때인 1126년에 서경 길지설을 주장하며 서경 천도 운동을 추진했지만 결국 실패했다.

23 다음 중 척화비를 세운 가장 직접적인 계기가 된 사건은?

① 병인양요
② 오페르트 도굴 사건
③ 신미양요
④ 제너럴셔먼호 사건

23 척화비는 신미양요(1871)가 계기가 되어 전국적으로 각지에 세워졌다.

정답 22 ④ 23 ③

24 다음 주장을 한 시기와 관련이 있는 내용은 무엇인가?

> 최익현은 도끼를 함께 가지고 다음 내용의 상소를 올렸다.
> 첫째, 우리의 힘은 약하고 저들은 강하니 자신들에게 필요한 것을 끊임없이 요구할 것이다.
> 둘째, 통상 조약을 맺으면 생산에 한계가 있는 우리의 농산물과 무한하게 생산할 수 있는 저들의 공산품을 교역하게 되니 우리 경제가 지탱할 수 없다.
> 셋째, 왜인은 서양 오랑캐와 하나가 되었으니 그들을 거쳐 서양 문화가 들어오면 인륜이 무너져 금수가 될 것이다.
> 넷째, 저들이 우리 땅을 자유롭게 오가며 살면서 우리의 재물과 부녀자를 약탈하면 막을 수 없다.
> 다섯째, 저들은 재물과 여색만 탐하는 금수이므로 화친해 어울릴 수 없다.

① 문수산성과 정족산성에서 프랑스군을 격퇴하였다.
② 황쭌셴의 조선책략이 유포되었다.
③ 일본이 조선의 궁궐을 침입하여 왕비를 시해하였다.
④ 조선은 일본과 강화도 조약을 체결하였다.

24 문제의 내용은 최익현이 강화도 조약 후에 올린 '지부복궐척화의소(持斧伏闕斥和議疏)'이다. 최익현은 강화도 조약 이후 '왜양일체론'을 주장하며 1870년대 개항 반대 운동을 전개하였다.
① 병인양요가 일어난 1860년대는 이항로, 기정진 등이 통상 반대 운동(척화주전론)을 주장하였다.
② 1880년대 황쭌센의 조선책략이 유포되자 이만손(영남 만인소), 홍재학(척사 상소) 등이 개화 반대 운동을 전개하였다.
③ 1890년대 일본이 을미사변을 일으키자 유인석 등은 항일 의병 운동(을미의병)을 일으켰다.

25 다음 중 개항 이후 우리나라가 일본에 보낸 사절단으로 옳은 것은?

① 영선사
② 보빙사
③ 조사 시찰단
④ 통신사

25 조사 시찰단은 1881년에 박정양, 어윤중, 홍영식 등이 일본에 파견되어 일본의 근대 문물을 시찰하였다.

정답 24 ④ 25 ③

26 다음 중 가쓰라-태프트 밀약에 대한 내용으로 옳은 것은?

① 영국은 인도, 일본은 한국에 대한 독점적 지배권을 서로 묵인해주기로 하였다.
② 일본은 미국의 중재로 러시아와 조약을 체결하여 한국에 대한 독점적 지배권을 인정받았다.
③ 미국은 필리핀, 일본은 한국에 대한 독점적 지배권을 서로 묵인해주기로 하였다.
④ 일본이 청나라에서의 영국 이권을 승인하고 영국은 한국에서의 일본의 특수 이익을 승인하였다.

26 1905년 7월 미국과 일본은 필리핀과 한국에 대한 서로의 지배권을 인정하는 가쓰라-태프트 밀약을 맺었다.
① 러일 전쟁 중인 1905년 8월에 영국과 일본은 제2차 영일 동맹을 체결하였다.
② 1905년 9월에 러일 전쟁에서 승리한 일본은 러시아와 포츠머스 강화 조약을 체결하였다.
④ 1902년에 영국과 일본은 제1차 영일 동맹을 체결하였다.

27 다음 중 일본의 식민지 경제 수탈에 관한 내용으로 옳지 않은 것은?

① 1910년대 토지 조사 사업을 실시하였다.
② 1920년대 회사령을 발표하였다.
③ 1920년대 산미 증식 계획을 실시하였다.
④ 1930년대 남면북양 정책을 실시하였다.

27 1910년에 발표된 회사령은 회사 설립 시 허가제였지만, 1920년에 신고제로 전환하면서 회사령을 철폐하였다.

28 다음 중 1920년대 일본의 문화 통치에 관한 내용으로 옳은 것은?

① 조선 총독을 문관 총독으로 임명했다.
② 보통 경찰제로 바뀌면서 경찰 인력이 감소하였다.
③ 조선일보와 동아일보가 창간되었다.
④ 조선 태형령과 치안유지법을 폐지하였다.

28 ① 조선 총독에 문관이 임명될 수 있었지만 단 한 명의 문관 총독도 임명되지 않았다.
② 헌병 경찰제에서 보통 경찰제로 바꿨지만, 경찰 관련 인원과 장비 등은 이전보다 3배 이상 증가하였다.
④ 1925년 사회주의 운동을 핑계로 치안유지법을 만들었다.

정답 26 ③ 27 ② 28 ③

29 다음 중 대한민국 임시정부에 대한 설명으로 옳지 않은 것은?

① 파리 강화 회의에 김규식 등을 대표로 파견하였다.
② 입헌군주제를 추구하였다.
③ 비밀 행정 조직망인 연통제와 교통국을 설치하였다.
④ 1923년에 국민대표회의를 개최하였다.

29 대한민국 임시정부는 최초의 민주 공화정으로 이승만을 대통령으로 이동휘를 국무총리로 선출하고 임시 의정원(입법), 법원(사법), 국무원(행정)의 3권 분립이 갖춰졌다.

30 다음 중 밑줄 친 부분에 들어갈 독립군 단체의 이름으로 옳은 것은?

> 1920년 김좌진 장군이 이끄는 __(a)__ 와 홍범도 장군이 이끄는 __(b)__ 등이 연합한 독립군은 훈춘 사건을 조작하여 만주로 쳐들어온 일본군에 맞서 6일간 10여 차례의 전투에서 대승을 거두게 되는데 이 전투가 바로 청산리 대첩이다.

	(a)	(b)
①	북로군정서	대한독립단
②	서로군정서	대한독립군
③	서로군정서	대한독립단
④	북로군정서	대한독립군

30 청산리 대첩은 대종교 계열의 단체로 김좌진이 이끄는 북로군정서와 의병장 출신의 홍범도가 이끄는 대한독립군의 연합부대가 일본군을 상대로 크게 승리한 전투이다.
서로군정서는 서간도를 중심으로 이상룡, 지청천, 김동삼 등의 신흥무관학교 출신들이 활동한 독립군 단체이다. 대한독립단은 서간도를 중심으로 의병장 출신들이 활동한 독립군 단체이다.

정답 29 ② 30 ④

31 다음 내용과 관련된 단체는 무엇인가?

> 이 단체는 '내 살림 내 것으로! 조선 사람, 조선 것'이라는 구호를 내걸고 국산품 사용하기, 소비 줄이기, 금주하기, 금연하기 등의 운동을 벌였다.

① 신간회
② 형평사
③ 조선물산장려회
④ 근우회

31 조선물산장려회는 1920년 평양에서 조만식의 주도로 물산장려운동을 시작한 단체이다. 물산장려운동은 '내 살림 내 것으로'라는 구호를 걸고 토산품(국산품) 애용 등을 주장하였지만 민족기업의 생산량 부족과 일제의 방해 등으로 성공하지 못했다.

32 다음 중 1930년대에 진행된 농촌진흥운동과 관계있는 내용으로 옳게 짝지어진 것은?

> ㄱ. 자작농을 육성하여 농촌을 안정시키려 하였다.
> ㄴ. 지주권을 강화하여 농촌을 안정시키려 하였다.
> ㄷ. 민족주의자가 주도한 민족운동이다.
> ㄹ. 일제가 주도한 관제 운동이다.

① ㄱ, ㄷ
② ㄱ, ㄹ
③ ㄴ, ㄷ
④ ㄴ, ㄹ

32 농촌진흥운동은 조선총독부가 주도하여 1932년~1940년까지 전개하였던 관제농민운동이었다. 이 운동은 당시 터져 나왔던 농민(소작농)들의 불만과 소작쟁의 등을 통제하고 안정시키기 위해 벌인 운동이지만 실질적인 성과가 없었고 오히려 이후에 황국신민화를 위한 사전 운동으로 끝나게 된다.

ㄴ, ㄷ 농촌진흥운동의 대상은 지주가 아니라 불만을 잠재워 소작쟁의 등을 통제하려는 농민(소작농)들이었다. 또한, 이러한 운동은 민족주의자가 주도한 것이 아니라 일제(조선총독부)가 주도한 관제 운동이었다.

정답 31 ③ 32 ②

33 다음 중 괄호 안에 들어갈 사건으로 가장 적절하지 않은 것은?

> 만주사변 – 중일전쟁 – (　　　) – 태평양전쟁

① 국가총동원령
② 산미 증식 계획
③ 창씨개명
④ 공출

33 만주사변은 1931년, 중일전쟁은 1937년, 태평양전쟁은 1941년에 벌어진 사건이다. 여기서 산미 증식 계획은 1920년부터 1934년까지 일제가 쌀 생산량을 증가시키기 위해 실시한 정책이다.

34 다음 중 괄호 안의 단체에 대한 설명으로 옳지 않은 것은?

> 대한민국 임시정부의 (　　)은(는) 1940년에 충칭에서 창설된 단체로 이전까지는 주로 외교나 선전, 의거 활동만 벌였던 임시정부가 갖게 된 정규군대이다. 이 단체는 1942년에 김원봉이 이끄는 조선 의용대의 일부 군인들이 참여하면서 규모가 더욱 커졌고 그간의 활동을 인정받아 나중에 독자적인 지휘권을 갖게 되었다.

① 지청천을 총사령관으로, 이범석을 부사령관으로 임명했다.
② 중국 국민당의 지원을 받았다.
③ 러시아와 버마 전선에 파견되어 참여했다.
④ 미국 OSS와 연합하여 국내진공작전을 준비했지만, 일본의 무조건 항복으로 무산되었다.

34 괄호 안의 단체는 한국광복군이며, 한국광복군은 러시아가 아닌 영국군과 1943년에 인도와 버마 전선에 파견되었다.

정답 33 ② 34 ③

35 카이로회담은 1943년에 미국(루스벨트), 영국(처칠), 중국(장제스)이 이집트 카이로에서 세계대전 전후 문제를 협의하기 위한 회담으로 여기서 적당한 절차를 거쳐 적절한 시기에 한국을 독립시킬 것이 언급되었다.

35 다음 중 한국 독립 보장에 대한 최초 선언이 있었던 회담은?

① 퀘벡회담
② 얄타회담
③ 카이로회담
④ 포츠담회담

36 조선건국준비위원회는 1945년 8월 15일에 여운형(중도 좌파)과 안재홍(중도 우파)이 결성한 단체로 해방 후 치안유지와 이를 위해 전국에 지부를 설치하였다.

36 다음 중 조선건국준비위원회에 대한 설명으로 옳은 것은?

① 반탁운동을 전개하였다.
② 여운형이 주도하였다.
③ 좌익을 배제한 민족운동이다.
④ 해방 후 활동한 공식단체이다.

37 모스크바 3상 회의는 1945년 12월에 미국, 영국, 소련의 외상들이 모여 한국 문제를 비롯해 제2차 세계대전의 내용을 협의한 회의이다. 이 회의에서 한국은 임시정부를 수립하고 미·영·중·소에 의해 최대 5년간 신탁통치를 받는다고 결정되었다.

모스크바 3상 회의 내용
- 한국을 독립국으로 만들기 위해 임시정부를 수립한다.
- 한국의 임시정부를 수립하기 위해 미·소 공동위원회를 구성한다.
- 한국의 완전한 독립을 위해 미국, 영국, 소련, 중국의 4개국이 최고 5년간의 신탁통치에 합의한다.

37 다음 중 모스크바 3상 회의에 대한 설명으로 옳은 것은?

ㄱ. 신탁통치는 최대 5년으로 한다.
ㄴ. 미국과 소련의 2개국만이 협의하였다.
ㄷ. 한국의 임시정부 수립에 대한 논의를 진행하였다.
ㄹ. 한국의 임시정부 수립에 대한 논의를 진행하지 않았다.

① ㄱ, ㄴ
② ㄱ, ㄷ
③ ㄴ, ㄷ
④ ㄴ, ㄹ

정답 35 ③ 36 ② 37 ②

38 다음 노래 가사의 직접적인 배경이 되는 사건은 무엇인가?

> 눈보라가 휘날리는
> 바람 찬 흥남부두에
> 목을 놓아 불러 보았다 찾아를 보았다.
> 금순아 어데로 가고
> 길을 잃고 헤매였드냐
> 피눈물을 흘리면서 1·4 이후 나홀로 왔다

① 연합군이 인천상륙작전에 성공하였다.
② 유엔군, 북한군, 중국군이 휴전을 논의하기 시작했다.
③ 연합군이 평양을 탈환하였다.
④ 중국군이 참전하였다.

38 해당 노래는 '굳세어라 금순아'로, 흥남부두 철수(흥남철수사건)와 1·4 후퇴는 모두 1950년 10월 25일 중국군의 참전 이후 발생한 사건이다.
① 낙동강 전선까지 밀렸던 국군은 1950년 9월 15일 인천상륙작전으로 반격에 나서기 시작했다.
② 중국군 개입 이후 서울이 함락되는 1·4 후퇴 이후 다시 서울을 재탈환한 이후 38도선 부근에서 교착 상태에 빠지자 1951년 6월부터 휴전 논의가 되기 시작했다.
③ 국군과 유엔군은 인천상륙작전 후 1950년 9월 28일 서울을 수복하고 10월 19일에 평양을 탈환하였으며 11월 25일에 압록강까지 최대로 진격하였다.

39 다음 사건들이 일어난 순서로 옳은 것은?

> ㄱ. 10월 유신
> ㄴ. 10·26 사건
> ㄷ. 6·3 한일협정 반대운동
> ㄹ. 제2공화국
> ㅁ. 7·4 남북 공동 성명

① ㄷ－ㄹ－ㅁ－ㄱ－ㄴ
② ㄹ－ㄷ－ㄱ－ㅁ－ㄴ
③ ㄷ－ㅁ－ㄹ－ㄱ－ㄴ
④ ㄹ－ㄷ－ㅁ－ㄱ－ㄴ

39 ㄹ. 제2공화국: 1960년 8월
ㄷ. 6·3 한일협정 반대운동: 1964년 6월 3일
ㅁ. 7·4 남북 공동 성명: 1972년 7월 4일
ㄱ. 10월 유신: 1972년 10월
ㄴ. 10·26 사건: 1979년 10월 26일

정답 38 ④ 39 ④

40 다음 내용에서 설명하는 사건과 가장 관련이 깊은 것은?

> 22일 오후 3시쯤, 20일 밤의 주인공이었던 전옥주와 차명숙이 용달차를 타고 도청광장에 나타났다. 이들은 19일 밤 이후 꼬박 3일 밤새우며 방송을 하고 다니느라 목소리가 쉰 듯 했고 매우 지쳐 보였다.

① 이 사건으로 인해 군사독재가 종식되었다.
② 민주화의 열망에도 불구하고 결국 유신체제로 복귀되었다.
③ 마산에서 시작된 시위가 전국으로 확산되자 이승만이 결국 하야하였다.
④ 이 내용을 기록한 기록물은 유네스코 세계기록유산으로 등재되었다.

40 5·18 광주 민주화 운동은 12·12 사태로 권력을 잡은 신군부가 서울의 봄 이후 1980년 5월 17일에 계엄령을 확대한 후 5월 18일에 광주의 민주화 운동을 무력으로 진압하자 광주 시민들이 이에 저항한 운동이다. 이러한 5·18 민주화 운동 기록물은 2011년 유네스코 세계기록유산으로 등재되어 세계적으로도 인정을 받았다.
① 군사독재가 종식된 것은 1987년 6월 항쟁 이후 직선제 개헌을 하면서이다.
② 유신체제는 1979년 10·26 사건으로 박정희 대통령이 죽으면서 종식되었다.
③ 1960년 4월 혁명이 일어나면서 이승만 대통령은 결국 하야하게 되었다.

정답 40 ④

영어

최신기출문제

2024년 기출복원문제
2023년 기출복원문제
2022년 기출복원문제
2021년 기출복원문제
2020년 기출복원문제

출/ 제/ 유/ 형/ 완/ 벽/ 파/ 악/

우리 인생의 가장 큰 영광은 결코 넘어지지 않는 데 있는 것이 아니라
넘어질 때마다 일어서는 데 있다.

-넬슨 만델라-

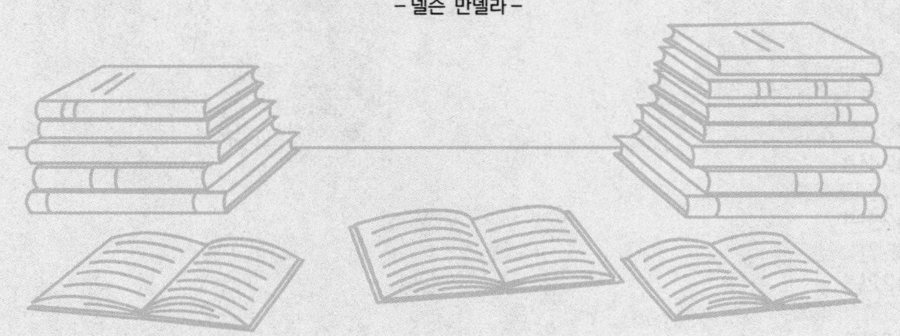

2024년 기출복원문제

▶ 온라인(www.sdedu.co.kr)을 통해 기출문제 무료 강의를 만나 보세요.

※ 빈칸에 들어갈 말로 가장 적절한 것을 고르시오. (01 ~ 18)

01

An international company that tried to export competitive local food to the Middle East sent out a catalog with a female model without a hijab, but failed to sign a contract. This is because they were unaware _______ the conservative Middle East culture about women.

① of
② to
③ on
④ for

01 • unaware of ~을 알지 못하는
• conservative 보수적인

해석
경쟁력 있는 로컬 푸드를 중동에 수출하려던 한 국제 기업은 히잡을 쓰지 않은 여성 모델이 있는 상품 카탈로그를 발송했다가 계약에 실패했다. 이는 그들이 여성에 대해 보수적인 중동 문화를 몰랐기 때문이다.

02

The government has announced that it will extend the prohibition on U.S. beef imports. Such measures are due to the detection of feed additives necessary to increase feed efficiency. The period of this prohibition is expected to be _______ further.

① initiated
② abolished
③ prolonged
④ diminished

02 • prohibition 금지
• feed additives 사료 첨가물

해설
① initiate 시작하다, 개시하다, 창시하다, 창설하다
② abolish (관례・제도 등을) 폐지(철폐)하다; 완전히 파괴하다
③ prolong 늘이다, 연장하다(lengthen)
④ diminish (수량・크기・정도・중요성 따위를) 줄이다, 감소시키다, 작게 하다

해석
정부가 미국산 소고기 수입에 대한 금지를 연장한다고 발표하였다. 이와 같은 조치는 사료 효율 증가에 필요한 사료 첨가물이 검출되었기 때문이다. 이 금지 조치 기간은 더 연장될 것으로 보인다.

정답 01 ① 02 ③

03 Please, don't _______ Tom find out about the party. It's going to be a surprise party.

① get
② give
③ allow
④ let

04 _______ short, the project was successful.

① Of
② Up
③ In
④ By

05 You should not apply for this project unless you are willing to _______ yourself to the project for three months.

① commit
② comment
③ commence
④ command

03 해설
사역동사로는 make, have, let이 있으며, '~가 … 하게 시키다(하게 하다)'의 의미를 갖는다. 문장구조는 '사역동사 + 목적어 + 목적보어(동사원형)'이다. 목적어(Tom) + 동사원형(find)의 구조이므로 'let'이 적절하다.
① get은 사역동사와 유사한 의미이지만, '주어 + 동사(get) + 목적어 + 목적보어(to V)'의 형식을 취하므로, 목적보어 자리에 동사원형이 올 수 없다.
③ allow는 'allow + 목적어 + to 부정사'의 형식을 취한다.

해석
부탁인데, 탐이 그 파티에 대해서 알지 못하게 해줘. 깜짝 파티로 할 예정이거든.

04 • in short 한마디로 말하면, 요컨대

해석
한마디로 말하면, 그 프로젝트는 성공적이었다.

05 • be willing to V 기꺼이 ~하다

해설
① commit oneself to ~에 전념하다
② comment on(upon/about) ~에 의견을 말하다; 논평하다
③ commence 시작하다, 개시하다
④ command ~에게 명(령)하다, ~에게 요구하다

해석
당신이 기꺼이 이 프로젝트에 3개월 동안 전념하지 않을 거라면, 이 프로젝트에 지원하지 않아야 한다.

정답 03 ④ 04 ③ 05 ①

06

If you want to reset the drip coffee machine, press button 1 and 2, _______.

① respecting
② respectfully
③ respectably
④ respectively

06 해설
① respecting ~에 관하여; ~에 비추어
② respectfully 공손히
③ respectably 점잖게
④ respectively 각각, 제각기

해석
드립 커피 머신을 리셋하고 싶다면, 1번과 2번 버튼을 각각 누르세요.

07

Unfortunately, he _______ for the items he didn't order.

① billed
② was billed
③ bills
④ was billing

07 • bill ~에 계산서(청구서)를 보내다

해설
주어(he)가 계산서를 받은 것이므로, 수동태(be + p.p) 문장이 적절하다.

해석
운 나쁘게도, 그는 주문하지 않은 품목에 대해 계산서를 받았다.

08

_______ the work of his design company, he must stay in Bangkok for 10 days every three months.

① Supervised
② Supervises
③ Has supervised
④ Supervising

08 해설
접속사와 주어를 생략하고 동사에 -ing를 붙여 '이유나 원인'을 나타내는 분사구문의 형식이다. (Because he supervises → Supervising)

해석
그는 자신의 디자인 회사의 업무를 감독하기 때문에, 3개월마다 10일 동안 방콕에서 머물러야 한다.

정답 06 ④ 07 ② 08 ④

09

All the items ordered by customers were _______ on time.

① to deliver
② delivering
③ delivered
④ to be delivered

10

Inflation in the UK is due to ______________.

① a steady rise in prices
② rise prices steadily
③ price rising steady
④ prices steadily rise

09 • deliver (물품 · 편지를) 배달(송달)하다.

해설

주어는 물품(All the items)이고 그 물품들이 배달된 것이므로, 수동(be + p.p)의 형태가 적절하다.

해석

고객들이 주문한 모든 물품들이 정각에 배달되었다.

10 • be due to ~에 기인한다

해설

be due to에서 'to'는 전치사이므로 뒤에는 명사나 동명사가 와야 한다.

② 전치사 to 뒤에는 명사 또는 동명사가 와야 하므로, 동사 rise는 올 수 없다. rise를 명사로 보더라도 위치가 적절하지 않다.
③ 물가 상승의 의미일 때에는 복수형 prices가 적절하다.
④ rise를 rising으로 수정해야 적절하다.

해석

영국의 인플레이션은 꾸준한 물가 상승에 기인한다.

정답 09 ③ 10 ①

11

A : Thank you for helping me.
B : It was nice that I could help you.
A : I _______ without you.

① can't do
② couldn't do
③ can't have done
④ couldn't have done

11 해설
• can't have p.p ~였을 리 없다
• could have p.p ~ 할 수 있었다 (그러나 하지 않았다)
• couldn't have p.p ~ 할 수 없었다 (그러나 했다)

해석
A : 도와줘서 고마워.
B : 도와줄 수 있어서 좋았어.
A : 네가 없었다면 해내지 못했을 거야.

12

A : I'm sorry, I'm late.
B : It's okay. Traffic conditions are always unpredictable.
A : ____________

① Thank you for delivering the message.
② Thank you for helping me.
③ Thank you for understanding me.
④ Thank you for giving me a ride.

12 해설
① 메시지를 전달해 줘서 고마워.
② 도와줘서 고마워.
③ 이해해 줘서 고마워.
④ 태워줘서 고마워.

해석
A : 늦어서 미안해
B : 괜찮아. 교통상황은 늘 예측할 수 없으니까.
A : 이해해 줘서 고마워.

정답 11 ④ 12 ③

13

A : What do you do ______?
B : I'm learning to play the guitar these days.
A : Wow, that's cool! But that's not an exercise.

① for fun
② for exercise
③ for hobby
④ for self-improvement

13 • self-improvement 자기계발

해석

A : 너는 운동으로 뭐해?
B : 나 요즘 기타 치는 것을 배우고 있어.
A : 와우, 멋진데! 그런데 그건 운동이 아니잖아.

14

A : How was your trip?
B : It was good. ___________

① I wish you were coming to the party.
② I wish you had come to the party.
③ I wish you had traveled with me.
④ I wish you traveled with me.

14 해설

과거의 일에 대한 아쉬움을 표현하고 있으므로, 가정법 과거완료 형태가 적절하다.

- I wish + 가정법 과거 : 현실에서 일어날 수 없거나 현실과 반대
- I wish + 가정법 과거완료 : 과거 사실의 반대

해석

A : 여행은 어땠어?
B : 좋았어. 너도 같이 여행을 갔으면 좋았을 텐데.

정답 13 ② 14 ③

15

> A : How are you these days? I'm so busy with work.
> B : I've been busy lately. But you didn't forget our ___________, did you?
> A : Of course not. We were supposed to eat something delicious together. Which restaurant should we go to?
> B : I heard there's a newly opened restaurant, so how about we go there?

① contract we made last month
② trip we were supposed to
③ profit we agreed to split
④ promise we made last month

16

> A : My co-worker recommended this restaurant.
> B : I see, but I don't think this restaurant service is very good.
> A : I didn't get my order yet. It takes so long.
> B : The seats are uncomfortable. Overall, this restaurant is ___________.

① not where we booked
② not where we've been
③ where we expected it to be
④ not where we expected it to be

15 해설
① 지난달 우리가 한 계약
② 우리가 가기로 한 여행
③ 우리가 나누기로 한 수익

해석
A : 요즘 어때? 나는 회사 일로 너무 바쁘네.
B : 나도 요즘 바빴어. 그래도 지난달에 한 우리 약속은 잊지 않았지?
A : 당연하지. 같이 맛있는 거 먹기로 했잖아. 어느 식당으로 갈까?
B : 새로 오픈한 식당이 있다는데, 거기 가는 게 어때?

16 해설
① 우리가 예약한 곳이 아니야.
② 우리가 와본 곳이 아니야.
③ 우리가 기대한 곳이야.
④ 우리가 기대한 곳이 아니야.

해석
A : 회사 동료가 이 식당을 추천했어.
B : 그랬구나, 그런데 이 식당 서비스는 그다지 좋은 것 같지는 않아.
A : 내가 주문한 음식은 아직도 안 나왔어. 진짜 너무 오래 걸린다.
B : 의자가 편하지 않아. 전반적으로 이 식당은 우리가 기대한 곳이 아니야.

정답 15 ④ 16 ④

17 • integration 통합; 완성, 집성
• comparison 비교, 대조
• thoroughly 대단히, 완전히, 철저히, 철두철미하게
• fabrication 제작, 구성; 조립

해석

발견과 발명은 서로 밀접하게 연관되어 있다. 발명은 이미 발견된 것들의 통합이며, 발명의 도움으로 우리는 새로운 발견을 한다. 발견은 이미 존재했지만 결코 인식되지 않았던 어떤 것을 탐색하고 탐구하는 행위이다. 한편, 이전에 존재하지 않았던 물건이나 과정을 자신의 아이디어와 개발로 창조하거나 설계하는 것을 발명이라고 한다. 발견과 발명의 차이는 우리가 기본을 더 잘 이해하고 그 비교를 철저히 알 수 있게 도와준다. 이제 발견과 발명의 차이가 무엇인지 이해해 보자. 우리는 발견을 이미 존재하는 어떤 것을 새로운 것으로 인식하는 것으로 정의할 수 있다. 발견은 보통 우리가 어떤 것을 처음으로 찾았을 때 발생한다. 우리는 발명을 자신의 지식, 노력, 기술을 통해 새로운 것을 창조하는 것으로 정의할 수 있다. 발명은 현대 세계에서 자신만의 용도와 기능을 가질 수 있는 완전히 새로운 것을 만들어 내는 것이다.

정답 17 ③

17

Discovery and invention work hand in hand. ___(A)___ are an integration of things, which have already been discovered, and with the help of ___(A)___, we make new discoveries. ___(B)___ are the act of searching for and exploring something, that already existed but was never recognized. On the other hand, the creation or designing of an item or a process that has never existed before, with its own ideas and developments is known as an invention. The difference between discovery and invention can help us to understand the basics better and know their comparisons thoroughly. Let us now understand what the difference between discovery and invention is. We can define ___(B)___ as the recognition of something that already exist as something new. Discoveries usually occur when we find something for the first time ever. We can define invention as the creation of something new through one's knowledge, hard work, and skills. The invention is the fabrication of something entirely new that can have its own uses and functions in the modern world.

	(A)	(B)
①	discovery	inventions
②	discover	inventing
③	inventions	discoveries
④	inventor	discover

18

In the study of the ancient world, a city is generally defined as a large, populated urban center of commerce and administration with a system of laws and, usually, regulated means of sanitation. Walled cities were common throughout Mesopotamia. Emperors began constructing the walls ___(A)___ invaders, and the walls meaned emperors' ___(B)___ dominant position. The walls of the city were equally considered a hallmark of that site.

	(A)	(B)
①	to keep out	occupied
②	to keep out	occupying
③	keeping out	occupied
④	keeping out	occupying

19 빈칸에 공통으로 들어갈 말로 가장 적절한 것은?

- The girl is wearing a raincoat _______ a rainy day.
- The lungs help frogs use their mouths and noses to breathe _______ land.
- It won't go _______ beyond midnight.

① in
② on
③ of
④ at

18
- populated urban center 인구가 많은 도시 중심
- commerce and administration 상업 및 행정
- regulate 규정하다; 통제(단속)하다, 조절하다, 정리하다
- sanitation (공중) 위생; 위생 시설(의 개선)
- hallmark (전형적인) 특징(특질)

해설
- keep out : 출입을 금지하다, 막다
- to keep out : 막기 위해 (to 부정사의 부사적 용법 중 목적)
- occupy : 차지하다, 점령하다.
- 현재분사 'occupying'은 능동의 의미를 담고 형용사의 기능을 한다. '우세한 지역(dominant position)을 점령하는'의 의미가 되기 위해 현재분사 'occupying'이 적합하다.

해석

고대 세계에 대한 연구에서, 도시는 일반적으로 법의 체계와 주로 정리된 위생 수단이 있는 상업과 행정의 큰 인구 도시 중심지로 정의된다. 성벽으로 둘러싸인 도시는 메소포타미아 전역에 걸쳐 흔했다. 황제들은 침략자들을 막기 위해 성벽을 건설하기 시작했고, 성벽은 황제들이 점령한 지배적인 위치를 의미했다. 도시의 성벽은 똑같이 그 장소의 특징으로 여겨졌다.

19

해설
- on ~ : (요일·날짜·때를 나타내어) ~에
- on land : 육지에서, 땅 위에서
- go on : (어떤 상황이) 계속 되다

해석
- 소녀가 비 오는 날에 비옷을 입고 있다.
- 폐는 개구리들이 입과 코를 이용하여 땅 위에서 호흡할 수 있게 도와줍니다.
- 자정 이후까지 계속되지는 않을 것이다.

정답 18 ② 19 ②

※ 두 문장의 의미가 같도록 할 때, 빈칸에 들어갈 말로 가장 적절한 것을 고르시오. (20 ~ 21)

20

He was foolish to believe that.
→ __________ to believe that.

① That was foolish for him
② That was foolish of him
③ It was foolish of him
④ It was foolish for him

21

She said, "I don't want to go."
→ She said that __________.

① I didn't want to go
② I don't want to go
③ she doesn't want to go
④ she didn't want to go

※ 밑줄 친 부분의 의미와 가장 가까운 것을 고르시오. (22 ~ 25)

22

He looked <u>blue</u> after he broke up with his girlfriend.

① embarrassed
② confident
③ relieved
④ depressed

20 **해설**

가주어/진주어 구문은 주어가 길어지면 가주어 it을 앞으로 두고 동사 뒤로 진주어를 보낸다.

- It + is + 형용사(사람 성격) + of + 목적격
- It + is + 형용사(사물의 특징) + for + 목적격

제시된 문장은 foolish(사람의 성격)이므로 of + 목적격이 적절하다.

해석

그는 그것을 믿을 만큼 어리석었다.

21 **해설**

직접화법을 간접화법으로 전환하는 문제이다. 전달 동사 said는 그대로 쓰고 직접화법 문장을 that 절로 변경한다. that 절의 인칭대명사를 전달자의 관점에서 적절한 대명사로 바꾸고 시제도 일치시킨다. 제시된 문장에서 I가 she로 바뀌고 시제가 전달 동사의 과거시제와 일치된 ④가 적절하다.

해석

그녀는 "나는 가고 싶지 않아."라고 말했다.

22

- blue (사람 · 기분이) 우울한; (형세 따위가) 비관적인
- embarrassed 거북(무안)한, 당혹스러운, 난처한; 쩔쩔매는
- confident 확신하는
- relieved 안도하는
- depressed 우울한, 풀이 죽은, 의기소침한

해석

그는 여자친구와 헤어지고 <u>우울해</u> 보였다.

정답 20 ③ 21 ④ 22 ④

23

I'm all booked up this afternoon. What about meeting together next week if you have time?

① extremely sick
② extremely busy
③ extremely irritating
④ extremely sleepy

23
- be booked up 몹시 바쁘다
- irritating 초조하게 하는, 약 올리는, 화나게 하는

해석
오늘 오후에 나는 몹시 바빠. 시간이 있으면 다음 주에 만나는 건 어때?

24

What careers are you interested in?

① jobs
② businesses
③ possessions
④ corporations

24
- career 직업
- business 사업, 장사
- possession 소지품, 소유
- corporation 기업, 회사

해석
어떤 직업에 관심이 있으십니까?

25

I'm looking for some temporary work.

① familiar
② superfluous
③ provisional
④ apparent

25
- temporary 일시의, 잠깐의, 순간의, 덧없는
- familiar 익숙한
- superfluous 남는, 여분의, 과잉의; 불필요한
- provisional 임시의, 일시적인
- apparent 명백한

해석
저는 뭔가 임시로 할 수 있는 일을 찾고 있어요.

정답 23 ② 24 ① 25 ③

※ 어법상 가장 적절하지 않은 것을 고르시오. (26 ~ 27)

26

The belief that we swallow (A) <u>an average</u> of eight spiders (B) <u>in our sleep</u> every year (C) <u>have become</u> (D) <u>so ingrained</u> in popular culture that many people now accept it as fact.

① (A)
② (B)
③ (C)
④ (D)

27

(A) <u>When</u> I visit Seoul next month, I should think about (B) <u>what</u> to do while staying at the accommodation (C) <u>where</u> (D) <u>you recommended</u>.

① (A)
② (B)
③ (C)
④ (D)

26 • swallow 삼키다
• ingrained 뿌리 깊은, 깊이 몸에 밴

해설
주어가 The belief(단수)이기 때문에 본동사는 수를 일치시킨 has가 적절하다.

해석
우리가 매년 평균 8마리의 거미를 잠결에 삼킨다는 믿음이 대중문화에 너무 깊이 새겨져 많은 사람들이 이제는 사실로 받아들이고 있습니다.

27 **해설**
관계부사 where는 뒤에 완전한 문장이 온다. 제시문에서 where 뒤의 you recommended는 목적어가 없는 불완전한 문장이므로, 목적어 기능의 관계대명사가 와야 한다. 따라서 관계대명사 that이 관계부사 where 대신에 와야 적절하다.

해석
내가 다음 달에 서울을 방문하면, 당신이 추천해 준 숙소에 머물면서 무엇을 할지 고민해야겠어.

정답 26 ③ 27 ③

28 다음 제시문의 제목으로 가장 적절한 것은?

While air pollution is often perceived as a local or regional problem, air pollution also has a global dimension. At least three aspects of air pollution as a global problem can be distinguished: 1) the long-range transport of air pollution emitted in one country can affect people and the environment of another country; 2) there are similar air pollution problems in different countries that can be solved using the same measures; and 3) the implementation of national policies might have implications for other countries in so far as they can lead to shifting environmental problems to another country. In addition, air pollution is the central link in the interaction between ozone, nitrogen, climate change and ecosystems, which increasingly requires an integrated approach to environmental policymaking, also beyond the UNECE region.

It is a time when international cooperation is urgently needed for future generations, away from the armchair argument. Addressing these pollution problems requires cooperation at the scientific and the policy level, including with other countries and regions. This also includes working with organizations and networks within the UN system and beyond to increase synergies and coordination and enhance outreach and information sharing.

① Three aspects of air pollution
② The history of UNECE Convention
③ International Cooperation on Air Pollution
④ Transboundary Air Pollution Problem

28
- emit (빛・열・냄새・소리 따위를) 내다, 발하다, 방출하다, 방사하다.
- armchair argument 탁상공론
- UNECE(United Nations Economic Commission for Europe) UN 유럽 경제 위원회
- fora forum의 복수
- ascertain 확인하다; 규명하다
- transboundary 국경을 넘는

해설

① 대기오염의 세 가지 측면
② UN 유럽 경제 위원회 회의의 역사
③ 대기오염에 대한 국제적인 협력
④ 국경을 넘는 대기오염 문제

해석

대기 오염은 종종 지역적 또는 지방적 문제로 인식되는 반면, 대기 오염은 또한 세계적인 측면도가지고 있다. 세계적인 문제로서 대기 오염은 적어도 세 가지 측면으로 구별될 수 있다: 1) 한 국가에서 배출되는 대기 오염의 장거리 이동으로 인해 다른 국가의 사람들과 환경에 영향을 미칠 수 있다; 2) 동일한 조치를 사용하여 해결할 수 있는 다른 국가들 간의 유사한 대기 오염 문제가 있다; 그리고 3) 국가 정책의 실행은 환경 문제를 다른 국가로 이동시키는 것으로 이어질 수 있는 한 다른 국가에 영향을 미칠 수 있다. 게다가 대기 오염은 오존, 질소, 기후 변화 및 생태계 간의 상호 작용에서 중심적인 연결 고리이며, 이는 또한 UNECE 지역을 넘어 환경 정책 결정에 대한 통합적인 접근을 점점 더 요구하고 있다.

탁상공론에서 벗어나 무엇보다도 미래 세대를 위하여 국제적인 협력이 절실한 때이다. 이러한 오염 문제를 해결하기 위해서는 다른 국가 및 지역을 포함한 과학 및 정책 수준의 협력이 필요하다. 이것은 또한 시너지 효과와 조정력을 높이고 봉사활동과 정보 공유를 강화하기 위해 유엔 시스템 안팎의 조직 및 네트워크와 협력하는 것을 포함한다.

정답 28 ③

29 다음 글의 주제로 가장 적절한 것은?

> The term "intestate" refers to the situation where a person passes away without a valid will. When this happens, no legal document outlines how the deceased person wanted their assets and property to be distributed. If you want to ensure your assets are distributed according to your wishes and minimize complications for your loved ones, creating a will is crucial. What Does 'Intestate Succession' Mean? 'Intestate succession' is the legal process through which a deceased person's estate is distributed when they die without a will or if their will does not fully dispose of their estate. This process is governed by the specific state intestacy laws where the deceased lived or where the property is located. These laws provide a default scheme for distributing the deceased's assets, typically favoring close relatives. The rules of intestate succession aim to reflect how an average person might have intended their assets to be distributed among their family members. However, since these laws apply a one-size-fits-all approach, they might not always align with the deceased's wishes or the dynamics of their family relationships.

① The meaning and the procedure of intestate succession
② The distribution ratio of intestate succession
③ The state regulation of personal property
④ The importance of a will in death

29
- Intestate 유언장을 남기지 않은
- estate 재산
- intestate succession 무유언 상속
- intestacy 무유언 사망자의 유산
- one-size-fits-all 널리(두루) 적용되도록 만든

해설

① 무유언 상속의 의미와 절차
② 무유언 상속의 분배 비율
③ 개인 재산에 대한 국가의 규제
④ 사망 시 유언의 중요성

해석

"Intestate"이라는 용어는 사람이 유효한 유언 없이 사망하는 상황을 가리킨다. 이렇게 되면 사망자가 어떻게 재산과 재산을 분배받기를 원했는지에 대한 법적 문서가 작성되지 않는다. 자산이 원하는 대로 분배되기를 보장하고 사랑하는 사람들의 문제를 최소화하고 싶다면 유언장을 만드는 것이 중요하다. '무유언 상속'이란 무엇을 의미하는가? '무유언 상속'은 유언 없이 사망하거나 유언으로 재산을 완전히 처분하지 않은 경우에 사망자의 재산을 분배하는 법적 절차이다. 이 절차는 사망자가 거주했거나 사망자의 재산이 위치한 특정 주의 무유언상속법에 따라 결정된다. 이 법들은 일반적으로 가까운 친척들을 선호하여 사망자의 재산을 분배하는 기본 계획을 제공한다. 무유언 상속의 법칙은 보통 사람이 자신의 재산을 가족들 사이에 어떻게 분배할 것인지를 반영하는 것을 목표로 한다. 하지만 이 법칙들은 두루두루 적용되는 접근법을 적용하기 때문에 고인의 뜻이나 가족 관계의 역동성과 항상 일치하지 않을 수 있다.

정답 29 ①

※ 다음 글을 읽고 내용과 일치하는 것을 고르시오. (30 ~ 31)

30

The genomics-based concept of precision medicine began to emerge following the completion of the Human Genome Project. In contrast to evidence-based medicine, precision medicine will allow doctors and scientists to tailor the treatment of different subpopulations of patients who differ in their susceptibility to specific diseases or responsiveness to specific therapies. The current precision medicine model was proposed to precisely classify patients into subgroups sharing a common biological basis of diseases for more effective tailored treatment to achieve improved outcomes. Precision medicine has become a term that symbolizes the new age of medicine. In our view, for precision medicine to work, two essential objectives need to be achieved. First, diseases need to be classified into various subtypes. Second, targeted therapies must be available for each specific disease subtype. Therefore, we focused this review on the progress in meeting these two objectives.

① Precision medicine is related with evidence-based medicine.
② Precision medicine treat different subpopulations of patients.
③ Targeted therapies cannot be available for each specific disease subtype.
④ The evidence-based medicine symbolizes the new age of medicine.

30
- genomics 유전체학, 게놈학
- precision medicine 정밀 의학
- Human Genome Project 휴먼 게놈 프로젝트, 인간 유전체 규명 계획
- evidence-based medicine 증거 중심 의학, 증거 바탕 의학
- subpopulation 소집단, 하위 집단, 일부의 사람들
- susceptibility 민감성
- subtype 하위 유형
- targeted therapy 표적 치료, 표적 치료제

해설

① 정밀 의학은 증거 기반 의학과 관련이 있다.
② 정밀 의학은 환자의 하위 집단을 치료한다.
③ 표적 치료제는 특정 질병의 하위 유형에 유효하지 않다.
④ 증거 기반 의학은 의학의 새로운 시대를 상징한다.

해석

유전체학을 기반으로 한 정밀 의학의 개념은 인간 유전체 규명 프로젝트가 완료된 이후 등장하기 시작했다. 증거 기반 의학과 달리, 정밀 의학은 의사와 과학자가 특정 질병에 대한 감수성 또는 특정 치료에 대한 반응에 차이가 있는 환자 집단을 대상으로 치료를 맞춤화할 수 있게 한다. 현재의 정밀 의학 모델은 질병의 공통적인 생물학적 기반을 공유하는 하위 집단으로 환자를 정확하게 분류하여 더 효과적인 맞춤형 치료를 통해 더 나은 결과를 얻기 위해 제안되었다. 정밀 의학은 의학의 새로운 시대를 상징하는 용어가 되었다. 우리가 보기에, 정밀 의학이 이루어지기 위해서는 두 가지 필수적인 목표가 달성되어야 한다. 첫째, 질병은 다양한 하위 유형으로 분류되어야 한다. 둘째, 특정 질병 하위 유형별로 표적 치료제가 제공되어야 한다. 따라서 우리는 이 두 가지 목표를 달성하는 과정에 초점을 맞추었다.

정답 30 ②

31

The term Renaissance, literally meaning "rebirth", refers to the profound cultural and intellectual movement that emerged in Europe during the 14th to the 17th century. This period is characterized by a resurgence of interest in the classical art, literature, and philosophy of ancient Greece and Rome. It was a time of great creativity and change in many areas, including art, science, and politics, which collectively contributed to the shaping of the modern world.

The Renaissance is often viewed as a bridge between the Middle Ages and the modern era, marking a departure from the feudal and religious constraints of medieval society. It fostered a new spirit of humanism, which emphasized the potential for individual achievement and the critical study of the humanities—grammar, rhetoric, history, poetry, and moral philosophy—as a means to understand human nature and the world.

The Renaissance began in Italy in the 14th century and gradually spread to the rest of Europe, reaching its zenith in the 15th and 16th centuries. While Italy remained the heartland of the movement, the Renaissance had a significant impact on countries such as France, England, the Netherlands, Germany, and Spain. Each region developed its own distinct flavor of Renaissance culture, influenced by local traditions and conditions.

① Renaissance refers to the movement that emerged in Asia.

② Renaissance is viewed as a bridge between the ancient and middle ages.

③ Renaissance began in England in the 14th century.

④ Renaissance reached its zenith in the 15th and 16th centuries.

31
- resurgence 재기, 부활
- feudal 봉건(제도)의; 봉건 시대의, 중세의
- zenith 정점, 절정; 전성기

해설

① 르네상스는 아시아에서 출현한 운동이다.

② 르네상스는 고대와 중세 사이의 가교로 여겨진다.

③ 르네상스는 14세기 영국에서 시작되었다.

④ 르네상스는 15세기와 16세기에 그 절정에 도달했다.

해석

문자 그대로 "재탄생"을 의미하는 르네상스라는 용어는 14세기에서 17세기 사이 유럽에서 출현한 심오한 문화적 · 지적 운동을 가리킨다. 이 시기는 고대 그리스와 로마의 고전 예술, 문학, 철학에 대한 관심의 부활로 특징지어진다. 그것은 현대 세계의 형성에 총체적으로 기여한 예술, 과학, 정치를 포함한 많은 영역에서 창조성과 변화가 큰 시기였다.

르네상스는 중세 사회의 봉건적이고 종교적인 제약으로부터 벗어남을 나타내며, 흔히 중세와 현대 시대 사이의 가교로 여겨진다. 그것은 개인적인 성취의 가능성과 인간의 본성과 세계를 이해하기 위한 수단으로서 인문학–문법, 수사학, 역사, 시, 도덕 철학–에 대한 비판적인 연구를 강조하는 새로운 휴머니즘 정신을 육성했다.

르네상스는 14세기에 이탈리아에서 시작되었고 15세기와 16세기에 절정에 달하면서 점차 유럽의 나머지 지역으로 퍼져나갔다. 이탈리아가 그 운동의 중심지이긴 하지만, 르네상스는 프랑스, 영국, 네덜란드, 독일, 스페인과 같은 나라들에 중요한 영향을 미쳤다. 각 지역은 현지 전통과 조건에 의해 영향을 받아 르네상스 문화의 독특한 특색을 발전시켰다.

정답 31 ④

※ 다음 문장을 영어로 가장 적절하게 바꾼 것을 고르시오. (32 ~ 33)

32

너무 더워서 에어컨을 켰어.

① It was so hot that I turned on the air-conditioner.
② It was too hot to turn on the air-conditioner.
③ It was hot enough turn on the air-conditioner.
④ It was very hot that I turned on the air-conditioner.

32 해설

so + 형용사/부사 + that + 주어 + 동사 : 너무 ~ 해서 … 하다. (= 형용사/부사 + enough + to 부정사)
so that ~ : ~하기 위해서
예 I studied hard so that I could pass the exam. (나는 그 시험에 합격하기 위해서 열심히 공부했다.)
② too ~ to … : 너무 ~해서 …할 수 없다.
③ 'enough + to 부정사'에서 to가 빠졌기 때문에 부적절하다.

33

Kate는 John에 대해 어떻게 생각하니?

① Does Kate think of John?
② Does Kate think about John?
③ What does Kate think about John?
④ How does Kate think through John?

33 해설

어떻게 생각해요?
• What do you think of(about) ~?
• How do you feel about ~?

정답 32 ① 33 ③

34 다음 내용에서 언급한 어원학의 연구 내용이 아닌 것은?

For languages with a long written history, etymologists make use of texts, and texts about the language, to gather knowledge about how words were used during earlier periods, how they developed in meaning and form, or when and how they entered the language. Etymologists also apply the methods of comparative linguistics to reconstruct information about forms that are too old for any direct information to be available. By analyzing related languages with a technique known as the comparative method, linguists can make inferences about their shared parent language and its vocabulary. In this way, word roots in many European languages, for example, can be traced all the way back to the origin of the Indo-European language family.

Etymologists apply a number of methods to study the origins of words, some of which are:

- Philological research : Changes in the form and meaning of the word can be traced with the aid of older texts, if such are available.
- Making use of dialectological data : The form or meaning of the word might show variations between dialects, which may yield clues about its earlier history.
- Comparative method : By a systematic comparison of related languages, etymologists may often be able to detect which words derive from their common ancestor language and which were instead later borrowed from another language.
- The study of semantic change : Etymologists must often make hypotheses about changes in the meaning of particular words. Such hypotheses are tested against the general knowledge of semantic shifts.

34 **해석**

긴 기록된 역사를 가진 언어의 경우, 어원학자들은 단어가 과거에 어떻게 사용되었는지, 의미와 형태가 어떻게 발전했는지, 또는 언제 그리고 어떻게 언어에 도입되었는지에 대한 지식을 수집하기 위해 텍스트와 언어에 관한 텍스트를 활용한다. 어원학자들은 또한 어떤 직접적인 정보로 이용되기에는 너무 오래된 형태에 대한 정보를 재구성하기 위해 비교언어학의 방법을 적용한다. 비교연구법이라고 알려진 기술로 관련 언어를 분석함으로써, 언어학자들은 그들의 공유된 모어와 그 어휘에 대해 추론할 수 있다. 이러한 방식으로, 예를 들어, 많은 유럽 언어들의 어원은 인도-유럽어족의 기원으로 거슬러 올라갈 수 있다.

어원학자들은 단어의 기원을 연구하기 위해 여러 가지 방법을 적용하는데, 그 중 일부는 다음과 같다:

- 문헌 연구 : 단어의 형태와 의미의 변화는 이용 가능한 오래된 텍스트의 도움으로 추적될 수 있다.
- 방언학적 자료 : 단어의 형태나 의미는 방언 간에 차이를 보일 수 있으며, 이는 초기 역사에 대한 단서를 제공할 수 있다.
- 비교연구법 : 관련 언어들의 체계적인 비교에 의해, 어원학자들은 어떤 단어들이 그들의 공통된 조상 언어에서 유래하고 어떤 단어들이 나중에 다른 언어에서 차용되었는지를 종종 발견할 수 있을지도 모른다.
- 의미 변화에 대한 연구 : 어원학자들은 특정 단어의 의미 변화에 대한 가설을 세워야 한다. 그러한 가설은 의미 변화에 대한 일반적인 지식을 바탕으로 검증된다.

① Determining which language is dominant and which language is inferior
② Comparing related languages from shared parent language and its vocabulary
③ Exploring the form or meaning of the word for dialectological data
④ Providing hypotheses about changes in the meaning of particular words

• etymologist : 어원학자
• philological : 문헌의
• dialectological : 방언학의
• semiotics : 기호(언어)학
• semantics : 의미론

해설
① 우세언어와 열등언어를 결정
② 공유 모어 및 그 어휘와 관련된 언어들의 비교
③ 방언학의 자료에 대한 단어의 형태나 의미 탐색
④ 특정 단어의 의미 변화에 대한 가설 제시

정답 34 ①

※ 다음 글을 읽고 물음에 답하시오. (35 ~ 36)

Social science is the study of how people interact with one another. The branches of social science include anthropology, economics, political science, psychology, and sociology. Social scientists study how societies work, exploring everything from the triggers of economic growth and the causes of unemployment to what makes people happy. Their findings inform public policies, education programs, urban design, marketing strategies, and many other endeavors.
Social science involves academic disciplines that focus on how individuals behave within society. Social science is a relatively new field of scientific study that rose to prominence in the 20th century. Typical careers in social science include working as an advertiser, economist, psychologist, teacher, manager, and social worker.
Social scientists generally rely more heavily on interpretation and qualitative research methodologies than those in the natural sciences do. Social science as a field of study is separate from the natural sciences, which covers topics such as physics, biology, and chemistry. Social science examines the relationships between individuals and societies as well as the development and operation of societies, rather than focusing on the physical world.

35 ~ 36

해석

사회과학은 사람들이 서로 어떻게 상호작용하는지를 연구하는 학문이다. 사회과학의 파생 영역은 인류학, 경제학, 정치학, 심리학, 사회학을 포함한다. 사회과학자들은 경제 성장의 원인과 실업의 원인부터 사람들을 행복하게 만드는 것까지 모든 것을 탐구하면서 사회가 어떻게 돌아가는지를 연구한다. 그들의 연구 결과는 공공 정책, 교육 프로그램, 도시 디자인, 마케팅 전략 등 많은 다양한 시도에 영향을 미친다.
사회과학은 개인이 사회 내에서 어떻게 행동하는지에 초점을 맞춘 학문 분야를 포함한다. 사회과학은 20세기에 두각을 나타낸 비교적 새로운 과학 연구 분야이다. 사회과학의 전형적인 경력에는 광고인, 경제학자, 심리학자, 교사, 관리자 및 사회복지사로 일하는 것이 포함된다.
사회과학자들은 일반적으로 자연과학자들보다 해석과 질적 연구 방법론에 더 많이 의존한다. 학문 분야로서의 사회과학은 물리학, 생물학, 화학과 같은 주제를 다루는 자연과학과는 별개이다. 사회과학은 물리적 세계에 초점을 맞추기보다는 사회의 발전과 운영뿐만 아니라 개인과 사회의 관계를 분석한다.

35 주어진 글의 제목으로 가장 적절한 것은?

① Careers in Social Science
② The examples of Social Science
③ The methodology of Social Science
④ The understanding of Social Science

35
- anthropology 인류학, 인간학
- trigger (총의) 방아쇠; (연쇄 반응 · 생리 현상 · 일련의 사건 등을 유발하는) 계기, 자극
- prominence 두드러짐, 현저, 탁월
- qualitative research 질적 연구

해설
① 사회과학에서 직업들
② 사회과학의 예들
③ 사회과학의 방법론
④ 사회과학의 이해

36 주어진 글에서 social science에 대한 설명으로 가장 적절한 것은?

① 사회과학은 자연과학의 일부이다.
② 사회과학은 19세기에 두각을 나타낸 연구 분야이다.
③ 사회과학자들은 양적 연구 방법론에 더 많이 의존한다.
④ 사회과학은 사람들이 서로 어떻게 상호작용하는지를 연구하는 학문이다.

36 해설
① 사회과학은 자연과학과는 별개이다.
② 사회과학은 20세기에 두각을 나타낸 연구 분야이다.
③ 사회과학자들은 질적 연구 방법론에 더 많이 의존한다.

정답 35 ④ 36 ④

※ 다음 글을 읽고 물음에 답하시오. (37 ~ 38)

Amnesty has often been used as a means of healing animosities and divisions caused by war. After the American Civil War, President Andrew Johnson granted amnesty to most Southerners who had fought against the Union. His General Amnesty Proclamation, issued in 1865, granted amnesty to many supporters of the Southern Confederacy; and his Universal Amnesty in 1868 did the same for all but 300 Confederates.
Amnesty is closely related to another legal term, the pardon; in fact they are often used interchangeably. They are not quite the same, however. The pardon is normally used for a person who has been convicted of a crime. The chief executive officer of a country or state, such as the president or a governor, may pardon a criminal or may prevent an offender from being prosecuted.
The most famous pardon in United States history occurred on September 8, 1974. President Gerald R. Ford pardoned former President Richard M. Nixon "for all offenses which he, Richard Nixon, has committed or may have committed or taken part in" during his terms of office. Both the president and the Congress have the power of amnesty, but only the president has the power to grant a pardon.

37 ~ 38

해석

사면(amnesty)은 종종 전쟁으로 인한 적대감과 분열을 치유하는 수단으로 사용되었다. 미국의 남북전쟁 이후, 앤드류 존슨 대통령은 미 연방에 맞서 싸운 대부분의 남부 사람들에게 사면(amnesty)을 해주었다. 1865년에 발표된 그의 일반 사면(amnesty) 포고령은 남부 연합의 많은 지지자들에게 사면(amnesty)을 해주었고, 1868년에 그의 보편적 사면(amnesty)은 300명의 남부 연합을 제외한 모든 사람들에게 똑같은 조치를 해주었다.
사면(amnesty)은 다른 법률 용어인 사면(pardon)과 밀접하게 관련되어 있다; 사실 그것들은 자주 혼용되어 사용된다. 그러나 그것들은 완전히 같지는 않다. 사면(pardon)은 보통 범죄로 유죄판결을 받은 사람에게 사용된다. 대통령이나 주지사와 같은 국가나 주의 최고 행정 책임자는 범죄자를 사면(pardon)하거나 범죄자가 기소되는 것을 막을 수 있다.
미국 역사에서 가장 유명한 사면(pardon)은 1974년 9월 8일에 발생했다. 제럴드 R. 포드 대통령은 리차드 닉슨 전 대통령이 재임 기간 동안 "그가 저질렀거나 가담했을 수 있는 모든 범죄에 대해" 사면(pardon)했다. 대통령과 의회 모두 사면(amnesty)의 권한을 가지고 있지만, 오직 대통령만이 사면(pardon)을 할 수 있는 권한을 가지고 있다.

37 주어진 글의 주제로 가장 적절한 것은?

① Legal measures for healing after conflict
② Comparing amnesty and pardon in U.S.
③ Presidential decision in post-war reconciliation
④ The powers of the congress in legal forgiveness

37
- amnesty 사면
- Proclamation 선언, 포고
- Confederacy 동맹, 연합(league); 연합체, 연맹국, 동맹국, 연방
- prosecute 해내다, 수행하다
- pardon 사면

해설
① 적대감과 분열을 치유하는 법적 수단
② 미국의 사면(amnesty)과 사면(pardon) 비교
③ 전후 화해 시 대통령의 결정
④ 법적 용서에 있어서 의회의 권한

38 다음 빈칸 안에 들어갈 말로 가장 적절한 것은?

> The most famous pardon occurred on September 8th, 1974, _______ President pardoned former President.

① that
② which
③ when
④ where

38 **해설**
when은 시간이 선행사로 나올 때 사용하는 관계부사이다.
- The most famous pardon occurred on September 8th, 1974.
- President pardoned former President then

→ The most famous pardon occurred on September 8th, 1974, when President pardoned former President. (가장 유명한 사면은 대통령이 전 대통령을 사면한 1974년 9월 8일에 발생했다)

정답 37 ② 38 ③

※ 다음 글을 읽고 물음에 답하시오. (39 ~ 40)

Good morning, ladies and gentlemen. Welcome to Airline X flight.
We are now just a few minutes away from an on-time departure. Before take-off, I would like to inform you of a few things for your safety.
Please fasten your seat belt and return your seat to the upright position. For your safety, please place your carry-on items in the overhead bins or under the seat in front of you.
Smoking and the use of electronic cigarettes are not possible anywhere on board. For other details, please check the information provided or the flight attendant's information.
Thank you very much for choosing Airline X again today. We will do our best to ensure that you always travel safely and comfortably. Thank you.

39 주어진 글의 목적으로 가장 적절한 것은?

① To explain the aircraft in detail
② To explain the precautions for landing
③ To guide the departure of the plane
④ To promote the airline

40 주어진 글에서 '기내 금지 행위'로 언급한 것은 무엇인가?

① Using electronic devices
② Smoking (including e-cigarettes)
③ Bring and eating outside food
④ Conversing loudly with neighbors

39 ~ 40

해석

승객 여러분, 안녕하십니까. Airline X 항공편에 오신 것을 환영합니다.
저희 비행기는 곧 정시에 이륙할 예정입니다. 이륙 전, 승객 여러분의 안전을 위해 몇 가지 사항을 안내드립니다.
먼저 안전벨트를 착용해 주시고, 좌석을 원위치로 되돌려 주시기 바랍니다. 여러분의 안전을 위해 기내 반입 물품은 머리 위 짐칸이나 앞좌석 아래에 보관해 주십시오.
기내에서는 흡연과 전자담배 사용이 불가능합니다. 기타 자세한 사항은 비치된 안내문이나 승무원의 안내를 참조해 주시기 바랍니다.
다시 한 번 저희 Airline X를 이용해 주셔서 진심으로 감사드리며, 승객 여러분의 편안하고 안전한 여행을 위해 최선을 다하겠습니다. 감사합니다.

39 해설

① 항공기에 대해 자세히 설명하기 위해
② 착륙 시 주의 사항 설명을 위해서
③ 비행기 출발 안내를 위해서
④ 항공사 광고를 하기 위해서

40 해설

① 전자기기 사용
② 흡연 (전자담배 포함)
③ 외부 음식 반입 및 취식
④ 옆 사람과의 시끄러운 대화

정답 39 ③ 40 ②

2023년 기출복원문제

▶ 온라인(www.sdedu.co.kr)을 통해 기출문제 무료 강의를 만나 보세요.

※ 다음 중 빈칸에 들어갈 말로 가장 적절한 것을 고르시오. (01 ~ 10)

01

They _______ it with water and spray it on fields of wheat, lettuce and carrots to keep bugs away.

① dilute
② convert
③ erode
④ dissolve

01 • dilute 희석하다
• convert 전환시키다[전환되다], 개종자, 전향자
• erode 침식시키다[침식되다], 무너지다[무너뜨리다]
• dissolve 녹다, (고체를) 녹이다

해석

그들은 그것을 물에 희석시키고 밀, 상추, 당근 밭에 그것을 뿌려 벌레들을 쫓는다.

02

Thanks to a large gift from an _______ donor, the charity was able to continue the work.

① angry
② respectful
③ famous
④ anonymous

02 • angry 화난, 벌겋게 곪은
• respectful 존경심을 보이는, 공손한
• famous 유명한
• anonymous (글・기부 등이) 익명으로 된, 특색 없는

해석

익명의 기부자가 보낸 큰 선물 덕분에 그 자선 기관은 그 사업을 계속할 수 있었다.

정답 01 ① 02 ④

03

He was on the verge of being _______ on the street because his company went bankrupt.

① put out
② hand in
③ put off
④ turn on

03
- on the verge of 막 ~하려고 하는, ~의 직전에
- bankrupt 파산자, 파산한
- put out 내쫓다, (불을) 끄다, 생산하다, 출판하다
- hand in 제출하다, 건네주다
- put off 연기하다
- turn on 틀다, 점화하다

해석
그는 회사가 망해서 길거리에 나앉을 지경이었다.

04

They've had to dispense _______ a lot of luxuries since Mike lost his job.

① at
② of
③ to
④ with

04
- dispense with ~을 필요 없이 하다, 면제시키다, 없애다

해석
마이크가 실직한 이후 그들은 많은 사치품 없이 지내야만 했다.

05

Humans take _______ oxygen and breathe out carbon dioxide.

① in
② of
③ for
④ with

05
- take in (몸속으로) ~을 섭취[흡수]하다

해석
인간은 산소를 들이마시고 이산화탄소를 내뿜는다.

정답 03 ① 04 ④ 05 ①

06

_________ he's only just started, he knows quite a lot about it.

① considered
② considering
③ to consider
④ considers

06 • considering ~을 고려[감안]하면

해석

그가 시작한 지 얼마 안 된 것을 고려하면 그것에 대해 상당히 많이 안다.

07

You should behave _______ accordance with common sense.

① on
② at
③ in
④ for

07 • in accordance with ~에 의하여, ~에 따라

해석

당신은 상식에 따라 행동해야 한다.

08

I'm a real coward _______ it comes to going to the dentist.

① what
② which
③ when
④ that

08 • when it comes to ~에 관한 한, ~에 대해서라면

• coward 겁쟁이

해석

치과에 가는 일이라면 난 정말 겁쟁이야.

정답 06 ② 07 ③ 08 ③

09 It was hard to _______ one twin from the other.

① demonstrate
② enhance
③ distribute
④ distinguish

10 On _______ of the department, I would like to thank you all.

① place
② behalf
③ instead
④ favor

11 다음 대화의 빈칸에 들어갈 말로 가장 적절한 것은?

A : Do you have any aspirin?
B : No, I am afraid I don't.
A : Could you go get some?
B : Sure, Is there a ______________ near hear?

① bakery
② drug store
③ hardware store
④ convenience store

09
- demonstrate 증명하다, 설명하다
- enhance (가치・능력・매력 따위를) 높이다
- distribute 분배하다
- distinguish 구별하다, 분별[식별]하다(from/by), 분류하다(into)

해석
그 쌍둥이 한 명을 다른 쌍둥이 한 명과 구별하기가 어려웠다.

10
- in place of ~ 대신에
- on behalf of ~을 대표하여, ~ 대신에
- instead of ~ 대신에
- in favor of ~을 위하여

해석
부서를 대표하여 여러분 모두에게 감사를 드리고 싶습니다.

11
- bakery 빵집
- drug store 약국
- hardware store 철물점
- convenience store 편의점

해설
아스피린을 사다 달라는 A의 말에 대한 답변이므로, 빈칸에는 drug store(약국)가 들어가는 것이 가장 적절하다.

해석
A : 아스피린 좀 있어요?
B : 아니요, 없는데요.
A : 좀 사다 줄 수 있어요?
B : 물론이죠, 여기 근처에 약국이 있나요?

정답 09 ④ 10 ② 11 ②

12 다음 대화의 빈칸에 들어갈 말로 가장 적절한 것은?

A : I am ______. I need a snack.
B : Let's see what we have in the refrigerator.
A : Hmm. It looks pretty empty.
B : You're right.

① exhausted
② thirsty
③ starving
④ nervous

12 • exhausted 지친
• thirsty 목마른
• starving 배고픈
• nervous 초조한

해설
간식이 필요하다는 다음 문장을 봤을 때, 빈칸에는 starving(배고픈)이 들어가는 것이 가장 적절하다.

해석
A : 나 배고파. 간식이 필요해.
B : 냉장고 안에 뭐가 있는지 보자.
A : 음 완전 비었네.
B : 그러게.

13 다음 중 밑줄 친 부분과 문맥상 의미가 가장 가까운 것은?

Their white new carpet showed every mark.

① goal
② stain
③ sign
④ target

13 • mark 표시하다, 흔적[자국]을 내다, 흔적[자국]
• goal 목적
• stain 얼룩, 흔적
• sign 기호
• target 과녁

해석
그들의 하얀 새 카펫은 모든 흔적을 보여주었다.

14 다음 대화의 빈칸에 들어갈 말로 가장 적절한 것은?

A : What are you doing for lunch?
B : I'm meeting my friends at a restaurant. Why?
A : My lunch meeting was ______, so I wanted to meet you for lunch.

① canceled
② added
③ stopped
④ eliminated

14 • cancel 취소하다
• add 추가하다
• stop 멈추다
• eliminate 제거하다

해설
B와 점심을 먹으려고 했다는 빈칸의 다음 문장을 봤을 때, 빈칸에는 canceled가 들어가는 것이 가장 적절하다.

해석
A : 점심시간에 뭐해?
B : 레스토랑에서 친구들 만나. 왜?
A : 내 점심 모임이 취소되었어. 그래서 너와 점심 먹으려고 했어.

정답 12 ③ 13 ② 14 ①

15 다음 대화의 빈칸에 들어갈 말로 가장 적절한 것은?

A : You look tired.
B : My band had a concert last night.
A : You _______ have gotten home late.

① should
② may
③ must
④ could

15 • should have p.p ~했어야 했다
• may have p.p ~였을지도 모른다
• must have p.p ~였음이 틀림없다
• could have p.p ~할 수 있었을 텐데

해석
A : 너 피곤해 보인다.
B : 우리 밴드가 어젯밤에 콘서트를 했어.
A : 집에 분명히 늦게 왔겠네.

※ 다음 문장들의 빈칸에 공통으로 들어갈 말을 고르시오. (16 ~ 17)

16
• They giggled nervously as they waited for their _______.
• _______ the key clockwise.
• Please _______ the volume down.

① get
② take
③ make
④ turn

16 • turn 돌다, 돌리다, 회전, 차례
• turn down 낮추다

해석
• 그들은 자신들의 차례를 기다리며 초조하게 피식피식 웃었다.
• 열쇠를 시계 방향으로 돌려라.
• 소리 좀 낮춰 주세요.

17
• We had to call _______ everything on account of rain.
• They cut _______ the enemy's retreat.
• He threatened me to pay _______ debts.

① for
② of
③ in
④ off

17 • call off 취소하다
• cut off 차단하다
• pay off 모두 다 갚다, 청산하다

해석
• 비 때문에 우리는 모든 걸 취소해야 했다.
• 그들은 적의 퇴각을 차단했다.
• 그는 빚을 갚으라고 나에게 협박했다.

정답 15 ③ 16 ④ 17 ④

※ 밑줄 친 부분 중 어법에 맞지 않는 것을 고르시오. (18～19)

18

If you ① had studied ② harder last year, you ③ might ④ have pass the exam.

① had studied
② harder
③ might
④ have pass

19

• I would rather ① die than surrender.
• Let's discuss ② about the matter.
• He or you ③ are in the wrong.
• What do you say to ④ taking a walk?

① die
② about
③ are
④ taking

18 **해설**
제시된 문장은 과거 사실의 반대를 가정하는 가정법 과거완료 문장이다. 가정법 과거완료의 기본 형태는 "If + 주어 + had p.p, 주어 + would/should/could/might + have p.p"이다. 따라서 문장에서 might have pass가 might have passed로 수정되어야 한다.

해석
네가 작년에 더 열심히 공부했더라면, 너는 그 시험에 통과했을 것이다.

19 • surrender 항복하다, 포기하다

해설
discuss는 타동사로 뒤에 전치사가 올 수 없으므로 전치사 about을 쓰면 안 된다.
① '차라리 ～하는 편이 낫다'를 의미하는 "would rather + 동사원형" 표현이 쓰인 문장이다.
③ A or B 형태의 주어는 동사를 B에 수 일치시킨다. 따라서 you와 일치하는 are로 쓰는 것은 적절하다.
④ '～하는 것이 어때?'(권유)를 의미하는 표현은 다음과 같다.
What do you say to ～ing?
= How about ～ing?
= What about ～ing?
= Why don't you + 동사원형?

해석
• 나는 항복하느니 차라리 죽겠어.
• 그 문제에 대해서 의논 좀 하자.
• 그나 너 중에 문제가 있어.
• 산책하는 게 어때?

정답 18 ④ 19 ②

20 **다음 글의 주제로 가장 적절한 것은?**

People often wrongly assume that procrastination is the same thing as laziness, or that procrastination is always caused by laziness. Procrastination is the act of unnecessarily postponing decisions or actions. Procrastination is a common phenomenon, which chronically affects approximately 20% of adults and 50% of college students. It's associated with various issues, such as worse academic performance, worse employment and financial status, worse emotional wellbeing, worse mental health, worse physical health, and delay in getting treatment for one's issues. Laziness can be defined as reluctance to exert necessary effort. Laziness can involve any type of effort(e.g. mental or physical), and people who display laziness generally do so despite being able to predict that their behavior will lead to negative outcomes, such as worse performance or missed opportunities. Procrastination and laziness are two different concepts: procrastination involves delaying unnecessarily, whereas laziness involves being reluctant to exert necessary effort.

① What is procrastination
② What is laziness
③ How to overcome procrastination and laziness
④ The difference between procrastination and laziness

20 해설
제시문은 일을 미루는 것과 게으른 것을 비교함으로써 두 개념의 차이를 설명하고 있다.

해석
사람들은 종종 미루는 것(질질 끌거나 꾸물거리는 것)이 게으름과 같은 것이라고 잘못 생각하거나, 미루는 것이 항상 게으름 때문이라고 잘못 생각한다. 미루는 것은 결정이나 행동을 불필요하게 연기하는 행위이다. 일을 미루는 것은 일반적인 현상으로, 만성적으로 성인의 약 20%와 대학생의 50%에게 영향을 미친다. 그것은 더 나쁜 학업성취도, 더 나쁜 고용과 재정상태, 더 나쁜 정서적인 행복, 더 나쁜 정신건강, 더 나쁜 신체건강, 그리고 한 개인의 문제에 대한 치료의 지연과 같은 다양한 문제들과 관련이 있다. 게으름은 필요한 노력을 하는 것을 꺼리는 것으로 정의될 수 있다. 게으름은 모든 종류의 노력(예 정신적 또는 육체적)을 포함할 수 있으며, 게으름을 보이는 사람들은 그들의 행동이 더 나쁜 성과나 기회를 놓치는 것과 같은 부정적인 결과로 이어질 것을 예측할 수 있음에도 불구하고 일반적으로 그렇게 한다. 미루는 것과 게으름은 다른 두 개념이다. 미루는 것은 불필요하게 지연시키는 것을 포함하는 반면에, 게으름은 필요한 노력을 하는 것을 꺼리는 것을 포함한다.

정답 20 ④

21 다음 글의 내용과 가장 일치하는 것은?

Falconry is the traditional art and practice of training and flying falcons(and sometimes eagles, hawks, buzzards and other birds of prey). It has been practised for over 4000 years. The practice of falconry in early and medieval periods of history is documented in many parts of the world. Originally a means of obtaining food, falconry has acquired other values over time and has been integrated into communities as a social and recreational practice and as a way of connecting with nature. Today, falconry is practised by people of all ages in many countries. As an important cultural symbol in many of those countries, it is transmitted from generation to generation through a variety of means, including through mentoring, within families or in training clubs. The modern practice of falconry focuses on safeguarding falcons, quarry and habitats, as well as the practice itself. And while falconers come from different backgrounds, they share universal values, traditions and practices, including the methods of breeding, training and caring for birds, the equipment used and the bonds between the falconer and the bird. The falconry community includes supporting entities such as falcon hospitals, breeding centers, conservation agencies and traditional equipment makers.

① 매사냥은 현대 시대에 생긴 훈련방식이다.
② 매사냥은 원래 식량을 얻는 것이 목적이었다.
③ 매사냥은 소수의 지역에서만 행해졌다.
④ 매사냥꾼들은 각자의 전통과 관행을 공유하지 않는다.

21 • falconry 매사냥
• breed 기르다, 양육하다
• entity 실재, 단체, 통일체

해설

① 매사냥은 4000년 이상 동안 행해진 오래된 행위이다.
③ 세계의 많은 지역에서 기록되어 있다.
④ 매사냥꾼들은 각자 다른 배경을 가지고 있어도 전통과 관행을 공유한다.

해석

매사냥은 매(때로는 독수리, 매, 대머리수리 및 다른 맹금류)를 훈련시키고 날리는 전통적인 예술이자 행위이다. 그것은 4000년 이상 동안 행해져 왔다. 역사의 초기와 중세 시기의 매사냥 행위는 세계의 많은 지역에서 기록되어 있다. 원래 식량을 얻기 위한 수단이었던 매사냥은 시간이 지나면서 다른 가치를 얻었고, 사회적·오락적 관행으로서 그리고 자연과 연결되는 방법으로서 사회에 통합되었다. 오늘날, 매사냥은 많은 나라에서 모든 연령대의 사람들에 의해 행해지고 있다. 많은 나라에서 중요한 문화적 상징으로서, 그것은 가족들 또는 훈련 클럽 내에서 멘토링(가르쳐 줌)을 포함한 다양한 방식을 통해 세대에서 세대로 전해진다. 현대의 매사냥 행위는 매, 사냥감, 서식지 보호뿐만 아니라 매사냥 그 자체에 초점을 맞추고 있다. 매사냥꾼들은 다른 배경에서 왔지만 그들은 새를 사육하고 훈련하고 돌보는 방법, 사용되는 장비, 매사냥꾼과 새 사이의 유대감을 포함하여 보편적인 가치, 전통과 관행을 공유한다. 매사냥 공동체에는 매 병원, 사육 센터, 보존 기관 및 전통적인 장비 제조업체와 같은 지원 단체가 포함된다.

정답 21 ②

22 • Epicureanism 에피쿠로스 철학
• Stoicism 스토아 철학

해설

① 에피쿠로스는 미신과 신의 존재에 관해 깊이 생각했다. → 에피쿠로스의 물질주의는 그를 미신과 신의 개입에 대한 일반적인 공격으로 이끌었다.
② 에피쿠로스는 데모크리토스에게 유물론을 소개하였다. → 에피쿠로스는 데모크리토스의 전철을 밟은 원자 유물론자였다.
③ 에피쿠로스와 그의 추종자들은 정치학에 관심이 많은 관심이 있었다. → 에피쿠로스와 그의 추종자들은 일반적으로 정치에서 물러났다.

해석

에피쿠로스 철학은 고대 그리스 철학자 에피쿠로스의 가르침에 기초하여 기원전 307년경에 창시된 철학 체계이다. 에피쿠로스는 데모크리토스의 전철을 밟은 원자 유물론자였다. 그의 물질주의는 그를 미신과 신의 개입에 대한 일반적인 공격으로 이끌었다. 에피쿠로스 철학은 원래 플라톤주의에 대한 도전이었다. 나중에 그것의 주요 상대는 스토아 철학이 되었다. 에피쿠로스 철학은 쾌락을 유일한 본질적인 목표로 선언하는 한 쾌락주의의 한 형태이지만, 고통과 두려움의 부재가 가장 큰 쾌락을 구성한다는 개념과 단순한 삶에 대한 옹호는 구어체로 이해되는 "쾌락주의"와 매우 다르게 만든다. 키레네 철학자 아리스티포스에 이어 에피쿠로스는 세상의 일에 대한 지식과 제한하는 욕망을 통해 아타락시아(평온함과 두려움으로부터의 자유)와 아포니아(신체적 고통의 부재)의 형태로 겸손하고 지속 가능한 쾌락을 추구하는 것이 가장 큰 선이라고 믿었다. 그에 상응하여, 에피쿠로스와 그의 추종자들은 일반적으로 정치에서 물러났다. 왜냐하면 정치는 그들의 미덕과 마음의 평화를 추구하는 것과 상충되는 좌절과 야망으로 이어질 수 있기 때문이다.

정답 22 ④

22 다음 글의 내용과 가장 일치하는 것은?

Epicureanism is a system of philosophy founded around 307 B.C. based upon the teachings of the ancient Greek philosopher Epicurus. Epicurus was an atomic materialist, following in the steps of Democritus. His materialism led him to a general attack on superstition and divine intervention. Epicureanism was originally a challenge to Platonism. Later its main opponent became Stoicism. Although Epicureanism is a form of hedonism insofar as it declares pleasure to be its sole intrinsic goal, the concept that the absence of pain and fear constitutes the greatest pleasure, and its advocacy of a simple life, make it very different from "hedonism" as colloquially understood. Following the Cyrenaic philosopher Aristippus, Epicurus believed that the greatest good was to seek modest, sustainable pleasure in the form of a state of ataraxia(tranquility and freedom from fear) and aponia(the absence of bodily pain) through knowledge of the workings of the world and limiting desires. Correspondingly, Epicurus and his followers generally withdrew from politics because it could lead to frustrations and ambitions that would conflict with their pursuit of virtue and peace of mind.

① Epicurus thought deeply about superstitions and the existence of God.
② Epicurus introduced materialism to Democritus.
③ Epicurus and his followers were very interested in politics.
④ Epicurus regarded the greatest good as to seek modest, sustainable pleasure.

23 다음 글의 요지로 가장 적절한 것은?

> Listening to lullabies can help premature babies feed and sleep better, according to new research. Playing soothing music to the newborns can also help to slow their heart rates. The researchers found that slowing a premature baby's heart rate and improving their sleep and feeding behaviors, helps them to gain weight which means they may be able to leave hospital sooner. However, the study authors at New York Presbyterian Phyllis and David Komansky Centre for Children's Health also discovered that different types of music have different effects. They found that lullabies sung by a parent can influence a baby's cardiac and respiratory function, while melodies have a positive effect upon a premature baby's feeding. More than 24 hospitals in the U.S. now offer music therapy as treatment in their neonatal intensive care units and the popularity of the treatment is increasing rapidly. It is believed that the soothing sounds of music can mimic the sounds a baby can hear in the womb and that this means it offers comfort of babies often too sick to be held.

① 자장가는 미숙아의 회복에 도움을 준다.

② 연구자들은 미숙아들마다 다양한 체중을 조사했다.

③ 자장가가 아닌 다른 종류의 음악은 미숙아에게 도움이 되지 않는다.

④ 미숙아에게 음악은 수면의 질을 저하시킨다.

23
- lullaby 자장가
- premature baby 미숙아
- cardiac 심장의
- respiratory 호흡의
- neonatal 신생아의
- soothing 달래는 듯한, 마음을 진정시키는

해설

제시문은 미숙아들에게 자장가를 들려주는 것이 그들의 건강한 성장에 도움이 된다는 내용이다.

해석

새로운 연구에 따르면, 자장가를 듣는 것은 미숙아들이 더 잘 먹고 더 잘 수면할 수 있도록 도와줄 수 있다고 한다. 신생아들에게 마음을 진정시키는 음악을 들려주는 것 또한 그들의 심박수를 늦추는 데 도움이 될 수 있다. 연구원들은 미숙아의 심박수를 늦추고 그들의 수면과 섭식 행동을 개선하는 것이 체중 증가에 도움이 된다는 것을 발견했는데, 이것은 그들이 더 빨리 병원에서 퇴원할 수 있다는 것을 의미한다. 그러나 뉴욕의 프레즈베리안 필리스와 데이비드 코만스키 어린이 건강 센터의 연구자들은 다른 종류의 음악 역시 다른 효과를 가지고 있다는 것을 발견했다. 그들은 부모가 부르는 자장가가 아기의 심장과 호흡 기능에 영향을 줄 수 있는 반면, 음악 멜로디는 미숙아의 수유에 긍정적인 영향을 미친다는 것을 발견했다. 현재 미국 내 24개 이상의 병원이 신생아 집중치료실에서 치료로 음악치료를 제공하고 있으며, 그 치료제의 인기가 급속도로 높아지고 있다. 마음을 진정시키는 음악 소리는 아기가 자궁에서 들을 수 있는 소리를 흉내 낼 수 있다고 여겨지고, 이것은 너무 아파서 버티기 힘든 아기들에게 편안함을 제공한다는 것을 의미한다.

정답 23 ①

※ 다음 글을 읽고 물음에 답하시오. (24 ~ 25)

Have you ever wondered how we manage to stay cool in the face of air conditioning, fans, and coolers? Human beings have benefitted immensely from science. ______ ______ Animals, chemicals, the force, the earth, plants, and other subjects are studied in several fields of science such as physics, chemistry, and biology. The use of science in everyday life are as follows: We use cars, bikes, or bicycles to go from one place to another; these all are inventions of science. We use soaps; these are also given by science. We use LPG gas and stove etc. for cooking; these are all given by science. ______ the house in which we live is a product of science. The iron which we use to iron our clothes is an invention of science even the clothes we wear are given by science. Observing the magic and importance of science, we can say that it has a vast use in all fields of human life. It is of great importance to make our life easier.

24 주어진 글의 제목으로 가장 적절한 것은?

① 과학의 발명품들

② 과학의 학문 분야들

③ 과학의 중요성과 혜택

④ 과학이 주는 호기심

25 문맥상 빈칸에 공통으로 들어갈 표현으로 가장 적절한 것은?

① for instance

② in particular

③ furthermore

④ on the other hand

24 **해설**

제시문은 인간이 과학으로부터 많은 혜택을 받으며, 과학이 인간 생활의 모든 분야에서 광범위하게 사용된다는 내용이다.

해석

당신은 우리가 에어컨, 선풍기, 그리고 냉각기 앞에서 어떻게 시원하게 지낼 수 있는지 궁금한 적이 있는가? 인간은 과학으로부터 엄청나게 이익을 얻었다. 더욱이 동물, 화학, 힘, 지구, 식물, 그리고 다른 주제들은 물리학, 화학, 생물학과 같은 여러 과학 분야에서 연구된다. 일상생활에서 과학을 사용한 예는 다음과 같다. 우리는 한 장소에서 다른 장소로 가기 위해 자동차, 오토바이, 또는 자전거를 이용하는데, 이것들은 모두 과학의 발명품들이다. 우리는 비누를 사용하는데, 이것들 또한 과학에 의해 주어진다. 우리는 요리를 위해 LPG 가스와 스토브 등을 사용하는데, 이것들 모두 과학에 의해 주어진다. 더군다나 우리가 사는 집도 과학의 산물이다. 우리가 옷을 다릴 때 사용하는 다리미는 과학의 발명품이며, 심지어 우리가 입는 옷도 과학에 의해 주어진다. 과학의 마법과 중요성을 관찰하면서, 우리는 그것이 인간 생활의 모든 분야에서 광범위하게 사용된다고 말할 수 있다. 우리의 삶을 더 쉽게 만드는 것은 매우 중요하다.

25
- for instance 예를 들어
- in particular 특히
- furthermore 더욱이
- on the other hand 반면에

해설

문맥상 '더욱이, 더군다나'를 의미하는 furthermore가 들어가는 것이 가장 적절하다.

정답 24 ③ 25 ③

※ 다음 글을 읽고 물음에 답하시오. (26 ~ 27)

Emily Dickinson was born on December 10, 1830, in Amherst, Massachusetts. She attended Mount Holyoke Female Seminary ___㉠___ she attended only for one year. (A) Her father was actively involved in state and national politics. Her brother, Austin, lived next door with his wife. (B) Dickinson's younger sister, Lavinia, also lived at home, and she and Austin were intellectual companions for Dickinson during her lifetime. Dickinson's poetry was heavily influenced by the Metaphysical poets of seventeenth-century England, as well as her reading of the Book of Revelation and her upbringing in a Puritan New England town, ___㉡___ encouraged a Calvinist, orthodox, and conservative approach to Christianity. (C) She admired the poetry of Robert and Elizabeth Barrett Browning, as well as John Keats. (D) The first volume of her work was published posthumously in 1890 and the last in 1955. She died in Amherst in 1886.

26 다음 문장이 들어갈 위치로 가장 적절한 것은?

While Dickinson was extremely prolific and regularly enclosed poems in letters to friends, she was not publicly recognized during her lifetime.

① (A) ② (B)
③ (C) ④ (D)

27 빈칸에 들어갈 말로 가장 적절한 것은?

	㉠	㉡
①	which	where
②	where	which
③	what	who
④	who	which

26 **해설**
(D) 뒤에서 에밀리 디킨슨의 사후에 시집이 출판되었다고 설명한다. 따라서 이 문장의 앞에 그녀의 시가 공식적으로 인정받지 못했다는 내용이 오는 것이 적절하다.

해석
에밀리 디킨슨은 1830년 12월 10일 매사추세츠 주 애머스트에서 태어났다. 그녀는 마운트 홀리요크 여성 신학교에 다녔는데, 겨우 1년 동안만 다녔다. 그녀의 아버지는 주와 국가 정치에 적극적으로 관여했다. 그녀의 오빠 오스틴은 그의 아내와 함께 옆집에서 살았다. 디킨슨의 여동생 라비니아도 같은 집에서 살았고, 그녀와 오스틴은 평생 디킨슨의 지적인 동반자였다. 디킨슨의 시는 성경의 계시록 독서와 뉴잉글랜드 청교도 마을에서 성장뿐만 아니라, 17세기 영국의 형이상학 시인들에게 크게 영향을 받았고, 이들은 칼뱅주의자, 정교회, 그리고 기독교에 대한 보수적인 연구를 장려하였다. 그녀는 존 키츠뿐만 아니라 로버트 그리고 엘리자베스 배럿 브라우닝의 시에 감탄했다. 디킨슨은 매우 다작을 하였고 친구들에게 보내는 편지에 정기적으로 시를 동봉했지만, 그녀는 생전에 공식적으로 인정받지 못했다. 그녀 작품의 첫 시집은 1890년 사후에 출판되었고, 마지막 시집은 1955년에 출판되었다. 그녀는 1886년 애머스트에서 사망했다.

27 **해설**
선행사 Mount Holyoke Female Seminary가 장소이므로 ㉠에는 관계부사 where이 와야 한다.
계속적 용법의 관계대명사에서 앞 절 전체를 선행사로 받을 때는 which를 사용하므로 ㉡에는 which가 들어가는 것이 적절하다.

정답 26 ④ 27 ②

28 ~ 29

해석

갈릴레오 갈릴레이는 1564년 이탈리아 피사에서 태어났다. 1592년 갈릴레오는 대학교의 수학 교수가 되었다. 그는 여기서 기하학, 천문학, 군사기술 등을 가르치며 18년 동안 재직하였고 자신의 연구를 계속했다. 1609년 갈릴레오는 당시 막 개발되었던 망원경을 접하게 되었다. 그는 곧바로 망원경의 개량에 착수했고, 자신이 개발한 망원경을 가지고 1609년 후반부터 1610년 초에 걸쳐 밤하늘을 관찰하면서 인류 최초로 목성의 위성들을 발견했다. 이 발견은 모든 천체는 지구를 중심으로 회전한다는 기존의 관념을 깨부수는 것이었고, 지구와 다른 행성들의 움직이는 방식을 연구하는 데 큰 영향을 주었다. 갈릴레오의 반대 세력도 당연히 존재했다. 아리스토텔레스의 우주관을 지지하는 사람들은 갈릴레오에게 끊임없이 태클을 걸었다. 갈릴레오는 코페르니쿠스 가설의 정당성을 옹호하며, 아리스토텔레스의 철학자들을 피상적이며 불성실한 종교적 열성을 가진 천박하고 저속한 자들이라고 공격했다. 갈릴레오는 실험을 통해 자신의 가설을 증명하려고 했다. 그는 연구에 대한 새로운 방식을 시도하였다. 즉, 그는 다른 과학자들과는 다르게 실험을 중요시했다. 그가 직접 과학적 실험을 할 때, 사람들은 그 실험이 어떻게 일어나는지를 궁금해 했다.

※ 다음 글을 읽고 물음에 답하시오. (28 ~ 29)

Galileo Galilei (A) was born in Pisa, Italy, in 1564. In 1592, Galileo became a professor of mathematics in University. He spent 18 years teaching geometry, astronomy, and military technology, continuing his research. In 1609, Galileo was introduced to a telescope that had just been developed. He immediately began to improve the telescope and discovered Jupiter's satellites for the first time in mankind, observing the night sky from late 1609 to early 1610 with the telescope he developed. This discovery broke the conventional notion that all celestial bodies revolve around the Earth and greatly influenced the study of (B) the way the Earth and other planets move. Galileo's opposition also naturally existed. Supporters of Aristotle's view of the universe constantly tackled Galileo. Galileo defended the legitimacy of the Copernican hypothesis and attacked Aristotle's philosophers as shallow and vulgar with superficial and insincere religious zeal. Galileo tried to prove his hypothesis through experiments. He tried
(C) a new way of working. In other words, he valued experiments unlike other scientists. When he did his own scientific experiment, people wondered (D) how happened.

28 **주어진 글의 주제로 가장 적절한 것은?**

① 수학 교수로서 갈릴레오의 업적
② 과학적 관념을 실험을 통해 바꾼 갈릴레오
③ 갈릴레오가 세운 가설의 중요성
④ 갈릴레오와 코페르니쿠스

28 해설
제시문은 갈릴레오 갈릴레이가 실험을 통해 자신의 가설을 증명하려고 하였으며, 연구에 대한 새로운 방식을 시도하였다는 것을 말하고 있다.

29 **밑줄 친 부분 중 어법에 맞지 않는 것은?**

① (A)
② (B)
③ (C)
④ (D)

29 해설
한 문장 안에 의문사가 이끄는 절이 있을 때, 의문사가 이끄는 절을 간접의문문이라고 한다. 간접의문문의 경우 일반적으로 "의문사 + 주어 + 동사"의 어순으로 쓴다. 그러나 (D)에서는 의문사 다음에 주어가 나오지 않았다. 따라서 (D)는 how the experiment happened로 수정되어야 한다.

정답 28 ② 29 ④

※ 다음 글을 읽고 물음에 답하시오. (30 ~ 31)

George Catlin painted 500 Native American portraits and scenes of everyday life of 48 Indian tribes — buffalo hunts, dances, games, amusements, rituals, and religious ceremonies — that he witnessed on summer excursions in 1832, 1834, 1835, and 1836. Collectively, these paintings exhibited as what Catlin referred to as his Indian Gallery. Catlin cultivated a close relationship with the king of France, Louis-Philippe during his stay in Paris. The French king even reserved a room in the Louvre for the display of Catlin's Indian Gallery and scheduled a private viewing for the royal family and guests. Later, the collection of paintings, artifacts, and Indian representatives (twelve Iowa Indians who had also joined Catlin in England), exhibited at the Salle Valentino in Paris. The reception of the French press was <u>enthusiastic</u>. Critics viewed the work as a genuinely American product.

30 ~ 31

해석

조지 캐틀린은 아메리카 원주민 초상화 500점과 48개 인디언 부족의 일상생활(버팔로 사냥, 춤, 게임, 오락, 의식, 종교 의식 등)의 장면들을 그렸는데, 이는 그가 1832년, 1834년, 1835년, 1836년 여름 여행에서 목격한 것이었다. 이 그림들은 캐틀린이 자신의 인디언 갤러리라고 부르는 것으로 묶여 전시되었다. 캐틀린은 파리에 머무는 동안 프랑스의 왕 루이 필립과 친밀한 관계를 맺었다. 프랑스 왕은 심지어 캐틀린의 인디언 갤러리의 전시를 위해 루브르에 방을 예약했고, 왕실 가족과 손님들을 위한 개인 관람 일정을 잡았다. 훗날 그림, 공예품, 인디언 대표들(영국에서 캐틀린에 합류한 12명의 아이오와 인디언)의 컬렉션이 파리의 Salle Valentino에 전시되었다. 프랑스 언론의 반응은 <u>열광적이었다</u>. 비평가들은 그 작품을 진정한 미국 작품으로 보았다.

30 주어진 글의 제목으로 가장 적절한 것은?

① 아메리카 인디언 부족의 일상생활
② 아메리카 인디언의 프랑스 방문
③ 아메리카 인디언의 예술세계
④ 아메리카 인디언을 그린 캐틀린

31 밑줄 친 부분과 의미가 가장 유사한 단어는?

① tender
② amorous
③ zealous
④ considerate

30 해설
제시문은 아메리카 원주민 초상화와 인디언 부족의 일상생활을 그린 조지 캐틀린에 대한 내용이다.

31
- enthusiastic 열광적인, 열렬한
- tender 부드러운, 씹기 쉬운
- amorous ~을 연모하고 있는
- zealous 열성적인
- considerate 사려 깊은

정답 30 ④ 31 ③

32 ~ 33

해석

박테리아는 토양, 물, 식물, 동물, 방사성 폐기물, 지각 깊숙한 곳, 북극 얼음과 빙하, 온천에서 발견될 수 있다. 호기성 박테리아는 산소가 있는 곳에서만 자랄 수 있다. 일부 유형은 부식, 오염, 물의 투명성 문제, 악취와 같이 인간 환경에 문제를 일으킬 수 있다. 혐기성 박테리아는 산소가 없는 곳에서만 자랄 수 있다. 인간의 경우, 이것은 대부분 위장에 있다. 그들은 또한 가스, 괴저, 파상풍, 보툴리누스 중독증, 그리고 대부분의 치과 감염을 일으킬 수 있다. 일시적인 박테리아는 보통 몸에서는 발견되지 않는 미생물을 말한다. 추가적으로, 피부의 일시적인 박테리아는 일반적인 피부 거주자가 아니고, 다른 신체 부위로부터 일시적으로 옮겨지는 박테리아를 의미할 수 있다. 통산성 혐기성 박테리아 또는 통성 혐기성 박테리아는 산소가 있든 없든 살 수 있지만, 산소가 있는 환경을 선호한다. 그들은 주로 토양, 물, 초목 그리고 인간과 동물의 일반적인 식물군에서 발견된다.

※ 다음 글을 읽고 물음에 답하시오. (32 ~ 33)

Bacteria can be found in soil, water, plants, animals, radioactive waste, deep in the earth's crust, arctic ice and glaciers, and hot springs. Aerobes, or aerobic bacteria, can only grow where there is oxygen. Some types can cause problems for the human environment, such as corrosion, fouling, problems with water clarity, and bad smells. Anaerobes, or anaerobic bacteria, can only grow where there is no oxygen. In humans, this is mostly in the gastrointestinal tract. They can also cause gas, gangrene, tetanus, botulism, and most dental infections. Transient bacteria refers to microorganisms that are usually not found in the body. Additionally, transient bacteria of the skin could mean bacteria that is not a common skin dweller but is transferred, temporally from other body sites. Facultative anaerobes, or facultative anaerobic bacteria, can live either with or without oxygen, but they prefer environments where there is oxygen. They are mostly found in soil, water, vegetation and some normal flora of humans and animals.

32 주어진 위 글의 제목으로 가장 적절한 것은?

① What Bacteria Are
② How to Avoid Bacteria
③ Where Bacteria Are Found
④ The usefulness of Bacteria

32
- radioactive 방사성의, 방사능의
- Aerobe 호기성(好氣性) 생물
- corrosion 부식, 침식
- Anaerobe 혐기성(嫌氣性) 생물
- gastrointestinal 위장의
- gangrene 괴저(壞疽)
- tetanus 파상풍(균)
- microorganism 미생물
- flora 식물(군)

해설
제시문은 박테리아가 서식하는 장소와 환경에 대한 설명을 하면서 박테리아가 발견되는 장소들에 대해 논하고 있다.

33 밑줄 친 부분과 의미가 가장 유사한 단어는?

① abundant
② short-lived
③ enduring
④ long-lasting

33
- transient 일시적인
- abundant 풍부한
- short-lived 일시적인
- enduring 영구적인
- long-lasting 오래 지속되는

정답 32 ③ 33 ②

※ 다음 대화를 읽고 물음에 답하시오. (34 ~ 35)

A : Good morning, What can I do for you?
B : We had a barbecue this weekend and invited my friends to dinner.
A : Wow, that sounds good. What kinds of meat do you want?
B : Well, It's good if it's various meat parts. Some people prefer white meat to red meat, for example.

34 대화가 일어나는 장소로 가장 적절한 것은?

① airport
② fast food restaurant
③ butcher's shop
④ hotel

34 해설
바비큐 파티를 연다는 B의 말에 A가 어떤 부위의 고기를 원하는지 묻고 있는 상황으로 보아, 대화가 일어나는 장소로는 butcher's shop(정육점)이 가장 적절하다.

해석
A : 좋은 아침이에요. 무엇을 도와 드릴까요?
B : 이번 주에 바비큐 파티가 있어서 제 친구들을 저녁 식사에 초대했어요.
A : 와우, 좋겠네요. 어떤 부위의 고기를 원하세요?
B : 글쎄요, 다양하면 좋겠어요. 예를 들면, 어떤 사람은 붉은 고기보다 흰 고기를 더 좋아해서요.

35 밑줄 친 문장을 가장 적절하게 해석한 것은?

① 어떤 사람은 흰 고기를 붉은 고기보다 더 좋아한다.
② 어떤 사람은 붉은 고기를 흰 고기보다 더 좋아한다.
③ 어떤 사람은 흰 고기와 붉은 고기를 모두 좋아한다.
④ 어떤 사람은 흰 고기와 붉은 고기를 모두 좋아하지 않는다.

35 해설
"prefer A to B"는 'B보다 A를 더 좋아하다'라는 의미이다.

정답 34 ③ 35 ①

36 주어진 글을 아래와 같이 설명할 때, 문맥상 빈칸에 들어갈 말로 가장 적절한 것은?

What is leisure? Leisure has historically been defined in various ways by many people. In ancient Greece, philosophers defined leisure as learning or mental discipline. Therefore, leisure was applied in various fields such as language, mathematics, science, music, and art. In addition, leisure played a role in expanding the individual's intellectual sphere to become a better citizen. Leisure was not only a way to provide intelligent education to individuals, but also to lead them to full adulthood.

→ The perspective of leisure described in this article ________________ the perspective of the 20th century(recreation and for fun).

① is mostly due to
② depends heavily on
③ is in stark contrast to
④ is not very different from

36 해설

제시된 글은 20세기의 관점(여가를 휴양과 재미로 보는 것)과 대조되는 내용으로 여가를 설명하고 있다.

① is mostly due to 주로 ~ 때문이다
② depends heavily on ~에 크게 의존하다
③ is in stark contrast to ~와 두드러진 대조를 이루다
④ is not very different from ~와 많이 다르지 않다

해석

여가란 무엇인가? 여가는 역사적으로 많은 사람들에 의해 다양한 방식으로 정의되어 왔다. 고대 그리스에서, 철학자들은 여가를 배움 또는 정신적 훈련으로 정의했다. 따라서 여가는 언어, 수학, 과학, 음악, 그리고 예술과 같은 다양한 분야에 적용되었다. 게다가 여가는 더 나은 시민이 되기 위해 개인의 지적 영역을 확장시키는 것에 역할을 했다. 여가는 개인들에게 지적 교육을 제공하는 방법이었을 뿐만 아니라, 그들을 완전한 성인으로 이끄는 방법이었다.

→ 이 기사에서 설명하는 여가의 관점은 20세기의 관점(휴양과 재미를 위한 것)과 극명한 대조를 이룬다.

정답 36 ③

37 다음 대화에서 밑줄 친 부분을 가장 적절하게 영작한 것은?

A : I'm really sorry, are you ok?
B : I'm fine, But I'm not good at this.
A : <u>나도 그래</u>.

① I'm too
② Neither am I
③ So do I
④ Neither do I

※ 다음 문장을 영어로 가장 적절하게 바꾼 것을 고르시오. (38 ~ 40)

38

나는 9시 이후로 계속 기다리고 있습니다.

① I was waiting since 9:00 o'clock.
② I'm waiting since 9:00 o'clock.
③ I've been waiting since 9 o'clock.
④ I've been waiting for 9 o'clock.

37 **해설**

'나도 그래'라는 동의의 표현 중 "So am I"는 be동사가 사용된 말에 대한 동의 표현이고, "So do I"는 일반동사가 사용된 말에 대한 동의 표현이다. 상대방의 말이 not이 들어간 부정문일 때는 Neither를 사용한다. "I'm not good at this."는 부정문이며 be동사가 쓰인 문장이므로 이 문장에 대한 동의 표현으로는 Neither am I가 적절하다.

해석

A : 내가 정말 미안해, 너 괜찮니?
B : 나 괜찮아, 그런데 나는 이걸 잘 못해.
A : <u>나도 그래</u>.

38 **해설**

현재완료 진행시제는 과거에 시작한 동작이 현재까지 계속되고 있다는 것을 표현한다. 계속의 의미를 나타내므로 보통 since나 for를 사용한다. since는 동작이 시작된 시점을 표현할 때 '~한 이후로'의 의미로, for는 '~ 동안'의 의미로 쓴다.

정답 37 ② 38 ③

39

얼마나 오래 걸리는지는 문제가 되지 않는다.

① It's not matter how long it takes.
② It's not matter how it long takes.
③ It doesn't matter how it long takes.
④ It doesn't matter how long it takes.

39 • matter 문제가 되다, 중요하다
• take 시간이 걸리다

해설

matter가 일반동사이므로 부정문을 만들 때 do 또는 does를 써야 한다. matter는 주로 의문・부정・조건문에서 it을 주어로 하며, '문제가 되다, 중요하다'의 의미를 가진다. '얼마나 ~한'은 "How + 형용사/부사"로 나타낼 수 있으며, How와 long은 분리할 수 없다.

40

우리는 그곳에서 매년 2주를 보내곤 했어.

① We have spent there two weeks every year.
② We used to spend there two weeks every year.
③ We were spending there two weeks every years.
④ We spent there two weeks every years.

40 **해설**

과거에 반복적으로 일어났던 행위를 나타낼 때 '~하곤 했다'의 의미인 "used to + 동사원형"을 쓴다. every는 명사를 수식하고 단수 취급하므로 "every + 단수명사 (+ 단수동사)"이다.

정답 39 ④ 40 ②

출제유형 완벽파악

영어

2022년 기출복원문제

▶ 온라인(www.sdedu.co.kr)을 통해 기출문제 무료 강의를 만나 보세요.

※ 다음 빈칸에 들어갈 말로 가장 적절한 것을 고르시오. (01 ~ 09)

01

The Final exam may be ______________ to include important contents about every subject learned during the semester.

① thematic
② readable
③ appropriate
④ similar

01
- appropriate for + 명사 ~에 적절한
- appropriate to + 동사 ~에 적절한
- thematic 주제의
- readable 읽기 쉬운
- similar 유사한

해석
기말시험은 그 학기 동안 배운 모든 과목의 중요한 내용들을 포함하는 것이 적절할 수 있다.

02

The Vaccine gives you ______________ to the disease for six month.

① impurity
② permission
③ immunity
④ susceptibility

02
- impurity 불순물
- permission 허가
- immunity 면역력
- susceptibility 민감성

해설
4형식 수여동사 give의 뒤에는 '간접목적어(받는 사람)－직접목적어(물건)'의 순서로 쓴다. 따라서 문맥상 적절한 '면역력(immunity)'이 직접목적어 자리에 위치해야 한다.

해석
그 백신은 6개월 동안 당신에게 그 병에 대한 면역력을 제공해준다.

정답 01 ③ 02 ③

03

_______________ is the subject people talk about.

① That is the I'm interested in
② What I'm interested in
③ What is I'm interesting
④ Whether I'm interesting

03 해설
선행사가 포함된 관계대명사 what은 "the thing which"의 의미로 '~하는 것'으로 해석한다. "be interested in"은 '~에 흥미가 있다'의 의미로, 주어진 문장에서 '내가 흥미 있는 것'이라는 뜻으로 문장을 구성하려면 what이 의문대명사(무엇)가 아닌 관계대명사로서 기능해야 한다. 주어진 문장에서는 "What I'm interested in"이 주어이고 "is"가 동사이다. 또한, "the subject people talk about"에서 the subject와 people talk about 사이에 목적격 관계대명사 which가 생략되어 있다.

해석
내가 관심이 있는 것은 사람들이 말하는 주제이다.

04

We regret _______________ that Flight 457 has been delayed due to bad weather.

① announcing
② announcement
③ to announce
④ to be need

04 • due to ~ 때문에

해설
regret은 목적어로 to부정사와 동명사를 모두 취할 수 있으나 그 의미가 달라진다.
• regret + to부정사 ~하게 되어 유감이다
• regret + 동명사 ~한 것을 후회하다
주어진 문장은 좋지 않은 상황을 알려드리게 되어 유감이라는 표현이므로 regret + to부정사로 써야 한다.

해석
457편이 악천후로 인해 지연되었음을 알려드리게 되어 유감입니다.

05

People use perfume because they want ___________ _________ more attractive to other people.

① make them
② make themselves
③ to make them
④ to make themselves

05 해설
재귀대명사의 재귀용법은 주어와 목적어가 동일한 대상일 때 목적어 위치에 대명사 목적어가 아닌 재귀대명사를 목적어로 사용하는 것이다. 따라서 주어인 they에 해당하는 재귀대명사 themselves를 써야 한다.

해석
사람들은 그들 자신이 다른 사람들에게 더욱 매력적으로 보이길 원하기 때문에 향수를 사용한다.

정답 03 ② 04 ③ 05 ④

06

The telephone rang ______________ while we're eating dinner.

① every few times
② every few minutes
③ few every minute
④ few every minutes

07

Did you plan to _______ books to read while you were travelling? If you so, it can be heavy and there is a risk of losing it in an airplane or hotel. If you want to read while traveling, it's also a good idea to buy a tablet or a book at a hotel.

① buy
② bring
③ carry
④ leave

08

A : ______________ does the shirt cost?
B : It is 20 dollars.

① How
② How much for
③ What
④ How many

06 해설
every는 '(빈도를 나타내어) 매…[…마다/꼴]'을 의미한다. few는 수가 많지 않은 복수 명사와 함께 쓰인다. 주어진 문장은 '몇 분마다'의 의미이므로 "every few + 복수명사"가 오는 게 적절하다.

해석
우리가 저녁을 먹는 동안 전화기가 몇 분마다 울렸다.

07 해설
carry는 주로 운송수단을 이용하여 실어 나르거나, 직접 안고 가거나 지니고 있을 때 사용한다. bring은 '(사람이나 사물을) 데리고 오다'이다.

해석
여행하는 동안 독서하기 위해 책을 가지고 다니는 것을 계획하셨나요? 그랬다면, 그건 무겁기도 하고 비행기나 호텔에서 분실의 우려도 있습니다. 당신이 여행하는 동안 독서를 원하신다면, 태블릿을 구입하거나 호텔에서 책을 구입하는 것도 좋은 방법입니다.

08 해설
(셔츠 등의) 가격을 묻는 표현은 다음과 같다.
- How much is the shirt?
- How much does the shirt cost?
- What's the price of the shirt?
- What does the shirt cost?

해석
A : 그 셔츠는 얼마입니까?
B : 20달러입니다.

정답 06 ② 07 ③ 08 ③

09

Max and Charlie are brothers. They are in their mid-thirties. Max _______ a beard and mustache.

① is
② are
③ have
④ has

09 • beard 턱수염
• mustache 콧수염

해설
문맥상 Max가 턱수염과 콧수염을 지닌 것이므로, 3인칭 단수형 has가 오는 게 적절하다.

해석
맥스와 찰리는 형제이다. 그들은 삼십대 중반이다. 맥스는 수염과 콧수염이 있다.

10 다음 빈칸에 공통으로 들어갈 단어는?

• He _______ make last month.
• He _______ malaria.
• He _______ refund.

① got
② did
③ took
③ made

10 • get make 승진하다
• get 병에 걸리다, 얻다, 획득하다, 받다

해석
• He got make last month. 그는 지난달에 승진했다.
• He got malaria. 그는 말라리아에 걸렸다.
• He got refund. 그는 환불받았다.

※ 밑줄 친 단어의 의미와 가장 가까운 단어를 고르시오. (11 ~ 13)

11

My flight has been delayed because of a <u>mechanical</u> problem.

① automatic
② manual
③ conscious
④ moral

11 • mechanical 기계로 작동되는, 기계[엔진]와 관련된, 기계적인(= routine)
• automatic (기계장치가) 자동적인
• manual 손으로 하는
• conscious 의식하는
• moral 도덕의

해석
비행기가 <u>기계적인</u> 결함 때문에 지연되었다.

정답 09 ④ 10 ① 11 ①

12

I want to say we <u>implement</u> it immediately.

① imply
② delay
③ hinder
④ conduct

13

Normally I'm not a fan of auto-tune, but his new song is really <u>catchy</u>.

① forgettable
② memorable
③ heedless
④ abstract

14 밑줄 친 부분 중 어법에 맞지 <u>않는</u> 것은?

I insist ① <u>that</u> every ② <u>room</u> ③ <u>is</u> provided ④ <u>with</u> a fire extinguisher.

① that
② room
③ is
④ with

12
- implement 실행하다, 이행하다
- imply 암시하다
- delay 미루다
- hinder 방해하다
- conduct 행동하다

해석
나는 그것을 즉시 <u>실행한다고</u> 말하고 싶다.

13
- catchy 기억하기 쉬운, 흥미를 끄는
- forgettable 잊기 쉬운
- memorable 기억할 만한
- heedless 부주의한
- abstract 추상적인

해석
보통 나는 오토튠을 좋아하는 편은 아닌데 그의 새로운 노래는 정말로 <u>신나고 기억하기 쉽다</u>.

14 해설
요구(demand, ask, require, request), 제안(suggest, propose), 주장(insist), 필요(necessary, essential), 명령(order, command) 등을 나타내는 동사, 형용사, 명사 뒤의 that절 내용이 당위성(~해야 한다)을 의미하는 경우 that절에 "(should) + 동사원형"을 쓴다. should가 생략되면 동사원형만 남는다. ③은 should가 생략되어 있으므로 be로 고쳐야 한다.

해석
나는 모든 방에 소화기가 갖추어져 있어야 한다고 주장한다.

정답 12 ④ 13 ② 14 ③

15 두 문장의 의미가 같도록 바꾸어 쓸 때, 빈칸에 들어갈 말로 가장 적절한 것은?

> The influenza resulted in no less than 100 deaths in the region.
> → The influenza resulted in ________ 100 deaths in the region.

① not less than
② at least
③ at most
④ as many as

15
- result in ~로 끝나다
- no less than ~보다 더 적지 않은, ~나 되는(= as many as/as much as)
- not less than 적어도(= at least)
- not more than 많아봐야(= at most)

해석
유행성 감기는 그 지역에서 100명이나 죽음에 이르게 했다.

16 두 문장을 하나로 만들 때, 빈칸에 들어갈 말로 가장 적절한 것은?

> You can face a situation in life. You have to make a choice between two options in it.
> → You can face a situation in life ______ you have to make a choice between two options.

① which
② who
③ when
④ where

16 **해설**
빈칸 뒤에 주어와 동사를 포함하는 완전한 문장이 이어지고, 선행사 a situation이 상황을 나타내므로 관계부사 where이 필요하다. where의 선행사는 point, case, circumstance, situation, condition과 같은 추상적인 공간인 경우도 있다. 관계사 바로 앞의 life를 선행사로 착각하지 않도록 주의한다.

해석
당신은 인생에서 두 선택 사이에서 결정을 해야 하는 상황에 직면할 수 있다.

정답 15 ④ 16 ④

17 다음 글에서 밑줄 친 부분이 의미하는 것은?

Penguins are a group of aquatic flightless birds. They live almost exclusively in the southern hemisphere : only one species, the Galápagos penguin, is found north of the Equator. Highly adapted for life in the water, penguins have countershaded dark and white plumage and flippers for swimming. Most penguins feed on krill, fish, squid and other forms of sea life which <u>they</u> catch while swimming underwater. They spend roughly half of their lives on land and the other half in the sea. Although almost all penguin species are native to the southern hemisphere, they are not found only in areas with cold climates, such as Antarctica. In fact, only a few species of penguin live that far south. Several species are found in the temperate zone, and one species, the Galápagos penguin, lives near the Equator. The largest living species is the emperor penguin on average, adults are about 1.1m tall and weigh 35kg. The smallest penguin species is the little blue penguin, also known as the fairy penguin, which stands around 33cm tall and weighs 1kg. In general today, larger penguins inhabit colder regions, and smaller penguins inhabit regions with temperate or tropical climates. Some prehistoric penguin species were enormous : as tall or heavy as an adult human.

① flightless birds
② flippers
③ other forms of sea life
④ most penguins

17 **해설**

밑줄 친 they는 전체 문장의 주어인 most penguins를 지칭한다.

해석

펭귄은 날지 못하는 수생 조류이다. 그들은 거의 남반구에서만 사는데, 갈라파고스 펭귄만이 적도 북쪽에서 발견된다. 물속 생활에 매우 적응한 펭귄은 어둡고도 하얀 깃털과 수영을 위한 지느러미를 가졌다. 대부분의 펭귄들은 크릴새우, 물고기, 오징어 그리고 <u>그들이</u> 물속에서 수영하는 동안 잡는 다른 형태의 바다 생물들을 먹고 산다. 그들은 삶의 거의 절반을 육지에서 보내고 나머지 절반은 바다에서 보낸다. 거의 모든 펭귄 종들이 남반구에 자생하지만, 남극과 같은 추운 기후 지역에서만 발견되는 것은 아니다. 사실, 극소수의 펭귄만이 그렇게 남쪽에서 살고 있다. 몇몇 종은 온대 지역에서 발견되며, 갈라파고스 펭귄은 적도 부근에서 서식한다. 현존하는 가장 큰 종은 평균적으로 황제 펭귄이며, 성체는 키가 약 1.1m이고 몸무게가 35kg이다. 가장 작은 펭귄 종은 요정 펭귄이라고도 알려진 작은 파란 펭귄으로, 키는 약 33cm이고 몸무게는 1kg이다. 오늘날 일반적으로 더 큰 펭귄은 더 추운 지역에 살고, 더 작은 펭귄은 온대 또는 열대 기후 지역에 산다. 몇몇 선사시대의 펭귄 종들은 거대했는데 그들은 성인 어른만큼 키가 크거나 무거웠다.

정답 17 ④

18 다음 글의 주제로 가장 적절한 것은?

In 2001, Brad Pitt co-founded Plan B Entertainment with Brad Grey and then-wife Jennifer Aniston. Their first production was, naturally, a Brad Pitt movies, 2004's "Troy." In the years since, Plan B has had a remarkable run of high-profile and award-nominated films, including Best Picture nominees "The Departed", "The Tree of Life", "Moneyball", "12 Years a Slave", "Selma", "The Big Short", "Moonlight" and "Vice". A turning point for Brad Pitt came in 2005 when he co-starred with Angelina Jolie in Doug Liman's "Mr. & Mrs. Smith". That same year, he divorced Aniston, and would later end up marrying Jolie, although the they have said that Pitt and Aniston didn't have a contentious split. Jolie and Pitt have revealed that they did fall in love on the set of the Liman film, but that they didn't start dating until the divorce was final. Either way, the controversy made it one of the biggest Brad Pitt films.

① Films starring Brad Pitt and the company that produced them
② Brad Pitt's Movie Activities and Private Life in 2000s
③ The reason why Brad Pitt got divorced
④ the award of a film starring Brad Pitt

18 **해설**

주어진 글은 2000년대 초반 영화배우 브래드 피트의 영화 제작과 출연 및 그의 결혼생활과 이혼을 이야기하고 있다.

① 브래드 피트 주연의 영화들과 그 영화들을 제작한 회사
② 2000년대 브래드 피트의 영화 활동과 사생활
③ 브래드 피트가 이혼한 이유
④ 브래드 피트 주연 영화의 수상

해석

2001년에 브래드 피트는 브래드 그레이와 그 당시의 아내인 제니퍼 애니스톤과 함께 Plan B Entertainment 회사를 공동 창립하였다. 첫 번째 작품은 2004년, 당연히 브래드 피트의 영화인 "Troy"였다. 그 이후로 Plan B Entertainment 회사는 "The Departed", "The Tree of Life", "Moneyball", "12 Years a Slave", "Selma", "The Big Short", "Moonlight" and "Vice"와 같은 작품상을 비롯하여 수상후보로 지명되는 영화들을 제작하였다. 브래드 피트 인생의 전환점은 2005년, 그가 안젤리나 졸리와 Doug Liman 감독의 "Mr. & Mrs. Smith"영화에서 함께 주연을 맡은 순간이다. 그 해에 그는 애니스톤과 불화가 없었다고 말했음에도 이혼하였고, 이후 그는 졸리와 결혼하였다. 졸리와 피트는 리만의 영화 세트에서 사랑에 빠졌다고 밝혔다. 그러나 그들은 이혼이 끝날 때까지 데이트를 시작하지 않았다고 했다. 어느 쪽이든 그 사건은 브래드 피트의 영화에 매우 큰 영향을 주었다.

정답 18 ②

19 다음 글의 내용과 일치하는 것은?

Welcome to Wakeford International Airport. The Lost and Found Office at Wakeford International Airport is located in Terminal A on the ground level. The office is open daily from 5:00 A.M. to midnight. Items found in the airport terminals, curbside areas, parking areas, or airport-operated shuttles are stored for 90 days before being discarded. For belongings that were left or discovered in an aircraft, please contact the airline directly. To request assistance with locating a missing item, click the "Lost Property Report" link on this page. Describe the missing property in as much detail as possible. Include the date that you lost the item, a good time for us to contact you, and your telephone number or e-mail address. Once we receive your completed form, we will make every attempt to locate your lost item and notify of its availability as soon as possible. Items can be claimed in person during our regular business hours or sent to your office or house for the cost of shipping and handling. Either way, a signature will be required upon receipt.

① 분실물 보관소에 보관기한은 최대 30일이다.
② 분실물 보관소 위치는 터미널 주차구역 옆에 있다.
③ 분실물 신고접수 시, 분실한 날짜와 물건에 대한 설명, 전화번호와 이메일 등이 필요하다.
④ 분실물은 오전 5시부터 자정까지 방문하여 찾는 것이 가능하다.

19 해설

① 분실물 보관소에 보관기한은 최대 90일이다.
② 분실물 보관소 위치는 1층 터미널 A에 있다.
④ 분실물은 직원의 근무시간 동안 방문하여 찾는 것이 가능하다.

해석

웨이크포드 국제공항에 오신 것을 환영합니다. 웨이크포드 국제공항의 분실물 보관소는 1층 터미널 A에 있습니다. 보관소는 매일 오전 5시부터 자정까지 열려 있습니다. 공항 터미널, 인도 가장자리 구역, 주차 구역, 또는 공항 셔틀버스에서 발견된 물건들은 폐기되기 전 90일 동안 보관됩니다. 비행기 안에서 발견된 물건이 있으시면, 바로 항공사에 연락을 부탁드립니다. 분실하신 물건에 대한 도움을 요청하시려면 이 페이지에 있는 "분실물 상황"을 클릭하십시오. 분실하신 물건에 대하여 가능한 한 상세하게 설명을 해주세요. 분실한 날짜, 저희와 만날 적당한 날짜, 그리고 이메일 주소나 전화번호를 포함하여 써 주세요. 일단 저희가 작성이 완료된 양식을 받으면 저희는 분실하신 물건을 찾고자 모든 시도를 할 것이고 가능한 한 빨리 알려드리겠습니다. 저희 근무시간에 직접 오시거나 택배비용을 부담하시고 고객님의 사무실 또는 집으로 습득된 고객님의 물건을 받으실 수 있습니다. 두 방식 역시 영수증에 서명이 요구됩니다.

정답 19 ③

20 다음 대화의 어조로 가장 적절한 것은?

A : Daniel, what are you doing?
B : I'm watching a documentary about e-waste.
A : E-waste? You mean electronic waste?
B : Yes. The documentary says thrown-away electronic devices like cell phones cause serious problems.
A : Oh, I learned about that in class. Harmful metals from e-waste pollute drinking water and soil, right?
B : Exactly. Besides, e-waste from developed countries is illegally exported and dumped in poor nations.
A : It must be a serious threat to the environment in those countries.
B : Right. I think action should be taken to solve this problem.
A : I agree with you.

① hostile
② humorous
③ aggressive
④ affirmative

20 • hostile 적대적인
• humorous 유머러스한
• aggressive 공격적인
• affirmative 긍정하는, 동의하는

해설

A와 B 모두 '버려진 전자제품 쓰레기'가 환경오염을 일으킨다는 것을 인지하고, 이를 해결하기 위해 올바른 조치가 취해져야 한다는 것에 동의하고 있다.

해석

A : 다니엘, 뭐하고 있어?
B : e-waste에 관한 다큐멘터리를 보고 있어.
A : E-waste? 전자제품 쓰레기를 말하니?
B : 응. 휴대폰 같은 버려진 전자제품 쓰레기가 심각한 문제를 일으킨대.
A : 아, 나 수업에서 그것에 관해 배웠어. 전자제품 쓰레기의 해로운 금속이 식수와 땅을 오염시키는 거잖아. 맞지?
B : 맞아. 게다가 선진국의 전자제품 쓰레기가 불법으로 가난한 나라에 수출되어 버려진대.
A : 그 나라의 환경에 심각한 문제임이 틀림없네.
B : 그렇지. 나는 이 문제를 해결하기 위해 조치가 취해져야 한다고 생각해.
A : 나도 그렇게 생각해.

정답 20 ④

※ 다음 글을 읽고 물음에 답하시오. (21 ~ 22)

You may not be into heavy-metal music, but if you are a fish eater, heavy metals are inside you. The omega-3 fatty acids in big, deep-ocean fish are good for the heart, but the flesh of fish at the top of the marine food chain also tends to be laced with pollutants. Chief among them : mercury, which can increase the risk of heart disease. Should you fish or cut bait? So far it's a draw, with two major studies coming to opposite conclusions. Until more studies are completed, doctors believe that the benefits of fish outweigh the risks, except for pregnant women and nursing moms, who should avoid swordfish and shark to protect their babies from mercury exposure.

21 밑줄 친 부분의 의미와 가장 가까운 것은?

① be good at
② be relevant to
③ be tolerant of
④ be interested in

22 주어진 글에서 추론할 수 있는 것은?

① There are no controversies about the benefits of fish.
② Pregnant women must take a lot of big fish for their babies.
③ Fish can be harmful to human health due to mercury inside it.
④ The bigger the fish are, the less mercury they are more likely to have.

21 • be into something ~에 관심이 많다, ~을 좋아하다
• be good at ~을 잘하다
• be relevant to ~와 관련이 있다
• be tolerant of ~에 관대하다
• be interested in ~에 관심이 있다

해석

여러분은 헤비메탈 음악에 관심이 없을지도 모르지만, 여러분이 생선을 먹는 사람이라면, 여러분의 내면에는 헤비메탈(많은 금속 물질)이 있습니다. 크고 깊은 바다의 생선에 들어 있는 오메가-3 지방산은 심장에 좋지만, 해양 먹이 사슬의 꼭대기에 있는 물고기의 살도 오염 물질로 연결되는 경향이 있습니다. 그것들 중 가장 주된 것인 수은은 심장병의 위험을 증가시킬 수 있습니다. 낚시를 해야 하나요? 아니면 미끼를 잘라야 하나요? 지금까지는 두 가지 주요 연구가 정반대의 결론에 도달하는 무승부였습니다. 더 많은 연구가 완료될 때까지 의사들은 수은 노출로부터 아기를 보호하기 위해 황새치와 상어를 피해야 하는 임산부와 수유모를 제외하고는, 생선을 먹는 이점이 수은 노출의 위험보다 크다고 믿습니다.

22 해설

③ 물고기는 안에 있는 수은 때문에 인간의 건강에 해로울 수 있다. → 수은이 심장병의 위험을 증가시킬 수도 있다고 얘기하므로 적절한 내용이다.
① 생선의 이점에 대한 논란은 없다. → 생선의 이점에 대해서는 논란이 계속되고 있으므로 적절하지 않다.
② 임산부는 아기를 위해 큰 생선을 많이 먹어야 한다. → 임산부는 아기를 위해 황새치와 상어 먹는 것을 피해야 한다.
④ 물고기가 클수록, 그들은 더 적은 수은을 가질 가능성이 있다. → 해당 내용은 알 수 없다.

정답 21 ④ 22 ③

※ 다음 글을 읽고 물음에 답하시오. (23 ~ 24)

Have you been feeling stressed lately? (A) Do you get headaches? Do you find yourself often out of energy at the end of the day? What do you usually do? (B) Eat an aspirin? Have an energy drink? Well, STOP! We have a better idea : VITA-WELL vitamins. Our company was started in 1936. (C) We know a lot about health! Each bottle of vitamins has everything you need for a healthy life. (D) These vitamins are selling quickly. Don't be the unlucky customer who doesn't get a bottle - which only costs $29.95. Hurry! Act now, by calling 1-555-6784.

23 주어진 글의 종류로 가장 적절한 것은?

① Lecture
② Product Review
③ Advertisement
④ Medical Journal

24 밑줄 친 부분 중 어법에 맞지 않는 것은?

① (A)
② (B)
③ (C)
④ (D)

23 **해설**

비타민 비타웰을 구매하도록 광고하고 있는 글이다.

① Lecture 강연
② Product Review 제품 리뷰
③ Advertisement 광고
④ Medical Journal 의학저널

해석

최근에 스트레스를 받았습니까? (A) 두통이 있으신가요? 여러분은 하루의 끝에 종종 에너지가 고갈되는 자신을 발견하나요? 당신은 주로 무엇을 하시나요? (B) 아스피린을 드십니까? 에너지 드링크를 드십니까? 자, 멈추세요! 더 좋은 아이디어가 있습니다. 비타민 비타웰이 그것입니다. 우리 회사는 1936년에 설립되었습니다. (C) 우리는 건강에 대해 많이 알고 있어요! 각각의 비타민 병은 건강한 삶을 위해 필요한 모든 것을 가지고 있습니다. (D) 이 비타민들은 빠르게 팔리고 있습니다. 29달러 95센트밖에 안 하는 비타민 병을 사지 않는 불운한 손님이 되지 마세요. 서두르세요! 지금 당장 1-555-6784로 전화하세요.

24 **해설**

• get[develop] a headache 두통이 생기다
• have a headache 머리가 아프다

ache/broken/pain으로 아픔을 이야기할 때 보통 부정관사 'a'를 함께 사용한다.

예 I have a headache. I have a pain in my head.

정답 23 ③ 24 ①

※ 다음 글을 읽고 물음에 답하시오. (25 ~ 26)

Need something to wear? Seoul has a lot of interesting places to shop for clothes. Department stores in Gangnam neighborhood sell the latest fashions, but they are expensive. For something more ______________, visit Dongdaemun Market. This large shopping area has over 20 malls and more than 25,000 smaller stores. <u>현금을 가지고 가는 것을 기억하세요</u> and a shopping bag to hold all your items! Like Dongdaemun Market, Namdaemun Market is very large and has a lot of shops. These shops sell clothing, items for home, and many other things - all at ______________ prices.

25 문맥상 빈칸에 공통으로 들어갈 말로 가장 적절한 것은?

① trivial
② expensive
③ affordable
④ traditional

26 밑줄 친 한국어를 영어로 가장 올바르게 옮긴 것은?

① Remember to bring cash
② Remember bringing cash
③ Remember to bring a cash
④ Remember bringing a cash

25
- trivial 하찮은
- expensive 비싼
- affordable 값이 알맞은
- traditional 전통적인

해설
문맥상 '(값이) 저렴한, 알맞은'을 의미하는 affordable이 들어가는 것이 적절하다.

해석
입을 무언가가 필요하신가요? 서울에 옷을 살 수 있는 흥미로운 장소들이 많이 있습니다. 강남의 백화점들은 최신 유행패션을 판매하지만, 그것들은 가격이 비쌉니다. 더 <u>저렴한</u> 가격을 원한다면, 동대문 시장을 방문하세요. 이 큰 쇼핑 지역에는 20개 이상의 쇼핑몰과 25,000개 이상의 작은 가게가 있습니다. 당신의 모든 구입품을 담을 가방과 <u>현금을 가지고 가는 것을 기억하세요</u>. 동대문 시장처럼 남대문 시장도 매우 크고 상점들이 많습니다. 이 가게들은 의류, 가정용품 그리고 많은 다른 물건들을 모두 <u>저렴한</u> 가격에 판매합니다.

26 해설
- remember + 동명사 ~한 것을 기억하다
- remember + to부정사 ~할 것을 기억하다

동명사가 올 경우에는 이미 벌어진 과거를, to부정사가 올 경우에는 미래에 벌어질 일을 의미한다.
현금(cash)이란 지폐와 동전을 통합한 개념이지, 구체적 사물이 아니므로 cash는 셀 수 있는 대상이 될 수 없다. 따라서 cash 앞에 부정관사 'a'가 오거나 복수형이 될 수 없다. coin이나 bill은 셀 수 있는 명사이므로 부정관사 'a'가 오거나 복수형이 될 수 있다.

정답 25 ③ 26 ①

※ 다음 글을 읽고 물음에 답하시오. (27 ~ 28)

In Uganda, many people use wood for fuel. Using wood makes the air dirty. (A) Also many children, usually girls, don't go to school to get the wood. (B) Sanga Moses started a company called Eco-Fuel Africa. (C) The company invented a new kind of oven. (D) It changes extra or unused food parts into fuel. This kind of fuel, _______________ wood, is clean.

27 다음 문장이 들어갈 위치로 가장 적절한 것은?

But now things are changing.

① (A)
② (B)
③ (C)
④ (D)

28 빈칸에 들어갈 말로 가장 적절한 것은?

① unlike
② such as
③ mostly
④ for example

27 해설

'하지만 이제는 상황이 변하고 있다.'는 에코-퓨얼 회사 창립으로 현재의 오염상황이 개선되는 것을 의미하므로 (B)에 오는 것이 적절하다.

해석

우간다에서는 많은 사람들이 연료로 나무를 사용한다. 나무를 사용하는 것은 공기를 오염시킨다. (A) 또한 많은 아이들, 보통 소녀들은 나무를 줍느라 학교에 가지 않는다. (B) 상가 모세는 에코-퓨얼 아프리카라는 회사를 창립했다. (C) 그 회사는 새로운 종류의 오븐을 발명했다. (D) 그것은 여분의 음식이나 사용하지 않은 음식을 연료로 바꾼다. 이런 종류의 연료는 나무와는 다르게 깨끗하다.

28 해설

- unlike ~와 다른
- such as ~와 같은
- mostly 대개는
- for example 예를 들면

해석

나무를 연료로 사용하면 공기가 오염되고 이를 개선하는 다른 연료를 말하고 있으므로 '나무와 다른'으로 써야 한다.

정답 27 ② 28 ①

※ 다음 글을 읽고 물음에 답하시오. (29 ~ 30)

Sam : Hi, this is Sam Ford. I'm reporting from Central Park. There are about 2,000 people in the park. I'm talking to one of them. Hello, Sofia, where are you from?
Sofia : I'm from Mexico. I'm here on vacation.
Sam : Welcome to our city, and you're standing here in the park on New Year's Eve. It's a quarter to midnight. Why are you here?
Sofia : I'm here to run in a race. Every year there's a New Year's Eve race and <u>this year I'm in it</u>!
Sam : You sound excited.

29 인터뷰가 진행되고 있는 시간은?

① 11:45 A.M.
② 12:15 A.M.
③ 11:45 P.M.
④ 12:15 P.M.

30 밑줄 친 부분의 의미로 가장 적절한 것은?

① 올해 나는 경주에 참가한다.
② 올해 나는 뉴욕에 살고 있다.
③ 이번 해에는 내가 우승을 한다.
④ 이번 해에는 나도 달리기 동호회의 일원이다.

29 **해설**

quarter는 4분의 1이고 한 시간(60분)의 4분의 1은 15분이다. "It's a quarter to midnight."에서 to는 '~ 전(~로 가기 전)'이므로 현재 시간은 자정 15분 전인 밤 11시 45분이다.

해석

샘 : 안녕하세요, 샘 포드입니다. 센트럴 파크에서 취재 중입니다. 공원에는 약 2,000명의 사람들이 있습니다. 제가 그들 중 한 분과 얘기해 보겠습니다. 소피아 씨, 안녕하세요. 어디서 오셨나요?
소피아 : 멕시코에서 방학을 맞아 여기에 왔어요.
샘 : 우리 도시에 온 걸 환영해요. 새해 전야에 여기 공원에 계신데요. 지금은 자정 15분전입니다. 여기에 왜 오신건가요?
소피아 : 달리기 대회를 하러 왔어요. 매년 새해 전야에 대회가 있는데 <u>올해는 제가 출전해요</u>!
샘 : 신나 보여요.

30 • I'm in it ~에 참여(참가)하다, ~에 종사하다

정답 29 ③ 30 ①

※ 다음 대화를 읽고 물음에 답하시오. (31 ~ 32)

Kurt : Hey, Maggie. What movie are you watching tonight?
Maggie: It's a movie that shows real events. It's called Man on Wire. It's my second time watching it. Do you know it?
Kurt : Yeah, I do. It's a great movie.
Maggie: I agree. The guy in the movie was really brave.
Kurt : Oh, I know. And it was in New York. I love New York City!
Maggie: Me, too. Hey, do you want to watch the movie with me?
Kurt : Sure. ______________

31 밑줄 친 부분과 같은 의미의 단어는?

① action
② discovery
③ fiction
④ documentary

32 빈칸에 들어갈 말로 옳은 것은?

① Why not?
② Never mind.
③ It's boring.
④ Fair enough.

31
- action 활동, 행위
- discovery 발견, 폭로
- fiction 소설
- documentary 서류, 사실 기록 영화

해석

커트 : 안녕, 매기. 오늘 밤에 어떤 영화를 보니?
매기 : 그건 실제 사건을 보여주는 영화야. '맨 온 와이어'라고 내가 두 번째 보는 영화야. 너 그 영화 알고 있니?
커트 : 응, 알지. 그 영화 멋진 영화지.
매기 : 나도 그렇게 생각해. 영화 속 그 남자가 아주 용감해.
커트 : 응, 알아. 그리고 그 영화의 배경이 뉴욕인데, 난 뉴욕을 사랑해!
매기 : 나도 그래. 나랑 같이 그 영화 볼래?
커트 : 물론이지. 왜 아니겠어, 좋지.

32

해설

Sure 다음에 오는 말을 찾는 것이므로 문맥상 '좋다'라는 표현이 들어가야 적절하다.
① Why not? 왜 아니겠어, 좋지.
② Never mind. 신경 쓰지 마.
③ It's boring. 지루해.
④ Fair enough. 괜찮아.

정답 31 ④ 32 ①

33 밑줄 친 Ken의 쇼핑 목록에 포함되지 않는 것은?

Ken : Rachel, I'm making a shopping list for our barbecue. We have chicken. What else do we need?
Rachel : Let's see.. we need some potatoes.
Ken : Okay, got it.
Rachel : We also need lettuce and tomatoes for the salad.
Ken : And what about drinks?
Rachel : Let's see.. we have soda.
Ken : Okay. I'll buy some juice then. See you!

① soda
② potatoes
③ juice
④ tomatoes

33 해석
켄 : 레이첼, 나 지금 우리 바비큐를 위한 쇼핑 목록을 만들고 있어. 치킨은 있고, 또 뭐가 필요해?
레이첼 : 어디보자.. 감자 몇 개가 필요해.
켄 : 응, 알았어.
레이첼 : 샐러드 하려면 상추와 토마토도 필요해.
켄 : 그리고 음료수는?
레이첼 : 음.. 탄산음료가 있긴 해.
켄 : 좋아, 그럼 내가 주스 좀 살게. 좀 있다 봐!

34 다음 대화에서 밑줄 친 부분 중 가장 어색한 표현은?

Connie : (A) Where are you going?
Gina : I'm going to play tennis. Do you want to come?
Connie : Sorry, I can't. (B) I need to study.
Gina : Well, come later then. We're playing all afternoon.
Connie : It sounds nice, but (C) I'm not very good at tennis.
Gina : Don't worry about that. You don't have to play. You can just watch. Come on, (D) you will be fun.
Connie : Well, OK. I'll see you in an hour.

① (A) ② (B)
③ (C) ④ (D)

34 해설
"You will be fun"은 '네가 (장난을 치거나 해서) 재미있을 것'이라는 뜻이다. 주어진 대화에서는 테니스 경기를 보는 것이 재미있을 것이라는 의미이므로 "It will be fun"이라고 해야 한다.

해석
코니 : (A) 어디 가?
지나 : 테니스 치러 가는 중이야. 같이 갈래?
코니 : 미안해, 난 못 가. (B) 공부를 좀 해야 해서.
지나 : 그럼, 나중에 와. 우린 오후 내내 테니스를 칠거야.
코니 : 멋지다. 그런데 (C) 나는 테니스를 잘 치지 못해.
지나 : 그건 걱정하지 마. 안 쳐도 돼. 그냥 구경해도 돼. 가자, (D) 재미있을 거야.
코니 : 음, 좋아. 한 시간 후에 보자.

정답 33 ① 34 ④

35 다음 문장을 한국어로 가장 적절하게 바꾼 것은?

Is it all right if I try the shoes on here?

① 이곳에 신발을 두어도 될까요?
② 이곳에서 신발을 벗어도 될까요?
③ 이곳에서 신발을 신어 봐도 될까요?
④ 이곳에서 신발을 신고 있어도 될까요?

35 • try (something) on (옷이나 신발 등을) 입어[신어] 보다

36 다음 문장을 영어로 가장 적절하게 바꾼 것은?

그들은 시도할 수밖에 없다.

① They have no choice but to try.
② They have no choice but trying.
③ They cannot help to try.
④ They don't have no choice but trying.

36 **해설**
~할 수밖에 없다 → cannot help ~ing, have no choice but to부정사

37 다음 대화가 일어나는 장소는 어디인가?

A : Hi, Where are you travelling to?
B : I am going to LA. Here is my ticket and passport.
A : Do you want to window seat or aisle seat?
B : Window seat please.
A : OK. How many suitcases do you have?
B : I have just one.

① 공항
② 영화관
③ 경찰서
④ 분실물 보관소

37 **해설**
티켓과 여권을 제시하고 좌석을 지정하며 가방 개수를 확인하는 것으로 보아, 주어진 대화가 일어나는 장소는 공항으로 보는 것이 적절하다.

해석
A : 안녕하세요, 어디로 여행가시나요?
B : LA로 갑니다. 여기 티켓과 여권입니다.
A : 창가 쪽 자리를 드릴까요, 통로 쪽 자리를 드릴까요?
B : 창가 쪽 자리로 부탁합니다.
A : 네. 가방은 몇 개인가요?
B : 한 개입니다.

정답 35 ③ 36 ① 37 ①

※ 빈칸에 들어갈 말을 고르시오. (38 ~ 39)

38

A : Have you been here before?
B : Yes, this is my second time.
A : ______________________________
B : I have a fever and dry coughs. and I feel easily tired.
A : When did it happen?
B : I've been sick for a week.

① How does feel it here?
② What seems to be the problem?
③ Have you suffered from similar diseases?
④ Do you have medical insurance?

38 **해설**

① How does feel it here? 이곳은 어떻게 느껴지세요?
② What seems to be the problem? 어디가 안 좋은 것 같으세요?
③ Have you suffered from similar diseases? 전에 비슷한 질병에 걸려 본 적 있으세요?
④ Do you have medical insurance? 의료보험을 들고 계십니까?

해석

A : 이전에 내원하신 적이 있나요?
B : 네, 이번이 두 번째입니다.
A : <u>어디가 안 좋은 것 같으세요</u>?
B : 열이 나고 마른기침이 납니다. 그리고 쉽게 피곤해요.
A : 언제부터죠?
B : 일주일 되었어요.

39

A : I went to a motor show with my friend last week.
B : Yeah wow! There must have been a lot of nice new cars.
A : Yes, there's a service for a test drive, so I've ridden a lot of cars and it's really nice. There was a car I really wanted there.
B : ______________________________
A : I got it about two years ago.
B : Hey! The grass is always greener on the other side.

① When did you last see it?
② When shall I call on you?
③ What kind of car did you buy?
④ When did you buy your car?

39 **해설**

A가 약 2년 전에 샀다고 대답을 했으므로 빈칸에는 언제 차를 구입했는지 묻는 말이 들어가야 한다.
① When did you last see it? 그것을 언제 마지막으로 보았니?
② When shall I call on you? 언제 방문할까?
③ What kind of car did you buy? 어떤 종류의 차를 샀니?
④ When did you buy your car? 언제 차를 샀어?

해석

A : 나 지난주에 내 친구랑 자동차 모터쇼를 다녀왔어.
B : 와! 새로운 멋진 차들이 많이 있었겠다.
A : 응, 시승하는 서비스가 있어서 여러 차들을 타 보았는데 정말 좋더라. 거기에 정말 내가 원하는 차가 있었어.
B : <u>너 차 언제 샀지</u>?
A : 한 2년 전에 샀지.
B : 친구야! 남의 떡이 더 커 보이는 법이야.

정답 38 ② 39 ④

40 빈칸에 들어갈 말로 옳지 않은 것은?

A : Hi Mike! How are you?
B : I'm fine thanks, What did you do during this vacation?
A : I went traveling.
B : Wow! really? where did you go?
A : I went to malaysia.
B : ____________________
A : Malaysia, you know it is a very hot country.
B : Wow! How long did you stay there?
A : About a week. From 2nd of August until the 7th of August.
B : Oh, I really want to go there. Let's go there sometime together.
A : Sure. That would be great.

① I'm sorry?
② I beg your pardon?
③ Do you suppose so?
④ Can you say that again?

40 해설

"Do you suppose so?"는 '너는 그렇게 생각하니?'의 의미이다.
'다시 말해줄래?'를 나타내는 표현은 다음과 같다.

- Could you tell me again?
- Can you say that again?
- I'm sorry?
- I beg your pardon?
- Sorry?
- Pardon me?

해석

A : 마이크, 안녕! 어떻게 지내?
B : 잘 지내. 너는 방학동안 뭐 했어?
A : 난 여행 갔었어.
B : 왜! 정말? 어디로 여행 갔는데?
A : 말레이시아 갔었어.
B : 다시 말해줄래?
A : 말레이시아, 너도 알다시피 아주 더운 곳.
B : 왜! 얼마나 오래 있었어?
A : 한 일주일쯤. 8월 2일부터 7일까지.
B : 아, 나도 정말 거기 가고 싶다. 나중에 같이 가자.
A : 물론이지, 그러면 정말 좋겠다.

정답 40 ③

출제유형 완벽파악

영어

2021년 기출복원문제

▶ 온라인(www.sdedu.co.kr)을 통해 기출문제 무료 강의를 만나 보세요.

※ 다음 빈칸에 들어갈 말로 가장 적절한 것을 고르시오. (01 ~ 10)

01

I hear what you say and I ______________ agree.

① wholly heart
② wholly hearted
③ wholehearted
④ wholeheartedly

01 • wholehearted (adj) 전폭적인, 전적인
• heart (n) 심장, 가슴, 마음

해설
동사(agree)를 수식하는 부사를 고르면 된다. wholeheartedly는 '진심으로'를 의미한다.

해석
나는 당신이 말씀하신 내용을 듣고 진심으로 동의합니다.

02

Have you finished that online course _______?

① yet
② ever
③ still
④ never

02 해설
문맥상 '벌써'의 의미를 가지는 부사를 찾는다. 부정문의 뒤에 나오는 yet은 '아직', 긍정의문문의 문미에 나오는 yet은 '벌써'를 뜻한다. ever와 never는 have + p.p 사이에 쓴다. still(여전히, 아직)은 부사로서 빈도부사는 아니지만 빈도부사에 준하여 위치를 선정하는데 부정문의 조동사 앞에 쓴다.

해석
당신은 벌써 그 온라인 과정을 마치셨나요?

정답 01 ④ 02 ①

03

A _______ is a piece of paper from a specific store that's worth a certain value and can be used to make a purchase for that amount in the store.

① receipt
② gift certificate
③ raffle ticket
④ registration form

03
- receipt 영수증
- gift certificate 상품권
- raffle ticket 복권, 경품응모권
- registration form 신청서
- value 가치, 액면가
- purchase 구매, 매입
- make a purchase 물건을 사다(구매하다)

해석

상품권은 특정한 가게에서 일정 액면가의 가치를 나타내며, 바로 그 가게에서 그 액면가 양만큼의 구매를 하는 데 이용할 수 있는 한 장의 종이이다.

04

We haven't failed to accomplish this task satisfactorily but we'll get it _______ to the last.

① do
② done
③ doing
④ to do

04
- accomplish 해내다, 완수하다
- task 임무, 일
- satisfactorily 만족스럽게, 충분히
- to the last(= to the end) 끝끝내, 결국에는

해설

목적어(this task)와 목적격보어의 서술적 관계를 묻는 문제로 수동적 관계를 찾는다.

해석

우리는 이번 임무를 만족스럽게 완수하지 못했을지라도, 결국에는 그것을 완수하게 될 것이다.

정답 03 ② 04 ②

05

______________, Mozart's letters are suffused with bathroom humor.

① May it sound as strange
② Sound it strange as may
③ Strange as it may sound
④ As strange as may sound

05 • suffuse 퍼지다, 번지다
• bathroom humor 노골적 유머

해설
양보의 접속사가 보어를 강조하기 위해 문두에 보어를 등장시키는데, 이때 보어가 명사이면 무 관사를 쓴다. 형용사 strange는 접속사 as 앞에 둔다.

해석
비록 이상한 소리로 들릴지라도, 모차르트의 편지들은 노골적인 유머와 함께 퍼져나갔다.

06

______________, I would never be able to manage it.

① Were it not for your help
② For it were not your help
③ Your help for it not were
④ Not for your help it were

06 • manage it 해내다

해설
가정법 과거의 조건절의 if 생략 문제이다. '~이 없다면' = If it were not for ~ = were it not for ~ / be able to = can

해석
너의 도움이 없다면, 나는 그것을 결코 해낼 수 없을 텐데.

07

Be careful in your comments posted; we should all make every effort ______________ others with our remarks.

① not offend to
② not to offend
③ to not offend
④ to offend not

07 • offend 기분 상하다, 불쾌해지다
• post 붙이다, 발송(우송)하다
• effort 노력
• remarks 말, 발언, 언급

해설
준동사를 부정할 때, 준동사 바로 앞에 부정부사 not을 붙인다. to + 동사의 경우는 to 앞에 not을 붙인다.

해석
전단에 붙이는 너의 논평에 주의하라. 우리 모두는 우리의 말로 다른 사람들이 기분 상하지 않도록 모든 노력을 기울여야만 한다.

정답 05 ③ 06 ① 07 ②

08

This restaurant has various owners since it opened in 1988, but it ______________. It always has the best food in the city.

① remains the same
② is remained the same
③ has remained as same
④ has been remained the same

09

Hormones are chemicals made in the body that regulate body functions or ______________.

① achieve specific tasks
② achieved specific tasks
③ achieving specific tasks
④ to achieve specific tasks

08
- have various owners 주인이 여러 번 바뀌다(여러 주인이 거쳐 가다)
- remain the same(= be the remain as before) 변함이 없다
- remain calm 침착하다
- remain silent 침묵하다
- remain bearish 하락세다

해설
remain은 불완전 자동사로 보어가 필요하며, 문맥상 "언제나 같은 모습이다."의 의미가 필요하다. 따라서 remains the same이 적절하다.

해석
이 식당은 1988년에 문을 연 이후로 여러 번 주인이 바뀌었지만, 그 식당은 변함이 없다. 그 도시에서 항상 최고의 음식을 내놓는다.

09
해설
선행하는 명사 chemicals를 수식하는 관계사절(that) 동사의 병렬문제이다. regulate(조절하다)와 achieve(성취하다, 달성하다, 해내다, 성공하다)는 동사로 병렬관계를 이룬다.

해석
호르몬들은 몸의 기능을 조절하거나 특별한 임무를 해내는, 몸에서 만들어지는 화학물질이다.

정답 08 ① 09 ①

10

I think the employees at my company have a fairly good working condition and ______________. We are working for eight hours Monday to Friday a day. We can control working hours for ourselves. The workers working at morning time get off work at 6 P.M, but The employees who go to work afternoon hours leave work at 10 P.M. We can use monthly paid holiday per a month. Of course, If we have something special and busy on weekdays, we can compensate for lack working days by the weekend and the same thing happens vice versa : if you work at the weekend, you can take time off on the weeks. Therefore, our company has the big advantages which use the working hours freely, and enjoy the happiness of self life, family, and neighboring people. More and more companies have carried out this kind of management system all over the world.

① unpaid leave
② home-working
③ overtime pay
④ work-life balance

10
- unpaid leave 무급 휴가
- home-working 집안일
- overtime pay 추가 근무수당
- work-life balance 일과 삶의 균형(워라벨)

해석

나는 우리 회사의 직원들이 아주 좋은 작업 여건과 일과 삶의 균형을 누리고 있다고 생각한다. 우리는 하루에 8시간씩 월요일부터 금요일까지 근무를 한다. 모두가 자신의 근무시간을 조정할 수도 있다. 오전에 출근한 사람은 오후 6시에 퇴근한다. 하지만 오후에 출근하는 직원은 야간 10시에 퇴근한다. 한 달에 1번은 월차를 이용할 수 있다. 물론 평일에 바쁜 사정이 생기면 휴일에 부족한 일수를 보충하면 된다. 역으로도 마찬가지다. 휴일에 일하면 평일에 쉴 수도 있다. 그러므로, 이렇게 자신의 근무시간을 자유롭게 이용하며 자신의 삶과 가족, 그리고 주위의 사람들과 행복을 누리는 삶이 있는 것이 우리 회사의 큰 장점이다. 점점 더 많은 회사들이 전 세계적으로 이런 종류의 경영 시스템을 시행해 가고 있다.

정답 10 ④

11 빈칸에 들어갈 내용으로 가장 적절한 것은?

The American economy now exhibits a wider gap between rich and poor than it has at any other time since World War II. The most basic reason, put simply, is that America itself is ceasing to exist as an economic system separated from the rest of the world. One can no more meaningfully speak of an "American economy" than of a "California economy". America is becoming ________________.

① an independent economic power
② only a region of a global economy
③ more and more highly industrialized
④ economically dependent on the state of California

11 • put simply 간단히 말해서
• cease to exist 소멸하다, 없어지다, 죽다

해설

A is no more B than C is D : A가 B 아닌 것은 C가 D 아닌 것과 같다(= A가 B 하지 못하는 것은 C가 D 하지 못하는 것과 같다) → 양자부정의 구문을 핵심으로 문맥을 파악해야 한다. 문맥상 세계 경제시스템이 한 개의 시스템으로 묶여 있음을 시사하고 있다.

해석

현재 미국의 경제는 2차 세계대전 이후로 그 어떤 시기에 가지고 있었던 빈부의 격차보다 더 크게 격차를 보여주고 있다. 간단히 말해서, 가장 근본적인 이유는 미국 자체가 세계의 나머지와 분리된 경제시스템으로 소멸해가고 있기 때문이다. 캘리포니아 경제시스템을 미국의 경제시스템으로부터 분리하여 의미를 두지 못한다. 미국도 세계 경제시스템의 단지 한 지역이 되어가고 있는 것이다.

12 다음 빈칸에 들어갈 말로 가장 적절한 것은?

A : I can't ______ Dave anymore.
B : What's wrong? I thought you got along well.

① stand
② swell
③ break
④ attack

12 • swell 부풀다, 부어오르다
• break 고장 나다, 깨지다, 부서지다, 위반하다
• attack 공격하다

해설

I can't stand(= hold) it. 나는 더 이상 그것을 참을 수가 없어.

해석

A : 나는 더 이상 Dave를 참을 수가 없어.
B : 무슨 일이니? 나는 너희들이 잘 지내고 있다고 생각했는데.

정답 11 ② 12 ①

13 다음 대화문의 빈칸에 들어갈 가장 적절한 표현은?

A : ________________________?
B : I've been studying English every day.

① How do you do
② How do you like it
③ What do you like to do
④ What are you up to these days

13 해설
① How do you do? 안녕하세요? 처음 뵙겠습니다.
② How do you like it? 맛이 어때요? 어때요? 좋아요?
③ What do you like to do? 좋아하는 일이 무엇입니까?
④ What are you up to these days? 요즘 어떻게 지내세요?

해석
A : 요즘에 뭐하고 지내세요?
B : 저는 매일매일 영어를 공부하고 있습니다.

14 다음의 부정의문문에 대한 대답으로 우리말의 내용을 올바르게 바꾼 것은?

A : If it rains tomorrow, won't you go to BTS concert?
B : 예, 나는 콘서트에 가지 않을 겁니다.

① Yes, I won't
② Yes, I will
③ No, I won't
④ No, I will

14 해설
Yes, No 대답에서 Yes 뒤에는 긍정문이, No 뒤에는 부정문이 등장한다. "Yes, I will."은 '아니오, 나는 갈 것입니다.'를, "No, I won't."는 '예, 나는 가지 않을 것입니다.'를 의미한다. 부정 의문문의 대답으로 "Yes, I won't."나 "No, I will."은 사용하지 않는다.

해석
A : 내일 비가 온다면 BTS 콘서트에 가질 않으실 거죠?
B : 예, 나는 콘서트에 가지 않을 겁니다.

정답 13 ④ 14 ③

15 빈칸에 공통으로 들어갈 전치사는?

- His company's teams work _______ harmony for every mission.
- He is nominally CEO _______ charge of the company.
- He specializes _______ foreign trade.

① in ② at
③ to ④ on

15 • work in 호흡이 맞다
• in charge of ~을 맡아서, 담당해서, 위탁되어
• specialize in ~ ~을 전문으로 하다

해석
• 그의 회사의 팀들은 모든 임무에서 호흡이 맞는다.
• 그는 그 회사의 명목상의 CEO이다.
• 그는 해외 무역을 전문으로 한다.

16 밑줄 친 부분 중 어법에 맞지 않는 것은?

① Some of my close friends ② are from Latin America, ③ others are from Europe, and ④ rest are from the Middle East.

① some
② are
③ others
④ rest

16 해설
주절, 주절, and 주절의 형태를 가지고 있는 문장 구조다. 일부가 선택이 되고 나서 나머지 전부를 의미할 때는 정관사 the를 붙여 표현한다. the rest가 적절하다.

해석
나의 절친한 친구들 중에서 일부는 라틴 아메리카 출신이고, 다른 친구들 일부는 유럽 출신이며, 그리고 나머지는 중동 출신이다.

정답 15 ① 16 ④

17 다음 중 밑줄 친 부분과 가장 가까운 내용은?

Lisa has an extravagant habit when it comes to spending money.

① spending money very prudently
② excessively economic and industrious
③ always concerned about money
④ never making both ends meet

17 • extravagant 낭비하는, 사치스러운, 화려한, 과장된
• make both ends meet 수입과 지출을 맞추다. 수입 내에서 살아가다
• when it comes to ~ing ~에 관한 한

해설
밑줄 친 단어의 적절한 의미를 묻는 문제이다.
④ 결코 수입 내에서 살아가지 않는 (사치스러운, 낭비하는)
① 매우 신중하게 돈을 쓰는
② 지나치게 절약하고 근면한
③ 항상 돈에 관해서 걱정하는

해석
리사는 돈의 소비에 관한 한 사치스러운 습관을 가지고 있다.

18 빈칸에 들어갈 말로 가장 적절한 것은?

He is the most intrepid reporter. I have never seen the _______ professional man.

① timid
② curious
③ clever
④ undaunted

18 • intrepid 용감무쌍한, 두려움을 모르는
• timid 소심한, 용기가 없는
• curious 호기심이 많은
• clever 영리한
• undaunted 대담무쌍한, 용감한 (undaunted = fearless = undismayed = unabashed = unfaltering = bold valiant = gallant = plucky = mettlesome = audacious = brave)

해설
문맥상 intrepid와 동의어를 찾는 문제이다.

해석
그는 가장 용맹한 기자이다. 나는 그런 용감한 전문가를 결코 본적이 없다.

정답 17 ④ 18 ④

19 다음 글에서 밑줄 친 it이 나타내는 대상은?

Many kinds of people always take a walk in the park. As weather isn't permitting, Mothers accompanying the children who want to go out and are fretful are wandering around. Also today, Mrs. Brown and her toddler are found in the park with all cloudy weather and stay around the lake by the side of the park. It looks like the center of this kind of peaceful life. The people of the surrounding are catching glimpse at the young child. There are wild duck's youngs swimming in the lake. There many walkers with their pet dogs. They have their youngs. The day in the park is like the scene of drama which is always busy and diverse images.

① pet dog
② old friend
③ small child
④ bridegroom

19 • pet dog 애완견
• bridegroom 신랑

해설

it이 나타내는 the + 단수명사를 앞에서 찾는다. 앞에서 나온 아이, 즉 toddler를 가리키고 있다. toddler는 걸음마를 배우는 아이라는 뜻이므로 small child(어린 아이)가 적절하다.

해석

공원에는 언제나 많은 사람들이 산책을 한다. 특히 날씨가 허락하지 않는 날에도 어머니들은 집 밖으로 나가기를 원하며 보채는 아이들을 데리고 공원에서 산책을 한다. 오늘도 브라운 여사와 그의 아장아장 걷는 아이는 흐린 날씨에도 불구하고 공원에서의 하루를 시작하였고, 공원 한쪽에 자리하고 있는 호수 주변에 자리를 잡았다. 그 아이는 마치 이런 평화로운 삶의 중심인 듯하다. 주변에 모든 사람들이 그 어린 아이를 힐끗 쳐다본다. 호수에는 많은 물오리 새끼들이 함께 유영을 하고 있다. 주변에는 애완견을 이끌고 등장하는 사람들도 많이 있다. 모두가 어린 새끼들을 동반하고 있는 셈이다. 공원의 하루는 언제나 분주하고 다양한 모습들이 연출되는 삶이라는 드라마의 현장 같은 곳이다.

정답 19 ③

20 다음 글의 빈칸에 들어갈 말로 가장 적절한 것은?

In 2020, as the pandemic which had the whole world stunned has lasted, not only are more and more people dying right now, but the wage of people has decreased heavily. Especially, the wage of women is much smaller than that of men. The large percentage of women has spent the hours of labor doing household affair. Though we have found the special methods against this pandemic, most of the people in the world can't choose but to ______ the pandemic. Actually, this emergency situation has been predicted from a long time owing to the destruction of nature by the people. From now on, Before it is later, It is time that we should agonize seriously how we will keep a command ship of the earth.

① insist strongly
② raise immediately
③ obey completely
④ make unnecessary

20
- pandemic 유행병
- stun 놀라게 하다, 경악하게 하다
- household affair 가사일
- can't choose but to obey ~ ~에 복종할 수밖에 없다
- predict 예측하다
- agonize 고민하다
- a command ship 모선

해설

① 강력히 주장하다
② 즉시 제기하다
③ 완전히 순종하다
④ 불필요해지다

해석

2020년, 세계를 강타한 팬데믹이 지속되어감에 따라서 점점 더 많은 사람들이 지금 이 순간에도 죽어가고 있을 뿐만 아니라, 사람들의 임금도 급격히 줄어들고 있다. 특히 여성들의 임금은 남성들의 임금보다도 훨씬 낮다. 여성의 상당수가 집안일로 노동의 시간을 보내고 있다. 이러한 유행병을 막을 특별한 방법을 찾아보지만, 세계에 사람들의 대다수가 팬데믹에 완전히 복종할 수밖에 없는 것이다. 사실상, 이러한 위기 상황은 사람들에 의한 자연의 파괴 때문에 오래전부터 예견되어 왔다. 지금부터라도, 더 늦기 전에 우리가 지구라는 모선을 지키는 방법을 진지하게 고민해 보아야만 할 시간이다.

정답 20 ③

21 **다음 중 어법에 맞는 문장은?**

① Can you explain me what the sign is about?

② This guide book tells you where should you visit in Hong Kong.

③ The novel was so exciting that I lost track of time and missed the bus.

④ It's not surprising that book stores don't carry newspapers any more, doesn't it?

21 • lose track of ~ ~을 놓치다, 접촉이 끊어지다
• carry newspapers 신문을 두다, 비치하다

해설

③ 감정표현의 타동사는 사람이 주어(감정을 느끼는 대상)일 때 과거분사와, 사물(감정을 일으키는 대상)이 주어일 때 현재분사와 어울려 쓴다. 따라서 "The novel was so exciting."은 적절한 표현이다.

① explain은 4형식 불가 동사이므로 "~ explain to me what ~"으로 써야 한다.

② 간접의문문은 의문사+주어+동사의 정상어순으로 쓴다. 따라서 "where you should visit in hong Kong."이 적절하다.

④ 부가의문문을 "do they?" 또는 "is it?"이라고 표기해야 한다.

해석

① 당신은 나에게 그 간판이 무엇에 관한 것인지 설명해 줄 수 있습니까?

② 이 가이드북은 당신에게 당신이 홍콩에서 어디를 방문해야 하는지를 알려준다.

③ 그 소설은 너무나 흥미로워서 내가 시간 가는 줄 모르고 버스를 놓치고 말았다.

④ 서점들이 신문을 더 이상 비치하지 않는 것은 놀라운 일이 아니다. 그렇지 않은가?

정답 21 ③

22 밑줄 친 부분이 어법에 맞지 않는 것은?

① Dr. Kim has a very tired John.

② The house looked abandoned.

③ A drowned man will catch at a straw.

④ I have never heard the neighbor well spoken of.

22
- tired 지친, 피곤한
- abandoned 버려진, 유기된, 제 멋대로의
- speak well of ~ ~을 칭찬하다

해설

drowned는 '물에 빠져 익사한(죽은)', drowning은 '물에 빠져 허우적거리는'을 의미한다. 따라서 "A drowning man will catch at a straw."가 적절하다.

해석

① 김 박사는 매우 지친 존을 맞이한다.
② 그 집은 버려진 것처럼 보였다.
③ 물에 빠진 사람은 지푸라기라도 잡는 법이다.
④ 나는 결코 그 이웃사람이 칭찬 듣는 것을 들어본 적이 없다.

23 밑줄 친 부분 중 어법에 맞지 않는 것은?

Today, there are many places to travel all over the world ① and a variety of tour companies to recommend. The number of people ② taking cruises continues to rise and so does the number of ③ various complaints about cruise lines. Sufficient information is still ④ missed.

① and

② taking

③ various

④ missed

23 해설

④ missed는 문맥상 missing(실종된, 빠진, 행방불명된)으로 바뀌어야 한다.
① and 뒤에는 there are가 생략된 병렬구조의 문장이다.
② taking 앞에 who are가 생략된 것으로 보면 적절하다.
③ various(다양한)의 수식을 받는 명사가 복수로 적절하다.

해석

오늘날, 전 세계적으로 여행할 수 있는 많은 장소들과 추천할 만한 다양한 여행사들이 있다. 크루즈 여행을 하는 사람들의 숫자도 계속해서 늘어나고 있으며, 그에 관련된 다양한 불평들도 역시 늘어나고 있다. 충분한 정보가 여전히 부재한 상태다.

정답 22 ③ 23 ④

24 밑줄 친 부분 중 어법에 맞지 않는 것은?

John : Jessy, ① Have you ever been to New York? I've never been there.
Jessy : ② Neither have I.
John : Aha, Aren't we going to New York with me next summer holidays?
Jessy : I'd love to, but I have an important project in my account division. Please, give me a rain check, By the way, where is Michael?
John : I suppose. I wonder ③ where is he?
Jessy : It is strange that he ④ hasn't come yet at lunch time.

① Have you ever been to
② Neither have I
③ where is he
④ hasn't come

24 **해설**
③ 간접의문문은 의문사+주어+동사 순이다. 따라서 where he is가 맞다.
① have been to+장소 : ~에 가본 적 있다(경험), ~에 갔다 왔다(완료)
② 부정문을 받아 '역시'의 표현은 Neither+V+S / S+V(부정), either가 적절하나, do는 앞에 일반동사를 받는 대동사이고, 완료동사를 받는 대동사는 have를 써야 한다. 따라서 "Neither have I."가 적절하다.

해석
John : 제시, 당신 뉴욕에 가본 적 있나요? 저는 한 번도 거기에 가본 적이 없어요.
Jessy : 저도 역시 가본 적이 없습니다.
John : 아하, 다음 여름휴가에 저와 뉴욕에 가지 않을래요?
Jessy : 그러고 싶은데, 저희 회계부서 중요한 프로젝트가 있습니다. 다음번 기회에 가지요. 그런데 말이죠? 마이클은 어디에 있나요?
John : 그러게요. 그가 어디에 있는지 궁금하군요.
Jessy : 점심시간에 아직도 나타나지 않는 것은 이상하군요.

25 글쓴이의 어조로 가장 적절한 것은?

There is the state university around my town. I work for the university and offer children's care service to its faculty. I am driving the kids to school early in the morning and pick up the children to the house late evening. Parent can see the kids afternoon. The employees are very kind. The place is safe to the kids. This kind of management is popular to people, and gives people trust as educational institution.

① defiant
② affirmative
③ cynical
④ stereotypic

25
- defiant 반항적인
- affirmative 긍정적인
- cynical 냉소적인
- stereotypic 상투적인
- management 경영, 관리
- educational institution 교육적 기관

해석
우리 마을 주변에는 주립 대학이 자리하고 있다. 나는 대학에서 일하고 대학은 대학 직원들에게 아이들 돌봄 서비스를 제공한다. 나는 아침에 애들을 학교에 내려주고 늦게 애들을 집에 데려간다. 부모들은 점심에는 애들을 보러 올 수 있다. 직원들은 친절하다. 그 장소는 애들에게 안전한 환경이다. 이러한 운영은 사람들에게 인기가 있고, 많은 사람들에게 교육기관으로서의 신뢰를 제공해준다.

정답 24 ③ 25 ②

26 다음 글의 내용과 일치하는 것은?

In the medieval times, the ideology or purpose of education was to make the religious man and in the modern times, the educational philosophy was to make the man of life. The educational philosophy since Dew. John(1859-1952) has changed from the religious ideology to whole rounded education. According to this, western educational philosophy has been altered also. For example, American parents' educational method is "trophy style" which every body gets everywhere. In contrast, French parents' educational method is "don't praise" style anywhere. Cultural and philosophical difference has varied from country to country. Whole person education, though, is the conclusive answer for human spirit and future.

① Whole person education is the final purpose to human being.

② Educational philosophy of Dewy. John was the religious human training.

③ American parents' educational method is "don't praise".

④ French parents' educational method is to get trophy style.

26
- education philosophy 교육 철학
- whole rounded education 전인교육
- trophy style 트로피 수여 방식(칭찬 방식)
- don't praise 칭찬하지 않는 방식

해설

① 전인교육은 인간에게 있어 최종적인 목적이다.
② 존 듀이의 교육 철학은 종교적 인간 양성이 아니다.
③ 미국의 부모 교육법은 칭찬 방식이다.
④ 프랑스 부모의 교육 방식은 칭찬하지 않는 방식이다.

해석

중세시대에 교육의 이념과 목적은 종교적 인간을 만드는 것이었고, 현대시대에 교육 철학은 생활형 인간을 만드는 것이었다. 존 듀이(1859–1952) 이후로 교육 철학은 종교적 이념으로부터 전인교육으로 변모해 왔다. 이에 따라서, 서양의 교육적 철학은 또한 변모해 왔다. 예를 들어, 미국 부모의 교육 방식은 모든 사람들이 어디에서나 받는 칭찬 방식이다. 대조적으로, 프랑스 부모의 교육적 방식은 칭찬하지 않는 것이다. 문화와 철학의 차이는 나라마다 다양하다. 그렇긴 하지만, 전인교육이야말로 인간의 영혼과 미래를 책임질 최종적인 해답이다.

정답 26 ①

27 다음 글의 내용과 일치하지 않는 것은?

Dear Mr. and Mrs, Smiths

We, John and Jessy, have the pleasure to invite you for dinner party of our wedding anniversary at this time and would like to make smooth and steady in our relationship. When you stay in our house, we will do our best to assist you to enjoy some events of our party.

We will prepare everything(accommodation, casual clothing, cars & others) needed for you to enjoy the 20th wedding anniversary. Maybe, you would be needed to stay in our house in the evening of August 15.

You are welcomed to visit us at this time. And we are looking for seeing you soon.

Sincerely yours.

① This is the invitation by the couple of John and Jessy for Mr. and Mrs Smiths.

② The couple, Mr. and Mrs. Smiths, has acknowledged receipt of a letter.

③ John and Jessy's couple invited Mr. and Mrs. Smiths for the 20th wedding anniversary.

④ Mr. and Mrs. Smiths would be needed to stay the day of that night.

27
- an invitation 초대장
- anniversary 기념일
- acknowledge receipt of a letter 편지를 받았다는 수취 편지

해설

편지로 초대하는 내용이다.

① 이 초대장은 존과 제시 커플이 스미스 부부에게 보낸 초대장이다.
② 스미스 부부는 (존과 제시 커플에게) 편지 수취 사실을 알렸다. → 알 수 없다.
③ 존과 제시 커플은 20번째 결혼기념일로 스미스 부부를 초대했다.
④ 스미스 부부는 하루 저녁을 머물게 될 것이다.

해석

친애하는 스미스 부부에게

우리, 존과 제시는 이번 우리의 결혼기념일 저녁 파티에 여러분을 초대하여 원만한 관계를 유지하게 되어 기쁘기 그지없습니다. 여러분이 저희 집에 머무르실 때, 파티의 이런 저런 일을 즐기도록 최선을 다해서 도와드릴 것입니다.

우리는 여러분이 20번째 기념일을 즐기도록 필요한 편의시설, 편한 옷, 자동차 그리고 기타의 것들을 준비할 것입니다. 아마도 여러분은 8월 15일 저녁에 저희 집에서 머물고 가셔야 할 것입니다.

이번 저희 방문을 환영합니다. 그리고 곧 여러분을 만나 뵙기를 학수고대합니다.

여러분을 친애하는 사람으로부터.

정답 27 ②

28 다음 글의 내용과 일치하지 <u>않는</u> 것은?

We are approaching the Union Square Stop of Manhattan soon. The passengers' belongings should be checked once again before you leaving the train. If you wan to see the financial center, Go out of the subway through the exit 5. If you want to get to times square, Keep walking on foot toward Hyde Park until you can see the sign Times Square. If you want to go shopping in the department store or grab a bite, we recommend that you should buy fare saver's ticket for electric train and go to food court area by the train. If you want to get to Queens and Brooklyn first, you'd better get off next stop. Have a good trip and enjoy your New York touring. Thanks for listening!

① 열차는 맨하튼의 유니온 광장에 진입하고 있다.

② 5번 출구로 나가면 금융의 중심지로 가는 것이 용이하다.

③ 백화점 쇼핑을 원하거나 간단한 요기를 하고자 한다면 할인 티켓을 구매해 지하철을 이용하는 게 낫다.

④ 퀸즈 앤 브루클린에 가고자 한다면 다음 정거장에서 하차하는 게 좋다.

28 • fare saver's ticket 요금 할인 티켓 (관할권 내 대중교통 요금은 모두 할인됨)

해설

전동차 할인 티켓을 구매해 전동차를 이용하라는 권고 사항이 문맥상 있다.

해석

우리는 맨하튼의 유니온 광장 역에 곧 도착합니다. 승객들께서는 열차를 떠나기 전에 다시 한 번 짐을 확인해 주십시오. 만약 여러분들께서 금융센터를 보고자 하신다면 5번 출구를 통해서 지하철 밖으로 나가십시오. 만약 여러분께서 타임즈 광장을 가고자 한다면 도보로 계속해서 당신이 타임즈 광장이라는 간판이 보일 때까지 하이드 파크쪽으로 걸어가십시오. 만약 당신이 백화점 쇼핑이나 간단한 요기를 원한다면, 당신이 전동차 요금 할인 티켓을 구매해 전동차를 이용하도록 권고합니다. 만약 당신이 퀸즈 앤 브루클린에 먼저 가고자 한다면 다음 정거장에서 내리는 것이 유리합니다. 즐거운 여행과 뉴욕 관광을 즐기세요. 경청해 주셔서 감사합니다!

정답 28 ③

29 **다음 글의 내용과 일치하지 않는 것은?**

According to the advent of 21st century, a variety of work robots have come to the industrial site. More and more people have lost their jobs for new industrial robots. Actually even if they are being invented from developed countries and developing countries all over the world, there are a number of jobs which can't be replaced by robots : doctors, nurses, hair designers, counselors, teachers, and so on. However, many experts have anticipated that even the jobs which can't be substituted for at length will have no choice but to be replaced in about 2027. Finally, men lose his or her ground to stand on for convenience. Era of loss will come around the corner before long.

① 21세기는 산업용 로봇의 눈에 띄는 발전이 일어나게 될 것이다.
② 아직까지는 산업용 로봇의 출현이 일자리를 위협하지는 않는다.
③ 현재까지 산업용 로봇의 영향을 받지 않는 직업군도 있다.
④ 상실의 시대는 사람보다 로봇의 역할이 증대함을 의미한다.

29
- advent 도래
- work robot 산업용 로봇
- replace(= substitute for) 대체하다
- have no choice but to R ~ ~할 수밖에 없다, ~하지 않을 수 없다
- era of loss 상실의 시대

해설

"More and more people have lost their jobs for new industrial robots." 에서 ②번이 옳지 않음을 알 수 있다.

해석

21세기가 도래함에 따라서, 다양한 산업용 로봇이 산업 분야에 등장해 왔다. 더욱더 많은 사람들이 산업용 로봇으로 인해서 일자리를 잃어가고 있다. 실제로 그들이 전 세계의 선진국과 개발도상국에서 발명이 이루어지고 있을지라도, 로봇에 의해서 대체될 수 없는 많은 일자리들도 존재한다. 즉, 의사들 · 간호사들 · 헤어디자이너들 · 상담요원들 · 선생님들 그리고 기타 등등이 그러하다. 그렇지만, 많은 전문가들은 대체될 수 없는 일자리들조차도 결국 2027경에는 대체될 수밖에 없을 것으로 예상하고 있다. 마침내, 인간은 편리 때문에 자신들의 설 자리를 잃어가고 있다, 머지않아 상실의 시대가 도래할 것이다.

정답 29 ②

30 다음 문장이 들어갈 위치로 가장 적절한 것은?

When the lights were bright, the productivity increased.

The Hawthorne experiments were first conducted in November, 1924 at western Electric Company's Hawthorne plant in Chicago. The initial tests were sponsored by The National Research Council(NRC) of the National Academy of Sciences. In 1927, a research team from Harvard Business School was invited to join the studies after the illumination test drew unanticipated results. A team of researchers led by George Elton Mayo from the Harvard Business School carried out the studies. General Electric originally contributed funding. There were four implications to the Hawthorne Studies, although these implications are no longer newsworthy in today's work field. First, there was the illumination study. ① However, It was withdrawn after the first trail was completed. ② The second implication was the Relay Assembly Test Room study : ③ This changed the way human inter- relationships were viewed. Third, there was the Inter- viewing Program Implication. This was the first influence of upward communication : increasing positive attitude. ④ Lastly, there was the Bank wiring Room Study : This implication was the existence of informal communi- cation. Now, there were also four implications on organizational theory.

30 해설

호손 실험의 과정을 통해 얻는 결과물의 내용을 기술하고 있는 글이다. 조명회사의 조명에 대한 중요한 의미를 찾고자 했으나, 결과적으로 발견한 호손 실험의 의미를 찾아서 나타내고 있으므로 ①번의 위치가 가장 적절하다.

해석

불빛이 밝았을 때, 생산성이 증가했다.

호손 실험은 1924년 11월 시카고에 있는 western 전기회사 호손공장에서 최초로 행해졌다. 최초 실험들은 국가 연구원에 의해 후원받았다. 1927년에 하버드 비즈니스 스쿨 연구팀은 조도 테스트가 예상치 못한 결과를 도출한 후 연구에 참여하도록 초청되었다. 하버드 비즈니스 스쿨출신의 조지 엘튼 마요가 이끈 연구팀은 연구들을 수행하였다. 제너럴 일랙트릭사는 최초 자금을 대었다. 호손 실험에는 비록 이런 함의들이 더 이상 오늘날의 작업 분야에 뉴스거리가 되지 않을지라도, 4가지 함의들이 담겨있다. 첫 번째로, 조도에 관한 연구였다. ① 하지만 최초의 실험 후에 그 함의가 철회되었다. ② 두 번째 함의는 릴레이 조립기계에 대한 것이며, ③ 이것 또한 인간관계에 대한 견해를 바꾸어 놓았다. 셋째로, 면접 프로그램 함의였으며, 이것은 사기진작 소통의 최초 함의였다. ④ 마지막으로 Bank wiring 연구였으며, 이것은 비공식적인 의사소통의 함의였다. 이제, 조직 이론에 대한 네 가지 함의 또한 있다.

정답 30 ①

31 다음 글의 빈칸에 들어갈 적절한 접속사는?

Another principle, that of conservation of energy, is the most recent of all. Energy can exist in a vast variety of forms, of which the simplest is pure energy of motion - the motion of a billiard ball over a table. Newton had shown that this purely mechanical energy is "conserved". For instance, when two billiard balls collide, the energy of each is changed, but the total energy of the two remains unaltered; one gives energy to the other, but no energy is lost or gained in the transaction. _______, this is only true if the balls are "perfectly elastic" an ideal condition in which the balls spring back from one another with the same speed with which they approached.

① however
② furthermore
③ in contrast
④ in other words

31
- billiard 당구의
- collide 부딪히다, 충돌하다
- elastic 탄력 있는, 탄성의
- spring 튀다, 뛰어오르다

해설

② furthermore 더군다나
③ in contrast 대조적으로
④ in other words 달리 말해서

해석

에너지보존 법칙이라는 또 하나의 원리는 가장 최근의 것이다. 에너지는 다양한 형태로 존재한다. 그리고 그중에서 가장 간단한 것이 동작의 순수 에너지이다. 즉, 테이블 위의 당구공처럼, 뉴턴은 이런 순수한 기계적 에너지가 보존된다는 것을 보여주었다. 예를 들어, 두 개의 당구공이 충돌하면, 각각의 에너지는 변화된다. 하지만 두 개의 전체 에너지는 변하지 않는다. 하나가 다른 것에 에너지를 준다. 그러나 어떤 에너지도 교환될 때 잃거나 증가되는 것은 없다. 그렇지만, 이것은 접근했던 것과 같은 속도로, 서로에게서 되돌아오는 이상적 조건인 '완벽하게 탄력성'이 있을 때만 가능하다.

정답 31 ①

32 다음 글의 내용으로 볼 때 밑줄 친 those에 해당하는 대상은?

The 35-year-old federal law regulating tap water is so out of date that the water Americans drink can pose what scientists say are serious health risks – and still be legal. Only 91 contaminants are regulated by the Safe Drinking Water Act, yet more than 60,000 chemicals are used within the United States, according to Environmental Protection Agency estimates. Government and independent scientists have scrutinized thousands of those chemicals in recent decades, and identified hundreds associated with a risk of cancer and other diseases at small concentrations in drinking water, according to an analysis of government records by the New York Times.

① Americans
② contaminants
③ the united states
④ scientists

32 해설
those는 명사 chemicals를 수식하는 지시 형용사로 that의 복수형이다. '단지 91개만을 규제하지만, 건강을 위협하는 수천 개의 오염 관련 화학 물질을 조사했다.'는 문맥을 주시하면 된다.

해석
수돗물을 규제하는 35년 된 연방법은 너무 시대에 뒤떨어져서 미국 사람들이 마시는 물은 과학자들이 건강을 위협하는 심각한 것이라고 말하는데도 여전히 합법적인 것처럼 여겨진다. 오직 91개의 오염 물질만이 식수 안전법에 의해 규제되고 있다. 그러나 환경 보호청의 추정에 따르면 6만 개 이상의 화학 물질이 미국 내에서 사용되고 있다고 한다. 정부와 독자적인 과학자들은 그러한 수천 개의 화학 물질을 최근 수십 년 동안 면밀히 조사해 왔으며, 〈뉴욕타임스〉에 실린 정부 기록 분석에 따르면, 식수에서 적은 농도라도 암과 다른 질병의 발병 위험과 관련된 수백 가지의 화학 물질을 확인했다고 한다.

정답 32 ②

33 6월 3일에 책을 반납하는 방법은?

Our national library has managed three professional ones. Each library has promoted the practical and effective use by the difference of core book lists and the convenience of users. The wood near the Silicon Valley(every Tuesday off) has emphasis on natural science and bio engineering, The Cherry (every Friday off) next to industrial complex on economics and management business, and The Apple(every Monday off) on anthro pology and archaeology. This time we are expected to open the sector of new children's literature within the Apple library. According to this, we inform that we must do remodeling construction from June 3(Fri) to June 5(Sun). The Apple library's users of due date June 3(Fri) can't use the admini- stration office. We ask to be excused to this. The first day we are to reopen is your return day. we are sorry for inconvenience and will try to do better service. Thanks.

Sincerely. the head librarian.

① You send books by mail.
② You return books in the Wood.
③ You return books in the Cherry.
④ You don't return books as remodeling.

33 • due to ~ ~ 때문에
• due date 반납일

해설
① 우편으로 보낸다.
② wood도서관에 반납한다.
③ cherry도서관에 반납한다.
④ 리모델링(remodeling) 공사로 반납이 불가하다.

해석
저희 지역 국립도서관은 3개의 전문 도서관을 운영하고 있습니다. 각각의 도서관은 중심적인 도서 목록을 다르게 함으로써 효율적이고 전문적인 도서 활용과 이용자들의 편의를 도모하고 있습니다. 실리콘 밸리 근처에 Wood도서관(매주 화요일 휴관)은 자연과학과 생명공학분야에, 공단근처 Cherry도서관(매주 금요일 휴관)은 경제・경영분야에, 그리고 Apple도서관(매주 월요일 휴관)은 인류학과 고고학 분야에 중점을 두고 있습니다. 이번에 어린이들을 위한 새로운 아동문학 분야 도서관을 Apple도서관 내에 개관하려 합니다. 이에 따라 부득이 리모델링 공사를 6월 3일(금)~6월 5일(일) 동안 하게 됨을 알려드리며, 다가오는 6월 3일(금요일) 반납기일이 도래하는 이용객들은 행정실을 이용할 수 없습니다. 저희는 이 점에 대해 양해를 구합니다. 도서관이 문을 여는 첫 날에 반납을 하시면 됩니다. 불편을 드린 점을 사죄하며 앞으로도 보다 더 나은 서비스를 위해 노력하겠습니다. 감사합니다.
도서관장 드림

정답 33 ④

34 다음 글의 제목으로 가장 적절한 것은?

The adhesive's properties which is used for Post-It was the first invention by Spencer Silver who was promoting his adhesive's properties. At first he was going to invent strong adhesive's properties but weak adhesive's properties were invented. For that reason, he judged a failure but his 3M company had the culture to share all the failures. Afterwards Art Fry who attended an international seminar at 3M held by Spencer Silver in 1974 received the sample of adhesive's properties and then made book mark. In the future Post-It was made with simple memo pad. Two men cooperated and the astonishing result came out with the coincidental chance. Results never lie.

① The origin of adhesive's properties
② Two men's cooperation
③ The secret of Post-It invention
④ The results of serendipity

34
- adhesive's properties 접착제
- promote 촉진하다, 홍보하다
- share 공유하다
- cooperate 협력하다
- coincidental 우연한
- astonishing 놀라운
- serendipity 뜻밖의 재미
- Results never lie 노력은 배신하지 않는다

해설

① 접착제의 기원
② 2인의 협력
③ 포스트잇 발명의 비화
④ 뜻밖의 재미의 결과물

해석

포스트잇에 이용되는 접착제는 그의 접착제를 홍보하고 있었던 스펜서 실버에 의해 최초 발명이 되었다. 처음에 그는 강력한 접착제를 발명하려 했지만 약한 접착제가 나오게 되었다. 그런 이유로, 그는 실패작이라고 판단하였으나 3M사는 실패작을 공유하는 문화가 형성되어 있었다. 나중에 1974년 스펜서가 개최한 3M사의 국제세미나에 참석했던 아트프라이(Art Fry)가 접착제 샘플을 받아서 책갈피를 만들었다. 나중에 포스트잇은 간단한 메모지를 붙여서 만들어지게 되었다. 두 사람은 협력하였고 놀라운 결과물이 우연한 기회에 등장하게 된 것이다. 노력은 결코 배신하지 않는 법이다.

정답 34 ③

35 다음 문장을 영어로 가장 적절하게 옮긴 것은?

내가 네 생일을 기억하지 못한 게 떠올랐어.

① It realized to me that I forgot your birthday.
② It occurred to me that I forgot your birthday.
③ It thought to me that I forgot your birthday.
④ It has come to me that I forgot your birthday.

35 **해설**
that절이 모두 같다는 것은 주절의 동사에 정답의 열쇠가 있다는 것이다. It이 주어인 문장으로 '나에게 떠오르다'라는 표현은 'strike to me = suggest itself to me = come into my head = occur to me / 주어(사람) + realize + that절 = 주어(사람) + think + that절 / 사람 주어 + hit on(upon) + 사물 생각'이 있다.
④번의 경우 "It has come into me that I forgot your birthday."로 표현할 수 있다.

36 다음 한국어 문장을 영어로 옮길 때 빈칸에 들어갈 말로 가장 적절한 것은?

북아메리카에 이주하는 물새 4마리 중 3마리는 멕시코만의 습지대를 방문한다.
→ ______ migrating water birds in North America visit the Gulf of Mexico's winter wetlands.

① Three every four
② Three of every four
③ Every four of three
④ Four of three every

36 **해설**
"기수사(명사) + of + (형용사) + 복수명사"의 어순이 적용된다. Three(3마리) + of(~ 중에서) + every + 수사 + (형용사) + 복수명사(water birds) → '~ 중에서 ~마리'
"every + 수사 + 형용사 + 명사"의 어순에 따라 쓴다. 예를 들면 '매 4년마다'라는 표현은 "Every four years = every fourth year"로 표기하는데, every + 기수사 + 명사(복수) = every + 서수사 + 명사(단수)의 표기법으로 쓴다.

해석
북아메리카에 이주하는 물새 4마리 중 3마리는 멕시코만의 습지대를 방문한다.

정답 35 ② 36 ②

37 다음 대화문의 빈칸에 들어갈 말로 가장 적절한 것은?

Nina : It's raining. What blooming awful weather!
Ben : It was much more terrible when I lived in Canada. I broke my legs in three places as I slipped on the ice in too much cold winter.
Nina : You are kidding?
Ben : _______________. I've never experienced that winter as such since ever. I have a leg ache today.

① I'd rather not
② I wish I were
③ I wish I did
④ If only I had been

37 • What blooming awful weather it is! 날씨가 정말 끔찍하군!

해설
캐나다에 살던 시기를 대화 속 화제로 하고 있다. I wish는 가정법 구문을 이끈다는 사실을 명심하고 접근해야 한다. 따라서 "I wish I were."는 현재 사실을 가정하는 것이고, "I wish I were kidding."의 의미를 뜻한다. '나도 내가 (지금) 농담을 하는 것이면 좋겠는데.'(농담이 아니라는 뜻)라는 의미를 나타낸다.
① I'd rather not. 그렇지 않다면 좋겠는데.(현재에 대한 가정=의미가 반대임)
③ did는 일반 동사를 받아오는 대동사로 "You were kidding."은 be동사로 받아야 하므로 did는 맞지 않다.
④ If only I had been. 내가 그랬었더라면 좋겠는데.(과거에 대한 가정)

해석
Nina : 비가 온다. 날씨가 최악이구나!
Ben : 내가 캐나다에 살 때엔 더 심했어. 겨울에 너무 추워서 얼음에서 미끄러져 다리가 세 군데나 부러졌었어.
Nina : 농담이지?
Ben : 농담이라면 좋겠다. 여태까지 그런 겨울을 경험해보지 못했고, 내 다리는 오늘도 안 좋아.

정답 37 ②

38 다음 대화문의 빈칸에 들어갈 말로 가장 적절한 것은?

> Judy : As something urgent came up, I would like to reschedule our meeting time.
> Anna : Um, it is possible enough to do some other time, this afternoon or tomorrow morning. ____________________
> Judy : It is convenient for me tomorrow morning.
> Anna : Sure, let's go with that.

① What time would suit you more?
② I'm happy that I work for you.
③ Have a good weekend in the meantime!
④ Do you need help with any preparation?

38 **해설**
문맥상 제시하고 있는 약속 변경 가능한 시간 중에 선택을 해야 하므로, '언제로 할까?' '언제로 정했으면 좋겠어?'라는 말이 가장 적절하다.
① 언제가 당신에게 더 좋으시겠어요?
② 당신을 위해서 일하게 되어 행복합니다.
③ 그러는 동안에 멋진 주말을 보내시길 빕니다.
④ 당신은 준비하는 데 도움이 필요하십니까?

해석
주디 : 갑자기 급한 일이 생겨서 미팅 시간을 좀 옮겼으면 좋겠어.
안나 : 음, 그렇다면 옮기는 것은 충분히 가능해. 오늘 오후에도 가능하고 또는 내일 오전에도 가능할 것 같아. 몇 시로 정할까?
주디 : 내일 오전이 더 나을 것 같아.
안나 : 좋아, 그렇게 하자.

39 다음 대화문의 빈칸에 들어갈 말로 가장 적절한 것은?

> A : Where are you from?
> B : I'm from Fargo, North Dakota
> A : What brought you here?
> B : ____________________.

① Sorry. I'm late
② No. I didn't bring anything
③ My mother brought me a cake
④ I am here to attend a conference

39 **해설**
빈칸에는 여기에 온 목적을 표현한 문장이 들어가야 적절하다.
① 미안해, 내가 늦었어.
② 아니, 나는 아무것도 가져오지 못했어.
③ 나의 어머니께서 나에게 케이크를 만들어 주셨어.
④ 나는 회의에 참석차 왔어요.

해석
A : 당신은 어디서 오셨나요?
B : 저는 North Dakota주 Fargo 출신입니다.
A : 여기에 무슨 일로 오셨나요?
B : 회의에 참석차 여기 왔습니다.

정답 38 ① 39 ④

40 다음 대화문의 빈칸에 들어갈 말로 가장 적절한 것은?

A : I've decided my stock items. I am supposed to put all my money I have right now.
B : Just moment! It is too risky! ______________.

① Think carefully before you leap
② Homer sometimes nods
③ Don't pay a fortune for irrelevant licences
④ Don't put all your eggs in one basket

40 해설
모든 돈을 투자하겠다는 것과 바로 앞에 '너무 위험하다.'는 의미를 고려하여 이 상황과 잘 어울리는 속담을 찾으면 된다.
① 돌다리도 두들겨 보고 건너라.
② 원숭이도 나무에서 떨어질 때가 있는 법!
③ 관련 없는 면허에 거금을 지불하지 마라!
④ 계란을 한 바구니에 담지 마라.

해석
A : 주식을 넣을 종목을 정했어. 당장 지금 가지고 있는 내 돈을 다 넣을 생각이야.
B : 잠깐만, 그것은 너무 위험해. 계란을 한 바구니에 담지 마.

정답 40 ④

2020년 기출복원문제

▸ 온라인(www.sdedu.co.kr)을 통해 기출문제 무료 강의를 만나 보세요.

※ 다음 빈칸에 들어갈 말로 가장 적절한 것을 고르시오. (01 ~ 10)

01

A business tries to _______ new customers by offering them better products or services.

① tease
② attract
③ torture
④ purpose

01 • try to ~ ~하려고 노력하다
• by ~ing ~함으로써[도구]
• tease 놀리다, (동물을) 못 살게 굴다
• attract 마음을 끌다, (어디로) 끌어들이다, (어떤 반응을) 불러일으키다
• torture 고문, 고문하다
• purpose ~을 목적으로 삼다, 목적·의도

해설
기업이 더 좋은 제품이나 서비스를 제공하는 이유는 고객에게 어필하기 위해서이므로 attract가 적절하다.

해석
기업은 새로운 고객에게 더 나은 제품이나 서비스를 제공하여 마음을 끌려고 노력한다.

02

Someone who wants to support farmers in nearby areas eats _______.

① local food
② low-fat food
③ vegan food
④ convenience food

02 • local food 지역 식품
• low-fat food 저지방 식품
• vegan food (엄격한) 채식주의자 식품
• convenience food 즉석 식품

해설
지역 농민을 지원하는 사람이 먹는 음식은 지역 음식(식품)이 가장 타당하다.

해석
인근 지역의 농민을 지원하려는 사람은 지역 식품을 먹는다.

정답 01 ② 02 ①

03

Something that is _______ is related to one person or thing.

① positive
② individual
③ realistic
④ prospective

03
- positive 긍정적인
- individual 개인적인, 각각의, 개인의, 1인용의, 개성 있는, 독특한
- realistic 현실적인, 실현 가능한, 사실적인
- prospective 장래의, 유망한, 곧 있을, 다가오는

해설

'한 사람 또는 하나의 사물'과 가장 뜻이 통하는 단어는 individual이다.

해석

개인적인 것은 한 사람 또는 하나의 사물과 관련이 있다.

04

If Betsy eats peanuts, she has trouble breathing and need to go to the hospital immediately. she is _______ to peanuts.

① ethical
② energetic
③ allergic
④ beneficial

04
- ethical 윤리적인
- energetic 활기찬
- allergic ~에 알레르기가 있는
- be allergic to ~에 알레르기가 있다
- beneficial 유익한, 도움이 되는

해설

땅콩을 먹으면 숨쉬기가 곤란하고 병원을 가야 한다면 선택지 중 '알레르기'와 가장 연관이 깊다.

해석

만약에 Betsy가 땅콩을 먹는다면, 그녀는 숨쉬기가 곤란해지고 즉시 병원에 가야만 할 것이다. 그녀는 땅콩에 알레르기가 있다.

정답 03 ② 04 ③

05

I can't keep the _______ away. they are growing faster than my vegetable. I need to use more herbicides.

① bugs
② weeds
③ grains
④ insects

05 • keep ~ away ~을 멈추다, 그만 두게 하다
• bug 벌레
• weed 잡초
• grain 곡물
• insect 곤충
• herbicides 제초제

해설

문장 뒷부분의 vegetable을 보아 대비되는 단어인 weeds가 적당하다.

해석

나는 잡초가 자라는 것을 멈추게 할 수 없다. 그것들은 나의 채소들보다 더 빠르게 자라고 있다. 나는 제초제를 좀 더 사용할 필요가 있다.

06

Lions, tigers, and humans all eat other animals, but nothing eats them. They are the top of the _______.

① world
② population
③ jungle
④ food chain

06 • population 인구, 주민
• jungle 밀림(지대), 정글
• food chain 먹이사슬

해설

사자, 호랑이, 인간은 다른 동물을 먹는데, 다른 동물들은 그들을 먹지 않는다고 하였으므로 '그들은 먹이사슬의 최상위이다'가 적절하다.

해석

사자들과 호랑이들 그리고 인간들은 모두 다른 동물들을 먹는다. 하지만 아무도 그들을 먹지 않는다. 그들은 먹이사슬의 최상위이다.

정답 05 ② 06 ④

07

_______ I visited France, I had never eaten a really treat meal. But from the moment I landed in Paris, everything I ate was incredible!

① If
② Since
③ until
④ Because

07 해설
~까지 계속된 일을 이야기할 때에는 접속사 until/till, ~ 이후 계속된 일을 이야기할 때에는 접속사 since를 쓴다. 프랑스에 방문하기 전까지 제대로 된 식사를 못했으나 파리에 도착한 이후로 먹은 모든 것들이 좋았다고 해야 적절하므로 until이 적절하다.

해석
내가 프랑스에 방문하기 전까지, 나는 제대로 된 식사를 하지 못했다. 그러나 파리에 도착한 순간부터 내가 먹은 모든 것들이 믿어지지 않을 정도로 좋았다.

08

If you wish to _______ your subscription preferences, contact our customer service team at +65-04975-614733.

① modify
② interrupt
③ enclose
④ decrease

08
- subscription 구독료, 구독, 기부금, 가입
- modify 수정(변경)하다, 바꾸다, 조정하다
- interrupt 방해하다, 중단시키다, 가로막다
- enclose (담, 울타리 등)두르다, 에워싸다, 동봉하다
- decrease 줄다, 감소하다

해설
'가입 설정을 수정하고 싶다면'이 적절하다.

해석
만약 당신이 가입 설정을 변경하고 싶다면, 당사의 고객서비스팀 +65-04975-614733으로 연락하세요.

정답 07 ③ 08 ①

09

A few years ago, I was offered a job in Tokyo, but I said no. ______________. I would have seen the world and I would have learned a new language. I regret saying it that time.

① I shouldn't have taken the job
② I should have taken the job
③ I needed to offer a job
④ I should offer a job

09
• offer 제의하다, 권하다
• should have p.p ~했어야 했다
• should not have p.p ~하지 말았어야 했다
• regret to 동사원형 (미래에) ~하게 되어 유감스럽다
• regret ~ing (과거에) ~한 것을 후회하다

해설
빈칸 다음 문장에서 '나는 세계를 좀 더 넓게 보고 새로운 언어를 배울 수 있었을 텐데'라고 했으므로 '나는 그 제의를 받아들였어야 했다'가 적절하다.

해석
몇 년 전에, 나는 도쿄에서 일할 것을 제의받았다. 그러나 나는 거절하였다. 나는 그 일을 받아들였어야(했어야) 했다. 그랬더라면 나는 좀 더 넓은 세계를 보고 새로운 언어를 배웠을 것이다. 나는 그렇게 말한 것을 후회하고 있다.

10

By the time I returned home. I realized I had spent almost all my money on food and clothing. ______________________. I had a lot of priceless memories, and I had visited all the best restaurants and boutique, in Paris.

① So I did mind
② But I didn't mind
③ So I was worried
④ But I was worried

10
• By the time ~할 때 쯤에
• spend(돈을) 쓰다, 소비하다
*spent(spend의 과거, 과거분사형)
• priceless 값을 매길 수 없는, 귀중한
• I don't mind. 상관없다, 괜찮다

해설
나는 많은 돈을 음식과 옷에 소비했다는 것을 알아차렸지만 빈칸 다음 문장으로 보아 나는 귀중한 기억을 가졌다고 말하고 있기 때문에 많은 돈을 소비한 것에 대해 상관이 없다는 것을 알 수 있다.

해석
내가 집에 돌아올 때 쯤에, 나는 내가 나의 모든 돈을 음식과 옷에 소비했다는 것을 알아차렸다. 하지만 상관없다(괜찮다). 나는 귀중한 기억을 얻었고 파리에 있는 모든 최고의 식당과 명품상점을 방문했다.

정답 09 ② 10 ②

11 어법상 빈칸에 들어갈 내용으로 가장 적절한 것은?

It was suggested that the minister _______ the final clause of the bill so that it could be applied immediately.

① amend
② amends
③ will amend
④ be amending

11 • minister 장관
• clause (법적 서류의) 조항, 조목
• bill (국회에 제출된) 법안, 고지서, 청구서
• apply 적용되다, 해당되다
• immediately 즉시, 즉각
• amend (법 등을) 개정[수정]하다

해설
빈칸 앞에 '당위성'을 나타내는 동사 suggested가 있으므로 that절에는 should가 생략된 동사원형의 형태인 amend(수정하다)가 오는 것이 적절하다.

해석
장관이 법안의 마지막 조항을 즉시 적용될 수 있도록 수정해야 한다는 제안이 나왔다.

12 빈칸에 들어갈 내용으로 가장 적절한 것은?

As the alga die, poisonous substances are produced. These substances use up all oxygen in the water, ______________. Eventually, river or lake become broken down.

* oxygen 산소

① making impossible for fish to breathe in it
② made it impossible for fish to breathe in it
③ making it impossible for fish to breathe in it
④ made impossible for fish to breathe in it

12 • poisonous 유독한, 독이 있는
• substances 물질
• produce 생산하다
• use up 다 써버리다, 소모하다
• eventually 결국에
• break down 고장나다, 파괴되다

해설
물질들이 불가능하게 만드는 것이므로 능동 현재분사 making이 맞고, 내용상 to breathe in it이 목적어이므로 가목적어 it이 필요하다.

해석
조류가 죽을 때, 독성 물질들이 생긴다. 이런 물질들이 물속에 있는 모든 산소들을 다 소모하며 물고기가 물속에서 숨 쉬는 것을 불가능하게 만든다. 결국에 강과 호수는 파괴되기 시작한다.

정답 11 ① 12 ③

13 빈칸에 들어갈 대답으로 가장 적절한 것은?

A : How have you been lately?
B : ________________.

① So so
② So are so
③ So in so
④ So and so

14 다음의 부정의문문에 대한 대답으로 우리말의 내용을 올바르게 바꾼 것은?

A : Wasn't it cold yesterday?
B : 아니오, 매우 추웠습니다.

① Yes, it was very cold
② No, it was very cold
③ Yes, it wasn't very cold
④ No, it wasn't very cold

13
- late 늦은
- lately 최근에
- so so = not bad, same as usual 그저 그래

해설
lately는 부사로 '최근에'라는 의미이다. 형용사인 late와 의미가 다르기 때문에 해석에 주의해야 한다.

해석
A : 최근에 어떻게 지내?
B : 그저 그래.

14
해설
부정의문문에 대한 대답도 긍정표현일 때는 "Yes + 긍정문", 부정표현일 때는 "No + 부정문" 형태를 취한다. 그러나 번역은 우리말과 반대로 해야 한다. 즉, '아니, 추웠어.'는 "Yes, it was."로 대답하고 '응, 춥지 않았어.'는 "No, it wasn't."로 대답한다.

정답 13 ① 14 ①

15 다음 중 빈칸에 들어갈 내용으로 가장 적절한 것은?

A : Fire Station, Human Resources Department. What can I do for you?
B : Yes, I'm calling about your help-wanted ad in the newspaper. Is the job still available?
A : Yes, it is.
B : ______________?
A : You have to turn in your resume and cover letter by mail. And then wait to be interviewed.
B : All right. Thank you for your detailed infor mation.

① What would you like about this job
② What should I do to apply for the job
③ When is the due date for the application
④ What qualifications do I need for this job

15
- help-wanted ad 구인광고
- turn in 제출하다
- resume 이력서
- cover letter 자기소개서

해설
빈칸 다음에서 이력서와 자기소개서를 메일로 보내고 면접 때까지 기다리라고 했으므로, 빈칸에는 지원방법을 묻는 ② '그 자리에 지원하려면 무엇을 해야 하나요?'가 적절하다.

해석
A: 소방서 인사부입니다. 무엇을 도와드릴까요?
B: 네, 저는 신문에 있는 구인광고를 보고 전화를 드렸습니다. 그 자리가 아직도 유효한가요?
A: 네. 가능합니다.
B: <u>그 자리에 지원하려면 무엇을 해야 하나요?</u>
A: 이력서와 자기소개서를 먼저 메일로 보내주세요. 그런 다음 기다려 주시면 면접이 있을 겁니다.
B: 알겠습니다. 상세한 정보 감사합니다.

정답 15 ②

16 밑줄 친 부분의 의미와 가장 가까운 것은?

> The police insist that they are not letting up on their campaign against drugs.

① reside
② lessen
③ inherit
④ disappoint

16 • reside 거주하다
• lessen 완화시키다, 약화되다, 줄이다
• inherit 상속받다, 물려받다
• disappoint 실망시키다
• let up on ~에 대한 태도를 완화하다

해설
밑줄 친 let up on은 '~에 대한 태도를 완화시키다'라는 의미를 가지고 있다. lessen은 '완화시키다, 약화되다'라는 의미로 쓰인다.

해석
경찰은 마약 캠페인에 대한 태도를 완화시키지 않으려는 입장이다.

17 밑줄 친 부분이 어법에 맞지 않는 것은?

① Can you tell me how many channels are there?
② Do you know where today's TV schedule is?
③ I can't explain why he loves her.
④ Do you think where she comes from?

17 • how many 얼마나 많이
• explain 설명하다
• come from ~ 출신이다

해설
간접의문문의 순서에 관한 문제이다.

> **간접의문문**
> ㉠ 의문부사 + 주어 + 동사
> ㉡ 주절의 동사가 think, suppose, believe, guess 등이면 의문사가 문두에 위치한다.

그러므로, ④의 지문은 "Where do you think she comes from?"으로 바뀌어야 적절하다.

해석
① 거기에 얼마나 많은 채널이 있는지 알려줄 수 있니?
② 오늘 TV 스케줄이 어디에 있는지 알고 있니?
③ 그가 왜 그녀를 사랑하는지 나는 설명해 줄 수가 없다.
④ 그녀가 어디 출신인거 같니?

정답 16 ② 17 ④

18 밑줄 친 부분을 바르게 고친 것은?

I'm worried about children (A) play near the street and families (B) ride their bicycles to the local park.

	(A)	(B)
①	playing	ridden
②	playing	riding
③	played	riding
④	played	ridden

18 • be worried about ~ ~에 대해 걱정하다
• local 지역의, 현지의

해설
현재분사인지 과거분사인지를 구별하는 문제이다. play와 ride는 관계대명사가 생략된 현재분사이다. children이 노는 것이기 때문에 능동인 playing이 오는 것이 적합하며, families가 능동적으로 자전거를 타는 것이므로 현재분사인 riding이 오는 것이 적합하다.

해석
나는 아이들이 도로에서 노는 것과 가족들이 자전거를 타고 지역공원에 가는 것이 걱정된다.

19 (A)와 (B)에 들어갈 말로 적절한 것은?

I (A) lunch, so I (B) while we waited for the bus.

	(A)	(B)
①	eating	took a nap
②	had eaten	took a nap
③	hadn't eaten	take a nap
④	has eaten	had taken a nap

19 • wait for ~을 기다리다
• take a nap 낮잠을 자다

해설
시제 일치 문제이다. while이 들어있는 종속절이 waited for로 과거이기 때문에 앞의 주절의 동사 (B)는 같은 시제인 과거가 와야 한다. 콤마 앞의 문장은 좀 더 앞서 일어난 사건이기 때문에 대과거인 had eaten이 적절하다.

해석
나는 점심을 먹었다. 그래서 나는 버스를 기다리는 동안 낮잠을 잘 수 있었다.

정답 18 ② 19 ②

※ 다음 글을 읽고 물음에 답하시오. (20 ~ 21)

> Dear Customer,
>
> Thanks for making a reservation with Green Travel Agency. We'd like to hear about your recent trip California to Michigan on April 15. We would appreciate you if you could complete a short survey about your experience with our company. (A) is for providing better service next time.
>
> (B) Please complete the attached file and send it back to us. Your feedback will help improve our service. Thank you again for your business.
>
> Green Travel Agency

20 (A)에 들어갈 말로 적절한 것은?

① They
② This
③ Both
④ Every

21 (B)에 들어갈 말로 적절한 것은?

① It will take about five minutes.
② It took about five minutes.
③ They will take about five minutes.
④ They took about five minutes.

20
• make a reservation 예약을 하다
• would like to ~ ~하고 싶다
• survey 설문조사
• provide 제공하다
• improve 향상시키다

해설
(A)는 a short survey를 말하는 것으로, 동사 is로 보아 단수임을 알 수 있다. 그러므로 단수 대명사 This가 적합하다.

해석
고객에게
Green Travel Agency에 예약해 주셔서 감사합니다. 우리는 당신이 4월 15일에 캘리포니아에서 미시간으로 다녀온 최근 여행에 대해서 듣고 싶습니다. 이 짧은 설문에 우리 여행사에서 경험했던 여행에 대해서 적어주신다면 정말 감사하겠습니다. 이는 다음번에 더 좋은 서비스를 제공하기 위함입니다.
이 설문조사는 5분 정도밖에 걸리지 않을 겁니다. 첨부 파일 작성을 완료해서 당사에 보내주세요. 당신의 피드백은 우리의 서비스를 향상시키는데 도움이 될 것입니다. 당신의 수고에 다시 한 번 감사드립니다.

21 **해설**
앞의 단락으로 내용을 유추해 보면 a short survey가 주어이다. 그렇기 때문에 주어로는 단수인 It이 적절하고, 시제 또한 미래이기 때문에 will이 적합하다.

정답 20 ② 21 ①

※ 다음 글을 읽고 물음에 답하시오. (22 ~ 24)

The Sahara is a desert located on the African continent. It is the largest hot desert in the world, and the third largest desert overall after Antarctica and the Arctic. The name 'Sahara' is derived from the Arabic word for "desert", *sahra*. The average annual rainfall ranges from very low. Nowhere else on Earth has air been found as dry and evaporative as in the Sahara region. One proposal for mitigating the effects of climate change is to install large-scale wind and solar farms in the Sahara. The farms would provide clean energy and reduce the amount of greenhouse gases entering the atmosphere, (A) may also promote increased precipitation in the vicinity, according to a 2018 study published in the journal Science.

22 다음 글의 출처는 어디인가?

① Article

② Brochure

③ Dictionary

④ Schedule

22
- be located on ~에 위치하다
- continent 대륙
- overall 종합적으로, 대체로
- be derived from ~에서 유래되다
- annual 연간의, 매년의
- rainfall 강수량
- evaporative 증발의, 증발을 일으키는
- mitigate 완화시키다
- climate change 기후변화
- install 설치하다
- solar farms 태양광 발전소
- reduce 줄이다
- greenhouse gases 온실가스
- atmosphere (지구의) 대기
- promote 촉진하다
- precipitation 강수, 강수량
- in the vicinity 근처에서
- according to ~ ~에 따르면
- study 연구
- publish 출판하다

해설

저널 과학 논문을 인용하면서, 사하라 사막에 대해서 설명하고 있는 것으로 보아 기사 내용임을 알 수 있다.

해석

사하라 사막은 아프리카에 위치한 사막이다. 사하라는 세계에서 제일 큰 더운 사막이며, Antarctica와 Arctic 다음으로 세 번째로 큰 사막이다. '사하라'라는 이름은 아랍 단어인 '사막' 사하라에서 나온 말이다. 평균적으로 매년 강수량의 범위는 굉장히 낮다. 지구상 어디에서도 사하라 지역에서처럼 건조하고 공기 증발성이 강한 지역은 없다. 이러한 기후변화의 영향을 완화시키기 위한 하나의 제안은 사하라 사막에 대규모 풍력 및 태양열 농장을 설치하는 것이다. 2018년도 저널 과학 논문에 따르면, 이 발전소는 깨끗한 에너지를 제공하고 대기를 통과하는 온실가스의 양을 줄여줄 것이다. 그리고 또한 그 부근의 강수량을 증가시켜 줄 것이다.

정답 22 ①

23 다음 중 글의 내용과 일치하는 것은?

① The Sahara is the second largest hot desert in the world.

② The average annual rainfall ranges from very high.

③ The Sahara is the third largest desert overall after Antarctica and the Arctic.

④ The name 'Sahara' is derived from the African word for "desert", *sahra*.

23 해설

① "It is the largest hot desert in the world."로 보아 두 번째가 아닌 세계에서 가장 더운 사막인 것을 알 수 있다.

② "The average annual rainfall ranges from very low."라고 했으므로, 연간 강우량은 굉장히 낮다는 것을 알 수 있다.

④ The name 'Sahara' is derived from the Arabic word for "desert", *sahra*. 아프리카 단어가 아닌 아랍 단어에서 유래된 것임을 알 수 있다.

24 (A)에 들어갈 접속사로 알맞은 것은?

① and

② by the way

③ although

④ cause

24 해설

앞의 문장에서 태양광 발전소는 대기를 통과하는 온실가스를 줄이는 데 도움이 된다고 언급하고 있다. (A) 다음 문장에서 그 부근의 강수량을 늘려 줄 수 있다는 내용이 나오기 때문에 첨가의 의미 접속사 and가 적합하다.

정답 23 ③ 24 ①

※ 다음 대화를 읽고 물음에 답하시오. (25 ~ 27)

Sara : (A) It is good that the place where you moved is wide.
Sam : Little uncomfortable. (B) It's far from my company.
Sara : How far is it? Should you go (C) in car?
Sam : No, but 걸어서 멀리 가야 한다.
Sara : You need to get up early.
Sam : Yes. But there are very good restaurants (D) nearby.

25 새로 이사 간 집에 대해 Sam이 만족하는 것은?

① 회사와 가깝다.
② 집에서 회사까지 걸어갈 수 있다.
③ 좋은 레스토랑이 집 주변에 있다.
④ 일찍 일어날 수 있다.

25 해설
Sam의 마지막 말을 통해 집 주변에 좋은 레스토랑이 있음을 알 수 있다.

해석
Sara : 네가 새로 이사 간 곳 넓어서 좋겠다.
Sam : 조금 불편해, 회사에서 조금 멀거든.
Sara : 얼마나 멀어? 차를 타고 가야 하니?
Sam : 아니, 하지만 걸어서 멀리 가야 해.
Sara : 너 일찍 일어나야겠다.
Sam : 응, 하지만 집 주변에 좋은 레스토랑이 있어.

26 밑줄 친 부분 중 어색한 것은?

① (A) ② (B)
③ (C) ④ (D)

26 해설
'차를 타고 가다'와 같이 방법, 수단을 나타낼 때에는 in car가 아닌 by car라고 해야 한다.

27 밑줄 친 '걸어서 멀리 가야 한다'를 영어로 올바르게 표현한 것은?

① I'm going to go far on foot
② I have to go far on foot
③ I have been gone to far on foot
④ I would go to far on foot

27 해설
'~해야 한다'라는 의무를 나타낼 때에는 have to를 써야 한다.
① 나는 걸어서 멀리 갈 것이다
③ 나는 걸어서 멀리 갔다
④ 나는 걸어서 멀리 갈 것이다

정답 25 ③ 26 ③ 27 ②

※ 다음 글을 읽고 물음에 답하시오. (28 ~ 30)

It's difficult to imagine that the chocolate chip cookie, one of the world's most beloved sweet treats, was actually invented by accident. The invention of the chocolate chip cookie happened in 1930 when Ruth Graves Wakefield and her husband, Kenneth, were running the Toll House Inn on Route 18 near Whitman, Massachusetts. Wakefield prepared all the food for the guests at the inn. It's often said that necessity is the mother of invention, and so too it was in this story. One night, Ruth decided to whip up a batch of Chocolate Butter Drop Do cookies, a popular old colonial recipe, to serve to her guests. But as she started to bake, Ruth discovered she was out of baker's chocolate. Ruth then chopped up a block of chocolate. Ruth had expected the chocolate to melt and disperse through the cookie dough as regular baking chocolate would. Instead, the chocolate pieces retained their individual form, softening to a moist, gooey melt, and the world had its first known chocolate chip cookie. When Ruth's Chocolate Crunch Cookie recipe was featured on an episode of The Betty Crocker Cooking School of the Air radio program, _______ the popularity of the humble chocolate chip cookie exploded and the cookie soon became a favorite all across America.

28 윗글의 제목으로 옳은 것은?

① Who is the Mother of Invention ; Ruth Graves Wakefield

② How to Make Chocolate Chip Cookie Dough

③ Why are Toll House Inn's Chocolate Chip Cookies So Popular?

④ The Chocolate Chip Cookie Was Invented By Accident

28
- dietitian 영양사
- lecturer 강사, 강연자
- enviable 부러운, 선망의 대상이 되는
- whip up (식사·요리를) 잽싸게 만들어 내다
- batch of 한 묶음의, 한 통의
- gooey 끈적끈적한
- featured on 소개되다, 등장하다

해설

Ruth Graves Wakefield가 손님에게 버터가 들어간 초콜릿 쿠키를 제공하기 위해 만들다가 우연히 초콜릿 칩 쿠키를 발명하게 되었다는 내용이므로 ④가 가장 적절하다.

해석

세계에서 가장 사랑받는 달콤한 간식 중 하나인 초콜릿 칩 쿠키가 실제로 우연히 발명되었다고 상상하기 어렵다. 초콜릿 칩 쿠키의 발명은 1930년에 Ruth Graves Wakefield와 그녀의 남편 Kenneth가 매사추세츠주 휘트먼 근처 18가에서 톨 하우스 인을 운영할 때 발생했다. Wakefield는 여관의 손님들을 위해 모든 음식을 준비했다. 종종 필요는 발명의 어머니라고 말하는데, 이 이야기에서도 마찬가지였다. 어느 날 밤, Ruth는 인기 있는 전통적인 식민지시대 요리법인 버터가 들어간 초콜릿 쿠키 한 통을 만들어 손님에게 제공하기로 결정했다. 그러나 빵을 굽기 시작했을 때, Ruth은 베이킹용 초콜릿이 부족하다는 것을 알게 되었다. Ruth는 초콜릿 한 덩어리를 잘게 썰어 넣었다. Ruth는 초콜릿이 일반적인 베이킹 초콜릿처럼 쿠키 반죽 때문에 녹아 없어질 것으로 예상했다. 도리어 초콜릿 조각은 개별적인 형태를 유지하며 촉촉하고 끈적끈적하게 연화되었으며 이것이 세계 최초의 초콜릿 칩 쿠키로 알려졌다. Ruth의 초콜릿 크런치 칩 레시피가 The Betty Crocker Cooking School of the Air 라디오 프로그램의 에피소드에 소개되었을 때, 결국 보잘것 없는 초콜릿 칩 쿠키의 인기가 폭발하고 쿠키는 곧 미국 전역에서 인기를 얻었다.

정답 28 ④

29 윗글의 빈칸에 들어갈 말로 가장 적절한 것은?

① however
② eventually
③ nevertheless
④ otherwise

29 해석
① 그러나
② 마침내, 결국
③ 그럼에도 불구하고
④ 그렇지 않으면

30 윗글의 내용과 일치하는 것은?

① Wakefield가 운영하는 여관에서는 손님에게 식사가 제공되지 않았다.
② Ruth는 전통적인 레시피대로 쿠키를 만들었다
③ Ruth는 반죽에 초콜릿 조각을 넣었으나 녹지 않았다.
④ Ruth의 초콜릿 칩 쿠키 레시피는 요리 학교를 통해 유명해졌다.

30 해설
① Wakefield 부부가 운영하는 여관에서는 손님에게 모든 음식이 제공되었다.
② Ruth는 베이킹용 초콜릿을 넣지 않았다.
④ Ruth의 초콜릿 칩 쿠키 레시피는 라디오 프로그램을 통해 유명해졌다.

31 다음 물음에 가장 적절한 답은?

> Which one of these forms of energy sustainable?

① oil
② shale gas
③ coal
④ solar power

31
- sustainable 지속 가능한
- shale gas 셰일가스

*셰일가스는 모래와 진흙 등이 단단하게 굳어진 퇴적암 지층인 셰일층에 매장되어 있는 천연가스이다.

- coal 석탄
- solar power 태양열 발전

해설
지속 가능한 에너지의 형태를 묻는 문제로 ④의 태양열 발전은 친환경적 무공해, 무제한 청정에너지원이다.

해석
이러한 형태의 에너지 중 어느 것이 지속 가능합니까?

정답 29 ② 30 ③ 31 ④

32 다음 물음에 가장 적절한 답은?

Which of these words best describes something that shows sign of future success?

① amazing
② surprising
③ engaging
④ promising

33 다음 문장의 밑줄 친 부분 중 어법에 맞지 않는 것은?

I have(①) never seen(②) such a(③) honest boy as(④) Peter.

34 다음 대화의 빈칸에 들어갈 말로 가장 알맞은 것은?

A : May I speak to Mr. Lee please?
B : ______________.

① Hold up a moment
② Thank you for calling
③ Here you are
④ You are right

32
- engaging 호감이 가는, 매력적인
- promising 유망한, 촉망되는, 조짐이 좋은

해설
미래의 성공을 나타내는 단어를 묻는 문제로 ④ promising이 가장 적절하다.

해석
다음 중 미래의 성공을 나타내는 것을 가장 잘 묘사한 단어는 무엇입니까?

33
해설
부정관사 a, an을 구별하는 문제이다. a는 뒤에 오는 명사의 첫소리가 자음일 때, an은 모음일 때 쓰이므로 honest 앞에는 an이 와야 한다.

34
해설
Mr. Lee를 바꿔달라는 전화로 '잠시만 기다려 주세요'가 가장 적절하다.

해석
A : Mr. Lee좀 바꿔주시겠습니까?
B : 잠시만 기다려 주세요.

정답 32 ④ 33 ③ 34 ①

※ 다음 대화를 읽고, 물음에 답하시오. (35 ~ 36)

A : Get out of the car and put your hands over your head. boy! Now!

B : Okay. I'll follow you, sir. Don't shoot.

A : What's your name?

B : I'm David. I'm physician and I'm going to...

A : You just exceeded the speed limit boy!

B : No. The speed limit is 60 and I didn't exceeded it.

A : The fine is $250. If you don't do it right now, you will be arrested.

B : What? This is unfair. You're racist now, you're arresting me because I'm black?

A : I'm a police officer. I need to arrest you for the safety of the citizens.

35 두 인물의 대화에서 대화의 어조는?

① warm and cozy
② lively and festive
③ urgent and tense
④ neutral and approving

35
- exceed 초과하다
- fine 과태료, 벌금
- arrest 체포하다
- be racist 인종차별하다
- urgent 긴박한
- tense 긴장된
- festive 활기찬
- neutral 중립적인
- approving 찬성하는

해설

경찰관이 흑인 운전자를 체포하려 하고 있으므로 정답은 ③ 긴박하고, 긴장된 어조이다.

해석

A : 차에서 내려서 머리 위에 손 올려. 당장!
B : 알겠습니다. 당신의 말을 따르겠습니다. 쏘지 마세요.
A : 이름이 무엇입니까?
B : 데이비드입니다. 저는 의사이고 저는 ...
A : 당신은 방금 제한속도를 초과했습니다.
B : 아니에요. 제한속도는 60이고 나는 초과하지 않았어요.
A : 과태료는 $250입니다. 지금 당장 내지 않으면 당신을 체포하겠습니다.
B : 뭐라고? 이건 불공평합니다. 당신은 지금 인종차별을 하고 있습니다. 당신은 내가 흑인이기 때문에 체포하려는 겁니까?
A : 나는 경찰입니다. 나는 시민들의 안전을 위해서 당신을 체포하겠습니다.

36 두 인물의 대화에서 인물 A의 태도는?

① lazy
② oppressive
③ generous
④ modest

36
- lazy 게으른
- oppressive 강압적인
- generous 너그러운, 관대한
- modest 겸손한, 신중한, 정숙한

해설

A는 제한속도를 초과하지 않은 B에 대해 강압적으로 과잉진압하는 모습을 보이고 있다.

 35 ③ 36 ②

37 다음 내용을 시간 순서대로 나열하면?

a. Look at the menu
b. Ask for the bill
c. Book a table
d. Order a starter
e. Have the course menu

① a - b - c - d - e
② c - a - d - e - b
③ c - a - e - d - b
④ b - c - a - d - e

37 • book 예약하다, 예매하다
• starter (코스요리의) 전채요리 (= appetizer)

해설
c. 자리를 예약하다
a. 메뉴를 보다
d. 전채요리를 주문하다
e. 코스음식을 먹다
b. 계산서를 요청하다

38 다음 대화에서 운전하기로 한 사람은?

A : Do you know Friday is a holiday?
B : Yes. I know. I'm already excited.
A : What are you going to do on the holiday?
B : Well. I don't know what to do.
A : How about going to the beach with me?
B : Okay, but my car is broken.
A : Oh, Then let's take turns driving in my car.
B : Ok. see you on Friday.

① A
② B
③ A, B
④ Not mention above

38 • take turns(= alternately) ~을 교대로 하다, 차례대로 하다

해설
A의 마지막 말로 미루어 보아 A와 B가 교대로 A의 차를 운전할 것이라는 것을 알 수 있다.

해석
A : 금요일이 휴일인거 알고 있니?
B : 응. 알고 있어. 벌써 흥분된다.
A : 휴일에 뭐 할 거야?
B : 글쎄. 무엇을 해야 할지 모르겠어.
A : 나랑 해변에 갈래?
B : 좋아. 그런데 내 차는 고장 났어.
A : 오, 그럼 내 차로 교대로 운전하자.
B : 그래. 금요일에 보자.

정답 37 ② 38 ③

39 다음 문장을 영어로 가장 잘 옮긴 것은?

교수는 모든 학생들이 퇴실할 때 컴퓨터의 전원을 필히 끌 것을 요청했다.

① Professor asked if all students had turned off their computers when they left.
② Professor asked that all students should turning the computer off when they left.
③ Professor asked all students to turn off the computer when they left.
④ Professor asked out all students turn off the computer when they left.

39 • ask ~을 묻다, 요청하다
• ask that ~ (should) 동사원형 ~에게 요청하다
• ask to V ~을 요청하다
• ask around/after/over/out 초대하다, 데이트를 신청하다

해설
① '교수는 모든 학생들에게 퇴실할 때 컴퓨터의 전원을 껐는지 물어보았다'의 의미이다.
② should 뒤에는 동사원형이 와야 하므로 'turning'이 아니라 'turn'이 적절하다.
④ ask out은 '초대하다'라는 뜻이므로 '요청하다'라는 뜻과는 어울리지 않는다.

40 다음 문장을 우리말로 가장 잘 옮긴 것은?

The deceased is survived by his wife and children.

① 그 질병은 그의 아내와 아이들에게 유전되었다.
② 그 질병은 그의 아내와 아이들에 의해 살아남았다.
③ 고인의 유가족은 그의 아내와 아이들이다.
④ 고인이 그의 아내와 아이들에 의해 살아났다.

40 • deceased 사망한, 고인
• A be survived by B A에게는 유족으로 B가 있다

해설
survive의 뜻이 보통 '생존하다, 살아남다, 견디다' 등으로 쓰이지만 수동형으로 쓰이면 '고인이 된 ~은 …을 남겼다', '고인의 유족으로는 ~가 있다' 등으로 쓰일 수 있음을 주의해야 한다.

정답 39 ③ 40 ③

현대사회와 윤리

최신기출문제

2024년 기출복원문제
2023년 기출복원문제
2022년 기출복원문제
2021년 기출복원문제
2020년 기출복원문제

출/ 제/ 유/ 형/ 완/ 벽/ 파/ 악/

얼마나 많은 사람들이 책 한 권을 읽음으로써 인생에 새로운 전기를 맞이했던가.

– 헨리 데이비드 소로 –

2024년 기출복원문제

▸ 온라인(www.sdedu.co.kr)을 통해 기출문제 무료 강의를 만나 보세요.

01 윤리적 존재로서의 인간의 특성으로 옳지 않은 것은?

① 생물적 본능에 따라 보편 규범을 만든다.
② 자율적 성향에 따라 옳은 것을 결정한다.
③ 이성적 사고를 바탕으로 욕망의 지배를 받는다.
④ 다양한 정신적 창조 활동을 한다.

01 유희적 존재로서의 인간의 특성에 대한 설명이다.

윤리적 존재
- 윤리는 인간을 인간답게 하는 핵심적 특성으로 인간의 본질 중에서 가장 중요한 것이다.
- 오직 인간만이 윤리적 관점에서 자신의 삶과 행위를 반성하고 바람직한 인간 상태로서의 인간다움을 추구할 수 있다.
- 인간은 스스로 가치 있다고 생각하는 것을 기준으로 자신의 삶을 개선할 수 있다.

02 다음 중 윤리에 대한 설명으로 옳지 않은 것은?

① 법률, 관습과 같은 사회적인 규범을 말한다.
② 사람과 사람 간의 올바른 도리를 의미한다.
③ 종교인이 따르는 교리가 해당된다.
④ 자유의지에 따른 도덕적 책임을 말한다.

02 종교인이 따르는 교리는 윤리가 아니다. 교리와 윤리는 그 근거가 다르다. 교리의 근거는 절대적 존재이고, 윤리의 근거는 인간의 이성과 양심이다. 종교적 존재로서의 인간은 절대적 존재에 대한 믿음을 가지고 사는 존재이고, 윤리적 존재로서의 인간은 도덕적 주체로서 스스로 가치 있다고 생각하는 것을 행할 수 있는 존재이다.

정답 01 ④ 02 ③

03 사회 규범의 예시 중 그 성격이 다른 하나는?

① 설날에 어른에게 절을 하면 세뱃돈을 받는다.
② 설날에는 한복을 입는다.
③ 설날에는 여자와 남자를 차별해서는 안 된다.
④ 설날에는 어른을 먼저 찾아뵙고 인사를 해야 한다.

03 ③은 사회 규범 중 '윤리'의 예시이고, ①·②·④는 사회 규범 중 '관습'의 예시이다. 관습은 '사회적 삶의 반복을 통해 형성된 관념이나 행태'를 의미하고, 윤리는 '인간이 살아가면서 지켜야 할 도덕적 행동의 기준이나 규범'을 의미한다.

04 다음 내용에서 괄호 안에 공통으로 들어갈 용어로 옳은 것은?

( )은 분석 철학이 등장한 이후, 윤리학에 분석 철학의 기법을 적용함으로써 대두되었다. 윤리학적 개념의 명확화를 통해서 윤리학의 학문적 근거를 제시하려 하는 것이 특징이다. 도덕적 언어의 의미 분석을 윤리학적 탐구의 본질로 간주함에 따라 도덕적 언어 및 개념의 의미를 분석하는 데 주력하며, 도덕적 명제를 언어분석의 방법으로 분석한다. 도덕적 물음과 그 입증방법이 주요 탐구과제이며, 도덕 추론의 논증 가능성과 논리적 타당성을 규명한다. ( )에서는 "어째서 선행을 해야 하는가?", "어째서 악행을 해서는 안 되는가?", "선행이란 무엇이며, 궁극적으로 선이란 무엇인가?", "악행이란 무엇이며, 궁극적으로 악이란 무엇인가?", "어째서 살인을 해서는 안 되는가?"와 같은 질문에 답변하고자 한다.

① 규범 윤리학
② 응용 윤리학
③ 메타 윤리학
④ 기술 윤리학

04 ① 규범 윤리학 : 인간이 어떻게 행동하여야 할 것인가에 관한 보편적 원리를 연구하는 학문이다.
② 응용 윤리학 : 삶의 실천적인 것에서 발생하는 도덕적 문제를 이해하고 해결하려 하는 윤리학으로, 실천적 윤리학이라고도 한다. 생명 윤리, 성 윤리, 정보 윤리, 환경 윤리 등이 있다.
④ 기술 윤리학 : 도덕과 관련된 양상과 문제를 객관적으로 서술함으로써 그 양상 및 문제의 원인과 결과를 설명하려 하는 윤리학으로, 도덕적 관습이나 풍습 등을 경험적으로 조사·기술한다.

정답 03 ③ 04 ③

05 절대론적 윤리설에 대한 설명으로 옳지 않은 것은?

① 시대와 장소를 초월하는 윤리적 기준이 있다.
② 시간이 지나도 변하지 않는 속성을 갖는다.
③ 목적론적 윤리설과 법칙론적 윤리설로 나뉜다.
④ 대부분에게 적용되어야 하나 경우에 따라 예외를 인정하기도 한다.

05 절대론적 윤리설은 어떠한 예외도 인정하지 않는다. 따라서 역사성과 시대성에 따른 가치 변화의 적응 즉, 시대 변화에 적응하기 힘들다.

06 사회 윤리학의 등장 배경으로 가장 적절한 것은?

① 산업사회가 발달하면서 사회 구조가 단순화되었다.
② 도덕을 판단하는 뇌의 작동영역을 연구하는 뇌과학이 발달하였다.
③ 사회가 규정한 개인 윤리에 대한 관심이 높아졌다.
④ 사회구조적 악을 개인의 도덕의식만으로 해결할 수 없다는 인식이 생겼다.

06 ① 산업사회가 발달하면서 사회구조가 복잡해짐에 따라 개인의 사회적 책임과 역할의 중요성이 대두되면서 사회 윤리학이 등장하게 되었다.
② 신경 윤리학에 대한 설명이다. 뇌과학의 발달에 따라 인간의 감정과 이성이 뇌의 어떤 부분을 자극하면서 일어나는지에 대한 연구를 진행하는 과정에서 발달한 윤리학적 시도이다.
③ 개인 윤리를 보완하는 사회 윤리의 필요성이 대두되었다.

07 생명과학의 발달에 따라 생명윤리가 중요해지기 시작한 이유로 옳지 않은 것은?

① 생명과학이 발달함에 따라 인간의 존엄성을 해칠 가능성이 커졌다.
② 생명과학이 삶에 끼치는 영향력이 증가했다.
③ 생명과학에 대한 신중한 사회적 합의의 필요성이 커졌다.
④ 생명윤리의 목표는 생명과학의 연구 자체를 금지하는 것이다.

07 생명윤리의 목표는 생명의 존엄성 실현이며, 신성한 생명을 함부로 조작·훼손해서는 안 된다는 것이다.

생명과학과 생명윤리의 관계
- 상호 보완적 관계 : 생명과학의 지식이 부족한 생명윤리는 현실성을 잃을 수 있고, 생명윤리를 경시하는 생명과학은 위험해질 수 있다.
- 생명과학과 생명윤리의 지향점 : 생명의 존엄성 실현을 목적으로 하는 공통점을 가진다.

정답 05 ④ 06 ④ 07 ④

08 바람직한 성 윤리에 대한 설명으로 옳지 않은 것은?

① 바람직한 성 윤리는 모든 사람에게 중요하다.
② 다른 사람과 성적 취향이 다르다고 차별해서는 안 된다.
③ 종교 교리가 금지하는 성 정체성은 존중할 필요가 없다.
④ 인간의 성을 이용하여 이윤을 창출하는 성 상품화는 비도덕적인 행위이다.

08 성적 지향 및 성 정체성과 관련된 소수자에는 동성애자, 양성애자, 트랜스젠더, 무성애자 등이 있다. 성적 소수자는 범죄인이나 정신질환자로 취급받기도 하며, 언어적으로나 신체적으로 폭력에 노출되기 쉽고 사회적 제도에서도 소외되기도 하는데, 모든 사람의 인권은 존중되어야 하므로 성적 소수자들을 차별하지 않는 사회적 노력이 필요하다. 이에 따라 세계인권선언 및 국가인권위원회에서는 성적 소수자에 대한 차별을 바로 잡기 위해 그러한 내용을 문서화하였다.

09 다음 설명에 해당하는 개념으로 가장 적절한 것은?

- 여성 혹은 남성이라는 이유만으로 정당한 근거 없이 차별대우하지 않으며, 모든 분야에 평등하게 진출할 수 있도록 하는 것
- 법적 · 제도적 노력, 의식의 전환, 문화 개선의 노력이 필요함
- 여성 공천 할당제, 남녀고용평등법 등의 제도가 있음

① 제도적 차별
② 선천적 격차
③ 기질적 차이
④ 양성평등

09 양성평등은 선천적 격차(②)나 기질적 차이(③)로 인한 제도적 차별(①) 등의 성차별 극복 방안으로, '사람이 살아가는 영역에서 남자와 여자 양쪽을 성별에 따른 차별 없이 동등하게 대우하는 것'이라는 개념이다. 성차별은 인간 존엄성 훼손, 사회적 갈등 발생, 능력 개발의 장애 요소로 작용, 국가적 인력 낭비, 개인의 자아실현 방해 등의 문제를 일으킨다. 양성평등은 이러한 문제를 극복하고 자신의 능력을 자유롭게 하여 동등한 기회를 부여하며, 양성의 차이와 다양성을 존중하고 상호 보완하여 하나로 화합된 사회 형성을 위해 필요하다.

정답 08 ③ 09 ④

10 다음 내용에서 언급한 네 가지 자유에 포함되지 않는 것은?

> 유엔개발계획(UNDP)은 1990년 이래 매년 인간개발보고서(Human Development Report)를 발간하고 있다. 여기에는 인간의 자유로운 선택의 확장에 초점을 맞춘 인간개발지수(Human Development Index, HDI)가 포함된다. 1994년에는 인간안보의 개념을 체계적으로 정립하면서 네 가지 자유를 제시하였다.

① 적절한 수준의 삶을 영위할 자유
② 사회적 통제가 제거된 자유
③ 잠재력을 마음껏 발휘하고 실현할 수 있는 자유
④ 생명을 위협하는 공포로부터의 자유

10 1994년 인간개발보고서에서는 인간안보의 개념을 체계적으로 정립하면서 인간의 기본적인 자유의 증진이라는 개념을 사용하여 다음과 같은 네 가지 자유를 제시하였다.
- 생명을 위협하는 공포로부터의 자유
- 적절한 수준의 삶을 영위할 자유
- 굴욕을 벗어날 수 자유
- 잠재력을 마음껏 발휘하고 실현할 수 있는 자유

11 다음 내용에서 괄호 안에 들어갈 용어로 가장 적절한 것은?

> (   )는 소득과 재산 등에 일정한 기준을 제시하여 그 자격에 맞게 분배해야 한다는 기존의 주장을 거부하고, 과정의 합리성을 중시하는 이론이다. '정의로운' 또는 '공정한' 과정을 통해 발생한 결과는 공정하다는 원리로, 과정의 투명성과 공정성을 강조한 정의 개념이다. 게임이나 스포츠 경기의 법칙이 이에 해당한다. 대표적인 사상가는 롤스이며, 그는 사회 구성원들이 사회적 상황이나 개인적인 성향에 영향을 받지 않는다고 보았다.

① 교정적 정의
② 절차적 정의
③ 교환적 정의
④ 결과적 정의

11 ① 교정적 정의 : 인간으로서 동일한 가치를 가지고 있으므로, 타인에게 해를 끼치거나 이익을 끼친 경우 같은 정도로 주거나 받는 것을 말하는 정의로, 응보적 정의라고도 한다. 법규를 위반하거나 다른 이의 권리를 침해하는 등 범죄를 일으킨 사람에 대해 처벌을 가함으로써 사회적인 정의를 실현하는 형벌 제도는 교정적 정의에 해당한다.
③ 교환적 정의 : 물건의 교환 상황에서 적용되는 정의이다.
④ 결과적 정의 : 최종적 결과에 초점을 맞추어 분배하는 원리로 능력과 성과, 노력, 사회적 효용, 필요 등을 기준으로 삼는다.

정답 10 ② 11 ②

12 ①・④ 용광로(동화주의) 모델 : 여러 민족의 고유한 문화들이 그 사회의 지배적인 문화 안에서 변화를 일으키고 영향을 주어서 새로운 문화를 만들어나간다고 하는 모델이다. 여러 고유문화를 섞으면 새로운 문화가 탄생하게 되고, 이민자가 출신국의 언어・문화・사회적 특성 등을 포기하고 주류 사회의 일원이 되게 하는 정책을 펼치며, 소수 문화를 주류 문화로 편입하여 통합하게 되는 모델이다.
③ 차별 배제 모델 : 경제특구나 수출자유지역과 같은 특정 지역이나 특정 직업에서만 외국이나 이민자의 유입을 받아들이고, 원치 않는 외국인의 정착을 원천적으로 차단하는 배타적인 외국인 이민 정책이 도출되는 모델이다.

13 갈퉁(J. Galtung)은 『평화적 수단에 의한 평화』라는 책에서 평화를 소극적인 평화와 적극적인 평화로 구분하였다. 소극적인 평화는 범죄, 테러, 전쟁 등과 같은 직접적인 폭력이 사라진 상태를 의미하며, 적극적인 평화는 직접적 폭력뿐만 아니라 구조적 폭력과 문화적 폭력 등의 간접적 폭력까지 제거된 것으로, 모든 사람이 인간다운 삶을 누릴 수 있는 상태를 의미한다고 보았다.

정답 12 ② 13 ②

12 다음 내용에서 괄호 안에 공통으로 들어갈 용어로 가장 적절한 것은?

(   )은 민족 각자의 정체성을 유지하고, 여러 문화와의 평등한 조화를 추구해야 한다고 보는 모델이다. 국가라는 큰 그릇 안에서 여러 민족의 문화가 하나의 새로운 문화를 만들어 가는 것을 의미하며, 정책의 목표를 '공존'에 두고 이민자가 그들만의 문화를 지키는 것을 인정한다. 즉, 각각의 문화가 대등한 자격으로 각각의 정체성과 고유문화를 유지・보존하면서 조화롭게 공존해야 한다는 시각이다. (   )은 주류 문화와 비주류 문화를 구분하지 않으며 다양한 문화의 대등한 공존이 강조된다.

① 용광로 모델
② 샐러드 볼 모델
③ 차별 배제 모델
④ 동화주의 모델

13 다음 내용에서 괄호 안에 들어갈 용어로 가장 적절한 것은?

폭력에는 직접적 폭력과 간접적 폭력이 있다. 직접적 폭력에는 언어적 폭력과 신체적 폭력이 있다. 간접적 폭력은 사회 구조 자체에서 일어난다. 외적으로 일어나는 구조적 폭력의 두 가지 주요한 형태는 정치와 경제에서 잘 알려진 억압과 착취이다. 그 이면에는 문화적 폭력이 존재한다. 문화적 폭력의 기능은 직접적 폭력과 구조적 폭력을 정당화하는 것이다. (   )는 인권과 정의를 보장하고, 직접적 폭력뿐만 아니라 구조적 폭력과 문화적 폭력 등의 간접적 폭력까지 제거된 것으로, 모든 사람이 인간다운 삶을 누릴 수 있는 상태를 의미한다.

① 소극적 평화
② 적극적 평화
③ 균형적 평화
④ 공존적 평화

14 **다음 내용에서 괄호 안에 공통으로 들어갈 윤리이론으로 적절한 것은?**

> ( )은(는) 무생물을 포함한 자연 전체, 모든 생명체를 그 자체로 도덕적 고려의 대상으로 본다. 또한 인간은 자연의 일부라고 하면서, 모든 생명체는 동등하며, 윤리적 인간에게 모든 생명은 거룩한 것이라고 본다. ( )의 대표적인 이론가인 슈바이처는 인간은 자기를 도와주는 모든 생명을 도와줄 필요성을 느끼고, 살아 있는 어떤 것에게도 해를 끼치는 것을 두려워할 때만 비로소 진정으로 윤리적이라고 주장하였다.

① 대지 윤리
② 동물 해방론
③ 인간 중심 사상
④ 생명 외경 사상

15 **다음 내용에서 주장하는 바와 가장 일치하는 것은?**

> 과학적 사실이나 기술 그 자체는 철저히 중립적인 것으로서 다른 의미나 아무런 가치를 지니지 않는다. 기술은 그 자체로 선도 악도 아니며, 다만 '그 기술로 무엇을 만드느냐', '그 기술을 어떻게 활용하느냐'가 문제가 된다. 또한 과학적 지식의 객관성을 보장하기 위해서 사실과 가치판단을 엄격히 구별해야 한다.

① 과학기술에 주관적 가치의 개입은 가능하다.
② 과학기술의 발전에 도덕적 기준을 적용해서는 안 된다.
③ 과학기술과 가치판단을 항상 구분할 수 있는 것은 아니다.
④ 위 내용을 주장한 대표적인 학자로는 하이데거(M. Heidegger)가 있다.

---

14 ① 대지 윤리 : 생물과 무생물이 어우러져 있는 대지에도 도덕적 지위를 부여하였고, 도덕 공동체의 범위를 대지까지 확대하였으며, 인간은 대지의 지배자가 아닌 같은 구성원이라고 주장하는 이론이다.
② 동물 해방론 : 공리주의 철학을 기반으로 제시된 이론으로, 동물에게 도덕적 지위를 부여하고 동물을 고통으로부터 해방시켜야 한다는 이론이다.
③ 인간 중심 사상 : 인간만이 윤리적 동물이며, 자연은 인간의 도구라고 주장하는 이론이다.

15 제시문은 '과학기술의 가치 중립성'을 긍정하는 측면의 주장이다.
① 제시문의 견해에 따르면, 과학기술은 객관적 관찰과 실험으로 지식을 획득하므로, 주관적 가치의 개입은 불가능하다.
③ 제시문의 견해에 따르면, 사실을 다루는 과학기술과 가치판단은 엄격히 구분되기 때문에, 과학기술은 윤리적 평가와 사회적 비판이나 책임에서 자유로운 영역이다.
④ 하이데거(M. Heidegger)는 과학기술의 가치 중립성을 부정하면서 "과학기술을 가치 중립적인 것으로 고찰할 때, 우리는 무방비 상태로 과학기술에 내맡겨진다."라고 주장하였다. 과학기술의 가치 중립성을 인정한 대표적인 학자로는 야스퍼스(K. Jaspers)가 있다.

정답 14 ④ 15 ②

16 다음 내용에서 괄호 안에 공통으로 들어갈 용어로 가장 적절한 것은?

> (   )은 통일 전 비용이며, 한반도 전쟁 위기를 억제하고 안보 불안을 해소하기 위해 직·간접적으로 지출하는 모든 형태의 비용을 가리킨다. 또한 (   )은 통일 편익에 투자하는 비용으로 보는데, 분단 이후의 평화적인 통합을 위한 투자 비용이라 할 수 있다. 예를 들면, 북한에 식량 등을 원조하는 대북 지원 비용, 북한에 제공하는 유무상 차관 등이 포함될 수 있다.

① 분단 비용
② 평화 비용
③ 통일 비용
④ 투자 비용

16 ① 분단 비용 : 통일 전 비용이며, 분단 상태의 현상 유지를 위한 소모적 비용, 즉 남북한 사이의 대결과 갈등으로 발생하는 유·무형의 지출성 비용이다. (예 군사비, 안보비, 외교 행정비, 이산가족의 고통, 이념적 갈등과 대립 등)
③ 통일 비용 : 통일 후 비용이며, 통일 이후 남북 간의 격차를 해소하고 이질적인 요소를 통합하는 데 필요한 정치·경제·사회·문화적 비용 등이다. 통일 이후 일자리 창출에 들어가는 비용이 이에 속한다. (예 북한 경제 재건 비용, 통일 후 위기 관리 유지 비용 등)
④ 투자 비용 : 남북 경제 협력과 대북 지원 등에 쓰이는 평화 비용, 통일 이후 위기 관리 비용, 경제 재건 비용 등을 포함한다.

17 다음 내용과 가장 관련 있는 것은?

> 유교, 불교, 도교의 사상을 통합하여 만들어진 조선 후기 종교로, '인간은 곧 하늘[인내천(人乃天)]', '하늘의 마음이 곧 인간의 마음[천심즉인심(天心卽人心)]'이라는 사상을 설파한다. 이는 하늘과 사람과 자연은 하나이며, 모든 사람은 평등하기 때문에 근본적으로 귀천이 있을 수 없다는 의미이다.

① 동도서기
② 위정척사
③ 원불교
④ 동학

17 ① 동도서기 : 고유한 제도와 사상인 도(道)를 지켜나가면서 근대 서양의 기술인 기(器)를 받아들이는 것을 말한다.
② 위정척사 : 19세기 주자학을 지키고 가톨릭을 배척하기 위해 주장한 사상이자 국난 극복을 위한 노력으로 등장한 윤리 사상이다.
③ 원불교 : 불교의 대중화·생활화·현대화를 주장하여 개개인이 직업을 가지고 교화 사업을 하는 종교이다.

정답 16 ② 17 ④

18 **다음 내용에서 괄호 안에 들어갈 용어로 가장 적절한 것은?**

> 단군 신화는 건국 신화이며 시조 신화로, 주체적 역사의식의 표상이며 기층적 민족의식의 원형이다. 환웅과 웅녀의 만남을 통해 자연과 인간의 조화를 강조함으로써 대립보다 어울림을 추구하는 민족성 형성에 기여하였다. 천신 환웅[天]과 땅의 웅녀[地] 사이에서 단군[人]이 태어났다는 것, 자연[天]으로서 하늘과 땅이 인간과 합하여 하나가 되었다는 것, 자연과의 친화적 경향이 극대화된 형태로 표현된 것 등은 (   ) 사상을 드러낸 것으로 볼 수 있다.

① 홍익인간
② 재세이화
③ 천인합일
④ 경천

18 ① 홍익인간 : 단군 신화의 사상 중 하나로, "사람이 사는 세상인 사회를 크게 이롭게 한다."라는 의미이다. 여기서 '인간'이란 단순히 '사람'이 아니라, '사람이 사는 세상'이나 '인간의 사회'를 가리킨다.
② 재세이화 : 단군 신화의 사상 중 하나이며, 고조선의 건국 이념 중 하나로, "세상에 있으면서 다스려 교화한다."라는 의미이다.
④ 경천 : 단군 신화의 사상 중 하나로, "하늘에 정성껏 기도를 올린다, 하늘을 공경한다."라는 의미이다.

19 **다음 내용에서 괄호 안에 공통으로 들어갈 용어로 가장 적절한 것은?**

> (   )은(는) 공자가 제시한 개념으로 유교 사상에서 바라본 사랑, 즉 시비선악의 분별에 따른 사랑의 실천을 의미한다. 공자는 인간의 도덕적 타락을 사회 혼란의 원인으로 보아 극기복례(克己復禮), 즉 실천을 통한 (   )의 회복을 강조하였다.

① 효제(孝悌)
② 인(仁)
③ 예(禮)
④ 충서(忠恕)

19 ① 효제(孝悌) : 공자가 인(仁)을 실천하는 가장 기본적인 덕목으로 든 것으로, 부모를 잘 섬기는 효(孝)와 형제간의 우애[悌]를 의미한다.
③ 예(禮) : 외면적인 사회 규범이며 인(仁)의 외면적 표출이다. 인은 예를 통해 실현되고 예의 바탕은 인이다.
④ 충서(忠恕) : 효제를 바탕으로 삼으며, 충(忠)은 진실하고 거짓 없는 마음씨와 태도로 타인에 대해 자신의 책임을 다하는 것이고, 서(恕)는 자기 마음을 미루어 남의 마음을 헤아리는 것을 뜻한다. 이는 소위 '역지사지'의 행위를 말한다.

정답 18 ③ 19 ②

20 다음 중 묵자의 사상으로 가장 적절한 것은?

① 전쟁은 불의한 폭력이다.
② 백성의 이익보다는 국가의 이익을 우선해야 한다.
③ 타인과 타국보다는 자신과 자국에 대한 사랑을 강조한다.
④ 손해를 보더라도 예의와 격식을 중시해야 한다.

20 ② 백성의 이익과 국가의 이익을 똑같이 우선하였다.
③ 타인과 타국, 자신과 자국에 대한 사랑을 모두 강조한다.
④ 통치자들이 예의와 격식에 얽매이지 않고 유능한 사람을 등용해야 한다고 주장했다.

21 다음 내용에서 괄호 안에 들어갈 용어가 순서대로 옳게 짝지어진 것은?

> 맹자의 (㉠)은(는) 통치자의 책무와 자세를 이르는 것으로, 군주는 백성의 뜻을 하늘의 뜻으로 알고 백성을 다스려야 함을 뜻한다. 이는 공자의 (㉡)을(를) 발전시킨 사상이다. 공자는 강제적인 법률이나 형벌보다는 도덕과 예의로 백성들을 교화시키는 정치를 강조하였고, 맹자는 백성을 나라의 근본으로 하여 인의(仁義)의 덕으로 다스려야 함을 피력하였다.

	㉠	㉡
①	정명사상	선공후사
②	선공후사	왕도정치
③	왕도정치	덕치주의
④	소국과민	대동사회

21 • 정명사상 : 공자가 제시한 사상으로, "사회 구성원들이 신분과 지위에 따라 맡은 바 역할을 다하는 것"을 의미한다.
• 선공후사 : 공적인 일을 먼저하고 사적인 일을 나중에 한다는 의미이다.
• 소국과민 : '작은 나라에 적은 백성'을 의미하며, 백성들의 평화로운 삶을 중시한다는 뜻으로, 춘추 전국 시대의 노자가 주장한 정치사상이다.
• 대동사회 : 인과 예를 통하여 올바른 도덕을 확립하고 바람직한 사회 질서를 회복함으로써 모든 사람이 더불어 잘 살 수 있는 사회이자 모든 백성들이 크게 하나되어 어우러지는 사회로, 사람이 천지 만물과 서로 융합되어 한 덩어리가 된다는 의미이다.

22 다음 중 실학에 대한 설명으로 가장 적절한 것은?

① 경험을 배척하고 이론적 내용을 중시하였다.
② 형이상학적 탐구에 치중하였다.
③ 서양 문물보다 동양의 정신에 더 집중하였다.
④ 실사구시의 태도를 강조하였다.

22 ① 이론보다 경험을 중시하였다.
② 형이하학적 탐구에 치중하였다.
③ 동양의 정신보다 서양 문물에 더 집중하였다.

정답 20 ① 21 ③ 22 ④

23 다음 내용을 주장한 학자는 누구인가?

> 인간의 성(性)은 선을 좋아하고 악을 싫어하는 경향성, 즉 기호로 이해하여야 한다. 인간의 마음에는 선악을 선택할 수 있는 자유의지[自主之權]가 있다. 또한 인의예지(仁義禮智)의 덕은 일상적인 행위 속에서 실천하면서 형성된다.

① 이이
② 이황
③ 박지원
④ 정약용

23 제시문은 정약용이 제시한 성기호설(性嗜好說)에 관한 내용이다.
① 이이는 경(敬)의 실천으로 성(誠)에 이름을 강조하는 수양론을 제시하였다.
② 이황은 '기'에 내재한 선의 요소를 '이'의 순선(純善)으로 수렴하기 위해 '경'을 중시해야 한다고 하였다.
③ 박지원은 토지 소유의 상한을 정하고 토지 소유의 불균등을 해소하기 위해 한전론을 주장한 실학자이다.

24 다음 내용에서 괄호 안에 공통으로 들어갈 용어로 가장 적절한 것은?

> (　　)은(는) 만물이 불가분의 끈으로 상호 연결되어 있다는 연기를 깨달을 때 나타나는 포괄적이고 보편적인 사랑을 의미한다. 연기란 우주 만물이나 타인들과의 불가피한 인과관계로 맺어져 있다는 상호 의존성을 말하며, 연기의 법칙을 깨달으면 (　　)이(가) 스스로 생겨난다. (　　)은(는) 평온함을 주고 괴로움을 없애주려는 마음이다.

① 해탈
② 자비
③ 사성제
④ 팔정도

24 불교의 '자비'란 '나와 남은 둘이 아니다'라는 자타불이(自他不二)의 무조건적 사랑을 말하며, 인간뿐만 아니라 살아있는 모든 생명체, 즉 미물(微物)에까지 미치는 포괄적 사랑을 의미한다.
① 해탈 : 번뇌와 미혹과 같은 괴로움에서 탈피한다는 의미로, 열반과 같이 불교의 중요한 실천 목적이다.
③ 사성제 : 인간이 달성해야 할 목표와 올바른 삶의 방법을 총체적으로 제시하는 고집멸도(苦集滅道)의 네 가지 진리를 말한다.
④ 팔정도 : 열반에 도달하기 위한 8가지의 올바른 수행의 길을 의미한다. 정어(바른말), 정업(바른 행동), 정명(바른 생활), 정정진(바른 노력), 정념(바른 관찰), 정정(바른 명상), 정견(바른 견해), 정사유(바른 생각)로 구성되어 있다.

정답 23 ④ 24 ②

25 다음 내용에서 괄호 안에 들어갈 용어로 가장 적절한 것은?

> 원효는 신라 시대의 승려로, 이론불교를 민중 생활 속의 실천불교로 전환하여 불교의 대중화에 기여하였다. 그는 각 종파의 다른 이론을 인정하면서도 이들을 좀 더 높은 차원에서 서로 통합할 수 있다는 이론인 화쟁 사상을 제시하였다. 또한 깨끗함과 더러움, 참과 거짓, 나와 너 등 일체의 이원적 대립에서 벗어나, 존재의 원천이며 모든 존재 · 모든 종파 · 모든 경론의 근원이자 부처의 마음인 (　　)(으)로 돌아가자고 주장했다.

① 무아(無我)
② 오온(五蘊)
③ 일심(一心)
④ 만행(萬行)

25 ① 무아 : 만물에는 고정 · 불변하는 실체로서의 나[實我]가 없다는 의미이다.
② 오온 : 불교 용어로, 인간을 구성하는 다섯 요소를 의미한다.
④ 만행 : '온갖 행위'를 뜻하는 용어로, 무상보리(부처의 깨달음)를 구하기 위해 하는 모든 행위를 가리킨다.

26 다음 내용에서 괄호 안에 들어갈 용어로 가장 적절한 것은?

> 도가 사상에서는 인간이 본래 소박하고 순수한 자연의 덕을 지니고 있다고 보았으며, 자연의 흐름에 따라 사는 것을 이상적으로 보았다. (　　)은(는) 장자가 제시한 도가의 이상적인 인간상으로, 물아일체의 경지에 이른 인간을 의미한다. 물아일체란 일체의 감각이나 사유 활동을 정지한 채, 사물의 변화에 임하면 절대 평등의 경지에 있는 도(道)가 그 빈 마음속에 모이게 되는 경지가 되는 것을 말한다.

① 선비
② 진인
③ 부처
④ 군자

26 도교의 인간관
- 자연적 인간관 : 규범적 측면이 아닌 대자연의 흐름에 따라 인간다움을 찾는다.
- 무위(無爲)의 자연스러움 : 인간의 본래 모습은 무위(無爲)의 자연스러움으로, 대자연과 하나가 되어 살아가는 것이 이상적인 삶이다.
- 이상적인 인간상 : 지인(至人), 신인(神人), 천인(天人), 진인(眞人)

정답 25 ③ 26 ②

27 **다음 내용에서 괄호 안에 들어갈 용어가 순서대로 옳게 짝지어진 것은?**

> 서양 윤리의 등장 배경으로 제시되는 사조는 두 가지이다. (㉠)은 폴리스 중심의 공동체적 생활양식이 점차 개인주의적 생활양식으로 전환됨에 따라 자유와 평등 및 개인을 중시하였다. (㉡)은 신에 대한 믿음과 사랑을 바탕으로 정립된 사조로, 신을 중심으로 생각하고 행동함으로써 현 세계에 부정적·비판적인 자세를 취한다.

	㉠	㉡
①	칼뱅이즘	스토이시즘
②	휴머니즘	헬레니즘
③	헬레니즘	헤브라이즘
④	글로컬리즘	헤브라이즘

27 • 칼뱅이즘 : 성경의 권위에 기초하지 않는 어떠한 교리도 용납해서는 안 된다고 주장하였으며, 개인적 믿음을 통한 구원을 강조하였다.
• 스토이시즘 : 로마의 만민법과 근대 자연법 사상의 이론적 근거가 된 사조이다.
• 휴머니즘 : 신 중심에서 벗어나 인간 현실에 바탕을 둔 진리를 추구하는 사조
• 글로컬리즘 : 지역의 고유문화와 전통을 소중히 여기면서도 세계 시민 의식을 바탕으로 인류의 공존과 화합을 도모하는 것을 말한다.

28 **다음 내용과 가장 가까운 소크라테스의 주장은?**

> 참된 앎은 덕이고 덕은 행복이므로, 참된 앎과 덕이 있는 사람은 진정한 행복을 누릴 수 있다.불행은 부지로 인한 것이다. 알아야 실천할 수 있고 그래야 행복에 이를 수 있다. 아는 것이 적으면 행하기 어렵고, 무지로 인한 잘못된 실천은 불행을 불러온다. 선한 것과 악한 것을 구별하게 해줄 수 있는 지식이 있으면 건전하게 살아갈 수 있다. 그러므로 바른 지식을 쌓아야 한다. 무지를 자각하고 참된 앎을 통해 덕을 쌓아갈 때 사람은 행복을 누릴 수 있다.

① 지행합일설
② 주지주의
③ 무지의 자각
④ 지덕복합일설

28 ① 지행합일설 : 보편적 진리와 지식을 발견하고 반드시 실천해야 한다고 주장하는 이론이다.
② 주지주의 : 지식을 주요한 기반으로 삼는 것이 행복에 이르는 길로서 옳다는 태도나 경향으로, 지행합일설과 지덕복합일설이 이에 속한다.
③ 무지의 자각 : "너 자신을 알라."라는 말로 대변되는 주장으로, 참다운 지식(眞知)을 배우라는 적극적 의미가 포함되어 있다.

정답 27 ③ 28 ④

29 다음 내용에서 괄호 안에 공통으로 들어갈 용어로 가장 적절한 것은?

(   )은(는) 아리스토텔레스가 주장한 개념이다. 지나치게 많지도, 지나치게 부족하지도 않은 상태를 가리키며, 극단에 치우치지 않으려는 의지를 말한다. 또한 선 의지, 도덕적 실천 의지의 함양을 위한 덕이며, 이성에 의하여 충동이나 정욕 또는 감정을 억제함으로써 한쪽으로 치우치지 않으려는 의지를 습관화한 덕(실천적인 덕)을 말한다. 행복은 지나치지도, 모자라지도 않는 '(   )의 덕'에 의해 달성될 수 있다.

① 지혜
② 용기
③ 절제
④ 중용

29 플라톤은 지혜, 용기, 절제, 정의의 네 가지를 덕으로 제시하였다.

30 다음 중 칸트의 윤리사상에 따른 도덕적 행위에 해당하지 않는 것은?

① 의무 의식에서 나오는 행위
② 정언명령에 따른 행위
③ 선의지의 지배를 받는 행위
④ 행복을 증진하기 위한 행위

30 행복을 증진하기 위한 행위를 도덕적 행위로 보는 사상은 공리주의이다. 공리주의적 윤리론에서는 행위를 결정하는 판단 기준으로 쾌락과 고통을 들고, 행위의 결과가 가져다주는 쾌락이나 행복에 따라 행위의 옳고 그름이 판단된다고 본다.

정답 29 ④ 30 ④

31 다음 내용에서 괄호 안에 들어갈 용어로 옳은 것은?

(　　)의 대표적인 사상가인 벤담은 쾌락이 있고 고통이 없는 상태를 행복으로 보았다. 그리고 개인의 행복을 가장 크게 만드는 것보다 더 많은 사람을 행복하게 만드는 것이 더 좋다는 유용성의 원리에 기반하여, 최대 다수의 최대 행복을 추구하는 것을 도덕과 입법의 원리로 제시하였다. 그는 모든 쾌락에는 질적 차이가 없고 양적 차이만 있으며, 쾌락의 양을 계산할 수 있다고 보았는데, 이때 고려해야 할 기준은 '강도, 지속성, 확실성, 근접성, 생산성, 순수성, 범위'의 일곱 가지라고 주장하였다.

① 정의의 원칙
② 취득의 원칙
③ 공리의 원칙
④ 선행의 원칙

31 벤담의 쾌락 기준은 다음과 같다.
- 강도 : 조건이 같을 경우 강한 쾌락 선호
- 지속성 : 오래 지속되는 쾌락을 선호
- 확실성 : 쾌락이 생겨날 가능성이 확실할수록 선호
- 근접성 : 보다 가까운 시간 내에 누릴 수 있는 쾌락 선호
- 생산성 : 다른 쾌락을 동반하는 쾌락을 선호
- 순수성 : 고통을 동반하지 않는 쾌락을 선호
- (파급) 범위 : 쾌락의 범위가 넓을수록 선호

32 다음 내용과 가장 관련 있는 사상가는 누구인가?

프랑스의 계몽사상가로서, 저서인 『사회계약론』에서 "일반의지는 늘 옳다."라고 주장하며, 일반의지에 기초한 입법을 강조하였다. 여기서 일반의지란 모든 사람의 의지를 종합하고 통일한 의지, 즉 개개인의 의지를 모두 합친 의지를 말한다. 그런 의미에서 전체의지와 유사하다. 그러나 일반의지는 또한 공공의 이익과 공동체의 복지를 최우선으로 생각하는 의지를 의미하므로, 전체의지가 곧 일반의지라고 볼 수는 없다.

① 홉스
② 로크
③ 루소
④ 토크빌

32 ① 홉스 : 인간은 악한 본성을 지닌 이기적인 존재로, 국가가 생기기 이전에는 '만인이 만인에 대해 투쟁하는 상태'였는데, 이러한 불안한 삶에서 벗어나기 위해 계약을 맺어 비로소 국가를 만들게 되었다고 주장하였다.
② 로크 : 국가보다는 국민의 자유·생명·재산을 더 중시하는 자유주의 사상을 강조하였고, 자연권의 일부 양도설과 국가에 대한 국민의 혁명권(저항권)을 인정하면서 몽테스키외의 삼권분립에 영향을 주었으며 미국의 독립선언서 작성에도 영향을 끼쳤다.
④ 토크빌 : 프랑스의 정치철학자이며 역사가로, 저서인 『미국 민주주의』에서 개인의 진보한 삶의 기준과 사회 환경을 분석하였다.

정답 31 ③ 32 ③

33 제시문은 배려 윤리를 주장한 길리건에 대한 설명이다. 길리건은 여성이 공감이나 타인의 감정을 생각하는 것 등을 통해 도덕 문제를 해결한다고 주장하였다.
① 칸트의 의무론에 대한 설명이다.
② 롤스의 정의론에 대한 설명이다.
③ 콜버그의 도덕성 발달 이론에 대한 설명이다.

정답 33 ④

33 다음 내용과 가장 관련 있는 인물의 주장으로 가장 적절한 것은?

> 배려 윤리는 남성 중심의 가치관을 반영하고 있는 근대 윤리 및 정의 윤리에 대한 한계를 비판하며 등장하였다. (　　)은 배려 윤리를 주장한 대표적인 사상가로서, 여성과 남성의 도덕적 지향성이 동일하지 않다고 주장하였다. 또한 여성의 삶에 주목하여 맥락적·서사적 사고로 문제를 이해하는 것을 중요하게 생각하였다. 정의 윤리가 여성의 '다른 목소리'를 간과함으로써 여성을 열등한 존재로 규정하였다고 주장하였는데, '다른 목소리'의 특징은 책임과 인간관계라는 맥락에서 나타나는 존중, 동정심, 관계성, 보살핌 등이다. 배려 윤리는 윤리적 의사 결정을 할 때 관계 및 맥락에 대한 고려를 강조한다. 따라서 정의 중심의 추상적 도덕 원리로 해결할 수 없는 윤리 문제를 해결하는 데 도움을 준다.

① 인간이 지켜야 할 보편적 도덕 법칙이 있다.
② 원초적 입장에서 정의의 원칙을 추론한다.
③ 도덕성은 도덕적 추론 또는 판단 능력이다.
④ 공감을 통해 도덕 문제를 해결한다.

34 **다음 내용에서 괄호 안에 공통으로 들어갈 용어로 가장 적절한 것은?**

> (　　)은 도덕적 제약을 전제로 하며, 무고한 사람의 인권을 보호하고 적국의 침입을 방어하기 위한 목적의 전쟁은 제한적으로 허용할 수 있다는 이론이다. 즉, 정당한 목적을 가진 전쟁은 허용될 수 있으며, 이는 윤리적 기반에 따라 도덕적으로 정당화할 수 있다는 것이다. (　　)의 대표적인 사상가로는 아우구스티누스, 아퀴나스, 왈처 등이 있다. 특히 아퀴나스는 불의를 바로잡아 선을 증진하는 것은 도덕적으로 정당하다고 하였다. 단, 정당한 원인과 의도를 가지고 합법적인 권위를 가진 군주가 수행해야 한다고 하였다.

① 현실주의론
② 영구평화론
③ 정의전쟁론
④ 세계정부론

35 **다음 중 사상가와 그가 주장한 이상사회가 <u>잘못</u> 연결된 것은?**

① 공자 – 대동사회
② 노자 – 소국과민
③ 모어 – 유토피아
④ 플라톤 – 공산사회

34 ① 현실주의론 : 힘과 힘의 대결이 나타나고 무정부 상태인 국제정치로 인해 전쟁이 일어나기 쉽다는 주장이다.
② 영구평화론 : 칸트는 영구평화론을 통해 전쟁과 평화의 근원적 문제는 국가 간 신뢰가 정착되어 있느냐가 중요하다고 강조하고, 평화를 유지하기 위해 모든 국가가 자유로운 국가 간 연맹에 참여할 것을 주장하였다. 그는 연맹에 참여한 국가의 국민들은 자유와 평화를 보장받을 수 있고, 평화를 요구하는 시민들에 의해 국가 지도자가 쉽게 전쟁을 일으킬 수 없게 된다고 보았다. 그는 영구평화론에서 3개의 확정조항과 6개의 예비조항을 주장하였다.
④ 세계정부론 : 세계 모든 인류 공동의 정부, 즉 세계의 전 국가가 주권 및 군비를 없애고 그 바탕 위에 만들어지는 공동 정부를 의미한다.

35 공산사회를 주장한 사상가는 마르크스이다. 플라톤은 완전한 사물의 본질인 이데아(Idea)의 세계를 모방해야 한다고 하였다.

정답 34 ③ 35 ④

36 다음 내용과 가장 관련 있는 것은 무엇인가?

> 롤스의 정의론에 따르면, 최소 수혜자에게 이익이 되지 않는 한 소득은 평등하게 분배되어야 한다. 사회적 혹은 경제적 불평등은 최소 수혜자에게 최대의 이익이 되도록 편성될 때 정당화될 수 있다. 즉, 최소 수혜자의 최대 이익을 보장하기 위해서라면 불평등을 허용한다.

① 원초적 입장
② 무지의 베일
③ 차등의 원칙
④ 평등한 자유의 원칙

36 롤스의 정의의 원칙은 크게 제1원칙(평등한 자유의 원칙)과 제2원칙(공정한 기회균등의 원칙과 차등의 원칙)으로 구분된다. 제1원칙은 모든 사람은 평등한 기본적 자유를 최대한 누려야 한다는 것이다. 제2원칙은 '차등의 원칙'과 '공정한 기회균등의 원칙'으로 나누어지는데, '차등의 원칙'은 사회적 혹은 경제적 불평등은 최소 수혜자에게 최대의 이익이 되도록 편성될 때 정당화될 수 있다는 것이고, '공정한 기회균등의 원칙'은 사회적 혹은 경제적 불평등의 계기가 되는 직위와 직책은 모든 사람에게 열려 있어야 한다는 것이다.

37 다음 내용과 가장 관련 있는 설명으로 옳은 것은?

> 인간 삶에 영향을 끼치는 공동체의 중요성을 강조하는 사상으로, 개인보다 공동체를 우선시한다. 다양한 사람들과 관계를 맺고 영향을 받는 것을 중시하며, 개인과 공동체의 유기적 관계 속에서 개인과 사회의 행복을 추구해야 한다고 본다. 사회와 자연과의 연대적 고리를 차단하고 무시하여 자아실현에만 몰두하는 것은 잘못이며, 역사・자연・의무 등을 중시한 후 개인의 정체성 확립이 가능하다고 주장한다. 또한 구성원 간 사회적 유대감과 책임감, 공동체 구성원에 대한 배려와 사랑 등 공동체 유지와 발전을 위해 필수적인 가치를 강조한다.

① 언제나 개인선을 중시한다.
② 개인의 자아를 중시한다.
③ 공동체와 개인은 상호 보완적 관계에 있다.
④ 전체주의의 문제점을 개선하고자 등장하였다.

37 제시문은 공동체주의에 대한 설명이다.
① 언제나 공동선을 중시한다.
② 사회적으로 구성된 자아개념을 중시한다.
④ 개인주의와 자유주의의 문제점을 개선하고자 등장하였다. 특히 자유주의 인간관을 '무연고적 자아'라고 비판하였다.

정답 36 ③ 37 ③

38 다음 내용과 가장 관련 있는 이론은?

> 시민이 동의한 국가의 권위는 올바르고 마땅하며, 시민은 이에 동의하였으므로 자발적 약속에 따라 국가의 명령에 복종해야 한다. 또한 시민과 국가의 상호 계약을 전제로 국가의 명령이 가능하다. 시민은 자신의 생명과 재산을 지키기 위해 국가의 권위에 동의한 것이므로, 만일 자신의 권리가 침해되면 계약에 의해 성립된 국가가 제재권을 행사함으로써 자신의 자연권의 완전실현을 도모한다. 만일 정당하지 못한 권력이 출현하면 시민에게는 그러한 권력에 맞설 수 있는 정당한 권리가 있다.

① 동의론
② 혜택론
③ 인간본성론
④ 자연적 의무론

38 제시문은 로크가 주장한 동의론에 대한 내용이다.
② 혜택론 : 국가는 시민에게 여러 혜택을 줌으로써 그 권위와 정당성이 인정된다고 보는 이론이다.
③ 인간본성론 : 시민은 인간 본성에 따라 정치적 의무를 이행한다.
④ 자연적 의무론 : 인간이 당연히 따라야 하고 자발성과 관계없이 적용되는 의무를 말한다.

39 다음 내용에서 밑줄 친 부분의 요건에 해당하는 것은?

> 우리는 먼저 인간이어야 하고, 그 다음에 국민이어야 한다고 나는 생각한다. 우리의 유일한 의무는 옳다고 생각하는 것을 실천하는 것이며, 불의한 법은 어겨야 한다. 법률이 기본권을 침해하거나 부당하다고 판단이 될 때 법을 변화시키기 위하여 고의로 법률을 위반하여 저항하여야 한다. 우리는 합법적인 민주주의 체제하에서 민주적 헌법 질서를 위반하거나 깨트리는 것을 막고자 능동적으로 <u>이러한 행위</u>를 하여야 한다.

① 불의한 법은 개정 전까지는 따라야 한다.
② 가벼운 폭력은 사용할 수 있다.
③ 사회에 충분히 기여한 시민이 선택해야 한다.
④ 다른 개선 노력을 시도한 후에 선택한 최후의 수단이어야 한다.

39 제시문은 헨리 데이비드 소로가 주장한 시민불복종에 대한 내용이다.
① 불의한 법은 어겨야 한다.
② 비폭력을 지향해야 한다.
③ 시민불복종은 시민이 인권을 침해당했을 때 가질 수 있는 본질적인 권리이기 때문에 '사회에의 기여 여부'와는 무관하다.

정답 38 ① 39 ④

40 다음 중 인권의 보편적 특성에 대한 설명으로 옳지 않은 것은?

① 누구에게도 침범될 수 없다.

② 태어나면서부터 부여받은 것이다.

③ 영구적으로 보존되는 것은 아니다.

④ 국적이나 지위 등과는 상관없다.

40 인권은 박탈당하지 않고 영구히 보장되어야 한다.

인권의 특징

- 보편성 : 인종, 피부색, 성, 언어, 종교에 관계없이 모든 사람이 누려야 한다.
- 천부성 : 인권은 태어날 때부터 가지는 권리이다.
- 불가침성 : 어떠한 경우에도 절대로 침해할 수 없다.
- 항구성 : 인권은 박탈당하지 않고 영구히 보장되어야 한다.

정답 40 ③

2023년 기출복원문제

▶ 온라인(www.sdedu.co.kr)을 통해 기출문제 무료 강의를 만나 보세요.

01 다음 중 상대주의 윤리설에 대한 설명으로 가장 적절한 것은?

① 윤리는 사회 현상이자 문화적 산물이다.
② 예전에 중요했던 윤리는 앞으로도 영원히 중요할 것이다.
③ 한 나라의 윤리는 모두에게 동일하게 적용된다.
④ 사회마다 가치관은 달라도 윤리는 동일하다.

01 상대주의적 윤리설은 가치 판단 기준이 상대적·주관적·특수적이라고 말한다. 즉, 상대주의 윤리설에서는 '절대적인 선'은 없으며, 어떤 결과를 가져오는가에 따라 '올바름'이나 '그릇됨'의 기준이 바뀔 수 있다고 본다. 주의해야 하는 것은 '도둑질'이나 '범죄'가 옳다고 보는 것이 아니라, 어떠한 결과를 가져오는가에 따라 평가가 바뀔 수 있다고 생각한다는 것이다.
②·③·④는 모두 절대주의 윤리설에 해당하는 표현들이다. 절대주의 윤리설은 '절대적인 선' 또는 '절대적인 진리'가 실재한다고 생각한다. 따라서 한번 정해진 윤리적 판단 기준은 시간과 공간에 관계없이 영원히 지속되며, 모두에게 동일하게 적용되는 것이 가능하다고 본다.

정답 01 ①

02 다음 설명에 해당하는 것은 무엇인가?

우리는 매일 현실적인 윤리적 문제들과 마주친다. 기후 변화로 인한 위기도 그중 하나이다. 오염의 경우에 종종 적용되는 하나의 원칙은 "망가뜨린 자가 고친다."이며, 이는 "오염시킨 자가 비용을 지불한다."로도 알려져 있다. 이 원칙을 하나의 사례에 적용해 보자면, 만약 화학 공장이 강물을 오염시켰으면 공장의 주인에게 강물을 정화할 책임이 있게 된다. 그렇다면 이 원칙을 각 나라들이 배출한 이산화탄소로 인한 기후 변화에 적용해 보았을 때, 이산화탄소 배출로 인한 기후 변화에 대한 책임을 누구에게 물어야 할까? 윤리학자는 이와 같이 현실에서 발생하는 윤리 문제에 대한 구체적인 해결책을 모색하는 데 주된 관심을 가져야 하며, 현시대를 살아가고 있는 사람들이라면 누구나 이 문제에 대해 숙고하여 해결 대안을 내놓아야 한다.

① 메타 윤리학
② 실천 윤리학
③ 규범 윤리학
④ 기술 윤리학

02 제시문은 실천 윤리학에 해당하는 내용이다. 실천 윤리학은 삶의 구체적인 상황에서 발생하는 윤리 문제의 원인을 분석하고, 이에 대한 해결책을 찾고자 하며, 다양한 영역에서 제기되는 문제와 과학기술의 발달로 발생하는 새로운 문제를 다룬다. 또한, 윤리 문제의 해결을 위해 이론 윤리학의 연구 성과를 적극 활용한다. 그리고 현실적인 도덕 문제를 해결하기 위해서 '의학, 법학, 과학, 종교' 등 다양한 학문 분야의 전문지식과 기술을 활용하는 학제적 접근을 중시한다는 특징이 있다.

정답 02 ②

03 다음 중 사회 윤리학의 등장 배경으로 가장 적절한 것은?

① 사회 윤리 문제의 원인을 보는 시각이 개인 중심에서 집단 중심으로 이동하면서 생겼다.
② 철학적인 탐구가 필요한 개인 윤리의 필요성이 사라지게 되었다.
③ 개인 철학적 윤리보다는 사회 과학적 윤리가 더 우월하다는 사회적 분위기가 팽배해졌다.
④ 사회구조적 악을 개인의 도덕의식만으로 해결할 수 없다는 인식이 생겼다.

03 20C 초반까지 유럽의 대부분의 윤리학자들은 '사회 문제'의 발생 원인을 개인의 윤리의식 결여로 보았다. 그래서 개인이 지켜야 하는 보편적인 도덕 원리(양심, 윤리의식 등)를 설정하고, 개인의 도덕성을 강조하는 모습을 보였다. 하지만 20C 중반이 되면서 한나 아렌트가 『예루살렘의 아이히만』이라는 책에서 '이웃에게 친절하고 가족을 사랑하는 평범한 개인이 전체주의적인 국가의 시스템 속에서 수백만 명을 죽이는 유태인 수용소의 소장으로 독가스 버튼을 눌렀다'는 사실을 통해 '악의 평범성'이라는 개념을 처음으로 언급하면서, 평범하고 선한 개인이라고 하더라도 '집단의 이익'을 위해 악한 일을 행할 수 있다는 사실을 인식하게 되었다. 더불어 니부어는 '도덕적인 개인이 비도덕적인 사회에서 존재할 수 있음'을 언급하면서, "사회구조적인 악을 개인의 도덕의식만으로 해결할 수 없다."라는 인식을 통해 개인 윤리를 보완하는 사회 윤리의 필요성을 언급하였다.

04 다음 중 인간 복제의 반대 근거로 옳지 않은 것은?

① 인간을 도구화한다.
② 자연적인 출산 과정을 위배한다.
③ 인간의 고유성을 위해 금지해야 한다.
④ 불임 부부의 요구를 충족한다.

04 불임 및 난임 부부의 고통을 덜어 줄 수 있다는 것은 인간 복제의 찬성 근거이다.

인간 복제의 반대 근거

- 인간을 도구화하여 인간의 존엄성을 훼손한다.
- 자연스러운 출산의 과정에서 어긋나 인간 정체성의 혼란을 가져올 수 있다.
- 인간을 치료하기 위해 복제인간을 이용하는 수단화가 가능하다.
- 인간의 고유성과 개성을 침해할 수 있다.

정답 03 ④ 04 ④

05 온정적 간섭주의는 개인이 자신의 이익이나 공익에 부합하지 않는 선택을 할 경우, 바람직한 선택을 하도록 국가가 개인의 의사결정에 강제로 개입할 수 있다는 것을 의미한다. [문제 하단의 표 참고]

05 환자 본인이 동의한 안락사를 반대하는 근거로 옳은 것은?

① 자율성의 원리
② 존엄한 죽음
③ 온정적 간섭주의 원리
④ 생명에 대한 자기결정권

[안락사 찬성론 · 반대론의 근거]

안락사 찬성론의 근거 (환자의 자율성과 삶의 질에 관심)	안락사 반대론의 근거
• 인간의 자율성 존중 : 자기 자신의 생명, 죽음에 대한 권리를 가지고 있음 • 치료를 거부할 권리와 고통에서 벗어날 권리가 있음 • 죽음의 동기가 환자에게 최대한의 이익 • 환자 가족의 경제적 · 정신적 · 심리적 고통을 경감시켜 주어야 함 • 인간다운 존엄한 죽음을 맞이함 • 제한된 의료 자원을 효율적으로 사용(사회 전체 이익에 부합)	• 인간의 존엄성 중시 : 절대적 존엄성을 지닌 인간의 생명을 보전하기 위해서 어떠한 치료 중지도 정당화될 수 없음 • 생명 경시 풍조 우려 : 안락사가 찬성될 경우, 쉽게 생명을 포기하려는 생명 경시의 유행이 일어날 수 있음 • 온정적 간섭주의 : 개인이 자신의 이익이나 공익에 부합하지 않는 선택을 할 경우, 바람직한 선택을 하도록 국가가 개인의 의사결정에 강제로 개입할 수 있음 • 살인 반대 : 안락사는 촉탁, 승낙에 의한 살인죄임 • 안락사 허용 시 '남용' 등의 범죄가 등장할 수 있음

정답 05 ③

06 **다음 중 사형 폐지 논거로 가장 적절하지 않은 것은?**

① 오판의 가능성이 있다.
② 국가가 살인자가 되는 것은 비도덕적이다.
③ 교화와 갱생을 포기한 것으로, 정당성이 없다.
④ 사형 집행에 비용이 많이 든다.

[사형 제도에 대한 찬성 논거와 반대 논거]

찬성 논거(존치론)	반대 논거(폐지론)
• 응보적 관점 : 사람을 살해하는 자는 자기의 생명을 박탈당할 수도 있음 • 범죄 예방적 관점 : 흉악범 등 중대 범죄에 대하여 이를 위협하지 않으면 법익보호의 목적을 달성할 수 없음(사형 제도 = 필요악) • 사회 방위론의 관점 : 사회 방위를 위해서는 극히 유해한 범죄인을 사회로부터 완전히 격리시킬 필요가 있음 • 시기상조론의 관점 : 사형 제도의 부당성을 인정하면서도, 공동선이 개인의 권리보다 우선하기 때문에 사회 상황 등을 고려하여 그 폐지를 유보하는 견해	• 인도주의적 관점(반인권적 형벌) : 사형은 잔혹한 형벌로 생명권과 인간 존엄성을 침해함 • 응보적 관점 비판 : 피해자를 대신한 응보의 성격을 가질 뿐이고 형벌의 합리적 목표인 교화나 개선과는 무관함. 응보 욕구는 적극적으로 선이 악을 이김으로써 충족되도록 해야 함. 사형은 피해자에게 어떠한 이익도 줄 수 없음 • 범죄 억제 효과 미미 : 사형 제도가 범죄를 억제하는 효과가 미미함 • 정치적 악용의 수단 : 정치적 반대 세력이나 소수 민족 및 소외 집단에 대한 탄압도구로 악용될 수 있음 • 오판 가능성 : 오판 가능성이 있고, 오판으로 사형이 집행되면 원상회복이 불가능 • 사회구조와 관련된 범죄는 사회에도 책임이 있음 • 사형은 생명 경시 풍토를 조장함

06 사형 집행 비용은 사형을 찬성하는 논거로서도, 반대하는 논거로서도 고려의 대상이 아니다.
[문제 하단의 표 참고]

정답 06 ④

07 [문제 하단의 표 참고]

07 다음 내용에서 괄호 안에 들어갈 말로 옳은 것은?

> 인간은 이중적인 본성을 가지고 있다. 즉, 인간은 전적으로 이기적인 존재도 아니고, 전적으로 이타적인 존재도 아니다. 그리고 사회적 자원과 재화는 유한하다. 다시 말해, 인간의 욕구는 무한하지만 그 욕구를 충족시켜 주는 재화나 자원은 부족할 수밖에 없다. 이 때문에 인간이 사는 세상이 무너지지 않기 위해서는 필연적으로 '올바른 재화나 자원의 분배'가 필요하다. 그럼 어떻게 분배하는 것이 올바를까? …(중략)… 분배의 기준은 다양하다. (㉠)에 따른 분배는 약자를 보호할 수 있으나 경제적 효율이 낮고, (㉡)에 따른 분배는 객관적인 측정이 가능하고 효율이 높으나, 양과 질을 평가하거나 사회적 약자를 보호하기에는 어렵다.

	㉠	㉡
①	필요	업적
②	업적	필요
③	업적	절대적 평등
④	능력	절대적 평등

[공정한 분배의 기준]

구분	의미	장점	단점
절대적 평등	개인 간의 차이를 고려하지 않고 모두에게 똑같이 분배하는 것	사회 구성원 모두가 기회와 혜택을 균등하게 누릴 수 있음	• 생산 의욕 저하 • 개인의 자유와 효율성 감소
업적	업적이나 기여가 큰 사람에게 더 많이 분배하는 것(성과급 제도)	• 객관적 평가와 측정이 용이 • 공헌도에 따라 자신의 몫을 가짐 → 생산성을 높이는 동기 부여	• 서로 다른 종류의 업적 평가 불가능 • 사회적 약자 배려 불가능 • 과열 경쟁으로 사회적 갈등 초래

정답 07 ①

능력	능력이 뛰어난 사람에게 더 많이 분배하는 것	개인의 능력에 따라 충분한 대우와 보상을 받을 수 있음	• 우연적 · 선천적 영향을 배제하기 어려움 • 평가 기준 마련이 어려움
필요	사람들의 필요에 따라 분배하는 것	약자를 보호하는 도덕의식에 부합	• 경제적 효율성 감소 • 필요에 대한 사회 전체의 예측이 어려움 → 한정된 재화로 모든 사람의 필요를 충족시킬 수 없음

08 다음 내용에서 괄호 안에 들어갈 말로 가장 적절한 것은?

> 로크는 '다른 사람의 취득을 방해하지 않는다면 그 사람이 노동으로 얻은 것은 그 사람의 것'이라고 주장하였다. 노직은 이것이 오늘날에 그대로 적용하기에는 어려움이 있다는 점을 지적하면서 다음과 같은 사례를 들어서 비판하였다. "내가 소유한 바를 내가 소유하지 않은 바와 섞음은, 내가 소유하지 않은 바를 얻는다기보다는 내가 소유한 바의 상실이 아닌가? 만약 내가 한 통의 토마토 주스를 소유하고 있어 이를 바다에 부어 그 입자들이 바다 전체에 골고루 퍼지게 부었다면, 나는 이 행위를 통해 바다를 소유하게 되는가? 아니면 바보같이 나의 토마토 주스를 낭비한 것인가?"라고 하며 로크의 (　　)을 비판했다.

① 취득의 원칙
② 양도의 원칙
③ 교정의 원칙
④ 공감의 원칙

08 노직은 '타인의 취득을 방해하지 않는다면 그 사람이 노동으로 얻은 것은 그 사람의 것'이라고 하는 로크의 주장을 비판하며, 다음과 같이 수정할 것을 주장하였다. "타인에게 해를 끼치지 않는다면 그 사람이 노동을 통해 무언가를 개선시킨 그것은 그 사람의 소유이다."라고 수정하고, 이를 취득의 원칙의 근거로 제시하였다.

정답 08 ①

09 다음 설명에 해당하는 사상가는 누구인가?

> 법은 각 사람의 개인적 자유 중 최소한의 몫을 모은 것 이외의 어떤 것도 아니다. 법은 개개인의 특수의사의 총체인 일반의사를 대표한다. 그런데 자신의 생명을 빼앗을 권능을 타인에게 기꺼이 양도할 자가 세상에 있겠는가? 각각의 사람이 자유 가운데 최소한의 몫의 희생 속에서 어떻게 모든 가치 중 최대한의 것인 생명 그 자체가 포함된다고 해석할 수 있을까? 만일 이 같은 점을 수긍할 수 있다면, 그 원칙이 자살을 금지하는 다른 원칙과 어떻게 조화될 수 있을 것인가? 인간이 자신을 죽일 권리가 없는 이상, 그 권리를 타인이나 일반 사회에 양도하는 것 역시 불가능한 것이다. …(중략)… 형벌이 정당화되려면, 그 형벌은 타인들의 범죄를 억제시키기에 충분한 정도의 강도(强度)만을 가져야 한다. 아무리 범죄의 이득이 크다 해도 자신의 자유를 완전히 그리고 영구적으로 상실하기를 택할 자는 없다. …(중략)… 사형을 대체할 종신 노역형만으로도 가장 완강한 자의 마음을 억제시키기에 충분한 정도의 엄격성을 지니고 있다. 종신 노역형은 사형 이상의 확실한 효과를 가져 온다.

① 칸트
② 벤담
③ 루소
④ 베카리아

09 베카리아는 사형 제도에 반대하는 학자이다. 그는 사회계약설 측면과 공리주의 측면에서 사형 제도를 반대하였는데, 사회계약설 측면에서는 모든 개인 의견의 합인 '일반의사'는 오류와 오판의 가능성이 존재하므로 개인의 가장 중요한 생명권을 사회계약에 양도할 수 없다는 입장을 보인다. 그리고 그는 사형은 형벌의 강도는 높으나 지속성이 낮아서, '범죄자 교화'의 효과가 떨어진다고 생각했다. 차라리 '종신 노역형'이 상당히 높은 강도와 지속성을 가지기 때문에 '최대 다수의 최대 행복'이라는 공리주의의 입장에 맞는다고 생각하였다.

① 칸트는 '죄의 무게 = 형벌의 무게'라는 '동등성의 원리'에 입각하여, 살인이라는 죄악을 저질렀다면, 사형으로 형벌을 받는 것이 정언명령에 부합하다고 생각하였다.
② 벤담은 공리주의 철학자로 '형벌 = 필요악'이라고 생각하였다. 제시문은 사형 제도를 반대하는 논점의 글인데, 공리주의는 사형 제도를 찬성하는 '일반예방주의'와 사형 제도를 반대하는 '특수예방주의'로 나누어지기 때문에 제시문과는 맞지 않다.
③ 루소는 사회계약설의 측면에서 '살인자 = 합의된 계약의 위반자'로 보았다. 사회계약은 모두의 생명을 보호하기 위해서 만들어진 것인데, 누군가를 살해했다는 것은 그 계약을 지킬 의지가 없는 것으로 판단한 것이다. 따라서 그는 계약 밖에 있는 범죄자의 죽음을 방치하는 것은 사회계약의 위반이 아니라고 보았다.

정답 09 ④

10 **다음 내용에서 괄호 안에 공통으로 들어갈 말로 옳은 것은?**

> 칸트는 (　　)을 통해 전쟁과 평화의 근원적 문제는 국가 간 신뢰가 정착되어 있느냐가 중요하다고 강조하고, 평화를 유지하기 위해 모든 국가가 자유로운 국가들 간의 연맹에 참여할 것을 주장하였다. 그는 연맹에 참여한 국가의 국민들은 자유와 평화를 보장 받을 수 있고, 평화를 요구하는 시민들에 의해 국가 지도자가 쉽게 전쟁을 일으킬 수 없게 된다고 보았다. 그는 (　　)에서 3개의 확정조항과 6개의 예비조항을 주장하였다.

① 정언명령론
② 영구평화론
③ 대동사회론
④ 존비친소론

[확정조항과 예비조항]

확정조항	예비조항
① 모든 국가의 시민적 정치 체제는 공화정체여야 한다. ② 국제법은 자유로운 국가들의 연방 체제에 기초해야 한다. ③ 세계 시민법은 보편적 우호의 조건들에 국한되어야 한다.	① 장차 전쟁의 화근이 될 수 있는 내용을 암암리에 유보한 채 맺은 어떠한 평화 조약도 결코 평화 조약으로 간주되어서는 안 된다. ② 어떠한 독립 국가도 상속, 교환, 매매 혹은 증여에 의해 다른 국가의 소유로 전락할 수 없다. ③ 상비군은 조만간 완전히 폐지되어야 한다. ④ 국가 간의 대외적인 분쟁과 관련하여 어떠한 국채도 발행되어서는 안 된다. ⑤ 어떠한 국가도 다른 국가의 체제와 통치에 폭력으로 간섭해서는 안 된다. ⑥ 어떠한 국가도 다른 나라와의 전쟁 동안에 장래의 평화 시기에 상호 신뢰를 불가능하게 할 것이 틀림없는 다음과 같은 적대 행위, 예컨대 암살자나 독살자의 고용, 항복 조약의 파기, 적국에서의 반역 선동 등을 해서는 안 된다.

10 칸트는 1795년 발간된 「영구평화론」(Zum ewigen Frieden)이라는 논문을 통해 영구평화론을 체계적으로 정리하였다. 그는 되풀이되는 전쟁은 악이며 인류를 멸망의 길로 이끌 것이라고 경고하면서, 전쟁이 없는 진정한 영구평화만이 정치상의 최고선이라고 주장했다. 그리고 그는 영구평화야말로 인류가 이성에 근거하여 지속적으로 추구해야 할 도덕적 실천 과제라고 보았고, 이를 실현하기 위한 가상의 평화조약안을 제시했다.
[문제 하단의 표 참고]

정답 10 ②

11 [문제 하단의 표 참고]

11 다음 내용에서 괄호 안에 들어갈 말로 가장 적절한 것은?

- (㉠)는 홉스적 전통에서 보았듯이 인간의 본능은 힘과 권력을 원하게 되어 있는데, 이 욕망을 제어할 국제적 체제가 존재하지 않는다는 것을 인식해야 한다고 주장한다. 한 국가의 대외 정책에 대해 도덕적으로 좋은 정책, 나쁜 정책이라는 구분은 의미가 없고, 오직 국익에 도움이 되는지 아닌지가 그것을 판별하는 기준이 된다고 본다. 그러면 이들은 어떻게 국제 평화와 생존을 보장할 수 있다고 생각할까? 그들은 국가 간의 세력 균형을 내세운다. 세력 균형 이론은 서로의 힘이 균등할 때 서로가 서로에게 공격을 자제한다고 본다. 다시 말해, 세력 균형이 무너져, 즉 한쪽의 힘이 무너질 때 다른 한쪽은 공격하고 싶은 유혹을 느낀다는 것이다. 그것은 결국 전쟁으로 이어지고 국제 평화를 깬다는 것이다. 이러한 세력 균형은 자국의 힘을 키움으로써 이룰 수 있으며, 다른 국가와 동맹을 맺음으로써 다른 세력과 힘의 균형을 이룰 수도 있다.
- (㉡)는 인간의 상호협력이 가능하다고 본다. 그리고 인간의 나쁜 행동은 인간의 주어진 악한 본성에서 나오는 것이 아니라, 인간을 이기적으로 만들고 다른 이에게 피해를 주게 만드는 국제 정치상의 구조와 제도의 문제라고 주장한다. 그러한 잘못된 제도나 구조는 국제사회라고 하는 공동체 속에서 구성된 국가들의 행동을 규제할 수 있는 기구를 통해 국제문제를 해결할 수 있다고 본다. 그래서 국제법이나 국제규범 등은 국제사회에서 매우 중요한 역할을 맡게 된다.

	㉠	㉡
①	이상주의	현실주의
②	현실주의	구성주의
③	이상주의	구성주의
④	현실주의	이상주의

[국제 관계를 바라보는 관점 - 이상주의 vs 현실주의]

구분	이상주의(자유주의)	현실주의
인간관	인간은 이성적 존재 (= 선한 존재)	인간은 이기적 존재

정답 11 ④

내용	도덕규범, 국제법, 국제기구 등이 큰 영향력을 행사함	국제관계가 권력이나 현실적인 힘에 의해 결정됨
행위주체	국가, 국제기구의 역할 강조	국가만이 행위 주체
분쟁의 원인	• 불완전한 국제제도 • 타국에 대한 상호 오해	• 국가의 이기적 속성 • 힘의 불균형
문제 해결	• 국제법, 국제기구를 통한 합의 • 집단 안보	• 세력 균형 • 군사 동맹
한계	인간과 국가의 본성에 대한 지나친 낙관	협력이 존재하는 현실에 대한 설명 부족

12 다음 설명에 해당하는 것으로 가장 적절한 것은?

> 집단 학살, 테러, 마약 · 무기류 거래, 납치, 인종 혐오 범죄 등과 같이 국제사회의 안녕과 질서를 해치는 반인도적 범죄 행위를 처벌하는 것을 말한다. 이를 실현하기 위한 실현 방안으로 '국제 형사 재판소, 국제 형사 경찰 기구' 등을 설치하여 직접 범죄를 처벌하고 있다.

① 절차적 정의
② 형사적 정의
③ 분배적 정의
④ 교환적 정의

12 형사적 정의는 칸트의 응보주의에 영향을 받아, '죄'를 지었다면 그에 대한 대가 즉, 형벌을 받아야 한다는 의미의 정의관이다. 특히, 개인의 자유를 침해하거나 인권을 침해하는 반인도적 행위에 대하여 그 행위를 가한 사람을 처벌하는 것을 형사적 정의라고 한다.

① 절차적 정의는 공정한 절차를 통해 발생한 결과는 정당하다고 보는 정의관이다. 기존의 분배의 정의는 능력, 필요, 업적 등 분배의 기준을 제시하고, 그에 따른 분배가 정의롭다고 보았으나, 그러한 분배의 기준들은 보편적으로 적용하기 어렵고, 서로 충돌한다는 한계가 있다. 절차적 정의는 분배 기준 자체보다는 공정한 분배를 위한 절차를 강조하여, 분배의 절차와 과정이 합리적인가를 중시한다.
③ 분배적 정의는 각자에게 각자의 정당한 몫을 돌려줌으로써 아무도 불만을 제기하지 않는 방식으로 공정하게 분배하는 것을 말한다.
④ 교환적 정의는 사람들 간의 거래에 관련된 물건의 교환 상황에서의 정의를 말한다. 동일한 가치를 지닌 두 물건이 교환되면 그 교환은 정당하다고 보는 입장이다.

정답 12 ②

13 다음 내용과 관련 있는 자연을 바라보는 관점으로 적절한 것은?

- 인간과 자연을 모두 포괄하는 유기체[생태 공동체(하나의 그물망)] 안에서 개체인 인간에게 전체 공동체의 건강한 유지를 위해 도덕적 책임과 의무가 부과된다.
- 생명 공동체의 범위를 '식물, 동물, 토양, 물'을 포함하는 대지로 확장 또는 확대하는 것은 진화론적으로 가능한 일이며, 생태학적으로는 필연적이다.
- 어떤 것이 생명 공동체의 온전성, 안정성, 아름다움의 보존에 이바지한다면 그것은 옳고, 그렇지 않다면 그것은 그르다.

① 인간중심주의
② 동물중심주의
③ 생명중심주의
④ 생태중심주의

13 제시문은 생태중심주의 학자인 레오폴드가 주장한 내용이다.

14 다음 중 평화적 통일의 감당 비용에 대한 설명으로 가장 적절한 것은?

① 북한에 식량을 원조하는 것은 평화 비용이다.
② 군사력과 무기 유지에 투자하는 것은 통일 비용이다.
③ 통일 이후 일자리 창출에 들어가는 비용은 평화 비용이다.
④ 북한과의 동해안 철도를 건설하는 것은 분단 비용이다.

[분단 비용 vs 평화 비용 vs 통일 비용]

분단 비용	통일 전 비용이며, 분단 상태의 현상유지를 위한 소모적 비용
평화 비용	통일 전 비용이며, 분단 이후의 평화적인 통합을 위해 드는 투자 비용
통일 비용	통일 후 비용이며, 통일 이후 남북 간의 격차를 해소하고 이질적인 요소를 통합하는 데 필요한 비용 → 통일 후 발생하는 투자 비용

14 ② 군사력과 무기 유지에 들어가는 비용은 분단 비용이다.
③ 통일 이후 일자리 창출에 들어가는 비용은 통일 비용이다.
④ 북한과의 동해안 철도를 건설하는 것은 평화 비용이다.
[문제 하단의 표 참고]

정답 13 ④ 14 ①

15 다음 내용에서 괄호 안에 들어갈 말로 가장 적절한 것은?

> 공자는 생활 속에서 자신이 맡은 직분에 충실해야 한다는 정신을 강조하였다. 그는 이 정신을 (　　)(이)라고 하였는데, 이는 명분에 상응하여 실질을 바르게 하는 것으로, '임금은 임금답게, 신하는 신하답게, 부모는 부모답게, 자식은 자식답게'를 주장하여 자신이 맡은 직분에 충실할 것을 강조하였다. 그래서 각 직분에 따른 덕을 실현하면 공동선이 실현된다고 보았다.

① 예치(禮治)
② 정명(正名)
③ 무위(無爲)
④ 왕도(王道)

15 ① 예치(禮治) : 예(禮)에 따르는 정치는 순자가 강조한 개념이다.
③ 무위(無爲) : 노자가 강조한 개념이다.
④ 왕도(王道) : 맹자가 강조한 개념이다.

16 다음 내용과 가장 관련 깊은 것은?

> • 사람은 누구나 남의 불행을 차마 보고만 있지 못하는 마음이 있다. 그 마음을 그가 보고 있는 모든 일에 미치도록 하는 것이 인(仁)이다.
> • 튀르키예에 대규모 지진이 일어났을 때, 내 일이 아니지만 돕고 싶고, 일이 손에 잡히지 않아서 구호단체에 성금을 냈다.

① 측은지심(惻隱之心)
② 수오지심(羞惡之心)
③ 사양지심(辭讓之心)
④ 시비지심(是非之心)

16 맹자는 인간의 본성이 '선'(善)하다고 보았다. 사람은 누구나 남에게 차마 어찌하지 못하는 마음인 불인인지심(不忍人之心) 또는 사덕(四德)의 단서인 사단(四端)을 가지고 태어난다는 것이다. 사단은 선천적으로 가지고 태어난 도덕적 마음의 네 가지 단(端)이다.
• 측은지심(惻隱之心) : 남을 사랑하여 측은히 여기는 마음으로, 인(仁)의 단서이다.
• 수오지심(羞惡之心) : 불의를 부끄러워하고 미워하는 마음으로, 의(義)의 단서이다.
• 사양지심(辭讓之心) : 공경하고 양보하는 마음으로, 예(禮)의 단서이다.
• 시비지심(是非之心) : 옳고 그름을 분별하는 마음으로, 지(智)의 단서이다.

정답 15 ② 16 ①

17 다음 설명에서 괄호 안에 들어갈 말로 가장 적절한 것은?

- 이(理)는 만물을 생성하는 근본이며, 기(氣)는 만물을 생성하는 도구이다. 이를 품부 받은 후에야 성(性)이 생기고, 기를 품부 받은 후에야 형체가 생긴다.
- 성은 마음의 본체[體]이며, 정(情)은 마음의 작용[用]이다. 성과 정은 모두 마음에서 나오니, 마음이 이들을 제어할 수 있다.
- 인간의 본성은 하늘이 부여한 이치이며, 이를 ( )라고 한다.

① 성즉리(性卽理)
② 치양지(致良知)
③ 심즉리(心卽理)
④ 소요유(逍遙遊)

17 성즉리는 주자가 성리학에서 주장한 심성(心性)론의 내용이다.
② 치양지 : 왕수인은 사람은 누구나 천리(天理)로서의 양지를 지니고 있고, 이 양지를 자각하고 실천할 수 있다고 보았다. 사욕을 극복하고 양지를 적극적이고 구체적으로 발휘하면[치양지(致良知)], 이론적 학습 과정을 거치지 않아도 누구나 성인(聖人)이 될 수 있다고 보았다.
③ 심즉리 : 왕수인은 사람의 마음[心]이 곧 하늘의 이치[理]라고 주장하였다. 이에 따라 마음 밖에는 이치가 없고, 마음 밖에는 사물도 없다고 생각하였다.
④ 소요유 : 도가 사상가인 장자가 언급한 개념으로, '세속을 초월하여 무엇에도 얽매이지 않는 정신적 자유의 경지, 일체의 분별과 차별을 없앰으로써 도달하게 되는 경지'를 말한다.

정답 17 ①

18 **다음 내용과 가장 관련 깊은 정약용의 사상으로 옳은 것은?**

> • 천자는 사람들이 추대해서 된 것이다. 무릇 사람들이 추대해서 되었으니, 또한 사람들이 추대하지 않으면 되지 않는다. 그러므로 5가가 화합하지 못하면 5가에서 의논하여 인장을 교체하고, 5린이 화합하지 못하면 25가에서 의논하여 이장을 교체한다. 제후들이 화합하지 못하면 제후들이 의논하여 천자를 교체한다. 제후들이 천자를 교체하는 것은 다섯 집에서 인장으로 교체하고 25집에서 이장을 교체하는 것과 같은데, 누가 감히 "신하가 임금을 쳤다."라고 말할 수 있는가?
>
> – 「탕론」 –
>
> • 장횡거가 '서명'(西銘)에 이르기를 "홀아비, 과부, 고아, 늙고 자식 없는 사람, 곱사등인 사람, 병자들은 모두 나의 형제 가운데서도 어려운 처지에 있으면서 하소연할 곳이 없는 사람들이다."라고 하였으니, 사람들이 진심으로 장횡거의 마음을 자기 마음으로 삼는다면 떠돌며 구걸하는 백성을 차갑게 대하지는 못할 것이다.
>
> – 『목민심서』 –
>
> • 백성을 위하여 목(牧)(행정구역)이 존재하는가, 백성이 목(牧)을 위해 태어났는가? 백성들은 곡식과 피륙을 내어 목(牧)을 섬기고, 수레와 말을 내어 목을 영송(迎送)하며, 고혈(膏血)을 다하여 목(牧)을 살찌게 하니 백성들이 목(牧)을 위해서 태어난 것인가?
>
> – 「원목」 –
>
> *목(牧) : 백성을 맡아 다스리는 자의 총칭

① 민주주의
② 민본주의
③ 실용주의
④ 성기호설

18 정약용은 백성이 통치자를 추대한다는 '민본주의적 발상'을 하였다. 즉, 백성이 통치자를 추대하는 것이므로 통치자는 백성을 위해 존재하는 것이고, 그 목적을 달성하지 못했을 때는 백성에 의해 교체될 수 있다는 것이 정약용의 논리였다. 이러한 논리는 하늘의 명령에 의해 군주의 권위가 확보되고, 그 군주가 제후나 관리를 임명하여 백성을 통치하게 한다는 '유교적 천명사상'이 주장하는 논리와 상반된다.

정답 18 ②

19 다음 중 불교의 삼법인에 해당하지 않는 것은?

① 제행무상(諸行無常)
② 제법무아(諸法無我)
③ 열반적정(涅槃寂靜)
④ 물아일체(物我一體)

[삼법인(三法印)]

제행무상(諸行無常)	이 세상의 모든 것은 고정된 것이 아니라, 끊임없이 생멸・변화한다.
제법무아(諸法無我)	모든 존재는 인연의 화합으로 이루어진 것이며, 독립적이고 불변하는 자아는 존재하지 않는다. → '나'라고 주장할 만한 고정된 실체는 존재하지 않는다.
일체개고(一切皆苦)	현실 세계의 모든 것이 고통이다.
열반적정(涅槃寂靜)	깨달음을 통해 이르게 되는 열반만이 모든 무상(無常)과 고통에서 벗어난 고요한 경지이다.

19 물아일체는 도가 사상가인 장자가 언급한 '만물과 내가 하나가 되는 경지'를 의미한다. '장자와 나비'의 비유를 통해서 잘 설명되고 있다.
삼법인(三法印)은 자연과 우주의 참 모습에 대한 가르침으로, 인생과 세상의 실상이 무상(無常), 무아(無我), 고(苦)임을 나타낸다. 여기에 '열반적정'을 더하여 '사법인설'(四法印說)이라고 부르기도 한다.
[문제 하단의 표 참고]

정답 19 ④

20 다음 내용에서 괄호 안에 들어갈 말로 가장 적절한 것은?

> 대승(大乘)의 진리에는 오직 한마음[一心]만 있다. 한마음 외에 다른 진리는 없다. 단지 무명(無明)의 어리석음으로 인해 이 한마음을 모르고 방황하는 탓에 여러 가지 파랑을 일으켜 온갖 윤회의 세상이 생겨나게 되는 것이다. 그러나 비록 윤회의 파도가 일지라도 그 파도는 한마음의 바다를 떠나는 게 아니다. 한마음으로 말미암아 온갖 세상 윤회의 파도가 일어나므로 널리 중생을 구원하겠다는 서원을 세우게 된다. 또한 윤회의 파도는 한마음을 떠나지 않으므로 한 몸이라는 큰 자비[同體大悲]를 실천할 수 있는 것이다. 이렇듯 대승 불교는 대중 친화적, 대중적 측면을 강조한다. 또한 이상적 인간을 (　　)(으)로 보는데, 이는 위로는 깨달음을 구하고 아래로는 중생을 구제하는 존재이다.

① 보살
② 대인
③ 군자
④ 지인

20 보살은 대승 불교에서 생각하는 이상적인 인간상으로, '자신의 해탈과 중생 계도에 힘쓰는 사람'이다. 불법에 대한 온전한 깨달음을 얻어 수행 정진하지만, 중생에 대한 측은함이 있어 그들의 계도에 힘쓰는 사람을 의미한다.

②・③ 대인, 군자는 유교에서 생각하는 이상적인 인간상이다.

④ 지인(至人), 진인(眞人) 등은 도가에서 생각하는 이상적인 인간상이다. 이들은 자연과 하나가 되는 물아일체의 경지에 도달한 사람을 의미한다.

정답 20 ①

21 다음 내용에서 괄호 안에 들어갈 말로 가장 적절한 것은?

> 그는 당시 중관파, 유식파 등 대립・갈등하는 여러 불교 종파의 주장들을 높은 차원에서 하나로 아우르려는 사상을 선보였다. 또한 그는 '부처의 말씀은 여러 가지이지만, 부처의 마음은 하나'라는 일심(一心)사상을 주장하였다. 일심사상을 통해 대립하는 여러 불교 종파들의 특수성을 인정하나 이들을 높은 차원에서 통합하여 종파 사이의 다툼을 화해시키려 하였다. 후대에 이러한 그의 사상을 ( )(이)라 부른다.

① 화쟁사상
② 선교일원
③ 정혜쌍수
④ 숭유억불

21 화쟁사상은 원효의 십문화쟁론(十門和諍論)이란 책에서 나온 말로, "부처님은 보는 사람의 관점에 따라 다르게 느껴지며 많은 종파가 만들어질 수 있다. 그러나 부처님의 뜻은 자비(慈悲) 하나이다. 그러므로 종파는 통합되어야 한다."라고 주장하였다. 고려시대 의천은 원효의 화쟁사상의 영향을 받아 천태종을 창시하였다.

② 선교일원(禪教一元)은 '선(禪)은 부처의 마음이고, 교(教)는 부처의 말씀이니, 선종과 교종은 본래 하나임'을 말하는 지눌 대사의 표현이다[≒ 선교일치(禪教一致)]. 지눌은 원효의 원융회통의 전통을 계승하여 선종을 중심으로 교종과의 조화를 추구하였다.

③ 정혜쌍수(定慧雙修)는 마음이 고요하고 자취도 없는 본체인 정(定, 선정)과 깊은 지성의 작용인 혜(慧, 지혜)를 함께 수행해야 한다는 의미로, 지눌 대사가 말한 내용이다.

④ 숭유억불(崇儒抑佛)은 유교를 건국이념이자 통치사상으로 숭상한 조선왕조에서 전대 왕조인 고려의 국교였던 불교를 억압한 정책을 말한다.

정답 21 ①

22 다음 내용과 가장 관련 깊은 것은?

> • 최상의 선은 물과 같다. 물은 만물을 이롭게 하면서도 다투지 않고, 모든 사람이 싫어하는 곳에 머문다. 그러므로 도(道)에 가깝다.
> • 세상에 규제가 많을수록 백성은 더욱 가난해지고, 백성에게 날카로운 도구가 많을수록 나라는 더욱 혼란에 빠지며, 사람들이 기교를 부리면 부릴수록 기이한 물건이 더욱 많아지고, 법령이 선포되면 될수록 도둑이 더욱 들끓는다. 그러므로 성인은 다음과 같이 말한다. 내가 무위(無爲)하니 백성은 저절로 감화되고, 내가 고요히 있는 것을 좋아하니 백성이 저절로 바르게 되며, 내가 일을 도모하지 않으니 백성은 저절로 부유해지고, 내가 욕심을 내지 않으니 백성은 저절로 다듬지 않은 통나무처럼 순박하게 된다.
>
> – 『도덕경』 –

① 정혜쌍수(定慧雙修)
② 만물제동(萬物齊同)
③ 상선약수(上善若水)
④ 무위지치(無爲之治)

22 상선약수는 노자가 주장한 것으로, 노자는 최고의 선은 물과 같다고 보았다. 물은 낮은 곳에 머물면서 만물을 이롭게 하고, 남과 다투지 않기 때문에 도(道)에 가깝다는 것이다. 물이 지닌 겸허(謙虛), 이만물(利萬物), 부쟁(不爭)의 덕이 무위자연을 나타낸다고 보았다.

② 만물제동은 장자의 주장으로, 도(道)의 관점에서 본다면 만물은 모두 같다는 사상이다. 우리가 모기를 해롭다고 하고 꿀벌은 이롭다고 하지만 그것은 인간의 관점일 뿐이며, 도(道)의 관점에서 모기는 모기의 할 일을, 꿀벌은 꿀벌의 할 일을 할 뿐이다. 이러한 관점에서, 신분의 귀천이나 현실 사회의 예법도 인간의 관점에서 귀하고 지켜야 할 것일 뿐, 도(道)의 관점에서 본다면 무의미한 것이라고 생각하였다.

④ 무위지치는 노자의 주장으로, 인위적인 다스림이 없는 정치를 뜻한다. 통치자의 인위적인 조작이 없으면 백성은 스스로 자신의 일을 해 나갈 수 있다고 보았다. 부국강병(富國强兵)과 인위적인 강제를 부정하였다.

정답 22 ③

23 다음 내용에서 괄호 안에 공통으로 들어갈 말로 가장 적절한 것은?

> 소요(逍遙)란 어떠한 외물(外物)에도 얽매이지 않고 자유롭게 살아가는 것이다. 도(道)의 관점에서 만물을 봄으로써 일체의 분별과 차별을 없애는 (　　)의 방법을 통해 도달하게 되는 절대자유의 경지를 의미한다. 여기서 (　　)(이)란 만물을 평등하게 바라보는 것을 의미하는데, 이를 통해 나와 너의 대립이 해소되고, 모든 사건이나 사물에 대한 분별과 차별이 사라진 정신적 자유의 경지에 도달한다.

① 겸허
② 부쟁
③ 좌망
④ 제물

23 ① 겸허(謙虛)는 물이 높은 곳에서 낮은 곳으로 흐르듯, 자신을 낮추는 것을 의미한다.
② 부쟁(不爭)은 물은 바위와 다투지 않음을 의미하는 것으로, 노자는 상선약수(上善若水)를 주장하면서 '물'을 최고의 선을 갖춘 존재로 보았다. 물이 최고의 선을 갖게 되는 이유는 겸허와 부쟁의 덕을 가지고 있기 때문이라고 보았다.
③ 장자는 이상적인 인간상으로 '지인, 신인, 성인, 진인' 등을 제시하였다. 그리고 이러한 이상적인 인간이 되기 위한 수양 방법으로 자기를 구속하는 일체의 것을 잊어버리는 좌망(坐忘)과 마음을 비워 깨끗이 하는 심재(心齋)를 제시하였다.

24 다음 내용에 해당하는 도교의 가르침은?

> "오리 다리는 비록 짧지만 길게 이어주면 걱정이 될 것이며, 학 다리는 비록 길지만 짧게 자라주면 슬퍼하게 될 것이다. 그러므로 본성이 길면 잘라주지 않아도 되고, 본성이 짧으면 이어주지 않아도 된다. 아무것도 걱정할 것이 없는 것이다. 인의(仁義)가 사람들의 본래적 특성일 수 있겠는가? 인(仁)을 갖춘 사람들, 얼마나 괴로움이 많겠는가?"

① 무위지치(無爲之治)
② 만물제동(萬物齊同)
③ 물아일체(物我一體)
④ 소국과민(小國寡民)

24 만물제동(萬物齊同)은 도의 관점에서 보면 만물은 그 어떤 차별도 없이 똑같이 평등하고 소중하다는 것을 뜻한다. 이것을 '학의 다리와 오리의 다리', '용(用)과 불용(不用)'에 비유하여 설명하기도 한다.
③ 물아일체(物我一體)는 세속의 모든 구속에서 해방되어 자연의 섭리에 자신을 맡기고, 자연과 자신이 하나가 되는 경지를 의미한다.
④ 소국과민(小國寡民)은 노자가 말하는 이상적인 사회의 모습으로, '나라가 작고 인구가 적은 나라', '인위적 문명의 발달이 없는 무위와 무욕의 사회'를 의미한다.

정답 23 ④ 24 ②

25 다음 내용에서 괄호 안에 들어갈 말로 가장 적절한 것은?

> 절제 있는 사람은 중간의 방식으로 관계한다. 그는 건강에 기여하는 모든 것이나 좋은 상태를 위해 진정 즐거움을 주는 것들을 적절하게, 또 마땅히 그래야 할 방식으로 욕구하며, 이런 것들에 진정 방해가 되지 않는 다른 즐거운 것들, 혹은 고귀함을 벗어나지 않거나 자신의 힘을 넘지 않는 즐거운 것들을 원한다. 이러한 조건을 무시하는 사람은 즐거움이 갖는 가치 이상으로 그 즐거움을 좋아하는 사람이다. 절제 있는 사람은 이런 사람이 아니라 (좋아하되) 올바른 이성이 규정하는 대로 그것들을 좋아하는 사람이다. 그는 (㉠)을(를) 덕을 갖추고 품성을 갖춘 사람이 상황과 조건에 따라 최선의 선택을 하는 것이라고 생각했다. (㉠)을(를) 갖기 위해서는 덕 있는 이의 일상에서 지성적인 덕과 품성적인 덕을 가지고 항상 올바른 일을 (㉡)이 되도록 실천하는 것이 필요하다.

	㉠	㉡
①	절제	신념
②	절제	습관
③	중용	신념
④	중용	습관

25 아리스토텔레스는 목적론적인 세계관에 근거하여 모든 존재는 각각 고유의 목적이 있다고 생각하였다. 인간의 목적은 '행복'이며, 이를 얻기 위해서는 지속적인 노력을 통해 '덕'을 얻어야 한다고 생각했다. 덕은 지성적인 덕과 품성적인 덕으로 나눌 수 있다. 인간은 이를 끊임없이 습관적으로 실천하여, '의식하지 않고 행동을 하더라도, 항상 최선의 행동을 할 수 있는 상태'가 되어야 한다고 생각하였다. 아리스토텔레스는 이러한 상태를 '중용'의 상태로 보았다.

정답 25 ④

26 다음 칸트의 주장에서 괄호 안에 공통으로 들어갈 말은?

> • 이 세상 안에서뿐만 아니라 이 세상 밖에서도 무제한적으로 선하다고 할 수 있는 것은 오직 (　　)뿐이다.
> • (　　)은(는) 그것이 실현하거나 성취한 것 때문에, 또는 이미 주어진 어떤 목적을 달성하는 데 쓸모가 있기 때문에 선한 것이 아니라, 오로지 그렇게 하기로 마음먹는 그 자체로 선한 것이다.

① 행복
② 선의지
③ 실천이성
④ 실천적 지혜

26 선의지는 오직 어떤 행위가 옳다는 이유만으로 그 행위를 실천하려는 의지이며, 도덕 법칙을 따르려는 의지를 말한다.

① 칸트는 인간의 본성이 쾌락을 추구하고 고통을 피하려는 행복 추구의 성향을 가졌다는 것은 인정하지만, 그것이 삶의 목적이 될 수 없다고 주장하였다. 삶의 목적이 될 수 있는 것은 오직 도덕뿐이며, 도덕은 다른 어떤 것의 수단이 될 수 없다고 생각하였다. 즉, '올바름'을 실천하는 것과 쾌락이 서로 부딪친다면, 칸트는 '올바름'을 실천하는 것이 우선임을 주장하였다.

③ 실천이성은 도덕적인 실천의지를 규정하는 이성을 의미한다. 여기서 실천의지란 도덕 법칙을 알고 자율적으로 실천하는 능력을 의미한다. 칸트는 실천이성의 명령(= 정언명령)에 따르는 행위가 도덕적 행위라고 생각하였다.

④ 실천적 지혜는 아리스토텔레스가 말한 개념으로, 인간에게 좋은 것과 나쁜 것이 무엇인지, 구체적 상황에서 중용이 무엇인지 알게 해주는 지성적인 덕을 의미한다. 품성적인 덕을 갖추기 위해 반드시 필요한 덕이다.

정답 26 ②

27 다음 중 벤담의 쾌락 측정 척도에 해당하지 않는 것은?

① 지속성
② 확실성
③ 생산성
④ 교환성

27 벤담은 모든 쾌락은 질적으로 동일하고, 오직 양적 차이만 있으며, 양적인 계산이 가능하다고 보았다. 그는 쾌락의 계산 기준으로 '강도, 지속성, 확실성, 근접성, 생산성, 순수성, 범위'의 7가지를 제시하였다.

벤담의 쾌락 측정 척도
- 강도 : 조건이 같을 경우 강한 쾌락 선호
- 지속성 : 오래 지속되는 쾌락 선호
- 확실성 : 쾌락이 생겨날 가능성이 확실할수록 선호
- 근접성 : 보다 가까운 시간 내에 누릴 수 있는 쾌락 선호
- 생산성 : 다른 쾌락을 동반하는 쾌락 선호
- 순수성 : 고통을 동반하지 않는 쾌락 선호
- 범위 : 쾌락의 범위가 넓을수록 선호

28 다음 내용을 주장한 사상가의 윤리 이론은?

- 어떤 종류의 쾌락이 다른 종류의 쾌락보다 더 바람직하고 더 가치 있다는 사실을 인정하는 것은 공리의 원리와 양립할 수 있다. 다른 모든 것을 평가할 때는 양뿐만 아니라 질도 고려하면서, 쾌락을 평가할 때에는 양에만 의존하는 것은 불합리하다.
- 두 가지 쾌락을 경험한 모든 사람들 또는 거의 모든 사람들이 그 둘 중 특정한 쾌락을 선호해야 한다는 도덕적 의무감과 상관없이 어느 한 쾌락을 확실히 선호한다면 그 쾌락이 더 바람직한 쾌락이다.
- 만족한 돼지보다 불만족한 인간이 되는 편이 낫고, 만족한 바보보다 불만족한 소크라테스가 되는 편이 낫다.

① 질적 공리주의
② 양적 공리주의
③ 규칙 공리주의
④ 선호 공리주의

28 제시문은 밀(J. S. Mill)이 주장한 질적 공리주의에 대한 내용이다. 밀은 벤담과 달리 쾌락에는 질적인 차이가 있으며, 쾌락의 양만이 아니라 질적인 차이도 고려해야 한다는 질적 공리주의를 제시하였다. 밀은 여러 가지 쾌락을 경험한 사람이 선호하는 쾌락이 보다 바람직한 쾌락이라고 보았으며, 정상적인 사람이라면 누구나 질적으로 높고 고상한 쾌락을 선호할 것이라고 주장하였다.

정답 27 ④ 28 ①

29 홉스의 사회계약론에 대한 설명과 가장 거리가 먼 것은?

① 인간의 본성은 이기적이다.
② 짐승처럼 달려드는 자연 상태를 전제하였다.
③ 강압에 의해 권력을 빼기는 인간을 동정하였다.
④ 개인에게 권력을 양도받은 국가를 리바이어던에 비유하였다.

29 홉스는 성악설 관점에서 인간의 본성을 파악하였다. 즉, 인간을 이기심과 공포에 의해 좌우되는 존재라고 본 것이다. 성악설을 제시한 홉스의 세계관에서 권력을 빼앗기는 인간을 동정하지는 않는다.
①·②·④ 홉스는 자연 상태에서 인간의 본성은 이기적이며, 자기 자신의 보존만을 추구하는 존재라고 보았다. 따라서 자연 상태를 '만인의 만인에 대한 투쟁 상태'라고 생각하였다. 타인은 각각 자신의 이기적인 욕망을 추구하기 때문에 언제라도 나를 배신할 수 있고, 자신의 이익을 위해서라면 짐승처럼 달려들 수 있다고 보았다. 홉스의 저서인『리바이어던』에서 리바이어던은 구약성서 욥기 41장에 나오는 바다 괴물의 이름으로, 인간의 힘을 넘는 매우 강한 동물을 뜻한다. 홉스는 국가라는 거대한 창조물을 이 동물에 비유한 것이다.

30 다음 내용을 주장한 사상가는 누구인가?

- 현대 과학기술 발전을 통해 인간은 자연을 통째로 파괴할 수 있는 힘을 가지게 되었다. 그리고 과학기술은 지구 전체와 미래 세대에게까지 막대한 영향을 미치기 때문에 과학기술의 파급력을 고려하여 현 세대의 행위를 성찰해야 한다.
- 과학기술의 발달 속도는 빠르나, 이를 따라가지 못하는 기존 윤리와의 간극은 윤리적 공백을 불러일으키게 되었다.
- 현 세대는 미래 세대와 자연에 대해 일방적인 책임을 가져야 한다.

① 노직
② 나딩스
③ 요나스
④ 마르크스

30 제시문과 같은 주장을 한 학자는 요나스로, 그는 인간이 자연을 지배해야 한다고 주장하는 베이컨식의 전통적인 윤리관으로는 과학기술 시대에 발생하는 문제를 해결하는 데 한계가 있다고 보았다. 특히 과학기술은 인간에게 미치는 영향이 크고 강제적인데, 이러한 과학기술의 발달을 따라가지 못하는 윤리적 규범을 두고 '윤리적 공백'이라는 표현을 하였다.

정답 29 ③ 30 ③

31 **다음 중 길리건의 배려 윤리학에 대한 설명으로 옳은 것은?**

① 관계성과 보살핌, 구체적 맥락 등이 중요하다.
② 여성과 남성의 도덕적 지향성은 같다.
③ 여성은 정의를 지향한다.
④ 남성은 공감을 지향한다.

[정의 윤리와 배려 윤리]

구분	정의 윤리	배려 윤리
성격	남성적 윤리	여성적 윤리
도덕적 지향점	권리, 의무, 정의, 이성, 공정성, 보편성 → 객관적이고 보편적인 정의 추구	배려, 공감, 관계, 유대감, 보살핌 → 동정심, 구체적 상황, 인간관계의 맥락 중시
도덕 판단	보편적인 도덕 원리 중시	특수한 상황과 구체적 관계, 사회적 관계에 따른 판단 중시
도덕 교육	정의와 공정성을 가르침	배려와 동정심을 가르침
이상적 관계	정의 윤리와 배려 윤리가 상호보완적으로 이루어야 함을 강조	

31 배려 윤리는 그동안의 근대 윤리가 너무 이성적 측면의 '정의'의 문제에 집중하였음을 비판하고, 이성적 측면과 상반되는 감성적 측면의 '배려·공감'을 주요한 가치로 삼는 윤리 사상이다. 남성적 도덕성과 구별되는 여성적 특성으로서의 '구체적 관계에서의 배려'를 강조한다. 특히 길리건은 남성적 윤리인 '정의' 윤리와 여성적 윤리인 '배려' 윤리를 구분하여, 남성적 윤리와 여성적 윤리의 상호보완적인 측면을 강조하였다.
[문제 하단의 표 참고]

32 **다음 내용과 가장 관련 깊은 학자는?**

> 우리는 신이 우리 모두에게 우리 삶의 모든 행위를 할 때 그의 부르심에 주목할 것을 명령하고 계시다는 점을 기억해야 한다. 신은 여러 가지 삶의 계층과 삶의 양식들을 구분해 놓음으로써 각 사람이 해야 할 일의 순서를 정해두었다. 신은 그 같은 삶의 양식들을 소명이라고 명하였다. 그러므로 각 사람은 자기 자신의 위치를 신께서 정해주신다고 생각해야 한다.

① 루소
② 칼뱅
③ 루터
④ 플라톤

32 칼뱅은 직업을 신의 부르심, 즉 소명(召命)이라고 보았다. 그는 인간의 구원 여부는 신에 의해 예정되어 있다고 보며, 근면·성실하고 검소한 생활을 통한 직업적 성공을 긍정하는 모습을 보였다.

정답 31 ① 32 ②

33 롤스의 정의의 원칙에 대한 설명으로 적절하지 않은 것은?

① 제1원칙이 제2원칙보다 우선한다.
② 제1원칙과 제2원칙은 절대 충돌하지 않는다.
③ 제1원칙은 모든 인간은 평등하게 자유를 누려야 한다는 것이다.
④ 제2원칙은 불평등이 정당화되기 위한 조건은 최소 수혜자가 최대 이익을 받을 때뿐이라는 것이다.

33 롤스의 정의의 원칙은 크게 제1원칙(평등한 자유의 원칙)과 제2원칙(공정한 기회균등의 원칙과 차등의 원칙)으로 구분되는데, 이 두 가지 원칙은 서로 충돌할 수 있다. 하지만 만약 두 가지 원칙이 충돌할 경우, '기본적 자유'를 주장하는, 즉 모든 사람에게 적용되는 자유의 원칙인 제1원칙(평등한 자유의 원칙)이 해당 인원에게만 적용되는 제2원칙보다 넓은 범위에 적용되는 원칙이므로, 제1원칙이 제2원칙보다 우선한다. 예를 들어, 사회적 약자를 보호하기 위해 개인의 기본적 자유를 침해할 수 없다.

34 다음 내용에서 괄호 안에 공통으로 들어갈 인물로 가장 적절한 것은?

> (　　)은(는) 개인들의 고유한 상황을 고려하지 않고 가상적 상황에서 도출된 롤스의 단일한 정의의 원칙이 공동체 속에서 살아야 하는 대부분 사람들의 삶에서 실현되기 어렵다고 비판하면서, 소속된 공동체의 문화적 특수성에 맞는 가치 분배 기준과 절차가 필요하다고 보았다. 이에 따라 (　　)은(는) 사회적 가치들이 자신의 고유한 영역 안에서 복합평등이 실현될 때 정의로운 사회가 될 수 있다는 '복합평등으로서의 정의'를 제시하였다. 다시 말하자면, 부(富)는 경제 영역에, 권력은 정치 영역에 머물러야 하며, 부를 지닌 사람이 자신의 부를 수단으로 하여 정치권력을 장악하는 것은 정의롭지 않다고 보았다.

① 롤스
② 노직
③ 왈처
④ 마르크스

34 왈처는 공동체주의자로서 '정의' 특히 '분배적 정의'를 결정함에 있어 모든 사람에게 적용되는 일반적인 원칙을 강조하기보다는 각 사회가 개별적으로 가지는 특수하고 다원적인 분배 원칙을 중요하게 여겼다. 즉, 각 '가치 다원성'의 인정을 전제로 다양한 영역에서 각기 다른 공정한 기준을 통해 사회적 가치를 분배하는 것으로 사회 정의를 실현할 수 있다고 생각했다. 왈처는 "정의의 원칙들은 다원주의적이며, 상이한 사회적 가치들은 각기 다른 근거들에 따라 그 절차에 맞도록 각기 다른 주체에 의해 분배되어야 한다."라고 생각하였다.

정답 33 ② 34 ③

35 **다음 내용과 가장 관련 깊은 개념은?**

- 민족의 주체성을 유지하면서 동시에 다른 민족의 문화와 삶의 양식을 포용하는 민족주의를 의미한다.
- 배타적이지 않으면서도 자민족의 정체성을 지켜낸다는 특징이 있다.

① 닫힌 민족주의
② 열린 민족주의
③ 자민족 중심주의
④ 문화 사대주의

36 **다음 내용에서 괄호 안에 들어갈 말로 가장 적절한 민주주의의 기본원리는?**

국가 작용을 입법 · 사법 · 행정이라는 3개의 다른 작용으로 나누고, 각 작용을 각기 다른 구성을 가진 독립 기관이 담당하게 하여, 기관 상호 간의 견제와 균형을 유지하도록 함으로써 국가 권력의 집중과 남용을 막고, 국민의 자유를 보호하기 위한 자유주의적인 정치 조직 원리이다. "절대 권력은 절대적으로 부패한다."라는 말이 있듯이, 권력에 대한 인간의 욕망은 자칫하면 남용되기 쉬워서 권력 담당자의 자제에 일임하기에는 너무나도 많은 위험성이 도사리고 있다. 이와 같은 위험성을 방지하기 위해서 국가의 힘을 나누고 상호 견제시켜 국민의 자유와 인권을 보장하는 것이 (　　)의 의의이다.

① 대의정치
② 국민주권
③ 법치주의
④ 권력분립

35 ① 닫힌 민족주의는 자민족의 이익과 발전을 위해서는 다른 민족의 희생도 당연하다는 폐쇄적 민족주의이다. 타국과의 긴장과 대립을 통해 국민을 하나로 묶고자 하는 성격을 가지고 있다.
③ 자민족 중심주의는 자기 민족과 문화의 모든 것(가치관, 도덕성, 정치 체제, 경제 제도, 생활 방식 등)이 옳고, 합리적이며 윤리적이라고 생각하고, 다른 민족의 문화를 배척 또는 경멸하는 태도를 의미한다. 자민족 중심주의는 자기 민족의 모든 것이 우월하므로 다른 민족의 종교, 가치관, 생활 방식, 여러 사회 제도, 나아가서는 생물학적인 특성까지도 배척하거나 말살하고, 자기 민족의 모든 것을 따르도록 강요하는 문화 제국주의로 확대될 수 있다.
④ 문화 사대주의는 자국 문화를 비하하고 다른 사회의 문화를 맹목적으로 추종하는 태도를 의미한다.

36 권력분립은 국가 작용(입법 · 사법 · 행정)을 각기 다른 구성을 가진 독립 기관이 담당하게 하여, 기관 상호 간 견제와 균형을 유지하도록 하는 제도이다. 국가 권력의 집중과 남용을 방지함으로써 국민의 자유와 인권을 보장하는 것에 그 목적이 있다.

정답 35 ② 36 ④

37 벌린의 자유론에 대한 설명으로 가장 적절하지 않은 것은?

① 소극적 자유는 사적 영역의 보장을 중요하게 여긴다.

② 적극적 자유는 국가 개입이 필요한 자유를 포함한다.

③ 적극적 자유 보장 후 소극적 자유를 주장하는 것이 자연스럽다.

④ 소극적 자유와 적극적 자유 모두 개인의 자유로운 선택이 전제된다.

37 벌린은 자유를 '소극적(Negative) 자유'와 '적극적(Positive) 자유'라는 두 가지 개념으로 구분하였다. 소극적 자유는 내가 누군가에게 행동을 통제받지 않는 것, 즉 간섭의 부재를 의미한다. 반면, 적극적 자유는 자기 지배(self-mastery)를 의미한다. 예를 들어, 마약 중독자의 약물 투약을 아무도 방해하지 않는다면 소극적 의미에서 그는 자유롭다. 아무도 그의 투약 행위를 간섭하지 않기 때문이다. 그러나 그가 적극적인 자유를 가졌다고 보기에는 어렵다. 적극적인 자유를 누리기 위해서는 자신의 정신과 신체를 완벽하게 자기 지배(self-mastery)해야 하는데, 중독은 자기 자신을 통제할 수 없는 경우가 대부분이기 때문이다. 따라서 이런 중독에서 벗어나 자기 자신을 통제하기 위해서는 스스로 자신의 자유(마약을 하고 싶은 것)를 임시로 제한해야 한다거나, 타인의 도움이 필요하게 된다. 즉, 마약을 하지 않을 자유를 얻기 위해서는 자신에게 어떠한 '간섭'이 필요하게 되는데, 이는 자신의 소극적 자유를 희생하는 것을 의미한다. 따라서 소극적 자유를 희생하고 얻을 수 있는 자유를 적극적 자유라고 하는 것이다.

③ 벌린은 소극적 자유와 적극적 자유를 단순히 자유에 대한 두 가지 다른 개념이 아니라, 서로 양립 불가능한 경쟁적 개념으로 보았다. 적극적 자유는 소극적 자유를 희생해야만 얻을 수 있다고 보았다.

정답 37 ③

38 다음 설명에 해당하는 국가관은 무엇인가?

- 사회 구성원의 복지 증진을 국가의 가장 중요한 임무로 규정하고, 이를 위하여 국가의 자원을 사용하는 국가를 말한다.
- 국가가 민간 경제 질서에 적극적으로 개입함으로써 경제적 이해의 대립을 조화롭게 만들고, 국민 생존의 실질적 보장을 추구한다.
- 복지국가에서는 국민들이 국가의 복지 정책에 의존하여 경제 활동을 게을리하게 되는 문제가 발생하기도 한다.

① 최소 국가관
② 야경 국가관
③ 적극적 국가관
④ 소극적 국가관

38 최소 국가관, 야경 국가관, 소극적 국가관은 비슷한 의미의 국가관이다. 국가의 임무를 대외적인 국방과 대내적인 치안 유지의 확보 및 최소한의 공공사업에 국한하고, 나머지는 개인의 자유에 방임하라는 소극적 의미의 자유주의적 국가관을 말한다.

39 다음 내용에서 괄호 안에 들어갈 말로 옳게 짝지어진 것은?

사회계약론을 주장한 (㉠)는 인간의 본성에 대해 (㉡)의 입장을 취한다. 그의 주장에 따르면, 자연 상태의 인간은 자유롭고 평등하나 사유재산이 생기면서 예속되고 불평등해졌다. 기존에 국가 또는 권력자와 맺는 계약은 이 불평등을 심화시킬 뿐이다. 그래서 (㉠)는 사회를 향해 항상 올바른 결정을 행하는 의지체인 '일반 의지'와의 계약을 추구하였다. 자연 상태의 사람들은 자신의 생명과 안전을 확보하기 위해 자발적으로 계약을 맺어 국가를 형성한다고 생각하였는데, 그는 이러한 자발적 상호 계약을 근거로 타인의 생명을 희생시킨 사람은 자신의 생명도 희생해야 한다고 보았다.

	㉠	㉡
①	로크	성악설
②	로크	성선설
③	루소	성선설
④	루소	성악설

39 제시문은 루소에 대한 내용이다. 루소는 인간의 본성 즉, 자연 상태를 선한 상태로 보았다.
①·② 로크는 인간의 본성을 '백지상태'로 보았다. 성악설적인 관점에서 인간의 본성을 바라본 사람은 홉스이다.

정답 38 ③ 39 ③

40 시민불복종은 시민이 인권을 침해당했을 때 가질 수 있는 본질적인 권리이기 때문에 '사회에의 기여 여부'와는 무관하다.
[문제 하단의 표 참고]

40 **다음 중 국가의 부당한 권력이나 명령에 대한 시민의 불복종이 정당화될 수 있는 조건이 아닌 것은?**

① 비폭력을 지향해야 한다.
② 위법에 대한 처벌을 감수해야 한다.
③ 사회에 충분히 기여한 시민이 선택해야 한다.
④ 다른 개선 노력을 시도한 후에 선택한 최후의 수단이어야 한다.

[시민불복종의 정당화 조건]

공공성	특정한 집단의 목적을 달성하기 위한 것이 아닌, 정의·자유·인권 등 보편가치를 추구해야 한다.
공개성	시민불복종은 공개적으로 진행되어야 한다.
처벌의 감수	시민불복종은 법을 위반하는 행위이지만 기본적으로 법을 존중하고 정당한 법 체계를 세우려는 운동이므로, 법 위반에 대한 처벌을 감수해야 한다.
비폭력성	폭력적 수단의 사용을 배제함으로써 진정한 의도가 왜곡되지 않도록 노력해야 한다.
최후의 수단	합법적인 수단을 꾸준하게 시도했지만 효과가 없을 때 이루어져야 한다.

정답 40 ③

2022년 기출복원문제

▶ 온라인(www.sdedu.co.kr)을 통해 기출문제 무료 강의를 만나 보세요.

01 다음 내용과 관련 있는 인간 특성은 무엇인가?

> 국가(Polis)는 자연의 산물이며, 인간은 본성적으로 국가 공동체를 구성하는 동물임이 분명하다. 어떤 우연이 아니라 본성으로 인하여 국가가 없는 자는 인간 이하의 존재이거나 인간 이상의 존재이다. 그런 자를 호메로스는 '친족도 없고 법률도 없으며 가정도 없는 자'라고 비난했다. 본성상 국가 안에서 살 수 없는 자는 전쟁광이며, 장기판에서 홀로 앞서 나간 말과 같다. 인간은 국가 안에 있을 때는 가장 훌륭한 동물이지만, 법과 정의가 없으면 가장 나쁜 동물로 전락하게 된다.

① 이성적 존재
② 도구적 존재
③ 사회적 존재
④ 유희적 존재

01 제시문은 아리스토텔레스의 『정치학』에 나오는 지문이다. 아리스토텔레스는 인간은 사회적 존재로서 '사회 안에서 다른 사람들과 더불어 살아가는 존재'임을 주장하였다. 때문에 아리스토텔레스는 사회 속에서 '공동선의 실현'을 인간의 가장 중요한 목표로 보았다.

① 이성적 존재 : 이성을 통해 자신과 세계를 이해하는 능력을 발휘한다. → 인간의 가장 기본적 특성
② 도구적 존재 : 여러 가지 도구나 연장을 만들어 사용할 수 있는 존재이다.
④ 유희적 존재 : 삶에 활력과 재미를 주는 다양한 놀이를 향유(享有)한다.
※ 유희(play)의 의미 : 생계 활동 이외의 정신적 창조 활동이다.

정답 01 ③

02 다음 내용에서 괄호 안에 들어갈 현대 사회의 윤리 문제는 무엇인가?

(　　)는 실적(實績)을 고려하지 않고 정치성·혈연·지연(地緣)·개인적 친분 등에 의하여 공직의 임용을 행하는 인사 관행을 말한다. 영국 절대군주제 확립 당시의 국왕은 자신의 정치세력을 확대하거나 반대세력을 회유하기 위하여 개인적으로 신임할 수 있는 의원들에게 고위 관직이나 고액의 연금을 선택적으로 부여하였으며, 장관들도 하급 관리의 임명권을 이권화(利權化)함으로써 실적과 무관한 임용, 선발 등의 문제가 확산되었다.

① 개인주의
② 정실주의
③ 이기주의
④ 물질만능주의

02 제시문은 정실주의에 대한 설명이다. 정실주의(情實主義)는 1688년 명예혁명 이후 싹터 1870년까지 영국에서 성행하였던 공무원 임용의 관행으로, 영국의 특수한 정치 발전의 과정에서 생겨난 제도이다. 의원내각제에서 정권이 교체되면 공직의 전면 교체가 단행되면서 발생한 '공무의 연속성' 문제가 발생하게 되는데, 이것을 해결하기 위해서 정권이 교체되더라도 대폭적인 인사 경질은 없었고, 일단 임용된 관료에게는 신분이 보장되는 제도를 만들게 되었다. 때문에 당시 영국의 공직은 종신적(終身的) 성격을 띠었다. 하지만 이러한 제도는 필요 이상의 공무원 수 증대를 가져오게 되면서 예산의 낭비, 무능한 공무원의 배출과 행정 능률의 저하 등 갖가지 폐단이 생겨나게 되었다.

03 다음 내용에 해당하는 윤리는 무엇인가?

- 도덕적 언어의 의미 분석을 윤리학적 탐구의 본질로 간주한다.
- 윤리학 학문으로서 성립 가능성을 모색한다.
- 도덕 추론의 논증 가능성과 논리적 타당성을 규명한다.

① 응용 윤리
② 규범 윤리
③ 신경 윤리
④ 메타 윤리

03 메타 윤리학은 도덕적 용어 개념을 분석하고 도덕적 판단의 타당성을 입증하며 정당화와 관련된 탐구를 한다. 또한 윤리학적 개념의 명확화를 통해서 윤리학의 학문적 근거를 제시하려는 특징을 가진다.

① 응용(실천) 윤리학은 도덕 원리를 응용하여 구체적 상황에서 발생하는 현실문제를 해결하는 것이 목표인 학문이다.
② 규범 윤리학은 도덕적 행위의 옳고 그름을 다루는 윤리학이며, 이론 규범 윤리학과 실천 규범 윤리학으로 구분된다.
③ 신경 윤리학은 뇌과학의 발달에 따라 인간의 감정과 이성이 뇌의 어떤 부분을 자극하면서 일어나는지에 대한 연구를 진행하는 과정에서 발달한 윤리학적 시도이다. 즉, 과학적 내용을 윤리학의 토대로 삼으려는 시도에서 시작되었다.

정답 02 ② 03 ④

04 다음 내용에서 괄호 안에 들어갈 용어는?

(　　)은(는) 인간이 자신의 성적 행동을 스스로 결정할 수 있는 권리를 의미한다. 다시 말해 외부의 부당한 압력이나 타인의 강요 없이 스스로의 의지와 판단에 따라 자신의 성적 행동을 결정하는 것을 의미한다.

① 성차별
② 성적 자기결정권
③ 성 상품화
④ 성의 생산적 가치

04 ① 성차별은 남녀 간의 차이를 잘못 이해하여 발생하는 차별을 의미한다. 주로 남자다움과 여자다움을 사회적·문화적으로 규정한 후 이를 따르게 할 때 발생하는 것이다.
③ 성 상품화는 성 자체를 상품처럼 사고팔거나, 다른 상품을 얻기 위한 수단으로 성을 이용하는 행위를 말한다(예 성매매나 성적 이미지를 제품과 연결하여 성을 도구화하는 것 등).

05 다음 내용과 관련이 깊은 것은?

- 부모로부터 받은 자신의 신체를 훼손하지 않는 것[不敢毁傷]은 효(孝)의 시작이다.
- 불살생(不殺生)의 계율에 따라 모든 생명을 소중히 여기고 존중해야 한다.

① 자살의 비도덕성
② 죽음을 통한 자아회복
③ 깨달음을 통한 죽음의 초월
④ 불안 현존재 자각

05 자살에 대한 다양한 견해

- 유교 : 신체를 훼손하지 않는 것이 효의 시작
- 불교 : 불살생(不殺生)의 계율에 근거하여 생명을 해치는 것을 금함
- 그리스도교 : 신으로부터 선물 받은 목숨을 끊어서는 안 됨
- 자연법 윤리(아퀴나스) : 인간은 자기 보존의 의무가 있음. 자살은 자기 보존의 의무인 자연법에 어긋나며 자살자가 속한 공동체에 상처를 줌
- 칸트 : 자살은 인간을 '고통 완화의 수단'으로 간주하는 것
- 쇼펜하우어 : 자살은 문제를 해결하는 것이 아니라 회피하는 것
- 요나스 : 인간이 존재해야 한다는 것은 정언명령임. 따라서 자살해서는 안 됨
- 아리스토텔레스 : 자살은 올바른 이치에 어긋나는 행위이며 공동체에 대한 부정의한 행위임

정답 04 ② 05 ①

06 다음 중 인권에 대한 설명으로 옳지 않은 것은?

① 특정 사회계층에 부여된 권리이다.
② 인간이 되게 하는 특성에 근거한 권리이다.
③ 헌법, 법률에 보장된 권리이다.
④ 인간이라면 마땅히 누려야 하는 도덕적 권리이다.

07 다음 내용과 관련이 깊은 것은?

- 국수와 국물이라는 '주류'와 고명이라는 '비주류'의 문화가 공존해야 한다고 보는 관점이다.
- 주류 문화와 비주류 문화를 구별하고, 주류 문화의 우선순위를 인정하는 가운데 비주류 문화 역시 고유성을 잃지 않고 공존할 수 있도록 존중해야 한다는 이론이다.
- 주류 문화와 비주류 문화를 구분하는 사회적 기준 마련이 어려울 수 있다는 비판과, 공존을 내세우지만 비주류 문화가 주류 문화에 동화되는 결과를 초래할 수 있다는 비판이 있다.

① 동화주의
② 국수 대접 모형
③ 샐러드볼 모형
④ 차별 배제 모델

06 인권은 특정 사회계층에 부여된 권리가 아닌 '인간'이기 때문에, 오직 '인간'이라는 이유로 지위, 성별, 인종, 종교 등과 무관하게 모든 사람에게 부여된 권리이다.

07 ① 동화주의는 주류 문화에 소수의 비주류 문화를 편입시켜야 한다는 관점이다. 문화의 다양성을 인정하지 않는 태도로, 우월한 주류 문화로 열등한 비주류 문화를 통합시켜야 한다는 관점이다.
③ 샐러드볼 모형은 각각의 문화가 대등한 자격으로 각각의 정체성과 고유문화를 유지·보존하면서 조화롭게 공존해야 한다는 시각이다. 이 모형에서는 주류 문화와 비주류 문화를 구분하지 않으며 다양한 문화의 대등한 공존이 강조된다.
④ 차별 배제 모델은 과거의 독일, 스위스, 오스트리아 등의 국가 유형으로 이민자들을 자기 나라 국민으로 받아들일 의지가 없고 단순 노동력으로만 취급하는 것을 의미한다. 이런 경우 일정한 기간 외국인 노동자들을 수입해서 쓰고 기간이 지나면 내보내게 된다. 우리나라의 경우 외국인 노동자 정책이 차별 배제 모델에 해당한다.

정답 06 ① 07 ②

08 **다음과 같은 사형제도에 대한 입장과 관련 있는 것은?**

> • 형벌은 그 자체가 목적이 아니라 사회의 행복과 이익 증진의 수단이다.
> • 처벌은 사람들이 처벌에 대한 두려움을 가짐으로써 범죄를 예방하고, 범죄자를 교화할 수 있기 때문에 사회 전체의 행복을 증진시킬 수 있다.

① 응보주의
② 다원주의
③ 공리주의
④ 과잉금지의 원칙

08 공리주의는 형벌의 본질을 사회적 이익을 증진하기 위한 수단으로 보고, 범죄를 예방하기 위한 목적으로 형벌이 존재해야 한다고 생각하였다. 또한 육체에 고통을 가하는 형벌은 기본적으로 '악'하지만, 사회 전체의 행복증진을 위해 필요한 '필요악'으로서 기능하기 때문에 필요하다고 보았다.

① 응보주의는 형벌의 본질을 '범죄행위에 비례한 처벌', 즉 '되갚음'으로 생각한다. 타인에게 해를 끼친 사람은 본인 역시 그 피해를 돌려받아야 마땅하다고 생각하기 때문이다. 따라서 응보주의 입장에서 형벌은 공동체의 '정의'를 실현하기 위한 수단이다. 응보주의 사상을 대표하는 사상가인 '칸트'는 "인간은 자유롭게 자신의 행위를 결정할 수 있는 이성적 존재로서 자신의 행동에 책임을 져야 하므로, 자신이 스스로 저지른 범죄에 대한 대가로 처벌을 받는 것은 당연하다."라고 말했다.

④ 과잉금지의 원칙은 '비례 원칙'을 설명하는 표현으로, 형벌은 법 위반이나 피해의 정도에 비례해야 한다는 것을 의미한다. 예를 들어 편의점에서 1,000원짜리 물건을 훔친 범죄자에게 사형을 선고한다면 과잉금지의 원칙에 어긋난 판결이 된다.

정답 08 ③

09 다음 내용과 관련 있는 평화 이론은 무엇인가?

> 직접적 폭력은 언어적 폭력과 신체적 폭력으로 나눌 수 있다. …(중략)… 간접적 폭력은 사회 구조 자체에서 일어난다. 외적으로 일어나는 구조적 폭력의 두 가지 주요한 형태는 정치와 경제에서 잘 알려진 억압과 착취이다. 이 두 가지 형태의 폭력은 몸과 마음에 작용하지만, 반드시 의도된 것은 아니다. 이러한 모든 것의 이면에는 문화적 폭력이 존재한다. 이는 모두 상징적인 것으로 종교와 사상, 언어와 예술, 과학과 법, 대중 매체와 교육의 내부에 존재하는 것이다. 이러한 문화적 폭력의 기능은 직접적 폭력과 구조적 폭력을 정당화하는 것이다.

① 적극적 평화
② 소극적 평화
③ 방어적 평화
④ 사회적 평화

09 제시문은 갈퉁의 『평화적 수단에 의한 평화』라는 책에서 발췌한 것이다. 그는 평화를 소극적인 평화와 적극적인 평화로 구분하였다. 소극적인 평화는 범죄, 테러, 전쟁 등과 같은 직접적인 폭력이 사라진 상태를 의미하며, 적극적인 평화는 직접적 폭력뿐만 아니라 구조적 폭력과 문화적 폭력 등의 간접적 폭력까지 제거된 것으로, 모든 사람이 인간다운 삶을 누릴 수 있는 상태를 의미한다고 보았다.

정답 09 ①

10 자연을 보는 관점에 대한 다음 설명에서 괄호 안에 들어갈 용어는?

> 우리가 (　　) 관점을 받아들일 때, 그리고 우리가 그 관점에서 자연계와 생명을 볼 때, 우리는 각 생명체의 존재를 매순간 예리하고 명확하게 인식한다. 특정 유기체에 주의를 집중하면 우리가 개체로서 그 유기체와 공유하는 어떤 특징이 드러난다. 우리 자신과 마찬가지로 다른 생명체도 목적론적 삶의 중심이다. 그들의 행동과 내적 과정은 그들의 선의 실현을 중심으로 어떤 경향성을 끊임없이 형성한다. 우리의 선의 내용과 우리가 선을 추구하는 수단이 그들과 다르더라도, 우리의 삶과 그들의 삶에서 실증되는 목적론적 질서는 우리 모두에게 공통되는 근본적인 현실을 의미한다.

① 인간중심 철학
② 생명중심 철학
③ 동물중심 철학
④ 생태중심 철학

10 생명중심 철학은 모든 생명체는 그 자체로서 가치를 지니므로 도덕적 고려의 범위를 모든 생명체로 확대해야 한다고 보는 시각이다. 생명중심 철학은 도덕적 지위를 가지는 기준은 생명이며, 인간과 동물뿐만 아니라 식물을 포함한 모든 생명체는 생명이라는 점에서 내재적 가치를 지닌다고 보았다.

정답 10 ②

11 다음 내용에 해당하는 편향의 종류로 적절한 것은?

자신의 견해 또는 주장에 도움이 되는 정보만(그것의 사실 여부를 떠나) 선택적으로 취하고, 자신이 믿고 싶지 않은 정보는 의도적으로 외면하는 성향을 말한다. 예를 들어, 한 당의 정책을 지지하는 유권자가 그 정책을 지지하는 연구결과, 신문기사 칼럼 등을 읽으면 당연히 그러하다고 느끼는 반면, 그 정책을 비판하는 연구결과나 기사 등을 읽을 때에는 불쾌감을 느끼거나 심지어 그 연구결과 등이 올바른 연구방식과 근거에 기초해 나온 결과라고 하더라도, 덮어놓고 '잘못된 것'이라고 치부해 버리게 된다. 따라서 이러한 성향은 열린 사고에 방해가 된다.

① 확증 편향
② 자기고양적 편향
③ 근접 편향
④ 사후확신 편향

11 확증 편향이란 자신의 견해 또는 주장에 도움이 되는 정보만(그것의 사실 여부를 떠나) 선택적으로 취하고, 자신이 믿고 싶지 않은 정보는 의도적으로 외면하는 성향을 말한다. 다른 말로 자기중심적 왜곡(myside bias)이라 부르기도 한다. 한마디로 '믿고 싶은 것만 믿는 것'을 의미한다.

② 자기고양적 편향(self-serving bias)은 어떤 개인이 단체의 성공은 자신으로 인한 것으로 여기는 반면, 단체의 실패는 다른 구성원의 탓으로 돌리는 경향을 말한다. 일반적으로 자기고양적 편견은 공동체 사회에서 성공을 자신의 입신양명을 위해 가로채려는 반면, 실패의 책임을 회피하려는 모양으로 자주 발견할 수 있다. 유쾌한 정서와 결합되면 이러한 편견은 더욱 증가한다.

③ 근접 편향은 물리적・심리적으로 자신에게 친숙하고 가까울수록 그것에 호의적인 정보만을 찾으려 하는 것을 의미한다.

④ 사후확신 편향은 이미 일어난 일에 대해 "나는 원래 모두 알고 있었다."라고 말하거나 생각하는 경향을 의미한다. 이러한 편향은 후에 일어날 사건을 이미 예측하고 있었다는 것을 과시하기 위해 사용되기도 한다.

정답 11 ①

12 다음 내용에서 괄호 안에 들어갈 용어로 적절한 것은?

> 요나스는 기존의 전통적인 윤리적 세계가 동시대인들로 구성되어 있으며, 이 세계의 미래에 대한 전망은 예견될 수 있는 삶의 기간으로 제한되어 있다고 지적하였다. 그는 현대 과학기술이 산출한 행위들의 규모가 너무나 새롭고 이로 인하여 새로운 윤리 문제들이 발생하고 있기 때문에 기존의 전통 윤리로는 이러한 부분을 해결할 수 없다고 보고, 자연과 미래 세대를 포함하는 새로운 (　　)의 필요성을 제기하였다.

① 담론 윤리
② 책임 윤리
③ 생명 윤리
④ 직업 윤리

12 요나스는 현대 과학기술이 ㉠ 결과 예측의 어려움, ㉡ 전지구적 영향성, ㉢ 새로운 과학기술의 등장에 적응하기 싫은 사람도 강제로 적응시킴 등의 특징이 있다고 보았다. 때문에 기존의 전통적인 윤리 체계에서는 '윤리적 공백'이 발생할 수밖에 없으며, 이를 극복하기 위해 생태학적 정언명령에 근거하고, 미래의 결과를 예측하는 새로운 '책임 윤리'가 필요하다고 보았다.
① 담론 윤리는 하버마스가 '의사소통의 합리성(communicative rationality)'에 근거하여 주장한 윤리학의 한 분야이다.

13 다음 내용과 가장 관련 깊은 것은?

> • 통일로 인해서 얻게 되는 경제적 · 비경제적 보상과 혜택이 크다.
> • 통일 이후 지속적으로 발생하는 혜택이다.

① 분단 비용
② 통일 비용
③ 통일 편익
④ 통일 효과

13 ① 분단 비용은 분단으로 인해 남북한이 부담하는 유무형의 모든 비용을 의미한다(예 국방비, 외교적 경쟁 비용, 이산가족의 고통 등). 이는 분단이 지속되는 동안 영구적으로 발생하는 비용으로, 남북한 민족 구성원 모두의 손해로 이어지는 소모적인 성격을 가진다.
② 통일 비용은 통일 과정과 이후 남북한 간 격차를 해소하고 이질적인 요소를 통합하는 데 부담해야 하는 비용을 말한다(예 화폐 통합 비용, 생산 시설 구축 비용, 실업 등 초기 사회 문제 처리 비용). 이 비용은 통일 이후 일정 기간 동안 한시적으로 발생하는 비용이며, 통일 한국의 번영을 위한 투자적인 성격의 생산적 비용이다.

정답 12 ② 13 ③

14 다음 내용에서 괄호 안에 공통으로 들어갈 용어로 적절한 것은?

> • 한국 윤리사상은 (   ) 사상을 기초로 하고 있다.
> • 원시신앙에서 하늘을 숭배하는 (   ) 사상은 단군신화에서 인간존중 사상으로 연결되었다.

① 인의
② 홍익인간(弘益人間)
③ 재세이화(在世理化)
④ 경천(敬天)

14 ② 홍익인간(弘益人間)은 "널리 인간을 이롭게 한다."라는 의미이다.
③ 재세이화(在世理化)는 "세상을 이치로 다스린다."라는 의미이다.

15 공자의 윤리사상에 대한 다음 내용에서 괄호 안에 들어갈 용어로 적절한 것은?

> 자기에게 성실한 것은 충(忠)이고, 자기가 하고 싶지 않은 것을 남에게 강요하지 않는 것은 (   )이며, 인(仁)을 실천하는 것이다.

① 지(志) ② 서(恕)
③ 사(思) ④ 의(義)

15 서(恕)는 '같을 여(如) + 마음 심(心)'으로 나누어 볼 수 있으며 이것은 "자신을 미루어 다른 사람의 마음을 헤아린다."라는 의미가 된다. 즉, "내가 욕을 먹기 싫다면, 나도 남을 욕하지 말라." 정도의 의미이다. → 추기급인(推己及人 : 내 마음을 미루어 남에게 베풀어 줌)

16 유교 사상과 관련된 개념과 설명의 연결이 옳지 <u>않은</u> 것은?

① 인(仁) : 다른 사람을 사랑하는 마음
② 효(孝) : 자식이 어버이를 섬김
③ 제(悌) : 친구 사이의 우애가 깊은 감정
④ 충(忠) : 진실하고 거짓됨 없는 마음씨와 태도로 타인에 대해 자신의 책임을 다하는 것

16 제(悌)는 친구 사이의 우애가 아니라 형제간의 우애이다.

정답 14 ④ 15 ② 16 ③

17 다음 내용에서 괄호 안에 들어갈 용어로 옳은 것은?

> 왕수인은 "지(知)는 행(行)의 시작이고 행(行)은 지(知)의 완성이다. 지(知)의 진절독실(眞切篤實, 진지하고 독실함)한 면이 바로 행(行)이고, 행(行)의 명각정찰(明覺精察, 밝게 깨닫고 정밀하게 살핌)한 면이 바로 지(知)이다."라고 주장하며, (　　)을(를) 강조하였다.

① 지행합일
② 존양성찰
③ 실사구시
④ 본연지성

17 왕수인이 성리학을 비판하고 유학 경전을 새롭게 재해석하면서 '양명학'이 새로운 유교 학문으로 등장하였다. 제시문은 왕수인의 『전습록』에서 언급한 지행합일(知行合一)에 대한 구절이다.
② 존양성찰(存養省察)은 양심을 보존하고 본성을 함양하여 반성하고 살핀다는 '성리학'의 핵심개념이다.
③ 실사구시(實事求是)는 우리나라 조선 후기에 등장한 실학의 핵심 개념으로 "현실 문제의 해결에 도움을 줄 수 있는 학문을 해야 한다."라는 개념이다.
④ 본연지성(本然之性)은 마음의 본체를 담고 있는 하늘의 이치를 가리키는 개념이며 성리학의 핵심 개념이다.

18 다음 중 맹자의 사단(四端)에 해당하지 않는 것은?

① 수오지심
② 사양지심
③ 양지양능
④ 시비지심

[사단]

구분	내용
측은지심(惻隱之心)	남을 사랑하여 측은히 여기는 마음이다. ← 인(仁)의 단서임
수오지심(羞惡之心)	불의를 부끄러워하고 미워하는 마음이다. ← 의(義)의 단서임
사양지심(辭讓之心)	공경하고 양보하는 마음이다. ← 예(禮)의 단서임
시비지심(是非之心)	옳고 그름을 분별하는 마음이다. ← 지(智)의 단서임

18 양지양능은 맹자의 사상으로, 양지(良知)는 '생각하지 않고도 알 수 있는 것'이며, 이것은 '선천적인 도덕 자각 능력'을 의미한다. 후에 왕수인의 치양지(致良知)설로 이어진다. 또한 양능(良能)은 '배우지 않고도 할 수 있는 것'이며, 이것은 '선천적인 도덕 실천 능력'을 의미한다.
[문제 하단의 표 참고]

정답 17 ① 18 ③

19 한국 유교사상의 특징으로 옳지 않은 것은?

① 개인의 도덕적 완성을 탐구하지 않는다.
② 삼국 시대에 정치생활의 원리였다.
③ 조선 시대에 국가통치의 이념이었다.
④ 고려 시대 말 정치개혁 세력의 이념적 기초였다.

19 한국의 유교사상은 국가의 통치이념으로 자리 잡았고, 개인의 도덕적 완성과 이상 사회의 실현을 위한 실천적인 방안을 제공한다는 의미가 있다.

20 다음 내용에서 밑줄 친 부분과 관련이 있는 것은?

> 사람의 몸은 이와 기가 합하여 생겨난 까닭에 두 가지가 서로 발하여 작용하고, 발할 적에 서로 소용되는 것이다. 서로 발하는 것이고 보면 각각 주가 되는 바가 있음을 알 수 있고, 서로 소용되는 것이고 보면 서로 그 속에 있는 것을 알 수 있다. 서로 그 속에 있으므로 실로 혼합하여 말할 수도 있고, 각각 주가 되는 바가 있으므로 분별하여 말해도 안 될 것이 없다.

① 이귀기천(理貴氣賤)
② 이통기국(理通氣局)
③ 기발이승(氣發理乘)
④ 이기호발(理氣互發)

20 밑줄 친 부분은 "이가 움직이면 기가 따라서 생기며, 기가 움직이면 이가 따라서 드러난다."라는 이기호발설(理氣互發說)로, 퇴계 이황의 사상이다.

정답 19 ① 20 ④

21 다음 내용과 관련이 깊은 불교 용어는?

> • "이것이 있기 때문에 저것이 있고, 이것이 생기기 때문에 저것이 생긴다. 이것이 없기 때문에 저것이 없고, 이것이 사라지기 때문에 저것이 사라진다."
> • 비유하면, 세 개의 갈대가 아무것도 없는 땅 위에 서려고 할 때 서로 의지해야 설 수 있는 것과 같다. 만일 그 가운데 한 개를 제거해 버리면 두 개의 갈대는 서지 못하고, 그 가운데 두 개의 갈대를 제거해 버리면 나머지 한 개도 역시 서지 못한다. 그 세계의 갈대는 서로 의지해야[相依] 설 수 있는 것이다. －『잡아함경』－

① 삼법인설
② 연기설
③ 사성제
④ 팔정도

»»

사물에 대한 통찰	• 정견(正見 : 불교의 근본 사상에 대한 이해) • 정사유(正思惟 : 행위에 앞선 올바른 생각)
마음의 통일과 평화	• 정념(正念 : 올바른 신념) • 정정(正定 : 마음을 고르게 평정하는 것) • 정정진(正精進 : 올바른 노력)
도덕적 행위와 삶	• 정어(正語 : 올바른 언어적 행위) • 정업(正業 : 올바른 신체적 행위) • 정명(正命 : 올바른 생활)

21 연기(緣起)란 인연생기(因緣生起)의 줄임말로, 모든 현상은 무수한 원인[因]과 조건[緣]에 의해 서로 관련되어 생겨나며, 원인과 조건이 없어지면 결과[果]도 사라지게 된다는 사상이다.
① 삼법인설은 석가모니가 처음 설법한 '자연과 우주의 참모습에 대한 가르침'으로 인생과 세상의 실상이 무상(無常), 무아(無我), 고(苦)임을 나타낸다.
③ 사성제는 석가모니가 깨달은 '네 가지의 성스러운 진리'로서 고제, 집제, 멸제, 도제를 말한다.
④ 팔정도는 깨달음을 얻기 위해 실천해야 할 여덟 가지 수행 방법으로 다음과 같다.
[문제 하단의 표 참고]

정답 21 ②

22 다음 내용에서 괄호 안에 들어갈 용어로 적절한 것은?

> 대승 불교는 초기 불교의 연기설에 근거하여 (　　) 사상을 제시하면서 모든 것이 일시적으로 존재한다고 본다. 때문에 자아(自我)나 사물(事物)에 대한 집착에서 벗어날 것을 강조하고 있다.

① 탐(貪)
② 허(虛)
③ 공(空)
④ 고(苦)

23 원효가 주장한 다음 내용에서 괄호 안에 들어갈 용어로 알맞은 것은?

> "바람 때문에 고요한 바다에 파도가 일어나지만 파도와 고요한 바다는 둘이 아니다."
> (　　)(이)란 무엇인가? 깨끗함과 더러움은 그 성품이 다르지 않고, 참과 거짓 또한 서로 다르지 않다. 그러므로 하나라고 한다. 둘이 없는 곳에서 모든 진리가 가장 참되고 헛되지 않아 스스로 아는 성품이 있으니 마음이라고 한다. 그러나 둘이 없는데 어찌 하나가 있으며, 하나가 없는데 무엇을 마음이라고 하는가? 이 마음은 언어와 생각을 초월했으니, 무엇이라고 할 수 없어 억지로 이름하여 볼 따름이다.

① 공(空)
② 일심(一心)
③ 화엄(華嚴)
④ 중도(中道)

22 공(空) 사상은 모든 사물은 인연에 따라 끊임없이 나타나고 없어지기 때문에 다른 것과 혼동되지 않으며, 변하지 않는 독자적인 속성이 없이 비어있다[空]고 보는 것이다.
① 탐(貪)은 탐욕(貪慾)의 줄임말로 욕심을 의미한다. 욕심은 지혜를 어둡게 하고 악의 근원이 되기 때문에 이 번뇌가 중생을 해롭게 하는 것이 마치 독약과 같다고 석가모니는 말하였다.
④ 고(苦)는 고통을 의미한다. 석가모니는 생로병사(生老病死)라는 인생의 모든 과정이 고통의 연속임을 말하였고, '인생은 고통의 바다[苦海]'라고 칭하였다.

23 일심(一心)은 깨끗함과 더러움, 참과 거짓, 나와 너 등 일체의 이원적 대립을 초월하는 절대불이(絕對不二)한 것이다. 인간답게 사는 길은 존재의 원천인 일심으로 돌아가는 것이다. → 모든 존재, 모든 종파, 모든 경론의 근원이자 부처의 마음인 일심(一心)으로 돌아갈 것을 강조하였다.
① 공(空) 사상은 모든 것에는 불변의 고정된 실체가 없다는 사상으로, 자아(自我)나 사물(事物)에 대한 집착에서 벗어날 것을 강조하였다.
③ 화엄(華嚴) 사상은 신라시대 의상대사가 중국에서 들여온 불교의 종파로, 『화엄경』을 주요 경전으로 삼는 경전 중심의 '교종'이다.
④ 중도(中道) 사상은 고통에서 벗어나기 위해서는 쾌락이나 고행과 같은 양 극단에 치우치지 말고 가장 올바른 길인 중도를 따라야 한다는 사상이다. → 중도는 양극단의 적절한 균형(산술적 중간)을 지향하는 것이 아니라, 최선의 길을 추구하는 것이다.

정답 22 ③ 23 ②

24 다음 내용과 관련이 깊은 수행법은?

> 단박에 깨치고 단박에 닦는 사람도 이미 여러 생(生)에 걸쳐 깨달음에 의지해 점진적으로 닦아 오다가, 이번 생에 이르러 듣는 즉시 깨달아 한 번에 모두 마친 것일 뿐이다. 때문에 단번에 진리를 깨친 뒤에도 나쁜 습기(習氣)를 차차 소멸해 나가는 수행이 필요하다.

① 일체개고(一切皆苦)
② 내외겸전(內外兼全)
③ 돈오점수(頓悟漸修)
④ 교관겸수(敎觀兼修)

24 제시문은 고려 후기 지눌대사의 돈오점수(頓悟漸修)에 대한 설명이다.
① 일체개고(一切皆苦)는 '삼법인'설 즉, 석가모니 부처가 처음으로 깨달음을 얻고 설법하신 3가지 진리 중 하나로 인생과 세상이 모두 고통스러움을 나타내는 표현이다.
②・④ 대각국사 '의천'이 이야기한 사상이다.

25 다음 내용과 관련이 깊은 장자의 사상은?

> • 사람은 가축의 고기를 좋아하고 사슴은 풀을 좋아하고 지네는 뱀을 좋아하고 까마귀는 쥐의 고기를 좋아한다. 이 넷 가운데 누가 제대로 된 음식을 먹는 것인가? 여희는 모든 사람이 인정하는 미녀이다. 그런데 물고기가 그녀를 보면 물속으로 들어가 버리고, 새가 그녀를 보면 멀리 날아가 버린다. 사슴이 그녀를 보면 재빠르게 도망간다. 누가 진정한 아름다움을 아는 것인가?
> • 오리의 다리가 짧다고 하여 길게 늘여 주어도 괴로움이 따르고, 학의 다리가 길다고 하여 짧게 잘라 주어도 아픔이 따른다. 그러므로 본래 긴 것은 자를 것이 아니며, 본래 짧은 것은 늘일 것이 아니다. 두려워하거나 괴로워할 일이 없다. 인의(仁義)가 사람들의 본래적 특성일 수 있겠는가? 인(仁)을 갖춘 사람들, 얼마나 괴로움이 많겠는가?

① 제물(濟物)
② 심재(心齋)
③ 좌망(坐忘)
④ 소요유(逍遙遊)

25 제시문은 '도'의 관점에서 만물을 평등하게 인식해야 한다고 주장하는 장자의 제물(濟物)론의 일부이다. 그는 도의 관점에서 사물을 보면 옳고 그름[善惡], 아름답고 더러움[美醜], 나와 남, 빈부의 분별은 상대적인 것에 불과하며 그런 모든 차별이 의미 없다고 말하고 있다.

정답 24 ③ 25 ①

26 다음 내용에서 괄호 안에 공통으로 들어갈 용어로 알맞은 것은?

> 품성적 덕은 감정과 행동에 관계하고, 이 감정과 행동 속에 과도와 부족 및 (　　)이 있다. 예를 들어 두려움과 대담함, 분노나 연민, 쾌락과 고통을 느끼는 일을 너무 많이 또는 너무 적게 할 수 있는데, 양쪽 모두 잘하는 것이 아니다. 반면, 이것들을 마땅한 때에, 마땅한 일에 대해, 마땅한 사람들에 대해, 마땅히 추구해야 할 목적을 위해, 그리고 마땅한 방식으로 느끼는 것이 바로 (　　)이자 최선이고, 이것이 덕의 특징이다.
>
> －『니코마코스 윤리학』－

① 지성적인 덕
② 공동선
③ 행복
④ 중용

26 중용은 지나침과 모자람의 중간 상태로 산술적인 중간이 아니라 각각의 상황에서 가장 적절한 상태라고 볼 수 있다. 물론, 그 자체로 나쁜 감정이나 행동인 질투나 도둑질 등에는 중용이 없다고 보았다. 중용은 실천적 지혜를 통해서 파악할 수 있고, 중용을 반복해서 실천할 때 품성적 덕을 갖출 수 있다고 보았다.

27 다음 내용과 가장 관련이 깊은 소크라테스의 사상은?

> • 덕이 무엇인지 알아야 덕이 있는 행동을 할 수 있으며, 참된 앎이 곧 덕이다.
> • 참된 앎에 이르기 위한 무지의 자각을 강조한다.
> • "너 자산을 알라."라는 말을 "너 자신의 무지를 자각하라."라는 의미로 이해할 수 있다.

① 주지주의
② 지행합일설
③ 윤리적 상대주의
④ 이데아론

27 제시문은 소크라테스의 '주지주의'에 대한 설명이다.

② 지행합일설 : 소크라테스는 "선(善)이 무엇인지 알면서 고의로 악을 행하는 사람은 없다."라고 말했다. 그는 또한 "어느 누구도 자발적으로 나쁜 일 또는 자신이 나쁘다고 믿는 바를 행하지는 않을 것이다."라고 말하면서 참된 선을 안다면 악한 행동을 할 수 없다고 본다.

③ 윤리적 상대주의는 선악(善惡)의 판단을 '결과'에 따라 할 수 있다는 사상이다. 때문에 쾌락 추구를 중시하는 소피스트, 에피쿠로스, 근대의 공리주의 등이 윤리적 상대주의의 흐름을 가지고 있다.

④ 이데아론은 '플라톤'의 사상이다.

정답 26 ④　27 ①

28 다음 주장에서 강조하는 내용으로 가장 적절한 것은?

> 행위의 결과와 관계없이 행위 자체가 선(善)이기 때문에 무조건적으로 수행해야 하는 도덕적 명령을 도덕 법칙이라고 할 수 있다. 준칙은 도덕 법칙과 구별되는 개인의 행위 규칙으로 '격률'이라고도 한다. 그렇다면 준칙은 도덕 법칙이 될 수 있는가? 준칙이 '보편성 정식'과 '인격성 정식'이라는 두 가지 기준을 통과해야 한다. 이 기준을 통과한 준칙에 한해서만 '준칙 = 도덕 법칙'이라고 할 수 있다.

① 가언명령
② 목적의식
③ 선의지
④ 정언명령

28 제시문은 칸트의 도덕 법칙인 '정언명령'을 설명하고 있다. 정언명령이란 '행위의 결과와 관계없이 행위 자체가 선(善)이기 때문에 무조건적으로 수행해야 하는 도덕적 명령'이라고 볼 수 있다.
① 가언명령은 어떤 결과를 달성하기 위해 수단으로서 사용되는 행위 법칙을 의미한다. 칸트는 이 가언명령을 '도덕 법칙'으로 보지 않았다. '도덕 법칙'은 결과를 달성하기 위해서 존재하는 것이 아니라 그 자체가 선(善)이기 때문에 '무조건 따라야 하는 당위의 법칙'이기 때문이다.
③ 실천이성이 '선(善)'이라고 판단하고, '보편성 정식'과 '인격성 정식'이라는 두 기준을 통과한 '정언명령'을 인간의 자유의지로 따르겠다고 마음먹었을 때 그 의지를 선의지라고 한다.

29 사회계약론의 자연상태에 대한 설명으로 옳은 것은?

① 홉스는 인간의 본성이 이타적이며 이익추구 성향을 가지고 있다고 본다.
② 로크는 자연상태의 인간은 '자유롭지만 불평등한 존재'라고 본다.
③ 루소는 자연상태를 "악덕을 모르는 깨끗한 사람들로서 자기 보존의 관심과 함께 '공감의 정'을 자연적인 감정으로 갖고 있는 상태"로 정의한다.
④ 로크는 자연상태를 '이성에 의해 서로 신체나 재산을 존중하지만 항상 긴장하는 상태'라고 본다.

29 ① 홉스는 인간을 이기적이며, 이익추구 성향을 가진 존재로 보았다. 때문에 자기 보존의 권리(자연권)를 무제한으로 행사하여 전쟁 상태(= 만인의 만인에 대한 투쟁)에 있다고 본다.
② 로크는 자연상태의 인간은 '자유롭고 평등한 존재'라고 본다. 자연상태의 인간이 '자유롭고 평등한 상태'라는 것은 홉스, 로크, 루소 등 모든 사회계약설을 언급한 학자의 공통된 주장이다.
④ 로크는 자연상태를 '이성에 의해서 서로 신체나 재산을 존중하며 평화로이 공존하고 있는 상태'라고 본다.

정답 28 ④ 29 ③

※ 다음 내용을 읽고 물음에 답하시오. (30 ~ 31)

갑 : 행복은 하나의 목적으로서 유일하게 바람직한 것이며, 최대 행복의 원리는 도덕의 기초가 된다. 당사자에게 두 종류의 쾌락 가운데 어느 것이 더 질(質) 높은 가치가 있는지를 고려하는 것은 결코 최대 행복의 원리에 어긋나지 않는다.
을 : 행복은 언제나 쾌적함과 관계된 것으로 자신에 대한 최고의 만족 상태이고, 도덕 법칙은 자유의 법칙으로서 자연과 자연적 경향성에 전적으로 독립해 있다. 도덕 법칙 안에서 도덕성과 인간의 행복 사이에 필연적인 연관은 없다.

30 다음 중 갑의 입장으로 옳지 않은 것은?

① 행위의 동기는 도덕성을 판단하는 근거가 아니다.
② 삶의 궁극적 목적은 가능한 한 고통이 없는 최대 행복이다.
③ 실천이성은 의무를 명령할 때 행복의 모든 요구를 수용한다.
④ 개별 행위의 도덕성을 판별하는 보편적인 원리가 있다.

30 '을'의 입장에 해당하는 글이다.

31 을이 갑에게 제기할 비판으로 가장 적절한 것은?

① 도덕은 다른 무엇을 실현하기 위한 수단이 아님을 모르고 있다.
② 행위의 결과가 옳고 그름의 판단 기준임을 모르고 있다.
③ 모든 이성적 존재는 행복을 필연적으로 원한다는 것을 모르고 있다.
④ 개인의 행복과 사회의 행복이 조화되어야 한다는 것을 모르고 있다.

31 제시문에서 갑은 공리주의, 을은 칸트의 입장이다. 을의 입장(칸트)에서 갑(공리주의)에게 할 수 있는 비판은 다음과 같다.
- 도덕은 행복이나 다른 무엇을 실현하기 위한 수단이 아니라 그 자체가 목적이다.
- 쾌락을 추구하는 경향성이나 동정심은 옳고 그름을 판단하는 도덕의 기반이 될 수 없다.
- 행위의 선악을 결정하는 것은 행위의 결과가 아니라 행위의 의지이다.
- 선한 행동은 그 행동을 했을 때 '행복'하기 때문에 하는 것이 아니라, 그 행동을 해야 하기 때문에 즉, '의무'이기 때문에 하는 행동이다.

정답 30 ③ 31 ①

32 다음 내용과 가장 관련이 깊은 사상가는 누구인가?

> 사람들이 천성적으로 자유를 사랑하고 타인을 지배하기 좋아한다고 생각하였다. 또한 자연상태의 인간은 '이기적'이며 상호 간 신뢰가 존재하지 않는다. 때문에 이러한 '만인의 만인에 대한 투쟁' 상태에서 자신의 생명과 안전을 지키고 질서를 유지하기 위해서 '상호계약'의 형태로 국가를 건설해야 한다고 생각하였다.

① 홉스 ② 로크
③ 루소 ④ 헤겔

32 제시문은 '홉스'에 대한 설명이다. 홉스는 인간의 자연상태를 성악설로 파악하고, 모든 타인을 나에게 해를 끼칠 수 있는 잠재적인 적으로 보았으며, '만인의 만인에 대한 투쟁'이라고 표현하였다. 이러한 상태에서 사회적인 약자들은 자신의 생명과 안전을 위협받을 수밖에 없기 때문에 '강자'와의 계약을 통해서 자신의 안전을 보호받게 되고, 이것을 '사회계약'이라고 하였다.

33 다음과 같이 주장한 사상가와 이론을 연결한 것으로 옳은 것은?

> (㉠)은(는) 개인이 속한 공동체의 문화적 특수성에 맞는 가치 분배의 기준과 절차에 따라야 한다고 보았다. (㉠)은(는) 사회적 가치들이 자신의 고유한 영역 안에 머무름으로써 (㉡)이(가) 실현될 때 정의로운 사회가 될 수 있다고 한다.

	㉠	㉡
①	롤스	정의의 원칙
②	노직	자유지상주의
③	왈처	복합평등
④	아리스토텔레스	일반적 정의

33 제시문은 왈처의 '복합평등'에 대한 설명이다. 왈처는 개인들의 고유한 상황을 고려하지 않고 가상적 상황(무지의 베일)에서 도출된 롤스의 단일한 정의의 원칙은 실제 삶에서 실현될 가능성이 적다고 비판하며, 개인이 속한 공동체의 문화적 특수성에 맞는 가치 분배의 기준과 절차에 따라야 한다고 보았다. 그는 사회적 가치들이 자신의 고유한 영역 안에 머무름으로써 복합평등이 실현될 때 정의로운 사회가 될 수 있다는 '복합평등으로서의 정의'를 제시하였다. 즉, 부(富)는 경제 영역에, 권력은 정치 영역에 머물러야 하며 부를 지녔다는 이유로 정치 권력까지 장악하는 것은 정의롭지 않다고 본 것이다.

정답 32 ① 33 ③

34 다음 내용은 하버마스의 담론 윤리 중 일부이다. 괄호 안에 들어갈 용어로 적절한 것은?

> 사회의 갈등을 해결하고 행정 및 경제 체계와 생활 세계가 균형을 이루기 위해서는 (　　)에서 이성적인 담론과 소통을 활성화해야 한다. 이를 위해 누구나 자유롭게 대화에 참여할 수 있어야 하며, 자신의 주장은 물론 개인적 바람이나 욕구도 자유롭게 표현할 수 있어야 한다. 또한 타인의 주장이나 공적인 문제에 대해서 의문을 제기할 권리가 보장되어야 하고, 이러한 권리를 행사할 때 어떤 강요도 존재하지 않아야 한다.

① 공론장
② 토론
③ 다수결의 원리
④ 공적 문제

34 제시문은 하버마스의 담론 윤리의 핵심 개념인 '공론장'에 대한 설명이다. 하버마스는 현대사회에서 공적 의사결정의 과정이 자본과 권력에 의해 왜곡되었다고 보고, 이를 해결하기 위해서 '소통을 위한 합리성'과 '절차의 필요성'을 주장하였다. 그리고 하버마스는 '의사소통의 합리성'이 제대로 발휘되기 위해서는 모든 사람이 평등하게 대화 상황에 참여하고 자유롭게 의견을 제시할 수 있는 '공론장'이 필요하다고 보았다. 특히 담론 윤리는 토론을 통해 서로를 이해하는 '합의의 과정'을 중시하였고 이 과정을 통해 행위 규범의 정당성을 도출하고자 하는 사상이다.

35 다음 내용에서 괄호 안에 공통으로 들어갈 용어로 적절한 것은?

> 어떤 학자는 (　　)을(를) "법이나 정부의 정책에 변화를 가져올 목적으로 행해지는 공공적이고 비폭력적이며, 양심적이기는 하지만 법에 반하는 비협조적 정치 행위"라고 설명한다. 즉, (　　)은(는) 부정의한 법이나 정책에 대해 양심적이고 공개적으로 수행되는, 불법적이지만 비폭력적인 항의라고 할 수 있다.

① 시민불복종
② 폭력혁명론
③ 참여민주주의
④ 민주사회주의

35 롤스는 시민불복종을 합법적인 민주주의 체제하에서 '민주적 헌법 질서를 위반하거나 깨트리는 것을 막고자 하는 행위'로 정의하였다. 때문에 기본적으로 시민불복종은 '법 체제에 대한 존중감을 바탕으로 이루어지는 시민들의 능동적 행위'이다.

정답 34 ① 35 ①

36 다음 주장에 해당하는 롤스의 정의의 원칙은?

> 이 원칙은 천부적으로나 사회적으로 가장 혜택을 받지 못한 계층을 비롯한 모든 사람에게 인간다운 생활을 위한 최소한의 조건이 보장되어야 한다는 것과, 일단 그 조건이 충족된 다음에는 각자의 능력이나 업적에 따른 차등 분배가 이루어져야 한다는 것을 천명한 것이다.

① 평등한 자유의 원칙
② 기회 균등의 원칙
③ 취득의 원칙
④ 차등의 원칙

제1원칙	평등한 자유의 원칙	모든 사람은 평등한 기본적 자유를 최대한 누려야 한다.
제2원칙	• 차등의 원칙 : 사회적 혹은 경제적 불평등은 최소 수혜자에게 최대의 이익이 되도록 편성될 때 정당화될 수 있다. • 공정한 기회 균등의 원칙 : 사회적 혹은 경제적 불평등의 계기가 되는 직위와 직책은 모든 사람에게 열려 있어야 한다.	

36 제시문은 '차등의 원칙'을 설명한 글이다. 롤스의 정의의 원칙은 다음과 같다.
[문제 하단의 표 참고]
③ 취득의 원칙은 노직이 '소유권으로서의 정의'를 언급할 때 등장하는 원칙으로, "노동을 통해 정당하게 획득한 재화, 즉 노동의 산물이면서도 그 산물이 타인들이 누려 왔던 혜택을 침해하지 않는 재화는 취득한 사람에게 소유 권리가 있다."라는 원칙이다.

37 정약용이 강조하는 지방관리의 윤리적 책무로 가장 적절한 것은?

① 평등
② 애민
③ 준법
④ 정의

37 정약용은 『목민심서』에서 "못 배우고 무식한 사람이 한 고을을 얻으면 건방져지고 사치스럽게 되어 절약하지 않고 재물을 함부로 써서 빚이 날로 불어나면 반드시 욕심을 부리게 된다. 욕심을 부리면 아전들과 짜고 일을 꾸며 이익을 나눠 먹게 되고, 이익을 나눠 먹다 보면 백성들의 고혈을 짜게 된다. 그러므로 절약은 백성을 사랑하는 데 있어 가장 먼저 지켜야 할 일이다."라고 언급하면서 애민(愛民) 정신을 지방관의 윤리적 책무로 강조하였다.

정답 36 ④ 37 ②

38 다음 내용에서 괄호 안에 공통으로 들어갈 용어로 적절한 것은?

> (　　)민주주의는 공공 의제에 관한 토론 과정에 시민들이 직접 참여하여 합의에 도달하는 민주적 절차를 의미한다. (　　)민주주의는 시민이 직접 참여한다는 특성상 작은 공동체에 적합한 소규모 민주주의로 여겨지기도 한다. 전문가가 중심이 되는 공개 토론과 달리 이 토론은 일반 시민이 중심이 된다. 공개 토론이 서로 다른 견해를 비교하기 수월하지만 합의점을 찾기 힘든 방식이라면, 이 토론은 참가자들이 공통 지점을 찾아가는 과정에 가깝다. (　　)민주주의 이론가들은 여러 대안에 대한 사람들의 견해를 살펴보고 지식과 경험을 공유하는 숙의 과정을 통해 시민성을 기를 수 있다고 주장한다.

① 복지
② 간접
③ 수정
④ 심의

38 제시문은 심의민주주의 혹은 숙의민주주의(Deliberative Democracy)를 설명하는 글이다.
민주주의에 대한 논의는 시민혁명 시대에 왕을 대신해 국민의 의사를 반영하는 대표를 뽑기 위한 '대의민주주의'에서 시민들의 직접적인 정치과정 참여를 강조하는 '참여민주주의'로 중심축이 변화되었다. 하지만 민주주의에 '심의'가 강조된 것은 민주정치에서의 참여가 시민들의 삶에 직접적이고 신속한 효과를 줄 수 없다는 것이 드러난 다음부터이다. 즉, 단순히 다수결을 통해서 이해관계 충돌을 조절하기보다는 정치적 안건을 깊은 수준의 토의를 거치면서 그 속에서 서로의 선호를 이해하고 절충할 점은 절충함으로써 이해의 조정을 도모하자는 의도에서 등장한 새로운 민주주의의 형식이다.

39 다음 내용과 가장 관련이 깊은 것은?

> 독일의 바이마르 헌법은 제1차 세계대전이 끝나고 혁명으로 군주정이 붕괴된 후, 민주적으로 선출된 의회가 1919년 8월 11일 공포한 헌법이다. 바이마르 헌법과 기존 헌법의 가장 큰 차이점은 모든 국민이 인간다운 생활을 누릴 수 있도록 사회권을 명시한 점이다. 사회 불평등이 심화되어 사회적 약자의 인간다운 삶이 어려운 상황에서 최초의 사회권을 규정함으로써 인간다운 삶이 기본적 인권임을 명시하였으며, 이는 이후 여러 복지 국가의 헌법 제정에 영향을 주었다.

① 비지배 자유　　② 정치적 자유
③ 소극적 자유　　④ 적극적 자유

39 제시문에 언급된 '사회권'은 '인간다운 삶'을 지키기 위해 국가가 국민의 자유를 적극적으로 나서서 보장해 주어야 한다는 '적극적 자유'의 개념이 반영된 권리이다. 시민혁명에서 시작된 국가가 개인의 삶에 간섭하지 않는 '소극적 자유'의 개념에서 조금 더 나아간 개념이다.

정답 38 ④　39 ④

40 다음 내용과 가장 관련이 깊은 분배의 정의는?

- 이 분배 기준은 사회적 약자를 보호해야 한다는 도덕 의식에 부합된다는 장점이 있다.
- 하지만 모든 사람이 원하는 바에 대한 사회전체의 예측이 어렵다는 점과 한정된 재화로 모든 사람이 원하는 것을 충족시킬 수 없다는 점. 그리고 성취동기를 약화시켜 사회 전체의 경제적 효율성이 감소한다는 단점을 가지고 있다.

① 업적
② 능력
③ 필요
④ 절대적 평등

구분	의미	장점	단점
절대적 평등	개인 간의 차이를 고려하지 않고 모두에게 똑같이 분배하는 것	사회 구성원 모두가 기회와 혜택을 균등하게 누릴 수 있음	• 생산 의욕 저하 • 개인의 자유와 효율성 감소
업적	업적이나 기여가 큰 사람에게 더 많이 분배하는 것(성과급 제도)	• 객관적 평가와 측정이 용이 • 공헌도에 따라 자신의 몫을 가짐 → 생산성을 높이는 동기 부여	• 서로 다른 종류의 업적 평가 불가능 • 사회적 약자 배려 불가능 • 과열 경쟁으로 사회적 갈등 초래
능력	능력이 뛰어난 사람에게 더 많이 분배하는 것	개인의 능력에 따라 충분한 대우와 보상을 받을 수 있음	• 우연적, 선천적 영향을 배제하기 어려움 • 평가 기준 마련이 어려움
필요	사람들의 필요에 따라 분배하는 것	약자를 보호하는 도덕 의식에 부합	• 경제적 효율성 감소 • 필요에 대한 사회 전체의 예측이 어려움 → 한정된 재화로 모든 사람의 필요를 충족시킬 수 없음

40 제시문은 '필요'라는 기준의 분배적 정의에 대한 설명이다.
[문제 하단의 표 참고]

정답 40 ③

2021년 기출복원문제

▶ 온라인(www.sdedu.co.kr)을 통해 기출문제 무료 강의를 만나 보세요.

01 다음 내용에서 괄호 안에 들어갈 인물로 옳은 것은?

> 제2차 세계대전 후 이스라엘에서 열린 전범 재판에서 아이히만은 자신은 단지 상부의 명령을 충실히 이행했을 뿐이라고 주장하였다. 재판을 지켜본 사상가 (　　　)은(는) 그가 악마가 아니라 평범한 사람이며, 그의 악함은 '반성하지 않는 태도'에서 생긴 것이라고 주장하였다.

① 슈미트
② 벤야민
③ 아렌트
④ 하이데거

01 한나 아렌트는 『예루살렘의 아이히만 Eichmann in Jerusalem』(1963년)이라는 책에서 아이히만의 재판을 참관하고, '악의 평범성'이라는 개념을 통해서 "어째서 평범한 사람이 갑자기 극악무도한 짓을 태연하게 저지를 수 있는가?"에 대해 고찰하는 심리학적 접근을 시도하였다. '악의 평범성'은 모든 사람들이 당연하게 여기고 평범하게 행하는 일이 악(惡)이 될 수 있다는 의미이다.

02 다음 내용과 관련이 깊은 윤리학은?

> 이 윤리이론을 현대사회의 여러 문제에 적용하여 구체적인 행위 규범과 실천 원칙을 마련하는 것을 주요 과제로 삼는다.

① 메타 윤리학
② 진화 윤리학
③ 이론 윤리학
④ 응용 윤리학

02 응용 윤리학은 생활에서 발생하는 도덕적 딜레마의 문제를 도덕적 원리를 적용하여 해결하기 위해 등장한 사상이다. 윤리학 이외에도 다른 여러 학문의 전문지식이 필요한 학제적 성격을 가지고 있다. 예 안락사 허용, 사형제도 폐지 문제, 환경 개발과 보존의 양립 등

정답 01 ③ 02 ④

03 **뷰챔프(Beauchamp)와 칠드러스(Childress)가 제안한 생명 의료 윤리의 네 가지 원칙이 아닌 것은?**

① 정의의 원칙
② 해악 금지의 원칙
③ 자율성 존중의 원칙
④ 생명체 차별 금지의 원칙

03 **생명 의료 윤리 원칙**
- 자율성 존중의 원칙 : 의료 행위는 환자를 위해서 하는 것이지만 환자의 자율성이 최대한 보장되어야 한다는 원칙
- 악행(해악) 금지의 원칙 : 환자에게 피해를 주는 어떤 행위도 금하는 원칙
- 선행의 원칙 : 선행이란 친절하고 사려 깊고 이타적인 행위로, 환자들에게 적극적인 도움을 주도록 하는 원칙
- 정의의 원칙 : 의료 혜택을 분배하는 의료 정책에 필요한 원칙으로, 불평등·불균형을 없애고 정의와 공평을 가져야 한다는 원칙

04 **다음 내용과 관련이 깊은 소비는?**

> 소비자가 재화나 서비스를 구매할 때 평화, 인권, 사회 정의, 환경 등 인류의 보편적 가치를 고려하여 선택하는 소비를 의미한다.

① 합리적 소비
② 사회적 소비
③ 윤리적 소비
④ 적정한 소비

04 윤리적 소비는 효율성이라는 가치도 중요하지만, 인류의 보편 가치의 실현을 소비의 목적으로 삼는 소비 형태를 의미한다. 예를 들어, 환경오염을 줄이기 위해 친환경 제품을 구입하고, 재활용을 실천하거나 공정 무역 제품을 소비하는 행동 등을 윤리적 소비라고 할 수 있다.

정답 03 ④ 04 ③

05 다음 내용에 해당하는 동양의 담론 윤리적 자세로 옳은 것은?

> 공자는 "다른 사람과 평화롭게 지내지만, 그들과 동화되어 같아지지는 않는다."라고 하면서 자기 것을 지키되 남의 것도 존중하여 서로 다른 생각이 공존하도록 노력해야 한다고 말하였다.

① 온고지신
② 군신유의
③ 역지사지
④ 화이부동

05 ① 온고지신은 논어 위정편에 나오는 말로, "옛것을 익히고 그것으로 미루어 새 것을 안다."라는 의미이다.
② 군신유의는 오륜에 해당하는 표현으로, 오륜은 유교의 근본인 도덕지침이라고 볼 수 있다.
③ 역지사지는 "상대가 자신의 의견을 경청하듯이 자신도 상대의 의견을 경청하라."라는 의미이다.

06 다음 중 동양 윤리 사상의 내용으로 옳은 것은?

① 도교는 대동사회를 이상적 사회모습으로 봄
② 불교는 소국과민을 이상적 사회모습으로 봄
③ 유교는 무위자연을 이상적 삶의 모습으로 봄
④ 유교, 불교, 도교는 모두 세상을 하나의 유기적 전체로 봄

06 유교의 '천인합일(天人合一)'이나, 불교의 '자비심', '자타불이(自他不二)', 도교의 '물아일체(物我一體)' 같은 개념들이 대표적으로 '나와 세상의 모든 것을 유기적으로 보는 개념'이다.
① 도교는 소국과민을 이상적 사회모습으로 본다.
② 불교는 불국정토를 이상적 사회모습으로 본다.
③ 유교는 대동사회를 이상적 사회모습으로 본다.

정답 05 ④ 06 ④

07 다음 중 괄호 안에 들어갈 내용으로 알맞은 것은?

> 유교원리는 도덕적 앎을 실천하기 위한 중요한 가치로 성실, 배려를 든다. 자기 자신에게 성실한 충과 자기 자신의 마음을 미루어 보아 다른 사람의 마음을 헤아려 배려하는 (   )를 통하여 '인'을 실천할 것을 강조한다.

① 지(知)
② 서(恕)
③ 사(思)
④ 의(義)

07 서(恕)는 〈여(如)+심(心)〉으로 "자신을 미루어 다른 사람의 마음을 헤아린다."라는 추기급인(推己及人)의 의미가 있다.

08 다음 중 괄호 안에 공통으로 들어갈 내용으로 옳은 것은?

> 왕양명은 (   )은(는) 명덕과 친민의 최고 기준이라고 주장하였다. 따라서 그는 (   )에 머무르고자 하였으며 불교, 도교는 (   )의 중요성을 몰랐다고 비판하였다.

① 자연(自然)
② 지선(至善)
③ 치지(致知)
④ 격물(格物)

08 왕양명은 "지선(至善)은 신이 인간에게 부여한 가장 순수한 본성으로 조금의 증감이나 의혹도 있을 수 없다."라고 하며 지선을 인간 행동의 기준으로 보았다.

정답 07 ② 08 ②

09 공자의 예(禮)와 악(樂)의 관점과 관련해서 괄호 안에 들어갈 내용으로 옳은 것은?

> 예(禮)가 구분 또는 (㉠)의 원리로 기능한 것이라면, 악(樂)은 (㉡)의 원리로 기능한다. 따라서 예(禮)와 악(樂)을 병행하라는 주장은, 곧 상하의 질서를 바로 세워 평화로운 사회 질서를 실현하고자 하는 것이다.

	㉠	㉡
①	관계	화해
②	중용	삼강오륜
③	질서	화합
④	인내	인의예지

09 ≪예기≫의 〈악기편(樂記篇)〉에서는 "악은 천지의 화합이고, 예는 천지의 질서이다(樂者天地之和也 禮者天地之序也)."라고 예와 악을 정의한다. 아울러 "악은 안에서 나오고, 예는 밖으로부터 만들어지며(樂由中出 禮自外作), 악이 지극하면 원망이 없고, 예가 지극하면 다툼이 없다(樂至則無怨, 禮至則不爭)."라고 둘의 관계를 설명한다. 곧 예와 악이 치우치지 않고 조화를 이루어야 한다고 강조한 것이다.

10 순자의 성악설과 관련해서 괄호 안에 들어갈 내용으로 옳은 것은?

> 옛날 성왕께서는 사람의 본성이 악하기 때문에 치우치고 음험하며, 바르지 않고 이치에 어긋나는 어지러운 것을 하기에 다스려지지 않는다고 생각하였다. 따라서 ( )를 만들고 법도를 제정하여 사람의 감정과 본성을 가꾸고 변화시킴으로써 이를 올바르게 인도하였다.

① 예의
② 사회
③ 공부
④ 국가

10 순자의 예(禮)
- 사회 혼란을 방지하고자 성왕(聖王)이 제정한 외면적인 사회 규범
- 사람들의 성정(性情)을 선하게 변화시키고, 재화를 공정하게 분배하기 위한 사회 규범 → 도덕 생활과 정치적 통치의 표준(아리스토텔레스의 '분배적 정의')
- 인간의 생활을 외적으로 규제하는 도덕 규범 → 법률적 성격(공자의 예와 다른 점)

정답 09 ③ 10 ①

11 **다음 주장의 개념으로 옳은 것은?**

> "백성을 정(政)으로 지도하고 형(刑)으로 가지런히 하려고 한다면 그들은 형벌을 피하고도 부끄러워하는 마음을 갖지 않는다. 덕(德)으로 인도하고 예로써 가지런히 하려고 하면 백성들은 부끄러워할 줄 알게 될 뿐만 아니라 바르게 된다."
>
> – 논어 –

① 무위
② 덕치
③ 법치
④ 중용

11 덕치주의(德治主義)는 유교에서 덕(德)으로 통치해야 한다는 이상적인 정치를 의미한다. 공자는 〈논어〉에서 "덕으로써 하는 정치는 북극성이 그 자리에 있으면, 여러 별들이 그 북극성을 중심으로 해서 도는 것과 같다."라고 언급하고 있다.

12 **다음 내용에서 괄호 안에 들어갈 내용으로 옳은 것은?**

> 맹자는 배우지 않고 할 수 있는 일을 (㉠), 생각하지 않고 아는 것을 (㉡)(이)라 하였다.

	㉠	㉡
①	양능	양지
②	존성	양성
③	항심	양식
④	성심	양심

12 맹자는 아버지를 사랑하고 형에게 공손하게 행동하는 것은 배우지 않아도 할 줄 알고 생각하지 않아도 알 수 있는 천부적인 능력이라고 주장했다. 그것을 양능(良能), 양지(良知)라고 하였다.

정답 11 ② 12 ①

13 다음은 목민심서 구절 중 한 부분이다. 괄호 안에 공통으로 들어갈 내용으로 옳은 것은?

> (　　)은 목민관의 근본이 되는 의무이다. 모든 선의 원천이자 모든 덕의 뿌리이다. (　　)하지 않고는 목민관의 역할을 잘 할 수 있는 사람은 없다.

① 행복
② 충직
③ 청렴
④ 성실

14 다음 중 율곡 이이의 사상으로 옳지 않은 것은?

① 이는 발하는 까닭이고, 기는 발하는 것이므로 "기가 발하고 이가 기를 탄다."라는 한 가지 길만이 옳다.
② 사단은 칠정을 포함할 수 없지만 칠정은 사단을 포함하는 것이며[七包四(칠포사)], 사단은 칠정의 선한 측면일 뿐이다.
③ 거경(居敬)과 궁리(窮理)의 병행을 강조하였다.
④ 기(氣)의 불완전성과 가변성으로 인해 인간의 도덕적 불완전성이 발생하므로, 기질을 바로잡아 이(理)의 본연, 즉 선을 실현할 수 있다.

13 다산 정약용은 『목민심서』에서 '청렴'을 목민관의 근본 의무로 보았다. '청렴'은 "사리사욕에서 벗어나 공평하게 일을 처리하는 공직자의 자세"라고 정의해 볼 수 있다.

14 거경(居敬)과 궁리(窮理)의 병행을 강조한 것은 퇴계 이황의 사상이다. 이황은 거경과 궁리를 병행하기 위해서 경(敬)의 실천을 강조하였다. 이에 반해 이이는 경(敬)을 통해 성(誠)에 이를 것을 강조하였다.

정답 13 ③ 14 ③

15 **불교윤리에 대한 설명으로 틀린 것은?**

① 모든 존재가 인연으로 연결
② 상호의존의 윤리는 현대사회 윤리에도 유용
③ 자비의 윤리는 따뜻한 공동체를 만들 때 중요
④ 계율암송은 집착으로부터 벗어나는 유일한 방법

16 **다음 〈보기〉에서 설명된 조선시대 종교윤리 사상으로 옳은 것은?**

보기
- 전기 : 궁중의 도관인 소격서(昭格署)에서 하늘에 대한 제사와 군주를 비롯한 왕실 가족의 안위를 기원하는 의식을 거행하였다.
- 후기 : 권선서를 중심으로 한 민간 신앙으로 나타남 → 양란과 당쟁을 겪으면서 유교에 회의를 품은 사대부들이 도참(圖讖), 비기(秘記)에 관심을 가짐. 소격서 폐지
- 말기 : 신흥 종교 운동으로 연결됨 → 동학, 증산교, 원불교

① 불교
② 라마교
③ 도교
④ 천주교

15 불교는 '사성제(四聖諦)'를 통해서 인간이 달성해야 할 목표와 올바른 삶의 방법을 총제적으로 제시하고 있다. 사성제는 다음 내용을 의미한다.
- 고제(苦諦) : 현실은 고통임 → 생로병사
- 집제(集諦) : 고통의 원인은 무명(無明), 애욕(愛慾)으로 말미암은 집착
- 멸제(滅諦) : 고통이 멸한 이상적 경지는 열반에 관한 진리
- 도제(道諦) : 열반에 도달하는 길 → 팔정도

이 사성제 중에서 '도제(道諦)'는 집착을 벗어나 열반에 이르는 길을 '팔정도(八正道)'로 설명하고 있다.

16 조선시대에는 유교 통치가 국가 이념이 되면서 도교 사상이 점차 쇠퇴하여 기복 신앙의 형태로 유지되고, 조선 후기에 도참과 비기 등의 종교적 예언 사상이 등장하게 되었다.

정답 15 ④ 16 ③

17 다음 중 장자의 도가사상에 대한 설명으로 옳지 않은 것은?

① 소요유(逍遙遊)의 경지
② 물아일체(物我一體)
③ 좌망(坐忘)과 심재(心齋)
④ 상선약수(上善若水)

17 상선약수(上善若水)는 노자가 언급한 개념으로, 노자는 "으뜸의 선은 물과 같고 물은 생성의 근원으로서 만물을 이롭게 하며 더러운 것을 씻어 주고 모두가 싫어하는 가장 낮은 곳에 처하는 겸손의 덕이 있다."라고 말하며 무위자연적인 삶의 모범적인 모습을 언급하였다.

18 다음 주장과 관련이 깊은 인물은?

> 인간은 존재하는 것들에 대해서는 그것들이 존재한다는 척도이고, 존재하지 않는 것들에 대해서는 그것들이 존재하지 않는다는 척도입니다. 즉, 각각의 것은 내게는 내게 나타나는 대로이고, 당신에게는 당신에게 나타나는 대로이며, 당신과 나는 저마다 인간입니다. 그래서 저는 "인간이 만물의 척도이니 썩 길지도 않은 인생에서 있는지 없는지 분명하지 않은 신이라는 존재를 탐구하느라 당신의 귀한 시간을 허비하지 말라."라고 말하고 싶습니다.

① 프로타고라스
② 에피쿠로스
③ 플라톤
④ 소피스트

18 제시문과 같은 주장을 한 인물은 프로타고라스이다. 그의 사상을 정리해보면 다음과 같다.

- 인간척도설 주장 : "인간은 만물의 척도이다." → 개인의 감각과 경험이 지식의 근원이며, 세상 모든 것의 판단 기준은 개인이라는 뜻
- 각 개인의 판단 기준에 의해 상대적 진리만이 존재 : 자신에게 있다고 보이는 것은 있는 것이고, 자신에게 없다고 보이는 것은 없는 것임
- 상대주의와 주관주의적 경향 : 인간을 단지 감각과 육체만을 가진 존재로 보았기 때문에 생겨남

정답 17 ④ 18 ①

19 **다음은 니코마코스 윤리학에 대한 내용이다. 괄호 안에 들어갈 용어와 그에 대한 설명이 옳은 것은?**

> 인간 생활의 궁극적 목적은 최고선이다. 그렇다면 과연 무엇이 최고선인가? 최고선은 (　　)에 있다. 그리고 이는 모든 생물이 자기의 타고난 능력을 완전히 발휘하는 데에서 달성된다. 우리는 초월적인 이데아를 쫓아갈 것이 아니라, 타고난 능력을 잘 계발해 나가기만 하면 얼마든지 최고선의 경지에 도달할 수 있다.

① 행복 - 인간에게 선천적으로 부여되었다.
② 중용 - 진리를 인식하는 덕목이다.
③ 중용 - 선의지, 도덕적 실천의지의 함양을 위한 덕이다.
④ 행복 - 실현을 위해서는 덕이 필수적으로 요청된다.

19 아리스토텔레스는 니코마코스 윤리학에서 인생의 궁극적인 목적은 '행복'을 얻는 것이라고 말하였다. 따라서 괄호 안에 들어갈 알맞은 용어는 행복이다. 아리스토텔레스는 행복의 실현을 위해서 '지성적인 덕'과 '품성적인 덕'이 조화를 이루는 것이 필수적인 조건이라고 말하였다.

20 **다음 내용과 관련된 사상가의 입장으로 옳은 것은?**

> 자신이 모르면서도 알고 있다고 믿는 것이 인간이 가진 무지(無知) 중에서 가장 큰 무지(無知)입니다. 내가 대다수 사람들과 다른 점이 있다면, 그것은 바로 나는 내가 무지(無知)하다는 것을 알고 있다는 것입니다. …(중략)… 나는 아테네 시민들을 찾아다니면서 신체나 재산이 아니라 각자의 영혼을 최상의 상태로 가꾸라고 설득할 것입니다.

① 인간은 본성상 선이 무엇인지 알면서도 자발적으로 악을 행할 수 있다.
② "너 자신을 알라."라는 말은 "너 자신이 가지고 있는 이성을 자각하라."라는 의미이다.
③ 참된 앎이 곧 덕이며, 유덕한 사람은 행복한 삶을 살게 된다. 즉, 앎과 덕과 행복은 필연적 관계이다.
④ 현상을 관찰함으로써 자신이 알고 있는 생각에 의문을 가지게 하고 스스로 진리를 찾는 방법을 산파술이라고 하였다.

20 제시문은 소크라테스의 사상을 설명하고 있으며 소크라테스는 무지(無知)를 악행의 근원으로 보고, 참된 앎을 추구할 것과 끊임없이 자신을 성찰할 것을 강조하였다. ③은 지덕복합일설을 나타내는 표현으로 올바른 표현이다.

정답 19 ④ 20 ③

21 다음 내용과 관련 있는 사상은?

- 이 사상은 개인적 차원의 행복주의를 사회적 차원으로 확대하여, 행위의 옳고 그름을 판단할 때 '관련된 이해 당사자들의 최대 행복을 가져오는 행위'를 도덕 원리의 기준으로 해야 한다고 생각하였다.
- 이 이론을 주장했던 대표적인 학자 A는 쾌락의 양을 계산할 수 있고, 이때 고려해야 할 기준은 '강도, 지속성, 확실성, 근접성, 생산성, 순수성, 범위'의 일곱 가지라고 주장하였다.

① 공리주의
② 조건부 의무론
③ 칸트주의
④ 에피쿠로스

21 제시문에서 언급된 사상은 공리주의로, 공리주의는 '최대 다수의 최대 행복'을 추구하는 공리의 원리를 도덕과 입법의 원리로 제시한다. 두 번째 제시문에 나오는 학자 A는 벤담으로 벤담은 양적 공리주의를 주장하여 모든 쾌락에는 질적 차이가 없고, 양적 차이만 있다고 생각했으며, 쾌락의 양을 제시문에 언급된 일곱 가지 기준으로 계산할 수 있다고 생각하였다.

22 의사소통의 과정을 통하여 얻게 되는 상호 이해와 이 과정에서 도출된 정당화된 도덕 규범을 통하여 문제를 해결하고자 하는 윤리 사상은?

① 배려 윤리
② 책임 윤리
③ 공리주의
④ 담론 윤리

22 이 문제에서 말하는 윤리 사상은 담론 윤리로, 대표적인 학자에는 하버마스가 있다. 하버마스는 현대사회에서 공적 의사결정의 과정이 자본과 권력에 의해 왜곡되었다고 보고, 이를 해결하기 위해서 '소통을 위한 합리성'과 '절차의 필요성'을 주장하였다. 그리고 하버마스는 의사소통의 합리성이 제대로 발휘되기 위해서는 모든 사람이 평등하게 대화 상황에 참여하고 자유롭게 의견을 제시할 수 있는 '공론장'이 필요하다고 보았다. 특히 담론 윤리는 토론을 통해 서로를 이해하는 '합의의 과정'을 중시하였고, 이 과정을 통해 행위 규범의 정당성을 도출하고자 하였다.

정답 21 ① 22 ④

23 **다음 내용은 마키아벨리의 영향을 받은 것으로, 무엇에 대한 내용인가?**

> • 모든 시민들이 자유롭게 사는 것
> • 외세의 폭정으로부터 시민의 자유를 지키기 위한 수단

① 민본주의
② 자유주의
③ 공화주의
④ 공동체주의

23 제시문은 마키아벨리의 영향을 받은 공화주의와 관련된 내용이다. 마키아벨리는 정치 참여의 이유를 외세와 폭정으로부터 시민의 자유를 지키기 위해서라고 보았다. 또한 공동선이란, 모든 시민들이 자유롭게 사는 것이라고 생각하였다. 다만, 모든 사람들을 만족시킬 수는 없으므로 정치적인 갈등에 대해 긍정하며 조율할 필요가 있다고 생각하였다.

24 **다음 내용과 관련 있는 사상가는?**

> 질서 정연한 사회의 만민은 고통을 겪는 사회들을 원조해야 할 의무(duty)가 있다. 그렇지만 이러한 원조의 의무를 실행하게 하는 유일하거나 최선인 방법이 사회들 간의 경제적, 사회적 불평등을 규제하는 분배 정의의 원칙을 따르는 것은 아니다. 대부분 이런 원칙들은 명확히 규정된 목적이나 목표, 차단점(cut-off point)을 넘어서면 원조가 중단될 수 있다. 사회들 간의 부와 복지의 수준들은 다양할 수 있고 그럴 것이라 추정된다. 그러나 이러한 부와 복지 수준을 조정하는 것은 원조 의무의 목표가 아니다. 단지 고통을 겪는 사회들만 도움이 필요하다. 더구나 모든 질서 정연한 사회가 부유한 것이 아닌 것과 마찬가지로, 모든 사회가 가난한 것은 아니다.

① 롤스
② 노직
③ 칸트
④ 싱어

24 제시문은 해외 원조에 대한 롤스의 입장이다. 롤스는 질서 정연한 사회에 살고 있는 만민은 불리한 여건으로 인해 고통받는 사회에 대해 원조할 의무가 있다고 한다. 원조의 목적은 고통받는 사회가 자유와 평등의 질서를 확립하여 질서 정연한 사회가 될 수 있도록 하는 데 있다는 것이다. 롤스는 빈곤과 같은 문제가 물질적 자원의 부족 때문이 아니라 정치·사회적 제도의 결함 때문이라고 보아, 원조의 대상과 목적을 정치적인 분야에 한정 짓고 있다.

정답 23 ③ 24 ①

25 "윤리적 배려보다 자연적 배려가 우월하다.", "훈련된 이성은 도덕적 악을 방지해 주지 못한다."라고 주장한 사상가는?

① 길리건
② 나딩스
③ 요나스
④ 하버마스

25 문제와 같이 주장한 사상가는 나딩스이다. 이런 나딩스의 사상을 '배려윤리'라고 하며, 나딩스는 아래와 같은 내용을 주장하였다.

- 훈련된 이성은 도덕적 악을 방지해 주지 못한다고 봄. 오히려 느끼고 행동할 수 있는 '배려'가 더욱 중요한 역할을 한다고 주장함
- 어머니와 자녀 사이의 관계를 배려의 원형으로 제시함
- 도덕적 판단과 행위를 정서적 반응으로 생각함
- 친밀한 사람들뿐만 아니라 타인, 나아가 동식물과 지구 환경까지 배려를 강조함(윤리적 배려보다 자연적 배려가 우월)

26 다음 설명과 관계 깊은 것은 무엇인가?

- 개별적인 사실을 토대로 일반적인 원리나 법칙을 이끌어 내는 학문 방법
- 지식의 근원을 경험으로 보면서 경험적 관찰과 실험을 토대로 지식을 획득함

① 귀납법
② 연역법
③ 귀류법
④ 변증법

26 제시문은 귀납법에 대한 설명이다. 귀납법은 영국을 중심으로 베이컨, 홉스, 로크, 흄 같은 경험주의 학자들을 통해서 발전하게 되었다.

② 연역법은 일반적인 대원칙을 토대로 개별적인 사실을 증명해 가는 학문 방법이다. 대표적인 예로 삼단논법이 있다.

③ 귀류법은 어떤 명제가 거짓이라고 가정한 후, 모순을 찾아서 그 가정이 거짓임을, 즉 처음 명제가 참임을 증명하는 방법이다. 예를 들어, "그래, 네 말이 맞는다고 치자. 그렇게 했는데 문제가 생겼네. 따라서 네 말이 틀렸어." 식의 말을 귀류법이라고 볼 수 있다.

④ 변증법은 어떤 정명제(테제, thesis)와 그에 반대되는 반명제(안티테제, antithesis)를 사용하여 이 모순되는 주장들의 합명제(진테제, synthesis)를 찾거나, 최소한 대화가 지향하는 방향의 질적 변화를 일구어내는 것을 말한다. 이러한 변증법이 이루어지는 과정 또는 결과물을 일컬어 '정반합'이라고도 부른다.

정답 25 ② 26 ①

27 인(仁)의 사상 및 실천 덕목으로 옳은 것은?

> ㄱ. 모든 인간관계에서 성실과 신뢰를 위주로 생활
> ㄴ. 임금은 임금답고, 신하는 신하답고, 부모는 부모답고, 자식은 자식답게
> ㄷ. 내가 하기 싫은 일을 남에게 강요하지 않음
> ㄹ. 자신을 생각하듯, 타인의 마음을 헤아림

① ㄱ, ㄴ, ㄷ
② ㄱ, ㄷ
③ ㄱ, ㄷ, ㄹ
④ ㄴ, ㄷ, ㄹ

27 ㄴ. '임금은 임금답고, 신하는 신하답고, 부모는 부모답고, 자식은 자식답게'는 정명사상에 대한 설명이다. 정명(正名)사상은 공자의 정치 철학이다.

인(仁)사상의 실천방법
- 기소불욕 물시어인(己所不欲 勿施於人) : 내가 하기 싫은 일을 남에게 강요하지 않음
- 충(忠) : 중(中) + 심(心) → 참된 마음, 조금의 속임이나 꾸밈이 없이 온 정성을 다하는 것
- 서(恕) : 여(如) + 심(心) → 자신을 생각하듯 타인의 마음을 헤아림 → 추기급인(推己及人 : 내 마음을 미루어 남에게 베풀어 줌)
- 주충신(主忠信) : 모든 인간관계에서 성실과 신뢰를 위주로 생활

28 나딩스가 주장한 이론에 해당하는 것은?

> - 실생활에서 생각하게 되는 윤리의 문제는 배려의 문제라고 주장
> - 현세대가 에너지를 아끼고 동식물을 보호하는 행위는 미래세대에게 이익을 주는 행동

① 환경문제에 대한 배려 윤리적 접근
② 환경문제에 대한 책임 윤리적 접근
③ 환경문제에 대한 기술 결정론적 접근
④ 환경문제에 대한 사회 결정론적 접근

28 나딩스는 배려 윤리의 입장에서 미래세대에 대한 책임을 강조하였다.

정답 27 ③ 28 ①

29 '아무런 조건이나 제약 없이 그 자체만으로 선한 것'은?

① 순수이성
② 정언명령
③ 실천이성
④ 선의지

30 도교에 대한 설명으로 <u>틀린</u> 것은?

① 인간의 본래 모습은 자연스러움이다.
② 규범적 측면이 아닌 대자연의 흐름에 따라 인간다움을 찾는다.
③ 도교의 모태가 되는 도가 사상은 노자와 장자의 사상을 중심으로 삼는 사상이다.
④ 역사적으로 도가의 적극성은 항상 유가의 소극성에서 힘을 빌려 갔다.

29 '아무런 조건이나 제약 없이 그 자체만으로 선한 것'은 선의지이다.
① 순수이성 : '참된 진리'를 판단하는 선천적인 인식능력
② 정언명령 : 무조건 따라야 하는 당위의 법칙인 도덕 명령
③ 실천이성 : 어떤 행동이 선한지, 악한지를 판단하여 자율적으로 실천하는 능력

30 역사적으로 유가의 적극성은 항상 도가의 소극성에서 힘을 빌려 갔다. 즉, 유가 사상이 현실적 위기를 만났을 때 도가 사상으로부터 힘을 빌려 이론을 보완할 수 있었다. 그런 뜻에서 우리가 동양적 사유라고 하는 말은 도가 사상의 측면을 가리키는 경우가 많다.

정답 29 ④ 30 ④

31 **다음의 사형제도를 주장한 사상가는?**

> • 다른 사람의 생명을 빼앗은 중한 범죄로, 그 당사자의 생명을 빼앗아야 하는 것은 정당하고 그것은 인간의 존엄성을 존중하는 행위이다.
> • 지은 죄와 동일한 수준의 벌을 받는 것은 평등의 원리에도 부합한다.

① 칸트
② 벤담
③ 베카리아
④ 루소

31 제시문은 칸트가 주장한 사형제도에 대한 입장이다. 칸트는 응보주의의 입장에서 자신이 지은 죄와 동일한 수준의 벌을 받아야 하며(평등의 원리), 또한 살인은 타인의 생명을 뺏은 무거운 범죄이므로 범죄자의 생명을 빼앗는 것은 정당하며, 그것이 살인자의 인간 존엄성을 존중하는 행위라고 보았다.

32 **다음 내용과 가장 관련 깊은 정약용의 이론은?**

> • 백성을 단순히 통치의 대상이 아닌 통치자를 추대하는 존재로 봄
> • 백성의 경제 문제 해결을 강조
> • 백성의 뜻이 반영된 법 제정

① 자유주의
② 민본주의
③ 애국주의
④ 민주주의

32 제시문은 정약용이 주장한 '민본주의'의 내용이다. 정약용은 백성의 문제를 해결하는 것이 가장 선결 과제임을 주장하고, 그에 따라 삼정의 문란을 해결하기 위해 토지제도를 개혁하는 여전제 등을 주장하였다.

정답 31 ① 32 ②

33 "이가 움직이면 기가 따라서 생기며, 기가 움직이면 이가 따라서 드러난다."라고 주장한 사상가는?

① 기대승
② 이이
③ 이황
④ 정약용

33 "이가 움직이면 기가 따라서 생기며, 기가 움직이면 이가 따라서 드러난다."는 이기호발설(理氣互發說)의 내용으로, 퇴계 이황의 사상이다.

34 통일을 위한 자세로 옳지 않은 것은?

① 국제 정세 변화의 지혜로운 활용
② 분단 상황 및 북한에 대한 올바른 인식
③ 폐쇄된 북한 체제를 유지하면서 1국가 2체제의 정착
④ 자유 민주주의 체제의 지속적인 발전 추구

34 폐쇄적인 북한 체제의 문제점을 인식하여 북한 체제의 개방을 유도하고, 이를 통해 남북한 경제 협력에 의한 세계 각국과의 경제 교류를 통하여 북한이 평화 우호적인 국가로 변화할 수 있도록 적극적으로 지원해야 한다.

35 사회계약설에서 '국가는 공포스러운 자연 상태를 극복하기 위해 구성원들이 계약을 통해 만들어 낸 권력 기구'라고 주장한 학자는?

① 홉스
② 로크
③ 루소
④ 마르크스

35 홉스는 인간의 자연 상태를 '만인의, 만인에 대한 투쟁 상태'로 보고 항상 극단적인 이기주의와 경쟁상태에 노출되어 있는 인간이 그 공포로부터 살아남기 위해 구성원들 간의 계약을 맺어 국가를 만들어야 한다고 주장하였다.

정답 33 ③ 34 ③ 35 ①

36 다음 중 동화주의자에 대한 설명으로 옳은 것은?

① 주류 문화의 우선순위를 인정하는 가운데 비주류 문화의 고유성을 잃지 않고 공존하도록 존중한다.
② 이민자가 출신국의 언어, 문화, 사회적 특성을 포기하고 주류 사회의 일원이 되도록 주류 문화로 편입시켜야 한다.
③ 다양한 문화의 차이를 인정하고 유지하는 것이 사회 통합에 유리하다고 본다.
④ 각각의 문화가 대등한 자격으로 각각의 정체성과 고유문화를 유지・보존하면서 조화롭게 공존해야 한다.

36 동화주의 모형은 '주류 문화로의 소수의 비주류 문화 편입'을 주장한다. 구체적인 내용은 다음과 같다.
- 타인을 자신과 같아야 하는 존재로 상정 → "동일한 문화를 공유해야 사회 통합에 유리하다."
- 타 문화권에서 온 이주민에게 우리의 언어, 음식, 예절 문화만을 강요함
- 문화의 다양성을 인정하지 않는 태도 → 문화 간 우열을 인정

37 다음 중 유교의 인간관으로 옳지 않은 것은?

① 우주 만물의 이치를 선천적으로 구비한 선한 본성을 가지고 있다.
② 사욕(私慾)이 본성을 가리지 못하도록 자신을 억제하고 사람의 도리를 다해야 한다.
③ 도덕적 실천과 학문적 연마를 통해 나날이 상달(上達)을 추구하는 이상적인 사람으로 진인(眞人)을 제시할 수 있다.
④ 인간은 하늘(天)의 기품과 땅(地)의 형상을 부여받은 중간적 존재이다.

37 유교에서 추구하는 이상적인 인간은 군자(君子)이다. 진인(眞人)은 도교에서 추구하는 이상적인 인간상이다.

정답 36 ② 37 ③

38 다음 설명에서 괄호 안에 들어갈 내용으로 옳은 것은?

> 지눌은 "단번에 진리를 깨친 뒤에도 나쁜 습기(習氣)를 차차 소멸해 나가는 수행이 필요하다."라는 (　　　　)을(를) 주장하였다.

① 내외겸전(內外兼全)
② 돈오점수(頓悟漸修)
③ 교관겸수(敎觀兼修)
④ 돈오돈수(頓悟頓修)

38 제시문은 고려 중기 지눌이 제시하였던 돈오점수(頓悟漸修)와 관련된 내용이다.
① 내외겸전(內外兼全) : 내적인 공부(선종)와 외적인 공부(교종)를 같이 온전히 해야 한다는 뜻으로, 의천이 주장한 표현이다.
③ 교관겸수(敎觀兼修) : 경전을 읽는 교학 수행과 참선을 하는 지관(止觀) 수행을 함께 해야 한다는 뜻으로, 의천이 주장한 표현이다.
④ 돈오돈수(頓悟頓修) : 수련과 무관하게 "우리가 본래 완성된 부처라는 것을 직관하는 돈오(頓悟)를 통해 깨달음을 얻을 수 있다."라는 뜻으로, 중국 선종 불교의 주장이다.

39 "정치 권력은 자연 상태에 있는 모든 사람이 사회에 위임한 권력이다."라고 주장한 학자는?

① 칸트
② 홉스
③ 루소
④ 로크

39 로크가 주장한 사회계약설의 내용이다. 구체적인 내용은 다음과 같다.
- 자연 상태에서 인간은 자연법(이성)의 지배 아래 비교적 평화롭게 살아가나, 공통의 법률이나 재판관이 없기 때문에 개인의 생명과 자유, 재산을 보존할 수 있는 권리가 확실하고 안전하게 보장되지 못함 → 개인은 자신의 권리를 보장받기 위해 대표자에게 권력을 일부 위임하는 계약을 맺어 국가를 만들게 됨
- 국가는 개인의 생명, 자유, 재산을 지키기 위해 만들어진 것으로 국가가 제 역할을 제대로 못 할 경우 국민은 저항권을 행사할 수 있음
- 국민 주권론을 바탕으로 법치주의, 권력 분립(입법권과 집행권의 분립)을 주장함

정답 38 ② 39 ④

40 **다음 중 이상사회에 대한 설명으로 옳지 않은 것은?**

① 더 나은 사회를 만들고자 하는 신념과 실천 의지를 지니게 해준다.

② 이상사회란 인간이 바람직하다고 생각하고 실현되기를 꿈꾸는 사회이다.

③ 부조리한 현실을 비판하고 현실을 개혁하는 데 필요한 기준과 목표를 제공한다.

④ 토마스 모어는 "유토피아에서는 사유재산을 인정하지만, 생산 수단의 개인소유를 인정하지 않기 때문에 사람들은 잉여 생산에 대한 욕망을 가지지 않는다."라고 주장하였다.

40 생산 수단의 개인소유를 인정하지 않은 것은 마르크스의 공산 사회이다. 또한 토마스 모어는 사유재산을 인정하지 않는다. 토마스 모어는 유토피아를 다음과 같이 보았다.

- 생산과 소유의 평등이 실현되고, 경제적으로 풍요로운 사회 → 공유제 : "집안에 들어간들 어느 개인의 소유란 없다.", 사유재산을 인정하지 않기 때문에 사람들은 잉여 생산에 대한 욕망을 가지지 않는다.
- 노동은 6시간으로 제한되며, 사람들이 필요 이상의 노동을 하지 않기 때문에 여유롭다.
- 사회 규범은 존재하지만, 도덕적으로 타락하지 않은 사회

정답 40 ④

출제유형 완벽파악

현대사회와 윤리

2020년 기출복원문제

▶ 온라인(www.sdedu.co.kr)을 통해 기출문제 무료 강의를 만나 보세요.

01 다음 내용과 부합하는 인간의 특성은 무엇인가?

- 창조성
- 자유의지를 통해 자기 삶의 방식을 스스로 결정할 수 있는 잠재적 가능성을 가진 존재

① 유희적 존재

② 문화적 존재

③ 열린 존재

④ 윤리적 존재

01 ① 유희적 존재 : 성숙한 삶을 위해 삶의 재미를 추구하는 존재

② 문화적 존재 : 언어, 문자 등의 상징체계로 문화를 창조, 계승하는 존재

④ 윤리적 존재 : 스스로 생각하고 자기반성을 통해 이성적으로 행동하는 존재

02 다음 내용과 관련 있는 윤리이론은 무엇인가?

- 개개인의 행복이 없이는 사회 전체의 행복도 없으며, 사회 전체의 행복은 개인 행복의 합임
- 인간은 쾌락을 추구하고, 고통을 회피하는 자연적 경향성을 지니고 있음

① 공리주의

② 의무론

③ 덕윤리

④ 절대론적 윤리설

02 공리주의의 특징

- 공리(= 유용성) : 자신을 포함한 사회 전체의 이익을 극대화하는 것
- 쾌락주의 : 쾌락, 행복, 이익 – 선 / 고통, 불행, 손해 – 악
- 자연적 경향성(쾌락 추구, 고통 회피) 추구
- 유용성의 원리 : 행위 결과가 모든 사람의 쾌락을 증가시키면 Go, 감소시키면 Stop(최대다수의 최대행복)
- 개개인의 행복이 없이는 사회 전체의 행복도 없으며, 사회 전체의 행복은 각 개인의 행복을 총 합한 것(사익 ≧ 공익)
- 결과주의 : 행위의 동기보다 결과를 중시함(목적론적 윤리설)
- 평등사상 및 다수결 옹호

정답 01 ③ 02 ①

03 다음 내용과 관련 있는 윤리학으로 옳은 것은?

> 도덕적 용어 개념을 분석하고 도덕적 판단의 타당성을 입증하며 정당화와 관련된 탐구를 한다. 또한, 윤리학적 개념의 명확화를 통해서 윤리학의 학문적 근거를 제시하려고 한다.

① 규범 윤리학
② 메타 윤리학
③ 응용 윤리학
④ 기술 윤리학

03 ① 규범 윤리학은 도덕적 행위의 옳고 그름을 다루는 윤리학이며, 이론 규범 윤리학과 실천 규범 윤리학으로 구분된다.
③ 응용(= 실천) 윤리학은 도덕 원리를 응용하여 구체적 상황에 발생하는 현실문제를 해결하는 것이 목표인 학문이다.
④ 기술 윤리학은 도덕적 관습에 대한 묘사 또는 기술을 가치 평가 없이 단순히 묘사 또는 기술하는 윤리학이다.

04 다음 중 성 상품화를 반대하는 시각으로 옳지 않은 것은?

① 이윤 극대화를 추구하는 자본주의 논리에 부합한다.
② 인간의 성이 지닌 본래의 가치와 의미를 변질시킨다.
③ 여성 혹은 남성을 성적 상품으로 포장하여 비인격적 존재로 비하한다.
④ 타인이 내리는 성적인 평가에 따라 자신의 가치를 판단할 수 있다.

04 ① 성 상품화를 찬성하는 입장이다.
②・③・④ 성 상품화를 반대하는 입장이다.

05 다음 중 성적 자기결정권에 대한 설명으로 옳지 않은 것은?

① 성적 자기결정권은 타인의 자유와 권리를 침해하지 않아야 한다.
② 자신의 의지와 판단으로 강압적인 성행동을 하는 것을 말한다.
③ 자신이 원하지 않는 성적 행위에 저항할 수 있는 능력까지 포함된다.
④ 타인의 성적 자기결정권 침해 여부에 따라 성폭력 여부의 판단 기준이 된다.

05 성적 자기결정권은 자신의 결정에 따라 성과 관련된 행동을 할 수 있는 권리로, 타인에 의해 강요받거나 지배받지 않으면서 자신의 의지와 판단으로 자율적인 성행동을 하는 것을 말한다.

정답 03 ② 04 ① 05 ②

06 인권에 대한 설명으로 적절하지 않은 것은?

① 인종, 성별, 종교, 신분, 재산 등과 관계없이 모든 인간이 누려야 할 권리이다.
② 사람이라면 누구나 태어날 때부터 가지고 있는 권리이다.
③ 박탈당하지 않고 영구히 보장되는 권리이다.
④ 공공의 이익을 위해서 일시적인 양도가 가능하다.

06 인권은 누구도 침범할 수 없는 불가침성을 가지고 있기 때문에 양도가 불가능하다.

07 다문화주의자와 동화주의자에 대한 설명으로 옳은 것은?

① 동화주의자는 사회의 동질성보다는 다양성을 강조한다.
② 동화주의자는 주류 문화와 소수의 비주류 문화 사이의 위계를 내세우지 않는다.
③ 다문화주의자는 비주류 문화 고유의 정체성을 인정한다.
④ 다문화주의자는 문화 간 위계를 부정하지만, 주류 문화와 비주류 문화를 구분한다.

07 ① 동화주의는 주류 문화에 소수의 비주류 문화를 편입시켜야 한다고 주장하기 때문에 문화의 동질성을 강조하는 입장이다.
② 동화주의는 주류 문화와 비주류 문화 사이의 위계서열을 인정한다.
④ 다문화주의는 문화 간 위계를 부정하고, 주류 문화와 비주류 문화를 구분하지 않는다.

08 다문화 사회가 가지는 문화적 다양성의 특징이 아닌 것은?

① 관용적 태도
② 편견과 배타적인 태도
③ 문화 상대주의적 태도
④ 우리의 문화적 정체성을 유지하는 태도

08 다문화 사회란 다양한 인종, 종교, 문화를 가진 사람들이 함께 어우러져 살아가는 사회를 말한다. 우리나라의 경우 취업, 학업, 결혼 등을 이유로 이주해 온 외국인들이 다양한 문화요소가 공존하는 다문화 사회를 만들고 있다. 이를 위해서는 외국인에게 '문화적 편견'을 갖지 않아야 한다.

정답 06 ④ 07 ③ 08 ②

09 사형제도에 대한 다음 내용과 거리가 먼 것은?

> 사회 계약은 계약자의 생명 보존을 목적으로 한다. …(중략)… 타인의 희생으로 자신의 생명을 보존하려고 하는 사람은 타인을 위해 필요하다면 마땅히 생명을 희생해야 한다. 범죄인에게 가해지는 사형도 이와 유사하다. 살인자가 사형을 받는 것에 동의하는 것은 자신이 살인자의 희생물이 되는 것을 피하기 위해서이다.

① 타인의 생명을 희생해서 자신의 생명을 보존하려는 사람은 필요하다면 타인을 위해 자신을 희생해야 한다.
② 계약자인 시민의 생명과 안전을 확보하기 위한 사형제도는 정당하다.
③ 범죄의 책임은 공동체와 사회 구조에 있다.
④ 살인자는 사회 계약을 심각하게 위반한 사람이기 때문에 다른 시민들로부터 영구히 격리해야 한다.

09 루소가 생각하는 사회계약설상의 사회구성원은 공동선을 실현할 수 있는 정치적 의지체인 '일반의지'에 사회 계약을 통해 공동체의 운영을 위임한다. 또한, 사회를 운영하는 일반의지는 항상 공공선을 지향하기 때문에 사회는 항상 올바른 방향으로 운영되고 문제가 발생하지 않는다. 결과적으로 사회에서 발생하는 모든 범죄는 범죄를 발생시키는 개인에게 그 책임이 있다.

10 다음 설명과 관련 있는 용어로 옳은 것은?

> 전쟁은 기본적으로 비도덕적이다. 하지만 침략으로부터의 방어, 침략으로 강탈된 영토의 회복, 인간 존엄성 보호를 위한 인도주의적 개입 등의 목적이 있을 때 정당화된다. 즉, 전쟁의 목적은 복수나 상대방의 말살이 아니라 잃어버린 평화를 되찾는 것이다.

① 정의전쟁론
② 현실주의
③ 영구평화론
④ 평화주의

10 ② 현실주의는 전쟁을 자국의 이익을 얻기 위한 활동으로 도덕적 판단이 불가능하다고 본다. 즉, 자국의 이익을 위해서라면 전쟁은 얼마든지 실천 가능하다는 것이다.
③ 독일의 철학자 칸트는 저서 『영구평화론』에서 전쟁은 악이며 영구평화야말로 인류가 도달해야 할 의무이자 영원한 과제라고 했으며, 구체적이며 현실적인 조건을 제안했다.
④ 평화주의는 모든 종류의 무력은 도덕적으로 정당화될 수 없다고 보는 입장이다.

정답 09 ③ 10 ①

11 괄호 안에 들어갈 말로 알맞은 것은?

(　　)은 미래세대가 그들의 욕구를 충족할 수 있는 기반을 저해하지 않는 범위 내에서 현세대의 요구를 충족시키는 발전이다. 이는 현세대의 필요를 충족하되 미래세대의 가능성을 파괴하지 않고, 인간사회가 주변 환경과 조화를 이루며 자유롭게 발전의 기회를 갖는 것을 의미한다.

① 지속 가능한 발전
② 이상적인 발전
③ 친환경적 발전
④ 재정 자립이 가능한 발전

11 '지속 가능한 발전'은 1992년에 브라질의 리우데자네이루에서 열린 유엔환경개발회의에서 채택된 21세기 지구환경보전을 위한 기본 원칙으로, 보존과 개발의 조화를 뜻하며 '인간, 사회, 경제, 생태계'의 지속 가능성을 지향한다.

12 다음 내용에 해당하는 스피넬로의 사이버 윤리원칙은 무엇인가?

인간은 스스로 도덕 원칙을 수립하여 그것을 따를 수 있는 능력이 있으며 타인도 역시 그러한 자기 결정 능력이 있음을 존중해야 한다.

① 해악 금지의 원칙
② 자율성의 원칙
③ 선행의 원칙
④ 정의의 원칙

12 ① 해악 금지의 원칙 : 남에게 해악을 끼치거나 피해를 입히는 일을 피해야 함
③ 선행의 원칙 : 다른 사람의 복지를 증진시키는 방향으로 행동해야 함
④ 정의의 원칙 : 어떤 집단이나 사회에서 공정한 기준에 의해 혜택이나 부담이 공정하게 배분되어야 함

정답 11 ① 12 ②

13 다음은 통일에 대한 비용을 설명한 것이다. 이 중 정확한 명칭은 무엇인가?

- 통일 이전에 평화 정착 및 유지를 위해 지불해야 할 비용
- 평화통일에 기반한 제공 비용
- 한반도의 긴장 완화와 평화 정착을 위한 비용

① 분단 비용
② 평화 비용
③ 통일 비용
④ 투자 비용

13 ① 분단 비용은 분단에 따른 대립과 갈등으로 인해 발생하는 비용으로, 유형 비용(군사, 외교 등)과 무형 비용(전쟁 공포, 이산가족의 고통 등)으로 나눌 수 있다. 소모적인 비용이기 때문에 민족의 경쟁력 약화를 초래한다.
③ 통일 비용은 통일 이후 남북 격차 해소 및 이질적 요소를 통합하기 위한 체제 통합 비용으로, 통일에 따른 편익을 증진하기 위한 것이다.
④ 투자 비용은 통일을 위한 비용으로 보지 않는다.

14 다음 내용에서 ㉠과 ㉡에 들어갈 말로 옳은 것은?

- 미모의 남자를 모아서 그들을 꾸며 (㉠)(이)라고 이름하여 받드니 무리가 구름처럼 모였다. 혹은 도의(道義)로써 서로 갈고 닦았고, 또는 가락(歌樂)으로써 서로 즐거워했으며, 산수에 노닐매 먼 곳이라도 이르지 않음이 없었다. 이를 통해 사람의 됨됨이를 알게 되고 그중에서 좋은 사람을 가려 뽑아 이를 조정에 추천하니, 현명한 재상과 충신, 훌륭한 장수와 용감한 병사들이 이로부터 나왔다.
- 신라의 승려 원광은 화랑인 귀산과 추항에게 세속에서 지켜야 할 계율을 다음과 같이 일러주었다. 임금을 섬기기를 충으로 하라. 어버이를 섬기기를 효로 하라. 친구와 사귐에 믿음으로 하라. 전쟁터에서는 싸움에 임해서 물러나지 마라. 생명을 함부로 죽이지 마라. 이를 (㉡)(이)라 하여 반드시 지키게 하였다.

	㉠	㉡
①	화랑	세속오계
②	세속오계	화랑
③	낭도	오륜
④	원화	풍류도

14 ③ 낭도는 평민부터 하급 귀족으로 구성된, 화랑을 따르는 사람들을 말한다.
오륜은 유교에서 사람이 지켜야 하는 도리 즉, '군신유의, 부자유친, 부부유별, 장유유서, 붕우유신'을 말한다.
④ 원화는 화랑제도의 전신으로 신라에서 가장 아름다운 여인 둘을 뽑아 그들을 매개로 인재를 모으는 제도를 말한다. 이 제도가 두 원화 간의 갈등으로 폐지되고, 진흥왕 때 다시 정리한 제도가 화랑제도이다.
풍류도는 고유 사상과 유·불·도가 조화를 이룬 전통사상을 말한다. 화랑의 생활 규범이자 정신적 지침을 의미하기도 한다.

정답 13 ② 14 ①

15 다음 중 단군신화와 관련이 없는 용어는 무엇인가?

① 천지인
② 재세이화
③ 홍익인간
④ 오심즉여심

15 오심즉여심(吾心卽汝心)은 동학사상의 중심사상으로 "내 마음이 곧 네 마음이다."라는 의미이다.

16 다음에서 설명하고 있는 맹자의 정치사상과 관련이 없는 것은?

> 맹자 : 친구에게 아내와 자녀를 돌봐줄 것을 부탁하고 다른 나라로 간 사람이 있습니다. 한데, 돌아와 보니 아내와 자녀가 추위에 떨며 굶주리고 있었습니다. 왕이라면 어떻게 하겠습니까?
> 선왕 : 절교하겠습니다.
> 맹자 : 장관이 그 밑의 관리들을 다스리지 못한다면 어떻게 하겠습니까?
> 선왕 : 그만두게 하겠습니다.
> 맹자 : 나라가 다스려지지 않으면 어떻게 하겠습니까?
> (왕이 좌우를 두리번거리며 엉뚱한 말을 하였다.)

① 소국과민
② 역성혁명
③ 민본주의
④ 왕도정치

16 맹자는 "백성이 가장 귀하고 사직(社稷)은 다음이며 군주는 가볍다."라고 하여 백성이 나라의 근본이라는 민본주의를 주장하였다. 따라서 맹자에 따르면, 백성을 돌보지 않고 억압하는 부도덕한 군주는 군주의 자격이 없다고 할 수 있다.
소국과민은 노자가 이상적으로 생각하는 국가로, 욕심을 버리고 자연의 순리대로 살아가는 나라를 말한다.

정답 15 ④ 16 ①

17 다음 문헌에서 설명하고 있는 공자의 사상은?

> 큰 도가 행해지고 천하가 모두의 것이다. 현명하고 유능한 사람을 뽑아 나라를 다스리게 하며, 사람들은 자기 부모만 부모로 여기지 않고 자기 자식만 자식으로 여기지 않는다. 노인들은 여생을 잘 마칠 수 있고, 장년들에게는 일자리가 있으며, 어린아이는 잘 양육되고, 외롭고 홀로된 자나 병든 자들은 모두 보살핌을 받는다. …(중략)… 그래서 음모를 꾸미는 일이 생기지 않고 훔치거나 해치는 일도 일어나지 않는다. 그러므로 집집마다 문을 잠그지 않는다.
>
> –『예기』–

① 대동사회
② 소국과민
③ 정명사상
④ 덕치사상

17 제시문의『예기』에서 설명하고 있는 내용은 대동사회에 대한 내용이다. 대동사회는 유능한 사람이 중용되고, 재화가 고르게 분배되며, 사람들이 가족주의에 얽매이지 않는 평화로운 도덕공동체이다.
② 소국과민은 노자가 말하는 이상 사회이다.
③ 정명사상은 사회구성원 각자가 자신의 직분을 성실하게 수행하면 나라가 평화로워진다는 공자의 핵심 사상이다.
④ 덕치사상은 통치자가 먼저 군자다운 인격을 닦아서, 통치자의 덕성과 예의에 의한 교화를 추구하는 정치를 말한다.

18 다음 중 순자의 사상에서 말하고 있는 예(禮)에 대한 설명으로 옳은 것은?

① 하늘이 부여한 본성인 4덕 중의 하나이다.
② 내적 도덕성을 표현하는 외면적 규범이다.
③ 이로움의 증진을 방해하는 사치이다.
④ 사람의 성질을 선하게 변화시키기 위한 규범이다.

18 ① 맹자, ② 공자, ③ 묵자가 설명하는 예(禮)의 의미이다.

19 다음 설명에 해당하는 것은?

> 거짓이나 꾸밈없이 자신의 참된 마음에 최선을 다하는 것

① 서(恕)
② 인(仁)
③ 지(知)
④ 충(忠)

19 제시문은 충(忠)에 대한 설명이다.
① 서(恕) : 자기 자신을 미루고 다른 이의 마음을 먼저 헤아리는 것

정답 17 ① 18 ④ 19 ④

20 다음 중 A가 말하는 참된 학문의 조건으로 옳지 않은 것은?

> (A)은(는) 이론적인 문제에 대한 논쟁에 치우치던 성리학을 "수레를 이론으로만 많이 알지만 정작 만드는 법이나 기술을 모르면 그것은 참된 학문이라 할 수 없다."라고 비판하면서, 학문은 구체적인 현실문제에 관심을 가지고 실생활에 도움을 주어야 한다고 주장하였다.

① 실질보다 명분으로 경서를 해석한다.
② 사회의 모순을 해결하는 학문이어야 한다.
③ 여러가지 개혁을 통하여 현실을 변화시키기 위해 노력해야 한다.
④ 실제적인 일에서 옳음을 추구해야 한다.

20 A는 실학이다. 실학은 양난을 거치면서 현실문제의 해결에 도움을 줄 수 있는 학문을 해야 한다는 사회 분위기 속에서 등장한 학문이다. 따라서 당시 성리학의 '명분론'을 비판하는 사상이 형성되었다.

21 다음 중 퇴계 이황의 사상으로 옳지 않은 것은?

① 이가 움직이면 기가 따라서 생기며, 기가 움직이면 이가 따라서 드러난다.
② 경(敬)의 실천 방법으로 주일무적(主一無適), 정제엄숙(整齊嚴肅), 상성(常惺)성을 주장하였다.
③ 거경(居敬)과 궁리(窮理)의 병행을 강조하였다.
④ 사단과 칠정은 모두 기가 발한 것으로, 칠정 가운데 순선(純善)한 부분이 사단이다.

21 ④는 이이의 사단칠정론을 설명한 것이다.

정답 20 ① 21 ④

22 다음 내용이 설명하는 개념은?

> 사람의 본성(性)은 단지 선을 좋아하고 악을 싫어하는 것이다. 즉, 선을 좋아함으로 해서 측은(惻隱)과 사양(辭讓)의 마음이 있게 되며, 악을 싫어함으로 해서 수오(羞惡)와 시비(是非)의 마음이 있게 되며, 그 사심(四心)이 있음으로 해서 인의예지의 덕을 이룰 수 있다.

① 성기호설
② 이통기국
③ 동도서기
④ 위정척사

22 제시문은 성기호설에 대한 설명이다.
② 이통기국은 이이가 '이(理)'와 '기(氣)'에 대해 설명한 개념으로, 이(理)는 온 세상에 골고루 있어 모든 것에 통하고, 기(氣)는 특정한 곳에 있어 국한된다는 개념이다.

23 다음 중 ㉠과 ㉡에 들어갈 말로 적절한 것은?

> 석가모니가 깨달은 네 가지 성스러운 진리를 (㉠)(이)라고 말한다. 또한, 깨달음을 얻기 위해 실천해야 할 수행 방법을 (㉡)(이)라고 말한다.

	㉠	㉡
①	삼법인설	연기설
②	윤회사상	중도사상
③	사성제	팔정도
④	팔정도	육바라밀

23 사성제는 석가모니가 깨달은 네 가지의 성스러운 진리로서, '고제, 집제, 멸제, 도제'를 말한다. 팔정도는 깨달음을 얻기 위해 실천해야 할 여덟 가지 수행 방법으로 '정견, 정사유, 정념, 정정, 정정진, 정어, 정업, 정명'을 말한다.

정답 22 ① 23 ③

24 ③은 부파불교(= 소승불교)와 연관된 설명이다. 우리나라의 불교는 중생의 구제와 개인의 깨달음을 두 개의 수레바퀴(= 승)로 보는 대승불교이다.

25 '갑'은 원효대사로 제시문은 '원효의 오도송(悟道頌)'을 윤문한 것이다. 원효대사의 깨달음에 가장 큰 영향을 준 '해골물' 사건을 통해 "세상의 모든 현상은 어떤 인식을 가지는가에 따라 바뀔 수 있다."라는 것을 깨닫는다. 이 일을 계기로 원효는 ㉠의 일심(一心) 사상과 ㉡의 화쟁(和諍)을 정립하게 된다.

정답 24 ③ 25 ②

24 다음 중 한국불교 윤리사상의 특징이 아닌 것은?

① 민족과 국가를 수호하고자 하는 성격(호국 불교적 성향)이 강하다.
② 여러 종파를 조화시키려는 성향(조화 정신 지향)을 가지고 있다.
③ 개인의 성불과 자유를 위해서 수행할 것을 강조하였다.
④ 일상생활에서 자비의 실천을 강조하였다.

25 '갑' 사상가의 이야기와 연관된 ㉠과 ㉡의 개념을 올바르게 연결한 것은?

> 갑 : 어젯밤 잠자리는 움막이라 하여 편안했는데, 오늘 밤 잠자리는 무덤이라 하니 매우 뒤숭숭하구나. 마음이 생겨나므로 갖가지 현상이 생기고 마음이 사라지므로 움막과 무덤이 둘이 아님을 알겠다. 또 온갖 현실은 오직 내 마음이 만들어내고, 모든 현상은 오직 내 인식이 만들어낸다. 마음 밖에 현상이 없는데 어디에서 따로 구하랴.

> '갑'은 '부처의 말씀은 여럿이지만, 부처의 마음은 하나'라는 (㉠)을 주장하였다. 또한, 각 종파의 다른 이론들을 인정하지만, 조금 더 높은 차원에서 서로를 통합할 수 있다는 (㉡)이론을 주장하였다.

	㉠	㉡
①	내외겸전	돈오점수
②	일심	화쟁
③	원융회통	팔정도
④	화쟁	일심

26 다음 설명에서 괄호 안에 들어갈 알맞은 용어는?

> 지눌은 단박에 깨달은 이후에도 남아 있는 나쁜 습기(習氣)를 소멸시켜 나가는 수행이 필요하다고 주장한다. 그런데 점수(漸修)로서의 수행은 자심(自心)이 참 부처임을 단박에 깨닫는 (　　)에 의지해서 이루어야 한다고 했다. 또한, 점수(漸修)의 구체적인 실천 내용인 선정과 지혜는 본래 둘이 아니기 때문에 함께 수행해야 함을 강조한다.

① 일심(一心)
② 정혜(定慧)
③ 화쟁(和諍)
④ 돈오(頓悟)

27 다음 내용과 관련된 용어가 <u>아닌</u> 것은?

> 성인(聖人)이 하는 정치는 그 마음은 텅 비우게 하고 그 배를 채워 주며 그 의지는 약하게 해 주고 그 뼈대를 강하게 해 준다. 항상 백성들로 하여금 무지(無知)하고 무욕(無欲)하게 하고 지혜롭다고 하는 자들로 하여금 감히 무엇을 하려고 하지 못하게 한다. 무위(無爲)를 실천하면 다스려지지 않는 것이 없다.

① 무위자연
② 상선약수
③ 무위지치
④ 항산항심

26 지눌은 "단번에 진리를 깨친 뒤에도 나쁜 습기(習氣)를 차차 소멸해 나가는 수행이 필요하다."라는 돈오점수(頓悟漸修)를 주장하였다. 제시문의 괄호는 '자심이 부처임을 단박에 깨닫는…'이라고 했으므로 돈오(頓悟)에 해당한다.

27 제시문은 도가의 사상가인 '노자'의 주장이다. 노자는 유가 사상이 추구하는 '도덕심'이 인간이 사는 세상을 혼란하게 만든다고 생각하여 자연의 순리에 따르는 삶인 '무위자연'을 주장하였다. 그중에서도 노자는 특히 '물'의 순리를 인간이 본받아야 할 순리라고 생각하여 '상선약수'를 주장하였다. 그리고 노자는 정치에서도 자연의 순리에 따른 정치가 필요하다고 생각하여 지배자의 개입이 거의 없는 '무위지치'를 주장하였다.
④ '항산항심'은 일정한 직업을 가지지 않는 사람은 안정된 마음을 가질 수 없다는 뜻으로, 맹자가 주장하는 왕도정치의 기본을 이룬다.

정답 26 ④ 27 ④

28 다음 사상가가 주장하는 내용을 올바르게 서술한 것은?

> 오리의 다리가 비록 짧다고 하더라도 늘여주면 우환이 되고, 학의 다리가 비록 길다고 하더라도 자르면 아픔이 된다. 그러므로 본래 긴 것은 잘라서는 안 되며 본래 짧은 것은 늘여서도 안 된다. …(중략)… 생각건대 인의(仁義)가 사람의 본성일 리 있겠는가! 그러므로 인위(人爲)로써 자연(自然)을 멸하지 말며, 고의(故意)로써 천성(天性)을 멸하지 말며, 명리(名利)로써 천성의 덕(德)을 잃지 말라.

① 문명의 이기와 정치적 제도를 활용하여 백성들을 효율적으로 통제해야 한다.
② 지도자가 인의(仁義)의 덕으로 나라를 다스려야 한다.
③ 자연의 순리에 따른 본성을 거스르지 않는 삶을 살아야 한다.
④ 이상적 인간으로 성장하기 위해 도덕적 지식의 습득과 실천을 반복해야 한다.

28 제시문은 장자의 '제물론'의 일부를 발췌한 것이다. 도가 사상가인 장자는 노자의 사상을 이어받아 인위적인 것을 배제한 '자연의 순리'를 따르는 삶이 필요함을 역설하였다.
① 법가 사상의 주장이다.
②・④ 유가 사상의 주장이다.

29 다음에서 설명하고 있는 '중용'에 대한 내용으로 옳은 것은?

> 품성적 덕은 감정과 행동에 관계하고, 이 감정과 행동 속에 과도와 부족 및 중용이 있다. 예를 들어 두려움과 태연함, 또 육욕이나 분노 및 연민, 일반적으로 쾌락과 고통을 느끼는 일을 너무 많이 또는 너무 적게 할 수 있는데, 양쪽 모두 잘하는 것이 아니다. 반면, 이것들을 마땅한 때에, 마땅한 일에 대해, 마땅한 사람들에 대해, 마땅히 추구해야 할 목적을 위해, 그리고 마땅한 방식으로 느끼는 것이 바로 중용이자 최선이고, 이것이 덕의 특징이다.

① 진리를 인식하는 덕이다.
② 이성에 의해 충동이나 정욕, 감정을 억제함으로써 한쪽으로 치우치지 않으려는 의지를 습관화한 덕이다.
③ 이성적 판단을 통해 파악한 가장 적합하고 올바른 상태로 모든 사람에게 동일하다.
④ 중용은 모든 행위와 감정에 해당되는 행위판단규범이다.

29 ① 진리를 인식하는 덕은 '지성적인 덕'에 대한 설명이다.
③ 중용의 덕은 모든 사람에게 동일하게 적용되지 않는다. 즉, 중용은 단순한 산술적인 중간이 아니라 이성적 판단을 통해 그 사람이 그 상황에서 해야 하는 가장 적절한 행동을 하는 덕을 의미한다. 따라서 사람마다 다를 수 있다.
④ 중용은 모든 행위와 감정에 해당하지 않는다. 살인이나 거짓말, 미워하는 감정 등은 그 자체로 무조건 나쁜 감정이나 행위로 본다. 즉, 중용의 대상이 아닌 행위와 감정이 존재한다.

정답 28 ③ 29 ②

30 다음 사상가가 주장한 이론의 내용이 <u>아닌</u> 것은?

> 우리는 아름다움 자체, 좋음 자체를 가정하며, 이런 식으로 각 부류에 하나의 이데아가 있는 것으로 상정하여, 이 하나의 이데아에 따라 각 부류를 '~인 것'이라 일컫는다네. …(중략)… 많은 침상과 식탁이 있다고 할 때, 이 가구들과 관련해서는 두 이데아가 있다네. 하나는 침상의 이데아이며, 다른 하나는 식탁의 이데아라네.

① 이데아(Idea)는 모든 존재와 인식의 근거가 되는, 사물의 원형(Prototype)이 존재하는 세계이다.
② 정의(Justice)는 국가 차원에서 통치자, 수호자, 생산자라는 세 계층이 조화를 이룬 상태를 의미한다.
③ 각각의 사물에는 그것들의 이데아가 있으며, 최고의 이데아는 선(善)의 이데아이다.
④ 사유재산의 소유에서 오는 이해관계의 대립이 국가를 분열시킨다고 생각하였다. 따라서 모든 계급의 재산은 공유되어야 한다.

31 밑줄 친 내용을 언급한 사상가가 주장한 사상이 <u>아닌</u> 것은?

> 국가는 개인의 생존 차원뿐만 아니라 자아실현과 같은 좋은 삶의 차원을 충족할 때 자족적이라고 할 수 있다. 사물의 본성이 그 사물의 최후 형태 혹은 궁극 목적의 실현을 의미하듯이, 자족적인 국가는 자연적으로 존재하는 결사체의 최후 형태이자, 궁극 목적의 실현을 목표로 하는 최선의 단계이다. 그러므로 <u>국가는 가족이나 마을과 같은 결사체처럼 자연의 산물들 중 하나이며, 인간은 본성상 국가에 살도록 되어 있는 동물이라는 점</u>이 명백하다.

① 선은 이데아의 세계가 아닌 현실의 세계에 존재한다.
② 국가는 인간의 영혼이 확대된 것이라서 각 계층의 조화가 중요하다.
③ 주지주의적 입장에 주의주의적 입장을 가미하였다.
④ 도덕적인 실천의지의 중요성을 강조하였다.

30 플라톤은 통치자 계급과 수호자 계급이 '사유재산'을 소유하게 되면 이해관계의 대립이 발생하여 국가를 분열시킨다고 보았다. 따라서 통치자 계급과 수호자 계급은 모든 재산을 공유해야 한다고 주장하였다. 다만, 그 대상에 '생산자' 계층은 해당하지 않는다.

31 제시문의 사상가는 아리스토텔레스이다. 아리스토텔레스는 선은 현실 세계에만 존재한다고 주장하였으며, 주지주의적 입장에 주의주의(注意主義)적 입장을 가미하였다. 또한, 도덕적 실천의지(선의지)의 중요성을 강조하였다.
②는 플라톤의 주장이다.

정답 30 ④ 31 ②

32 제시문은 칸트가 『윤리형이상학 정초』에서 선의지에 대해서 언급한 부분이다.
④는 결과론적 윤리설을 강조한 공리주의의 입장이다.

정답 32 ④

32 다음 내용을 언급한 사상가의 주장과 다른 입장은?

> 이 세상에서, 아니 이 세상 밖에서조차도 무제한적으로 선하다고 생각할 수 있는 것은 오직 선의지뿐이다. 지성, 기지, 판단력, 그 밖에 정신의 재능이라고 불릴 수 있는 것들, 그리고 용기, 결단력, 끈기 같은 기질상의 속성들도 틀림없이 여러 가지 점에서 선하고 바람직하다고 할 수 있다. 그러나 우리가 성품이라고 일컫는 이러한 천부적 재능이나 기질도 그것을 사용하는 의지가 선하지 못하면 지극히 악하거나 해로운 것이 될 수도 있다. …(중략)… 선의지는 그것이 실현하거나 성취한 것 때문에, 또는 이미 주어진 어떤 목적을 달성하는 데 쓸모가 있기 때문에 선한 것이 아니라, 오로지 그렇게 하기로 마음먹는 일 자체로 선한 것이다.

① 선의지는 어떤 행위가 옳다는 이유로 행위를 선택하려는 의지를 말한다.
② 도덕과 행복은 양립이 가능하지만 행복은 도덕의 목적이라고 할 수는 없다.
③ 도덕적 가치를 지니는 행위는 '의무로부터 비롯된 것'이어야 한다.
④ 행위 자체는 본질적 가치를 지니지 않으며, 좋은 결과를 얻기 위한 수단으로서의 가치를 지닌다.

33 (가), (나) 사상가의 주장을 잘못 말한 것은?

> (가) 너 자신과 다른 모든 사람의 인격을 결코 단순히 수단으로 취급하지 말고 언제나 동시에 목적으로 대우하도록 행위하라.
> (나) 만족해하는 돼지보다 불만족스러워하는 인간이 되는 것이 더 바람직하고, 만족해하는 바보보다는 불만족스러워하는 소크라테스가 되는 것이 더 바람직하다.

① (가)의 사상가는 '의무'를 도덕 법칙에 대한 존경심으로 인해 그 도덕 법칙이 명령하는 행위를 하지 않을 수 없는 필연성이라 말하였다.
② (가)의 사상가는 행위가 도덕적 가치를 지니기 위해서는 의무에 일치하기만 해서는 안 되고 의무로부터 비롯된 것이어야 한다고 주장하였다.
③ (나)의 사상가는 다른 사람들의 선을 위해서라면 자신의 최대 선까지도 희생해야 한다고 본다.
④ (나)의 사상가는 인생의 궁극적 목적을 행복(쾌락)으로 보고, 행위자 자신만의 행복이 아니라 관련된 모든 사람의 행복을 증진하는 행위가 옳은 행위라고 주장하였다.

33 (가)는 칸트의 도덕 법칙 중 '인격주의' 원칙을 이야기하고 있다.
(나)는 밀의 '질적 공리주의'를 나타내는 표현이다. 질적 공리주의는 쾌락의 질적 차이를 고려하여 질적으로 높고 고상한 쾌락을 우선으로 추구해야 한다는 사상이다.
③ 밀은 『공리주의』라는 자신의 저서에서 "공리주의는 다른 사람들의 선을 위해서라면 자신의 최대 선까지도 희생할 수 있는 힘이 인간에게 있다고 본다. 다만 희생 그 자체가 곧 선이라고 인정하지 않을 뿐이다. 행복의 총량을 증가시키지 않는 희생은 무용지물로 간주된다."라고 주장하고 있다. 따라서 공리주의는 타인의 선을 위해서 자신의 최대 선을 희생하는 '전체주의'와는 다르다고 볼 수 있다.

34 다음 내용을 주장한 사상가는 누구인가?

> 모든 사람을 떨게 만드는 공통의 권력이 없는 상태에서 사는 한, 인간은 누구나 전쟁 상태에 놓이게 된다. 이러한 전쟁은 '만인에 대한 만인의 투쟁'이라고 할 수 있다. 만인에 대한 만인의 투쟁 상태에서는 그 어떤 것도 부당한 것이 될 수 없다. 그곳에는 옳고 그름의 관념, 정의와 불의라는 관념이 존재하지 않기 때문이다. 공통의 권력이 없는 곳에는 법률도 존재하지 않으며, 법률이 존재하지 않는 곳에는 불의도 존재하지 않는다.

① 흄 ② 홉스
③ 베이컨 ④ 스피노자

34 제시문은 홉스의 저서 『리바이어던』의 일부이다. 홉스는 인간의 본성을 '만인에 대한 만인의 투쟁'으로 표현했다. 즉, 인간들이 자신의 안전을 도모하고 죽음의 공포에서 벗어나기 위해 강력한 힘을 가진 합의체인 '리바이어던(Leviathan)'을 만들게 된다는 것이다. 홉스는 한 나라의 군주를 막강한 힘을 가진 '리바이어던(성경에 나오는 바다괴물)'으로 봤으며, 시민은 강력한 권한을 가진 군주에게 자신의 권리를 넘겨주고, 이전보다 제한된 수준의 자유만 누리는 대신, 자신의 생명과 재산을 보호받을 수 있다고 했다. 홉스의 이론은 사회계약설의 이론적 기초가 되었다.

정답 33 ③ 34 ②

35 다음 내용에 해당하는 사상에 대해서 잘못 설명한 것은?

> 남성과 여성의 서로 다른 관점은 두 개의 서로 다른 도덕에 반영되어 있으며, 독립성은 권리의 도덕에 의해 정당화되고 친밀성은 보살핌의 도덕에 의해 지지된다. 권리의 도덕에서는 공정성을 이해하는 것이 필수적인 데 반해, 보살핌의 도덕에서는 사람들의 필요에 차이가 있음을 인정하는 것이 중요하다. 권리의 도덕은 모든 사람을 평등하게 존중하고 나와 남의 주장을 균형 있게 고려하는 것을 목표로 하는 반면, 보살핌의 도덕은 공감과 배려의 전제 조건인 이해심에 토대를 두고 있다.

① 보편적 원칙을 강조하는 근대 윤리의 한계를 비판하면서 실제 공동체가 가지는 인간관계를 중시해야 한다고 주장한다.
② 상대방에 대한 관심과 배려, 공감과 동정심, 상호의존성과 유대감, 인간관계와 책임 등을 중시한다.
③ 기존의 윤리가 남성 중심적인 가치관을 지나치게 많이 반영하고 있다고 비판한다.
④ 선한 성품에서 자연스럽게 옳은 행위를 한다고 생각하기 때문에 유덕한 성품을 길러야 한다고 주장한다.

35 제시문에서 설명하고 있는 사상은 배려윤리로 여성주의 윤리의 영향을 받아 등장한 사상이다. 이 사상은 기존의 남성중심주의적 가치관에 의해서 만들어진 사상체계의 한계점을 비판하고, 실제 삶의 구체적인 맥락과 인간관계를 중시하는 배려, 공감, 관계성, 책임 등을 강조하는 사상이다. ④는 덕 윤리에 대한 설명이다.

36 다음 설명에서 괄호 안에 들어갈 내용으로 알맞은 것은?

> 윤리적 (　　　)은(는) 과학기술의 발달과 그것을 따라가지 못하는 기존 윤리와의 차이를 말한다. 요나스는 기존의 윤리가 인간 삶의 전 지구적 조건과 미래, 즉 인류의 존속이라는 문제를 고려하지 않는다고 비판한다.

① 공백
② 의무
③ 책임
④ 원리

36 과학기술의 발달과 그것을 따라가지 못하는 윤리와의 간극을 '윤리적 공백'이라고 한다.

정답 35 ④ 36 ①

37 다음 설명에 해당하는 개념은?

> • 사회에 대한 체계적 사유
> • 사회 현상을 설명하고 평가할 수 있는 기준과 사상적 틀을 제공
> • 현실의 부조리와 개선된 더 나은 사회의 모습을 제시하고 실현 방안을 제시

① 이상사회
② 정의로운 사회
③ 윤리사상
④ 사회사상

37 사회사상은 바람직한 사회(= 이상적인 사회)의 모습을 설정하고 그 모습을 구현하기 위한 구체적 실행 방법과 운영방안에 대한 체계적인 사유를 의미한다.
③ 윤리사상은 옳고 그름, 덕과 악덕, 의무와 행복 등에 대한 체계적인 사유로서 어떻게 사는 것이 올바르게 사는 것인지를 논리적으로 체계화한 사유이다.

38 다음과 같은 입장으로 전개된 사상에 대한 설명으로 옳지 않은 것은?

> • 정의로운 사회는 구성원 합의가 원칙으로 도출된 사회이다.
> • 정의의 원칙은 원초적 입장에서 도출된다. 원초적 입장이란 거기서 도달하게 되는 기본적 합의가 공정함을 보장하기에 적절한 최초의 상태이다. 자신의 이익 증진에 관심을 가진 자유롭고 합리적인 사람들은 평등한 최초의 입장에서 그들 공동체의 기본 조건을 규정하게 될 원칙들에 합의한다.

① 공정한 절차를 통해 분배가 합의된 것이라면 그 결과가 불평등하더라도 정당하다.
② 원초적 상황은 자신의 이익을 극대화하고, 상대방의 이해관계에 관심이 없다고 가정한다.
③ 정당한 절차를 통해 소유물을 얻었다면, 그 소유물을 처분할 권리는 절대적으로 소유자에게 있다.
④ 사회적 불평등이 발생하더라도 그것이 최소수혜자에게 이익이 보장된다면 사회적 불평등은 정당하다.

38 제시문은 롤스의 '정의론'에 대한 설명이다.
③은 노직의 '소유권리론'에 대한 설명이다.

정답 37 ④ 38 ③

39 다음 설명에 해당하는 사회사상은?

- 국가는 개인의 자유(양심, 사상, 표현의 자유 등)를 보장하기 위해 존재하며 다양한 신념 체계에 대해 중립을 유지해야 한다.
- 견해가 다른 사람과 토론을 통해 대안을 모색해야 한다.

① 자유주의
② 공화주의
③ 공동체주의
④ 포스트 모더니즘

39 제시문은 자유주의에 대한 설명이다. 자유주의는 개인의 자유를 가장 소중한 가치로 삼고, 자유를 억압하는 정부체제로부터 개인의 자유를 보장받기 위해 등장한 사상이다.
② 공화주의는 인간의 상호의존성을 중시하여 개인의 삶을 중시하고 공동체적 삶을 소홀히 할 수 있는 자유주의의 문제점을 보완하기 위해 등장한 사상이다.
③ 공동체주의는 인간은 공동체를 중심으로 자신의 정체성을 형성하기 때문에 공동체에 뿌리를 둔 존재로 정의하고 구성적 공동체를 지향하는 사회사상이다.

40 다음 설명에 해당하는 이상적인 국가관은?

사회적 약자를 배려하는 것과 사회 전체의 긴장을 완화하고 모두 평화롭고 행복을 증진하는 것을 목표로 하는 사상으로, 국가는 사회구성원의 행복을 위해 국가의 자원을 사용해야 한다는 사상

① 자유주의적 국가관
② 복지국가관
③ 국가주의적 국가관
④ 무정부주의적 국가관

40 제시문은 복지주의 국가관에 대한 설명이다.
① 자유주의적 국가관은 국가를 개인의 자유롭고 평화로운 삶을 위한 필요악으로 보는 개념이다.
③ 국가주의적 국가관은 개인과 국가를 유기적인 관계로, 국민의 목적 실현을 위한 도덕체로 파악하는 국가관으로 유가 사상과 유사하다.
④ 무정부주의 국가관은 국가의 강제력을 부인함으로써 국가 존재 자체를 의문시하는 국가관이다.

정답 39 ① 40 ②

사회학개론

최신기출문제

2024년 기출복원문제

2023년 기출복원문제

2022년 기출복원문제

2021년 기출복원문제

2020년 기출복원문제

출/ 제/ 유/ 형/ 완/ 벽/ 파/ 악/

지식에 대한 투자가 가장 이윤이 많이 남는 법이다.

– 벤자민 프랭클린 –

2024년 기출복원문제

▶ 온라인(www.sdedu.co.kr)을 통해 기출문제 무료 강의를 만나 보세요.

01 다음 내용과 가장 관련 있는 학자는?

- 사회학의 창시자로, 사회를 과학적으로 탐구하는 새로운 과학의 필요성을 주장하면서 사회학이라는 용어를 처음 사용하였다.
- 인류의 지적 진화와 관련하여 '신학적 단계 – 형이상학적 단계 – 과학적 단계'로 진화한다는 '3단계 법칙'을 제시하였다.

① 베버
② 스펜서
③ 콩트
④ 마르크스

01 제시문은 콩트에 관한 설명으로, 콩트는 사회를 과학적으로 탐구하는 새로운 과학의 필요성을 주장하면서 사회학이라는 용어를 처음 사용한 사회학의 창시자이다. 사회의 진보가 인간 정신의 진보에 의하여 이루어진다고 생각했으며, 인류의 지적 진화와 관련하여 3단계 법칙을 제시하였다. 인간의 지적 능력은 신학적 단계에서 형이상학적 단계를 거쳐 실증적 단계로 발전하고, 이러한 지적 발전과 더불어 사회가 진보한다고 주장하였다.

정답 01 ③

02 다음 중 베버의 사회학의 연구 대상으로 옳은 것은?

① 사회 진화론
② 사회적 사실
③ 사회적 행위
④ 사회주의 사회

02 베버는 사회학을 '사회적 행위의 해석적 이해를 통해 그 행위의 과정과 결과를 인과적으로 설명하는 학문'이라고 규정하였다. 그에게 있어 사회학의 과제는 행위자가 자신의 행위에 부여하는 주관적 의미를 파악해서 그것의 인과관계를 밝혀내는 것이었다.

① 스펜서는 다윈의 진화론을 사회에 적용하여 사회도 생물 유기체와 같아 동질적이고 단순한 사회에서 이질적이고 복합적인 사회로 진화한다는 사회 진화론을 주장하였다.
② 사회적 사실은 뒤르켐이 주장한 개념이다. 사회적 사실이란 고정된 것이든 그렇지 않은 것이든 간에 개인에게 외재하며 그에게 구속력을 행사할 수 있는 일체의 감정・사고・행동양식이다. 뒤르켐은 사회적 사실이 그 자체로 존재성을 갖고 있는 것으로서, 사회현상은 사회적 사실이며 여기에는 사회구조적인 결정인자가 있다고 보았다.
④ 마르크스는 역사적 유물론에 기초하여 지금까지의 모든 인간 역사는 계급 투쟁의 역사라고 보았다. 경제 체계는 공동 소유하에 있게 될 것이며 평등주의적이고 참여적인 사회주의 사회가 건설될 것이라고 주장하였다.

정답 02 ③

03 다음 내용과 가장 관련 있는 이론은?

> 사회는 하나의 유기체이며, 사회를 형성하고 있는 많은 부분 요소 사이에 의견의 합의가 있다. 사회는 많은 개인으로 이루어졌고, 여러 개인이 한 사회 내에서 질서를 유지하며 살기 위해서는 합의가 있어야 한다. 유기체가 균형을 이루는 것과 같이 사회도 균형을 이루며 통합한다.

① 갈등론
② 교환이론
③ 구조기능주의
④ 상징적 상호작용론

03 제시문은 합의론에 관한 내용이다. 합의론은 사회를 하나의 유기체로 보며, 사회가 형성되고 그 속에서 여러 개인이 함께 존재한다는 것 자체가 사회 내의 집단 성원들이 공감하는 어떤 공통의 합의가 이루어졌기 때문이라고 본다. 이러한 합의론적 경향을 보이는 사회 학설에는 사회유기체설, 사회체계이론, 구조기능주의 등이 있다.

① 갈등론은 사회 질서보다는 사회 변동에 관점을 두며, 한 사회 안에서 어떤 문제가 발생한 것은 사회가 변화해 가기 위한 지극히 정상적이고도 필연적인 계기로 본다.
② 교환이론은 인간의 사회 행위를 서로 주고받는 교환 행위로 규정하고, 모든 인간은 기본적으로 이윤을 추구하는 존재라는 전제에서 출발한다. 또한 자신의 이익을 추구하려는 동기를 가진 인간은 이와 같은 보상 욕구를 충족하기 위하여 타인과 상호작용을 한다고 본다.
④ 상징적 상호작용론은 개인을 활동적·창조적 주체로 보며, 언어나 제스처 등의 상징을 통해 의미를 교환하고 그 속에서 서로의 생각·기대·행동을 조정해 가는 미시적인 사회 과정에 초점을 맞추는 이론이다.

04 다음 내용에 해당하는 개념으로 적절한 것은?

> 찰스 밀스가 주장한 개념으로, 개개인들의 삶의 모습에 영향을 미치는 사회·역사적 과정에 대해 종합적으로 파악하는 정신적 자질을 의미한다.

① 사회 계층
② 사회적 사실
③ 사회적 지위
④ 사회학적 상상력

04 ① 사회 계층이란 사회구성원들을 그들의 지위, 재산, 교육, 수입 등에 의하여 분류할 때 비슷한 지위를 차지하고 있는 일군의 층을 의미한다.
② 뒤르켐은 외부적인 압력을 '사회적 사실'이라고 규정하며 철저하게 외부의 '사물'로 객관적으로 다루어져야 하며, 자신의 주관적인 판단을 포함하면 안 된다고 주장한다.
③ 사회적 지위는 한 개인이 점유하고 있는 각 집단에서의 개별 지위들을 종합한 단일 지위를 말한다.

정답 03 ③ 04 ④

05 다음 내용과 가장 관련 있는 이론은?

뒤르켐은 사회학적 관점에서 문제의 원인을 개인적 · 심리적 영역이 아니라 집단과 개인의 상호적 인과관계 속에서 찾으려 했다. 그가 말하는 인과관계란 현상의 이전과 이후 상태 사이의 필연적인 관계이며, 이 두 상태를 비교함으로써 문제의 원인을 파악할 수 있다고 하였다.

① 자살론
② 사회명목론
③ 지식사회학
④ 심리학적 환원론

06 다음 중 사회학의 대표적인 연구 방법에 해당하는 것을 모두 고른 것은?

ㄱ. 이론적 설명
ㄴ. 과학적 관찰
ㄷ. 직관적 사유
ㄹ. 체험적 이해

① ㄱ, ㄴ
② ㄴ, ㄹ
③ ㄱ, ㄴ, ㄹ
④ ㄱ, ㄷ, ㄹ

05 뒤르켐은 『자살론』에서 자살이란 사회현상에서 원인은 '사회와 개인의 관계 유형'이며 결과는 '개인의 자살'이라고 파악하여, 사회 구조 및 현상과 개인의 자살이 갖는 관계를 분석했으며, 이를 통해 자살의 원인을 이기적 자살, 이타적 자살, 아노미적 자살, 숙명적 자살로 유형화했다.
② 사회명목론은 사회라는 것이 명목(名目)뿐인 것이며 사회의 특질은 그 사회구성원인 개개인의 특질의 합이라고 본다. 대표적인 학자로는 베버, 쿨리, 미드, 짐멜 등이 있다.
③ 지식사회학에서는 지식이 사회의 소산임을 문제로 삼고, 지식이 어떠한 사회적 요인을 조건으로 취하며 또 그 요인과 어떻게 기능적 관련을 갖느냐에 관심을 둔다. 만하임이 대표적인 주장자로, 만하임은 정치적 무기로서의 이데올로기론(論)으로부터 과학으로서의 지식사회학이 성립한다고 주장했다.
④ 사회명목론을 극단적으로 주장하면 심리학적 환원론에까지 나아가게 되며, 심리학적 환원론은 개인의 심리적 특성, 동기, 태도 등을 옳게 파악하면 사회의 특성은 물론 나아가 사회 구조와 제도적인 운영도 파악할 수 있다는 견해이다.

06 사회학의 대표적인 연구 방법으로는 과학적 관찰, 이론적 설명, 체험적 이해가 있다.
ㄱ. 사회학은 이론적 설명을 위해 논리적 도출을 사용하여 사실이 설명되는 논리 · 연역적 체계를 취한다.
ㄴ. 사회학은 인간과 사회 구조의 관계를 과학적으로 관찰하는데, 과학적으로 관찰한다는 것은 통제된 관찰을 의미한다.
ㄹ. 사회학은 인간과 집단에 대해 공동체적 연대 의식을 갖고 그들의 삶을 해석하고 체험적으로 이해하려고 한다.

정답 05 ① 06 ③

07 다음 연구 주제에 적합한 사회학적 연구 방법은?

- 독거노인의 소외감이 우울과 자살에 미치는 영향에 관한 연구
- 다문화가정 학생의 학교 적응에 관한 연구

① 연역법
② 귀납법
③ 비교법
④ 개별화

07 제시된 연구 주제와 같이 개별 사실이나 명제로부터 일반적인 결론을 끌어내는 연구 방법은 귀납법이다. 귀납추론은 흔히 '구체적인 사실로부터 보편적 사실을 추론하는 방식'으로 정의된다. 특히 귀납법은 개별적인 특수한 사실이나 원리를 전제로 해서 일반적인 사실이나 원리를 추론하는 연구 방법을 말하며, 주로 인과관계를 확정하는 데 사용한다.
① 연역법은 '보편적인 사실로부터 구체적 사실을 추론하는 방식'으로, '전제가 참이라면 결론은 필연적으로 참이다.'를 특징으로 한다. 특히 연역법은 논리 연역에 따른 추리 방법으로, 일반적 사실이나 원리를 전제로 하여 특수한 사실이나 원리를 결론으로 끌어내는 추리 방법을 말한다. 경험이 아닌 논리를 통해서 필연적인 결론을 끌어내는 것으로, 삼단 논법이 대표적이다.

08 다음 중 세계 체계론에 대한 설명으로 옳은 것은?

① 세계 자본주의 체계의 구조는 단일한 분업의 원칙에 따라 상이한 상품 생산에 입각한 평등한 교환관계로 서로 연관된 중심부, 반주변부, 주변부의 3가지 국가군으로 되어 있다.
② 강력한 국가 기구를 가지고 자유 임금과 노동에 기초하여 제조품 생산에 주력하는 주변부는, 허약한 국가 기구를 가지고 강제노동에 기초하여 농산물 경작에 주력하는 중심부에 대하여 국제 교역 과정에서의 잉여를 수탈하는 것으로 파악하였다.
③ 세계 자본주의 체계의 기능은 단일한 자본주의적 생산 양식에 따라 불평등한 교환관계를 통해 잉여가 주변부에서 중심부로(또는 반주변부를 거쳐) 이전되고, 나아가서 종속적 구조를 주변부에 형성하는 것으로 파악한다.
④ 주변부는 중심부에 의해 수취당하며 동시에 반주변부를 수취하는 제3의 구조적 위치를 점유하고 있는 나라들이다.

08 ① 세계 체계론에 따르면 세계 자본주의 체계의 구조는 단일한 분업의 원칙에 따라 상이한 상품 생산에 입각한 불평등한 교환관계로 서로 연관되어 있다.
② 강력한 국가 기구를 가지고 자유 임금과 노동에 기초하여 제조품 생산에 주력하는 것은 중심부이다.
④ 반주변부는 중심부에 의해 수취당하며 동시에 주변부를 수취하는 제3의 구조적 위치를 점유하고 있는 나라들이다.

정답 07 ② 08 ③

09 다음 내용과 가장 관련 있는 사회학적 이론은?

> 인간은 사회로부터 영향을 받는 수동적인 존재가 아니라 자신과 대상에 의미를 부여하는 능동적인 존재라는 점을 이론적 전제로 하며, 개인이 사물이나 행위에 주관적으로 의미를 부여하면서 자신의 행위를 선택한다고 본다.

① 사회명목론
② 사회실재론
③ 상징적 상호작용론
④ 과학적 관리론

09 상징적 상호작용론은 인간은 언어나 문자와 같은 상징을 통해 상호작용을 하면서 자신과 대상에 의미를 부여하는 능동적인 존재라는 철학적 전제하에 사회문화 현상을 미시적 관점에서 바라본다.
① 사회명목론은 인간과 사회와의 관계에서 사회보다는 개인이 중요하다고 보는 관점이다.
② 사회실재론은 인간과 사회와의 관계에서 개인보다는 사회가 우선이고 중요하다는 견해이다.
④ 과학적 관리론은 기업 경영 및 생산 과정 과학화 운동과 고전적 조직이론이 접목되면서 구축된 관리 이론이다.

10 다음 내용과 가장 관련 있는 개념은?

> 사회과학자의 연구는 객관적이어야 하며, 개인적인 가치관이나 사상을 자신의 연구 과정과 결과에 개입시켜서는 안 된다고 하는 방법론적 태도를 뜻한다.

① 가치개입
② 가치판단
③ 가치형성
④ 가치중립

10 가치중립은 사회과학자가 개인적인 가치관이나 사상을 연구 과정과 결과에 개입시켜서는 안 된다고 하는 방법론적인 태도를 의미한다. 즉, 가치중립성(몰가치성)은 사회과학으로부터 실천적·윤리적 가치를 배제해야 한다는 사회과학 방법론상의 이론으로, '가치개입' 또는 '가치판단'과 상반되는 용어이다.

정답 09 ③ 10 ④

11 **다음 내용에서 괄호 안에 공통으로 들어갈 용어로 적절한 것은?**

> (　　)은(는) 대중문화를 비평하기 위해 프랑크푸르트학파가 『계몽의 변증법』에서 주장한 개념이다. (　　)은(는) 자본주의적으로 대량 생산된 대중문화(Mass Culture)를 의미하는데, 프랑크푸르트학파에서 대중문화 대신 (　　)(이)란 용어를 사용한 것은 그것이 대중에 의해 생산된 것이 아니라 산업적 구조에 의해 상품으로서 생산된 것이기 때문이다.

① 대중매체
② 자본주의
③ 문화산업
④ 소비문화

11 프랑크푸르트학파인 아도르노(T. Adorno)와 호르크하이머(M. Horkheimer)가 『계몽의 변증법(The Dialectic of Enlightenment)』에서 대중문화를 비평하기 위해 사용한 개념은 문화산업(Culture Industry)이다. 프랑크푸르트학파의 주장에 따르면, 후기 자본주의 사회에서 문화는 이윤의 도구가 되었다. 그렇게 이윤의 도구가 된 문화산업, 즉 대중문화는 사물화된 의식을 조장하고 대중을 무력화함으로써 독점자본주의 체제가 유지되고 재생산될 수 있도록 기능한다고 주장한다.

12 **다음 사례를 지칭하는 용어로 가장 적절한 것은?**

> 오픈AI에서 개발한 인공지능 언어 모델인 ChatGPT는 방대한 양의 텍스트 데이터를 사전 학습하여 사용자의 입력에 적절하고 의미 있는 응답을 생성할 수 있다. 또한 다양한 주제를 이해하고 텍스트를 생성할 수 있어 챗봇, 언어 번역, 콘텐츠 생성 등 여러 분야에서 응용될 수 있다. 하지만 사용자의 민감한 데이터를 저장하고 사용하여 데이터 개인정보 보안에 대한 문제가 발생할 수 있고, 정보의 소유권이나 저작권 등의 문제를 해결해야 한다는 과제가 남아 있다.

① 문화 동화
② 문화 지체
③ 문화 변형
④ 아노미

12 인공지능 기술이 발달하긴 했지만, 이를 뒷받침하는 개인정보 보안이나 저작권 보호 등의 문제가 아직 해결되지 않은 상황이다. 이처럼 문화가 변동할 때 문화 내용의 제 측면이 골고루 같은 속도로 변하지 않고 한 측면은 빠르게 변하는 반면 다른 측면은 천천히 변하여 생기는 문화의 부조화 현상을 문화 지체라고 한다.
① 문화 동화란 여러 가지 독특한 하위문화를 가진 집단이 그 사회의 지배 문화로 통합되는 문화 현상, 즉 한 사회의 문화 요소는 없어지고 다른 사회의 문화 요소로 대체되는 현상을 의미한다.
③ 문화 변형이란 두 개의 이질적인 문화가 오랜 기간 접촉하는 동안 각각 본래의 문화 유형을 잃어가고 새로운 문화를 창조해 내는 문화 현상을 의미한다.
④ 아노미란 한 사회에 대립하는 가치관이 공존하여 개인이 가치관의 혼란을 일으키는 현상을 의미한다.

정답 11 ③ 12 ②

13 문화적 특성은 유전적이거나 타고나는 선천적 속성이 아니라, 출생 후 성장 과정에서 사회화를 통해 획득하는 후천적 속성을 띤다.
[문제 하단의 표 참조]

정답 13 ④

13 다음 중 문화의 속성에 해당하지 않는 것은?

① 창조성
② 축적성
③ 공유성
④ 선천성

[문화의 속성]

창조성	문화가 인간의 창조물이라는 것은 문화의 가장 중요한 특성이다.
후천성	문화적 특성은 타고나는 것이 아닌, 출생 후 성장 과정에서 사회화(사회적 상호작용을 통한 후천적 학습)를 통해 획득되므로, 학습성이라고도 한다.
축적성	문화는 상징 체계를 통해 세대를 이어서 전승되면서 쌓여간다.
공유성	문화는 한 집단 구성원들이 공통으로 갖는 생활 양식이다.
체계성	문화의 각 요소는 상호 유기적인 관련을 맺고 있으면서 전체적으로 하나의 통합성을 가진다.
변동성	문화는 고정불변이 아닌, 문화적 특성이 추가 또는 소멸하며 변화한다.
보편성	세계 어느 사회나 문화가 있고 사회성원 모두에게 영향을 미친다.
다양성	문화는 표현의 다양성과 가치관의 상대성을 갖고 있다.

14 다음 내용에서 괄호 안에 들어갈 용어를 순서대로 고른 것은?

(㉠) 문화는 전체 문화와 달리, 특정 집단에서 독특하게 나타나는 문화, 즉 한 사회 내의 여러 집단이 각각 자기 집단 성원들끼리만 공유하는 문화를 말한다. (㉡) 문화는 기존 사회의 질서를 인정하지 않고 그것을 파괴하려는 집단의 문화를 말한다. 이들 집단이 전체 문화의 가치관을 받아들이지 않고 그들끼리의 가치관을 내세워 사회 전체 문화의 가치관에 도전하기 때문이다.

	㉠	㉡
①	부분	지배
②	상위	전체
③	하위	대항
④	대중	주류

14 하위 문화(부분 문화)는 특정 집단에서 독특하게 나타나는 문화이며, 대항 문화(반문화)는 기존 사회의 질서를 인정하지 않고 그것을 파괴하려는 집단의 문화를 말한다.

- 전체 문화는 한 사회의 성원 대부분이 공유하는 문화로, 그 사회의 가장 기본이 되는 가치와 이념이 행동이나 상징으로 표현되는 것이기 때문에 그 사회성원이 대체로 이질감이나 거부감 없이 받아들이는 문화이다. 사회가 복잡해질수록 다양한 가치관이 나타나며, 사회성원들의 지배적인 가치관이 표현되므로, 전체 문화를 지배 문화 또는 주류 문화라고도 한다.
- 대중 문화는 대중 매체를 기반으로 한 문화, 혹은 대중이 중심이 되는 문화이다.

15 다음 내용과 가장 관련이 깊은 것은?

자기 민족과 문화의 모든 것만이 옳고 합리적이며 윤리적이라고 생각하고 다른 민족의 문화를 배척 내지 경멸하는 태도를 말한다. 이 태도가 타민족이나 국가 간의 관계에서 강조될 때는 타민족에 대해 배타적인 편견을 갖게 된다. 서구 사람들이 열대지방 사람들의 옷차림을 보고 경망스럽다고 여기는 것이 한 예이다.

① 문화 상대주의
② 문화 사대주의
③ 자문화 중심주의
④ 문화 통합주의

15 ① 문화(적) 상대주의란 세계 문화의 다양성을 인식하고, 각 문화의 독특한 환경과 역사·사회적 상황에서 이해해야 하며, 각 문화의 가치를 인정하고 존중해야 한다는 태도를 말한다.
② 문화 사대주의는 다른 문화권의 문화가 자기 나라의 문화보다 우월하다고 느끼며 자기 문화를 열등하게 생각하고 다른 문화권의 문화를 비판 없이 동경하는 것이다.

정답 14 ③ 15 ③

16 다음 중 문화 변동의 양상에 관한 설명으로 옳지 않은 것은?

① 두 가지 이상의 서로 다른 문화가 오랜 시간 동안 지속적인 접촉으로 인해 일방 또는 쌍방의 문화에 변화가 일어나는 현상을 문화 접변이라고 한다.
② 문화 공존의 예로는 미국의 지배하에 있었던 필리핀에서 현재 영어와 필리핀어를 공용으로 사용하는 것을 들 수 있다.
③ 스페인 문화와 토착 인디언의 문화가 결합하여 제3의 문화를 만들어낸 멕시코 문화는 문화 융합의 예이다.
④ 미국에 사는 중국인들이 차이나타운에서 그들의 문화를 유지하면서 생활하는 것은 문화 동화로 볼 수 있다.

16 미국에 사는 중국인들이 차이나타운에서 그들의 문화를 유지하면서 생활하는 것은 문화 공존으로 볼 수 있다.

정답 16 ④

17 **다음 내용에서 괄호 안에 들어갈 적절한 용어를 순서대로 고른 것은?**

> (㉠)는 미래에 속하게 될 집단에서 요구되는 행동양식을 미리 학습하는 것으로, 신입사원 연수를 예로 들 수 있다. (㉡)는 사람들이 과거에 가지고 있던 것과는 근본적으로 다른 규범과 가치를 내면화하는 경우로, 교도소 교정 교육을 예로 들 수 있다.

	㉠	㉡
①	예기적 사회화	발달 사회화
②	역사회화	발달 사회화
③	예기적 사회화	재사회화
④	원초적 사회화	재사회화

[사회화의 형태]

구분	내용
원초적 사회화	어린 시절의 학습 과정으로 언어와 인지 능력의 향상, 문화적 규범과 가치의 내면화, 정서적 유대의 확립, 다른 사람들의 역할과 관점에 대한 평가 등을 포함한다.
예기(적) 사회화	학습 역할들이 현재가 아닌 미래의 역할에 지향된 사회화로, 어린아이들이 소꿉놀이하면서 어머니와 아버지의 흉내를 내보는 것이 대표적인 예이다.
발달 사회화	새로운 기대나 의무, 역할의 습득이 요구되는 상황(결혼이나 전직 등)에서 새로운 학습이 옛것에 부가되거나 융화되어 일어나는 사회화를 말한다.
역사회화	구세대의 문화 지식이 젊은 세대로 전해지는 것이 아니라 그 반대의 방향으로 일어나는 현상이다. 시골에서 서울로 이주한 노인들이 자식들로부터 대도시의 생활 방식을 배우는 경우, 어른들이 컴퓨터를 어린 세대에게 배우는 경우 등이 이에 해당한다.
재사회화	급격한 생활환경의 변화가 있을 때, 즉 사람들이 과거에 가지고 있던 것과는 근본적으로 다른 규범과 가치를 내면화하는 경우이다. 특히 군대나 포로수용소, 교도소, 수녀원, 정신병원 등과 같은 이른바 '총체적 기관'에서 효율적으로 일어난다.

17 [문제 하단의 표 참조]

정답 17 ③

18 다음 내용과 가장 관련 있는 이론은?

> 프로이트(Freud)는 원초아, 자아, 초자아의 상호작용으로 성격이 형성된다고 보았다. 처음 태어났을 때는 무의식 영역에 있는 본능으로 구성된 '원초아'만 존재하다가, 더 자라면 본능을 현실적이고 논리적으로 해결하고자 노력하는 '자아'라는 성격 구조가 발달하며, 무의식 영역에 있는 '초자아'는 가장 나중에 완성된다고 하였다. '초자아'는 도덕적 규범이 무엇인지 알게 되면서 양심이나 죄책감, 도덕성으로 발달하게 된다. 이러한 세 가지 성격 구조에서 자아가 원초아와 초자아의 욕구와 기대를 적절히 조절하게 될 때 인간은 사회적으로 잘 기능하게 된다고 보았다.

① 인지 발달 이론
② 정신 분석 이론
③ 심리 사회성 발달 이론
④ 상징적 상호작용론

18 ① 인지 발달 이론은 피아제(Piaget)가 제시한 인지 이론으로, 그는 인간의 인지 발달은 환경과의 상호작용에 의해서 이루어지는 적응 과정이라고 보았다.
③ 에릭슨은 심리 사회성 발달 이론(사회성 이론)에서 인간의 행동에 기초하여 사회 속에서 맺게 되는 사회적 관계에 따라 일생을 8단계로 나누고 각 발달 단계가 상호관련성이 있다고 주장했다.
④ 상징적 상호작용론은 상징을 매개로 한 사회구성원 간의 상호작용에 주로 관심을 가지고 사회·문화 현상을 이해하는 이론이다.

19 다음 중 사회화의 목적에 해당하지 않는 것은?

① 사회적 소속감 함양
② 사회구성원 간의 문화 공유
③ 사회의 유지 및 통합에 기여
④ 사회구성원의 몰개성화

19 몰개성화란 집단 내에서 구성원들이 개별성과 책임감을 상실하여 집단행위에 민감해지는 현상을 말한다. 사회화는 개인 차원에서 개인의 개성과 자아를 형성하는 것을 목적으로 하므로, 사회구성원의 몰개성화를 사회화의 목적으로 보기는 어렵다.

정답 18 ② 19 ④

20 **지위와 역할에 대한 설명으로 옳지 않은 것은?**

① 역할은 지위의 역동적 측면을 구성한다.
② 사회적 지위는 사회 또는 집단 안에서 개인의 서열, 즉 높고 낮음을 뜻하는 것이다.
③ 지위 불일치는 한 개인의 사회적 위치가 그의 사회적 지위에 긍정적 효과와 부정적 효과를 동시에 미치는 상황을 뜻한다.
④ 사회 구조는 사회적 지위나 역할을 갖고 있는 개인과 개인 사이의 관계가 일정한 질서에 의해 고정화되고 유형화된 관계들로 구성되어 있다.

20 사회적 지위는 사회 속에서 다른 사람들과의 관계를 통해 형성되는 개인의 사회적 위치로, 사회 또는 집단 안에서 개인의 서열, 즉 높고 낮음을 뜻하는 것이 아니라, 사회관계에서 주어지는 단순한 위치만을 가리키는 용어로 사용된다.

21 **다음 내용에 해당하는 것은?**

> 두 개의 이질적인 문화가 접촉을 하면서도 각각 자체 문화의 가치관과 특성을 그대로 유지하면서 한 사회 내에서 공존하는 문화 현상을 일컫는다.

① 문화 동화
② 문화 변형
③ 문화 수용
④ 문화 지체

21 ① 문화 동화는 여러 가지 독특한 하위문화를 가진 집단이 그 사회의 지배 문화로 통합되는 문화 현상, 즉 한 사회의 문화 요소는 없어지고 다른 사회의 문화 요소로 대체되는 현상을 말한다.
② 문화 변형(융합)은 두 개의 이질적인 문화가 오랜 기간 접촉하는 동안 각각 본래의 문화 유형을 잃어가고 새로운 문화를 창조해 내는 문화 현상, 즉 A문화와 B문화가 접촉하는 동안 C문화가 나타나는 현상을 말한다.
④ 문화 지체는 문화가 변동할 때 문화 내용의 제(諸) 측면이 골고루 같은 속도로 변하지 않고 어느 측면은 빠르게 변하는데, 다른 측면은 천천히 변하기 때문에 생기는 문화의 부조화 현상을 말한다.

정답 20 ② 21 ③

22 [문제 하단의 표 참조]

22 다음 용어들과 가장 관련 있는 지위는?

나이 성별 인종

① 주된 지위
② 성취 지위
③ 계층적 지위
④ 귀속적 지위

[사회적 지위의 유형]

주된 지위	사회적 정체성을 결정하는 데 중요한 역할을 하는 지위로, 전통 사회에서는 신분, 현대 사회에서는 직업 등이 해당한다.
귀속(적) 지위	본인의 의사나 노력과는 관계없이 주어진 사회적 지위로, 나이와 성, 인종 등이 있다.
성취 지위 (획득 지위)	노력으로 성취한 사회적 지위로 교육 수준, 직업, 수입 등이 있다.

23 제시문은 역할 갈등의 사례이다. 역할 갈등이란 두 개 또는 그 이상의 지위들에 상응하는 역할들이 동시에 요구되어 양립 불가능하게 된 경우에 발생하는 사회 갈등이다.
① 역할 혼동이란 한 개인이 갖는 두 개 또는 그 이상의 지위들에 상응하는 역할들 사이에 문제가 생기기는 하지만, 그것들이 양립 불가능한 것은 아니어서 어느 역할을 선택해야 할지 고민하는 상황이다.
② 역할 긴장이란 하나의 사회적 지위에 요구되는 여러 역할 사이에서 양립 불가능한 행동・기대・의무들이 생길 때 개인이 경험하는 스트레스 또는 긴장을 말한다.
④ 다중 역할이란 개인이 둘 이상의 사회적 지위를 가지고 있어서 다양한 역할 행동을 하는 것을 말한다.

23 다음 사례와 가장 관련 있는 것은?

A는 사이클 동아리 회원이면서 학급의 배구 경기 대표이기도 하다. 금요일 방과 후 같은 시간대에 사이클 동아리 조별 모임과 학급 배구 예선전이 겹쳐서, A는 사이클 동아리 회원의 역할과 학급 배구 경기 대표로서 해야 할 역할 사이에서 어떤 것을 선택해야 할지 망설이고 있다.

① 역할 혼동
② 역할 긴장
③ 역할 갈등
④ 다중 역할

정답 22 ④ 23 ③

24 다음 중 사회집단의 특성으로 옳지 않은 것은?

① 소속 의식이 있어야 한다.
② 최소 세 명 이상의 사람이 있어야 한다.
④ 지속적인 상호작용이 있어야 한다.
③ 유대 관계가 있어야 한다.

24 사회집단의 특성
- 일정 수의 사람이 있어야 한다(최소 두 명 이상).
- 일정 수의 사람이 공유하는 의식과 가치가 있어야 한다.
- 소속 의식이 있어야 한다.
- 상호작용이 있어야 한다.
- 유대 관계가 있어야 한다.

25 다음 중 사회집단의 유형에 대한 설명으로 옳은 것은?

① 이익사회는 자연적 의지에 따라 형성된 집단이다.
② 공동사회는 선택적 의지에 따라 형성된 집단이다.
③ 내집단은 구성원 간의 간접적인 접촉과 목적 달성을 위한 수단적인 만남을 바탕으로 형성된 집단이다.
④ 일차집단은 구성원들 간의 친밀한 대면접촉을 통하여 이루어진 집단이다.

25 ① 이익사회(Gesellschaft)는 인간의 선택적 의지에 의해 형성된 집단으로, 합리성과 수단적 인간관계를 중시하고, 공식적인 규율에 의해 질서가 유지된다(회사, 학교, 정당, 국가 등).
② 공동사회(Gemeinschaft)는 인간의 의지와 무관하게 자연적으로 형성된 집단으로, 정(情)과 전인적인 인간관계를 중시하고, 전통과 관습에 의해 질서가 유지된다(가족, 친족, 촌락 공동체, 민족 등).
③ 내집단은 우리 집단이라고도 하며, 자기 자신이 소속되어 있다고 느끼는 집단이다. 구성원 간의 간접적인 접촉과 목적 달성을 위한 수단적인 만남을 바탕으로 형성된 집단은 이차집단이다.

26 다음 내용과 관련 있는 일탈의 특성은?

> 한국 문화에서는 일탈이라고 판단되더라도, 미국 문화에서는 일탈이라고 평가되지 않을 수 있다.

① 절대성
② 일회성
③ 상대성
④ 다면성

26 일탈의 상대성
- 일탈의 개념은 시간적 · 공간적인 면에서 상대적인 개념으로, 특정 행위는 역사적 조건이나 사회적 상황에 따라 일탈 행동이 될 수도 있고 아닐 수도 있다.
- 일탈 행위의 평가는 문화적 상황에 따라 다르기 때문에 어떤 문화적 상황에서 야기되는 일탈인가를 고찰하는 데서 일탈의 이해가 시작되어야 한다.

정답 24 ② 25 ④ 26 ③

27 다음 내용과 가장 관련 있는 이론은?

> 범죄의 원인을 범법자의 얼굴 형태 등 해부학적 특성과 신체적 구성과 같은 개인적인 자질이나 속성을 중심으로 파악하는 범죄이론이다.

① 사회학적 범죄이론
② 생물학적 범죄원인론
③ 심리학적 범죄원인론
④ 사회구조이론

27 ① 사회학적 범죄이론은 범죄의 원인을 범죄자의 사회적 환경을 중심으로 파악하는 범죄이론이다.
③ 심리학적 범죄원인론은 인간의 심리 과정을 추적함으로써 비행·범죄 원인을 파악하고자 하는 이론이다.
④ 사회구조이론은 사회구조적 측면에서 잘못된 사회 구조의 영향으로 범죄가 발생한다는 이론이다.

28 차별교제이론에 대한 설명으로 옳지 않은 것은?

① 서덜랜드(E. H. Sutherland)가 체계화시킨 이론이다.
② 일탈자와 가까이하면 일탈자가 될 개연성이 커진다고 주장한다.
③ 우연적 또는 충동적 범죄는 잘 설명해 주지 못한다.
④ 범죄 행위가 학습될 때 그 범위는 범죄의 기술에 한정될 뿐, 특정한 방향의 동기까지 학습되는 것은 아니라고 본다.

28 차별교제이론에서는 범죄 행위가 학습될 때 그 학습은 범죄의 기술뿐만 아니라 특정한 방향의 동기, 추동, 합리화, 태도까지도 포함한다고 본다.

차별교제이론
(Differential Association Theory)
비행 행위를 설명하는 사회학적 이론으로, 에드윈 H. 서덜랜드(Edwin H. Sutherland)가 체계화한 이론이다. 범죄는 일반적인 행위와 마찬가지로 학습을 통해서 배우게 되고, 학습은 주로 친밀한 사람들과의 상호작용을 통해 일어난다고 주장한다. 그러나 우연적 또는 충동적 범죄는 잘 설명해 주지 못한다.

정답 27 ② 28 ④

29 다음 내용과 가장 관련 있는 이론은?

> 사회를 유지하기 위한 기본적인 제도적 장치들이 오히려 범죄를 유발한다는 이론이다. 일탈의 결정적 요인은 사람 또는 그의 행위가 불특정 다수의 인식 또는 평가에 의해서 '일탈'로 규정되고 그런 취급을 지속적으로 받게 된다면, 점차 이를 받아들이고 일탈을 반복하게 된다고 본다. 또한, 본질적으로 일탈을 규정하는 절대적인 기준은 없다고 주장한다.

① 차별교제이론
② 기회구조론
③ 낙인이론
④ 중화이론

29 ① 차별교제이론은 일탈 행위가 차별 교제의 과정을 통해 학습된다고 보는 이론이다.
② 기회구조론은 제도적 수단이 없는 아노미적 상태와 비제도적 수단이 있는 범죄 문화의 조건이 상승 작용할 때 일탈과 범죄가 유발된다고 본다.
④ 중화이론은 사람은 누구나 양심의 압박을 중화할 방법만 알면 일탈자가 될 수 있다는 이론이다.

30 사회 조직에 대한 설명으로 옳지 않은 것은?

① 사회 조직은 특정 목적을 위해 비교적 분명한 위계와 절차에 따라 소속감을 느끼고 집합적인 활동에 참여하는 사람들의 결합을 의미한다.
② 자발적 결사체는 사회의 다원화에 기여한다.
③ 특정 목적을 위해 의도적으로 만들어진 공식 조직과 친밀한 인간관계를 바탕으로 상호 작용하면서 형성된 집단인 비공식 조직이 있다.
④ 사회 조직은 그 구성원의 지위와 역할의 구분이 모호하다.

30 사회 조직은 그 구성원의 지위와 역할이 명백하게 구분되고 체계화되어 운영된다.

정답 29 ③ 30 ④

31 [문제 하단의 표 참조]

31 다음 중 관료제의 역기능에 해당하는 것은?

① 지위에 따른 임무를 명쾌하게 규정
② 직책과 지위가 일정한 위계 체계에 따라 배열
③ 형식주의
④ 능력 원칙에 의한 충원

[관료제의 기능]

역기능	순기능
• 관료제에서 일하는 사람은 훈련받은 무능력자로 전락할 수 있다(형식주의). • 몰인정함과 비인간화를 초래한다. • 절차 합리성의 번문욕례(Red tape)를 조장한다. • 관료는 윗사람의 눈치를 지나치게 보는 복지부동의 자세로 일을 하게 되는 경우가 많다.	• 관료의 직책은 아무에게나 맡겨지는 것이 아니고, 능력 원칙에 따른 시험으로 해결된다. • 지위에 따른 임무를 명쾌하게 규정한다. • 직책과 지위가 일정한 위계 체계에 따라 배열되어 있다. • 직책 보유자의 능률적 직책 수행을 유발·보장하기 위해 재직의 보장에 필요한 수단들을 강구한다.

32 ① 계급은 비연속적인 대립과 단절을 전제로 한 집합 개념으로, 사회 내에 존재하는 실제적·객관적 지위가 경제력이라는 단일 지표에 의하여 분류된 사회 불평등 구조를 말한다.
③ 갈등주의적 관점에서는 불평등 구조를 집단 간의 갈등, 경쟁, 정복으로부터 생겨난 결과물로 보았다.
④ 연속선상에 있는 지위의 서열로서 다원적 지표에 의하여 분류되는 불평등 구조는 계층을 의미한다.

32 사회 불평등 현상에 대한 설명으로 옳은 것은?

① 계층은 사회 내에 존재하는 실제적·객관적 지위가 경제력이라는 단일 지표에 의하여 분류된 사회 불평등 구조를 말한다.
② 기능주의적 관점에서는 사회 불평등 구조를 사회의 통합, 기능의 조정, 결속의 필요성에서 생겨난 것으로 본다.
③ 갈등주의적 관점에서는 희소한 재능을 요구하는 역할들이 가장 능력 있는 개인들에 의해서 수행되기 때문에 사회적 보상의 불평등한 배분이 일어난다고 보았다.
④ 계급은 연속선상에 있는 지위의 서열로서 다원적 지표에 의하여 분류되는 불평등 구조를 말한다.

정답 31 ③ 32 ②

33 **가족의 기능 변화에 따른 현상으로 거리가 먼 것은?**

① 가족이 전담했던 교육 기능은 학교 등 전문 교육 기관이 담당하고, 가족은 일부분만 담당하게 되었다.

② 전통 사회에서 가족은 생산과 소비를 자체적으로 해결하는 자족적 단위였으나, 점차 가족은 생산 기능만 남게 되었다.

③ 오락, 휴식, 통신, 후생 복지 등도 가족 외적인 제도로 분화되었다.

④ 질서 유지 기능은 가족으로부터 분화하여 정치제도로 확립되었다.

33 전통 사회에서 가족은 생산과 소비를 자체적으로 해결하는 자족적 단위였으나, 산업혁명 이후 자족적 생산 기능은 점차 가족에서 분리되어 나가고, 가족은 소비 기능만 남게 되었다.

34 **한국 농촌사회의 변화 양상으로 옳지 않은 것은?**

① 다문화가정의 증가에 따른 문화 정체성 혼란의 문제가 대두되고 있다.

② 이농 현상, 노령화 현상 등으로 인해 노동력 부족이 심화하고 있다.

③ 도시에 편중된 경제적 자원으로 인해 농촌사회의 소득수준은 상대적으로 낮은 편이다.

④ 귀농 · 귀촌인의 증가 등으로 주민 구성원들이 다양해지고 있는데, 가치관 · 생활 양식 차이 또는 이해관계 등으로 인한 분쟁과 갈등이 감소하고 있다.

34 귀농 · 귀촌인의 증가 등으로 농촌사회의 주민 구성원들이 다양해지고 있는데, 가치관 · 생활 양식 차이 또는 이해관계 등으로 인한 분쟁과 갈등이 증가하고 있다.

정답 33 ② 34 ④

35 다음 설명에 해당하는 사회복지와 가장 관련 있는 것은?

- 일정 조건 이상이면 일률 가입을 원칙으로 한다.
- 혜택과 관련 없이 능력에 따라 비용을 부담한다.

① 기초연금은 만 65세 이상 소득인정액이 선정기준액 이하이면 국민연금과 함께 모두 받을 수 있다.
② 사회보험은 국민에게 발생하는 사회적 위험을 보험의 방식으로 대처함으로써 국민의 건강과 소득을 보장하는 제도이다.
③ 공공부조는 소득 재분배의 효과도 있다.
④ 사회서비스는 도움이 필요한 모든 국민에게 인간다운 생활을 보장하고 국민 삶의 질이 향상되도록 지원하는 제도를 말한다.

35 사회보험의 목적은 재해구제로, 강제가입을 원칙으로 하며, 당사자가 부담 능력에 따라 일정 비용을 각출하는 것으로 재원을 충당한다.
① 기초연금의 재원은 국가 및 지자체의 세금이며 대한민국 국적의 국내에 거주(「주민등록법」 제6조 1, 2호에 따른 주민등록자)하는 만 65세 이상 중 가구의 소득인정액이 선정기준액 이하이면 받을 수 있다.
③ 공공부조는 과거의 납부와 기여에 상관없이 혜택을 받으며 생활보호, 의료보호, 재해구호 등이 이에 속한다.
④ 사회서비스는 국가·지방자치단체 및 민간 부문의 도움이 필요한 모든 국민에게 복지, 보건의료, 교육, 고용, 주거, 문화, 환경 등의 분야에서 인간다운 생활을 보장하고 상담, 재활, 돌봄, 정보의 제공, 관련 시설의 이용, 역량 개발, 사회참여 지원 등을 통하여 국민 삶의 질이 향상되도록 지원하는 제도를 말한다. 관계 법령에서 정하는 일정 소득수준 이하의 국민에 대한 사회서비스에 드는 비용의 전부 또는 일부는 국가와 지방자치단체가 부담한다.

36 집합행동과 사회운동을 비교하여 설명한 것으로 옳지 <u>않은</u> 것은?

① 사회운동은 명백한 변화 지향적 이념을 갖고 그들이 바라는 정책들을 추진하기 위해 노력한다는 특성이 있다.
② 집합행동의 영향이 사회 전반에 영향을 미치게 될 때, 이를 사회운동이라 한다.
③ 집합행동이란 대개 제도적으로 합법화된 질서 안에서 구성된 행동이다.
④ 군중 중심의 집합행동은 연대 감정의 강화로 새로운 의식주 구조와 사회의 조직화를 초래하여 구조적 변혁을 쟁취할 수 있는 특성이 있다.

36 집합행동이란 대개 제도적으로 합법화된 질서 밖에서 구성된 행동이다.

정답 35 ② 36 ③

37 구사회운동과 비교해 볼 때 신사회운동의 특성으로 옳지 않은 것은?

① 노동 계급이 주체가 된다.
② 모든 삶의 질에 관심을 두고 탈물질적 경향을 띤다.
③ 자율적이고 분권화된 조직의 원리를 강조한다.
④ 환경 보전, 반핵, 여성 운동, NGO, 소비자 운동 등으로 전개된다.

[신사회운동과 구사회운동]

구분	신사회운동	구사회운동
주체	중간 계급	노동 계급
지향점	모든 삶의 질에 관심을 가지며 탈물질적 경향	물질적인 경향
주요 관심사	문화적・사회적 측면에 관심 – 현대 산업 사회에서 삶의 방식과 질의 문제, 자율적이고 분권화된 조직의 원리 강조	분배, 경제력, 정치권력 문제
실제 모습	환경 보전, 반핵, 여성 운동, NGO, 소비자 운동	노동 운동 중심으로 전개

37 신사회운동에서는 중간 계급이 주체이고, 구사회운동에서는 노동 계급이 주체가 된다.
[문제 하단의 표 참조]

정답 37 ①

38 다음 내용과 가장 관련 있는 학자는?

> 인류가 맞이한 제1의 물결은 농업 혁명에 의해 수렵 채집의 문명이 농경사회로 대체되는 혁명적 사회 변화라고 하였다. 그리고 제2의 물결은 산업혁명에 의한 농경사회에서 산업 사회로의 변화로 보았다. 고도로 산업화되어 있으며 대량생산, 대량 분배, 대량소비, 대량교육 등에 기반하고 있다고 하였다. 아울러 제3의 물결은 정보화 혁명을 통한 지식기반 사회로의 변화로 보았으며 탈대량화, 다양화, 지식기반 생산과 변화의 가속이 있을 것으로 예측했다.

① 레이먼드 레이 커즈와일
② 울리히 벡
③ 앨빈 토플러
④ 허버트 스펜서

38 제시문은 앨빈 토플러의 『제3의 물결』에 대한 내용이다. 앨빈 토플러(Alvin Toffler, 1928~2016)는 미래학자 겸 저술가로, 정보화시대를 최초로 예견한 『제3의 물결(The Third Wave)』이나 『권력 이동(The Third Wave)』, 『미래의 충격(Future shock)』 등 10여 권이 넘는 미래학 관련 저서를 발간했다.

39 사회 변동 이론에 대한 설명으로 옳지 <u>않은</u> 것은?

① 파슨스의 균형이론은 사회 내부로부터의 급진적인 변동의 발생과 그에 수반되는 현상을 설명할 수 없다.
② 뒤르켐의 진화론은 사회를 생물학적 유기체에 비유하고, 사회 구조의 분화 및 통합에 초점을 둔 이론이다.
③ 갈등론은 이해의 차이가 갈등을 일으키기도 하지만 이에 따라 사회 발전과 복지를 증진할 수 있다는 이론이다.
④ 신진화론은 사회학적 측면과 문화 인류학적 측면에서 문화의 변동을 설명하는 이론이다.

39 사회를 생물학적 유기체에 비유하고, 사회 구조의 분화 및 통합에 초점을 둔 이론은 스펜서(H. Spencer)의 진화론이다. 뒤르켐은 스펜서와는 달리 분업에 의해 창출된 상호의존성이 근대 사회에서의 통합을 위한 충분조건이 되지 않는다고 보았다.

정답 38 ③ 39 ②

40 **다음 내용과 가장 관련 있는 이론은?**

> 라틴 아메리카 발전 정책의 근간이 되어 온 근대화론에 대한 비판에서 출발한 이론이다. 제3세계의 저발전은 선진자본주의 국가와의 경제적 의존관계 때문이라고 보았다. 이 이론에는 중심－주변 관계, 프랭크(A. G. Frank)의 세 가지 가설, 푸르타도(C. Furtado)의 저발전의 과정 등이 있다.

① 교환이론
② 중화이론
③ 종속이론
④ 사회해체이론

40 근대화이론에 대한 부정으로부터 출발한 종속이론은 1960년대에 들어 라틴 아메리카 대륙의 학자들이 라틴 아메리카의 발전 문제를 다루면서 제시한 이론이다. 중심부와 주변부 사이의 교환관계를 중시함으로써 내부적인 생산관계의 모순에 따른 계급 갈등이 사회 변동에 미치는 영향을 적절히 포착하지 못했다는 점이 한계로 지적되고 있다.

① 교환이론은 개인 행위에 초점을 맞추는 미시적 접근법에서 출발하였으나, 점차 그 설명 원리를 거시적인 사회 조직과 사회 구조로 확장한 독특한 이론으로, 행동주의 심리학의 영향을 받아 호만스(G. Homans)가 수립했다.
② 마짜(D. Matza)의 중화이론(Techniques of neutralization theory)은 사람은 누구나 양심의 압박을 중화할 방법만 알면 일탈자가 될 수 있다는 이론이다.
④ 사회해체이론은 산업화・도시화에 의한 범죄의 증가 현상을 개인적 결함에 초점을 맞추어 연구하는 사회병리학을 비판하면서 등장한 이론이다.

정답 40 ③

출제유형 완벽파악

사회학개론

2023년 기출복원문제

▶ 온라인(www.sdedu.co.kr)을 통해 기출문제 무료 강의를 만나 보세요.

01 다음 중 홉스의 사회계약사상과 관련이 없는 것은?

① 성악설에 기반하여 인간의 자연상태를 '만인의 만인에 대한 투쟁' 상태로 보았다.

② 자연 상태는 평화롭지만 인간 이성의 오류 발생 가능성으로 인해 전쟁 발생이 가능한 잠재적 상태이다.

③ 주권은 인민으로부터 지배자에게 양도될 수 있다.

④ 시민의 저항권은 인정하지 않았다.

01 '인간 이성의 오류 발생 가능성으로 인한 잠재적 전쟁가능성이 있는 상태'는 로크가 생각한 자연 상태의 정의이다.

③ 홉스와 로크는 주권이 인민으로부터 지도자에게 양도될 수 있다고 생각하였다. 물론, 홉스는 전면적인 양도를 주장하였고, 로크는 언제든 회수가능한 일부 양도를 주장하였다는 차이점이 있다. 루소는 주권을 지배자에게 양도될 수 없는 것으로 보았다.

④ 홉스는 시민들이 '만인의 만인에 대한 투쟁 상태'로 돌아가는 것보다는 군주에게 절대 복종하는 것이 생명과 안전을 지킬 수 있기 때문에 더 낫다는 입장에서 저항권을 인정하지 않았다. 반면, 로크는 국가가 계약의 목적인 시민의 자연권을 보호하기는커녕, 침해할 경우 그러한 국가에 대해 저항할 수 있다고 보았다. 루소는 군주가 일반의지를 거슬러 권력을 남용할 경우 국민은 그 권력에 저항할 수 있다고 보았다.

정답 01 ②

02 다음 중 사회학 형성기에 활동을 하지 않은 학자는?

① 오귀스트 콩트(A. Comte)
② 생시몽(S. Simon)
③ 피에르 부르디외(Pierre Bourdieu)
④ 허버트 스펜서(Herbert Spencer)

02 사회학의 형성기는 대략 18C 말~19C 초를 말하며, 대표적인 학자로 '콩트, 생시몽, 스펜서' 등을 꼽는다. 시기적으로 프랑스 혁명 당시와 직후에 활동했던 인물들로, 프랑스 혁명의 참상을 목격하면서 혁명 이전의 세계에 대해서도, 혁명이 가져온 변화에 대해서도 어느 정도 거리를 두려 했다. 이제 정부와 정치는 무소불위의 권력을 가진 존재가 아니며, 인간 사회에 의해 수동적으로 규정당하고 변하는 입장에 놓였다고 주장했기 때문에 정치, 즉 국가를 움직이는 사회는 어떤 원리에 따르는가를 정의하게 되었다.

③ 피에르 부르디외(1930~2002)는 프랑스의 사회학자이자 참여 지식인으로 '부르디외 학파'를 형성하고, 사회학을 '구조와 기능의 차원에서 기술하는 학문'으로 파악하였다. 신자유주의자들을 비판하면서 범세계적인 지식인 연대의 필요성을 주장했다. 대표적인 저서로는 『구별짓기』, 『호모 아카데미쿠스』 등이 있다

03 다음 내용에서 괄호 안에 들어갈 용어로 적절한 것은?

> 뒤르켐(E. Durkheim)은 '사회'를 정치체계 · 종교체계 · 가족체계 및 기타의 체계 등 여러 부분이 합성되어 새로운 형질로 전화(轉化)된 하나의 실체로 파악하고, 전체로서의 '사회'는 부분들을 개별적으로 분석해서는 파악될 수 없는 것이라고 주장하였다. 그는 사회학을 '(　　)(이)라고 하는 객관적 현상을 연구하는 학문'이라고 규정한다.

① 사회적 사실
② 사회학적 상상력
③ 사회적 유기체
④ 아노미 현상

03 사회 구성원은 각각 자아, 개인의식 그리고 자유를 가지고 있다. 하지만 개인은 사회라는 외부적인 압력으로 인해 그 의식과 자유를 제한받는다. 예를 들어, 대한민국의 고등학생은 '입시'라는 외부적 압력에 의해 자신의 생각과 자유를 제한받는다. 이때 대한민국의 고등학생들이 겪는 '입시'라는 외부적인 압력을 뒤르켐은 '사회적 사실'이라고 규정한다. 뒤르켐은 이 외부적 압력, 즉 사회적 사실은 철저하게 외부의 '사물'로 객관적으로 다루어져야 하며, 자신의 주관적인 판단을 포함시키면 안 된다고 주장한다.

정답 02 ③ 03 ①

04 다음 내용에서 괄호 안에 들어갈 용어로 적절한 것은?

> (　　)은 사회현상에 대하여 다음과 같은 가정을 하고 있다. 인간의 행위는 물질의 운동과 마찬가지로 객관적으로 관찰할 수 있다. 즉, '무게, 온도, 압력' 등과 같은 측정값을 가지고 물질의 운동이나 속성을 수량화(quantity)할 수 있는 것과 같이, 인간의 행위를 '객관적으로 측정할 수 있는 방법'을 고안해 내는 것이 가능하다. 이러한 객관적인 측정값을 가지고 관찰된 사항 등으로부터 행위에 대한 이론화가 가능해진다는 것이다. 따라서 (　　)은 직접적으로 관찰할 수 있는 행위(behavior)를 특히 중요시한다. 직접적으로 관찰할 수 없는 의미나 감정 또는 목적 등은 중요하게 취급되지 않는데, 이는 행위를 잘못 이해하게 만드는 원인이 된다고 생각하기 때문이다.

① 해석적 방법
② 실증적 방법
③ 관계적 방법
④ 총체적 방법

04 ① 해석학적 방법은 사회과학과 자연과학의 대상은 본질적으로 다르다는 가정 하에서 출발한다. 따라서 자연과학의 방법과 가정은 인간 연구에 부적당하다고 본다. 이들은 사회적 세계가 의미를 담고 있는 세계라는 사실을 강조하며, 사회과학 연구의 궁극적 목적은 우리가 살고 있는 세계를 이해하고 해석하는 것이라고 본다. 즉, 사회과학의 목적은 인간 행태(behavior)의 인과관계를 논증하는 것이 아니라, 인간 행위(action)의 의미를 이해하고 해석하는 것이라고 생각한다.

05 이론과 사실의 역할에 대한 설명으로 옳지 <u>않은</u> 것은?

① '이론'은 현상을 설명하고 예측할 목적으로 변수 간의 관계를 상세히 기술하여 현상에 대한 체계적인 관점을 제시하는 것이다.
② '사실'은 사물에 대한 지식을 논리적 연관성에 따라 하나의 체계로 이루어 놓은 것을 말한다.
③ '사실'은 관찰이나 경험 등을 통해서 참이나 믿을 만한 것으로 확립된 내용이다.
④ '사실'은 실제로 일어났거나 현재 진행 중인 사건을 의미하므로, 우리가 그것에 대해 옳고 그름을 판단하거나 좋고 싫음을 판단하는 것과는 무관하다.

05 사회현상을 규정하고 있는 주요 변수들 사이의 관계를 정립하고, 주요 변수에 의하여 설명되는 사회현상에 대한 체계적인 관점을 제공하는 것은 '이론'의 역할이다.

정답 04 ② 05 ②

06 사회과학의 양적 연구방법에 대한 설명으로 옳지 않은 것은?

① 양적 연구방법은 계량화된 사료의 통계적 분석을 통해 결론을 도출하는 방법이다.
② 양적 연구방법은 사회현상에 대한 과학적 연구를 통해 법칙의 발견이나 일반화의 정립이 가능하다고 생각한다.
③ 양적 연구방법은 연구대상이 갖는 주관적 의미 해석에 중심을 두는 방법이다.
④ 양적 연구방법은 자연현상과 사회현상은 본질적으로 같은 특성을 가지고 있기 때문에 사회문화 현상에도 일정한 규칙성이 존재한다고 전제한다.

06 연구대상이 가지는 주관적 의미 해석에 중심을 두는 방법은 '질적 연구방법'이다. 질적 연구방법은 연구대상의 생활세계에 대한 관찰이나 면담 등으로 자료를 수집한 후 연구자의 해석을 통해 결론을 도출하는 방법이다.

07 다음 중 과학적 인식방법과 관련이 없는 것은?

① 객관적 방법
② 비교적 방법
③ 분석적 방법
④ 일상적 방법

07 '일상적 방법'은 베버가 제시한 '방법론적 이원론'의 방식으로 등장한 해석학에서 쓰이는 사회과학의 탐구방식이다. 특히 '해석주의'에서는 사회현상의 연구는 그 구성의 모체인 인간을 대상으로 하는 것이며, 특정한 환경과 조건에 대한 행위자의 의미가 내포되어 있기 때문에 자연과학과 똑같은 방법으로 연구하는 것은 옳지 않다고 보았다. 따라서 사회현상을 이해하기 위해서는 그 행위를 발생시키는 행위자들의 주관적인 의식에 대한 이해가 우선적으로 필요하다고 보았다. 그러므로 연구자의 '생활세계'를 이해하기 위한 '일상적인 방법'을 사용한다. 이는 실증주의에서 언급하는 '과학적인 인식방법'과는 차이가 있다.

정답 06 ③ 07 ④

08 다음 내용과 가장 관련이 깊은 것은?

> • 사회는 상호의존적인 여러 부분들로 구성되며 각각의 부분이 전체 사회의 균형을 유지하는 경향이 있다고 보았다. 따라서 어느 한 부분의 변화는 연관된 다른 부분의 변화를 유발하여 균형과 재균형의 순환을 가져온다고 보았다.
> • 사회는 네 개의 분화된 하위 체계로 구성되어 있으며, 각 하위 체계는 특정한 문제의 해결과 관련된 고유의 기능을 수행한다.

① 파슨스(T. Parsons) – 사회체계이론
② 다렌도르프(R. Dahrendorf) – 갈등론
③ 쿨리(C. H. Cooley) – 상징적 상호작용론
④ 호만스(G. Homans) – 교환이론

08 파슨스는 사회체계이론에서 '사회질서가 유지되는 기반이 무엇인가?'에 관심을 두고 그 핵심을 '사회 체계'에서 찾았다. 파슨스는 '사회는 상호의존적인 성격이 강하고, 균형을 유지하려는 경향이 있다'고 보았다. 따라서 사회 한 부분의 변화는 연관된 다른 부분의 변화를 유발하여 균형과 재균형의 순환을 가져온다고 보았다. 이렇게 사회가 유지되기 위해서는 적어도 네 가지의 기본적인 기능이 필수적으로 요구된다고 주장하였는데, 파슨스는 이것을 '적응(A = Adaptation), 목적달성(G = Goal attainment), 통합(I = Integration), 잠재성(L = Latency)'의 AGIL 모형으로 설명하였다.

② 다렌도르프는 사회를 비롯한 모든 조직이 상명하복의 위계 관계로 짜인 권위구조가 존재한다고 보고, 권위가 있는 지배자 집단과 권위가 없는 피지배자 집단이 서로 지배자 집단이 되기 위해 갈등하는 구조로 사회가 이루어진다고 보았다.

③ 쿨리는 미시적 관점에서 일상생활에서 발생하는 사람들 간의 상호작용에 초점을 두었다. 특히 상징, 즉 언어나 제스처를 통해 의미를 교환하고 그 속에서 서로의 '생각, 기대, 행동'을 조정하는 과정이 사회현상을 일으키는 근본적인 원인이라고 보았다. 따라서 사회현상을 이해하기 위해서는 '개인에게 주어진 상황'과 '자신 및 자신과 상호작용 관계에 있는 사람들의 행위에 어떠한 의미를 부여하는가'를 이해하는 것이 선행되어야 한다고 주장하였다.

④ 교환이론은 행동주의 심리학의 영향을 받아 호만스가 주창하였다. 기본적으로 교환이론은 '인간은 기본적으로 이윤을 추구하는 경제학적으로 합리적인 존재'라는 가정에서 출발하며, 인간의 상호작용이 단순한 행위가 아니라 '손익을 계산하여 얻어지는 이기적인 상호작용'이라고 생각한다.

정답 08 ①

09 **다음 중 갈등 이론가가 아닌 인물은?**

① 코저(L. Coser)
② 마르크스(K. Marx)
③ 블루머(H. Blumer)
④ 다렌도르프(R. Dahrendorf)

10 **다음 내용에서 괄호 안에 공통으로 들어갈 용어로 적절한 것은?**

> '사실판단'은 사실을 있는 그대로 표현하는 것으로, '나팔꽃은 나팔꽃이다.'와 같이 사실 확인을 통해 객관적인 진위의 판단이 가능하다. 이에 비해 (   )은(는) 사람의 가치관이 개입되는 판단으로, 주로 진·선·미 따위의 가치 일반의 문제와 관련되기 때문에 객관적인 진위의 판별이 쉽지 않다. 이와 관련하여 '나팔꽃은 예쁘다.'를 예로 들 수 있는데, (   )은(는) 사람마다 다르므로 똑같은 현상에 대하여 여러 가지 판단이 가능하기 때문이다.

① 가치중립
② 가치자유
③ 가치판단
④ 가치논쟁

09 블루머는 미국의 사회학자 조지 미드(G. H. Mead, 1863~1931)의 제자로, 1930년대 처음으로 '상징적 상호작용'이라는 용어를 사용한 학자이다.

10 ① '가치중립'은 베버가 주장한 것으로, 사회과학자는 개인적인 가치관이나 사상을 연구과정과 결과에 개입시켜서는 안 된다고 하는 방법론적인 태도를 의미한다. 즉, 가치중립성(= 몰가치성)은 사회과학으로부터 실천적·윤리적 가치를 배제해야 한다는 사회과학 방법론상의 이론으로, '가치개입' 또는 '가치판단'과 상반되는 용어이다.

정답 09 ③ 10 ③

11 다음 중 "사회학적 상상력"이란 용어를 주장한 인물은?

① 밀스(C. W. Mills)
② 뒤르켐(E. Durkheim)
③ 짐멜(G. Simmel)
④ 비트겐슈타인(Wittgenstein)

11 사회의 각 성원이 소속되어 있는 집단이나 조직이 처해 있는 상황적 여건을 관찰·연구함으로써, 사회학자들은 개개 사회성원들의 사생활을 광범위한 사회와의 관계로 조명한다. 이러한 사회적 관계 및 조건의 변화는 늘 우리의 일상생활에 영향을 미치기 때문에, 사회가 어떻게 돌아가는지를 이해하려면, 개개인들의 삶의 모습에 영향을 미치는 사회·역사적 과정에 대한 관계적·종합적 사고가 필요하다. 이를 통해 다양한 개개인의 외부에 나타나고 있는 인생의 경력(경험)이 가지는 내적 삶의 의미와 관련된 생애를 확대한 역사적 표시를 이해할 수 있게 된다. 또한, 인간의 삶에 가장 친근한 특색과 아주 거리가 먼 개인과 관계가 없는 변화와의 관계를 관찰할 수 있는 능력을 밀스(C. W. Mills)는 '사회학적 상상력'이라고 하였다.

12 다음 중 문화의 3대 구성요소가 아닌 것은?

① 물질문화
② 관념문화
③ 제도문화
④ 상징문화

12 문화의 구성요소는 크게 '물질문화'와 '비물질문화'로 구분된다. 물질문화는 인간이 살아가는 데 필요한 도구나 기술을 말한다. 이는 인간이 환경에 적응하는 중요한 수단이 된다. 비물질문화는 '제도문화'와 '관념문화'로 구분할 수 있는데, 제도문화는 '법, 예절, 관습' 등 사회의 질서 유지와 원활한 운영을 위한 사회 제도 및 행동 기준을 말한다. 관념문화는 '언어, 종교, 예술, 학문, 가치, 태도' 등 인간 행동에 의미를 부여하거나 방향을 제시해 주어 인간의 삶을 보다 풍요롭게 만들어주는 정신적 창조물을 의미한다.
볼드리지(J. V. Baldridge)는 문화를 '경험적 문화, 심미적 문화, 규범적 문화'로 나누었는데, '경험적 문화(= 물질문화), 심미적 문화(= 관념문화), 규범적 문화(= 제도문화)'라고 생각하면 된다.

정답 11 ① 12 ④

13 **다음 내용과 가장 관련이 깊은 것은?**

> • 일상적인 개인의 생활을 중심으로 규정해 놓은 행동 규범으로, 상식 또는 에티켓이라고 하며, 가장 규제력이 낮은 사회규범이다.
> • 식사 예절, 옷 입는 법, 말씨 등의 규범을 뜻하는 표현이다.
> • 이 규범을 어겼다고 해서 사회적 제재나 형벌을 받지는 않지만, 따돌림이나 비난 등의 제재를 받을 수 있다.

① 법률
② 원규
③ 민습
④ 유행

13 ① 법은 의식적으로 제정하고 공식적으로 선포된 정당성에 입각하여 집행하는 규범이다. 사회가 복잡해짐에 따라 규범의 위반 행위에 대해 개개인 또는 집단의 보복이 자의적으로 이루어질 경우 혼란과 부작용이 우려되기 때문에, 정부나 국가기관이 합법성의 틀 안에서 물리적 제재를 담당한다.
② 원규는 사회의 유지와 존속이라는 근본적인 가치를 위해 불가피하다고 인정되고, 따라서 반드시 지켜야 할 규범이다. 사람들은 원규를 위반하면 사회 질서가 붕괴될 위험까지 있다고 믿기 때문에, 원규의 위반자에게는 가혹한 처벌이 따른다. 특히 '절대로 해서는 안 되는 것'과 같은 부정적 원규는 '금기'(taboo)로 간주된다(예 근친상간의 금기). 특히, 원규와 민습은 명확하게 구분하기는 어려운데, 차이는 종류의 차이라기보다는 정도의 차이로 보아야 한다. 즉, 중요성의 정도나 처벌의 가혹성의 차이이다.
④ 유행은 사회 전반에 걸쳐 특정한 행동 양식이나 사상 따위가 일시적으로 많은 사람의 추종을 받아서 널리 퍼지는 현상이나 경향을 의미한다. 유행은 사람들의 '선호'(preference)를 의미하는 것이지, 지켜야 하는 규범으로 인식되지는 않는다.

정답 13 ③

14 문화 지체는 문화가 변동할 때 문화 내용의 여러 측면이 골고루 같은 속도로 변하지 않고 어느 측면은 빠르게, 다른 측면은 천천히 변하기 때문에 생기는 문화의 부조화 현상을 말한다. 일반적으로 기술 수준은 빠르게 변하지만, 그에 따른 윤리적 규범 수준이 따르지 못할 때 발생하는 현상을 말한다.

① 기술 지체는 '문화 지체'의 반대 개념으로, 비물질문화의 변동 속도를 물질문화가 따라잡지 못하는 것을 의미한다. 예를 들어, 개발도상국 등에서 서구식 민주주의나 사상의 유입으로 국민들의 의식과 기대 수준이 높아졌음에도 지역사회의 과학기술이 이를 따라가지 못하는 것이 대표적인 사례이다. 이러한 기술 지체의 해결 방안으로 해당 지역사회의 인프라 수준을 고려하여 만드는 기술인 '적정 기술' 개념이 등장하였다. 예를 들어, 아프리카 지역의 '물 부족 국가'에서는 엄청난 첨단 시설이 아닌 적정한 수준의 여과기술 정도면 충분히 건강한 생활을 유지할 수 있는데, 이런 기술이 적정 기술의 사례이다.

정답 14 ②

14 다음 내용과 가장 관련이 깊은 것은?

> 오그번(W. F. Ogburn)은 문화의 변동이 기술 발달에 의해서 일어난다고 보았다. 또한 그는 한 사회에서 기술 발달이 그 기술을 뒷받침하는 가치관과 같은 정신적인 발달과 동반되어 나타나지 않을 때 문화의 부조화 현상이 생긴다고 하였다.

① 기술 지체
② 문화 지체
③ 규범 지체
④ 인지 부조화

15 다음 내용과 가장 관련이 깊은 것은?

- 이미 습득한 사회화의 내용이 개인의 새로운 집단이나 직업, 지위, 변화한 상황에 부적합하거나 개인의 적응을 저해할 우려가 있는 상황을 전제로 한다.
- 이미 습득한 사회화의 내용을 새로운 내용으로 대체함으로써 개인이 새로운 집단이나 직업, 지위, 변화한 상황에 순조롭게 적응하는 데 기여한다.
- 주로 군대나 교도소 등에서 발생한다.

① 발달 사회화
② 재사회화
③ 역사회화
④ 원초적 사회화

15 재사회화는 급격한 생활환경의 변화가 있을 때, 즉 사람들이 과거에 가지고 있던 것과는 근본적으로 다른 규범과 가치를 내면화하는 경우이다. 특히 군대나 포로수용소, 교도소, 수녀원, 정신병원 등과 같은 이른바 '총체적 기관'에서 효율적으로 일어난다.

① 발달 사회화는 새로운 기대나 의무, 역할의 습득이 요구되는 상황(예 결혼, 전직 등)에서 새로운 학습이 옛것에 부가되거나 융화되어 일어나는 사회화를 말한다.
③ 역사회화는 구세대의 문화지식이 젊은 세대로 전해지는 것이 아니라 그 반대의 방향으로 일어나는 현상이다. 노인들이 새롭게 컴퓨터를 배우는 경우 등이 그 예이다.
④ 원초적 사회화는 어린 시절의 학습 과정으로, '언어와 인지 능력의 향상, 문화적 규범과 가치의 내면화, 정서적 유대의 확립, 다른 사람들의 역할과 관점에 대한 평가' 등을 포함한다.

16 다음 내용에서 괄호 안에 들어갈 용어로 적절한 것은?

리스먼(D. Riesman)은 (　　)이라는 저서를 통해 사회적인 발달 단계에 따른 퍼스낼리티 유형을 제시하였다. 그는 21세기 대중사회의 인간 유형을 '전통지향형, 내부지향형, 외부지향형(타인지향형)'의 세 가지로 구분하고, 이 순서대로 인류의 사회적 성격이 발전해 왔다고 주장한다.

① 고독한 시민
② 위대한 군중
③ 고독한 군중
④ 자비로운 군중

16 '고독한 군중'은 타인지향형 현대인들, 즉 소속된 집단으로부터 격리되지 않기 위해 항상 타인의 눈치를 보며 내적 고립감과 갈등을 겪는 사람들을 의미하는 표현이기도 하다. 참고로 '사회적 퍼스낼리티'란 한 사회의 개인들에게 가장 흔히 나타나는 성격을 말하며, '사회적 성격'이라고도 한다.

정답 15 ② 16 ③

17 다음 중 귀속 지위가 아닌 것은?

① 한 집안의 딸
② 조선 시대의 노비
③ 성인 남성
④ 한석봉의 어머니

17 어머니는 결혼을 해서 출산을 해야 얻을 수 있는 지위이다. 결혼이라는 행위 자체가 본인의 의지로 하는 후천적인 성취 지위라는 것을 고려해보면, 어머니는 성취 지위라고 볼 수 있다.

18 다음 내용에서 괄호 안에 들어갈 용어를 순서대로 고른 것은?

• (A) : 도둑인 아들을 잡은 경찰관 아버지
• (B) : 자상하면서, 재미있고, 카리스마 있는 선생님이 되기를 요구함

	A	B
①	역할 모순	역할 긴장
②	역할 기대	역할 모순
③	역할 혼동	역할 긴장
④	역할 갈등	역할 혼동

구분	역할 긴장(Role Strain)	역할 모순(Role Conflict)
지위의 수	하나의 지위	여러 개의 지위
의미	하나의 지위에서 서로 상반되는 둘 이상의 역할이 기대될 때 발생하는 역할 갈등	한 개인이 자신이 가진 두 개 이상의 지위에 따른 역할을 동시에 수행해야 할 경우 발생하는 역할 갈등
사례	• 자상하면서 카리스마 있는 선생님을 요구 • 아름다우면서 억척스러운 주부를 요구	• 부모님이 돌아가셨지만, 개그 공연을 해야 하는 개그맨 • 도둑인 아들을 잡은 경찰관 아버지

18 역할 갈등이란 '한 개인'이 동시에 여러 지위를 가지거나, 하나의 지위에 대해 서로 상반되는 역할이 요구될 때 나타나는 갈등으로, '역할 긴장'과 '역할 모순'으로 구분할 수 있다. [문제 하단의 표 참고]

정답 17 ④ 18 ①

19 다음 중 원초집단에 대한 설명으로 옳지 않은 것은?

① 구성원들 간의 친밀한 대면 접촉을 통하여 이루어진 집단으로, 인간을 성숙한 사회적 존재로 성장시키는 데 가장 중요한 기능을 담당하는 사회 집단을 말한다.
② 구성원들 간에 인격적인 관계가 맺어지게 되고 인간 본성이 형성된다.
③ 어린이는 부모와의 공감을 통해 사회 규범과 도덕적 가치를 배운다.
④ 구성원 간의 간접적인 접촉과 목적 달성을 위한 수단적인 만남을 바탕으로 결합된 집단이다.

19 '구성원 간의 간접적인 접촉과 목적 달성을 위한 수단적인 만남을 바탕으로 결합된 집단'이란 이차집단을 의미한다.
원초집단(일차집단, Primary Group)은 쿨리(C. H. Cooley)에 의해 처음 언급된 집단으로, 구성원 간의 친밀한 접촉을 통해서 이루어진 집단을 의미한다.

20 다음 내용에서 괄호 안에 공통으로 들어갈 용어로 적절한 것은?

> (　　)이 자신의 소속 집단과 일치하는 경우 만족감과 안정감을 형성한다. 반면 자신이 속해있지 않은 집단을 (　　)으로 삼을 경우 현재 소속 집단 성원들에게 배척당하고, 자신이 속해 있지 않은 집단 성원마저 자신을 거부하면 어느 집단에도 소속되지 못하는 주변인이 된다. 또한, 객관적 조건이 비슷함에도 불구하고 다른 집단에 비하여 자신의 처지가 열등하다고 느끼게 되어 상대적 박탈감을 갖는다.

① 내집단
② 준거집단
③ 외집단
④ 공식집단

20 준거집단은 1942년 하이만(H. Hyman)이 도입한 개념으로, 한 개인이 그 자신의 신념・태도가치 등을 규정하고 행동의 지침으로 삼는 집단이다. 즉, 한 개인이 특정한 상황 속에서 자아 정체감을 얻고 행위의 판단기준을 배우며, 거기에서 지배적인 규범에 따라 판단하고 행위하는 집단을 준거집단(reference group)이라고 부른다. 따라서 준거집단은 자아 평가와 태도 형성을 위한 준거의 틀을 제공하고 행위 기준이 되는 집단으로, '표준집단'이라고 부르기도 한다.
① 내집단은 한 개인이 그 집단에 소속한다는 느낌을 가지며 구성원 간에 '우리'라는 공동체 의식이 강한 집단으로, 자아 정체감을 얻으며 판단과 행동의 기준을 배우게 되는 집단이다.
③ 외집단은 내가 소속된 집단이 아니므로 이질감을 가지거나 심지어는 적대감이나 공격적인 태도까지 가지게 되는 경우로서, '타인집단'과 같은 의미이다. 인간은 외집단을 통해서 집단의 성격을 비교・파악할 수 있게 되고 내집단의 결속의 필요성을 인식하게 되며, 서로 다른 판단과 행동의 기준이 있다는 것을 알게 된다.

정답 19 ④ 20 ②

21 다음 내용과 가장 관련이 깊은 것은?

- 일탈 행동은 타자에 의해 상대적으로 규정된 것이다.
- 한 사람이 타자에 의해 일탈자로 규정되고 그런 취급을 지속적으로 받게 된다면, 그는 점차 이를 받아들이고 일탈을 반복하게 된다.
- 이차적 일탈에 초점을 두고 있기 때문에, 일차적 일탈과 강자(= 권력자)의 일탈을 경시하는 경향이 있다.

① 낙인이론
② 차별교제이론
③ 아노미이론
④ 중화이론

21 낙인이론은 1960년대에 등장한 이론으로, 비행이 사회통제를 유발한다는 기존 이론과 달리 사회통제가 일탈을 유발한다는 정반대의 주장을 펼쳤다. 한 사람을 일탈자로 낙인찍고 '형벌, 교정처분' 등의 사회적 제재를 적용하는 것은 일탈을 줄이기보다 증폭시킨다고 주장하는 이론이다.

② 차별교제이론을 주장한 서덜랜드(E. H. Sutherland)는 일탈행동을 정상적으로 학습된 행동으로 묘사하면서, 이러한 정상적인 학습의 본질을 밝히고자 하였다. 일탈은 개인의 성향이나 사회경제적 지위의 발현으로 나타나는 것이 아니라, 일탈도 일반적인 행위와 마찬가지로 학습을 통해서 배우게 되고 일탈자 역시 일반인과 마찬가지의 학습과정을 거친다는 것이다. 학습은 주로 친밀한 사람들과의 상호작용을 통하여 일어나며, 일탈에 대한 긍정적 정의보다 부정적 정의에 많이 노출될수록 일탈 가능성이 높다고 보았다.

③ 아노미란 'A(Anti) + nom(규범)ie'의 구조로, '지배적인 규범이 부재(不在)하는 상황'이라고 정의할 수 있다. 사회의 규범이 약화되거나 부재할 때, 또는 그 이상의 상반된 규범이 동시에 존재할 때, 한 개인은 행동의 지침을 잃게 되고 개인의 욕구와 행위를 조정해 줄 수 있는 사회적 규율이 없으므로 행동 방향을 잃게 되는 상태를 말한다.

④ 중화이론(Techniques of neutralization theory)이란, 일탈자와 정상인이 다르다는 통념을 배격하고, 규범에 동조하는 사람이나 어기는 사람이나 근본적으로는 모든 규범을 어기고 싶은 욕구를 가지고 있다는 것이다. 즉, 사람은 누구나 양심의 압박을 중화할 수 있는 방법만 안다면 일탈자가 될 수 있다는 이론이다. 범죄환경을 접하고도 범죄에 빠지지 않는 이유는 범법 행위의 부도덕성을 수긍하기 때문이며, 반대로 범죄를 저지르는 이유는 나름대로의 이유를 들어 범법 행위의 부도덕성을 부정(그럼으로써 자신의 행위를 정당화)하기 때문이다.

정답 21 ①

22 **다음 내용에서 괄호 안에 공통으로 들어갈 용어로 적절한 것은?**

> 1939년 서덜랜드(Edwin H. Sutherland)에 의해 처음으로 (　　) 범죄라는 용어가 사용되었다. (　　) 범죄는 사회의 지도적 또는 관리적 위치에 있는 사람이 직무상 지위를 이용하여 저지르는 범죄를 의미한다. 횡령, 배임, 탈세, 외화 밀반출 등을 비롯하여 뇌물 증여, 주식이나 기업 합병, 공무원의 부패, 근로기준법・공정거래법 위반 등을 대표적인 사례로 볼 수 있으며, 자본주의 사회의 일상적 현상으로 볼 수 있으나 기업 활동이나 행정 집행 과정에서 저질러지기 때문에 적법 또는 위법의 판단을 내리기 어렵다.

① 블루칼라
② 블랙칼라
③ 화이트칼라
④ 옐로우칼라

22 화이트칼라 범죄는 정치・경제적으로 명망이 높은 사회적 지위에 있는 사람들이 그 직무수행의 과정에서 행하는 지능적 범죄를 말한다. 화이트칼라 범죄는 다음과 같은 특징을 가진다.

- 일반 범죄보다 죄의식이 희박하다.
- 피해가 일반 국민에게 간접적으로 파급되기 때문에 일반적으로 크게 죄악시되지 않고, 그로 인해 사회의 비난강도가 약하다.
- 증거인멸이 쉽고 수법이 교묘하다.
- 사회의 신용을 파괴하고 국가의 경제성장을 해친다.
- 전통적인 범죄에 비하여 그 피해나 손해가 광범위하고 그 규모가 크며, 그 결과로 인해 범죄자가 범죄로 얻는 이익도 매우 크다.
- 피해자가 불특정 집단이기 때문에 특정하기 어렵다. 이로 인해 법 침해 사실이 현실로 드러나지 않는 경우가 많으므로 숨겨진 범죄가 많다.

23 **다음 내용에서 괄호 안에 공통으로 들어갈 용어로 적절한 것은?**

> (　　)은(는) 사회 구성원 간 상호 관계를 맺는 방식과 관련된 안정적이고 정형화된 상호작용의 틀을 말한다. (　　)은(는) 개인이 행동할 수 있는 범위나 행동 양식(사회적 상호작용의 틀)을 제시함으로써 개인의 자유를 구속하거나 강제한다는 점에서 부정적인 면이 있다. 그러나 이러한 (　　)은(는) 구성원들이 구조화된 행동을 하도록 함으로써 구성원들의 행동을 예측할 수 있게 하여 안정되고 규칙적인 인간관계의 존속을 가능하게 한다는 점에서 긍정적인 면이 있다.

① 사회 구조
② 사회적 상호작용
③ 사회적 제재
④ 사회적 영향력

23 사회 구조란 '사회적 규칙'이라고 이해하면 된다.

정답 22 ③　23 ①

24 다음 중 과학적 관리론에 대한 옳은 설명을 모두 고른 것은?

> ㉠ 작업 수행에 있어서 낭비와 비능률을 제거하고, 생산 과정에 있어서 필요한 지식과 기술을 활용해서 생산의 효과를 올리려는 이론이다.
> ㉡ 각각의 노동자에게 업무를 배당하여, 업무를 완수한 노동자에게 높은 성과금을 지불하고, 그렇지 못한 노동자에게 일급 정도의 낮은 보수를 지급하여 생산을 극대화하려 하였다.
> ㉢ 인간의 사회적 · 심리적인 측면까지 고려하여 생산성의 비능률을 적극적으로 개선하려 했다는 평가를 받는다.
> ㉣ 개개인의 작업을 분해하고 분석하여 표준화된 하루 작업량을 설정하고, 이것을 기준으로 관리의 과학화를 도모하려고 하였다.

① ㉠, ㉡
② ㉡, ㉣
③ ㉠, ㉡, ㉣
④ ㉠, ㉡, ㉢, ㉣

24 과학적 관리론은 인간의 사회적 · 심리적인 측면을 도외시하고 너무 기계적 · 물리적 · 생리적 측면을 강조하였다는 비판을 받고 있으며, 인간을 기계의 일부로 취급하여 '인간 소외 현상'을 심화시킨다는 비판 또한 받고 있다.

25 다음 내용에서 괄호 안에 들어갈 용어로 적절한 것은?

> 관료제는 대규모의 업무를 효율적으로 수행할 수 있다는 점에서, 그리고 업무에 대한 책임 소재의 명확성이 높다는 점에서 장점이 있다. 하지만 구성원들이 각자의 단편적인 업무만을 반복적으로 수행하고 자율성과 창의성을 발휘하지 못하는 기계 부속품 취급을 받는다는 점에서 (　　)이 발생할 수 있다.

① 목적 전치 현상
② 무사안일주의 현상
③ 인간 소외 현상
④ 위계 서열화 현상

25 ① 목적 전치 현상은 목적과 수단의 가치가 바뀌어 목적보다 수단이 더 중시되는 현상을 의미한다.
② 연공서열에 따른 보상과 신분 보장이 지나치게 강조될 경우 무사안일주의가 발생할 수 있다.
④ 위계(位階)란 사회적 위치(지위)의 단계를 의미하며, 서열(序列)이란 일정한 기준에 따라 순서대로 늘어선 것이다. 따라서 위계 서열화란 사회적 위치(지위)가 순서대로 늘어선 것이다.

정답 24 ③ 25 ③

26 **계급과 계층에 대한 설명으로 옳지 않은 것은?**

① 계급은 사회 내 존재하는 실제적·객관적 지위가 경제력이라는 단일 지표에 의해 분류된 사회 불평등 구조를 말한다.
② 계층은 연속선상에 있는 지위의 서열로서, 다원적 지표에 의하여 분류되는 불평등 구조이다.
③ 계급은 지배와 피지배, 갈등과 대립이 불가피함을 전제로 하며, 계급의식이 강조된다.
④ 계층은 사회적 희소가치의 불평등한 분배 상태를 범주화하여 이해하려는 분석적인 의미로, 각 계층들은 수직적으로 하나의 연속선상에 배열되지만, 사회적 이동은 제한된다.

26 계층은 사회적 희소가치의 불평등한 분배 상태를 범주화하여 이해하려는 분석적인 의미로, 각 계층들은 수직적으로 하나의 연속선상에 배열되지만, 사회적 이동이 자유롭다.

27 **다음 내용과 가장 관련이 깊은 것은?**

- 한 개인이 가지는 사회적 지위의 차원별 높이가 서로 다른 상황이다.
- 한 개인의 사회적 위치가 그의 사회적 지위에 긍정적인 효과와 부정적인 효과를 동시에 미치는 상황이다.
- 지속적으로 일어난다면 기존 사회 체제에 대한 불만이 표출되어 사회 통합을 저해할 수 있다.

① 역할 갈등
② 역할 행동
③ 성취 지위
④ 지위 불일치

27 ① 역할 갈등은 두 개 또는 그 이상의 지위들에 상응하는 역할들이 동시에 요구되어 양립 불가능하게 된 경우에 발생하는 사회적 갈등을 의미한다. 한 사람이 가지고 있는 역할들 사이에서만 나타나는 것이 아니고, 하나의 제도 안에서 서로 다른 지위를 차지하고 있는 사람들 사이에서도 나타난다.

정답 26 ④ 27 ④

28 다음 내용과 가장 관련이 깊은 인물은?

- 계급론이 사회 계층의 복잡다단한 측면을 취급하기에는 너무 단순하다고 주장하면서, 다차원적인 접근방법을 제시하였다.
- 계층 현상이 경제적인 '계급', 사회적인 '지위', 정치적인 '권력'을 중심으로 분화된다고 보았다.

① 데이비스-무어(K. Davis & W. Moore)
② 베버(M. Weber)
③ 마르크스(K. Marx)
④ 다렌도르프(R. Dahrendorf)

28 ① 데이비스-무어 이론은 각 직업의 기능적 중요성의 차이와 희소성에 입각하여 계층 현상을 불가피하고 긍정적인 존재로 파악하고 있다. 사회의 특정 위치는 다른 지위나 위치들보다 더 중요하고, 그 수행을 위해서는 특수한 기능을 요한다고 보았다.
③ 마르크스는 생산 수단의 소유 유무라는 단일 요인에 의해 사회 계층을 '자본가 계급'(부르주아지)과 '노동자 계급'(프롤레타리아)의 두 집단으로 분류했다.
④ 다렌도르프는 갈등론의 관점에서, 가치와 규범에 근거를 둔 제재(Sanction)와 보상이 불평등의 근원이라고 보았다.

29 사회 이동에 대한 설명으로 옳지 않은 것은?

① 개인 또는 집단이 하나의 계층적 위치에서 다른 계층적 위치로 이동하는 현상을 말한다.
② 부모의 지위가 자녀에게 그대로 세습되는 전통 사회에서는 세대 간 사회 이동의 폭이 현재 사회에서보다 크다.
③ 집단 또는 개인의 사회적 지위의 변화를 통틀어 일컫는 말로, 분배 체계에서 개인의 위치 변화를 의미한다.
④ 한 사회의 계층 체계가 폐쇄적인가 개방적인가에 따라 그 양, 정도, 폭이 다르게 나타난다.

29 부모의 지위가 자녀에게 세습되는 전통 사회보다는, 개인의 능력에 따라서 사회적 이동이 일어나는 현재 사회에서 사회 이동의 폭이 훨씬 크다.

정답 28 ② 29 ②

30 **요즘 한국 사회의 변화의 특징으로 옳지 <u>않은</u> 것은?**

① 우리나라의 자영업자와 경영자 계층의 소득 불평등은 점점 커지고 있다.
② 사회 계층의 구조화 정도가 낮다.
③ 우리나라에서 교육은 개인의 경제적 지위를 가져오는 중요한 요인으로 작용한다.
④ 소득 불평등은 농촌보다 도시가 더 낮다.

30 소득 불평등은 도시보다 농촌이 더 낮다. 즉, 도시의 소득 불평등이 더 심하다.

31 **요즘 한국의 농촌 사회의 특징으로 옳지 <u>않은</u> 것은?**

① 보건 및 사회서비스 영역의 인프라가 부족하여 의료시설이나 문화시설들의 부족현상이 심화되고 있다.
② FTA 등 농업시장 개방으로 인한 경쟁력 문제 및 농촌인구 고령화로 인한 생산성의 문제 같은 거시적인 압력에 직면해 있다.
③ 인터넷 통신망의 발달로 인해 교육 수준에서나 경제적인 측면에서 도시와 비슷한 수준의 사회적 지위를 누리고 있다.
④ 다문화 가정의 증가에 따른 문화 정체성 혼란의 문제는 현재 한국 농촌이 해결해야 하는 어려운 문제이다.

31 인터넷 통신의 발달로 인한 농수산물 산지와 소비자 간의 직접 연결이 늘어나면서 경제적인 측면의 수준이 많이 향상되었으나, 도시에 편중된 경제적 자원으로 인해 아직까지 소득수준이나 사회적 지위의 차이는 큰 편이다.

32 **우리 사회의 급격한 고령화의 원인으로 옳지 <u>않은</u> 것은?**

① 노인 부양에 따른 세대 간 갈등의 심화
② 출생률의 감소
③ 의료기술의 발달과 생활환경의 개선
④ 사회보장제도의 발달

32 노인 부양에 따른 세대 간 갈등의 심화는 고령화의 원인이라기보다는 고령화 현상으로 인해 나타난 하나의 사건으로 보아야 한다.

정답 30 ④ 31 ③ 32 ①

33 현대 사회의 변화 양상으로 옳지 않은 것은?

① 1990년대 구소련 체제의 해체로 인해 냉전체제는 붕괴하고, 미국과 소련을 중심으로 한 '자본주의 vs 공산주의' 이념 대립은 종결되었다.

② 정보화는 '자본, 기술, 인력'에 관한 정보가 국경을 초월해 넘나들게 함으로써, 세계화 추세를 북돋워 세계를 하나의 큰 자본주의 시장으로 통합시켰다.

③ 쌍방향 통신이 일상화되는 원격 교육이 이루어지면, 교사와 학생이 직접 서로 마주 보고 있지 않더라도 영상을 통해 서로 의사를 교환함으로써 교육과 학습이 상호보완적으로 이루어질 수 있다.

④ 현대 사회의 사회운동은 노동계급을 주체로 하여, 노동계급의 경제적 이익과 정치권력을 수호하기 위한 물질적인 경향을 중심으로 전개되었다.

33 노동계급이 주체가 되어 '노동계급'의 경제 사회적 이익을 위해 움직였던 사회운동은 '구사회 운동'으로 1980년대 이전에 중심이 되었던 사회운동이다. 1980년 이후에는 '물질적인 경향'이 아닌 모든 삶의 질에 관심을 가지는 탈물질적 성향(예 환경, 반핵, 여성운동 등)을 가지는 '신사회 운동'이 시작되었다.

③ 현대 사회는 정보통신 기술의 발달로 인해 '일방향 통신'에서 '쌍방향 통신'으로 통신의 주체가 바뀌게 된다. 쌍방향 통신은 정보화 사회의 시민을 단순한 정보의 소비자가 아니라 토플러가 말한 정보의 프로슈머(Prosumer)로 만들었다. 즉, 정보의 생산자(Producer)인 동시에 소비자(Consumer)가 되는 것이다. 또한, 쌍방향 통신 매체를 이용하여 시민운동이 활성화될 수 있기 때문에, 중간 집단의 부재나 약화를 극복함으로써 '원격민주주의'(Tele-democracy)의 발전에 기여할 수 있다.

34 1990년대 한국 시민운동에 대한 설명으로 옳지 않은 것은?

① 1990년대에 들어서면서 다양한 의제를 중심으로 한 전문 시민운동으로 변모하였다.

② 환경, 여성, 생활경제, 소비자 운동, 먹을거리 등 시민의 일상과 가까운 의제를 중심으로 하는 단체들이 등장하였다.

③ 경제정의실천시민연합, 참여연대, 환경운동연합 등 여러 시민단체들이 활발하게 활동하였다.

④ 인터넷 기반의 커뮤니티가 활성화되면서 시민들은 온라인에서 사회문제에 대한 의견을 공유하였다.

34 인터넷 기반의 커뮤니티가 활성화되어 온라인상에서의 사회문제 토론이 활성화된 것은 2000년대 이후부터이다.

정답 33 ④ 34 ④

35 다음 내용에서 괄호 안에 들어갈 용어로 적절한 것은?

> 대중이 대중매체를 통해 공동의 쟁점에 관심을 갖고 자신의 의견을 갖게 되면 (   )이 되는데, 이러한 집단의 집단적 의견을 여론이라고 한다. 여론은 대중매체에 의해서 형성이 되기 때문에, 대중매체를 장악하면 여론을 조작하는 것도 가능하다.

① 대중
② 공중
③ 군중
④ 관중

35 대중은 지위・계급・직업・학력・재산 등의 사회적 속성을 초월한 불특정 다수의 사람들로 이루어진 집합을 의미한다. 대중들의 집합행동은 주로 대중매체에 의해 만들어지는 경향이 많은데, 대중매체는 대중들의 집합행동 출발점과 지향점을 제시해주는 역할을 한다. '대중'이 대중매체를 통해 공동의 쟁점에 관심을 갖고 자신의 의견을 갖게 되면 '공중'(public)이 된다.
군중이란 어떤 개인 또는 사건 주위에 모여 있는 사람들의 일시적인 집합을 의미한다. 사회집단이 '규범, 역할, 사회통제' 같은 조직 요소들을 바탕으로 구조화되어 있는 반면, 군중은 구조화되어 있지 않은 일시적인 사회적 상호작용을 나타낸다. 일시적인 상호작용이기 때문에 그 상호작용은 예측하기 어려운 점이 존재한다.

36 다음 내용과 가장 관련이 깊은 것은 무엇인가?

> • 목표가 뚜렷하며, 목표달성을 위한 구체적인 프로그램이 있다.
> • 정당성을 제공하고, 방향을 제시해 주는 이념(이데올로기)을 갖추고 있다.
> • 그 성원의 참여를 촉진시키기 위한 슬로건・노래・회합 등의 의식행위가 있다.
> • 지도자와 추종자 사이에 뚜렷한 역할구분을 하고 있다.

① 폭동
② 혁명
③ 개혁
④ 사회 운동

36 ② 혁명은 기존 질서에 깊이 불만을 품고 모든 사회조직과 구조를 근본적으로 바꾸려고 하는 사회 운동을 말한다. 그 예로는 프랑스 혁명, 볼셰비키 혁명, 동학농민운동 등이 있다.
③ 개혁은 기존 사회질서의 일부에 개혁이 필요하다고 판단될 때 현존하는 가치관이나 행동을 변화시켜 자신들이 의도하는 새로운 질서를 만들어 보려고 하는 개혁 지향적인 운동을 말한다. 예를 들어, 여성임금차별 폐지운동은 기존의 정치체계・경제체제・가족관계 등은 인정하고, 다만 경제제도 중에서 여성에 대한 임금차별에 대한 관행과 제도를 바꾸어 보고자 하는 운동이다.

정답 35 ② 36 ④

37 1960년대는 1차 산업인 농업과 섬유업이 중심이 되어 경제 활동의 주가 되었고, 1970년대에 들어서면서 새마을 운동으로 경제가 서서히 살아나기 시작하였다.

37 1960~1970년대 한국의 공업화와 경제발전과정에 대한 설명으로 옳지 않은 것은?

① 1962년부터 경제 개발 계획을 수립・추진함으로써 풍부한 노동력을 바탕으로 한 경공업 부문의 수출 산업화에 성공하였으며, 이를 토대로 대외지향적 성장 전략이 가속화되었다.
② 공업화 전략의 추진으로 취업 기회가 크게 확충됨에 따라 근로자를 중심으로 소득 분배 구조가 개선되었으나, 농공 간의 발전 격차 문제가 제기되기 시작하였다
③ 1960년대는 새마을 운동이 경제 활동의 주가 되었고, 1970년대에 들어서면서 1차 산업인 농업과 섬유업이 중심이 되어 경제가 서서히 살아나기 시작하였다.
④ 1970년대 후반 들어 경공업이 발달하기 시작했으며, 전자제품을 외국으로 수출하기 시작하였다.

38 종속이론은 제3세계 국가들의 '발전속도'에 주목하였다. 중심부에 있는 선진국들은 '빠른' 속도의 발전을 하는 반면, 주변부에 있는 제3세계 국가들은 '느린' 속도의 발전을 한다고 생각했기 때문이다. 주변부의 이 느린 발전속도를 종속이론 학자들은 '저발전' 상태라고 칭하였다.

38 다음 내용에서 괄호 안에 공통으로 들어갈 용어로 적절한 것은?

> 'A 이론'은 제3세계에서 나타난 근대화의 결과와 방향에 대한 반성과 비판의 소리를 배경으로 출현하였다. 즉, 제3세계의 여러 국가들은 현저한 경제 성장을 달성했음에도 불구하고 선진자본주의 국가와의 상대적 격차가 줄어들지 않고 오히려 증가하였으며, 국내적으로 실업, 부의 사회적 격차들이 감소되지 않고 심화되는 현상을 보였던 것이다. 이 때문에 남아메리카의 사회과학자들은 "(　　)(이)란 무엇인가?", "왜 (　　)이(가) 지속되고 있는가?"에 대한 의문을 가졌고 이에 대한 문제의식이 'A 이론'으로 등장하게 되었다. 그들은 서유럽 사회의 발전이론인 'B 이론'은 중심부에 있는 유럽국가의 발전에는 적합하게 적용된다고 보았다. 다만, 그 발전은 주변부에 있는 제3세계 국가들의 '자원과 노동'을 착취하면서 성립되는 것이고, 이에 따라서 주변부에 있는 나라들이 (　　)에 시달리게 된다는 것이다.

① 종속 상태　② 세계화
③ 근대화　④ 저발전

정답 37 ③ 38 ④

39 **종속이론에 대한 설명으로 옳지 않은 것은?**

① 1960년대 중반 이후 남미의 발전을 연구하는 학자들에 의하여 전개된 사회 및 경제 발전에 관한 이론이다.
② 종속이론에 따르면 사회의 발전은 '사회적 진화의 보편적 노정'이라는 입장에서 출발하였다.
③ 종속이론에 따르면 제3세계 국가들의 발전은 현재의 세계 자본주의 체제에는 거의 불가능하다고 생각한다.
④ 라틴 아메리카 발전 정책의 근간이 되어 온 근대화이론에 대한 부정으로부터 출발한다.

39 근대화론이 가지는 문제점에 대한 설명이다. 근대화론은 개별 사회의 특징이나 성향을 무시하고 '사회 진화론'적인 측면에서 '미발전 사회'가 '발전된 사회'로 보편적인 여정을 따라 진화한다고 보는 이론이다. 이러한 사고방식은 후대에 많은 학자들에게 비판받았다.

40 **다음 내용에서 괄호 안에 들어갈 용어로 적절한 것은?**

> 1894년 '전봉준'을 중심으로 하여 농민층의 주도로 일어난 '동학농민운동'은 1차 봉기에서 반봉건(反封建)의 기치를 걸고 전라도 일대를 장악하였다. 5월의 '전주화약'을 계기로 해산하였던 동학 농민군이 이후 '일본군'의 경복궁 점령으로 촉발된 '청일전쟁'을 기점으로 외세의 침략에 대응하기 위한 반외세(反外勢)적인 성격을 지닌 보수적 (　　) 운동으로 성격이 변화하였다.

① 개항반대
② 사대주의
③ 위정척사
④ 민족주의

40 ③ 위정척사 사상은 조선 후기 외국의 세력 및 문물이 침투하자, 이를 배척하고 유교 전통을 지킬 것을 주장하며 일어난 사회적 운동이다. 위정(衛正)이란 바른 것, 즉 성리학과 성리학적 질서를 수호하자는 것이고, 척사(斥邪)란 사악한 것, 즉 성리학 이외의 모든 종교와 사상을 배척하자는 것이다. 위정척사 세력들은 전통적인 사회 체제를 고수하는 것이 목적이었기 때문에 개화사상에도 반대하였다.

정답 39 ② 40 ④

출제유형 완벽파악

사회학개론

2022년 기출복원문제

▶ 온라인(www.sdedu.co.kr)을 통해 기출문제 무료 강의를 만나 보세요.

01 사회학의 태동배경과 가장 관련 깊은 역사적 사건은?

① 대공황
② 프랑스 대혁명
③ 십자군 전쟁
④ 제1차 세계대전

01 사회학의 아버지라 불리는 콩트(1798~1857)는 프랑스 대혁명(1789~1799) 직후 출생하여 프랑스 혁명 직후의 혼란스러운 사회가 여러 사건을 거치며 안정되어가는 과정을 보면서 '생명체'가 '항상성'을 유지하려는 성질이 있는 것처럼 '사회'도 언제나 균형을 유지하려는 경향이 있다고 생각하였다. 이러한 아이디어가 훗날 '사회유기체설'의 기본적인 아이디어가 되었다고 볼 수 있다.
① 대공황(1929)
③ 십자군 전쟁(1096~1270)
④ 제1차 세계대전(1914~1918)

02 사회학의 시조인 콩트가 제시한 정신적 진보의 3단계 법칙에서 각 단계를 순서대로 나열한 것은?

① 형이상학적 단계 → 신학적 단계 → 과학적 단계
② 신학적 단계 → 과학적 단계 → 형이상학적 단계
③ 신학적 단계 → 형이상학적 단계 → 과학적 단계
④ 과학적 단계 → 형이상학적 단계 → 신학적 단계

02 콩트는 인간의 지적 발전이 '신학적 단계 → 형이상학적 단계 → 과학적(= 실증적) 단계'를 거쳐서 발전한다고 보았다. 특히 콩트는 수학과 물리학, 생물학 등의 자연과학은 신학적, 형이상학적 사유를 벗어난 실증적인 단계에 들어왔다고 보았지만 인간을 연구하는 학문들은 아직 신학적, 형이상학적 단계를 벗어나지 못하고 있다고 생각하였다. 이로 인해 그는 실증주의 사회과학을 옹호하였고, 그것의 이름을 '사회학'이라고 명명하였다.

정답 01 ② 02 ③

03 다음 중 마르크스(Marx) 계급론의 개념을 모두 고른 것은?

ㄱ. 상부구조와 하부구조
ㄴ. 자본주의 정신
ㄷ. 생산력과 생산관계의 모순
ㄹ. 공동체주의

① ㄱ, ㄴ
② ㄱ, ㄷ
③ ㄴ, ㄷ
④ ㄴ, ㄹ

03 ㄱ. 마르크스는 사회의 본질은 상부구조(superstructure)와 하부구조(infrastructure)로 구성되어 있으며, 경제적 영역인 토대(하부구조)가 비경제적 영역인 상부구조를 결정한다고 보았다. 하부구조란 어느 사회의 경제양식을 의미하는 것으로 생산양식(mode of production)이라는 말로 표현되고, 상부구조란 생산양식을 제외한 나머지로 정치, 사법제도, 이데올로기, 예술의 양식(문화), 종교 등을 가리킨다. 결국, 사회를 움직이는 기본적인 동력은 하부구조인 생산양식에 있고, 생산양식이 변하면 상부구조도 변하게 된다고 보았다.

ㄷ. 마르크스가 말하는 생산양식은 생산력과 생산관계라는 두 요소로 구성된다. 생산력이란 생산에 동원되는 주요한 에너지의 형태로 근육・기계・테크놀로지 등이 이에 해당한다. 생산관계란 생산활동을 둘러싼 인간의 관계를 의미하는 것으로 영주나 소작인 사이의 노예적 예속관계나 자본가와 노동자 사이의 고용관계와 같은 것을 말한다. 생산관계 내부에는 자본가와 노동자처럼 이해관계를 달리하는 계급 사이의 갈등이 내재하며, 이것을 현재화(顯在化)한 것이 계급투쟁이다.

04 스펜서(Spencer)의 이론과 가장 관련이 깊은 것은?

① 계급갈등론
② 사회유기체론
③ 사회실재론
④ 변증법적 유물론

04 스펜서는 "사회는 생물유기체와 같이 생존을 위한 욕구를 가지고 있으며, 이를 만족시키기 위해 지속적으로 작동하는 기관을 가지고 있다. 이 욕구를 충족시켜주는 기관을 구조라고 한다. 그 구조가 수행하는 역할을 기능이라고 한다."라고 말하며 진화론에 기반을 둔 사회유기체설을 주장하였다.

①・④ 계급갈등론과 변증법적 유물론은 마르크스의 주장이다.

③ 사회실재론은 뒤르켐이 주장한 이론이다.

정답 03 ② 04 ②

05 다음 설명에서 괄호 안에 들어갈 말로 알맞은 것은?

(　　)은(는) 개별 사실이나 명제로부터 일반적 결론을 이끌어내는 과학적 연구방법이다.

① 연역법
② 개별화
③ 비교법
④ 귀납법

06 다음 설명에 해당하는 것은?

사회현상을 설명하는 데에는 행위자의 주관적 감정, 의미, 동기 등을 이해하기 위한 감정이입이나 해석의 과정이 중요하다고 보는 입장이다.

① 해석학적 방법
② 총체론적 분석
③ 경험적 연구
④ 체계론적 분석

05 개별 사실이나 명제로부터 일반적인 결론을 이끌어내는 연구방법은 귀납법이다. 귀납추론은 흔히 '구체적인 사실로부터 보편적 사실을 추론해내는 방식'으로 정의된다. 특히 귀납법은 개별적인 특수한 사실이나 원리를 전제로 해서 일반적인 사실이나 원리를 추론해내는 연구 방법을 말한다. 주로 인과관계를 확정하는 데 사용된다.

① 연역법은 '보편적인 사실로부터 구체적 사실을 추론해내는 방식'으로, '전제가 참이라면 결론은 필연적으로 참이다.'를 특징으로 한다. 특히 연역법은 논리 연역에 따른 추리 방법으로 일반적 사실이나 원리를 전제로 하여 특수한 사실이나 원리를 결론으로 이끌어내는 추리 방법을 말한다. 경험이 아닌 논리를 통해서 필연적인 결론을 이끌어내는 것으로, 삼단논법이 대표적이다.

06 해석학적 방법은 사회과학과 자연과학의 대상은 본질적으로 다르다는 가정 하에서 출발한다. 이로 인해 자연과학의 방법과 가정은 인간연구에 부적당하다고 본다. 이들은 사회적 세계가 의미를 담고 있는 세계라는 사실을 강조하며, 사회과학의 목적은 인간 행태(behavior)의 인과관계를 논증하는 것이 아니라, 인간 행위(action)의 의미를 이해하고 해석하는 것이라고 한다. 그리고 인간은 의식・생각・느낌・의미・의도와 존재인식을 가지고 있기 때문에 인간의 행동은 의미를 가지게 되며, 상황을 규정하고 자신과 다른 사람의 행동에 의미를 부여하게 된다고 본다. 그 결과 인간은 단순히 외부적 자극에 반응하거나 그냥 무의미하게 움직이는 것이 아니라 목적적인 행동을 한다는 것이다.

정답 05 ④ 06 ①

07 **다음 중 구조기능주의의 전제로 옳은 것은?**

① 사회체계는 구조적인 갈등관계를 기반으로 한다.
② 사회는 자연과 달리 각 부분이 서로 독립적으로 기능한다.
③ 사회는 구조의 합리화를 강화하는 순환적인 발전과정을 겪는다.
④ 사회의 각 부분은 전체 사회의 안정과 연대를 위해 움직이는 복잡한 체계이다.

07 미국의 사회학자인 파슨스(T. Parsons, 1902~1979)로부터 시작되는 구조기능주의(structure functionalism)는 사회유기체설의 관점을 전제한다. 사회의 각 부분인 '개인'은 전체 사회의 안정과 연대를 위해 움직이는 복잡한 체계의 일부라는 것이다.
① 갈등론의 입장이다.
② 구조기능주의는 사회유기체설을 전제로 하기 때문에 사회의 각 부분이 모두 연결되어 있다고 생각한다.
③ 진화론의 입장이다.

08 **상징적 상호작용이론과 가장 관련이 깊은 것은?**

① 대규모 양적 조사를 이용하여 자아 문제를 연구한다.
② 자아 형성 과정에서 사회구조가 미치는 영향에 주목한다.
③ 사회질서는 사회적 실재로, 그 자체가 객관적인 연구의 대상이다.
④ 사람들과 관계를 맺을 때, 상대방이라는 거울에 비추어 자신의 행동을 결정한다.

08 쿨리(C. H. Cooley)의 '거울 속의 자아이론'이다. 그는 자아의 형성 과정을 '거울 속의 자아(looking glass self)'라는 말로 설명하는데 타인과의 상호관계에서 타인에게 비추어진 자아의 상(image), 혹은 타인의 반응 속에서 형성되는 자아상(自我像)을 중심으로 자아가 형성된다는 것이다. → 자기를 대상화하여 평가하는 자기성찰성을 강조함
①·②·③은 거시적인 시각의 이론으로, 미시적인 시각의 이론인 '상징적 상호작용이론'과 관련이 적다.

09 **교환이론에 대한 설명으로 옳지 <u>않은</u> 것은?**

① 대표적인 학자로는 쿨리(Cooley)와 미드(Mead)가 있다.
② 인간들끼리 주고받는 상호작용에 초점을 맞추는 이론이다.
③ 최대다수의 최대행복을 추구하는 공리주의 경제학의 영향을 받았다.
④ 사회적 행위는 적어도 두 사람 사이에서 교환자원을 주고받는 반복적인 행위이다.

09 교환이론의 대표적인 학자로는 호만스(G. Homams)가 있다. 호만스는 인간행동을 상호작용하는 개인들 사이의 보상과 징벌의 교환으로 개념화하기 때문에 경제학의 이론적 방식으로 인간의 행동을 설명하려고 시도하였으며, 경제학의 전제처럼 인간은 합리적으로 시장에서의 그들의 행동의 장기적 결과를 계산하고 그들의 거래에서 물질적 이윤의 극대화를 시도한다고 가정하였다. 쿨리(Cooley)와 미드(Mead)는 상징적 상호작용이론을 대표하는 학자들이다.

정답 07 ④ 08 ④ 09 ①

10 다음 중 문화종류에 대한 설명으로 옳은 것은?

① 법(laws) - 최소 수준의 민습이 비공식화된 규범이다.
② 원규(mores) - 사회의 기본적 안녕과 가치를 수호하는 규범이다.
③ 민습(folkways) - 일상생활에서 절대적으로 지켜야 할 규범이다.
④ 문화규범(cultural norm) - 사회집단 사이에 협의를 통해 형성된 공식화된 규칙이다.

11 다음 설명에서 괄호 안에 들어갈 말로 알맞은 것은?

> 개인이 자신이 속한 사회의 문화를 습득하는 과정을 (㉠)라고 하며, 인간이 자신이 태어난 사회 속에서 살아가면서 다양한 사회적 규범, 규칙, 행동양식들을 습득하는 과정을 (㉡)라고 한다.

	㉠	㉡
①	사회화	문화화
②	문화화	규범화
③	문화화	사회화
④	사회화	규범화

10 원규는 사회의 유지와 존속이라는 근본적인 가치를 위해 불가피하다고 인정되고, 따라서 반드시 지켜야 할 규범이다. 원규와 민습은 명확하게 구분하기는 어려운데, 그 차이는 종류의 차이라기보다는 정도의 차이로 보아야 한다. 즉, 중요성의 정도나 처벌의 가혹성의 차이이다.

① 법은 의식적으로 제정하고 공식적으로 선포된 정당성에 입각하여 집행하는 규범이다. 사회가 복잡해짐에 따라 규범의 위반 행위에 대해 개개인 또는 집단의 보복이 자의적으로 이루어질 경우 혼란과 부작용이 우려되기 때문에, 정부나 국가 기관이 물리적 제재를 합법적으로 담당하는 것이다.
③ 민습이란 가장 흔히 일상적으로 사람들이 준수하는 규범으로, 특정상황에서 바람직하고 올바르다고 간주하는 행위지침을 말한다. 예를 들어, 식사 관행, 의복 관행, 예절이나 의식 등 한 사회가 전통적으로 지키는 관습이나 관행에 속하는 것이 민습이다(예 밥을 먹을 때 수저를 사용하는 것, 어른에게 고개 숙여 인사하며 존댓말을 사용하는 것 등).
④ 문화규범이란 어떤 문화가 가지는 규범을 말한다. 즉, 그 문화가 어떤 상황에 대해 정의하면 이러한 정의는 행동의 지침이 되어 인간사회의 규범을 형성함으로써 사람들의 행동에 영향을 미친다. 이 규범의 종류에는 종교, 관습, 도덕 등이 있다.

11 문화를 습득하는 과정은 '문화화'라고 하며, 사회적 규범·규칙·행동양식을 습득하는 과정은 '사회화'라고 한다. 굳이 구분을 하고 있지만, 사실상 문화화와 사회화는 비슷한 과정으로 보는 것이 좋다.

정답 10 ② 11 ③

12 다음 설명에 해당하는 문화유형은?

> 1960년대 서양에서 유행하였던 히피운동, 반전운동, 자연주의운동 등이 여기에 속한다. 한국 사회에서는 1980년대 독재에 저항하며 자유를 추구한 대학문화와 1990년대부터 확산되기 시작한 청소년의 일탈적 폭주족 문화를 일컫는다.

① 대중문화
② 대항문화
③ 민중문화
④ 주류문화

12 대항문화(반문화)는 사회의 지배적인 문화(주류문화)에 정면으로 반대하고 적극적으로 도전·저항하는 하위문화의 일종을 말한다.
① 대중문화는 대중매체를 기반으로 한 문화, 혹은 대중이 중심이 되는 문화이다. 요즘은 대중매체가 사회 다수의 취향을 반영한다는 민주적 성격을 강조하여 파퓰러 컬처(popular culture ; pop culture)라 부른다.
③ 민중문화는 대중문화와 비슷한 표현이다.
④ 주류문화는 한 사회 전반에 깔려 있는 지배적인 문화를 의미한다.

13 다음 설명과 관련이 깊은 문화변동의 종류는?

> 자동차와 같은 물질적 요소가 도입되었으나, 교통질서와 같은 정신적 요소가 즉시 수용되지 않는다.

① 문화 지체(culture lag)
② 문화 충격(culture shock)
③ 문화 적응(culture adaption)
④ 문화 동화(culture assimilation)

13 제시문이 설명하는 상황은 '문화 지체'를 의미한다. 즉, 한 사회의 문화는 물질적인 것과 비물질적인 것을 모두 포함하고 있는데 물질문화의 변동 속도는 빠른 데 반해, 비물질문화의 변동 속도가 느려 발생하는 부조화 현상을 문화 지체라 한다. 오그번(W. F. Ogburn)이 처음으로 언급하였다.

정답 12 ② 13 ①

14 다음 설명에 해당하는 사회화 유형은?

탈북자(혹은 새터민)가 우리 사회에 들어와 그들이 살았던 북한의 사회주의적 삶의 방식과는 전혀 다른 자본주의적인 생활방식을 다시 습득해야 하는 경우를 말한다.

① 재사회화
② 강화사회화
③ 탈사회화
④ 예고적 사회화

14 재사회화는 일차적인 사회화에 의하여 학습한 가치・규범・신념 등을 버리고 새로운 가치・규범・신념을 내면화하는 것을 말한다. 일반적으로 재사회화는 사회적 일탈을 교정하기 위한 재사회화(예 교도소 수감)와 사회적 적응을 위한 재사회화로 구분할 수 있다. 제시문의 경우는 사회주의적 생활방식과 거의 대조되는 자본주의적 생활방식을 습득하기 위한 사회적 적응의 재사회화라고 볼 수 있다.
③ 탈사회화는 재사회화의 시작 단계로 기존에 사회화되어 있던 사회규범, 관습 등에서 벗어나는 행동을 의미한다.
④ 예고적 사회화(= 예기 사회화)는 미래에 속하게 될 집단의 규범을 미리 학습하는 과정을 의미한다(예 대학교 신입생 오리엔테이션).

15 다음 설명에서 괄호 안에 들어갈 말로 알맞은 것은?

지위에는 성별, 세대(나이), 가족, 지역, 국적, 신분처럼 본인의 의지와 노력 여하와 상관없이 저절로 주어지거나 속하게 되는 (㉠)가 있는가 하면, 학력, 직업, 직위처럼 본인의 의지나 노력을 통해 얻게 되는 (㉡)가 있다.

	㉠	㉡
①	귀속 지위	성취 지위
②	성취 지위	귀속 지위
③	귀속 지위	사회적 지위
④	사회적 지위	성취 지위

15 본인의 의사와 무관하게 태어나면서부터 받는 지위를 귀속 지위(㉠)라 한다. 반면 자신의 노력에 의해서 성취한 지위를 성취 지위(㉡)라 한다. 귀속 지위는 출생에 의해서 주어지는 지위이기 때문에 개인이 변경할 수 없다(예 성별, 인종 등).
공식적・비공식적 지위는 다음과 같은 경우를 생각하면 된다. 아버지가 우리 회사 사장님이라면, 공식적 지위는 '사장과 사원'이지만, 비공식적 지위는 '아버지와 아들'이 된다.

정답 14 ① 15 ①

16 다음 상황과 관련이 깊은 사회학 개념은?

> 어렸을 때부터 친한 친구가 직장 상사가 되어서 그의 명령을 수행하는 처지가 되었다.

① 계급 갈등(class conflict)
② 역할 갈등(role conflict)
③ 다중 역할(multiple roles)
④ 지위 불일치(status inconsistency)

16 역할 갈등은 일반적으로 한 개인에게 서로 상치되거나 상반되는 역할을 요구하거나 기대하면 생기는 문제로, 역할 모순과 역할 긴장이 존재한다. 제시문의 경우는 역할 모순과 관련된 상황으로, '친구의 지위에서 기대하는 역할'과 '직장상사의 지위에서 기대하는 역할'이라는 두 가지 역할이 충돌하기 때문에 역할 모순 상태에 빠지게 된다.

④ 지위 불일치는 한 개인이 가지는 사회적 지위의 차원별 높이가 서로 다른 상황을 말한다. 예를 들어, 경제적으로는 상층, 사회적으로는 하층의 지위에 있을 때 우리는 지위 불일치 현상을 경험한다고 말한다.

17 다음 설명에서 기계공학과와 유명 셰프의 특징에 해당하는 집단유형을 연결한 것으로 옳은 것은?

> (가) ○○대학 학과별 축구대회에서 기계공학과 학생들은 혼연일체가 되어 자기 과의 승리를 기원하며 목이 터지도록 응원하였다.
> (나) 음식점을 준비하는 A씨는 유명 셰프들을 역할모델로 삼아 그들의 성공 노하우를 열심히 배우고 있다.

	(가)	(나)
①	내집단	외집단
②	내집단	준거집단
③	외집단	공식집단
④	비공식집단	공식집단

17 내집단에 해당하기 위해서는 다음 두 가지 조건이 모두 충족되어야 한다.

> ㉠ 현재 소속되어 있을 것
> ㉡ 소속감을 가지고 있을 것

(가)에서 기계공학과 학생들이 기계공학과를 '자기 과'라고 생각하고 있는 점을 보아 현재 소속되어 있는 과에 소속감을 느끼고 있다는 것을 알 수 있다. 또한 (나)에서 자신의 '역할모델'을 따라가기 위해 노력하고 있는 A씨는 유명 셰프를 '준거집단'으로 설정하였다고 볼 수 있다.

정답 16 ② 17 ②

18 다음 설명에 해당하는 이론은?

> 사회질서의 해체나 규범적 혼란이 사회적 결속이나 통합을 약화시켜 범죄의 발생률을 높인다고 설명하는 이론이다.

① 낙인이론
② 사회유대이론
③ 아노미이론
④ 사회해체이론

18 제시문은 사회해체이론에 대한 내용이다. 사회해체이론은 산업화・도시화에 의한 범죄의 증가현상을 개인적 결함에 초점을 맞추어 연구하는 사회병리학을 비판하면서 등장한 이론이며, 도시화・산업화 등으로 기존의 사회체제가 붕괴되어 현존하는 사회적 행동기준이 개인에 대하여 미치는 영향력이 감소하여 사람들의 반사회적 태도가 증가하고, 규범준수에 대한 사회 구성원의 공감대가 약화된 것이 범죄의 원인이 된다는 이론이다.

19 범죄의 유형과 그 예가 바르게 짝지어진 것은?

① 사이버 범죄 – 폭행
② 블루칼라 범죄 – 탈세
③ 화이트칼라 범죄 – 강도
④ 희생자가 없는 범죄 – 대마초 흡연

19 전통적인 범죄(예 강도, 살인 등)는 가해자와 피해자가 분명하게 존재하는 데 비해, 희생자 없는 범죄는 피해자와 가해자의 관계가 분명치 않다는 점에서 구분되며, 전통적 범죄와 구별하기 위해서 이를 통칭하여 희생자가 없는 범죄라고 하고 있다(예 매춘, 마약 복용 등).

20 다음 설명과 관련이 깊은 조직 유형은?

> • 경영자가 조직적 장벽을 제거하거나 최소화시키기 위해 선택하는 조직 구조 중 하나이다.
> • 각 사업부서가 자신의 고유 기능을 독자적으로 수행함과 동시에 제품 생산이나 프로젝트 수행과 같이 유기적 연계가 필요한 경우에는 상호 협력한다.

① 관료제
② 서비스조직
③ 사업조직
④ 네트워크조직

20 네트워크조직이란 상호의존적인 조직 사이의 신뢰를 바탕으로 서로 독립성을 유지하는 조직들이 상대방이 보유하고 있는 자원을 마치 자신의 자원인 것처럼 활용하기 위하여 수직적・수평적・공간적 신뢰 관계로 연결된 조직 간 상태를 말한다.

정답 18 ④ 19 ④ 20 ④

21 다음 설명에 해당하는 것은?

> 집단 구성원 간의 정서적 화합을 이끌어내는 데 적합하며, 구성원 간의 활발한 상호작용을 통해 참여를 이끌어내고 갈등을 최소화할 수 있는 리더십 유형이다.

① 권위주의형 리더십
② 민주형 리더십
③ 자유방임형 리더십
④ 거래형 리더십

21 Lewin은 리더십 이론에서 리더십의 유형을 '권위주의형, 참여형(민주형), 위임형(자유방임형)'으로 구분하였다. 제시문에 언급된 리더십 유형은 참여형(민주형) 리더십이다.

22 다음과 같이 종교의 기능을 설명한 학자는?

> 종교가 사회발전에 중요한 동인으로 작용해 왔다고 설명하였으며, 프로테스탄티즘의 교리 속에는 노동윤리, 금욕사상 등이 있어 자본주의의 성장에 기능적으로 작용하였다고 강조하였다.

① 허버트 스펜서(H. Spencer)
② 조지 리처(G. Ritzer)
③ 막스 베버(M. Weber)
④ 탈코트 파슨스(T. Parsons)

22 베버는 현대의 부르주아 자본주의가 왜 서구사회에서 먼저 일어났는가를 규명하였다. 그는 부르주아 자본주의를 합리적인 노동과 생산 조직을 통해서 이윤을 최대화하는 정신에 기초하고 있는 것으로 '이념형'화하여 '프로테스탄트의 소명 사상 및 금욕 정신'과 밀접히 관련된다는 것을 '상상적 실험'의 방법을 통해 밝혀냈다. 프로테스탄트 교도들은 금욕의 윤리를 잘 지킴으로써 구원을 받을 수 있다는 동기에서 자본을 축적하여 현대 부르주아 자본주의를 발전시켰다는 것이다.

정답 21 ② 22 ③

23 다음 설명에서 괄호 안에 들어갈 개념을 순서대로 고른 것은?

- (㉠)은(는) 경제적 개념으로, 비슷한 수입 정도나 경제력을 가진 사람으로 구성된 범주이다.
- (㉡)은(는) 사회문화적 개념으로, 개인이나 집단에 주어지는 존경이나 사회적 명예, 위세를 말한다.
- (㉢)은(는) 정치적 개념으로, 다른 사람의 저항에도 불구하고 자신의 의지를 관철하는 능력이다.

	㉠	㉡	㉢
①	계급	지위	권력
②	문화	권력	지위
③	지위	계급	권력
④	계급	문화	지위

23 막스 베버(M. Weber)는 계층이론을 통해서 마르크스의 계급이론을 비판하였다. 베버는 사회 계층이 경제적 요인 즉, 생산수단의 소유여부에 따른 '계급(class)', 사회적 위신에 따른 '지위(status)', 정치적 위치에 따른 '권력(power)' 등의 세 가지 측면으로 이루어진다고 보았다.

24 다음 설명에 해당하는 빈곤층 개념은?

가족구성원 중 한 사람에게 건강상의 문제나 경제적인 문제가 발생하면 곧 빈민층으로 떨어져 헤어 나오기 힘든 사람들이다. 결국 자존감 상실, 자괴감 등으로 이어져 사회성까지도 잃기 쉬운 사람들이다.

① 차상위계층
② 한계빈곤층
③ 근로빈곤층
④ 신빈곤층

24 ① 차상위계층(준빈곤층 혹은 잠재적 빈곤층)은 국민기초생활수급자가 아닌 가구로서, 가구소득이 최저생계비를 겨우 넘어선 계층을 의미한다.
② 한계빈곤층은 공공부조 대상자, 즉 극빈층이 수급하는 급여액 기준에서 100~140% 범위 내에 있는 사람들을 의미한다.
③ 근로빈곤층(working poor)은 근로능력을 가진 빈곤층, 정규직 근로자이면서 소득이 너무 낮아 가족을 빈곤으로부터 탈피시킬 수 없는 모든 근로자, 현재 취업상태에 있음에도 불구하고 빈곤한 근로자 등으로 규정할 수 있다.

정답 23 ① 24 ④

25 다음 사회현상을 설명하는 개념은?

> 부동산업자는 경제적 소득수준이 높지만 사회적 위신이나 명예는 낮다. 반면에 교사는 사회적 위신은 높지만 소득수준은 그리 높지 않다.

① 지위 불일치
② 부정적 준거집단
③ 외집단
④ 상대적 박탈감

26 다음 설명과 관련이 깊은 사회학자는?

> 계층체계는 개인의 필요성이나 욕망 때문이 아니라 사회적 필요성에 의해 생겨난다. 각 직업에 적절한 보상이 주어지는데, 보상은 직업의 기능적 중요성과 인재의 희소성에 의해 결정된다.

① 다렌도르프(R. Dahrendorf)
② 데이비스-무어(K. Davis & W. Moore)
③ 호만스(G. Homams)
④ 허버트 스펜서(H. Spencer)

27 다음 설명에 해당하는 가족형태는?

> 보통 3세대로 구성되는 가족형태로, 하나의 핵가족이나 여러 핵가족이 그들의 근친과 동거하는 형태이다.

① 연속단혼제
② 확대가족
③ 핵가족
④ 개방혼제

25 계층을 다차원적인 측면에서 생각한다면 한 개인이 여러 차원에서 점하고 있는 위치가 항상 같을 수 없다. 한 개인이 사회의 희소가치 배분에서 점하고 있는 위치가 각 차원의 서열에서 서로 다를 때 지위 불일치가 발생한다. 즉, 한 개인이 점하고 있는 지위가 여러 차원에서 서로 일치하지 않는 상황을 지위 불일치(地位不一致)라고 한다.

26 제시문에 나온 관점은 데이비스-무어(K. Davis & W. Moore)의 관점으로 이를 기능주의라고 한다. 기능주의의 기본적인 관점은 사회가 유지되고 존속하려면 반드시 수행하지 않으면 안 되는 여러 가지 기능이 있다는 것이다. 나아가 사회가 좀 더 효율적으로 움직이려면 적재적소에 꼭 필요한 사람을 '정당히' 충원하여야 한다고 말한다. 이러한 과정에서 불평등한 분배가 자연스럽게 나타난다고 보는 견해가 기능주의적 관점이다.

27 확대가족은 한 가정에 3대 이상의 세대가 어우러져 사는 가족 형태로, 일부일처제 원칙하에 혈연이나 입양으로 인하여 두 쌍의 부부가 자식들과 함께 산다.

① 연속단혼제는 단혼(일부일처제)이 연속적으로 이어지는 형태로 이혼이 과거에 비해 용이해진 현대 사회에서 나타나고 있다.
④ 개방혼제는 배우자 각자가 혼외 성관계를 가질 수 있는 권리를 포함한 여러 가지 융통성에 동의하는 결혼이다(상호계약).

정답 25 ① 26 ② 27 ②

28 가족제도가 가지는 사회적 기능과 거리가 먼 것은?

① 기능론자들은 가족이 사회적 보호와 정신적 안정의 기능을 가진다고 보았다.

② 갈등론자들은 가족이 중요한 사회적 기능을 수행한다고 생각한다.

③ 기능론자들은 부모가 사회화를 통해 기존의 사회적 가치관을 자녀에게 학습시킴으로써 기존의 권력 구조를 강화한다고 생각한다.

④ 갈등론자들은 가족을 여성에 대한 남성의 지배가 실현되는 제도라고 보았다.

28 ③ 갈등론자의 의견이다.

② 기능론과 갈등론 모두 가족은 중요한 사회적 기능을 수행한다고 생각한다.

29 다음 설명과 관련이 깊은 가족의 변천 현상은?

> 과거 주말부부에 머물던 가족형태가 국제화로 인해 확장되어 국경을 넘어 떨어져 지내는 초국가적 가족이 나타났다.

① 정상가족

② 다문화가족

③ 패치워크가족

④ 세계가족

29 세계가족은 『위험 사회』를 쓴 울리히 벡의 저작 『장거리 사랑』이라는 책에서 처음으로 등장한 개념이다. 울리히와 엘리자베트 벡 부부는 『장거리 사랑』에서 "국제결혼 부부, 결혼 및 노동 이주, 대리모, 스카이프(인터넷 무료전화 서비스)에 기댄 애정관계라는 … 온갖 종류의 장거리 관계들, 곧 사랑의 지구적 혼란"을 집중적으로 파고든다. 이를 위해 도입한 개념이 '세계가족'이다.

① 울리히 벡은 '남자와 여자, 그리고 하나 또는 그 이상의 자녀라는 고전적 가족 모델과 유럽에서 오랫동안 지배적이었던 가족형태인, 같은 언어를 쓰고 같은 여권을 소지하며 같은 나라, 같은 곳에 거주하는 일국적 가족, 곧 근거리 사랑에 토대를 둔 가족체제'를 '정상가족'이라고 보았다.

③ 패치워크는 자투리 조각보를 이어 만든 수공예 제품을 말하는데, 패치워크가족이란 조각보처럼 여러 인간관계들이 복합적으로 구성돼 가족적인 유대감을 이루어내는 공동체를 말한다. 특히 이혼과 재혼이 급증하면서 생겨난 성이 다른 가족 구성원들, 입양 등으로 혈연관계가 섞이지 않은 공동체 가족을 말한다.

정답 28 ③ 29 ④

30 **다음 설명에서 괄호 안에 들어갈 말로 옳은 것은?**

> (　　)는 기존 도시의 주변 지역에 새로운 거주 지역이 형성되어 사람과 도시 기능이 이전되는 현상이다.

① 역도시화
② 근교화
③ 거대도시화
④ 도시화

30 근교화란 도시 주변 지역에 새로운 거주 지역이 형성되어 사람들이 교외로 주택을 마련해서 도심지를 떠나는 것뿐만 아니라, 각종 활동과 기능의 무대가 교외로 이전되는 현상까지 포함하는 개념이다.
① 역도시화란 도시의 중심부와 교외를 포함한 도시권 전체의 인구가 감소되기 시작하는 도시 쇠퇴 단계를 말한다.
③ 거대도시화란 한 나라 안에서의 도시가 '거대도시 → 대도시 → 중소도시'의 계열로 체계화되면서 상호 관련을 맺어가는 과정을 말한다.
④ 도시화란 도시가 형성되고 변화하는 과정, 즉 인구가 도시로 집중되는 현상을 가리키는 말로 전체 인구 중 도시 인구의 비율이 증가함을 말한다.

31 **다음 설명에 해당하는 것은?**

> 도시가 형성되고 변화하는 과정, 즉 도시에 거주하는 인구의 규모와 밀도가 커지는 경향으로 전체 인구 중 도시 인구의 비율이 증가함을 말한다.

① 도시화
② 역도시화
③ 집중적 도시화
④ 분산적 도시화

31 도시화란 도시가 형성되고 변화하는 과정, 즉 인구가 도시로 집중되는 현상을 가리키는 말로 전체 인구 중 도시 인구의 비율이 증가함을 말한다.
③ 집중적 도시화란 중심도시의 교외 지역은 정체된 가운데, 중심도시에 인구와 산업이 집중하여 급격히 팽창하는 현상이다.
④ 분산적 도시화란 교외화라고도 하며, 중심도시의 주변 지역으로 인구와 산업이 분산되어 이루어지는 도시화이다.

정답 30 ② 31 ①

32 자본의 종류에 대한 설명에서 괄호 안에 들어갈 용어로 적절한 것은?

(㉠)은 예술과 문화에 대한 객관적인 지식, 문화적 취향과 선호, 공식 자격(대학 학위, 컨테스트 입상 등), 문화적 기술과 실제적인 지식(악기를 다루는 능력 등), 스스로를 차별화하고 좋고 나쁨을 구분하는 능력 등 여러 측면을 가진다고 보았다. 그리고 예술, 음악, 음식에 대한 취향이 사회적 계급에 따라 결정되는 모습을 통해 (㉠)이 단순한 취향이 아니라 사회적 위치를 반영하는 하나의 지표임을 나타낸다.

① 사회자본
② 경제자본
③ 문화자본
④ 지식자본

32 ㉠은 문화자본이다. 프랑스의 사회학자였던 피에르 부르디외는 『자본의 형태』(1986)에서 사회적 권력과 사회적 불평등을 결정짓는 데 작용하는 세 종류의 자본이 존재한다고 보았다. 세 가지 자본은 각각 소득과 소유권으로 이해되는 경제자본, 사람들과의 연결을 지칭하는 사회자본, 교육・문화적 대상・학위로 이해되는 문화자본이다. 특히 문화자본은 예술과 문화에 대한 객관적인 지식, 문화적 취향과 선호, 공식 자격(대학 학위, 컨테스트 입상 등), 문화적 기술과 실제적인 지식(악기를 다루는 능력 등), 스스로를 차별화하고 좋고 나쁨을 구분하는 능력 등 여러 측면을 가진다. 즉, 문화자본은 단순한 취향의 차이가 아니라 사회적 위치를 반영하는 하나의 지표가 되며, 문화자본을 많이 가진 엘리트집단은 자신들의 '고급문화'를 대중문화와 구별짓고 정당화함으로써 문화의 위계, 더 나아가 계급 위계를 영속화하고 당연한 것으로 받아들이게 한다.

33 최근 심각한 사회문제로 대두되고 있는 사회경제적 양극화 현상과 거리가 먼 것은?

① 정규직과 비정규직의 소득격차
② 상업영화와 예술영화의 개봉관 수 차이
③ 부유층 자녀와 빈곤층 자녀의 사교육비 차이
④ 전문직 종사자와 비숙련・저숙련 노동자 간 임금격차

33 상업영화와 예술영화의 개봉관 수 차이는 '문화적 의미의 양극화'라고 보아야 한다.

정답 32 ③ 33 ②

34 다음 설명과 관련이 깊은 사회학자는?

> 사회적 퍼스낼리티란 온갖 사회집단 사이에 공통된 성격으로 계급, 집단, 지역, 국가의 성격을 말한다. 이런 성격과 사회의 연결은 사회가 개개인에게 어느 정도 순응 태도를 심어주는 데서 발견할 수 있다. 개인이 군중 속으로 몰입하게 되면 이성적인 생각을 할 수 없게 된다. 따라서 개인의 개별적이고 의식적인 퍼스낼리티는 군중 속에서 거의 사라진다.

① 베네딕트(R. Benedict)
② 미드(G. H. Mead)
③ 매슬로우(A. H. Maslow)
④ 리스먼(D. Riesman)

35 다음 설명에 해당하는 사회운동의 형태는?

> • 1960년대 유럽에서 등장한 사회운동의 조류이다.
> • 계급투쟁 중심이었던 과거의 노동운동과는 달리 반전(反戰), 환경, 시민권, 페미니즘 등 사회의 여러 분야에서 '바람직한 사회'를 만들기 위한 운동이 주류를 이루게 된다.

① 세대운동
② 시민사회운동
③ 탈근대운동
④ 신사회운동

34 데이비드 리스먼(D. Riesman)은 『고독한 군중』이라는 저서에서 사회의 발전 단계에 따른 퍼스낼리티 유형을 '전통지향형, 내부지향형, 외부지향형'의 세 가지로 제시했다. 사회적 퍼스낼리티란 한 사회의 개인들에게 가장 흔히 나타나는 성격을 말하며, 사회적 성격이라고도 한다.

① 베네딕트는 아메리카 인디언 문화에서 남부 푸에블로족(Pueblo Indian)의 아폴로(Apollo)형 문화와 서부 대평원 지역의 콰키우틀족(Kwakiutl Indian)의 디오니소스(Dionysos)형 문화에서 개인과 퍼스낼리티 사이에 얼마나 밀접한 관계가 있는가를 연구했다.
② 미드는 사회적 상호작용을 통한 자아발달을 사회학의 핵심으로 보고, 사회화의 과정을 자아의 형성과정과 연결하여 설명한 학자이다.
③ 매슬로우(A. H. Maslow)는 인간은 원초적으로 다음과 같은 욕구가 단계적으로 충족되어야만 개인이 원만하고 완성된 퍼스낼리티를 형성한다고 본다. 그 단계는 '기본적 · 생리적 욕구 → 안전과 보장의 욕구 → 소속과 애정의 욕구 → 자기존중의 욕구 → 자아실현의 욕구'이다.

35 신사회운동은 혁명적 움직임이나 정치권력의 교체가 목표가 아닌 현대 사회 대부분의 시민운동[인권, 환경, 여성, 장애인, 성소수자, 반전(反戰) 등]의 다양한 분야에서 이루어지고 있는 사회운동이다.

정답 34 ④ 35 ④

36 다음 설명에 해당하는 것은?

> 전통사회에서 개인은 자신이 속한 집단에 대한 강한 귀속감을 가지고 있다. 혈연집단으로 가족과 친족 및 일부 인척까지 포함하는 친척부터, 자연집단으로 동향인 및 같은 지방 사람들에 이르기까지 자기와 관계 깊은 집단들에 강한 애착심을 느껴왔다. 이러한 귀속감과 애착심은 대체로 자신의 지역을 다른 지역과 구별하고, 자신의 지역에 대해서 애착을 갖고 동일시하게 하는 경향을 가진다.

① 가족주의
② 지역주의
③ 혈연주의
④ 지방분권주의

36 제시문에서 설명하고 있는 개념은 지역주의(지역색)에 대한 설명이다.

37 다음 사회현상을 설명하는 데에 적합한 사회운동 이론은?

> • 사람들이 어떤 결정을 내릴 때 수익과 비용 등을 따져가며 자신에게 가장 이득이 되는 합리적인 방향으로 결정을 내린다는 이론이다.
> • 결혼, 이혼, 범죄, 출산, 흡연 등 사회적 행동들은 도덕적 판단이 아니라 경제적 판단을 통해서 의사결정이 이뤄진다고 본다.
> • 예를 들면, 범죄에서도 범죄자는 범죄의 이익과 잡혔을 때의 손해를 계산하여 행동한다고 생각한다.

① 계급혁명이론
② 신사회운동론
③ 군중심리이론
④ 합리적 선택이론

37 제시문이 설명하는 이론은 시카고대학 베커(G. S. Becker)의 합리적 선택이론이다. 그는 소비자 선택이론을 가정의 자녀출산에 적용하여 부모들의 행동을 소비자 선택의 합리성으로 분석함으로써 1992년 노벨경제학상을 받았다. 그러니까 개인의 행동은 누군가의 강요에 따른 것이 아니라 자신이 취득한 정보를 가지고 사건의 가능성, 잠재적 비용과 이익 등을 따져가며 찾아낸 가장 좋은 결정이라는 것이다.

정답 36 ② 37 ④

38 현대사회의 특징인 탈산업사회와 지식정보사회에 대한 설명으로 옳지 않은 것은?

① 미셸 푸코는 지식 정보사회의 국가는 국민들을 감시하고 통제하는 체제가 될 것이라고 주장하였다.
② 친교 활동과 감시가 접합되면서 감시에 대한 저항감이 약해질 수 있다.
③ 탈산업사회는 혁신적인 기술의 발전을 통해서 제조업 종사자의 수를 유지하면서 생산량을 늘릴 수 있게 되었다.
④ 조지 길더는 『마이크로코즘』이라는 책에서 디지털 혁명의 기본이 되는 반도체 기술이 정신을 부의 원천으로 올려놓았다고 주장한다.

38 탈산업사회는 혁신적인 기술의 발전을 통해서 제조업 종사자의 수가 감소되어도 생산량을 유지하거나 늘릴 수 있다는 특징이 있다.

39 다음 설명에서 괄호 안에 들어갈 용어를 순서대로 고른 것은?

(㉠)은 제3세계 국가의 저발전의 원인이 그들 사회 내부의 전통적 구조에 있다고 보는 (㉡)을 거부하고, 오히려 제3세계의 저발전은 선진자본주의 국가와의 경제적 의존관계 때문이라고 보았다. 따라서 제3세계의 발전을 위해서 자본주의적 세계의 체계와 단절이 필요하다고 보았다.

	㉠	㉡
①	종속이론	세계체계론
②	제3세계이론	식민지 반봉건사회론
③	근대화론	세계체계론
④	종속이론	근대화론

39 ㉠은 종속이론, ㉡은 근대화론이다. 종속이론은 제3세계에서 나타난 근대화의 결과와 방향에 대한 반성과 비판의 소리를 배경으로 출현하였다. 즉, 제3세계의 여러 국가들은 현저한 경제 성장을 달성했음에도 불구하고 선진자본주의 국가와의 상대적 격차가 줄어들지 않고 오히려 증가하였고, 국내적으로 실업, 부의 사회적 격차들이 감소되지 않고 심화되는 현상을 보였던 것이다. 이 때문에 남아메리카의 사회과학자들은 "저발전이란 무엇인가?", "왜 저발전이 지속되고 있는가?"에 대한 의문을 가졌고 이에 대한 문제의식이 종속이론으로 등장하게 되었다. 그들은 서유럽 사회의 발전이론인 '근대화론'이 중심부에 있는 유럽국가의 발전에는 적합하게 적용된다고 보았다. 다만 그 발전은 주변부에 있는 제3세계 국가들의 '자원과 노동'을 착취하면서 성립되는 것이고, 이에 따라서 주변부에 있는 나라들이 저성장에 시달리게 된다는 것이다.

정답 38 ③ 39 ④

40 다음 설명에 해당하는 것은?

> 소수집단의 문화적 차이에 대한 절대 존중과 소수문화에 집단적 차원의 권리를 부여한다는 원칙에 따라 최근의 이민자정책을 주도하는 이념이다.

① 용광로이론
② 다문화주의
③ 동화주의
④ 문화다원주의

40 다문화주의는 각각의 문화를 보존하면서 대등한 관점에서 조화를 이루어야 한다고 보는 관점으로, 문화의 대등성을 강조하는 개념이다. 다문화주의는 주류문화와 비주류문화의 차이점을 구분하지 않고, 문화 간 위계서열을 부정하면서 다양한 문화의 대등한 공존을 강조하는 이념이다. 대표적인 모형으로 '샐러드 그릇 모델'이 있다.

①·③ 용광로이론은 동화주의 모델의 대표적인 이론으로, 기본적으로 동화주의는 주류문화와 소수의 비주류문화를 구별하고 비주류문화가 주류문화에 편입돼야 한다고 보는 입장이다. 동화주의는 기본적으로 "한 사회는 동일한 문화를 공유해야 사회 통합에 유리하다."라고 생각한다. 따라서 타문화권에서 온 이주민에게 우리의 언어, 음식, 예절 문화 등을 강요하며 문화의 다양성을 인정하지 않는 태도를 보인다.

④ 문화다원주의는 다문화주의와 유사하지만 약간 다른 개념이다. 다문화주의가 '주류문화'와 '비주류문화'의 차이를 인정하지 않는 것에 반해, 문화다원주의는 주류문화의 우선순위를 인정하는 가운데 비주류문화 역시 고유성을 잃지 않고 병존할 수 있도록 존중하는 이론이라고 볼 수 있다. 대표적인 모형으로 '국수 대접 모형'이 있다.

정답 40 ②

출제유형 완벽파악

사회학개론

2021년 기출복원문제

▶ 온라인(www.sdedu.co.kr)을 통해 기출문제 무료 강의를 만나 보세요.

01 다음 내용과 관련 깊은 사회학자로 옳은 것은?

> 그는 "단순한 생물에서 점점 구조가 복잡하고 기능이 분화된 고등생물로 진화한다."라는 생물 진화의 원리를 우주의 근본원리라고 생각하였다. 그리고 그는 생물학적 유추를 통해서 '사회'와 '생물유기체'를 동일시할 수 있으며, 사회가 '단순한 군사적 사회에서 복잡한 산업형 사회'로 진화하면서 발전한다고 생각하였다.

① 어거스트 콩트
② 허버트 스펜서
③ 칼 마르크스
④ 에밀 뒤르켐

01 스펜서는 사회진화론의 관점에서 사회가 단순한 사회에서 복잡한 사회로 진화한다고 생각했다. 특히 사회 내적 규제의 엄격성 정도와 형태에 따라 사회형태를 군사형 사회와 산업형 사회로 구분하였다. 군사형 사회는 강제적 협동과 정부의 의지에 의해 지배되는 사회로, 개별 단위들은 중앙집권적인 통제에 복종하며 개인의 의지는 인정되지 않는다. 산업형 사회는 개인의 자유에 의해 행동하고 자발적 협동과 계약적 관계, 개인의 창의성에 기초하는 사회로, 개인 스스로가 자제하는 분권화된 규제 장치가 마련되어 있는 사회이다. 처음에 스펜서는 단순하고 미분화된 군사형 사회에서 산업형 사회로 진화가 이루어진다고 보았으나, 산업화된 영국 사회의 갈등과 군사력 증강을 보며 현대의 복합 사회가 군사형 사회일 수도 있다고 설명했다.

02 사회학의 등장 배경이 아닌 것은?

① 전근대적 농경사회가 근대적인 산업사회로 이행하는 과정에서 오는 사회적 혼란을 수습하기 위해 출현하였다.
② 계몽주의를 기반으로 시작된 시민혁명과 산업혁명이 학자들의 예상과 다른 결과를 가져오면서 이 결과를 설명하기 위해 등장하였다.
③ 18세기 후반 유럽에서 산업혁명과 시민혁명에 따른 급격한 사회변화를 설명하기 위해 등장하였다.
④ 18세기 후반에 등장한 앤서니 기든스, 울리히 벡은 성찰적 근대성이라는 표현으로 과거 농업사회를 설명한다.

02 앤서니 기든스, 울리히 벡, 지그문트 바우만 등은 후기 근대론자로 불리며, 20세기의 사람이다. 또한 앤서니 기든스와 울리히 벡은 성찰적 근대성(reflexive modernity)이라는 말로 현대의 다양한 모습들을 설명한다. 따라서 이들은 사회학의 등장 배경이라기보다는 현대 사회학의 한 분야라고 볼 수 있다.

정답 01 ② 02 ④

03 사회학 용어를 창안해 사회학의 창시자로 불리는 인물은?

① 에밀 뒤르켐(E. Durkheim)
② 다렌도르프(R. Dahrendorf)
③ 소로킨(P. Sorokin)
④ 오귀스트 콩트(A. Comte)

03 콩트는 "사회학이란 사회현상에 관한 연구로, 지금까지의 인류 발전 법칙을 설명하고 그와 더불어 역사적으로 특정 시점에서 사회의 안정은 어떻게 이루어지는가를 연구하는 학문이다."라고 말하면서 사회의 진보와 질서를 연구하는 것에 주목하였다. 또한 콩트는 자신의 책인 『실증철학』을 집필하면서 '사회학'이라는 용어를 처음 사용하여 '사회학의 창시자'라는 칭호를 얻게 되었다.

04 마르크스에 대한 설명 중 옳은 것은?

① 사회의 진보가 인간 정신 진보에 의해서 이루어진다고 생각하여, '인류의 진화법칙' 또는 인류의 지적 진화의 '3단계 법칙'을 제시했다.
② 헤겔의 변증법적 논리와 포이어바흐의 유물론적 사고를 받아들여 변증법적 유물론을 제창하였다.
③ 사회적 사실은 사회학의 연구대상으로서의 고정 여부와 관계없이 개인에게 외재하며, 그에게 구속력을 행사할 수 있는 일체의 감정 · 사고 · 행동양식이다.
④ 생산물의 소유 여부에 따라서 '부르주아 계급'과 '프롤레타리아 계급'으로 나눈다.

04 ① 콩트의 '인류 진화 3단계 법칙'을 설명하고 있다.
③ 에밀 뒤르켐(E. Durkheim)이 말하는 '사회적 사실'에 대한 설명이다.
④ 마르크스의 계급 구분의 기준은 '생산물의 소유 여부'가 아니라 '생산수단의 소유 여부'이며 생산수단은 토지, 건물, 공장 등을 의미한다.

정답 03 ④ 04 ②

05 다음 설명에서 괄호 안에 들어갈 용어로 옳은 것은?

> 뒤르켐은 (　　)을(를), 사회학이 과학이 되기 위해 설정해야 할 연구대상으로 규정하였다. 즉, 사회 구성원은 분명 자아와 개인의식 및 자유를 가지고 있다. 그러나 어떤 외부적인 압박으로 인해 의식과 자유에 제한이나 구속을 받는 경우가 생기는데, 이 외부적 압박을 (　　)(으)로 규정하였다.

① 사회적 사실
② 집합의식
③ 이기적 자살
④ 아노미

05 ② 집합의식은 '사회 성원들이 공유하고 있는 신념과 가치들'이다.
③ 사회 통합과 규제가 약화된 집단에서 많이 일어나는 자살 유형이다. 개인의 사회적 고립, 개인에 대한 사회적 압박이 줄어든 경우에 많이 발생한다.
④ 아노미(Anomie)는 일정한 사회에 있어서, '구성원의 행위를 규제하는 공통의 가치나 도덕적 규범이 상실된 혼돈상태'를 나타내는 개념이다.

06 다음 설명에 해당하는 용어로 옳은 것은?

> 과학기술이 만들어 낸 결과를 연구자에게 돌리는 것은 바람직하지 못하다. 왜냐하면 과학기술은 누가, 어떻게, 어떤 목적으로 이용하느냐에 따라서 선한 결과와 악한 결과가 공존할 수 있기 때문이다. 만약 이 결과를 연구자의 책임으로 돌린다면 과학기술의 연구가 만들어 낼 무한한 가능성이 훼손될 것이다. 연구자의 책임은 자료를 객관적으로 분석하고 확인하는 데 있다. 이 과정에서 개인적 가치가 결과에 영향을 주어서는 안 된다.

① 가치중립성
② 가치확장성
③ 가치함축성
④ 가치개입성

06 가치중립성은 우선 연구자의 가치가 연구 과정에 개입되면 왜곡된 결과가 도출되기 때문에 개입되어서는 안 된다고 말한다. 또한 과학기술의 활용에서 "연구자의 가치가 개입되어야 하느냐, 아니냐?"는 상당히 첨예한 논쟁으로, '과학기술의 가치중립성 논쟁'이라고 부른다. 제시문은 과학기술의 활용 결과를 연구자가 책임져서는 안 된다는 논지로 말하고 있고, 이것을 '가치중립적 입장'이라고 표현할 수 있다.

정답 05 ① 06 ①

07 사회학자와 그의 이론을 연결한 것으로 옳은 것은?

① 마르크스 - 사회는 기계적 연대의 사회에서 유기적 연대의 사회로 발전한다.

② 뒤르켐 - 사회학은 사회적 사실을 연구하는 학문이다.

③ 콩트 - 생산력과 생산관계의 모순이 사회변동의 주요 요인이다.

④ 베버 - 분화는 통합을 수반한다. 그 이유는 분화된 사회의 여러 부분이 서로 달라지게 되면 그만큼 그들은 상호의존적이 되기 때문이다.

07 ① 기계적 연대의 사회에서 유기적 연대의 사회로 진화·발전한다고 주장한 사람은 뒤르켐이다.
③ "생산력과 생산관계의 모순이 사회변동의 주요 요인이다."라고 보는 학자는 마르크스이다.
④ "분화는 통합을 수반한다. 그 이유는 분화된 사회의 여러 부분이 서로 달라지게 되면 그만큼 그들은 상호의존적이 되기 때문이다."라고 주장한 사람은 스펜서이다.

08 다음 내용과 관련이 깊은 사회학자는?

> 사회적 퍼스낼리티란 온갖 사회집단 사이에 공통된 성격으로 계급, 집단, 지역, 국가의 성격을 말한다. 이런 성격과 사회의 연결은 사회가 개개인에게 어느 정도 순응 태도를 심어주는 데서 발견할 수 있다. … 사회심리학과 인구통계학의 인과관계를 접목하면 전통지향형(잠재적 고도성장), 내부지향형(과도적 성장), 타인지향형(초기적 인구감퇴)과 같이 S자 곡선의 인구증가가 나타나면서 각 사회가 서로 다른 방식으로 순응성을 강요하고 사회적 성격을 형성한다.
>
> -『고독한 군중』-

① 매슬로우(A. H. Maslow)

② 리스먼(D. Riesman)

③ 베네딕트(R. Benedict)

④ 미드(G. H. Mead)

08 리스먼은 『고독한 군중』이라는 저서에서 사회의 발전 단계에 따른 퍼스낼리티 유형을 전통지향형, 내부지향형, 외부지향형의 세 가지로 제시했다. 사회적 퍼스낼리티는 한 사회의 개인들에게 가장 흔히 나타나는 성격을 말하며, 사회적 성격이라고도 한다.

정답 07 ② 08 ②

09 사회학에서 갈등이론이 전제하는 주장은?

① 기능론과 달리 급진적 성향의 이론으로 사회의 질서 유지에 관심을 둔다.

② 사회 질서는 권력에 의해서 유지되고, 계급적 가치나 이해관계의 반영 또는 이익추구의 수단이라고 본다.

③ 한 사회에서 어떤 문제가 발생하는 것은 사회 질서를 해치는 심각한 위기신호이다.

④ 갈등은 사회의 일시적인 속성이며, 갈등 없는 사회란 하나의 허상에 불과하다고 보았다.

09 ① 갈등론은 급진적 성향의 이론으로, 사회의 질서 유지보다는 사회변동에 관심을 둔다.
③ 어떤 사회에서 문제, 즉 갈등이 발생하는 것은 사회가 변화하기 위해 지극히 정상적이고 필연적인 계기이다.
④ 갈등은 사회의 항구적 속성이며, 갈등 없는 사회란 하나의 허상에 불과하다고 보았다.

10 다음 설명에 해당하는 개념은?

- 개인들이 자신의 태도, 가치, 행위 등을 선택할 때 그 의미를 더 명확하게 이해할 수 있도록 함
- 개인이 자신의 위치를, 그가 몸 담고 있는 시대 속에서 찾음으로써 자신의 경험을 이해할 수 있고 그 자신의 운명을 측정할 수 있게 됨
- 자기와 같은 환경에 사는 모든 개인의 삶의 기회를 인식함으로써 자기 삶의 기회를 알 수 있게 됨
- 많은 사람들이 이것을 지닐수록 그 사회는 서로를 이해하고 공감할 수 있는 지적, 정서적 수준이 높아지게 됨 → 개인과 사회가 좀 더 나은 상태로 변화할 수 있게 됨

① 사회적 상상력

② 실증주의

③ 성찰적 자기인식

④ 게마인샤프트

10 사회의 각 성원이 소속되어 있는 집단이나 조직이 처해 있는 상황적 여건을 관찰・연구함으로써 사회학자들은 개개 사회성원들의 사생활을 광범위한 사회와의 관계로 조명한다. 이러한 사회적 관계 및 조건의 변화는 늘 우리의 일상생활에 영향을 미치기 때문에 사회가 어떻게 돌아가는지를 이해하려면 개개인들의 삶의 모습에 영향을 미치는 사회적・역사적 과정에 대한 관계적・종합적 사고가 필요하다. 이를 통해 다양한 개개인의 외부에 나타나고 있는 인생의 경력(경험)이 가지는 내적 삶의 의미와 관련된 생애를 확대한 역사적 표시를 이해할 수 있게 된다. 또한 인간의 삶에 가장 친근한 특색과 아주 거리가 먼 개인과 관계가 없는 변화와의 관계를 관찰할 수 있는 능력을 밀스(C. W. Mills)는 사회적 상상력이라고 하였다.

정답 09 ② 10 ①

11 문화의 속성에 대한 설명으로 잘못된 것은?

① 문화적 특성은 타고나는 것이 아니라, 출생 후 성장 과정에서 사회화를 통해 획득한다.
② 한 집단 구성원들이 공통적으로 가지는 생활 양식이다.
③ 문화의 각 요소들은 각기 독립적으로 작동하며, 나름의 의미를 가진다.
④ 상징체계를 통해 세대를 이어서 전승되면서 쌓여 간다.

11 문화의 체계성 : 문화의 각 요소들은 상호 유기적인 관련을 맺고 있으면서 전체적으로 하나의 통합성을 가진다.
① 문화의 학습성을 설명하는 표현이다.
② 문화의 공유성을 설명하는 표현이다.
④ 문화의 축적성을 설명하는 표현이다.

12 다음 설명에 해당하는 문화개념으로 옳은 것은?

> 이것은 특정 집단에서 독특하게 나타나는 문화, 즉 한 사회 내의 여러 집단이 각각 자기 집단 성원들끼리만 공유하는 문화를 말한다. 대표적으로, 청소년이 지닌 기성세대와 구분되는 독특한 행동 양식, 가치체계 같은 청소년 문화를 들 수 있다.

① 전체문화
② 하위문화
③ 아노미문화
④ 대중문화

12 제시문은 하위문화(부분문화)를 말한다. 하위문화는 한 사회의 구성원 중 일부가 그들만의 감정이나 생활 유형을 가지고 그들이 추구하는 공동의 가치를 나누며, 유사한 행동 또는 의식을 행하는 집단들의 문화를 말한다.

정답 11 ③ 12 ②

13 다음 사례에 해당하는 문화이해의 태도는?

> 중국(한족)이 자국의 문화와 국토를 자랑스러워하며 타민족을 배척하는 사상이 그 예이다. 중국은 세계의 중심인 우수한 나라라는 뜻을 담아 스스로 '중화'라 칭하였고, 그 밖의 나라는 오랑캐로 여기어 천시하였다. 이를 중화의 '화', 오랑캐 '이'를 따서 화이사상(華夷思想)이라고도 한다. 이 사상은 춘추 전국 시대부터 진(秦), 한(漢) 시대에 걸쳐 형성되었으나 만주족(滿洲族)이 중국을 통치한 청나라가 건국되고, 서양 문물을 수용하게 되면서 서서히 약화되었다.

① 문화 절대주의
② 문화 상대주의
③ 문화 사대주의
④ 자문화 중심주의

13 제시문은 자문화 중심주의를 나타내는 사례이다. 자문화 중심주의란 자기 문화의 우수성을 지나치게 강조한 나머지 다른 문화를 부정적으로 여기고 낮게 평가하는 태도를 말한다. 자기 문화에 대한 자부심과 집단 내의 일체감을 강화시켜 사회 통합에 기여하고, 고유한 전통문화 계승 및 보전에 유리하다는 순기능이 있다. 하지만 국수주의에 빠져 국제적 고립을 초래하거나 제국주의적 문화 이식 시도로 문화적 마찰을 초래할 수 있으며, 타문화에 대한 이해와 수용을 어렵게 한다는 역기능이 있다.

14 다음 설명에서 괄호 안에 들어갈 용어로 옳은 것은?

> (　　)은(는) 원래 미국의 사회학자 오그번이 그의 대표적 저서 『사회 변동론』에서 현대 문명을 진단하며 사용한 용어이다. 기술의 발전에 따라 차량의 수는 갈수록 늘어나지만 교통질서 의식이 정착되지 않는 것, 에너지 소비량은 증가하지만 에너지 소비 의식이나 환경에 대한 인식은 뒤처지는 것, 인터넷 환경은 발전하는데 익명성을 무기로 하는 저급한 욕설이나 사이버 테러가 만연하는 현상 등을 사례로 들 수 있다.

① 문화 지체
② 기술 지체
③ 아노미 현상
④ 문화 충격

14 문화 지체는 물질문화의 빠른 변동 속도를 비물질문화의 변동 속도가 뒤따르지 못하여 나타나는 문화 요소 간의 부조화 현상을 의미한다.
② 기술 지체는 물질문화에 비해 비물질문화가 빠르게 변동하는 현상으로, 문화 지체의 반대 개념이다. 선진국의 좋은 생활환경에서 살다가 가난한 나라의 열악한 환경에 처했을 때, 우리는 기술 지체를 느끼게 된다.
③ 아노미 현상은 급속한 문화 변동으로 인해 기존의 전통적인 규범의 통제력이 약화되고, 이를 대체할 새로운 규범이 미처 확립되지 않았을 때 발생하는 사회적 혼란을 의미한다.

정답 13 ④ 14 ①

15 다음 설명에 해당하는 용어로 옳은 것은?

> 한 동물적 존재인 인간이 태어나서 타인과의 상호작용을 통해 그 사회의 가치와 규범, 도덕, 신념 등을 내면화함으로써 그 사회가 바라는 인간다운 인간으로 성장하는 과정을 말한다.

① 재사회화
② 예기사회화
③ 사회화
④ 탈사회화

15 제시문은 사회화에 대한 내용으로, 사회화는 인간이 사회생활에 필요한 지식과 기능, 가치 및 규범 등을 습득하여 사회 구성원으로서 성장해가는 과정을 의미한다.
① 재사회화는 개인이 처한 환경이나 상황, 소속 집단 등의 변동에 적응하기 위해 새로운 지식이나 기능, 가치 및 규범을 학습하는 과정을 말한다.
② 예기사회화는 미래에 속하기를 기대하거나 속하게 될 집단에서 요구하는 지식이나 기능, 가치 및 규범을 미리 학습하는 과정을 말한다.
④ 탈사회화는 기존에 사회화되어 있던 사람이 환경의 변화 등으로 인해 재사회화를 해야 할 필요가 있을 때, 기존에 사회화되었던 것을 벗어나는 상황을 의미한다.

16 다음 설명에 해당하는 용어로 옳은 것은?

> 미드(Mead)는 상호작용을 통한 어린이의 자아발달과정을 설명하면서 어떻게 역할을 학습하게 되는지를 '역할 취득의 3단계 법칙'으로 설명하였다. 이것은 〈일반적 규범〉, 〈가치 내면화〉, 〈인간의 역할・태도에 대한 이미지〉를 가지는 단계를 의미한다.

① 놀이 단계(play stage)
② 게임 단계(game stage)
③ 주체적 자아(I) 단계
④ 일반화된 타자(generalized other) 단계

16 타인이 그들을 보듯이 자신을 볼 수 있게 됨으로써 개인들이 자아정체성을 발전시켜 나가는 단계이다. 이 단계에서 어린이는 미드가 명명한 '일반화된 타자'가 되어, 자신을 둘러싸고 있는 문화에 포함된 일반적 가치들과 도덕 규범들을 파악한다.
① 놀이 단계는 유아와 어린이가 먼저 자기 주위 사람들의 행위를 모방하는 단계에서 출발한다. 놀이 속에서 아이들은 종종 어른들이 하는 것을 모방하면서 사회적 존재로 발전한다.
② 아이들의 유희는 단순한 모방에서 점차 복잡한 게임 단계로 발전해 가는데, 이 단계의 아이들은 '타인의 역할을 취해 보기(taking the role of the other)'라고 이름 붙인 행동을 통하여 "다른 사람의 입장이 어떠한가?"를 학습하게 되는 것이다. 즉, 아이들은 타인의 눈을 통하여 자신을 바라봄으로써 자신들을 독립된 행위자로 이해할 수 있게 되는데, 이때의 자신을 사회적 자아(social self)라고 부른다. 예 소꿉장난

정답 15 ③ 16 ④

17 다음 중 귀속 지위에 해당하는 것은?

① 성인 남자
② 엄마
③ 비행기 기장
④ 할아버지

18 다음 설명에 해당하는 용어로 옳은 것은?

> 한 사람이 자신이 가진 서로 다른 지위에 따라 기대되는 역할들 간의 충돌로 인해 겪는 모순적 심리 갈등을 의미한다.

① 역할 기대
② 역할 행동
③ 역할 모순
④ 역할 무리

19 사회집단의 형성을 위한 조건이 아닌 것은?

① 2인 이상의 사람이 모일 것
② 소속감이나 공통의 관심사를 가질 것
③ 어느 정도의 공동체 의식을 가질 것
④ 일시적인 상호작용을 하는 사회적 집합체

17 귀속 지위는 본인의 의사나 노력과는 무관하게 주어진 사회적 지위로, 나이 · 성별 · 인종 · 세습 신분(예 노비) 등과 관련이 있다.

18 역할 모순은 한 개인이 두 가지 이상의 지위를 가지고 있어 상반된 역할이 동시에 요구될 때 발생한다.
예 가족 행사와 중요한 회사 일정이 겹쳐 고민하고 있는 회사원의 상황
① 역할 기대는 일정한 지위에 대해 사회적으로 기대되는 행동 양식이다. 동일한 지위에서는 비슷한 기대를 가지게 된다.
② 역할 행동은 자신에게 주어진 역할을 수행하는 구체적인 행동 방식이다. 동일한 지위에 대해서도 개인에 따라 역할 행동은 다양하게 나타나며, 역할 행동이 사회적 기대를 충족시키면 보상을 받고 어긋나면 제재를 받는다.
④ 역할 무리는 하나의 지위에 의해 규정되고 이에 따라 수행하는 역할들의 복합체를 의미한다.

19 사회집단의 성립 요건
- 다수의 사람들 : 사회집단은 두 사람 이상의 구성원을 필요로 한다.
- 소속감 또는 공동체 의식 : 구성원들은 자신이 하나의 집합체에 속해 있다는 의식을 가지고 있어야 한다.
- 지속적인 상호작용 : 다수의 사람들이 공동의 소속 의식을 가지고 모였다 하더라도 그것이 일시적인 모임에 지나지 않는다면, 사회집단이라고 볼 수 없다.

정답 17 ① 18 ③ 19 ④

20 사회집단에 대한 설명으로 옳은 것은?

① 내집단은 소속 유무와 소속감의 유무를 동시에 확인해야 한다.
② 1차 집단은 특정한 목적 달성을 위해서 의도적이거나 계획적으로 형성되는 경우가 일반적이다.
③ 2차 집단은 구성원의 의도와 목적에 의한 선택적 의지에 따라 형성된 집단을 말한다.
④ 이익사회는 목적지향적인 인간관계보다는 협동심에 기반한 인간관계를 지향한다.

20 ② 2차 집단에 대한 설명이다.
③ 이익사회에 대한 설명이다.
④ 이익사회의 인간관계는 타산적이거나 목적지향적이 되기 쉽고, 협동심보다는 경쟁심이 더 보편적으로 나타난다.

21 다음 중 도시 공간 구조를 연구한 생태학적 모형이 아닌 것은?

① 자연지역이론
② 동심원지대 가설
③ 중심지이론
④ 다핵형이론

21 자연지역이론, 버제스의 동심원지대 가설, 호이트의 선형이론, 해리스와 울만의 다핵형이론 등은 도시 공간 구조를 연구하는 대표적인 생태학적 모형들이다.
중심지이론(Central Place Theory)은 상업의 중심지들이 어떻게 분포하는지에 대해 규명한 경제지리학적 이론이다. 중심지이론을 대표하는 학자는 크리스탈러와 뢰쉬가 있다.
① 자연지역이론은 도시 공간 구조의 생태학적 유형이 인위적인 작용이 아닌 물리적인 특성에 의해 자연스럽게 구획되는 형태로 자리 잡히며, 그에 따라 인간 집단의 사회・문화적 활동도 유형별로 구분된다는 이론이다.
② 동심원지대 가설은 도시는 중앙업무지구(중심상업지대)인 도심을 동심원처럼 둘러싼 네 개의 특수한 지대로 이루어진다는 이론이다.
④ 다핵형이론에 따르면, 현대 대부분의 도시는 경험적으로 볼 때 여러 개의 핵을 기초로 하여 형성된다. 즉, 교통기술의 발달을 전제로 할 때 오늘날의 도시들은 몇 개의 상업 중심지, 산업 중심지, 주거 중심지로 발전하면서 다핵 구조를 갖는다는 것이다.

정답 20 ① 21 ③

22 프로이트 발달이론에서 다음 설명에 해당하는 단계는?

- 이 시기의 아동은 남녀의 신체 차이, 부모의 성 역할 등에 관심을 갖는다.
- 오이디푸스 콤플렉스와 일렉트라 콤플렉스를 동일시하는 현상이 나타난다.

① 구강기 ② 항문기
③ 잠복기 ④ 음경기

22 제시문은 프로이트의 성품발달이론의 과정에서 음경기(3~5세)를 설명하고 있다. 이 시기는 쾌감을 느끼는 만족대가 성기로 옮겨오는 단계를 거친다. 또한, 매우 복잡하고 자극적인 감정이 교차되는 특징을 보이며, 성격 형성에 매우 중요한 단계이다.

23 한국 농촌 사회의 문제점이 아닌 것은?

① 경제적인 면에서나 교육수준 면에서 도시에 비해 상대적으로 사회적 지위가 상위에 놓여 있다.
② 이농 현상, 노령화 현상, 농업 노동력의 여성화 경향으로 노동력이 부족하다.
③ 구조 면에서 토지 자본의 영세성, 기술 수준의 미흡, 노동력의 저생산성 등으로 인하여 취약한 경제구조를 가지고 있다.
④ 편의시설, 생활환경시설 등 사회 · 문화적 기반이 부족하다.

23 경제적인 면에서나 교육수준 면에서 도시에 비해 상대적으로 사회적 지위가 하위에 놓여 있는 것이 문제이다.

24 다음은 사회학자들이 사회 구조를 보는 다양한 관점이다. 설명이 틀린 것은?

① 레비-스트로스는 사회 구조를 사회 현상의 기저에 있는 공리와 같은 것으로 본다.
② 파슨스는 사회 구조를 사회의 제도화된 질서와 동일시한다.
③ 귀르비치는 사회 구조를 전체 사회 내 구성요소들의 움직임의 일시적 균형으로 본다.
④ 마르크스는 유물 사관적 견해를 통해 사회 체제 혹은 사회 구성체를 하부구조와 상부구조로 나누고, 상부구조가 하부구조에 영향을 준다고 생각하였다.

24 마르크스는 사회 구조 이론에서 '유물 사관적 견해'를 제시하면서 사회 체제 혹은 구성체를 하부구조와 상부구조로 구분하고, 하부구조가 상부구조를 결정한다고 인식하였다. 예컨대, 국가라는 집단이 가난한 사람들보다 부자들의 권리를 대변하고, 그런 정책들을 쏟아내는 이유는 하부구조의 경제적 이해관계가 반영되었기 때문이다.

정답 22 ④ 23 ① 24 ④

25 "사회 구성원의 심리 상태가 혁명 발생과 관련이 있다."라고 주장한 학자는?

① 마르크스(K. Marx)
② 토크빌(A. Tocqueville)
③ 데이비스(J. C. Davies)
④ 브린톤(C. Brinton)

25 데이비스의 J곡선이론(심리적 요인 중시)

- 데이비스는 사회 성원들의 심리적 상태가 혁명 발생의 주요한 요인임을 강조하였다.
- 점진적인 경제발전 뒤에 갑자기 불황이 오면 혁명의 계기가 된다는 이론이다.
- 일단 삶의 기준이 상승하기 시작하면 사람들의 기대 수준이 상승하는데, 이후 실제적 삶의 조건이 점차 하락하면 상승된 기대가 좌절을 불러일으키고, 이에 따라 폭동이 일어날 가능성이 커진다. 즉, 사람들이 원하고 있는 것과 실제로 얻는 것 사이에 균열이 일어날 때 혁명이 발생한다고 보았다.

26 다음 설명에서 밑줄 친 문화에 대한 설명으로 옳은 것은?

> 15세기경 동남아시아로 퍼져가던 중국계 이민자들이 말레이 지역에 처음 자리를 잡았을 때 여성과 동반해서 이주할 수 없는 경우가 많았다고 한다. 그래서 이주한 남성들은 현지 여성과 혼인을 해야 했다. 이들은 가장(家長)으로서 집 안에서 중국식 문화를 유지했지만, 언어와 음식 등은 말레이식을 받아들이게 되었다. 그 결과 건축이나 의상에서까지 뚜렷한 색채를 지닌 새롭고 독특한 혼합 문화가 생겨났는데, 이것은 현재의 싱가포르 문화의 근간이 되는 <u>'페라나칸' 문화</u>이다. '페라나칸'은 말레이어로 '아이'를 뜻하는 '아나크(ANAK)'에서 유래한 말로, 해외에서 이주한 남성과 현지 말레이 지역 여성 사이에서 태어난 후손을 가리킨다.

① 강제적 문화 접변에 해당한다.
② 직접 전파에 따른 문화 융합에 해당한다.
③ 간접 전파에 따른 문화 병존에 해당한다.
④ 내재적 요인에 의해 새로운 문화 요소가 나타난 사례이다.

26 중국인들이 직접 말레이 지역으로 가서 나타난 문화 변동이므로 직접 전파에 해당하고, 그 결과 양국 문화가 녹아든 새로운 문화가 나타났으므로 문화 융합에 해당한다.

① 강제적 문화 접변이 나타나기 위해서는 전쟁, 정복 등 물리적 강제력에 기초한 지배 상황이 등장해야 하지만, 제시문에는 그런 내용이 없다.
③ 제시문은 간접 전파가 아니라 직접 전파의 사례이다.
④ 새로운 문화 요소가 나타난 사례는 맞지만, 직접 전파에 의한 것이므로 외재적 요인에 의한 변동이다.

정답 25 ③ 26 ②

27 "기능주의적 관점으로 능력이 있는 사람에게 적절한 보상을 해줘야 한다."라고 주장한 학자는?

① 데이비스-무어(K. Davis & W. Moore)
② 다렌도르프(R. Dahrendorf)
③ 튜민(M. Tumin)
④ 렌스키(G. Lenski)

27 데이비스-무어는 기능주의 이론에서 지위의 고하는 그들이 수행하는 사회적 기능에 의해 결정되며, 그에 따라 경제적 소득이나 사회적 지위가 불평등하게 배분되는 것은 정당하다는 주장을 제기하였다. 그 이론은 다음과 같이 정리할 수 있다.
㉠ 각 직업의 기능적 중요성의 차이와 희소성에 따라 계층 현상이 불가피하고 이는 긍정적인 것이다.
㉡ 어떤 지위는 다른 지위나 위치들보다 더 중요하고, 그 수행을 위해서는 특수한 기능이 필요하다.
㉢ 사회성원 중 한정된 인원만이 그 기능을 훈련받을 수 있는 재능을 가지고 있다.
㉣ 재능 있는 사람이 기능을 획득하려면 장기간의 훈련 또는 상당한 정도의 희생을 감수해야 한다.
㉤ 재능 있는 사람에게 희생을 감수케 하여 훈련을 받게 하려면 경제적 부, 권력, 위신과 같은 보상 혹은 인센티브(Incentives)를 제공함으로써 그 역할들을 담당하도록 유인해야만 한다.

28 찰스 라이트 밀스(Charles Wright Mills)에 대한 설명으로 잘못된 것은?

① 사회학적 상상력 저술
② 화이트칼라 연구
③ 구별짓기 저술
④ 파워엘리트 저술

28 찰스 라이트 밀스는 미국의 사회학자이다. 베버, 프로이트, 마르크스 등의 사회 과학 방법론을 흡수하면서 현대사회의 분석에 가장 유효한 방법론을 세우려고 하였다. 미국 지배계급을 분석한 『파워엘리트』, 중류계급을 분석한 『화이트칼라』 등의 저작이 있다. 그는 또한 1959년 『사회학적 상상력』을 저술하여 개인이 자신의 인생 경험의 한계를 뛰어넘어 사회 전체를 통찰할 수 있는 능력이 있다고 주장하였다. 그는 이 사회학적 상상력을 통해, 자신이 경험하지 않더라도 간접적인 방법으로 사회 구조를 통찰(상상)함으로써, 문제의 원인이 무엇인지 알아내고 해결하는 데 필요한 행동을 결정할 수 있다고 하였다.
③ 『구별짓기』는 프랑스의 사회학자인 피에르 부르디외(Pierre Bourdieu)의 저술이다.

정답 27 ① 28 ③

29 다음 설명에서 밑줄 친 이것은 무엇인가?

> 이 이동은 개인의 계층과 부모 등 이전 세대의 계층을 비교하여 나타나는 계층 위치의 변화를 가리킨다. 일반적으로 이것을 파악할 때 개인(자녀)의 계층과 부모의 계층을 비교한다. 여기에서 개인(자녀)의 계층은 사회 계층 구조 내에서 비교적 안정적으로 확보하고 있는 계층을 가리키고, 비교 대상인 부모의 계층은 조사 시점의 계층이 아니라 개인(자녀)이 최초의 직업을 갖기 이전, 즉 개인의 성장기에 부모가 가졌던 계층을 가리킨다.

① 수평적 이동
② 수직적 이동
③ 세대 내 이동
④ 세대 간 이동

29 세대 간 이동은 수세대에 걸친 가계를 통해 변화하는 계층의 이동을 말한다. 직업은 얼마나 많은 사람이 사회 이동을 하였는가를 결정하는 데 자주 사용되며, 세대 간 이동에 관한 여러 사회의 자료가 이용 가능할 때에는 그러한 사회들의 수직 이동 비율을 상호 비교하기도 한다.
- 세대 간 하강 이동 : 잘 살던 부모의 재산을 탕진하는 자식의 경우
- 세대 간 상승 이동 : 자식이 자수성가하여 집안을 존경받는 명문 집안으로 만든 경우

30 다음 중 신중간 계급에 속하는 것은?

① 소기업주, 소상공인 등 전통적인 생산수단의 소유자
② 자본가와 임금 노동자의 중간에서 봉급 생활을 하는 모든 사람
③ 자본의 소유자, 경영자, 고급 관료
④ 노동력이 상품화되어 자본가에게 매각되고 그 대가로 임금을 받는 임금 노동자

30 신중간 계급은 '화이트칼라'라고도 불리며, 자본가와 임금 노동자의 중간에서 봉급 생활을 하는 모든 사람을 지칭한다. 그들은 소비 지향적이고 사생활에 충실한 소시민적 인간 유형이다. 프롬(E. Fromm)이 지적한 '자유로부터의 도피'임을 알게 되는 권위주의 지향의 인간, 리스먼(D. Riesman)이 '고독한 군중'으로 표현한 타자 지향형의 인간도 모두 신중간 계급을 지칭한 것이다.

정답 29 ④ 30 ②

31 다음 글에 나타난 일탈이론에 대한 설명으로 옳은 것은?

> 사람들은 친밀한 관계에 있는 다른 사람들을 통해 법 위반에 대한 동기와 태도 등을 습득한다. 법 위반에 우호적인 사람들과 더 자주 혹은 친밀하게 접촉하면 그들의 법 위반에 대한 동기와 태도 등을 내면화하게 되고, 결국 일탈 행동을 저지르게 된다.

① 2차적 일탈의 발생 원인을 규명하는 데 초점을 둔다.
② 급격한 사회 변동으로 인해 발생하는 무규범 상태에 주목한다.
③ 일탈 행동이 타인과의 상호작용 과정에서 학습된다고 본다.
④ 일탈 행동을 줄이기 위해서는 낙인에 대한 신중한 검토가 필요함을 강조한다.

31 제시문은 차별교제이론의 입장에서 개인이 일탈자가 되어가는 과정을 설명하고 있다. 차별교제이론은 타인과의 상호작용 과정을 통해 일탈 행동의 기술을 습득하고, 일탈 행동에 대한 동기와 가치관을 내면화함으로써 일탈 행동이 학습된다고 본다.
①·④ 낙인이론에 대한 설명이다.
② 뒤르켐의 아노미이론에 대한 설명이다.

32 다음 중 사이버 범죄로 옳은 것은?

① 화이트칼라 범죄
② 채팅앱을 통한 성매매
③ 인터넷을 통한 마약거래
④ 인터넷 악플에 따른 모욕죄

32 ① 화이트칼라 범죄는 사회 지도층 위치에 있는 사람이 직무상 지위를 이용해서 저지르는 범죄를 뜻한다. 현대사회에 들어 점차 발생빈도가 높아지고 있으며 횡령·배임·탈세·외화 밀반출 등을 비롯하여 뇌물 증여, 주식이나 기업 합병, 공무원의 부패, 근로기준법·공정거래법 위반 등이 있다.
②·③ 채팅앱을 통한 성매매나 인터넷을 통한 마약거래는 Clinard & Quinney(1967)의 범죄 유형 분류에 따르면 공공질서 범죄에 해당한다.

정답 31 ③ 32 ④

33 다음과 같은 이론적 배경을 통해 '저출산의 원인'을 설명한 학자는?

- 개인 출산 행위는 비용과 효용으로 설명 가능하다. 소비자가 자신의 만족감(효용)과 예산을 고려해서 소비를 결정하듯, 부모들은 자신의 자녀를 키우면서 얻는 만족감과 자녀를 키우는 데 들어가는 비용이라는 예산제약을 고려하여 효용을 극대화할 수 있는 최적의 자녀 수를 결정한다.
- 자녀 출산 효용보다 양육비용이 더 크면 출산을 기피한다. 따라서 교육비 등 자녀의 양육비용이 높아진 현재는 조선시대에 비해 자녀의 출산 수를 줄이려는 경향이 있거나 출산을 하지 않는 DINK(Double Income, No Kids)족이 출현하기도 한다.

① 머튼(R. K. Merton)
② 베커(G. S. Becker)
③ 쿨리(C. H. Cooley)
④ 서덜랜드(E. H. Sutherland)

33 제시문이 설명하는 이론은 시카고대학 베커의 합리적 선택이론이다. 베커는 사람들이 출산을 결정할 때 아이를 출산함으로써 얻을 수 있는 혜택이 비용을 능가할 것인가를 계산한다고 주장하였다. 이 이론은 만약 출산하는 것보다 다른 선택에서 얻을 수 있는 효용이 크다면 다른 것을 선택한다는 이른바 효용의 극대화에 주목한다. 그는 이 이론을 통해 성공한 사람일수록 자녀의 질적 수준을 높이려는 욕구가 더 강하여 투자하는 비용이 높기 때문에 출산율이 더 줄어든다고 보았다.

34 다음 중 '비교의 기준이 되는 집단이자 개인이 자신의 행동과 가치 판단의 기준으로 삼는 집단'은?

① 일차집단
② 내집단
③ 준거집단
④ 개방집단

34 준거집단은 자신의 행동과 가치 판단의 기준이 되는 집단을 말한다. 그리고 준거집단은 자신이 속한 집단이 될 수도 있고, 속하지 않은 집단이 될 수도 있다. 하이만(H. Hyman)이 처음으로 사용한 용어이며, 그가 처음 준거집단의 개념을 사용했을 때의 집단은 비교 기준이 되는 집단을 뜻했다.

정답 33 ② 34 ③

35 **구드(W. Goode)가 제시한 핵가족화의 문제점으로 잘못된 것은?**

① 핵가족 사회에서 일어나는 가족문제에 대해서 노인은 훌륭한 대안이 될 수 있기 때문에 노인들의 역할이 더욱 강해지고 있다.

② 핵가족 제도의 확산은 부부의 문제를 이혼으로만 해결하려는 문제점을 낳고 있다.

③ 직업을 가진 사람이 사망하거나 장기적인 병, 혹은 실업으로 노동을 하지 못하는 경우 가족이 심각한 경제적 위기에 처할 수 있다.

④ 친족의 중요성이 날로 약화되고 있으며, 결혼도 가족과 가족 간의 결합이기보다는 개인적인 목적을 위한 것으로 변질되고 있다.

35 핵가족 사회에서는 노인의 역할이 줄어들게 되어 노인 문제가 심화된다. 농업이 중심이 되었던 전통적인 가족제도하에서 노인은 자신의 경험을 바탕으로 농업에서 일어나는 문제를 해결하고, 친족집단의 중심에서 가족의 문제를 해결하는 해결자로서의 역할을 담당하였다. 하지만 현대 산업사회가 등장함에 따라 노인의 경험보다는 개인의 능력이 중시되는 사회로 변화가 일어나게 되면서 핵가족 사회가 등장하게 되자, 나이로 인해 능력이 떨어지게 되는 노인들의 역할은 점점 축소되었다.

36 **존슨의 혁명이론에서 혁명 발생의 직접적인 원인으로 볼 수 있는 것은?**

① 세계 체계의 균형 붕괴

② 체제 내외적인 가치관의 변화

③ 집권자의 권력 강화

④ 집권층의 권위 상실

36 존슨(C. Johnson)의 혁명이론에 따르면 혁명 발생의 직접적인 원인으로 집권자의 권력 축소, 집권층의 권위 상실, 촉발 요인의 존재 등을 들 수 있다.

정답 35 ① 36 ④

37 다음 내용을 주장한 학자는?

- 부르주아 자본주의를 합리적인 노동과 생산 조직을 통해서 이윤을 최대화하는 정신에 기초하고 있는 것으로 '이념형'화하였다.
- 자본주의가 발달하는 동안 자본주의 정신의 원천 중 하나가 개신교의 윤리와 부합했다는 것을 역사적으로 증명하려고 하였다.

① 에밀 뒤르켐(E. Durkheim)
② 허버트 스펜서(H. Spencer)
③ 막스 베버(M. Weber)
④ 탈코트 파슨스(T. Parsons)

37 제시문은 베버의 유명한 저서 『프로테스탄트의 윤리와 자본주의 정신』을 정리한 것이다. 그는 현대의 부르주아 자본주의는 왜 동양사회가 아닌 서구사회에서 먼저 일어났는가를 규명하였다. 베버는 부르주아 자본주의를 합리적인 노동과 생산 조직을 통해서 이윤을 최대화하는 정신에 기초하고 있는 것으로 '이념형'화하였다. 프로테스탄트의 소명 사상 및 금욕 정신과 밀접히 관련된다는 것을 '상상적 실험'의 방법을 통해 밝혀냈다. 프로테스탄트 교도들이 금욕의 윤리를 잘 지킴으로써 구원을 받을 수 있다는 동기에서 자본을 축적하여 현대 부르주아 자본주의를 발전시켰다는 것이다.

38 다음 내용이 뜻하는 개념과 학자를 올바르게 짝지은 것은?

중앙의 원형공간에 높은 감시탑을 세우고, 그 둘레를 따라 죄수들의 방을 만들도록 설계되었다. 또 감시탑은 어둡고 죄수의 방은 밝아, 중앙에서 감시하는 감시자의 시선이 어디로 향하는지 죄수들이 알 수 없다. 따라서 죄수들은 늘 감시받고 있다는 느낌을 가지게 되고, 결국은 죄수들이 규율과 감시를 내면화해서 스스로를 감시하게 된다는 것이다.

① 시놉티콘(Synopticon) – 벤담(J. Bentham)
② 자율교도소 – 마짜(D. Matza)
③ 판옵티콘(Panopticon) – 벤담(J. Bentham)
④ 바이옵티콘(Biopticon) – 베커(H. Becker)

38 제시문에서 설명하는 감옥은 '판옵티콘'이다. 이는 공리주의 학자인 벤담이 설계한 것으로 유명하다. 그는 최소의 비용(교도관 수)으로 최대의 감시 효과(다수의 죄수)를 보일 수 있는, 공리주의 정신에 알맞은 감옥을 고안하였다. 현대에 와서는 미셸 푸코의 『감시와 처벌』이라는 책에서 현대사회를 거대한 감옥에 비유하고, 누가 감시하는지 알 수 없지만 사회가 서로를 통치하며 자유를 억압하고 감시하는 구조임을 주장하였는데, 이 과정에서 벤담의 '판옵티콘'을 철학적 의미로 재해석하였다.

정답 37 ③ 38 ③

39 이 용어는 2016년 세계경제포럼에서 처음으로 사용되었으며, '인공지능, 사물 인터넷, 빅데이터 등 첨단 정보통신기술이 사회 전반적으로 융합되어 혁신적인 변화가 나타나는 것'을 의미한다. 이 용어는 무엇인가?

① 4차 산업혁명
② 디지털 혁신
③ 딥러닝 혁신
④ 증강현실

39 4차 산업혁명은 인공지능으로 자동화와 연결성이 극대화되는 산업 환경의 변화를 의미한다. 이 용어는 세계경제포럼의 창시자 중 하나인 클라우드 슈바브(Klaus Schwab)가 2015년에 포린 어페어의 기고 글에서 처음 사용했다. 2015년부터 여러 도서를 통해 알려지기 시작한 후, 2016년 1월 20일 스위스 다보스에서 열린 세계경제포럼에서도 언급되기 시작했으며, 학자에 따라 제시하는 키워드는 조금씩 다르지만, 대체로 기계학습과 인공지능의 발달이 주요 수단으로 꼽힌다.

40 포디즘(Fordism)에 대한 설명으로 옳지 않은 것은?

① 자동차 생산공장의 컨베이어벨트 시스템에서 유래한 것으로 대량 생산에 최적화된 시스템이다.
② 헨리 포드가 'T형 포드' 자동차를 만들면서 이 시스템을 도입했고 '포디즘(Fordism)'이라는 명칭을 얻게 되었다.
③ 포디즘에 의한 대량 생산으로 에너지, 자원이 고갈되고 대량의 산업폐기물이 만들어졌다.
④ 포디즘에 의해서 시작된 대량 생산이 대량 소비로 이어지지는 않았다.

40 포디즘을 통해 대량 생산된 재화들은 생산 효율성이 증가하게 됨에 따라 '저렴한 가격'을 자랑하게 되었다. 그 결과로 대중들은 '저렴하지만 품질이 생각보다 좋은' 물건들을 소비하게 되었고, 이는 대량 소비로 이어지게 되었다. 포디즘에 의한 대량 생산은 곧 에너지, 자원의 고갈과 대량의 산업폐기물을 가져왔고, 또 대량 소비는 생활폐기물의 엄청난 증가로 이어져 결국 에너지 및 생태환경의 위기가 자본주의 핵심적 위기의 하나로 나타나고 있다.

정답 39 ① 40 ④

출제유형 완벽파악

사회학개론

2020년 기출복원문제

▶ 온라인(www.sdedu.co.kr)을 통해 기출문제 무료 강의를 만나 보세요.

01 다음 설명에서 괄호 안에 들어갈 말로 옳은 것은?

뒤르켐은 '자살론'에서 자살의 근본적인 원인은 개인의 심리적 요인, 인종, 유전, 빈곤 등의 자연적인 요인이 아닌 사회적 요인 때문이라고 보았다. 그는 자살의 유형을 4가지로 분류하였다. 특히, 이번에 나타난 '코로나19'와 같이 '사회 구조의 급격한 변화에 따라 규범의 규제력이 무너지는 상황'에서 일어나는 자살을 (　　)이라고 정의하였다.

① 이기적 자살
② 아노미적 자살
③ 이타적 자살
④ 숙명적 자살

01 아노미적 자살은 사회 구조의 급격한 변화에 따라 규범의 규제력이 무너지는 상황에서 일어나는 자살을 말한다.
① 이기적 자살은 사회통합과 규제가 약화된 집단(개인주의적 사회)에서 많이 일어나는 자살의 유형이다.
③ 이타적 자살은 사회통합 정도가 높고 사회 결속력이 강한 집단(전체주의적 사회)에서 많이 일어난다. 특히 집단에 대한 극단적인 의무감의 강요는 집단을 위한 자살을 발생시킨다. 예 2차대전에서 일본군의 카미카제 공격
④ 숙명적 자살은 아주 강력한 압력, 즉 구속적 통제가 가해지는 극단의 상황에서 일어나는 자살의 유형이다. 예 노예의 자살, 전쟁 포로나 장기 복역수의 자살 등

02 다음 설명에서 괄호 안에 들어갈 말로 알맞은 것은?

콩트는 사회의 진보가 인간 정신의 진보에 의해 이루어진다고 생각했으며, 인류의 지적 진화의 발달단계를 규정하였다. 그에 따르면, 인간의 지적 능력은 '신학적 단계 – (　　) – 실증적 단계'로 발전한다.

① 경험적 단계
② 상상적 단계
③ 형이상학적 단계
④ 유기적 단계

02 콩트는 사회동학에서 인간의 지적 능력은 신학적 단계에서 형이상학적 단계를 거쳐 실증적(= 경험적 = 사실적) 단계로 발전하고, 사회도 이러한 지적 발전과 더불어 진보한다고 보았다.

정답 01 ② 02 ③

03 다음 중 마르크스에 대한 설명으로 옳은 것은?

① 이성은 인간을 동물과 구별하는 특징이며, 인간 최초의 역사적 행위는 물질생활 자체의 생산이다.
② 사회는 그 사회의 발전 정도와 무관하게 생산력이 결정되고, 생산력 또한 그것에 적합한 생산적 관계를 결정한다.
③ 생산력과 생산 관계 사이의 모순과 갈등을 통해서 새로운 사회가 출현할 것으로 예상하였다.
④ 인류 역사는 '원시 노예제 체제 → 고대 공산사회 → 중세 봉건사회 → 근대 자본주의 사회 → 사회주의 사회'의 5단계로 발전한다고 생각했다.

03 ① 마르크스는 인간과 동물을 구별하는 특징으로 '노동'을 꼽았다.
② 사회는 그 사회의 발전 정도에 따라 생산력이 결정된다.
④ 인류 역사는 '원시 공산사회 체제 → 고대 노예제 사회 → 중세 봉건사회 → 근대 자본주의 사회 → 사회주의 사회'의 5단계로 발전한다.

04 다음 중 과학적 연구방법의 절차로 옳은 것은?

① 주제선정 – 가설 – 관찰 – 자료수집 및 분석 – 경험적 일반화 – 이론
② 주제선정 – 경험적 일반화 – 자료수집 및 분석 – 관찰 – 이론 – 가설
③ 주제선정 – 관찰 – 가설 – 자료수집 및 분석 – 경험적 일반화 – 이론
④ 주제선정 – 가설 – 자료수집 및 분석 – 관찰 – 경험적 일반화 – 이론

04 과학적(= 실증적 = 경험적) 연구방법의 절차는 기본적으로 자연과학의 연구방법을 가져다 썼기 때문에 '주제선정 – 가설 – 자료수집 및 분석 – 관찰 – 경험적 일반화 – 이론'의 단계를 거친다.

정답 03 ③ 04 ④

05 다음 내용에서 설명하는 것은 무엇인가?

- 모든 사람은 죽는다.
- 소크라테스는 사람이다.
- 따라서 소크라테스는 죽는다.

① 귀납법
② 연역법
③ 귀류법
④ 변증법

05 연역법은 논리 연역에 따른 추리 방법으로 일반적 사실이나 원리를 전제로 하여 특수한 사실이나 원리를 결론으로 이끌어 내는 추리 방법을 말한다. 경험이 아닌 논리를 통해서 필연적인 결론을 이끌어 내는 것으로 삼단 논법이 대표적이다.
① 귀납법은 개별적인 특수한 사실이나 원리를 전제로 해서 일반적 사실이나 원리를 추론해 내는 연구방법을 말한다. 특히 인과관계를 확정하는 데 사용한다.
③ 귀류법은 어떤 명제가 참임을 증명하는 대신, 그 명제의 부정 명제가 참이라고 가정하고 그것의 불합리성을 증명함으로써 명제가 참임을 증명하는 간접 증명법을 말한다.

06 다음 중 사회학 이론에 대한 설명으로 옳지 않은 것은?

① 사회 유기체설은 생명체의 여러 기관이 각각의 기능을 수행하며 하나의 생명체를 유지하는 것과 같이 사회도 하나의 생명체처럼 여러 사회 구성요소들이 각각의 기능을 수행하며 사회를 유지한다고 본다.
② 상징적 상호작용론은 개인을 주체적이고, 능동적이며, 활동적인 주체로 파악한다.
③ 갈등론은 한 사회 안에서 어떤 문제가 발생한 것을 사회가 변화해 가기 위한 지극히 정상적이고도 필연적인 계기로 본다.
④ 사회 체계론은 "모든 사회현상은 행위자의 자유로운 주관적 의사나 의지가 아닌 사회의 체계에 영향을 받는다."라고 전제한다.

06 사회 체계론은 "모든 사회현상은 행위자의 자유로운 주관적 의사나 의지에 의하여 선택한 행위에 영향을 받는다."라고 전제한다.

정답 05 ② 06 ④

07 **다음 중 교환이론에 대한 설명으로 옳지 않은 것은?**

① 인간의 행위를 경제학적으로 단순화하여 설명하며, 감정과 같은 비합리적 동기에 기초한 인간의 행위를 설명하기 어렵다.
② 블라우(P. Blau)는 주로 개인 대 개인 사이에서 일어나는 상호작용의 유형을 형식화하려 했다.
③ 인간은 합리적인 선택을 하는 경제적 동물이며, 좋은 경험은 다시 경험하고 싶어하지만, 나쁜 경험은 다시 하고 싶어하지 않는 심리적 특성을 가진 존재로 본다.
④ 인간의 행위를 비용과 보상을 교환하는 관계로 규정한다.

07 개인 대 개인 사이에서 일어나는 상호작용의 유형을 형식화하려 한 학자는 호만스이다.
블라우는 교환이론을 개인과 개인 간의 미시적 관계에 국한시키지 않고, 개인과 집단, 집단과 집단, 나아가 세계 질서의 권력 구조에도 적용할 수 있는 거시적인 이론의 정립을 시도하였다.

08 **다음 내용에서 설명하는 것은 무엇인가?**

> 프랑스의 작가이자 사상가인 사르트르(J. P. Sartre)의 사상적 영향을 받아 근래에 성립된 이론으로서, '현세적으로 이루어지는 모든 형태의 인간 경험'에 초점을 맞추는 접근법이다. 사람은 사회적으로 구속받을 수밖에 없다는 것을 인정하면서도 그럼에도 불구하고 개인적으로 자유로울 수 있다는 것을 강조하는 이론이다.

① 교환이론
② 현상학적이론
③ 상호작용이론
④ 실존사회학이론

08 제시문은 실존사회학에 대한 설명이다. 실존사회학은 현상학의 미시적 관점과 마르크스주의의 거시적 관점을 변증법적으로 통합하려는 시도에서 출발하였다. 행위자들이 감정, 정서 등에 관심을 가지는 점에서 '감정의 사회학' 같은 최신 분야를 만들어 내기도 하고, 삶의 정신적·물리적인 차원 사이의 관계도 중요한 연구영역으로 잡고 있다.
① 교환이론은 흥정이나 거래, 타협의 개념을 활용하여 개인 간의 상호작용을 이해할 뿐만 아니라 이러한 교환관계를 사회 집단 간, 국가 간의 상호작용을 이해하는 데에도 적용하는 이론이다.
② 현상학적 사회학(Phenomenological sociology)은 현상 철학자인 후설(E. Husserl)의 철학 방법론과 베버의 이해 사회학을 병합하여 슈츠가 제창한 이론이다. 슈츠는 사회과학의 일차적 목표를 '사회적 실재(Social reality)에 관한 체계적인 지식을 얻는 일'이라고 보았다.

정답 07 ② 08 ④

09 다음 설명에서 괄호 안에 들어갈 말로 알맞은 것은?

(　　)(이)란, 인간의 창조적인 의사결정의 노력과 결과가 적합한 것인가를 확인하는 척도이다. (　　)에 따라 사람들은 신념과 행동의 기준을 정하게 되고 그에 따라 행동이 지배받는다. 도덕적으로는 '선과 악, 아름다움과 추함'을 구분하는 기준이 되기도 한다.

① 가치
② 규범
③ 법률
④ 철학

09 제시문은 가치에 대한 설명이다. 사회학적으로 가치는 '선 vs 악'을 구분하는 기준, '미 vs 추'를 구분하는 기준이다. 또한, 인간 행동의 선악 유무를 판단하는 기준이기도 하다.

10 다음 내용에서 설명하는 것은 무엇인가?

- 도시에 자동차 수가 늘어나 교통질서가 필요한데 시민들의 교통질서 의식이 여전히 미약하다.
- 휴대전화 사용이 급속히 늘어나 사용예절이 요구되고 있는데 사람들은 공중질서 의식 없이 예절을 지키지 않는 경우가 많다.

① 문화동화
② 문화변동
③ 문화지체
④ 문화반등

10 제시문이 설명하는 상황은 문화지체를 의미한다. 즉, 한 사회의 문화는 물질적인 것과 비물질적인 것을 모두 포함하고 있는데, 물질문화의 변동 속도는 빠른 데 반해 비물질문화의 변동 속도가 느려 발생하는 부조화 현상을 문화지체라 한다.

정답 09 ① 10 ③

11 다음 내용에서 설명하는 것은 무엇인가?

> • 한 사회의 구성원 전체가 따르고 누리는 지배적인 문화에 대해 저항하고 대립하는 문화를 말한다.
> • 예 범죄 문화, 급진적인 종교 문화 등

① 하위문화
② 주류문화
③ 대항문화
④ 대중문화

11 제시문은 대항문화(반문화)에 대한 설명으로 대항문화는 기존의 주류문화를 대체하면서 사회 변동을 가져오기도 하지만, 집단 간 갈등을 조장함으로써 사회 혼란을 초래하기도 한다. 또한, 대항문화는 하위문화에 포함되는 개념이기도 하다. 하지만 해당 설명은 정확하게 대항문화에 대한 설명이다.

12 다음 중 리스먼과 관련이 적은 것은?

① 고독한 군중
② 전통지향형
③ 외부지향형
④ 미래지향형

12 ① 리스먼은 『고독한 군중』이라는 저서를 통해 사회적 발전 단계에 따른 퍼스낼리티 유형을 제시하였다. 그는 21세기 대중사회의 인간유형을 '전통지향형, 내부지향형, 외부지향형(타인지향형)'의 세 가지로 구분하고, 이 순서대로 인류의 사회적 성격이 발전해 왔다고 주장한다. 이 중 타인지향형 현대인들, 즉 소속된 집단으로부터 격리되지 않기 위해 항상 타인의 눈치를 보며 내적 고립감과 갈등을 겪는 사람들을 '고독한 군중'이라고 칭했다.
② 전통지향형은 농업사회에서 주로 나타나는 인간유형으로 사회가 제시하는 행동규범에 따라 행동한다.
③ 외부지향형은 타인의 행동에 민감한 반응을 보이면서 영향을 받는 행동 유형을 의미한다. 내부지향형은 개인이 스스로의 판단과 목표에 의해 행동을 결정하는 유형이다.

정답 11 ③ 12 ④

13 다음 내용에서 설명하는 것은 무엇인가?

- 한 개인이 출생 직후부터 성인까지의 과정 속에서 사회적 상호작용을 통해 사회의 구성원들에게 한 사회의 행동 양식, 지식, 기능, 가치, 규범 등을 내면화하는 과정을 의미한다.
- 이 과정 속에서 개인은 사회의 규칙을 가르침 받고, 정체성을 제공받는다. 또한, 사회에 적응하고 살기 위한 기술을 배운다.

① 사회규범
② 사회화
③ 예기사회화
④ 재사회화

13 제시문은 사회화에 대한 설명이다.
③ 예기사회화는 미래에 속하게 될 집단에서 요구되는 행동 양식을 미리 학습하는 과정을 말한다.
④ 재사회화는 사회 변동으로 인해 기존에 습득한 지식과 가치관으로는 변화하는 사회에 적응하기 어려워 새롭게 등장한 정보와 가치관을 습득하는 것을 말한다.

14 다음 내용에서 설명하는 것은 무엇인가?

탈북자 A씨는 한국사회에 적응하기 위해 북한 사회풍습을 버리려 노력하고 있다.

① 탈사회화
② 재사회화
③ 예기사회화
④ 역사회화

14 새로운 사회에 적응하기 위해 기존사회의 규범들을 벗어나려는 시도를 탈사회화라고 한다. 재사회화를 하기 위해서는 우선 탈사회화가 되어야 한다.
④ 역사회화는 구세대의 문화지식이 젊은 세대로 전해지는 것이 아니라 그 반대의 방향으로 일어나는 현상이다. 노인들이 새롭게 컴퓨터를 배우는 경우 등이 해당된다.

15 다음 내용에서 설명하는 이론가는?

- 사회를 잔기(Residues)라는 개념으로 설명
- 예 여우형 인간, 사자형 인간

① 미드
② 머튼
③ 파레토
④ 리스먼

15 파레토는 사회변동을 설명하는 이론 중 순환론을 설명하는 학자이며, 인류역사를 여우형 엘리트와 사자형 엘리트의 순환과정으로 보았다. 또한, 인간의 비논리적 행위를 설명하기 위해 잔기와 파생체라는 개념을 도입하였다.

정답 13 ② 14 ① 15 ③

16 **다음 중 프로이트의 이론에 대해서 괄호 안에 들어갈 내용이 알맞게 짝지어진 것은?**

> • 저 물건을 갖고 싶다. (㉠)
> • 훔치는 것은 나쁘다. (㉡)
> • 가질 수 있는 현실적인 것을 찾아보자. (㉢)

	㉠	㉡	㉢
①	자아	본능	초자아
②	초자아	자아	본능
③	본능	초자아	자아
④	본능	자아	초자아

16 본능(Id)은 성격 중에서 생물학적이고 본능적인 요소를 지칭하는 것이다. 그래서 쾌락의 반사적이고 일차적인 욕구를 충족시켜주는 것을 목적으로 한다.
초자아(Super-ego)는 '도덕적인 나'로서 성장과정에서 사회화를 통해서 습득되는 것으로 인간의 가치, 규범, 윤리, 태도 등과 같은 사회적 행동 규제와 관련된다.
자아(Ego)는 '현실적인 나'로서 욕망을 실현하고 싶은 본능과 도덕적인 나 사이에 균형을 잡아주는 길잡이 역할을 한다.

17 **다음 내용에서 ㉠, ㉡에 들어갈 말이 바르게 짝지어진 것은?**

> 지위란 개인이 소속 집단이나 사회에서 차지하고 있는 위치를 의미한다. 지위는 자신이 주장하는 자리가 아니라 집단 내의 다른 사람들이 인정하는 자리를 말한다. 그리고 지위는 부, 권력, 혈연, 우정, 사랑 등과 같은 자원이나 매체들의 분배 형태에 따라서 수평적 또는 수직적으로 분화된다. 또한, 본인의 의사와 노력과는 관계없이 주어진 지위를 (㉠)라고 하며, 노력에 의해 성취된 지위를 (㉡)라고 한다.

	㉠	㉡
①	귀속 지위	성취 지위
②	비공식적 지위	공식적 지위
③	성취 지위	귀속 지위
④	주요 지위	성취 지위

17 본인의 의사와 무관하게 태어나면서부터 받는 지위를 '귀속 지위'라고 한다. 또한, 자신의 노력에 의해서 성취한 지위를 '성취 지위'라 한다. '귀속 지위'는 출생에 의해서 주어지는 지위이기 때문에 개인이 변경할 수 없다.
예 성별, 인종
'공식적 · 비공식적 지위'는 다음의 예와 같다. 예 아버지가 우리 회사 사장님이라면, 공식적인 지위는 '사장과 사원'이지만, 비공식적 지위는 '아버지와 아들'이 된다.
'주요 지위'는 한 개인이 가질 수 있는 여러 가지 지위 중에서 개인에게 가장 중요한 위치를 차지하는 지위를 말한다. 조선 시대에는 신분과 벼슬이 '주요 지위' 역할을, 현대에서는 직업이 '주요 지위'의 역할을 한다.

정답 16 ③ 17 ①

18 다음 설명에서 괄호 안에 들어갈 말로 옳은 것은?

> 부동산업자의 소득수준은 높지만 사회적 위치는 낮고 교사의 소득수준은 낮지만 사회적 위치는 높다. 이렇듯 (　　) 은(는) 한 개인의 사회적 위치가 그의 사회적 지위에 긍정적인 효과와 부정적인 효과를 동시에 미치는 상황을 뜻한다.

① 성취 지위
② 지위 불일치
③ 귀속 지위
④ 역할 갈등

18 지위 불일치는 한 개인이 가지는 사회적 지위의 차원별 높이가 서로 다른 상황을 말한다. 예를 들어, 경제적으로는 상층, 사회적으로는 하층의 지위에 있을 때 우리는 지위 불일치 현상을 경험한다고 말한다.

19 다음 설명에서 괄호 안에 공통적으로 들어갈 말로 옳은 것은?

> (　　)은(는) 개인이 자신과 다른 사람의 수준을 비교 평가할 때, 그럴 만한 이유 없이 자신이 다른 사람보다 사회적 인정을 받지 못한다거나 경제적으로 열등하다고 느끼는 감정을 이야기하며, 사람이 자기 지위의 높낮이를 평가할 때 사용하는 비교 준거집단은 (　　) 개념을 해명하는 데 유익한 개념이다.

① 지위 불일치
② 부정적 준거집단
③ 외집단
④ 상대적 박탈감

19 상대적 박탈감은 객관적인 조건이 비슷함에도 불구하고, 다른 집단에 비하여 자신의 처지가 열등하다고 느끼게 될 때 가지는 감정을 의미한다.
② 준거집단은 개인이 자신의 행동과 가치판단의 기준으로 삼는 집단을 말하며, 긍정적 준거집단과 부정적 준거집단이 있다.
③ 외집단은 현재 '내가 속하지 않은 집단'을 의미한다.

정답 18 ② 19 ④

20 **다음 내용에서 ㉠, ㉡에 들어갈 말이 바르게 짝지어진 것은?**

> • (㉠) : 마을 대항 축구대회에서 삼계리 주민들은 혼연일체가 되어 자기 마을 팀의 승리를 기원하며 목이 터지도록 응원했다.
> • (㉡) : 창업을 준비하고 있는 A씨는 창업에 성공한 유명 CEO들을 자신의 역할모델로 삼아 그들의 성공 노하우를 열심히 배우고 있다.

	㉠	㉡
①	내집단	준거집단
②	외집단	준거집단
③	일차집단	내집단
④	준거집단	내집단

20 ㉠ 내집단은 자신이 소속되어 있다고 느끼는 집단으로, 객관적 조건인 소속 유무와 주관적 조건인 소속감을 모두 충족시킬 때 성립하는 집단이다. 소속감이 있기 때문에 자기 집단에 대한 애착심이 강하게 나타나고, 타집단에 대한 폐쇄성을 보이기도 한다(우리 집단).
㉡ 준거집단은 개인이 자신의 행동과 가치판단의 기준으로 삼는 집단을 말한다. 물론, 준거집단은 자신이 속한 집단일 수도 있고(내집단), 소속된 집단이 아닐 수도 있다(외집단). 또한, 소속된 집단이 많을 경우에는 그중 하나의 집단이 준거집단이 된다.

21 **다음 제시문에 나오는 A 개념에 대한 설명으로 옳은 것은?**

> • 마르크스는 A를 정치적 · 경제적 지배계급으로서, 지배계급의 이익을 옹호하고, 현존하는 불평등을 정당화한다고 생각하여 A를 '인민의 아편(마약)'이라고 칭하였다.
> • A는 사람들에게 삶의 의미를 제공하고, 사회 통합과 통제 기능을 담당하기도 한다.

① 베버는 A가 확실한 의도를 가지고 사회변화를 주도하는 주체 세력이 될 수도 있다고 본다.
② 뒤르켐은 A를 사회적 유대와 결속을 약화시키는 사회제도로 간주하였다.
③ 사회의 구성원에게 심리적 · 정서적 안정감을 제공한다.
④ A가 현실 세계에 개입하여 정치 권력을 추구하는 경우 정치제도의 안정성을 가져다준다고 보았다.

21 제시된 개념 A는 '종교'이다. 마르크스는 종교가 지배계층의 이익을 공고하게 하고, 피지배계층을 지배계층의 이익을 위해 움직이도록 세뇌하는 역할을 한다고 생각하였다.
① 베버는 종교가 의도했던 바는 아니지만, 사회변화의 원동력이 될 수도 있다고 본다.
② 뒤르켐은 종교를 사회적 유대와 결속을 표현하고 강화하는 사회제도로 간주하였다.
④ 종교는 현실 세계에 지나치게 개입하거나 정치 권력을 추구하면 종교의 세속화와 정치세력화가 발생한다고 생각하고, 정치제도의 안정성을 해친다고 보았다.

정답 20 ① 21 ③

22 다음 용어 중 성격이 다른 것은?

① 결사체
② 이익사회
③ 이차집단
④ 게마인샤프트

22 게마인샤프트는 퇴니스가 농업사회(공동체)로 표현한 개념이다. ①·②·③은 전부 산업사회의 집단을 모델로 하는 집단의 개념이다.

23 다음 중 일탈 행동에 대한 설명으로 옳지 않은 것은?

① 사회가 정한 가치와 규범에 의해서 바람직하다고 생각되는 행동 유형의 허용 범위에서 벗어나는 행동을 말한다.
② 일탈은 통계적 평균으로부터 상당히 벗어난 특성으로 이해할 수 있다.
③ 일탈 행동은 사회적으로 상대성을 가지고 있다.
④ 일탈을 대응하는 과정에서 사회 조직의 결함을 미리 알려주는 기능도 있다.

23 일탈은 통계적 평균으로부터 상당히 벗어난 특성으로 이해해서는 안 된다. 예를 들어 '불구자, 왼손잡이, 노총각이나 노처녀, 지능지수가 높거나 낮은 사람들'은 통계적 평균에서 벗어난 사람들이지만, 이들을 일탈자라고 볼 수는 없다.

24 다음 내용과 관련 있는 일탈이론은 무엇인가?

> 일탈은 행위의 속성에 의한 것이 아니고, 규칙과 제재의 적용 결과라고 주장한다. 대체로 규칙은 권력을 가진 지배집단에 의해서 만들어지고, 그렇지 못한 집단에 적용되는 경향이 있다. 또한, 이차적 일탈에 초점을 두기 때문에 일차적 일탈과 권력자의 일탈을 경시하는 경향을 보인다. 이 때문에 전과자가 차별을 받는다.

① 낙인이론
② 중화이론
③ 아노미이론
④ 차별교제이론

24 제시문은 낙인이론이다. 베커(H. S. Becker)는 일탈이 행위의 속성이 아니라 권력을 가진 지배집단이 만든 규범이나 법과 같은 규칙을 피지배집단에 적용한 결과라고 보았고, 레머트(E. Lemert)는 일탈 행위를 일차적 일탈과 이차적 일탈로 구분하였다. 레머트에 따르면, 일차적 일탈은 규칙을 어긴 최초의 행위이나 발견되지 않아 낙인이 찍히지 않은 행위를 뜻하고, 이차적 일탈은 사회적 낙인이 찍힌 후 자신을 부정적으로 생각하게 될 때 생기는 행위를 뜻한다.

정답 22 ④ 23 ② 24 ①

25 **다음 중 사이버 범죄의 특징이 <u>아닌</u> 것은?**

① 비대면성
② 개방성
③ 익명성
④ 시공간의 제약성

25 시공간의 제약성이 아니라 무제약성이라고 해야 옳다. 시공간의 무제약성이란 사이버공간은 시간과 공간의 규제 없이 누구나 자유롭게 이용할 수 있다는 것을 말한다. 사이버 범죄는 24시간 세계 어느 곳이라도 지리적 제약 없이 발생하는 것이 특징이다. 그 외에도 사이버 범죄는 전문성과 기술성, 빠른 전파성 및 죄의식의 희박성 등을 특징으로 한다.

26 **다음 내용과 관련 있는 사회학자는 누구인가?**

> 사회학자 A씨는 그의 책 『맥도날드 그리고 맥도날드화』에서 '맥도날드'로 대표되는 패스트푸드점의 원리가 미국 사회와 그 밖 세계의 더욱더 많은 부분을 지배하게 되는 과정에서 그것이 가지고 오는 비인간화를 '맥도날드화'라고 하였다.

① 막스 베버(M. Weber)
② 조지 리처(G. Ritzer)
③ 라스키(H. J. Laski)
④ 리그스(F. Riggs)

26 조지 리처는 『맥도날드 그리고 맥도날드화』에서 현대사회의 비인간화 현상을 '맥도날드화'라고 칭하였다. 특히, 막스 베버가 전통적 사고방식에서 합리적 사고로의 전환, 그리고 과학적 경영의 재개념화를 의미하는 것으로 '관료제'라는 개념을 사용했다면, 리처는 패스트푸드 음식점이 분업, 표준화 등의 측면에서 현대사회의 패러다임을 더 잘 보여준다고 생각하였다.

정답 25 ④ 26 ②

27 다음 중 베버가 말하고 있는 관료제의 문제점으로 옳은 것은?

① 목적 전치 현상 – 규칙과 절차만을 지나치게 강조하여 경직된 조직 구조를 가지고 있어 외부 변화에 유연하게 대처하지 못한다.

② 무사 안일주의 – 구성원들은 각자 분담한 업무만을 반복적으로 수행함으로써 창의력이나 자율성을 발휘하지 못하고 조직의 부속품으로 전락한다.

③ 인간 소외 현상 – 규약과 절차를 지나치게 강조한 나머지 오히려 본래의 조직 목적 달성을 방해한다.

④ 몰인정함과 비인간화 – 관료제가 강조하는 합리성은 몰인정성을, 공식성은 경직성을, 위계질서는 개성의 무시로 연결될 수 있다.

27 ① 변화에 대한 적응력 부족에 대한 설명이다.
② 인간 소외 현상에 대한 설명이다.
③ 목적 전치 현상에 대한 설명이다.

28 다음 중 신중간 계급에 속하는 것은 무엇인가?

① 자영업주

② 쁘띠 부르주아지

③ 화이트칼라

④ 룸펜 프롤레타리아

28 자본가와 임금 노동자의 중간에서 봉급 생활을 하는 모든 사람을 총괄해서 신중간 계급 혹은 화이트칼라라고 한다.
①・② 자영업주와 쁘띠 부르주아지는 '구중간 계급'에 속하는 계급으로 '생산수단(자본)'은 가지고 있지만 그 규모가 작아서 스스로 노동을 하는 중소 자본가 계급을 의미한다.
④ 룸펜 프롤레타리아를 마르크스는 '정상적인 생산 활동을 하지 못하고, 타인을 속여 부유한 자가 되고 싶다는 생각을 가진 모든 무산 계급'이라고 넓게 정의했다. 또한, 현대사회에서는 노동을 할 마음이 상실된 상태의 부랑자를 뜻하거나, 노동에 종사하면서도 황금만능주의에 절어 반혁명적 음모에 참가하는 무리를 가리킬 때도 사용된다.

정답 27 ④ 28 ③

29 다음 중 계층에 대한 설명으로 옳지 않은 것은?

① 구조화된 불평등 체계를 말한다.
② 지위나 수입 등이 수평적으로 배열된 서열구조를 말한다.
③ 사회구성원들을 정치, 경제, 사회적으로 분류할 때, 비슷한 지위를 차지하고 있는 일군(一群)의 층을 의미한다.
④ 지위에 따른 여러 가지 사회적 보상들의 접근 기회가 여러 범주의 바람들에게 차별적으로 구조화되는 불평등으로 규정하고 있다.

29 계층은 지위나 수입 등이 수직적으로 배열된 서열구조이다.

30 다음 중 부르디외의 주장과 가장 거리가 먼 것은?

① 인적 자본이란 개인이 보유한 능력, 기술숙련도, 지식을 포괄하는 개념으로 노동의 질적 수준을 의미한다.
② 경제적 자본이란 '화폐'라는 형태로 객관화된, 또는 외부에 축적되는 자본으로 여러 생산요소들, 수입, 물질적 재화 같은 경제적 재화를 포괄한 총체로 구성된 자본이다.
③ 사회적 자본이란 상호 간의 친분 또는 인정을 통해 제도화된 관계 또는 '인맥'을 의미한다.
④ 문화적 자본이란 예술과 문화에 대한 객관적인 지식, 문화적 취향과 선호, 공식 자격 등(대학 학위, 콘테스트 입상 등)을 의미한다.

30 인적 자본이라는 용어는 1950년대 말 미국의 노동 경제학자인 슐츠와 벡커 등에 의해 본격적으로 쓰이기 시작하였다. 즉, 인적 자본은 부르디외가 주장한 개념이 아니다.

정답 29 ② 30 ①

31 다음 내용에서 A가 속한 소득계층은?

A는 다른 사람들보다 자원이나 소득을 상대적으로 적게 가져서 사회구성원 대다수가 누리는 생활 수준을 영위하지 못하는 계층을 의미한다. 이 계층은 생활 수준이 향상되더라도 소득 격차가 심화되면 나타날 수 있고, 이 경우 상대적 박탈감과 사회 분열의 원인이 되기도 한다. 우리나라에서 A의 정의는 OECD의 기준을 따르고 있는데 이 기준은 가구 또는 개인의 소득이 중위소득 50% 미만인 가구 혹은 개인의 비율을 의미한다.

① 차상위 계층
② 중위소득 계층
③ 상대 빈곤 계층
④ 절대 빈곤 계층

31 우리나라 기준으로 중위소득 50% 미만의 소득을 가진 계층을 상대 빈곤 계층이라고 부른다.
① 차상위 계층은 소득이 절대 빈곤 상태(최저 생계비 미만)는 아니지만, 소득인정액이 대통령령으로 정하는 기준 이하인 계층을 말한다.
④ 절대 빈곤 계층은 소득 수준이 최저 생계비 이하인 가구 또는 개인으로 '기본적인 생활 수준'의 유지가 안 되는 빈곤층을 의미한다.

32 다음과 같이 '저출산의 원인'을 설명한 이론으로 옳은 것은?

- 개인 출산 행위는 비용과 효용으로 설명 가능하다. 소비자가 자신의 만족감(효용)과 예산을 고려해서 소비를 결정하듯, 부모들은 자신의 자녀를 키우면서 얻는 만족감과 자녀를 키우는 데 들어가는 비용이라는 예산제약을 고려하여 효용을 극대화할 수 있는 최적의 자녀 수를 결정한다.
- 자녀 출산 효용보다 양육 비용이 더 크면 출산을 기피한다. 따라서 교육비 등 자녀의 양육 비용이 높아진 현재는 조선 시대에 비해 자녀의 출산 수를 줄이려는 경향이 있거나 출산을 하지 않는 DINK(Double Income, No Kids)족이 출현하기도 한다.

① 합리적 선택이론
② 아노미 이론
③ 구조기능주의 이론
④ 상징적 상호작용 이론

32 제시문이 설명하는 이론은 시카고대 교수 베커(G. S. Becker)의 합리적 선택이론이다. 그는 소비자 선택이론을 가정의 자녀출산에 적용하여 부모들의 행동을 소비자선택의 합리성으로 분석함으로써 1992년 노벨 경제학상을 받았다. 그는 이 이론을 통해 현대사회의 저출산 성향은 "성공한 사람일수록 자녀의 질적 수준을 높이려는 욕구가 더 강하여 투자하는 비용이 높기 때문에 출산율이 더 줄어드는 현상이 발생한다."라고 보았다.

정답 31 ③ 32 ①

33 **다음 설명과 같은 관점은 무엇인가?**

> 농촌의 삶은 느리다. 그들의 삶이 느린 이유는 계절이 바뀌면 동일한 삶이 반복되기 때문이다. 이 때문에 그들은 급격한 변화를 좋아하지 않는다. 다시 말해 사회의 변동은 점진적이고 이해 가능하도록 다가온다고 믿는다. 그들은 사회가 바뀌는 이유에 대해서 이렇게 생각한다. 사회변동은 '갈등'을 만들기보다는 사회를 '조화롭고, 균형을 유지하기 위한 적응 과정'으로 바라보기 때문이다.

① 갈등론적 시각
② 구조기능론적 시각
③ 현상학적 시각
④ 인간생태론적 시각

33 제시문은 농촌 사회에 대한 구조기능주의 관점에서 나올 수 있는 설명이다.
"급격한 변화를 싫어하고, 점진적 변화를 추구한다."든가 사회를 '조화롭고, 균형을 유지하기 위한 적응 과정'이라고 보는 것이 구조기능주의 시각을 반영한 것이라 할 수 있다.

34 **다음에서 설명하는 이론과 관련이 없는 것은?**

> 버제스는 농촌인구의 대량 유입 시기인 1925년에 시카고를 관찰한 결과, 도시 내 서로 다른 장소에 특정 경제활동이 모임으로써 도시 내부에 각각 성격을 달리하는 여러 종류의 기능 지역들이 존재한다는 사실을 알아냈다. …(중략)… 이러한 현상은 서울에서도 발견할 수 있는데 광화문이 있는 세종로와 태평로에 주요 관공서와 호텔, 대기업의 본사가 모여있는 이유를 조사해 보면 알 수 있다.

① 도시의 외곽상권
② 점이지대
③ 중심업무지구
④ 노동자 주택지구

34 버제스의 동심원이론에서 도시 성장은 사회 계층의 공간적 분화로 5개의 폭이 일정하지 않은 동심원형으로 '중심업무지구, 점이지대, 노동자 주택지구, 중산층 주택지구, 교외지구'의 5개 동심원으로 구성되어 있다고 설명한다.

정답 33 ② 34 ①

35 다음 중 멕켄지의 도시 생태학적 과정에 대한 설명으로 옳은 것은?

① 도시는 중앙업무지구(중심상업지대)인 도심을 동심원처럼 둘러싼 네 개의 특수한 지대로 만들어진다.
② 생태학적 과정을 '집중 → 분산 → 중심화 → 분심화 → 격리 → 침입 → 계승'의 과정으로 분류했다.
③ 특정 용도의 구역이 교통로를 따라 중심부로부터 외곽까지 길게 뻗어나가는 방사형을 띠는 것과 동시에 이들 사이사이가 서로 격리되면서 내부적으로는 동질적인 거주 지역이 형성된다.
④ 도시는 상업 중심지, 산업 중심지, 주거 중심지 등 여러 개의 핵을 기초로 하여 형성된다.

35 ① 버제스의 동심원지대 가설에 대한 설명이다.
③ 호이트의 선형이론에 대한 설명이다.
④ 해리스와 율만의 다핵형이론에 대한 설명이다.

36 다음 중 인구 고령화 현상에 대한 설명으로 옳은 것은?

① 고령화 현상은 유소년 부양비 증가, 세대 간 갈등 심화, 독거노인 감소 등의 현상이 동반된다.
② 우리나라는 1999년에 65세 이상이 인구의 7%를 넘어서는 고령사회에 진입하였다.
③ 우리나라는 2025년에 65세 이상이 인구의 25%를 넘어서는 초고령 사회가 될 것으로 예상하고 있다.
④ 인구 고령화 현상은 의료기술 발달에 따른 평균 수명 상승과 출산율 저하가 원인이라고 볼 수 있다.

36 ① 고령화 현상으로 노년 부양비 증가, 세대 간 갈등 심화, 독거노인 증가 등의 현상이 나타난다.
② 65세 이상의 인구가 7%를 넘어서는 사회를 고령화 사회라고 한다.
③ 초고령 사회는 65세 이상이 인구의 20%를 넘어서는 사회를 말한다. 2020년 3월 기준 15.8%이고, 대략 2025년쯤에 초고령 사회가 될 것으로 예상하고 있다.

정답 35 ② 36 ④

37 다음 내용을 주장한 사회학자는 누구인가?

> 프랑스의 사회학자였던 그는 문화자본은 예술과 문화에 대한 객관적인 지식, 문화적 취향과 선호, 공식 자격(대학 학위, 콘테스트 입상 등), 문화적 기술과 실제적인 지식(악기를 다루는 능력 등), 스스로를 차별화하고 좋고 나쁨을 구분하는 능력 등 여러 측면을 가진다고 보았다. 또한, 그는 예술, 음악, 음식에 대한 취향이 사회적 계급에 따라 결정되는 모습을 보면서 문화자본이 단순한 취향이 아니라 사회적 위치를 반영하는 하나의 지표임을 주장하였다.

① 오그번
② 부르디외
③ 뒤르켐
④ 스펜서

37 제시문은 부르디외의 문화자본에 대한 설명이다. 그에 따르면 자본에는 소득과 소유권으로 이해되는 경제자본, 사람들과의 연결을 지칭하는 사회자본, 교육・문화적 대상・학위 등으로 이해되는 문화자본, 위신・명예・평판・존경・공로・위엄 등의 상징자본이 있다. 그 외의 주요 개념으로는 특정한 행위자가 속한 관계의 총체를 말하는 장(場)과 자신이 처한 상황을 인식하게 하고, 직면한 문제를 능숙하게 풀 수 있는 감각을 의미하는 아비투스가 있다.

38 다음에서 설명하는 사회 운동 이론은 무엇인가?

> • 사회 운동이 일어나기 위해서는 여러 가지 사회적 요인들이 있어야 하며, 특정한 요인이 첨가될수록 사회 운동의 성공 가능성이 높아진다.
> • 미국에서 경찰이 흑인 남성을 과잉진압하여 남성이 숨지는 사건이 발생하였다. 이 상황에 대해서 정부에서 대응방안들을 내놓았지만, 그 방안에 동의하지 못한 시민들이 흥분하여 집합 행동과 폭동을 일으키게 되었다.

① 르봉(G. Le Bon)의 군중심리이론
② 주기이론(Life Cycle)
③ 스멜서(N. Smelser)의 부가가치이론
④ 데이비스(J. C. Davies)의 J곡선이론

38 제시문은 스멜서의 부가가치이론을 설명하고 있다. 스멜서는 사회 운동의 결정 요인을 ㉠ 구조적 유발성, ㉡ 구조적 긴장, ㉢ 일반화된 신념의 발생 및 파급, ㉣ 촉발 요인, ㉤ 행동을 위한 참여자의 동원, ㉥ 사회통제기제의 작용 요소들로 보았고, 이 요소들이 하나씩 추가될수록 사회 운동의 성공 가능성이 높아진다고 보았다. 제시문에 나온 미국 경찰의 사례는 ㉥의 사회통제기제가 효율적으로 작용하지 못하여 집합행동을 더욱 촉진시킨 사례에 해당한다.

정답 37 ② 38 ③

39 다음 중 근대화이론이 가지고 있는 문제점을 서술한 것으로 옳지 않은 것은?

① 서구 중심주의이며 자민족 중심주의적이고 몰역사적인 특징을 지닌다.
② 발전에 있어서 동기와 규범의 역할을 지나치게 강조한다.
③ 전통성의 기반에서 근대성이 성립한다고 생각하고 있다.
④ 사회적 진화를 인류의 보편적인 노정이라는 입장에서 출발하였다.

39 근대화이론은 전통성과 근대성을 대립적인 시각에서 바라본다. 즉, 근대의 시각에서 이전의 전통들은 치워야 할 장애물일 뿐이라고 본다.

40 다음에서 설명하는 내용으로 옳은 것은?

> 전통사회에서 개인은 자기가 속한 집단에 대한 강한 귀속감을 가지고 있다. 혈연집단으로 가족과 친족, 일부 인척까지 포함하는 친척부터 지연집단으로 동향인 및 같은 지방 사람들에 이르기까지 자기와 관계 깊은 집단들에 강한 애착심을 느껴왔다. 이러한 귀속감과 애착심은 대체로 자신의 지역을 다른 지역과 구별하고, 자신의 지역에 대해서 애착을 갖고 동일시하는 경향을 보인다. 결과적으로 귀속감과 애착심은 자기정체성(自己正體性)의 토대를 이룰 뿐 아니라 자기가 소속하지 않은 집단에 대해서는 강한 배타심과 편견을 가지기 쉽다.

① 애향심
② 지역주의
③ 자문화 중심주의
④ 민족주의

40 제시문은 '지역주의(지역색)'에 대한 설명이다. 지역주의는 자기지역 중심주의로서 그것이 긍정적으로 전개될 때에는 지역의 주체성 및 자율성을 지향하는 의미를 가지며, 반면에 부정적으로 전개될 때에는 지역집단별 이기주의의 의미를 갖는다. 종래에 지역주의를 지방색(地方色)이라고도 하였다.

정답 39 ③ 40 ②

심리학개론

합격의 공식 시대에듀 www.sdedu.co.kr

최신기출문제

2024년 기출복원문제

2023년 기출복원문제

2022년 기출복원문제

2021년 기출복원문제

2020년 기출복원문제

출/ 제/ 유/ 형/ 완/ 벽/ 파/ 악/

또 실패했는가? 괜찮다. 다시 실행하라. 그리고 더 나은 실패를 하라!

– 사뮈엘 베케트 –

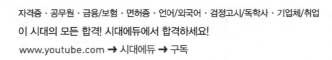

출제유형 완벽파악

심리학개론

2024년 기출복원문제

▶ 온라인(www.sdedu.co.kr)을 통해 기출문제 무료 강의를 만나 보세요.

01 다음 내용과 가장 관련 깊은 것은?

> 내성법으로 개인의 의식경험을 주관적으로 관찰・분석하는 방법을 비판하는 심리학적 접근방법의 하나로, 인간의 정신 현상을 요소들의 집합이 아닌 하나의 흐름으로 보았다.

① 형태주의
② 구성주의
③ 기능주의
④ 행동주의

01 ① 형태주의 : 인식활동을 개별요소로 나눌 수 없는 전체성을 가진 고차원적 형태로 다루는 방법
② 구성주의 : 의식을 구성요소로 분석하고 그 요소들의 결합으로 의식 현상을 설명하는 방법
④ 행동주의 : 관찰 가능한 행동을 통해 인간이나 동물의 심리와 행동을 연구하는 방법

02 다음 내용과 가장 관련 깊은 것은?

> 인간의 자유의지와 스스로 선택하는 능력을 중시하며, 행동은 개인의 주관적인 경험에 따라 달라진다고 보았다. 잠재능력, 자기실현, 주체성 등 인간의 긍정적이고 적극적인 측면을 강조한다.

① 인지적 관점
② 인본주의적 관점
③ 행동주의적 관점
④ 정신분석적 관점

02 ① 인지적 관점 : 인지활동을 하나의 정보처리 시스템으로 간주하고 인지과정에 집중한다.
③ 행동주의적 관점 : 인간 행동을 환경조건의 자극과 반응의 관계로 이해하는 관점이다.
④ 정신분석적 관점 : 유아기의 억압된 무의식이 성격 형성과 발달에 영향을 끼친다고 보는 관점이다.

정답 01 ③ 02 ②

03 다음 실험에서 변인의 종류와 실험 요인이 바르게 짝지어진 것은?

> 대학생의 카페인 섭취가 학습 태도에 미치는 효과연구에 진로 스트레스의 영향력 검증을 위해 ○○시 소재 대학교에서 진행하였다. 실험 편차를 고려하여 오전 수업만 수강하면서 진로 고민이 심각한 60명을 모집하고, 두 그룹으로 나누어 30명씩 무선할당하였다. 한 그룹에는 고카페인 음료를 제공하고, 나머지 한 그룹에는 디카페인 음료를 제공하였다.

① 종속변인 – 대학생의 실험 참가율
② 매개변인 – 학습 태도의 효과성
③ 통제변인 – 진로 스트레스의 정도
④ 독립변인 – 카페인 섭취 여부

03 독립변인 : 종속변인에 영향을 주기 위해 실험자가 조작하거나 통제하는 값이다.
① 종속변인 : 설정된 독립변인의 결과로서 달라지는 의존변인으로, 제시문에서 학습 태도가 이에 해당된다.
② 매개변인 : 독립변인이 종속변인에 미친 효과가 다른 예측변인을 통해 발생할 때 그 예측변인으로, 제시문에서 진로 스트레스가 이에 해당된다.
③ 통제변인 : 연구를 수행할 때 영향을 주지 않도록 통제하는 변인으로, 제시문에서는 오전 수업만 수강하는 대학생이 이에 해당된다.

04 다음 내용과 가장 관련 깊은 것은?

> 심리학 연구방법 중 하나로, 조작이나 통제를 가하지 않고 일상적인 상황에서 발생하는 사건이나 행동을 관찰하는 방법이다. 이러한 연구방법은 인과관계가 분명하지 않을 수 있으며 재현이 어려운 특징을 갖는다.

① 사례연구
② 자연관찰
③ 실험관찰
④ 현장관찰

04 ① 사례연구 : 개인의 성장·발달 과정의 구체적인 사례를 임상적으로 연구하는 방법
③ 실험관찰 : 실험자가 상황이 발생하는 장면을 조작하고 통제하는 연구방법
④ 현장관찰 : 연구자가 참여관찰하고 체험함으로써 현장 전체의 이해를 목적으로 하는 연구방법

정답 03 ④ 04 ②

05 **척도의 종류와 예시가 올바르게 연결된 것은?**

① 등간척도 – 성별
② 비율척도 – 온도
③ 명목척도 – 학력
④ 서열척도 – 소득수준

05 서열척도 : 변수의 속성들의 서열화(예 선호도, 석차, 자격등급 등)
① 등간척도 : 절대 영점은 없지만 서열 · 속성 간격 동일(예 IQ, EQ, 온도, 학력, 점수, 사회지표 등)
② 비율척도 : 절대 영점을 포함한 절대적 크기 비교(예 길이, 무게, 매출액, 출생률, 경제성장률 등)
③ 명목척도 : 차이점과 유사점에 따른 단순한 범주화(예 성별, 종교, 인종, 결혼유무 등)

06 **대뇌에서 일차 시각피질이 위치하는 부분은?**

① 후두엽
② 두정엽
③ 측두엽
④ 전두엽

06 후두엽 : 시각 정보를 처리하는 영역
② 두정엽 : 촉각에 관한 정보를 처리하는 기능을 가진 영역
③ 측두엽 : 청각, 언어, 기억과 관련이 있는 영역
④ 전두엽 : 운동, 기억과 판단, 추상적 사고 등 전문화된 영역

07 **뇌의 영역에서 대상회, 해마, 편도체 등과 같은 영역들의 집합으로, 정서 반응의 조절과 학습, 기억, 공격 행동 등에 관여하는 곳은?**

① 소뇌
② 척수
③ 시상하부
④ 변연계

07 ① 소뇌 : 평형기능, 수의운동의 조절 등 신체의 세밀하고 다양한 운동기능을 담당하며, 손상을 입으면 평형감각에 이상이 생긴다.
② 척수 : 중추신경과 말초신경 사이에서 정보전달을 중계하거나 반사기능을 한다.
③ 시상하부 : 생명유지의 중추적인 역할을 하여 혈압, 체온, 소화, 면역 등 자율신경기능과 내분비 기능을 제어한다.

정답 05 ④ 06 ① 07 ④

08 다음 내용과 가장 관련 깊은 것은?

> 스트레스 상황 시 심장박동을 빠르게 하고 신체가 대응할 수 있도록 많은 양의 에너지를 소비하게 하며, 싸움이나 도주 반응을 일으키는 근력을 증가시킨다. 긴급 상황에서는 중요하지 않은 신체작용을 느리게 한다.

① 체성신경계
② 중추신경계
③ 교감신경계
④ 부교감신경계

08 ① 체성신경계 : 말초신경계의 일부로 운동신경(원심성신경)과 감각신경(구심성신경)으로 나뉜다.
② 중추신경계 : 뇌와 척수로 이루어지며, 정보를 기억・판단하여 음성・운동・반사 등을 명령한다.
④ 부교감신경계 : 동공의 수축, 맥박의 느려짐, 혈압의 하강 등 신체를 편안하고 안정된 상태로 유지시킨다.

09 피아제의 인지발달단계에 대한 설명으로 가장 적절하지 <u>않은</u> 것은?

① 과거나 미래가 없는 현재의 세계만 인식하는 시기는 감각운동기이다.
② 대상 영속성이 확립되며 직관적인 수준의 사고를 하는 시기는 전조작기이다.
③ 구체적 조작기의 사고를 나타내는 대표적인 예로는 물활론과 자아중심성 등이 있다.
④ 형식적 조작기에는 가설의 설정, 검증, 연역적 사고가 가능하다.

09 전조작기 사고를 나타내는 대표적인 예는 상징놀이와 물활론, 자아중심성이다. 구체적 조작기에는 자아중심성과 비가역성을 극복할 수 있다.

정답 08 ③ 09 ③

10 피아제의 인지발달단계 중 어느 단계에 대한 내용인가?

A〉B, B〉C이면 A〉C와 같이 구체적 대상이 없는 추상적인 개념에 대해서도 논리적 추론이 가능한 단계이다.

① 전조작기
② 감각운동기
③ 형식적 조작기
④ 구체적 조작기

11 다음 내용과 가장 관련 있는 것은?

- 콜버그의 도덕적 추론의 발달수준 중 하나이다.
- 도덕적 판단의 근거로 인간관계의 유지 및 사회질서를 준수하는 수준이다.
- 착한 소년, 착한 소녀를 지향하는 수준이다.

① 인습적 수준
② 중인습적 수준
③ 전인습적 수준
④ 후인습적 수준

수준	단계	내용	설명
전인습적 수준 (4~10세)	1단계	도덕성	처벌과 복종을 지향
	2단계	욕구충족의 수단	상대적 쾌락주의에 의한 욕구충족을 지향
인습적 수준 (10~13세)	3단계	대인관계의 조화	개인 상호 간의 조화를 중시하며 착한 소년・착한 소녀를 지향
	4단계	법과 질서의 준수	사회질서에의 존중을 지향
후인습적 수준 (13세 이상)	5단계	사회계약 정신	민주적 절차로 수용된 법을 존중하는 한편, 상호합의에 의한 변경가능성을 인식
	6단계	보편적 도덕원리	개인의 양심과 보편적인 윤리원칙에 따라 옳고 그름을 인식

10 형식적 조작기는 추상적 사고가 발달하고, 실제 경험하지 않은 영역에 대한 논리적인 활동계획을 수립하며, 가설의 설정・검증・연역적 사고가 가능하다. 이 시기에는 체계적인 사고능력, 논리적 조작에 필요한 문제해결능력이 발달한다.

11 [문제 하단의 표 참고]

정답 10 ③ 11 ①

12 [문제 하단의 표 참고]

12 프로이트의 성격발달단계의 순서로 옳은 것은?

① 구강기 → 잠복기 → 남근기 → 항문기 → 생식기
② 구강기 → 남근기 → 잠복기 → 항문기 → 생식기
③ 구강기 → 항문기 → 남근기 → 잠복기 → 생식기
④ 구강기 → 항문기 → 잠복기 → 남근기 → 생식기

구강기 (0~1세)	• 아동의 리비도는 입, 혀, 입술 등 구강에 집중 • 구강기 전기에는 빨기와 삼키기에서 자애적 쾌락을 경험 • 구강기 후기에는 이유에 대한 불만에서 어머니에 대한 최초의 양가감정 경험 • 이 시기의 고착은 손가락 빨기, 손톱 깨물기, 과음, 과식 등의 행동으로 발현 가능
항문기 (1~3세)	• 배변으로 생기는 항문 자극에 의해 쾌감을 얻으려는 시기 • 배변훈련을 통한 사회화의 기대에 직면 • 이 시기의 고착은 결벽증이나 인색함으로 발현 가능
남근기 (3~6세)	• 리비도가 성기에 집중되어 성기를 자극하고 자신의 몸을 보여주거나 다른 사람의 몸을 보면서 쾌감을 경험 • 남아의 거세불안(오이디푸스 콤플렉스), 여아의 남근선망(엘렉트라 콤플렉스) 경험 • 아동은 부모와의 동일시 및 적절한 역할 습득을 통해 양심과 자아 이상을 발달시키며, 이 과정에서 초자아가 성립
잠복기 또는 잠재기 (6~12세)	• 다른 단계에 비해 평온한 시기로, 성적 욕구가 억압되어 성적 충동 등이 잠재되는 시기 • 리비도의 대상은 동성 친구로 향하고 동일시 대상도 주로 친구 • 잠복기 아동의 에너지는 지적인 활동, 친구와의 우정 등으로 집중
생식기 (12세 이후)	• 잠복되어 있던 성적 에너지가 되살아나, 또래의 이성친구에게 관심 • 이 시기에 사춘기를 경험하며, 2차 성징 발현

정답 12 ③

13 **다음 내용과 가장 관련 깊은 것은?**

> 각성 상태가 중간 수준일 때, 수행 수준이 가장 높다는 것을 말한다.

① 리비도
② 추동감소수준
③ 호메오스타시스
④ 최적각성수준

14 **다음 내용과 가장 관련 깊은 이론은?**

> 정서를 '흥분한다는 사실을 지각할 때 신체적 변화가 나타나고 그 신체 반응에 대한 느낌'이라고 말한다.

① 캐논-바드 이론
② 플루칙 이론
③ 제임스-랑게 이론
④ 샤흐터의 정서 2요인설

15 **다음 사례와 가장 관련 있는 이론은?**

> 10년 동안 가정폭력을 당한 중년 여성에게 상담자가 왜 이혼을 하지 않는지 물었더니, 여성은 남편을 이길 수도 없고 벗어날 수도 없다고 답하며, 남편의 폭력은 통제할 수 없다고 한숨을 쉬었다.

① 기저효과
② 추동감소이론
③ 기대이론
④ 학습된 무기력이론

13 최적각성수준이론을 '역전된 U함수' 또는 'Yerkes-Dodson 법칙'이라고도 한다. 과제의 수준이 높을 때는 각성의 수준이 낮아야, 과제의 수준이 낮을 때는 각성의 수준이 높아야 효율이 증대된다.

14 제임스-랑게 이론은 환경에 대한 신체반응이 정서체험의 원인이 된다는 주장이다. 심장박동이나 혈압과 같은 자율신경계의 변화가 대뇌에 전달되어 정서경험이 일어나는 것처럼, 신경생리학적 변화가 정서를 촉발한다는 의미이다. '슬퍼서 우는 것이 아니라 우니까 슬픈 것이다'라는 말로 대표된다.

15 학습된 무기력은 실패와 좌절이 반복되면 무력감을 학습하게 되어 자극에서 벗어나려는 자발적인 노력을 시도하지 않게 된다는 마틴 셀리그먼의 이론이다.

정답 13 ④ 14 ③ 15 ④

16 다음 내용과 가장 관련 깊은 것은?

> 20g에 5g이 더했을 땐 차이를 잘 탐지하다가, 200g에 5g을 더했을 땐 차이를 잘 탐지하지 못한다. 이와 같이 두 자극의 강도 비율에 따라 차이역이 변화하는 것으로, 감지하는 자극의 일정한 차이는 항상 등비로 증가해야 한다.

① 역하자극
② 신호탐지이론
③ 베버의 법칙
④ 감각순응

16 베버의 법칙은 변화된 자극을 감지하기 위해서는 기준 자극의 강도에 비례해서 변화의 강도도 커져야 한다는 이론이다.
① 역하자극 : 역치 이하의 자극으로, 감지할 수 없는 자극
② 신호탐지이론 : 자극에 대한 민감도와 반응기준에 따라 자극(신호)탐지가 달라진다는 이론
④ 감각순응 : 자극이 지속되면 수용기 감수성이 변화하여 그 반응이 감소하는 현상

17 시각에 대한 설명으로 가장 적절하지 <u>않은</u> 것은?

① 간상체는 색의 명암에 반응하여 추상체가 반응하지 않을 때 필요하다.
② 삼원색이론은 삼원색의 가산적 혼합으로 모든 색을 만들어 낼 수 있다는 이론이다.
③ 반대색설이론은 삼원색이론의 잔상효과에 근거를 두고 있다.
④ 선조 피질은 V1 영역으로 시각 정보의 일차적 수용 부위이다.

17 헤링의 반대색설이론은 빨강-초록, 흰색-검은색, 파랑-노랑의 대립쌍의 합성과 분해를 통해 색을 인식한다는 이론으로, 삼원색이론에서 설명하지 않는 잔상효과에 근거를 두고 있다.

정답 16 ③ 17 ③

18 **선택적 주의에 대한 설명으로 옳은 것을 모두 고르면?**

ㄱ. 청각에도 존재한다.
ㄴ. 대표적인 예로 지각적 착각을 들 수 있다.
ㄷ. 양분청취 결과 집중하지 않은 쪽의 물리적 변화는 알아도 의미는 인지하지 못한다.
ㄹ. 감각기관에는 필요 이상으로 많은 정보가 들어오므로 취사선택할 필요가 있다.

① ㄱ, ㄴ
② ㄱ, ㄴ, ㄷ
③ ㄱ, ㄷ, ㄹ
④ ㄱ, ㄴ, ㄷ, ㄹ

18 ㄱ, ㄴ, ㄷ, ㄹ 모두 선택적 주의에 대한 옳은 설명이다.

19 **다음 내용에서 괄호 안에 들어갈 용어로 가장 적절한 것은?**

"자라 보고 놀란 가슴, 솥뚜껑 보고 놀란다."라는 말처럼, (　　)은(는) 조건화 과정에서 경험한 자극이 아닌 비슷한 자극에도 반응을 하는 것을 말한다.

① 무조건 반응
② 무조건 자극
③ 자극 일반화
④ 자극 변별

19 자극 일반화란 조건 형성이 될 경우 조건 자극과 비슷한 자극에도 조건 반응이 일어나는 것을 의미한다.
① 무조건 반응 : 유기체가 생득적으로 가지는 반응
② 무조건 자극 : 무조건 반응을 일으키는 자극
④ 자극 변별 : 조건 형성 과정에서 조건 자극과 다른 자극을 변별하는 것

정답 18 ④ 19 ③

20 다음 중 정적 처벌의 예로 옳은 것은?

① 아이의 공부하는 행동을 칭찬하여 공부하는 행동을 늘게 하는 것처럼, 자극을 제시함으로써 행동의 빈도를 증가시키는 것
② 뜨거운 난로에 손을 댔다가 통증이 오면 난로에 손대는 행동이 줄어드는 것처럼, 자극을 제시함으로써 행동의 빈도를 줄이는 것
③ 비가 내릴 때 우산을 쓰면 비를 맞지 않게 됨으로써 우산 쓰는 행동이 증가하는 것처럼, 자극을 소거하여 행동의 빈도를 증가시키는 것
④ 게임을 할 때마다 용돈을 줄이면 게임 시간과 행동이 줄어드는 것처럼, 자극을 소거함으로써 행동의 빈도를 줄이는 것

20 조작적 조건형성의 목적은 도구를 사용[조작, 자극(강화물)제시나 소거]한 강화나 처벌로 행동의 변화를 꾀하는 것이다. 뜨거운 난로에 손을 대는 상황에서 통증 제공(자극 제시)으로 행동을 줄이는 것(처벌)처럼, 정적 처벌은 자극 제시로 행동 빈도를 감소시키는 것을 말한다.
① 정적 강화 : 공부하는 행동 칭찬(자극 제시), 공부 행동 증가(강화)
③ 부적 강화 : 비를 맞지 않게 됨(자극 소거), 우산 쓰는 행동 증가(강화)
④ 부적 처벌 : 게임 시 용돈을 줄임(자극 소거), 게임 행동과 시간 감소(처벌)

21 환경으로부터 감각기관으로 들어온 정보를 선택적으로 처리하며 물리적 자극이 잠시 저장되는 기억은?

① 단기기억
② 잔향기억
③ 일화기억
④ 의미기억

21 ① 잔향기억 : 청각적 자극을 순간적으로 기억하는 감각 기억
③ 일화기억 : 개인의 일상적 경험을 보유하는 장기적 기억
④ 의미기억 : 명시적 기억의 일종으로, 경험이 배제된 단순한 지식적인 기억

22 다음 내용과 가장 관련 깊은 것은?

> 장기기억의 종류 중 하나로, 어떤 일을 수행하기 위한 세부 단계들을 빠르고 무의식적으로 수행할 수 있게 해 준다.

① 일화기억
② 절차기억
③ 서술기억
④ 의미기억

22 ① 일화기억 : 개인의 추억이나 사건 등에 대한 자전적 기억으로, 시공간적인 기억
③ 서술기억 : 선언적 기억이라고도 하며, 의식적으로 회상이 가능한 경험과 지식에 대한 기억
④ 의미기억 : 사실과 정보에 대한 기억으로, 내용・지식・학습한 개념(사실, 법칙) 등의 장기기억

정답 20 ② 21 ① 22 ②

23 다음 사례와 가장 관련이 있는 용어는?

> 기말고사를 앞두고 심리학개론을 먼저 공부한 후, 경제학개론을 공부하였다. 그런데 다음 날 심리학개론 시험을 볼 때, 먼저 공부한 심리학개론의 내용이 잘 떠오르지 않았다.

① 간섭　　② 시연
③ 대치　　④ 건망

23 간섭이론은 망각을 기억 이전이나 이후의 정보에 의해 기억정보가 방해받기 때문에 생기는 현상으로 본다. 먼저 학습한 것이 나중에 학습한 것을 간섭할 때 순행간섭이라 하고, 최근 학습한 것이 이전에 학습한 것을 간섭할 때 역행간섭이라고 한다.
② 시연 : 기억할 항목을 반복, 복창하여 기억력을 높이는 방법
③ 대치 : 새로운 정보가 오면 오래된 정보가 사라지며 기억의 자리를 바꾸는 현상
④ 건망 : 일정 기간의 기억을 상실하는 현상

24 다음 내용과 가장 관련 깊은 것은?

> 한 대상이나 물건의 용도 또는 기능을 기존 지식이나 기존 방식으로 고정하여 안정적으로 보려는 경향으로, 문제의 창의적 해결 능력을 제한할 수 있다.

① 재생적 사고
② 생산적 사고
③ 기능적 고착
④ 귀납적 추론

24 기능적 고착은 어느 사물의 습관적인 기능에 얽매여 그것이 가진 잠재적인 사용법을 활용하지 못하는 경향으로, 재생적 사고가 생산적 사고를 저해하는 경우에 해당한다.
① 재생적 사고 : 과거에 문제를 경험한 사실을 활용하여 해결하려는 사고
② 생산적 사고 : 기존에 알지 못하던 새로운 관계성을 발견하는 사고로, 창의성에 관계됨
④ 귀납적 추론 : 개별적이고 특수한 사례로부터 일반적이고 보편적 법칙을 찾는 방법

25 다음 내용에서 괄호 안에 들어갈 용어로 가장 적절한 것은?

> (　　)는 같은 방식으로 검사하여 채점하고 해석에 이르기까지의 과정을 단일화・조건화하여 검사 과정의 일관성 확보와 더불어 검사자의 주관적 개입을 막는 것이다.

① 신뢰도
② 표준화
③ 타당도
④ 구성화

25 검사절차의 표준화는 검사실시상황이나 환경적 조건에 대한 엄격한 지침을 제공하는 동시에 검사자의 질문 방식이나 수검자의 응답 방식까지 구체적으로 규정함으로써 시간 및 공간의 변화에 따라 검사실시절차가 달라지지 않도록 하는 것을 말한다.

정답 23 ① 24 ③ 25 ②

26 다음 내용과 가장 관련 깊은 것은?

> 신뢰도를 검증할 수 있는 방법으로, 내용과 난이도는 동일하지만 구체적인 문항의 형태는 다른 두 유형의 검사를 같은 피검자에게 실시하는 방법이다.

① 내적 합치도
② 동형검사 신뢰도
③ 반분 신뢰도
④ 검사-재검사 신뢰도

26 ① 내적 합치도 : 한 측정도구의 모든 문항 간의 상관계수를 근거로 신뢰도를 구한다.
③ 반분 신뢰도 : 하나의 측정도구에서 피험자를 동일한 수로 나누어 측정한 뒤 두 집단의 결과를 비교하여 상관계수를 계산해 신뢰도를 구한다.
④ 검사-재검사 신뢰도 : 동일한 측정도구를 동일한 사람에게 시간차를 두고 두 번 조사하여 그 결과를 비교함으로써, 두 차례의 점수에 대한 상관계수로 신뢰도를 구한다.

27 투사적 성격검사에 대한 설명으로 가장 적절하지 않은 것은?

① 비구조적 성격검사는 검사자의 주관적 개입의 영향이 크다.
② 무엇을 측정하려고 하는지 알기 어려워 수검자의 방어가 어렵다.
③ 상황적 요인의 영향력이 크므로 신뢰도와 타당도가 높다.
④ 수검자 반응의 독특성이 잘 나타나며 반응이 풍부한 장점이 있다.

구분	투사적 검사(비구조적 검사)	객관적 검사(구조적 검사)
장점	• 반응의 독특성 • 방어의 어려움 • 반응의 풍부함	• 검사 실시의 간편성 • 검사의 높은 신뢰도와 타당도
단점	• 검사의 신뢰도와 타당도가 부족 • 상황적 요인의 영향력이 큼	• 사회적 바람직성 • 반응 경향성 • 문항 내용의 제한성
종류	• 로샤 • TAT • HTP, DAP	• MMPI • TCI • NEO 성격검사

27 비구조적 검사는 상황적 요인의 영향력이 크고, 신뢰도와 타당도가 낮다. [문제 하단의 표 참고]

정답 26 ② 27 ③

28 **다음 중 인지기능검사가 아닌 것은?**

① CBCL 검사
② K-WAIS 검사
③ WISC-III 검사
④ 스탠포드-비네 검사

28 아동 행동 평가척도(CBCL, Child Behavior Checklist)는 아동 및 청소년의 사회 적응 및 정서행동문제 평가에 사용하는 유용한 임상 도구이다.

29 **성격에 대한 설명으로 가장 적절하지 않은 것은?**

① 한 개인을 다른 이와 구별하는 독특한 심리적 특징을 말한다.
② 정서적 특성을 띠며 유전적 요소를 강조한다.
③ 독특성·안전성을 특징으로 하며, 인성의 내용을 포함한다.
④ 시간적·공간적으로 지속적이며 일관된 개인 전체의 특징이다.

29 성격이란 시간적·공간적으로 일관성을 가지면서 한 개인과 타자를 구별하게 하는 독특한 행동과 사고의 성향을 나타낸다. 기질은 성격과 비슷한 개념이나 정서적 특성을 띠며 신경계통이나 내분비 등에 관련된 유전적 요소를 강조한다.

30 **다음 내용에 해당하는 학자는?**

> 성격의 구조를 '원초자, 자아, 초자아'로 나누고, 행동을 이 세 가지의 상호작용으로 보았다.

① 올포트
② 로저스
③ 프로이트
④ 반두라

30 프로이트는 인간의 정신활동에는 의식·전의식·무의식의 존재가 있다고 보고, 정신구조를 원초아·자아·초자아 영역으로 나누어 가정하였다. 인격과 행동은 이러한 영역 사이의 상호관계 또는 갈등에 의해 변화하는 것으로 파악하였다.

정답 28 ① 29 ② 30 ③

31 '생리적 욕구 → 안전에 대한 욕구 → 애정과 소속에 대한 욕구 → 자기 존중 또는 존경의 욕구 → 자아실현의 욕구'의 위계를 갖는다.
[문제 하단의 표 참고]

31 매슬로우의 욕구위계이론에 대한 설명으로 가장 적절하지 않은 것은?

① 인간의 욕구를 다섯 단계로 나눠, 상위 단계일수록 높은 수준의 욕구 추구로 보았다.
② 가장 기초적인 동기는 생리적 욕구로, 인간의 본능적 욕구이자 필수적 욕구이다.
③ 최고 수준의 욕구는 자아실현의 욕구이다.
④ '생리적 욕구 → 애정과 소속에 대한 욕구 → 안전에 대한 욕구 → 자기 존중 또는 존경의 욕구 → 자아실현의 욕구'의 위계를 갖는다.

구분	특징
생리적 욕구 (1단계)	• 의 · 식 · 주, 종족 보존 등 최하위 단계의 욕구 • 인간의 본능적 욕구이자 필수적 욕구
안전에 대한 욕구 (2단계)	• 신체적 · 정신적 위험에 의한 불안과 공포에서 벗어나고자 하는 욕구 • 추위 · 질병 · 위험 등으로부터 자신의 건강과 안전을 지키고자 하는 욕구
애정과 소속에 대한 욕구 (3단계)	• 가정을 이루거나 친구를 사귀는 등 어떤 조직이나 단체에 소속되어 애정을 주고받고자 하는 욕구 • 사회적 욕구로서 사회구성원으로서의 역할 수행에 전제조건이 되는 욕구
자기존중 또는 존경의 욕구 (4단계)	• 소속단체의 구성원으로서 명예나 권력을 누리려는 욕구 • 타인으로부터 자신의 행동이나 인격이 승인을 얻음으로써 '자신감, 명성, 힘, 주위에 대한 통제력 및 영향력'을 느끼고자 하는 욕구
자아실현의 욕구 (5단계)	• 자신의 재능과 잠재력을 발휘하여 자기가 이룰 수 있는 모든 것을 성취하려는 최고 수준의 욕구 • 사회적 · 경제적 지위와 상관없이 어떤 분야에서 최대의 만족감과 행복감을 느끼고자 하는 욕구

정답 31 ④

32 **다음 내용과 가장 관련 깊은 것은?**

> 성격 검사 중 하나로, 제시한 그림을 보고 상상하는 이야기 속의 생각이나 느낌을 통해 성격을 추정하는 방법이다.

① MMPI 검사
② TAT 검사
③ PAI 검사
④ HTP 검사

32 ① MMPI 검사 : 미네소타 다면적 인성검사(Minnesota Multiphasic Personality Inventory)는 성인의 성격과 정신병리의 표준화된 자기보고형 측정도구이다.
③ PAI 검사 : PAI(Personality Assessment Inventory) 검사는 MMPI 검사와 마찬가지로 수검자의 정보 제공을 위한 객관적 자기보고형 측정도구이다.
④ HTP 검사 : House-Tree- Person 그림검사는 집・나무・사람을 그려서 나온 그림을 통해 심리를 알아보는 투사검사이다.

33 **로저스의 적극적 경청에 대한 설명으로 가장 적절한 것은?**

① 내담자를 무조건 긍정적으로 존중하며 내담자의 의견을 비교 판단하여 정리하는 태도
② 내담자가 풍부한 자기표현을 하도록 내담자 의견에 상담자의 의견을 일치시키는 태도
③ 내담자 이야기에 집중하면서 언어적・비언어적 표현에 관심을 기울이는 태도
④ 내담자를 공감적으로 이해하려 가능한 한 내담자 이야기에 끼어드는 태도

33 로저스의 인간중심상담에서는 사람은 스스로 결정하고 해결하며 자기실현경향성을 갖는 존재라고 주장하면서, 상담자의 기본태도로 일치성과 진실성, 공감적 이해와 경청, 무조건적 배려 또는 존중을 강조한다.

34 **다음 증상과 가장 관련 깊은 정신장애는?**

> ○○○는 혼잣말을 하거나 소리치는 행동을 하면서 누군가가 자신을 해치려고 한다고 말하며 싸우는 듯한 몸짓을 하곤 한다. 누군가 자신의 핸드폰에 도청 장치를 하여 감시하고 있어서 안 가지고 다닌다고도 한다.

① 조현병
② 양극성장애
③ 공황장애
④ 강박장애

34 환각과 망상은 조현병(정신분열)의 대표적인 증상으로 다른 심리질환에도 나타난다. 조현병에는 양성증상과 음성증상이 있는데 양성은 보통 사람에게는 없지만 조현병 환자에게 있다는 의미이고, 음성은 보통 사람에게는 있지만 조현병 환자에게 없다는 의미이다.

정답 32 ② 33 ③ 34 ①

35 자폐스펙트럼장애에 대한 설명으로 가장 적절하지 않은 것은?

① DSM-5에서는 소아기 붕괴성 장애, 자폐성 장애, 아스퍼거 장애, 달리 분류되지 않는 광범위성 발달장애를 통합했다.
② 자폐스펙트럼장애는 학령기 아동이 또래와 상호작용에 실패하며 발병하는 질환이다.
③ 대표적인 특징은 '사회적 의사소통의 질적인 결함', '제한된 관심사 및 반복적인 행동'이다.
④ 사회성 발달장애의 대표적인 질환이다.

35 자폐스펙트럼장애는 임신 초기 뇌 발달과정의 이상에 의해 발생한다고 보며, 특히 유전적 원인(유전자 물림보다는 유전자의 비정상적 기능)이 가장 핵심으로 여겨지고 있다.

36 다음 사례에서 실험 참가자들에게 나타난 현상에 해당하는 것은?

> 두 집단에 동일하게 재미없고 단순하며 지루한 과제를 하게 했다. 그리고 실험에 참여한 두 집단에게 과제가 재미있었다고 거짓말을 해달라고 부탁하면서, 거짓말을 한 대가로 A집단에는 30,000원을, B집단에는 1,000원을 주었다. 이후 두 집단에게 실제로 과제가 어땠었는지를 확인한 결과, 보상을 많이 받은 A집단보다 오히려 보상이 적었던 B집단에서 실제로 과제가 재미있었다고 대답을 한 비율이 우세했다. 이 실험에서 A집단의 경우 30,000원을 받고 거짓말할 동기가 충분했기 때문에 이후 재미가 없었다고 말할 수 있었지만, B집단의 경우 1,000원으로 자신의 거짓말을 정당화하기 어렵기 때문에 실제의 지루함 대신 재미있었던 것으로 자신의 감정을 왜곡하게 된 것이다.

① 동조압력
② 자기검열
③ 애쉬의 실험
④ 인지부조화

36 인지부조화는 둘 이상의 태도 또는 행동과 태도 사이에 불일치를 지각하는 심리적 긴장상태이다. 일반적으로 자기합리화라는 일종의 자기방어기제를 통해 인지부조화의 해소를 시도한다.

정답 35 ② 36 ④

37 **다음 내용과 가장 관련 깊은 개념은?**

> 어떤 티셔츠를 살까 고민하는데 옷가게 점원이 드레스셔츠를 추천하였다. 친구도 그 드레스셔츠가 어울린다고 조언하자 티셔츠가 아닌 드레스셔츠를 구입하였다.

① 점화
② 응종
③ 동조
④ 편견

37 동조란 집단의 규범을 준수하기 위해 행동을 변화시키는 것을 말하는데, 정보적 영향 및 규범적 영향과 더불어 사회적 지지는 동조에 영향을 미친다.
① 점화 : 하나의 과제를 수행하는 것이 후속 과제 수행에서 지각이나 행동에 영향을 끼치는 것
② 응종 : 사회적 규범이 아닌, 타인의 직접적인 요청에 응해주는 행위
④ 편견 : 특정 집단의 구성원들에 대한 전반적인 부정적 태도

38 **밀그램의 복종실험에서 권위자에 대한 복종을 감소시키는 경우만을 고른 것은?**

> ㄱ. 피해자의 고통이 심하다고 느낌
> ㄴ. 명령 내용에 대한 도덕적 양심과 견해
> ㄷ. 복종 받는 사람의 익명성 약화
> ㄹ. 피해자와의 거리가 가까워져서 서로 얼굴을 마주 볼 수 있음

① ㄱ, ㄴ
② ㄴ, ㄷ
③ ㄷ, ㄹ
④ ㄱ, ㄹ

38 • ㄱ·ㄴ·ㄹ : 밀그램의 복종실험 결과, 피해자와 거리가 멀수록(소리만 들을 수 있는 옆방), 피해자의 고통을 알면서도 상황과 권위에 복종하고 도덕적이지 못함에도 전기 충격을 가했다. 이를 통해 도덕적 양심과 견해보다는 집단이나 권위자의 의견이 더 강력히 반영된다는 것을 도출했다.
• ㄷ : 복종 받는 사람의 익명성이 강화되면 자기 책임으로부터 자유로워진다는 생각에 의해 권위자의 의견이 더 강력하게 반영된다. 이는 한나 트렌트의 '예루살렘의 아이히만'을 통해 반향을 일으킨 악의 평범성과도 연관이 있다.

정답 37 ③ 38 ③

39 다음 내용에서 괄호 안에 들어갈 말로 가장 적절한 것은?

(　　)은 사건과 행동의 원인을 어디에다 돌릴지 결정하는 과정이다.

① 귀인
② 복종
③ 고정관념
④ 부정적 편향

39 귀인은 타인의 행동에 관한 외부단서라는 간접 정보를 통하여 그 행동의 원인을 추론하는 인지과정이다.
② 복종 : 사회적 압력에 굴하여 자신이 생각하는 바와 다른 방향으로 변용하는 것이다.
③ 고정관념 : 특정 집단이나 대상을 지나치게 단순화 · 획일화함으로써 고착된 개념이나 이미지다.
④ 부정적 편향 : 한 사람을 평가하는 데 있어 긍정적 정보와 부정적 정보를 함께 주면 부정적인 쪽이 전체 인상을 좌우하는 것이다.

40 다음 내용에서 괄호 안에 들어갈 말로 가장 적절한 것은?

(　　)은(는) 집단 구성원들이 하나의 이슈에 집중하여 토의를 거치면 개인의 의사 결정보다 집단 의사 결정이 더 극단화되는 현상을 의미하며, 가령 개인들의 결정 평균이 보수 성향이라면, 그 집단의 결정은 그보다 더 보수적으로 극단화된다는 것이다.

① 몰개인화
② 집단무의식
③ 집단극화
④ 사회적 정체성

40 집단극화가 일어나기 쉬운 상황은 다음과 같다.
• 정보의 영향 : 타인과 토의 과정에서 자기 이외의 시각 및 정보를 접하며 의견이 강화된다.
• 사회적 비교 : 집단 속에서 돋보이려 기존의 생각을 더 강화한다.
• 모험 이행 : 개개인은 신중하나 집단토의를 거치며 대담하고 과격한 결론에 이르는 현상이다.
• 신중적 이행 : 개인의 단독 결정보다 집단토의를 거치면서 더 신중한 결정을 하는 현상이다.

정답 39 ① 40 ③

2023년 기출복원문제

▶ 온라인(www.sdedu.co.kr)을 통해 기출문제 무료 강의를 만나 보세요.

01 두 변수 간 관계의 강도가 가장 강한 것은?

① r= −.80
② r= −.30
③ r= .00
④ r= .70

02 다음 내용에서 밑줄 친 변인이 바르게 짝지어진 것은?

> ㉠ <u>집단미술치료</u>를 통한 ㉡ <u>중년여성의 우울 감소</u>가 ㉢ <u>자아존중감 및 심리적 안녕감</u> 향상에 미치는 효과를 확인하기 위해 30명을 모집하여 각 15명씩 무선할당하였다. 그중 한 집단에 집단미술치료를 실시하였으며, 다른 한 집단에는 무처치하였다.

	㉠	㉡	㉢
①	독립변인	매개변인	종속변인
②	잠재변인	매개변인	독립변인
③	독립변인	조절변인	통제변인
④	종속변인	독립변인	잠재변인

01 상관계수(r)는 두 변수 간의 관련성이 있는 정도를 나타내며, -1에서 +1의 값을 갖는다. 두 변수가 완전히 다르면 0, 동일하면 +1, 반대방향으로 동일하면 -1을 갖는다. 절댓값이 클수록 상관관계가 높다는 것을 의미한다.

02
- 독립변인 : 종속변인에 영향을 주는 변인
- 매개변인 : 독립변인의 영향을 받고, 종속변인에 영향을 주는 변인
- 종속변인 : 독립변인의 영향을 받는 변인
- 통제변인 : 연구에 영향을 주지 않도록 신경 써야 하는 요인
- 조절변인 : 독립변인이 종속변인에 미치는 영향의 강도에 영향을 주는 변인
- 잠재변인 : 직접적으로 관찰되거나 측정이 되지 않는 변수

정답 01 ① 02 ①

03 심리학 연구에서 연구대상이 되는 구성개념이 측정 가능한 형태로 변경될 때 사용하는 것은?

① 조건화
② 이론적 정의
③ 개념적 정의
④ 조작적 정의

03 조작적 정의는 사물 또는 현상을 객관적이고 경험적으로 기술하기 위해 추상적인 개념을 실제 현장에서 측정 가능하도록 관찰 가능한 형태로 정의한 것이다.

04 측정척도의 종류와 그 예시가 연결된 것으로 옳지 <u>않은</u> 것은?

① 명명척도 – 성별, 인종
② 비율척도 – 길이, 체중
③ 등간척도 – 지능지수, 소득
④ 서열척도 – 성적, 스포츠 순위

04 등간척도는 측정대상을 속성에 따라 서열화하는 것뿐 아니라 서열 간의 간격이 동일하도록 수치를 부여하는 측정척도로, 절대 영점이 존재하지 않는다. 소득은 비율척도이며 '0'의 실제적 의미를 가지고 있으므로 모든 산술적 조작이 가능하다.

05 다음 내용에 해당하는 뇌의 부위는?

> 삼식이의 아버지는 술을 과하게 마신 다음 날, 술 마신 이후의 일을 기억하지 못하고 어떻게 귀가했는지 기억하지 못한다.

① 해마
② 편도체
③ 뇌량
④ 시상하부

05 기억이 만들어지는 과정에서 해마는 뇌에 전달된 감각정보를 단기간 저장하고 있다가, 장기기억으로 진행하는 것을 도와주는 역할을 한다. 해마는 기억과 학습을 관장한다.

정답 03 ④ 04 ③ 05 ①

06 다음 내용에 해당하는 뇌의 부위는?

> 자세와 균형을 유지하고, 여러 근육이 효과적으로 협응하도록 통제하는 기능을 하며, 운동행위를 정교한 피드백 시스템을 통해 획득하여 기억하는 역할을 수행한다.

① 연수
② 변연계
③ 소뇌
④ 시상하부

06 소뇌는 피아노를 치거나 골프공을 쳐내는 것과 같은 새로운 운동기술을 익힐 때 절대적으로 필요하다. 소뇌가 손상을 입으면 근육 간 협동운동이 잘 이뤄지지 않고, 정확한 움직임을 하기 어렵다.

07 다음 내용에 해당하는 것은?

> 화재가 나는 등 위급한 상황에 활성화되어 빠르고 강하게 신체가 적응할 수 있도록 돕고, 동공을 확장시키며 심장박동과 호흡을 증가시키는 등의 활동으로 인체 내 항상성 조절에 기여한다.

① 체성신경계
② 중추신경계
③ 교감신경계
④ 부교감신경계

07 교감신경계는 자율신경계의 일부로 그 반응은 불수의적이다. 자율신경계는 하나의 기관에 대해 교감신경과 부교감신경에 의한 이중지배 구조를 가지며, 심장박동・호흡・혈압・땀・피부・온도 등 신체의 항상성 조절을 위해 활성화되거나(교감신경계), 혹은 억제된다(부교감신경계).

정답 06 ③ 07 ③

08 다음 내용에 해당하는 것은?

> 영아가 양육자와 분리되거나 낯선 상황에서도 양육자를 찾지 않으며, 양육자가 돌아와 친밀감을 표현해도 무시하며 다가가지 않는다. 이 유형의 아이들은 양육자가 적절한 반응을 해 주지 않을 것으로 기대하며, 양육자의 존재 유무에 영향을 받지 않는다.

① 안정애착
② 불안정-저항애착
③ 불안정-혼란애착
④ 불안정-회피애착

08 애착유형은 친밀감을 회피하려는 정도와 불안감의 정도에 따라 크게 4가지 유형으로 나뉜다. 친밀감을 나누길 좋아하고 관계 불안도가 낮으면 안정형, 친밀감을 갈망하지만 관계 불안도가 높으면 저항형, 친밀감에 대한 회피도가 높고 관계 불안도는 낮다면 회피형, 친밀감을 불편해하면서 이와 동시에 관계 불안도가 높으면 혼란형이다.

09 발달연구방법에 대한 설명으로 가장 옳은 것은?

① 횡단연구는 동시대에 속한 다른 연령집단을 연구하는 방법으로, 발달상 유의미한 개인차를 파악하기 쉽다.
② 종단연구는 장기간에 걸쳐 한 개인의 정체성 및 변화를 세밀하게 연구하는 방법으로, 같은 특성을 반복적으로 측정함으로써 피험자들이 검사에 숙달되어 연습의 효과가 야기될 수 있다는 문제점이 있다.
③ 횡단연구는 주로 초기 경험과 후기 행동 간의 인과관계, 어떤 발달상의 변화를 가져오는 결정요소를 고찰하고자 할 때 사용하는 연구방법이다.
④ 종단연구는 관찰대상이 대표하는 행동발달이나 변화의 대략적인 양상을 파악할 때 사용하는 연구방법이다.

09 횡단연구는 특정시점에서 집단 간의 차이를 연구하는 방법으로, 다른 특성을 가지고 있는 집단들의 행동발달이나 변화의 양상 차이를 측정하는 연구이며, 연구대상의 수가 많아 개인차를 파악하기 쉽지 않다는 단점이 있다.
종단연구는 어떤 연구대상이 시점별로 어떻게 변화하는가에 대한 동태적 변화와 발전과정 및 퇴행과정의 지속적 연구로, 노력과 경비가 많이 소요되며, 연구대상의 선정 및 관리가 쉽지 않다는 단점이 있다.

정답 08 ④ 09 ②

10 피아제의 발달단계 중 다음 설명에 해당하는 단계는?

> 대상의 특성과 사물의 속성을 탐색하는 단계로 눈앞에 없는 사물을 정신적으로 그려낼 수 있다. 예를 들어, 가방에 책이 있다는 것을 눈으로 보지 않아도 가방 속에 책이 있다는 것을 알 수 있다.

① 전조작기
② 구체적 조작기
③ 감각운동기
④ 형식적 조작기

10 대상영속성이란 대상이 사라지더라도 다른 장소에 계속해서 존재한다고 인식한다는 개념이다. 감각운동기는 출생부터 2세에 해당하며, 이 시기 영아는 대상영속성을 이해하기 시작한다.

11 에릭슨의 심리사회적 발달단계 중 학령기의 위기로 볼 수 있는 것은?

① 자율성 대 수치심
② 근면성 대 열등감
③ 자아정체감 대 죄책감
④ 신뢰감 대 불신감

시기	심리사회적 위기	덕목
유아기	신뢰감 대 불신감	희망
초기 아동기	자율성 대 수치심	의지
학령전기	주도성 대 죄책감	목적
학령기	근면성 대 열등감	유능감
청소년기	자아정체감 대 정체감 혼란	성실성
청년기	친밀감 대 고립감	사랑
중년기	생산성 대 침체감	배려
노년기	자아통합 대 절망감	지혜

11 에릭슨은 인간의 성격발달이 전 생애에 걸쳐 일어나며 점성원칙에 따라 단계별로 발달됨을 심리사회적 발달이론으로 전개하였으며, 각 단계는 전 단계의 위기를 잘 극복해 내었을 때 이룰 수 있다고 보았다.
[문제 하단의 표 참고]

정답 10 ③ 11 ②

12 매슬로우는 인간의 욕구를 다섯 단계로 나누어 구성하여, 하위단계에서부터 상위단계로 충족될수록 높은 수준의 욕구를 추구한다고 보았다. [문제 하단의 표 참고]

12 매슬로우의 욕구위계이론 중 가장 기초적인 동기는?

① 안전에 대한 욕구
② 생리적 욕구
③ 애정과 소속에 대한 욕구
④ 자아실현의 욕구

구분	특징
생리적 욕구 (1단계)	• 의 · 식 · 주, 종족 보존 등 최하위 단계의 욕구 • 인간의 본능적 욕구이자 필수적 욕구
안전에 대한 욕구 (2단계)	• 신체적 · 정신적 위험에 의한 불안과 공포에서 벗어나고자 하는 욕구 • 추위 · 질병 · 위험 등으로부터 자신의 건강과 안전을 지키고자 하는 욕구
애정과 소속에 대한 욕구 (3단계)	• 가정을 이루거나 친구를 사귀는 등 어떤 조직이나 단체에 소속되어 애정을 주고받고자 하는 욕구 • 사회적 욕구로서 사회구성원으로서의 역할 수행에 전제조건이 되는 욕구
자기존중 또는 존경의 욕구 (4단계)	• 소속단체의 구성원으로서 명예나 권력을 누리려는 욕구 • 타인으로부터 자신의 행동이나 인격이 승인을 얻음으로써 '자신감, 명성, 힘, 주위에 대한 통제력 및 영향력'을 느끼고자 하는 욕구
자아실현의 욕구 (5단계)	• 자신의 재능과 잠재력을 발휘하여 자기가 이룰 수 있는 모든 것을 성취하려는 최고 수준의 욕구 • 사회적 · 경제적 지위와 상관없이 어떤 분야에서 최대의 만족감과 행복감을 느끼고자 하는 욕구

정답 12 ②

13 각성이론에 대한 설명으로 옳은 것은?

① 각성이론은 각성의 정도에 따라 행동이 변하지 않는 것을 전제로 한다.
② 각성이 극단적으로 또렷할 때 효율적으로 반응한다.
③ 수행의 효율성이 최고가 되는 각성의 적정수준은 존재하지 않는다.
④ 수행의 효율성은 각성의 중간 수준에서 최대가 된다.

13 각성이론은 우리가 각성될수록 행동이 변화할 것이라고 가정한다. 각성이 변화할 때 수행의 효율성이 증가하는 결과가 나오며, 각성이 극단적으로 변하면 효율적으로 반응하기 어려워진다. 'Yerkes-Dodson Law'(여키스-도슨 법칙)에 따르면 적절한 각성수준에서 과제 수행이 제일 좋고, 각성수준이 너무 높거나 낮을 때는 과제 수행이 저하된다. 이것을 '역전 U 함수'라고도 한다.

14 에크만의 6대 기본 정서가 아닌 것은?

① 혐오
② 공포
③ 수치
④ 놀람

14 에크만(Ekman)은 문화권이 다른 사람들의 얼굴표정에 담긴 정서 연구를 통해 '분노, 혐오, 공포, 행복, 놀람, 슬픔'의 6가지 기본 정서와 얼굴표정을 제시했다.

15 개별 정서와 그 기능이 옳게 연결되지 않은 것은?

① 공포 - 보호
② 수치 - 사회화
③ 혐오 - 탐색
④ 기쁨 - 번식, 유대

15 정서는 유기체가 자신에게 주어진 환경에 주의를 기울여 정서를 일으킨 대상을 인식하고 적절한 대응행동을 하도록 한다. 혐오는 상한 것으로부터 유기체를 밀어내는 역할을 한다.

정답 13 ④ 14 ③ 15 ③

16 제임스-랑게 이론에서의 정서에 대한 설명으로 옳은 것은?

① 자극이 자율신경계의 활동과 정서경험을 동시에 일으킨다고 주장하였다.
② 정서란 생리적 반응과 원인의 인지작용 사이의 상호작용임을 주장하였다.
③ 환경에 대한 신체반응이 정서체험의 원인이 된다고 주장하였다.
④ 정서란 생리적 반응의 지각 자체가 아닌 그 원인을 설명하기 위한 인지해석임을 강조하였다.

16 제임스-랑게(James-Lange) 이론은 '외부자극 → 생리적 변화 → 정서체험'을 주장하며, 신경생리학적 변화가 정서를 촉발한다고 주장했다.
① 캐논-바드(Cannon-Bard) 이론에 대한 설명으로, 정서의 중추신경계의 역할을 중시하였으며, 자극이 대뇌피질에 전달되어 정서경험을 일으키고 동시에 생리적 변화를 일으킨다고 주장했다.
②·④ 샤흐터(Schachter)의 정서 2요인설에 대한 설명으로, 같은 생리적 반응이라도 상황과 환경에 따라 인지가 달라질 수 있다는 점을 주장하였다.

17 자극을 탐지하는 데에 필요한 최소한의 자극강도를 무엇이라 하는가?

① 절대역
② 역하자극
③ 신호자극
④ 최소식별차이

17 ② 역하자극은 절대역 이하의 자극을 말한다.
③ 신호자극은 동물의 본능이나 행동을 일으키는 자극을 말한다.
④ 최소식별차이는 두 자극이 다르다는 것을 탐지하는 데 필요한 최소한의 차이를 말한다.

18 다음 그림을 지각할 때 사용되는 원리는?

① 연결성
② 유사성
③ 폐쇄성
④ 전경과 배경

18 게슈탈트란 개인의 전체성 혹은 총체적인 존재를 의미하는 것으로, 대상을 지각할 때 부분들의 집합이 아닌 부분과 부분을 하나의 의미 있는 전체로 파악하는 것이다. 우리가 어떤 대상을 지각할 때, 관심 있는 부분은 중심에 오르고 나머지는 배경으로 물러난다. 즉, 제시된 그림에서 검은 부분에 관심을 두면 물 잔이 보이고, 흰 부분에 관심을 두면 두 사람의 옆모습이 보인다.

정답 16 ③ 17 ① 18 ④

19 다음 내용에 해당하는 것은?

> 상황에 따른 대상의 변화에도 불구하고 속성이 변하지 않고 일관성 있게 인식하도록 도와주는 것을 뜻한다.

① 깊이지각
② 착시
③ 항등성
④ 원근법

19 지각 항등성이란 자극조건이 변하더라도 대상의 크기・모양・색채 따위의 속성을 일정한 것으로 지각하는 현상으로, '모양 항등성, 크기 항등성, 밝기 항등성, 색채 항등성' 등이 있다.

20 고전적 조건 형성과 조작적 조건 형성을 비교한 것으로 옳지 않은 것은?

① 고전적 조건 형성은 자극이 반응 앞에 온다.
② 조작적 조건 형성은 특수 반응을 일으키는 특수 자극이 없다.
③ 고전적 조건 형성은 한 자극이 다른 자극을 대치한다.
④ 조작적 조건 형성은 정서적・부수적 행동이 학습된다.

»»

구분	고전적 조건 형성	조작적 조건 형성
자극-반응 계열	자극이 반응의 앞에 온다.	반응이 효과나 보상 앞에 온다.
자극의 역할	반응은 추출된다.	반응은 방출된다.
자극의 자명성	특수 반응은 특수 자극을 일으킨다.	특수 반응을 일으키는 특수 자극이 없다.
조건 형성과 과정	한 자극이 다른 자극을 대치한다.	자극의 대치는 일어나지 않는다.
내용	정서적・부수적 행동이 학습된다.	목적 지향적・의도적 행동이 학습된다.

20 [문제 하단의 표 참고]

정답 19 ③ 20 ④

21 강화계획 중 학습된 행동의 소거가 가장 어려운 것은?

① 고정비율계획
② 변동비율계획
③ 고정간격계획
④ 변동간격계획

»»

<table>
<tr><td>계속적 강화</td><td colspan="2">• 반응의 빠른 학습이 이루어진다.
• 지속성이 거의 없으며, 반응이 빨리 사라진다.</td></tr>
<tr><td rowspan="4">간헐적 강화</td><td>고정간격계획</td><td>지속성이 거의 없으며, 강화시간이 다가오면서 반응률이 증가하는 반면 강화 후 떨어진다.
예 주급, 월급</td></tr>
<tr><td>변동간격계획</td><td>느리고 완만한 반응률을 보이며, 강화 후에도 거의 쉬지 않는다.
예 평균 5분인 경우 2분, 7분, 15분 정도에 강화를 줌</td></tr>
<tr><td>고정비율계획</td><td>빠른 반응률을 보이지만, 지속성이 약하다.
예 옷 공장에서 옷 100벌을 만들 때마다 1인당 100만 원의 성과급을 지급함</td></tr>
<tr><td>변동비율계획</td><td>반응률이 높게 유지되며, 지속성도 높다.
예 자동도박기계</td></tr>
</table>

21 강화계획은 반응이 있을 때마다 강화하는 계속적 강화와 간격을 두고 행하는 간헐적 강화로 나뉘며, 그중 변동비율계획은 정해진 수의 조작반응에 강화를 주지 않기 때문에 한번 강화되면 소거가 어렵다.
[문제 하단의 표 참고]

정답 21 ②

22 **다음 사례에 해당하는 학습은?**

> 3~6세 어린이 72명을 성별과 폭력성 수준에 따라 세 그룹으로 나누었다. 첫 번째 그룹은 성인이 보보인형을 때리고 욕하고 가지고 놀며 폭력적인 행동을 보여주는 비디오를 보았다. 두 번째 그룹은 성인이 보보인형과 친절하게 대화하고 가지고 놀며 비폭력적인 행동을 보여주는 비디오를 보았다. 세 번째 그룹은 성인과 보보인형의 상호작용을 보여주지 않는 비디오를 보았다. 비디오를 본 후, 어린이들은 다른 방으로 이동하여 다양한 장난감과 함께 보보인형을 만났다. 연구자들은 어린이들이 비디오로 본 내용을 어떻게 표현하는지 확인하였다.

① 관찰학습
② 통찰학습
③ 혐오학습
④ 잠재학습

22 반두라는 보보인형실험을 통해 관찰학습은 직접적 보상이나 징벌을 받지 않더라도 다른 사람의 행동을 관찰하는 것만으로 모델링이 되어 새로운 행동이 학습되므로 모방이 가능함을 검증하였다.

23 **다음 설명에 해당하는 것은?**

> 단기기억에 있어 매우 중요한 역할을 하는 인지과정으로, 기억대상인 자극이나 정보를 서로 의미 있게 연결하거나, 분리된 항목을 보다 큰 묶음으로 조합하여 기억의 효율성을 도모하는 방법이다.

① 파지
② 대치
③ 전이
④ 청킹

23 청킹(Chunking)은 단기기억을 머릿속에 저장하는 효율적인 학습방법으로, 단기기억의 한계 용량은 7±2이다.

정답 22 ① 23 ④

24 다음 설명에 해당하는 이론은?

기억의 유지 및 복구와 관련된 실질적 요인은 기억의 작동 방식을 설명하며, '학습, 연관성, 의미, 인지적 유사성, 시간' 등과 관련을 갖는다. 기억의 전이와 관련되며, 운동과제 및 환경특성을 요인으로 한다.

① 파지이론
② 간섭이론
③ 쇠잔이론
④ 망각이론

24 파지이론은 행동을 상징적인 형태로 기억하는 방식으로, 기억의 유지 및 복구와 관련된다.
② 간섭이론에 따르면, 경험되는 학습의 변화에 따라 기억하게 되는 내용이 서로 영향을 받는다.
③ 쇠잔이론에 따르면, 장기기억에 저장되었지만 기억흔적이 약해지거나 사라져서 인출이 안 된다.
④ 망각이론에 따르면, 경험하고 학습한 것을 상기하거나 재생하는 능력이 일시적 또는 영속적으로 감퇴하거나 상실된다.

25 다음 설명에 해당하는 기억은?

지각-운동 과제를 통한 내잠 학습의 효과적 지각-운동성 기술의 발달은 훈련을 통하여 시간이 경과하면서 이루어진다(Seger, 1994). 운동학습과정에 있어 이러한 내잠적 기억을 통해 습득한 운동기술은 좀 더 자동적이고, 습관화된 동작과 관련이 있다.

① 서술기억
② 절차기억
③ 일화기억
④ 의미기억

25 절차기억은 스포츠, 악기 연주, 기술 등 직접 체득한 기억을 말하며, 반복하고 연습하여 익힐 수 있으며, 언어로 표현할 수 없는 비언어적인 기억이다.
① 서술기억(선언적 기억)은 의식적으로 회상이 가능한 경험과 지식에 대한 기억으로, 언어로 나타낼 수 있다.
③ 일화기억은 개인의 추억이나 사건 등에 대한 자전적 기억으로, 이미지의 형태로 부호화된다.
④ 의미기억은 사실적 정보에 대한 기억으로, '내용, 지식, 학습한 사실이나 개념·법칙' 등에 대한 장기기억에 해당하며, 기억 속에 명제로서 표상된다.

정답 24 ① 25 ②

26 언어의 구성요소 중 언어에 의미가 나타나기 시작하는 가장 작은 단위는?

① 구
② 음소
③ 통사
④ 형태소

26 형태소는 음절들이 조합되어 언어에 의미가 나타나기 시작하는 단위이다.
① 구는 둘 또는 그 이상의 어절이 어울려 하나의 단어 기능을 한다.
② 음소는 말소리의 가장 작은 단위로, 자음과 모음으로 구성된다.
③ 통사는 문법 범주를 파악하고, 파악된 범주의 단어를 분석한다.

27 월러스의 창조적인 문제해결 4단계의 순서로 옳은 것은?

① 준비단계 - 보존단계 - 조명단계 - 검증단계
② 보존단계 - 준비단계 - 조명단계 - 검증단계
③ 검증단계 - 준비단계 - 조명단계 - 보존단계
④ 보존단계 - 조명단계 - 준비단계 - 검증단계

27 준비단계(현재 곤란을 겪고 있는 곤란의 상태 즉, 문제 만들기) - 보존단계(문제를 잠시 잊기, 부화단계라고도 함) - 조명단계(떠오르는 것 기록하기) - 검증단계(꼼꼼하게 점검하기)

정답 26 ④ 27 ①

28 ① 비구조적 성격검사는 투사적 검사로서, 검사자의 주관적 개입의 영향이 크다.
③ 비구조적 성격검사에 대한 설명에 해당한다.
④ 비구조적 검사는 신뢰도와 타당도가 낮다.
[문제 하단의 표 참고]

정답 28 ②

28 성격검사에 대한 설명으로 옳은 것은?

① 비구조적 성격검사는 수검자들이 자신의 사고・감정・행동에 대해 묻는 질문에 대해 보고하는 것으로, 평가자의 주관적 반응의 개입될 여지가 없다.

② 구조적 성격검사는 자기보고식 성격검사로, 'NEO 성격검사, TCI, MBTI, MMPI' 등이 있다.

③ 수검자의 글, 그림, 이야기 속에 수검자의 성격이 투사되어 있다고 가정하고 구조적으로 분석하는 것이 구조적 성격검사이다.

④ 비구조적 검사는 신뢰도와 타당도가 높고, 수검자의 반응의 독특성이 잘 나타나며, 반응이 풍부한 것이 장점이다.

구분	투사적 검사(비구조적 검사)	객관적 검사(구조적 검사)
장점	• 반응의 독특성 • 방어의 어려움 • 반응의 풍부함	• 검사 실시의 간편성 • 검사의 높은 신뢰도와 타당도
단점	• 검사의 신뢰도와 타당도가 부족 • 상황적 요인의 영향력이 큼	• 사회적 바람직성 • 반응경향성 • 문항내용의 제한성
종류	• 로샤 • TAT • HTP, DAP	• MMPI • TCI • NEO 성격검사

29 다음 내용에 해당하는 지능은?

> 스턴버그의 삼원지능이론에서 새로운 상황이나 과제에 대처하는 능력과 정보처리의 자동화 능력을 포함하는 창의적인 능력을 말한다.

① 요소적 지능
② 경험적 지능
③ 맥락적 지능
④ 결정적 지능

30 다음 내용과 가장 관련 깊은 학자는?

> 지능의 본질을 규명하기 위해 요인분석을 사용하여, 지능이 모든 개인이 공통적으로 가지고 있는 일반요인과 언어나 숫자 등 특정한 영역에 대한 능력으로서의 특수요인으로 구성된다고 보는 2요인설을 주장하였다.

① 터먼
② 손다이크
③ 서스톤
④ 스피어만

29 스턴버그는 지능을 개인의 내부세계와 외부세계에서 비롯되는 경험의 측면에서 '성분적 지능, 경험적 지능, 상황적 지능'으로 구분하였다. 성분적 지능은 논리적인 문제 해결에 적용하는 분석적 능력이며, 경험적 지능은 직관력과 통찰력을 포함하는 창의적인 능력이며, 상황적 지능은 환경과의 조화를 이루는 실용적 능력으로 실제적 능력을 말한다.

30 ① 터먼은 지능을 다양한 문제를 해결하기 위해 추상적 상징을 사용하는 능력이라고 했다.
② 손다이크는 '기계적 지능, 사회적 지능, 추상적 지능'의 세 가지 요인으로 구분하였다.
③ 서스톤은 요인분석을 적용하여 기본정신능력의 요인을 7가지로 보았다.

정답 29 ② 30 ④

31 다음 중 심리점수의 일관성과 가장 관련 깊은 것은?

① 적절도
② 타당도
③ 신뢰도
④ 효과도

31 신뢰도는 동일한 대상에게 같거나 유사한 측정도구를 사용하여 반복적으로 측정할 경우 동일하거나 비슷한 결과를 얻을 수 있는 정도이다.

32 다음 중 프로이트가 제시한 초자아를 형성하는 두 가지 과정은?

ㄱ. 자아 이상
ㄴ. 양심
ㄷ. 사회적 규범
ㄹ. 윤리체계

① ㄱ, ㄴ
② ㄴ, ㄷ
③ ㄱ, ㄷ
④ ㄴ, ㄹ

32 초자아는 양심과 자아 이상이라는 두 가지 하위체계를 가진다. 양심은 잘못된 행동에 대해 처벌이나 비난을 받는 경험에서 생기는 죄책감이며, 자아 이상은 옳은 행동에 대해 긍정적인 보상을 받는 경험을 통해 형성된다.

33 투사검사에 대한 내용으로 옳지 않은 것은?

① 개인의 심리특성을 다양하고 깊이 있게 파악하기 위한 비구조적 검사이다.
② 무엇을 측정하려고 하는지 알기 어려워 피검자의 방어가 어렵다.
③ 의식화되지 않던 사고나 감정이 자극됨으로써 무의식적인 심리특성이 나타날 수 있다.
④ 신뢰도와 타당도가 높다.

33 투사검사는 신뢰도와 타당도를 객관적으로 검증하기 어렵다는 단점이 있다.

정답 31 ③ 32 ① 33 ④

34 이상행동의 판별기준과 가장 거리가 먼 것은?

① 개인이 주관적으로 경험하는 고통과 불편감
② 어디서나 동일한 문화적 규범
③ 개인의 적응을 저해하는 심리적 손상
④ 심리적 특성이 평균에서 벗어난 일탈 상태

34 문화적 규범은 시대에 따라 변화하며, 문화에 따라 다르다.

35 로저스의 인간중심치료 원칙이 아닌 것은?

① 자각
② 진실성
③ 공감적 이해
④ 무조건적인 긍정적 존중

35 로저스는 '공감적 이해, 무조건적인 긍정적 관심(존중), 일치성과 진실성'을 치료를 위한 필요충분조건이라고 했다.

36 이상행동에 대한 접근법에서 개인 특성과 환경의 상호작용을 강조하는 것은?

① 인지적 접근
② 실존주의적 접근
③ 인간중심적 접근
④ 소질-스트레스 모형 접근

36 ① 인지적 접근은 이상행동이 인지적인 정보처리과정의 오류에 의해 발생한다고 본다.
② 실존주의적 접근은 인간을 '세계를 지각하고 자신이 보고 듣고 느끼는 사실을 통합하여 의미를 부여하는 존재'로 보고, 갈등과 선택의 과정을 통해 야기되는 불안과 좌절을 직면하면서 성장한다고 본다.
③ 인간중심적 접근은 개인의 긍정적인 성장을 방해하는 환경적 요인이 개인에게 동화되지 못하거나 불협화음을 발생시킬 때 갈등과 부적응의 문제가 된다고 본다.

정답 34 ② 35 ① 36 ④

37 조현병의 양성증상이 아닌 것은?

① 환각
② 무쾌감증
③ 망상
④ 와해된 행동

37 조현병에는 양성증상과 음성증상이 있다. 양성은 보통 사람에게 없지만 조현병 환자에게는 있다는 의미이고, 음성은 보통 사람에게 있지만 조현병 환자에게는 없다는 의미이다. ①·③·④는 조현병의 양성증상이며, '무쾌감증, 무의욕증'은 조현병의 음성증상이다.

38 다음 사례에 해당하는 이론은?

> 건강이 나빠져 금연해야겠다고 다짐하지만 금단 증상을 이기지 못하고 다시 흡연을 하며, '역시 스트레스 해소에는 이만한 게 없어.' 하고 생각하며 흡연에 대한 피해를 부정하고자 하는 것

① 귀인
② 사회적 촉진
③ 호손효과
④ 인지부조화이론

38 인지부조화란 둘 이상의 태도 사이에 또는 행동과 태도 사이에 개인적으로 불일치하는 점을 지각하는 것을 말한다. 사람이 불일치하는 상태에 대해 느끼는 경우 불일치의 간격을 최소화하려고 노력한다. 인지부조화를 해결하려는 상황을 보통 자기합리화라고 하는데 일종의 자기방어기제이다.

① 귀인은 자신과 타인의 행동이나 사건의 원인을 설명하는 방식을 말한다.
② 사회적 촉진은 혼자 있을 때보다 타인이 존재할 때 어떤 일을 더 잘 또는 더 못 수행하는 경향을 말한다.
③ 호손효과는 다른 사람이 보고 있을 때 행동을 변화시키는 현상을 말한다.

정답 37 ② 38 ④

39 다음 사례에서 A의 행동은 무엇인가?

> 퀴즈에 참가한 A씨는 다른 6명의 참가자가 모두 동일한 오답을 말하며 자신이 정답이라고 확신했던 답과 다른 답을 하였을 때, 그것이 오답임을 알고 있음에도 불구하고 다른 참가자들이 모두 말한 오답을 따라 말했다.

① 동조
② 사회적 태만
③ 사회적 촉진
④ 권위에 복종

39 동조는 다수의 의견이 어느 한 방향으로만 쏠리는 현상으로, 타인이나 집단의 기준, 가치관, 기대에 순응하여 행동하는 것을 가리킨다.
② 사회적 태만은 팀원이 있을 때 즉, 그룹 환경에서 더 적은 노력을 기울이는 현상을 말한다.
③ 사회적 촉진은 혼자 있을 때보다 타인이 존재할 때 어떤 일을 더 잘 또는 더 못 수행하는 경향을 말한다.
④ 권위에 복종은 권위자의 명령에 따라 행동을 취하는 현상을 말한다.

40 다음 예시와 가장 관련 깊은 것은?

> • 내가 운이 나빠서 이번 시험에서 떨어진 거야.
> • 나쁘게 응대하는 저 종업원은 성격이 안 좋을 거야.
> • 직원들이 충분히 열심히 일하지 않아서 매출이 부진한 거야.

① 확증편향
② 기본 귀인 오류
③ 고정관념
④ 피그말리온 효과

40 기본 귀인 오류는 타인의 행동을 해석할 때 상황 요인보다 행위자의 내적 기질과 성향 등 성격 특성에 초점을 맞추는 경향을 말한다.
① 확증편향은 자신의 견해 또는 주장에 도움이 되는 정보만 선택적으로 취하고, 자신이 믿고 싶지 않은 정보는 의도적으로 외면하는 성향을 뜻한다.
③ 고정관념은 사람들의 행동을 결정하는, 잘 변하지 않는 굳은 생각 또는 지나치게 일반화되고 고착된 사고방식을 말한다.
④ 피그말리온 효과는 긍정적인 기대에 부응하여 좋은 성과를 내는 것을 말한다.

정답 39 ① 40 ②

2022년 기출복원문제

▶ 온라인(www.sdedu.co.kr)을 통해 기출문제 무료 강의를 만나 보세요.

01 다음 설명에서 괄호 안에 들어갈 용어가 알맞게 짝지어진 것은?

- (㉠)은 일정하게 전제된 원인을 가져다주는 기능을 하는 변인이다.
- (㉡)은 독립변인의 효과를 말하는 것으로 독립변인 조작의 영향을 받는다.

	㉠	㉡
①	가외변인	종속변인
②	종속변인	독립변인
③	독립변인	가외변인
④	독립변인	종속변인

01 독립변인은 연구자가 직접 통제하거나 조작하는 변인으로 자신의 의도에 따라 변할 수 있다. 종속변인은 독립변인의 영향을 받아 일정하게 전제된 결과를 나타내는 기능을 하는 변인이다.

02 다음 중 강화계획에 대한 예시로 옳지 않은 것은?

① A는 경마장에서 게임을 즐긴다.
② A는 아침에 일찍 출근할 때마다 따뜻한 커피를 무료로 받는다.
③ A는 단골 카페에서 쿠폰을 모아 사용한다.
④ A는 날마다 지하철을 타고 출근한다.

02 행동을 통제하기 위해 어떤 반응을 어떻게 강화할 것인가에 대한 계획이 강화계획이다. 강화계획의 종류에는 고정간격계획, 변동간격계획(②), 고정비율계획(③), 변동비율계획(①)이 있다.

정답 01 ④ 02 ④

03 다음 중 척도에 관한 설명으로 옳지 않은 것은?

① 측정대상의 속성과 일대일 대응의 관계를 맺으면서 대상의 속성을 질적 표현으로 전환한다.
② 일종의 측정도구로서 일정한 규칙을 따라 특정대상에 적용할 수 있도록 만들어진 체계화된 기호 혹은 숫자를 뜻한다.
③ 특정대상의 속성을 객관화하여 대상 간 비교를 정확하게 할 수 있도록 하기 위한 것이다.
④ 척도의 종류로는 명목척도, 서열척도, 등간척도, 비율척도가 있다.

03 척도는 특정대상의 속성을 양적으로 전환하여 측정대상들 간의 관계 비교를 정확하게 할 수 있게 한다.

04 다음 설명에 해당하는 신경전달물질은?

- 신경전달물질의 하나로 감정, 수면 등의 조절에 관여한다.
- 행복을 느끼게 하고 우울 · 불안을 줄이는 데 기여한다.

① 세로토닌
② 도파민
③ 노르에피네프린
④ 글루타메이트

04 ② 도파민은 쾌락의 정열적 움직임, 성욕 및 식욕을 담당한다.
③ 노르에피네프린은 경계수준과 각성상태 조절을 담당한다.
④ 글루타메이트는 뇌와 척수에서 주요한 흥분성 신경물질이다.

05 피아제 발달이론에 대한 설명으로 옳지 않은 것은?

① 피아제는 인지를 유기체가 환경에 생물학적으로 적응하는 한 형태로 보았다.
② 적응과정은 동화와 조절의 두 가지 하위과정으로 나뉜다.
③ 구체적 조작기에 나타나는 논리적 사고의 가장 큰 특징은 불가역적 개념이다.
④ 발달단계를 '감각운동기－전조작기－구체적 조작기－형식적 조작기'로 나누었다.

05 구체적 조작기에 나타나는 가장 큰 특징은 가역성 개념이며 이러한 논리로 인하여 보존개념, 유목화, 서열화가 가능하다.

정답 03 ① 04 ① 05 ③

06 다음 설명에 해당하는 것은?

- 두 자극이 다르다는 것을 탐지할 확률이 0.5가 되는 최소 차이값을 말한다.
- 자극의 강도가 클수록 증가한다.

① 절대역치
② 감각순응
③ 차이역치
④ 역치하

06 특정 자극을 50%의 시행에서 탐지하는 데 필요한 최소 자극을 절대역치라고 하며, 의식적 자각을 위한 절대 역치 이하 수준을 역치하라고 한다.

07 에릭슨의 이론에서 심리사회적 위기와 이를 성공적으로 해결하여 얻게 되는 심리사회적 능력을 올바르게 연결한 것은?

① 근면성 대 열등감 – 능력
② 생산성 대 침체감 – 목적의식
③ 자아통합 대 절망감 – 배려
④ 주도성 대 죄책감 – 의지

07 에릭슨의 심리사회적 발달단계는 다음과 같다.
[문제 하단의 표 참고]

시기	적응 대 부적응	덕목
유아기	신뢰감 대 불신감	희망
초기 아동기	자율성 대 수치심	의지
학령전기	주도성 대 죄책감	목적
학령기	근면성 대 열등감	능력
청소년기	자아정체감 대 정체감 혼란	성실
청년기	친밀감 대 고립감	사랑
중년기	생산성 대 침체감	배려
노년기	자아통합 대 절망감	지혜

정답 06 ③ 07 ①

08 다음 설명에서 밑줄 친 부분에 해당하는 것은?

> 정서와 관련되어 있는 이곳은 변연계의 한 구조에 속하며 콩알 크기의 두 신경군집으로 이루어져 있다.

① 해마
② 편도체
③ 시상
④ 시상하부

08 변연계는 뇌간과 대뇌반구 사이에 있는 도넛 모양의 신경구조로 공포와 공격성과 같은 정서, 배고픔, 성 등의 추동과 관련되어 있다. 해마, 편도체, 시상하부가 이에 포함되며, 이 중에서 편도체는 정서를 담당하고 해마는 의식적 기억을 담당한다.

09 언어발달에 대한 이론과 관련된 학자와 그 설명으로 옳은 것은?

① 촘스키 : 언어는 순차적 학습의 결과로 습득된다.
② 스키너 : 언어발달의 결정적 시기가 있음을 강조했다.
③ 비고츠키 : 아동에 대해 어느 정도의 생득적 경향을 인정하였으며 사회적 접촉이나 상호작용의 필요성을 인정하여 언어발달의 사회작용을 크게 부각시켰다.
④ 스키너 : 아동은 생득적 언어획득 장치를 가지고 외부언어 자극을 분석하는 인지적 능력이 있다고 주장했다.

09 언어발달이론에 있어 촘스키는 생득론, 스키너는 극단적인 행동주의 입장에서 언어를 취급하였다.

10 동기의 유형에 대한 설명으로 옳지 않은 것은?

① 내재적 동기란 어떤 행동을 하는 그 자체가 목표이기 때문에 행동이 유발되는 동기이다.
② 내재적 동기는 강화가 주어졌을 때 작동하는 동기로 지속력이 강하다.
③ 외재적 동기는 행동 그 자체와 상관없이 행동의 결과 주어지는 강화와 처벌로 비롯되는 동기이다.
④ 외재적 동기는 지속력이 약하다.

10 내재적 동기는 개인이 가진 흥미·호기심·자기만족감에서 비롯되는 동기로, 활동 그 자체로서 성취감이 보상으로 작용하며 그 지속력 또한 강하다.

정답 08 ② 09 ③ 10 ②

11 동기의 특성에 대한 설명으로 옳지 않은 것은?

① 동기는 행동을 촉진시키며 유발시킨 행동을 성공적으로 추진하는 힘을 갖는다.
② 동기에 따라 행동 방향이 결정된다.
③ 동기에 따라 그 행동이 일어날 확률이 증가하기도 하고 감소하기도 한다.
④ 동기유발은 개체 내에서 발생하는 동인과 관계없이 환경이 갖고 있는 유인가에 의해 달라진다.

11 동기유발은 개체 내에서 발생하는 동인(drive)과 환경이 갖고 있는 유인가(incentive) 및 상호작용에 의해 그 과정이 달라진다.

12 작업기억에 대한 설명으로 옳지 않은 것은?

① 작업기억은 되뇌임을 하는 단순한 임시저장고이다.
② 작업기억은 주어진 정보를 처리하는 기능을 강조하는 단기기억의 다른 이름이다.
③ 작업기억의 구성요소에는 정보의 통합이나 의사결정에 관여하는 중앙 집행기가 포함된다.
④ Baddeley와 Hitch는 단기기억을 작업기억이라는 복잡한 모형으로 제안한다.

12 작업기억은 정보를 일시적으로 유지하며 인지적 과정을 계획하고 수행하는 작업장으로서의 기능을 하는 인지 시스템이다. 단기기억과 작업기억은 정보를 수초 동안만 의식 속에 유지한다는 점에서 공통적이지만 작업기억은 정보의 조작이 수반되는 기억이다. 1974년 Baddeley & Hitch가 작업기억의 세 가지 구성요소는 음운루프, 시공간 메모장, 중앙 집행기로 각종 인지적 정보처리를 하는 곳으로 설명했다.

13 다음 설명에 해당하는 것은?

> 사회경제적 지위를 측정하기 위해 응답자의 직업소득 및 교육수준을 지표로 사용하는 경우에 해당하는 타당도이다.

① 예측타당도
② 준거타당도
③ 수렴타당도
④ 논리적 타당도

13 비교기준을 이용하는 것은 경험적 타당도로서 기준타당도, 준거타당도라고도 한다.

정답 11 ④ 12 ① 13 ②

14 추상체와 간상체를 비교한 설명으로 옳지 않은 것은?

① 추상체는 망막의 중앙영역에 분포하며 낮이나 조명이 밝을 때 기능하는 망막 수용기이다.
② 추상체는 세부사항을 감지하며 색채감각을 유발한다.
③ 간상체는 추상체가 반응하지 않은 석양 무렵의 시각에 필요하다.
④ 간상체는 명암을 탐지하는 홍체 수용기로 홍체의 넓은 영역에 분포한다.

14 간상체는 명암을 탐지하는 망막 수용기로 망막의 넓은 영역에 분포한다.

15 다음 설명에 해당하는 신경계는?

> 자율신경계의 한 부분으로 심장박동을 느리게 하고 혈당을 낮추는 등의 방식으로 안정을 되찾게 함으로써 에너지를 보존한다.

① 교감신경계
② 부교감신경계
③ 말초신경계
④ 체신경계

15 말초신경계에는 체신경계와 자율신경계가 있다. 체신경계는 신체골격근의 수의적인 운동을 제어하고, 자율신경계에는 각성을 담당하는 교감신경계와 이완을 담당하는 부교감신경계가 있다.

16 정서지능에 대한 설명으로 옳지 않은 것은?

① 얼굴, 음악, 이야기에서 정서를 재인하는 것을 정서 지각하기라고 한다.
② 정서를 예측하고 그 정서를 변화시키며 완화시키는 방법을 아는 것을 정서 이해하기라고 한다.
③ 다양한 상황에서 정서를 표현하는 방법을 아는 것을 정서 관리하기라고 한다.
④ 정서지능이 높은 사람은 즉각적인 만족을 추구하며 친구들과 상호작용을 즐긴다.

16 정서지능이 높은 사람은 즉각적인 충동이 아닌 커다란 보상을 위해 만족을 지연시킬 수 있다.

정답 14 ④ 15 ② 16 ④

17 전경과 배경은 형태 지각에 해당한다.

17 다음 중 깊이 지각과 가장 관련이 없는 것은?

① 양안 단서
② 전경과 배경
③ 단안 단서
④ 시각 절벽

18 프로이트는 심리성적 발단단계에서 남근기가 아동의 성격형성에 중요한 역할을 하며, 오이디푸스 콤플렉스를 극복하기 위해 아버지와의 동일시를 통해 초자아가 형성된다고 했다.

18 프로이트의 심리성적 발달단계 중 다음 설명과 관련이 있는 것은?

- 리비도가 자신과 가장 가까이에 있는 이성의 부모를 향한 근친상간의 욕구로 발현된다.
- 남아의 경우 오이디푸스 콤플렉스, 여아의 경우 엘렉트라 콤플렉스라고 한다.

① 구강기
② 항문기
③ 남근기
④ 생식기

19 인간의 인지과정은 컴퓨터의 정보처리과정과 유사하다. 외부에서 들어온 정보를 부호화하여 기록하고 정보를 저장하며 필요할 때 인출한다.

19 다음 중 기억의 정보처리 순서로 옳은 것은?

① 인출 - 부호화 - 저장
② 부호화 - 저장 - 인출
③ 부호화 - 인출 - 저장
④ 저장 - 부호화 - 인출

정답 17 ② 18 ③ 19 ②

20 다음 설명에 해당하는 것은?

> 경험된 지각으로 판단 가능한 사물 또는 익숙한 표지판의 경우 눈을 가리더라도 인지할 수 있는 현상이다.

① 변화맹
② 맹시자각
③ 선택맹
④ 부주의적 맹시

20 맹시자각이란 시각 자극을 의식적으로 경험하지 못하면서 그 자극에 반응할 수 있는 상태이다.

21 성격의 5요인 모델에 대한 설명으로 옳지 <u>않은</u> 것은?

① 5요인 이론은 성격의 기본구조를 밝히기 위한 특질이론이다.
② 코스타와 맥크레이는 성격특질과 다른 관련 요인들 간 관계를 설명하였다.
③ 인간의 성격이 유전에 의해 결정된다고 주장하며, 유전적 특징과 환경 간 상호작용에 의해 인간행동을 결정하는 데 영향을 미치는 특질이 형성된다고 하였다.
④ 성격의 5요인은 신경증, 외향성, 경험에 대한 개방성, 우호성, 성실성이 있다.

21 ③은 아이젠크의 성격 3요인 이론에 대한 설명이다.

22 간섭에 대한 설명으로 옳지 <u>않은</u> 것은?

① 간섭이론은 망각을 기억 이전이나 이후의 정보에 의해서 기억정보가 방해를 받기 때문에 생기는 현상으로 설명한다.
② 새로운 정보가 이전의 정보의 파지를 방해할 때 발생하는 현상을 역행간섭이라고 한다.
③ 몇 년간 사용하던 주차장소가 바뀌면 새로운 주차장소를 기억하기 어려운 경우를 순행간섭이라고 한다.
④ 친구의 핸드폰 번호가 바뀌면 예전 번호를 기억하기 어려운 경우를 순행간섭이라고 한다.

22 친구의 핸드폰 번호가 바뀌면 예전 번호를 기억하기 어려운 경우는 역행간섭의 예이다.

정답 20 ② 21 ③ 22 ④

23 브로카영역은 좌반구 전두엽 쪽에 위치하며, 말하는 기능을 담당하는 언어영역이지만 브로카영역 옆에 감정과 동기에 대한 영역이 있어 감정이 격해지면 발성, 즉 소리를 내게 된다. 특히 놀랐을 경우 절로 소리가 난다.

23 다음 중 브로카영역이 손상된 사람의 왼쪽 시야를 가릴 경우 무슨 행동을 하겠는가?

① 조용히 안 보인다고 말한다.
② 왼손을 높이 쳐들며 비키라고 말한다.
③ 오른손으로 가린 손을 치운다.
④ 깜짝 놀라 소리를 지른다.

24 분트의 쾌–불쾌, 긴장–이완, 흥분–우울의 삼차원 모형에서, 러셀은 쾌–불쾌와 각성수준의 차원을 제시했으며, 가로축에 쾌–불쾌, 세로축에 각성수준을 나타내는 원형모형을 제시했다. 원형모형의 일사분면에는 흥분됨, 행복함, 삼사분면에는 우울함, 지루함 등의 단어가 있다.

24 많은 학자들이 동의하는 정서차원에 대한 내용으로 옳은 것은?

① 분트는 쾌–불쾌, 긴장–이완의 이차원 이론을 제시했다.
② 러셀은 정서를 쾌–불쾌와 각성수준의 정도 차이에 근거해서 정서에 대한 원형모형을 제시했다.
③ 제시된 정서유형의 가로축에는 각성수준, 세로축에는 쾌–불쾌 정도가 나타나 있다.
④ 불쾌하면서 각성수준이 낮은 삼사분면의 정서단어에는 좌절, 두려움이 있다.

25 체계적 둔감법이란 행동주의 상담에서 널리 사용되고 있는 고전적 조건형성의 기법으로, 불안한 자극에 대한 위계목록을 작성한 다음, 낮은 수준의 자극에서 높은 수준의 자극으로 상상을 유도하여 혐오, 공포, 불안에서 서서히 벗어나도록 하는 것이다.

25 개를 무서워하는 환자의 경우 이를 치료하기 위해 행동주의자는 어떤 치료 방법을 사용하겠는가?

① 강화
② 체계적 둔감법
③ 처벌
④ 자기표현훈련

정답 23 ④ 24 ② 25 ②

26 체제화 원리에 대한 설명으로 옳지 않은 것은?

① 게슈탈트 : 감각의 군집이 주어질 때 사람들은 그것을 통합된 전체로 인식한다.
② 집단화 : 기본 감각에 질서와 형태를 부여하기 위해 자극들에 대해 규칙을 사용하게 된다.
③ 좋은 형태 법칙 : 같은 방향으로 움직이는 요소들을 동일한 요소로 파악하여 초점을 잡는 대상에 따라 전경과 배경이 나뉜다.
④ 전경-배경 : 일차적으로 지각된 과제를 전경이라고 하며 주변과 분리된 것으로 배경을 지각한다.

26 집단화의 일반적 원리에는 근접성의 법칙, 유사성의 법칙, 좋은 형태 법칙, 좋은 연속의 법칙, 공통행선의 법칙, 친숙성의 법칙이 있다. 좋은 형태 법칙이란 모든 자극패턴은 가능한 한 가장 간단한 구조를 내는 방향으로 보이는 것이다.

27 수학능력시험과 성격이 비슷한 검사의 유형은?

① 지능검사
② 흥미검사
③ 성격검사
④ 운전면허시험

27 준거참조검사는 개인이 어떤 일을 수행할 수 있다고 대중이 확신하는 지식 또는 기술 수준에 도달했는지를 검사하는 것으로 각종 국가자격시험, 국가수준의 학업성취도 평가 등이 해당된다. 반면 규준참조검사는 개인의 점수를 해석하기 위해 유사한 다른 사람들의 점수를 비교하여 평가하는 상대평가 목적의 검사에 해당한다. ①・②・③은 규준참조검사에 해당한다.

28 다음 중 소거에 관한 설명으로 옳은 것은?

① 바람직하지 못한 행동에 강화를 주지 않음으로써 반응의 강도 및 출현 빈도를 감소시키는 것이다.
② 바람직하지 못한 행동을 한 아동에게 정해진 기간 동안 어떤 강화장소로부터 고립시키는 방법이다.
③ 어떤 행동에 뒤따르는 결과로 그 행동을 다시 야기할 가능성을 감소시키는 것이다.
④ 보상을 제공하여 바람직한 행동의 빈도를 증가시키는 것이다.

28 ①은 소거, ②는 타임아웃. ③은 처벌, ④는 강화이며, 모두 행동주의 상담 기법에 해당한다.

정답 26 ③ 27 ④ 28 ①

29 다음 설명에 해당하는 것은?

> 목표하고자 하는 행동을 구체적으로 세분화하여 단계별로 구분한 후, 각 단계별로 강화물을 제공함으로써 바람직한 행동을 학습하도록 하는 것이다.

① 프리맥 원리
② 행동계약
③ 용암법
④ 행동조성(조형)

29 행동조성이란 복잡한 행동이나 기술을 학습시키는 데 유용한 방법으로, 기대하는 반응이나 행동을 학습할 수 있도록 목표로 삼는 바람직한 행동에 대해 단계별로 강화하여 점진적으로 성취하고자 하는 행동을 만들어가는 과정을 말한다.

30 다음 중 프로이트의 정신분석이론과 관련이 없는 것은?

① 원초아는 쾌락의 원리를 따른다.
② 자아는 현실원리를 따르며 개인이 현실에 적응하도록 돕는다.
③ 자아는 성격의 집행자로 인지능력에 포함된다.
④ 초자아는 항문기의 배변훈련 과정을 겪으면서 발달한다.

30 항문기(1~3세)에 이르러 아이는 부모의 배변훈련에 의한 요구를 통해 갈등을 경험하고 자아가 발달하게 되며, 남근기(3~6세)에 이르러 부모와의 동일시 및 역할 습득을 통해 양심과 초자아가 발달하게 된다.

31 다음 중 심리검사에 대한 설명으로 옳지 않은 것은?

① 심리적 구인은 직접적으로 측정이 가능하다.
② 측정의 오차가 작을수록 신뢰도는 높은 경향이 있다.
③ 검사의 신뢰도가 높으면 타당도도 높게 나타나지만 항상 그런 것은 아니다.
④ 사용자의 자격은 검사 종류에 따라 제한되어야 한다.

31 심리적 구인은 추상적인 것으로, 직접적인 측정이 가능하지 않다.

정답 29 ④ 30 ④ 31 ①

32 다음 중 심리장애에 대한 설명으로 옳지 않은 것은?

① 심리장애는 인간의 인지 정서조절 또는 행동에서 임상적으로 심각한 동요의 특징을 갖는 증후군을 뜻한다.
② 생물학적 요인과 심리적 요인 및 사회문화적 요인들이 상호작용하여 특정한 심리장애를 초래한다.
③ 심리장애를 분류하는 데 미국정신의학회 정신장애의 진단 및 통계편람이 널리 사용된다.
④ 심리장애의 발병률은 남녀노소 및 국가 간에 거의 유사하다.

32 심리장애는 일반적으로 성인초기에 경험하며 심리장애를 경험한 분포도 인종, 성별에 따라 차이가 있다.

33 다음 설명에 해당하는 신경증 장애는?

> 수많은 사건이나 활동에 대해 과도하게 불안과 걱정을 하고, 그 기간이 최소한 6개월 이상으로 걱정스러운 생각을 조절하기 힘들어서 실제 해야 할 일에 주의를 집중하기 어려우며, 신체증상을 동반하는 경우가 잦다.

① 범불안장애
② 강박장애
③ 사회불안장애
④ 우울장애

33 ② 강박장애는 강박사고가 저절로 떠오른다는 점에서 부적절한 관념이라고 본다.
③ 사회불안장애는 사회적 수행을 해야 하거나 타인에게 평가상황이 발생할 때 예기 불안을 보인다.

정답 32 ④ 33 ①

34 다음 설명에 해당하는 것은?

> 데칼코마니 양식에 의한 대칭형의 잉크 얼룩으로 이루어진 무채색 카드 5매, 부분적인 유채색 카드 2매, 전체적인 유채색 카드 3매로 모두 10매의 카드로 구성되어 있다.

① RORSCHACH
② TAT
③ CAT
④ WISCONSIN CARD

34 ② TAT(주제통각검사)는 31장의 그림판에 모두 20매의 그림을 제시하며 피검자가 꾸며낸 이야기를 분석하여 성격을 진단한다.
③ CAT(Children Apperception Test)는 아동용 주제통각검사이다.
④ WISCONSIN CARD 검사는 실행능력을 평가하는 대표적인 검사이다.

35 집단행동에 대한 설명으로 옳지 않은 것은?

① 사회촉진의 예로 숙달된 운동선수들이 관중 앞에서 능력을 발휘하는 경우가 있다.
② 몰개인화란 타인의 존재가 각성도 시키면서 동시에 책임감을 감소시키는 경우이다.
③ 집단극화는 한 집단의 뜻이 맞을 경우 토론이 주도적 견해를 강화시켜 편견이 높고 낮음에 상관없이 편견을 증가시킨다.
④ 사회태만은 집단에 들어있는 사람들이 공동의 목표를 달성하기 위해 노력을 합해야 할 때 적은 노력을 들이는 경향성을 의미한다.

35 집단극화란 집단의 뜻이 맞을 경우 주도적 견해를 강화시켜, 편견이 높을 때는 그 편견을 증가시키고 편견이 낮은 집단에서는 편견을 낮추는 것을 말한다.

정답 34 ① 35 ③

36 다음 설명에서 괄호 안에 들어갈 용어로 옳은 것은?

> 공포영화를 볼 때 상대방에 대한 매력도가 상승하였다. 샥터-싱어에 따르면 정서경험은 두 요인, 즉 일반적 ( ) 과 의식적 인지 평가에 달려있는데, 이는 상대방에게 강력하게 몰입하는 현상을 이해하는 데 도움이 된다.

① 각성
② 근접성
③ 유사성
④ 매력

37 지능이론과 그에 대한 설명으로 옳지 않은 것은?

① 스피어만 : 모든 지적 기능에는 공통요인과 특수요인이 존재한다는 2요인설을 제시했다.
② 써스톤 : 유동성 지능과 결정성 지능으로 구분하였다.
③ 웩슬러 : 지능을 유목적적으로 행동하고, 합리적으로 사고하며, 환경을 효과적으로 다루는 개인의 종합적인 능력이라고 보았다.
④ 가드너 : 독립적인 9요인을 제시했다.

36 정서 이론 중 샥터와 싱어의 2요인 이론은 정서를 경험하려면 각성을 의식적으로 해석하는 것이 필요하다고 믿으며, 신체반응과 사고가 함께 정서를 생성한다고 하였다. 따라서 정서 경험을 위해 신체 각성과 인지 평가라는 두 가지 요인이 필요하다.

37 써스톤은 지능의 다요인 이론에서 기본정신 능력으로 7개 요인을 제시했으며, 케텔은 지능을 유동성 지능과 결정성 지능으로 구분하였다.

정답 36 ① 37 ②

38 다음 내용과 가장 관련 깊은 것은?

> 중국공산당은 미국포로들에게 사소한 서류를 복사하는 것과 같이 아무런 해가 없는 요구사항부터 시작하여 점차적으로 요구의 강도를 높여갔고, 포로들은 자신의 특권을 얻기 위해 집단토론에 참여하거나 자기 비판문을 작성하였다.

① 역할놀이
② 인지부조화
③ 문간에 발 들여놓기
④ 주변경로 설득

38 태도와 행위는 서로 상호작용을 하며 영향을 미친다. 그중 행위가 태도에 영향을 미치는 경우로 문간에 발 들여놓기는 사소한 행위가 다음 행위를 쉽게 만들어주게 된다는 것이다.

39 호감의 3요소에 대한 설명으로 옳지 않은 것은?

① 매력적인 외모는 호의적 인상을 주며 직업에서 성공을 즐기게 될 가능성이 크다.
② 근접성이 호감을 촉발하는 이유는 부분적으로 단순노출효과 때문이다.
③ 근접성은 상대방 성격에 대한 첫인상에 영향을 미친다.
④ 유사성은 연령, 인종, 교육수준, 지능 등 서로가 유사할수록 호감도가 높다.

39 상대방의 성격에 대한 첫인상에 영향을 미치는 것은 매력과 관련된다.

40 장기기억에 대한 설명으로 옳지 않은 것은?

① 다양하고 방대한 정보들이 영구적으로 저장되어 있다.
② 소량의 정보만 기억할 수 있으며 약 30초간 저장된다.
③ 경험한 것에 대해 수개월에서 길게는 평생 동안 유지하는 기억작용이다.
④ 용량이 거의 무한대에 가깝다.

40 단기기억과 관련된 내용으로, 감각기억에 등록된 정보 중 주의집중을 받은 일부 정보가 단기기억으로 전환된다.

정답 38 ③ 39 ③ 40 ②

2021년 기출복원문제

▶ 온라인(www.sdedu.co.kr)을 통해 기출문제 무료 강의를 만나 보세요.

01 다음 설명에서 괄호 안에 들어갈 심리학 이론으로 알맞은 것은?

> 분트(W. Wundt)나 티치너(E. Titchener)가 실시하였던 초창기 심리학 연구에 참여하게 되었다고 가정할 때, 연구자들은 의식의 내용을 요소로 분석하고 그 요소들의 결합으로서 의식현상을 설명하고자 하는 (   ) 입장에 초점을 두고 심리 실험을 진행하였을 것이다.

① 구조주의
② 행동주의
③ 형태주의
④ 기능주의

01 분트와 그의 제자인 티치너는 자신의 의식 경험을 주관적으로 관찰하고 분석하는 방법인 내성법을 연구방법으로 한 구조주의(요소심리학, 원자주의)심리학 이론을 정립하였다.

02 폴 에크만(Paul Ekman)의 6가지 기본 정서에 속하지 <u>않는</u> 것은?

① 자긍심
② 공포
③ 슬픔
④ 분노

02 미국의 심리학자인 폴 에크만은 '행복, 혐오, 공포, 분노, 슬픔, 놀람'의 6가지 기본정서를 제시하고, 이를 바탕으로 복합정서가 파생된다고 주장했다.

정답 01 ① 02 ①

03 학습된 무기력은 실패와 좌절이 반복되면 무력감을 학습하게 되어 자발적인 노력을 시도하지 않게 된다는 마틴 셀리그먼의 이론이다.

04 자기중심성은 전조작기(학령전기) 아동의 인지적 특징 중 하나이다.

정답 03 ① 04 ④

03 다음 내용을 통해 알 수 있는 동기와 정서의 손상은 무엇인가?

> 결혼 후 매일 남편에게 상습적 폭행을 당한 아내가 어느 날 문이 열린 채 남편이 집을 비웠음에도 불구하고 도망가지 않았다.

① 학습된 무기력
② 기저효과
③ 추동감소이론
④ 기대이론

04 인지발달의 단계 중 다음과 같은 시기에 나타날 수 있는 특징으로 옳은 것은?

> 할머니가 유치원에서 개최한 학부모 모임 행사에 참여했는데 마침 손녀가 할머니를 찾아와서 다른 사람은 아랑곳없이 자신이 그린 그림을 큰 소리로 설명하였다.

① 연역적 사고
② 개인화오류
③ 자존감 형성
④ 자기중심성

05 다음 내용은 매슬로우의 욕구의 어떤 단계에 해당하는가?

> • 의·식·주를 최우선에 둔다.
> • 생존하기 위해 다른 모든 것을 희생한다.

① 안전에 대한 욕구
② 생리적 욕구
③ 애정과 소속에 대한 욕구
④ 자기존중 또는 존경의 욕구

06 다음의 작용을 조절하는 뇌의 부위는 어디인가?

> 해마에서 신경세포는 세포체, 수상돌기, 축색으로 구성되어 있다. 세포체는 시냅스를 통해 들어온 정보를 통합하고 세포를 유지하는 기능을 담당한다. 세포체는 나뭇가지 형태의 수상돌기가 여러 개 뻗어 나와 있는데 수상돌기는 감각수용기나 다른 신경세포로부터 신경충격을 전달받고, 이를 축색으로 발사한다. 세포체에서 축색으로 발사된 신경충격이 축색 종말에 도달하면 시냅스 주머니에서 분비되는 신경전달물질을 통해 다음 신경세포나 근육 등에 전달된다. 신경세포들은 매우 작은 틈을 두고 떨어져 있는데, 두 개의 신경세포 사이에서 정보전달이 일어나는 영역을 시냅스라고 한다. 활동전위가 시냅스 전 신경세포의 축색 종말에 이르게 되면 시냅스 주머니에서 신경전달물질이 시냅스 공간으로 분비되고 시냅스 후 신경세포의 전위를 변화시킨다.

① 소뇌
② 전정계
③ 변연계
④ 뇌량

05 매슬로우의 욕구 위계이론은 가장 하위욕구인 생리적 욕구(생존욕구)를 시작으로 그 위에 안전욕구, 소속욕구, 존경욕구, 자아실현욕구의 위계로 구성되고 하위욕구가 충족되어야 상위욕구가 발생한다고 설명하였다.

06 해마, 편도체, 대상회 등은 변연계의 일부이며, 변연계는 대뇌와 간뇌 중간에 위치하고 있다.

정답 05 ② 06 ③

07 다음 중 대뇌피질 각 영역의 기능에 관한 설명으로 옳은 것은?

① 후두엽 : 후각 정보를 처리한다.
② 두정엽 : 촉각에 관한 정보를 처리한다.
③ 전두엽 : 언어 및 기억에 관련된 정보를 처리한다.
④ 측두엽 : 청각 및 판단에 대한 정보를 처리한다.

07 전두엽은 운동, 기억과 판단, 추상적 사고 등에 전문화된 영역이며, 측두엽은 청각, 언어, 기억과 관련이 있는 영역이고, 두정엽은 촉각에 관한 정보를 처리하는 영역이며, 후두엽은 시각 정보를 처리하는 영역이다.

08 베버의 법칙에 대한 설명으로 옳지 않은 것은?

① 절대역 이상의 자극에 대해서 설명하는 이론이다.
② 감지하는 자극의 일정한 차이는 항상 등비로 증가해야 한다.
③ 5데시벨의 볼륨상승은 10데시벨에서나 20데시벨에서나 일정하게 느낀다.
④ 처음 자극의 강도에 따라 감지여부가 달라진다.

08 베버의 법칙은 변화된 자극을 감지하기 위해서는 기준 자극의 강도에 비례해서 변화의 강도도 커져야 한다는 이론이다. 즉, 10데시벨에서 5데시벨 상승과 20데시벨에서 10데시벨 상승이 같은 변화량으로 감지된다.

09 다음 중 색에 대한 설명으로 옳지 않은 것은?

① 빛의 삼원색인 빨강, 초록, 파랑을 섞으면 흰색이 된다.
② 잉크나 물감처럼 둘 이상의 색이 혼합되면 보다 어두운 색이 되는 것을 감산적 혼합이라 한다.
③ 삼원색이론에 의하면 삼원색의 가산적 혼합으로 모든 색을 만들 수 있다.
④ 잔상효과는 가산적 혼합을 설명한다.

09 잔상효과는 삼원색이론에서 설명하지 않으며 반대색설(대립-과정이론)을 설명하는 증거이다.

정답 07 ② 08 ③ 09 ④

10 다음 설명 중 옳지 않은 것은?

① 평형감각은 반고리관에서 담당한다.
② 외이도는 소리를 증폭시키는 역할을 한다.
③ 전정기관은 달팽이관과 반고리관 사이에 위치하며 균형감각을 담당한다.
④ 달팽이관과 이소골은 내이로 분류된다.

10 고막과 이소골은 중이에 해당한다.

11 다음 중 교감신경과 부교감신경의 상호작용에 대한 설명으로 옳지 않은 것은?

① 교감신경계와 부교감신경계는 서로 반대의 기능을 수행한다.
② 부교감신경계의 활성화는 동공을 축소시키고, 침샘을 촉진하며, 맥박을 느리게 한다.
③ 스트레스 상태에서 벗어나면 교감신경이 활성화된다.
④ 교감신경계의 활성화는 호흡을 촉진하고, 방광을 이완하며, 혈압을 상승시킨다.

11 스트레스 상태일 때 교감신경이 활성화되고, 스트레스에서 벗어나면 부교감신경이 활성화된다.

12 현대 심리학의 접근방법에 대한 설명으로 옳지 않은 것은?

① 생리심리학이 중요한 요소로 부상하고 있다.
② 현대 심리학은 가설과 검증을 중요시한 과학적 접근을 강조한다.
③ 깊은 철학적 관점에 뿌리를 둔 인간 내면에 대한 탐구가 발달하였다.
④ 응용심리학의 발달은 현대 심리학의 특징 중 하나이다.

12 철학적 접근, 인간 내면에 대한 탐구는 초기 심리학의 특징이다.

정답 10 ④ 11 ③ 12 ③

13 인간의 무의식 영역이 자아와 관련된 개인무의식과 인간의 조상으로부터 유전된 집단무의식으로 분석될 수 있다고 보는 심리학적 관점은 무엇인가?

① 임상심리학
② 분석심리학
③ 교육심리학
④ 범죄심리학

13 융은 인간이 인간으로 태어나면서 갖게 되는 누적된 무의식을 주장하였는데, 이것은 프로이트가 말한 개인무의식과 구분하여 집단무의식이라 불렀다.

14 침착성과 안정감을 주는 신경전달물질로 쾌감이나 각성을 조절하고 행동을 적절히 억제하는 기능을 하는 것은?

① 아세틸콜린
② 세로토닌
③ 도파민
④ 글루타민산

14 세로토닌은 침착성과 안정감을 주는 신경전달물질로 쾌감, 각성을 조절하고 행동을 적절히 억제하는 기능을 한다. 부족하면 우울증, 불안을 경험할 수 있다.

정답 13 ② 14 ②

15 뇌하수체에서 분비되는 호르몬에 대한 설명으로 옳지 않은 것은?

① 갑상선 자극 호르몬은 갑상선 호르몬의 생성과 분비를 촉진한다.
② 옥시토신은 자궁을 수축시키는 기능이 있어 분만 시 중요한 역할을 한다.
③ 황체 형성 호르몬은 난소에서 배란을 촉진하고 배란 후 황체의 형성을 촉진한다.
④ 글루카곤은 혈당치를 높이고 지방 분해를 촉진한다.

15 글루카곤은 췌장에서 분비되는 호르몬이다.

16 콜버그(Kohlberg)에 따른 도덕성 발달단계에 대한 설명으로 옳은 것은?

① 사회적으로 합의된 법과 질서는 존중되어야 한다는 입장은 인습적 수준 중 3단계에 해당한다.
② 엄마를 돕다가 접시 한 장을 깬 아이와 화가 나서 접시 한 장을 깬 아이가 동일하게 잘못했다는 판단은 1단계 수준이다.
③ 법이라 하더라도 절대적일 수 없으며 법이 정의롭지 못하면 거부할 권리가 있다는 주장은 6단계 발달수준이다.
④ 착한소년소녀 지향단계라고 부르는 4단계에서는 개인 상호관계와 조화를 중요하게 생각한다.

16 1단계는 처벌과 복종지향단계로 절대적인 기준으로 결과에 따라 처벌을 해야 한다는 도덕발달수준을 보인다.

정답 15 ④ 16 ②

17 동기의 몇 가지 이론들 중 생리적 동기에 대한 설명으로 옳지 않은 것은?

① 생리적 결핍이 강해지면 이에 반응하고 행동하게 되는 것이 추동이다.
② 대표적인 생리적 동기는 식욕, 성욕, 수면욕이다.
③ 내재적 동기는 내면에서 자발적으로 발생하는 동기이다.
④ 유기체가 항상성을 유지하려는 것이 생리적 동기 발생의 주된 원인이다.

17 내재적 동기와 외재적 동기는 대표적인 심리적 동기이다.

18 타인과의 우호적인 관계를 유지하고자 하는 동기가 강한 사람들의 특징으로 옳지 않은 것은?

① 우호적인 상황에서 타인과 시선을 잘 맞춘다.
② 타인의 평가를 받는 상황에서 불안해한다.
③ 유능한 사람을 업무 파트너로 선택하는 경향이 강하다.
④ 전화 등 소통을 자주 한다.

18 친화동기가 강한 사람은 업무 파트너로 유능한 사람보다 자신과 마음이 맞는 사람을 선택하는 경향이 있다.

정답 17 ③ 18 ③

19 다음 내용에 해당하는 정서에 관한 이론은 무엇인가?

> • 환경에 대한 신체반응이 정서체험의 원인이 된다.
> • 심장박동이나 혈압과 같은 자율신경계의 변화가 대뇌에 전달되어 정서경험이 일어나는 것처럼 신경생리학적 변화가 정서를 촉발한다는 의미이다.
> • "슬퍼서 우는 것이 아니라 우니까 슬픈 것이다."라는 말로 대표된다.

① 캐논-바드 이론
② 제임스-랑게 이론
③ 플루칙 이론
④ 샤흐터의 정서 2요인설

19 제임스-랑게 이론은 외부자극에 의해 생리적 변화를 경험하고 이 생리적 변화가 정서체험을 유도한다고 주장하는 정서이론이다.

20 눈으로 들어온 빛을 신경신호로 바꾸는 데에 중요한 역할을 하는 수용기 세포로 묶인 것은?

① 동공, 각막
② 추상체, 간상체
③ 홍채, 망막
④ 모양체, 수정체

20 추상체와 간상체는 수용기세포로 빛의 자극을 쌍극세포, 수평세포, 아마크린세포에 의해 처리하여 시신경을 통해 신경절 세포에서 뇌로 전달한다.

정답 19 ② 20 ②

21 다음 그림이 나타내는 지각조직화 법칙은?

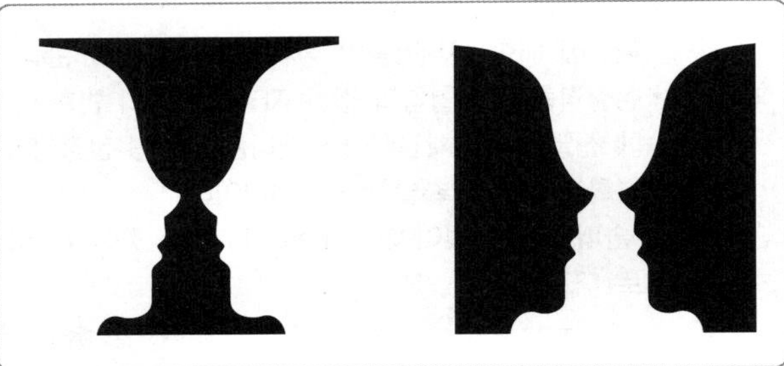

① 전경-배경의 원리
② 폐쇄성의 원리
③ 근접성의 원리
④ 유사성의 원리

21 전경-배경의 원리는 시각의 초점을 두는 대상은 전경이며, 나머지는 배경으로 시각정보를 인식한다는 지각조직화의 원리이다.

22 다음 사례에 해당하는 심리학 개념은?

친구가 멀리서 나를 알아보고 다가오는 모습을 볼 때, 눈에 맺힌 상은 점점 커지면서 모양은 달라지지만 친구가 점점 커진다고 지각하지 않고 내 앞으로 다가온다고 지각한다.

① 지각적 순응(적응)
② 지각 항등성(항상성)
③ 상향적 정보처리
④ 하향적 정보처리

22 지각 항등성(항상성)은 거리, 방향, 조명강도 등 근접자극이 변하더라도 대상의 크기, 모양, 밝기, 색 등은 변하지 않는 일정한 것으로 인식하는 현상이다.

정답 21 ① 22 ②

23 **다음 설명에서 괄호 안에 들어갈 개념은?**

> "기찻길 옆 오막살이, 아기 아기 잘도 잔다" 노랫말이 잘 나타내는 지각 이론을 ( )(이)라고 한다.

① 지각적 순응(적응)
② 지각 항등성(항상성)
③ 상향적 정보처리
④ 하향적 정보처리

23 지각적 순응(적응)이란 변화된 자극 입력방식에 일정 시간이 지나면서 순응하는 것을 말한다.

24 **다음 사례에 해당하는 학습의 원리는?**

> 주사 맞기 전 간호사가 엉덩이를 두드리는 경험을 몇 번 한 아이는 다음번에 엉덩이를 두드리기만 해도 울음을 터뜨린다.

① 고전적 조건 형성
② 조작적 조건 형성
③ 사회학습
④ 자기주도학습

24 중성자극인 엉덩이를 두드리는 것과 무조건자극인 주사 맞는 것이 조건화되어 엉덩이를 두드리는 것을 주사 맞는 상황으로 받아들이게 된 것을 고전적 조건 형성이라 한다.

정답 23 ① 24 ①

25 부적 강화에 대한 예시로 옳은 것은?

① 심부름을 잘한 아동에게 사탕을 준다.
② 싸운 아동에게 청소를 시킨다.
③ 친구를 도운 아동에게 숙제를 감해준다.
④ 수업시간에 떠든 아동에게 칭찬스티커를 뺏는다.

25 부적 강화란 특정행동 이후에 불쾌 자극을 소거하여 행동의 빈도를 증가시키는 강화의 한 방법이다.

26 다음 사례에 해당하는 강화계획은?

> 일주일 간 물건 100개를 만들면 보너스를 제공하는 공장에 가서 일하는 노동자들의 행동을 관찰하였다. 그 결과 대체로 월요일이나 화요일보다 금요일의 생산량이 급증하는 것을 알 수 있었다.

① 고정간격계획
② 변동간격계획
③ 고정비율계획
④ 변동비율계획

26 고정비율계획은 특정한 행동이 일정한 수만큼 일어났을 때 강화를 주는 강화계획이다.

정답 25 ③ 26 ③

27 **다음 설명에서 괄호 안에 들어갈 개념으로 알맞은 것은?**

> 어려운 수학 문제의 정답을 알아내기 위하여 다양한 방법으로 문제를 풀다가 갑자기 떠오르는 생각에 의해 그 문제를 이해하고 답을 얻게 될 때 일어나는 학습을 (　　)이라고 한다.

① 잠재학습
② 강화학습
③ 사회학습
④ 통찰학습

27 쾰러가 주장한 것으로 통찰력에 의해 요소들을 재구성하고 유의미한 관계로 파악함으로써 갑자기 문제해결에 이르는 학습방법이다.

28 **다음 사례에 해당하는 논리적 오류는?**

> 대중교통 이용은 문제없지만 비행기 사고 관련 뉴스를 떠올리며 비행기를 타는 것은 매우 두려워한다.

① 파국화
② 확대/축소
③ 개인화
④ 정신적 여과

28 정신적 여과(선택적 추상)란 상황의 전체를 보기보다는 특정한 일부 부정적인 정보에만 집중하여 논리적 결론을 도출하는 것이다.

정답 27 ④ 28 ④

29 신뢰도는 행동 측정의 일관성을 의미하는 것으로 동일한 대상을 반복 측정하여 동일한 값을 얻을 때 신뢰도가 높다고 말할 수 있다.

30 스턴버그의 지능의 3요소는 '성분적 지능, 경험적 지능, 상황적 지능'이다.

31 피암시성은 암시를 주면 암시를 받아 그런 결과가 나타나는 현상을 말한다.

정답 29 ① 30 ② 31 ①

29 다음 설명에서 괄호 안에 들어갈 개념으로 알맞은 것은?

> 심리학자 A는 성격측정검사를 제작하였다. 그 검사를 대상자 100명에게 실시하였고, 5년이 지난 후 동일 대상자들에게 재실시하였다. 그 결과 1차 검사와 2차 검사 간의 상관관계가 매우 높았다. 이러한 결과는 검사의 (　　)에 대하여 직접적인 정보를 준다.

① 신뢰도
② 타당도
③ 합치도
④ 변별도

30 스턴버그의 지능의 3요소가 아닌 것은?

① 성분적 지능
② 유동적 지능
③ 경험적 지능
④ 상황적 지능

31 다음 사례에 해당하는 심리학 개념은?

> 중간고사 수학과목에서 높은 점수를 받은 여학생이 기말고사 전날 선생님으로부터 "여학생들은 남학생들에 비해 수학점수보다는 국어점수가 더 좋지."라는 말을 들은 후 기말고사에서 수학점수가 낮아졌다.

① 피암시성
② 순응
③ 동조
④ 자기충족적 예언

32 다음 설명에서 괄호 안에 들어갈 말로 옳은 것은?

> 자신을 ( )심리학자라고 하는 A는 사람들이 서로 어떻게 다르며 사람들의 행동이 상황에 상관없이 얼마나 일관되게 나타나는지에 주로 관심이 있다고 말하였다.

① 사회
② 학습
③ 생리
④ 성격

32 성격심리학은 각 개인의 차이 및 내적 일관성을 연구하는 심리학의 한 분야이다.

33 아이젠크(Eysenck)의 3가지 성격 차원이 아닌 것은?

① 개방성
② 외향성
③ 신경증 경향
④ 정신병 경향

33 아이젠크는 성격의 3가지 차원을 '외향성, 신경증 경향, 정신병 경향'으로 설명하였다.

34 정신분석 이론에 근거한 검사가 아닌 것은?

① 로르샤흐검사
② BGT검사
③ TAT검사
④ MMPI검사

34 MMPI검사는 객관적, 자기보고식 검사이다.

정답 32 ④ 33 ① 34 ④

35 취약성-스트레스 모형은 기본적으로 형성된 취약성과 최근 경험한 강력한 스트레스가 결합하여 정신장애를 일으킨다고 본다.

35 다음 설명에 해당하는 심리학 개념은?

> 특정 장애에 대한 선천적 요인과 스트레스와 같은 환경적 요인이 결합하여 심리장애를 촉발한다.

① 취약성-스트레스 모형
② 생물학적심리적사회적 모형
③ 체계모형
④ 결합모형

36 조현병의 양성 증상으로는 '망상, 환각, 와해된 언어와 행동'이 있다.

36 조현병의 음성 증상이 아닌 것은?

① 와해된 행동
② 무욕증
③ 정서적 둔마
④ 무언어증

정답 35 ① 36 ①

37 동조 가능성을 높이는 상황이 아닌 것은?

① 만장일치된 의견을 확인한 상황
② 감독자가 없는 상황
③ 자신보다 유능한 사람들과 함께 있는 상황
④ 이질성이 적은 사람들로 구성된 상황

37 사람들은 감독자가 없을 때 동조 가능성이 낮아진다.

38 다음 설명에서 괄호 안에 들어갈 개념으로 옳은 것은?

우리는 타인의 행동을 귀인함에 있어 그 행동이 행위자의 내적 속성 때문에 일어났다고 생각하는 경향이 있다. 이러한 경향은 특정 사건이 상황적인 이유 때문에 발생하였을 가능성이 클 때에도 나타나는데 이를 (　　)(이)라고 한다.

① 기본적 귀인 오류
② 행위자–관찰자 편향
③ 자기고양 편파
④ 확증편향

38 기본적 귀인 오류는 다른 사람의 행동을 볼 때 내적 요인을 과대평가하는 경향성을 말한다.

정답 37 ② 38 ①

39 다음 설명에서 괄호 안에 들어갈 개념으로 옳은 것은?

> 특정한 집단의 사람들에 대해 그들 모두가 공통적으로 특정한 특징을 공유하고 있다고 생각하는 믿음을 (　　)(이)라 한다.

① 고정관념
② 선입관
③ 인상형성
④ 몰개성화

39 고정관념이란 특정한 집단의 사람들에 대해 그들 모두가 공통적으로 특정한 특징을 공유하고 있다고 생각하는 믿음이다.

40 사회적 태만이 일어날 가능성이 가장 높은 경우는?

① 선생님이 반장에게 물을 떠오라고 지시한다.
② 한 학년 전체가 청군과 백군으로 나눠 줄다리기를 한다.
③ 한 학년 전체가 단거리 마라톤을 한다.
④ 반 대항으로 축구시합을 한다.

40 책임이 분명하지 않고 분산된 경우, 개인의 공헌도 측정이 어려운 경우, 개인의 노력 가치가 낮은 경우 등이 사회적 태만이 나타나기 쉬운 상황이다.

정답 39 ① 40 ②

출제유형 완벽파악

심리학개론

2020년 기출복원문제

▶ 온라인(www.sdedu.co.kr)을 통해 기출문제 무료 강의를 만나 보세요.

01 독립변인과 종속변인 간의 인과관계를 증명하는 요건이 아닌 것은?

① 공변성
② 사건의 선행성
③ 대표성
④ 제3변인의 통제

01 인과관계가 성립되기 위한 조건은 서로 연관성이 있는 원인과 결과가 모두 존재해야 하고, 시간적 우선순위가 존재해야 하며, 외생변수는 통제 또는 제거되어야 한다.

02 다음 사례에서 실험의 변인과 각 요인이 옳게 짝지어진 것은?

> 코로나 바이러스에 걸린 박쥐(강아지)를 치료하는 치료약의 효과를 검증하기 위해 한 그룹의 박쥐(강아지)에게는 치료제를, 다른 그룹의 박쥐(강아지)에게는 식염수를 투여하고 일정 시간이 경과한 후 각 그룹의 박쥐(강아지)에서 체내 바이러스양을 측정하였다.

① 조절변수 – 식염수
② 매개변수 – 바이러스 측정치
③ 독립변수 – 투여한 약물
④ 종속변수 – 개발 중인 치료제

02 원인이 되는 요인을 독립변수, 결과가 되는 요인을 종속변수, 독립변수와 종속변수 사이에서 중간 매개가 되는 요인을 매개변수, 독립변수와 종속변수 사이에서 강약을 조절하는 변수를 조절변수라 한다.

정답 01 ③ 02 ③

03 다음 중 신뢰도가 높은 자료가 보장하는 특성은 무엇인가?

① 자료의 일관성
② 내용의 정확성
③ 제대로 된 측정도구 사용
④ 일반화 가능성

03 신뢰도는 척도가 얼마나 일관된 결과를 내고 있는가의 정도를 말한다.

04 다음 설명과 관련된 신경세포의 구성요소로 옳은 것은?

- 신경세포 축색에 따라 충동이 효율적으로 이동하게 돕는 지방질이다.
- 문제 시 다발성경화증이 발생한다.

① 수상돌기
② 세포체
③ 수초
④ 종말단추

04 수초는 뉴런의 축색을 둘러싼 일종의 절연물질로 백색의 지방질로 구성되어 있으며, 뉴런의 에너지 효율성을 증대시키고, 축색에서의 신경충동의 전파를 빠르게 한다.

05 다음 설명과 관련된 대뇌피질 영역으로 옳은 것은?

촉각이나 통증 등 체감각 정보를 처리한다.

① 전두엽
② 측두엽
③ 후두엽
④ 두정엽

05 두정엽은 촉각에 관한 정보를 처리하는 기능을 가진 대뇌피질 영역으로 신체 부위로부터 올라오는 촉각, 압각, 진동감각, 온도감각, 통각 등 체감각 정보를 받아들여 처리하는 영역이다.

정답 03 ① 04 ③ 05 ④

06 다음 중 뇌의 피질하영역에 대한 설명으로 옳은 것은?

① 뇌간은 좌뇌와 우뇌의 연결 부위이다.
② 소뇌가 손상되면 불수의적 운동에 장애가 발생한다.
③ 해마가 손상되면 오래된 정보들에 대한 기억상실이 발생한다.
④ 시상하부는 호르몬의 생성과 분비에 중추적인 역할을 한다.

07 다음 중 대뇌 우반구의 주된 기능으로 적절한 것은?

① 영어 단어나 숙어의 의미를 기억한다.
② 수학 공식을 활용한다.
③ 말을 유창하게 한다.
④ 예술적, 직관적 기능을 한다.

08 다음 사례에서 볼 수 있는 피아제(Piaget)의 인지발달단계로 옳은 것은?

> 아동 A가 8조각을 낼 수 있는 피자를 6조각으로 잘라 달라고 하는데 그 이유가 '여덟 조각은 다 먹지 못해서'라고 답했다.

① 전조작기
② 구체적 조작기
③ 형식적 조작기
④ 감각운동기

06 해마의 기능이 상실되면 새로운 기억정보가 장기기억장치로 저장이 잘 되지 않아 인출되지 않는 기억상실이 발생한다.

07 우뇌(대뇌 우반구)는 이미지 뇌라고도 한다. 공간 능력과 기하학적 사고와 관련이 있으며, 주로 직관과 같은 감각적 분야를 담당하고 예술적, 직관적 기능을 한다.

08 보존개념은 구체적 조작기가 되어야 안정적으로 획득된다.

정답 06 ③ 07 ④ 08 ②

09 다음 사례에서 나타난 애착유형은 무엇인가?

> 낯선 상황에서 엄마가 없어도 괜찮아하며, 심지어 낯선 사람과 함께 있어도 크게 관여치 않아서 엄마와 함께 있을 때와 비교했을 때 유사한 안정감을 가진다. 또한, 사라졌던 엄마가 나타났을 때 엄마에게 즉각적으로 반응하지 않는다.

① 안정애착
② 불안정-저항애착
③ 불안정-회피애착
④ 불안정-혼돈애착

09 불안정-회피애착 유형의 아동들은 낯선 상황 실험에서 엄마에게 위안을 구하지 않거나 구하더라도 매우 약한 정도의 위안을 구한다.

10 다음 설명과 관련된 청소년기의 자아정체성 발달 성격으로 옳은 것은?

> 갈등은 경험했으나 아직 해결 시도를 하지 않았고, 해결을 위한 정보를 모으고 탐색하는 과정이다. 장래에 대한 분명한 결정을 아직 못한 상태이다.

① 자아정체감 유예
② 자아정체감 혼란
③ 자아정체감 유실
④ 자아정체감 성취

10 마르시아(Marcia)의 청소년 자아정체감 유형 중 유예는 갈등과 혼란은 경험했으나 결정이 유예된 상태를 말한다.

11 매슬로우의 욕구위계이론 중 성격이 다른 한 가지는 무엇인가?

① 안전욕구
② 존경욕구
③ 소속욕구
④ 자아실현욕구

11 매슬로우의 욕구 5단계 중 자아실현욕구는 성장욕구에 해당하고 나머지 욕구는 결핍욕구에 해당한다.

정답 09 ③ 10 ① 11 ④

12 다음 중 정서적 자극으로 신체 반응(각성)과 정서 경험이 동시 발생한다는 정서이론은 무엇인가?

① 제임스-랑게이론
② 플루칙이론
③ 샤흐터-싱어이론
④ 케논-바드이론

12 케논-바드이론은 자극에 의해 자율신경계의 활동과 정서경험이 동시에 발생한다는 이론이다.

13 다음 중 괄호 안에 들어갈 말로 적절한 것은?

> A는 평소 벨소리를 듣지 못한다고 주변에서 불만이다. A는 벨소리를 작게 설정했는데 이것은 A가 들을 수 있는 소리의 (　　)에 해당하는 크기이다.

① 차이역치
② 역치하 자극
③ 절대역치
④ 최소기준차이

13 역치하 자극(역하 자극)은 반응을 일으키는 최소한의 자극강도 이하의 자극을 말한다.

14 다음 중 괄호 안에 들어갈 말로 적절한 것은?

> 베버 법칙에 따르면 40dB의 자극이 44dB이 되었을 때 변화를 지각했다면, 100dB의 자극은 (　　)dB 이상이 되어야 지각을 할 수 있다.

① 104　② 110
③ 113　④ 116

14 $\Delta R/R = K$ 공식에 따라 변화량은 일정하고, $40/44 = 100/x$이므로 x는 110이다.

정답 12 ④　13 ②　14 ②

15 다음 내용은 지각 원리 중 무엇에 대한 설명인가?

> '000 000 000'과 같은 배열을 '9개의 0'으로 보는 것이 아니라 '3개의 0'의 세 묶음으로 지각한다.

① 연속성의 원리
② 폐합의 원리
③ 유사성의 원리
④ 근접성의 원리

15 우리는 지각의 과정에서 물리적인 유사성을 가진 요소들을 묶어서 인식한다.

16 3D 영화를 입체감 있게 보는 것은 깊이지각단서 중 무엇에 해당하는가?

① 양안시차
② 선형조망
③ 상대적 크기
④ 결의 밀도

16 양안시차는 양안부등이라고도 하며, 양쪽 눈의 시야 차이가 융합하여 대상을 입체적으로 볼 수 있다.

17 다음 중 주의(Attention)에 대한 설명으로 적절하지 <u>않은</u> 것은?

① 정신 용량은 제한되어 있으므로 불필요한 정보는 걸러내는 것이 필요하다.
② 감각기관에는 많은 정보가 들어오므로 취사선택할 필요가 있다.
③ 주의의 범위가 넓을수록 정보 분석이 세밀해질 수 있다.
④ 음성의 선택적 청취의 대표적인 예는 칵테일 파티 효과이다.

17 정보의 분석이 세밀해지기 위해서는 주의의 범위가 좁아야 한다.

정답 15 ③ 16 ① 17 ③

18 다음 내용은 조건 형성개념 중 무엇에 대한 예(사례)인가?

> 어렸을 때 사나운 개에게 물린 A는 경비견을 보면 식은땀이 나는 등의 반응을 보이지만, 맹인 안내견을 보면 아무렇지 않다.

① 자극 변별
② 소거
③ 고차 조건형성
④ 자극 일반화

18 자극 변별은 유사한 자극임에도 하나의 자극과 다른 자극을 구분하는 것을 말한다.

19 다음 예를 설명하는 강화계획은 무엇인가?

> 평소엔 놀다가 시험을 앞두고 벼락치기 공부를 한다.

① 고정간격 강화계획
② 가변간격 강화계획
③ 고정비율 강화계획
④ 가변비율 강화계획

19 고정간격 강화계획의 경우 강화가 제시되는 시간 간격이 일정하기 때문에 초기에는 반응이 약하게 일어나거나 전혀 일어나지 않지만, 강화 시간이 가까워지면 강화물에 대한 기대로 반응이 증가한다.

20 다음 중 고전적 조건형성으로 보기에 거리가 <u>먼</u> 것은?

① 좋아하는 선생님 과목의 성적이 좋아졌다.
② 음료 광고에 아이돌 가수를 등장시킨다.
③ 비둘기를 보면 멀리 돌아서 간다.
④ 치킨집 쿠폰을 열심히 모아둔다.

20 쿠폰을 모으는 행위는 조작적 조건형성의 토큰 경제에 해당한다.

정답 18 ① 19 ① 20 ④

21 다음 사례를 가장 적절하게 설명하는 학습방법은?

> 두 집단의 아이들에게 어른이 인형을 때리는 비디오 장면을 보여주고 혼자 남은 아이들이 어떻게 행동하는지 관찰하였다. 그러자 두 집단 아이들 모두 어른처럼 인형을 때렸다. 특히, 폭력 행위를 한 어른이 칭찬받는 동영상을 본 집단의 아이들이 폭력 행동을 더 많이 따라하였다.

① 통찰학습
② 잠재학습
③ 강화학습
④ 관찰학습

21 반두라(Bandura)는 유치원 아동들을 대상으로 한 보보인형 실험을 통해 관찰학습이론을 설명하였다.

22 다음 중 반복시행이 전제되는 조건형성의 원리로 설명하기 어려운 학습 현상들을 묶은 것은?

① 미각 혐오학습 – 고양이 공포학습
② 대리적 강화학습 – 미각 혐오학습
③ 고양이 공포학습 – 침팬지의 통찰학습
④ 침팬지의 통찰학습 – 대리적 강화학습

22 통찰학습은 쾰러(W. Köhler)가 주장한 것으로 반복시행이 아닌 순간적인 통찰을 말하고 있으며, 대리적 강화는 모델을 관찰하여 모델이 강화를 받을 때 강화적 결과를 보이는 것을 말한다.

정답 21 ④ 22 ④

23 다음 중 기억에 대한 설명으로 옳지 <u>않은</u> 것은?

① 망각은 단기기억 속에 이미 저장되었던 정보를 잃어버리는 현상으로 간섭과 쇠퇴 등이 있다.

② 단기기억은 정보를 선택적으로 처리하여 일시적으로 저장하는 것으로 용량이 적다.

③ 장기기억은 정보를 무제한, 영구적으로 저장할 수 있으며 일화기억과 의미기억으로 구성된다.

④ 감각기억은 감각기관을 통해 들어온 정보를 순간적으로 저장하는 것으로 매우 짧은 시간 동안 자극을 저장한다.

23 망각은 장기기억 속에 저장된 정보를 잃어버리는 현상이다.

24 남들보다 기억술을 잘 사용하는 사람의 특징에 대한 설명으로 가장 적절한 것은?

① 학습할 자료와 함께 일반화된 재생단어를 독특하게 만든다.

② 학습자료의 의미를 보다 친숙한 의미가 있는 정보와 관련시킨다.

③ 학습과정에 필연적으로 참여한다.

④ 관련 있는 항목들을 명확하게 조직하도록 문맥을 만든다.

24 기억술은 정보의 부호화와 재생을 강화시키는 방법으로 기억술을 잘 사용하는 사람들은 다음과 같은 특징을 지닌다.
첫째, 관련 없는 항목들을 명확하게 조직하도록 문맥을 만든다. 둘째, 학습해야 할 자료의 유의미성을 보다 친숙한 의미가 있는 정보와 관련시켜서 강화한다. 셋째, 학습되어야 할 학습자료와 함께 부호화되는 재생단서를 독특하게 만든다. 넷째, 학습과정에 능동적으로 참여한다.

정답 23 ① 24 ②

25 문제해결을 할 때 물건이나 상황을 한 가지로만 해석하고 그 해석에서 벗어나지 못하는 현상은?

① 기능적 고착
② 순행간섭
③ 쇠퇴
④ 범주화

25 기능적 고착은 어떤 사물의 습관적인 기능에 얽매여 그것이 가진 잠재적인 사용법을 활용하지 못하는 경향을 말한다.

26 다음 내용을 주장한 학자와 그 이론의 연결이 올바른 것은?

> 지능의 구성요소에는 여러 영역에 영향을 미치는 일반요인이 존재한다.

① 서스톤의 다요인이론
② 스피어만의 2요인이론
③ 가드너의 다중지능이론
④ 카텔의 위계적 요인이론

26 스피어만은 모든 사람이 공통으로 가지고 있는 일반요인(g)과 특수요인(s)으로 지능이 구성된다고 주장하였다.

27 다음 중 괄호 안에 들어갈 개념으로 알맞은 것은?

> 올포트는 개인의 사고와 행동에 상당한 영향을 미치는 개인적 성향을 (   )이라고 하였다.

① 주특성
② 중심특성
③ 이차적 특성
④ 원천특성

27 올포트는 성격의 특성을 '주특성, 중심특성, 이차적 특성'으로 구분하였으며, 이 중에서 중심특성을 개인의 사고와 여러 행동에 널리 영향을 주는 성격의 핵심으로 보았다.

정답 25 ① 26 ② 27 ②

28 **아들러의 이론에서 개인의 성격형성과정에 영향을 미치는 가장 중요한 요인은?**

① 열등 컴플렉스
② 출생순서
③ 우월을 위한 노력
④ 인생태도

29 **다음 중 괄호 안에 들어갈 개념으로 옳은 것은?**

> 과제를 완수하거나 목표를 달성할 수 있다는 개인의 신념을 (　　)(이)라고 한다.

① 회복탄력성
② 핵심신념
③ 개인적 우화
④ 자기효능감

30 **다음 중 검사의 규준화에 필요한 요인으로만 묶인 것은?**

① 표집, 분석, 전수조사
② 타당도, 신뢰도, 확률표본추출
③ 유사도, 척도분석, 층화표본추출
④ 자유도, 관측도, 할당표본추출

28 아들러는 프로이트와는 달리 인간의 가장 중요한 중심 에너지가 성욕이 아닌 우월을 위한 노력이라고 주장하였다.

29 반두라는 개인이 처한 환경에서 스스로 그 환경을 극복할 수 있고, 자신이 원하는 결과를 얻을 수 있다는 기대를 자기효능감이라 했다.

30 검사의 규준화를 위해서는 먼저 검사 자체가 타당도와 신뢰도를 획득해야 검사가 사용 가능하며, 규준을 설정하기 위해서는 모집단에서 표본을 추출할 때 확률표본을 추출해서 규준화 작업을 해야 한다.

정답 28 ③ 29 ④ 30 ②

31 로저스의 인간중심 발달이론에 대한 설명으로 옳지 않은 것은?

① 모든 인간은 자기실현경향을 갖고 있다.
② 모든 인간에게는 객관적 현실 세계만이 존재한다.
③ 모든 인간의 행동은 개인이 세계를 지각하고 해석한 결과이다.
④ 인간은 자신의 삶의 의미를 능동적으로 창조하며 주관적 자유를 실천해간다.

31 모든 인간에게는 주관적 현실 세계만이 존재한다.

32 다음 중 조현병의 주 증상으로 적절하지 않은 것은?

① 망상
② 환각
③ 상동증
④ 와해된 언어

32 조현병(통합실조증, 정신분열증)의 주 증상 중 양성 증상은 '망상, 환각, 와해된 언어와 행동'이고, 음성 증상은 '정서적 둔마, 무논리증, 무욕증, 긴장증' 등이 있다.

33 벡의 이론에서 다음 사례를 가장 잘 설명하는 인지적 오류는?

> 길을 걷다가 개에게 물린 A는 이제 곧 광견병으로 목숨을 잃게 될 것이라 생각한다.

① 파국화
② 개인화
③ 선택적 추상
④ 과잉일반화

33 파국화는 재앙화라고도 부르며 부정적인 일이 발생했을 때 최악의 상황을 먼저 생각하는 인지오류를 말한다.

정답 31 ② 32 ③ 33 ①

34 다음 중 괄호 안에 들어갈 개념으로 알맞은 것은?

> 내담자 A는 어렸을 때 아버지로부터 학대를 받았다. 만약 A가 치료회기를 시작하면서 상담자가 화를 낼까봐 조심해서 행동한다면 A는 공포의 대상인 아버지를 대할 때의 감정을 상담자에게 (　　)했다고 할 수 있다.

① 전위　　② 전이
③ 동일시　　④ 융합

34 전이란 내담자가 과거 중요한 타인과의 관계에서 해결되지 못한 문제를 상담자에게 투사하여 재현하는 것을 말한다.

35 집단 내에서 과제해결을 논의할 때 동조행동이 나타날 가능성이 가장 낮은 경우는?

① 다수가 일치된 행동을 보인다.
② 집단 구성원들이 전문가들로 구성되어 있다.
③ 거절과 처벌의 가능성이 낮다.
④ 참여자들의 주장이 일관적이고 강력하다.

35 집단과 의견이 다를 경우 거절당하고 처벌받을 가능성이 높을 때 동조효과가 높아진다.

36 실험자의 명령에 따라 참가자가 공모자에게 전기쇼크를 가하도록 한 밀그램의 실험결과에서 확인할 수 없는 것은?

① 피해자와 처벌자가 멀어질수록 복종은 어려워진다.
② 명령자가 권위적 인물로 합법성을 갖고 있다고 지각할수록 복종이 높아진다.
③ 실험을 수행하는 기관이 인지도 높은 기관인 경우 복종이 높아진다.
④ 불복종 인물을 인지하면 복종의 정도는 낮아진다.

36 피해자와 처벌자가 멀리 떨어져 있을수록 처벌 명령에 복종할 가능성이 높아진다.

정답 34 ② 35 ③ 36 ①

37 다음 사례를 설명할 수 있는 이론은?

> A는 제주도에 여름휴가를 가기 위해 비행기를 탔지만 출발이 지연되다가 결항되었다. A는 결항의 이유가 날씨 때문인지 혹은 장비 불량 때문인지 알고 싶었다.

① 귀인이론
② 상황적합이론
③ 인상형성이론
④ 사회적 교환이론

37 귀인이론은 어떤 주어진 결과에 대해 원인을 찾아 귀결시키려는 경향성을 말한다.

38 사람들이 특정 집단에 대해 지니고 있는 고정관념을 활용하는 이유로 가장 적절한 것은?

① 특정 집단에 대한 후광효과 때문이다.
② 특정 집단에 대한 진실을 알기 위해서는 시간과 노력, 비용이 너무 많이 들기 때문이다.
③ 특정 집단에 복잡한 이미지를 갖고 있기 때문이다.
④ 특정 집단에 부여된 피그말리온 효과 때문이다.

38 특정 집단이나 대상에 대한 고정관념과 편견은 실제 접촉할 기회가 적었기 때문이거나 대상에 대한 진실을 아는 데 너무 많은 시간, 비용, 노력이 소요되어 일부의 정보로 결론을 내리기 때문이다.

정답 37 ① 38 ②

39 다음 사례에 해당하는 심리학 개념은 무엇인가?

> 심리검사 개발자 A는 지원자를 평가하기 위해 직무분석을 통해 과업 수행에 필요한 역량을 평가할 수 있는 심리검사를 개발하였다. 그런데 A가 이를 수행하는 과정에서 해당 직무와 관련이 없는 준거를 실수로 포함시켰다.

① 신뢰도
② 타당도
③ 자유도
④ 변별도

39 타당도란 측정하고자 하는 개념이나 속성을 얼마나 정확하게 측정할 수 있는가를 나타내는 지표이다.

40 다음 상황에서 나타나기 쉬운 집단행동은?

> 식품회사 영업부에 다니는 A는 개발부에서 새로 개발한 음료 시음을 하게 되었다. 함께 시음을 한 사람들은 개발부, 영업부, 생산부, 마케팅부 사람들이었는데 자신을 제외한 모든 사람이 시음한 음료가 정말 좋다고 최고점을 주었다. 이제 마지막으로 A가 음료에 대한 점수를 주어야 한다.

① 복종
② 응종
③ 동조
④ 인지부조화

40 동조는 타인이나 집단의 기준, 가치관, 기대에 순응하여 행동하는 것으로 다수의 의견이 어느 한 방향으로 쏠리는 현상을 말한다.

정답 39 ② 40 ③

이성으로 비관해도 의지로써 낙관하라!

- 안토니오 그람시 -

최신기출문제

출/ 제/ 유/ 형/ 완/ 벽/ 파/ 악/

할 수 있다고 믿는 사람은 그렇게 되고, 할 수 없다고 믿는 사람도 역시 그렇게 된다.

– 샤를 드골 –

2024년 기출복원문제

▶ 온라인(www.sdedu.co.kr)을 통해 기출문제 무료 강의를 만나 보세요.

01 다음 중 문학의 속성으로 가장 적절하지 않은 것은?

① 사회를 비추는 거울로서 현실을 반영한다.
② 정서적 언어로 감정을 표현한다.
③ 집단적, 객관적 정서를 표현한다.
④ 작가가 자신의 인생관, 가치관을 드러낸다.

01 문학은 독자적이고 개별적인 것을 지향하는 것으로 개인적, 주관적 정서를 표현하는 것이다.

02 다음 중 모방론에서 제시하는 문학작품이 발생한 이유로 가장 적절한 것은?

① 문학작품은 사람들로부터 관심을 끌기 위한 욕구로부터 발생하였다.
② 문학작품은 사람들이 자신의 감정이나 생각을 표현하기 위해 발생하였다.
③ 문학작품은 사람들이 행위 자체를 즐기는 충동으로부터 발생하였다.
④ 문학작품은 다른 사람을 모방하는 본성과 그것을 보고 느끼는 쾌락에서 발생하였다.

02 ① 다윈 등의 진화론자들이 제시한 것으로, 인간에게는 남을 끌어들이려는 흡인본능이 있다고 보는 흡인본능론에 대한 설명이다.
② 허드슨의 자기표현본능설에 대한 설명이다.
③ 칸트와 스펜서가 제시한 유희본능설에 대한 설명이다.

정답 01 ③ 02 ④

03 다음 작품과 관련된 문학의 기능은?

> 오ᄂᆞᆯ도 다 새거다 호ᄆᆡ 메고 가쟈ᄉᆞ라.
> 내 논 다 ᄆᆡ여든 네 논 졈 ᄆᆡ여 주마.
> 올 길헤 ᄲᅩᆼ 빠다가 누에 머겨 보쟈ᄉᆞ라.
>
> – 정철, 「훈민가」

① 쾌락적
② 비판적
③ 교시적
④ 오락적

03 교시적 기능이란 작품을 통해 독자들이 자신의 행위를 돌아보게 하고 교훈을 주는 문학의 기능을 말한다. 정철의 「훈민가」는 제목을 통해서도 드러나듯 백성들에게 유교적 윤리와 도덕을 권장하는 내용의 연시조이다. 제시된 부분은 「훈민가」 전 16수 중 13수에 해당하는 것으로, 상부상조의 자세를 권하고 있다.

04 다음 중 문학 장르의 세 가지 기준 모형에 속하지 않는 것은?

① 극
② 서정
③ 설화
④ 서사

04 전통적으로 문학 장르는 서정, 서사, 극으로 구분한다. 설화는 서사의 하위분야에 속한다.

05 다음 중 장르를 나누는 기준으로 옳은 것은?

① 독자와의 관계에 따라 운문과 산문으로 나눌 수 있다.
② 매체의 형태에 따라 기록문학과 구비문학으로 나눌 수 있다.
③ 창작의 목적에 따라 순수문학과 참여문학으로 나눌 수 있다.
④ 제재의 성격에 따라 농촌문학, 연애문학, 역사문학, 풍속문학으로 나눌 수 있다.

05 ① 운문과 산문으로 나누는 것은 작품의 매체 및 형태에 따른 구분이다.
② 기록문학과 구비문학으로 나누는 것은 언어의 전달방식에 따른 구분이다.
③ 창작 목적에 따라서는 참여문학, 계몽문학, 오락문학으로 구분한다. 순수문학은 독자와의 관계에 따른 구분의 한 갈래로, 이에 따르면 문학 장르는 순수문학, 대중문학, 통속문학으로 구분된다.

정답 03 ③ 04 ③ 05 ④

06 **다음 비평문의 내용과 관련된 시어의 성격은?**

> 김수영의 시 「눈」에 나오는 '눈'은 해석하는 사람의 관점에 따라 '사람의 눈'이 될 수도, '하늘에서 내리는 눈'이 될 수도 있다. 이는 '눈'이라는 단어가 동음이의어로서 두 가지 뜻을 갖고 있기 때문인데, 시인이 이러한 언어를 의도적으로 사용함으로써 정서적 깊이를 증대시키고 시에 대한 해석을 풍부하게 할 수 있다.

① 주관성
② 애매성
③ 감수성
④ 추상성

07 **2~5음절 정도의 글자가 결합되어 이루어진 구절을 규칙적으로 반복하는 운율은?**

① 음보율
② 음수율
③ 내재율
④ 강약률

06 시어에 해당하는 언어가 따로 존재하는 것은 아니지만, 일상어와 달리 시어는 주관적이며 함축적, 간접적, 2차적 등등의 특징을 지니는 경우가 많다. 제시된 비평문에서 알 수 있는 시어의 특징은 해석이 두 가지 이상으로 가능하다는 것인데, 이는 W. 엠프슨이 말한 애매성에 해당한다.

07 음보율은 우리 시에서 가장 두드러진 운율로, 일정 글자 수로 이루어진 구절을 3~4번 반복함으로써 이루어진다.
② 음수율은 일정한 글자 수가 반복되는 것이다.
③ 내재율은 작품의 내면에 흐르는 운율로, 외형상의 규칙성이 드러나지 않는다.
④ 강약률은 외국 시에 주로 사용되는 것으로, 글자 수는 상관없이 악센트의 수를 일치시킴으로써 이루어지는 운율이다.

정답 06 ② 07 ①

08 다음 시에 나타나는 운율에 대한 설명으로 가장 적절한 것은?

> 늦은 저녁 때 오는 눈발은 말집 호롱불 밑에 붐비다.
> 늦은 저녁 때 오는 눈발은 조랑말 발굽 밑에 붐비다.
> 늦은 저녁 때 오는 눈발은 여물 써는 소리에 붐비다.
> 늦은 저녁 때 오는 눈발은 변두리 빈터만 다니며 붐비다.
> – 박용래, 「저녁눈」

① 외형률보다 내재율이 두드러진다.
② 전통적인 7・5조의 음수율이 나타난다.
③ 자유시이므로 운율을 느끼기가 어렵다.
④ 특정하게 반복되는 구절로 운율을 형성한다.

09 다음 시구에 나타나는 음보율은?

> 나 보기가 역겨워
> 가실 때에는
> 말없이 고이 보내 드리오리다.
>
> 영변에 약산
> 진달래꽃
> 아름 따다 가실 길에 뿌리오리다.

① 2음보
② 3음보
③ 4음보
④ 5음보

---

08 '늦은 저녁 때 오는 눈발은', '~붐비다'라는 구절이 반복됨으로써 운율을 형성하고 있다.
① 외형상 일정한 구절이 반복되고 있으므로 내재율보다는 외형률이 두드러지는 시이다.
② 7・5조는 글자 수가 3・4・5 혹은 4・3・5로 일정하게 반복되는 것인데, 이 시에 드러나는 글자 수와는 다르다.
③ 제시된 시가 자유시인 것은 맞지만, 이 시를 소리 내어 읽다보면 비슷한 구절이 반복됨에 따라 운율을 느낄 수 있다. 따라서 자유시에도 운율이 내재되어 있음을 알 수 있다.

09 제시된 작품은 김소월의 「진달래꽃」의 일부로, 7・5조의 3음보로 이루어진 시이다. 제시된 구절은 음보에 따라 다음과 같이 끊어 읽는다.

> 나 보기가 / 역겨워 / 가실 때에는 // 말없이 / 고이 보내 / 드리오리다. // 영변에 / 약산 / 진달래꽃 // 아름 따다 / 가실 길에 / 뿌리오리다.
> ※ / : 음보와 음보 사이의 구분
> // : 3음보 단위 구분

정답 08 ④ 09 ②

10 다음 중 서정시에 대한 설명으로 가장 적절한 것은?

① 시의 대상이 신이나 영웅, 역사적 사실이다.
② 지성을 강조하는 주지시 역시 내용상 서정시에 적용된다.
③ 객관적 사실을 노래하면서 서사 지향성을 지닌다.
④ 형태를 기준으로 시를 분류하면 정형시와 대립된다.

10 서정시는 개인의 주관적인 감정이나 정서를 다룬 시로, 대부분의 현대시가 이에 속한다.
①·③ 서사시에 대한 설명이다.
④ 형태를 기준으로 했을 때 정형시와 대립되는 것은 서정시가 아니라 자유시이다.

11 다음 내용에서 괄호 안에 공통으로 들어갈 말로 옳은 것은?

> 휠라이트는 ( ) 은유의 예로 "군중 속에서 유령처럼 피어나는 이 얼굴들, / 까맣게 젖은 나뭇가지 위의 꽃잎들"이란 에즈라 파운드의 시를 인용했다. 여기에서 '얼굴들'과 '꽃잎들'은 서로가 같은 것인지 다른 것인지 판단이 유보된다. 이러한 점에서 ( ) 은유는 해체주의적 관심까지 불러일으킨다.

① 병치
② 관습
③ 내재
④ 해석

11 휠라이트는 은유를 치환과 병치라는 두 가지 관점에서 설명했다. 치환은 원관념과 보조관념 사이에 논리적 관계가 있는 전통적인 개념의 은유이고, 병치는 비논리적인 관계를 통해 새로운 의미를 창조하는 것이다. 제시된 시의 경우, 독립성을 지닌 '얼굴들'과 '꽃잎들'의 이미지가 병치되면서 새로운 의미가 생산되고 있다.
②·③·④의 관습, 내재, 해석은 은유와 관련성이 없는 개념들이다.

12 다음 중 시각적 이미지에 대한 설명으로 가장 적절하지 <u>않은</u> 것은?

① 신선하고 독창적이어야 효과적이다.
② 감각적 체험의 재생을 제시하는 것이 좋다.
③ 비유, 상징 등의 표현 기교에 결합되어야 한다.
④ 주제와 관계없이 독립적 맥락에서 형성되어야 한다.

12 시각적 이미지를 비롯하여 시의 이미지는 시의 주제와 조화를 이루어 주제를 구현하는 데 기여하는 방식으로 이루어져야 한다.

정답 10 ② 11 ① 12 ④

13 다음 중 시구에 나타난 심상이 나머지와 다른 하나는?

① 파아란 바람이 불고 가을이 있고
② 젊은 아버지의 서느런 옷자락에
③ 피부의 바깥에 스미는 어둠
④ 매운 계절의 채찍질에 갈겨

13 '서느런 옷자락'에서는 촉각적 심상만이 드러난다. 나머지 선지에서는 모두 공감각적 심상이 드러난다.
① '파아란 바람'에서 촉각의 시각화라는 공감각적 심상이 드러난다.
③ '어둠'을 피부로 느끼는 듯 표현했기 때문에 시각의 촉각화라는 공감각적 심상이 드러난다.
④ '계절의 채찍'이라는 촉각을 '매운'이라는 미각으로 표현했기 때문에 촉각의 미각화라는 공감각적 심상이 드러난다.

14 다음 시에 대한 설명으로 가장 적절하지 않은 것은?

얇은 사 하이얀 고깔은
고이 접어 나빌레라

파르라니 깎은 머리
박사 고깔에 감추오고

두 볼에 흐르는 빛이
정작으로 고와서 서러워라

– 조지훈, 「승무」

① 시적 허용을 통해서 시어를 새롭게 제시하였다.
② 은유를 통해서 서로 다른 존재를 융합하였다.
③ 청각적 이미지를 통해 감각을 환기시키고 있다.
④ 역설적 표현을 통해 정서를 불러일으키고 있다.

14 이 시는 청각적 이미지가 아니라 시각적 이미지가 두드러지게 나타나고 있다.
① '하이얀', '나빌레라', '감추오고'와 같은 시어들은 문법적으로는 맞지 않는 것으로, 이는 시적 허용에 해당된다.
② 1연에서 얇고 하얀 천으로 만든 고깔을 '나비'와 융합하여 '나빌레라'라는 표현을 만들어냈다.
④ 마지막 행의 '고와서 서러워라'라는 표현은 '곱다'와 '서럽다'라는 이질적인 이미지를 동시에 제시함으로써 역설적 표현이 이루어졌다.

정답 13 ② 14 ③

15 다음 두 제시문에 대한 설명으로 옳은 것은?

> (가) 나의 첫사랑은 장미꽃처럼 화려하다.
> (나) 내 삶에 장미꽃은 없었다.

① 모두 은유를 활용하고 있다.
② 모두 상징을 활용하고 있다.
③ (가)는 직유, (나)는 상징을 활용하고 있다.
④ (가)는 상징, (나)는 은유를 활용하고 있다.

15 은유의 경우 원관념은 숨기고 보조관념만을 드러내어 'A는 B이다'와 같은 형식을 취하게 되는데, (가)와 (나) 둘 다 이러한 형식을 찾아볼 수는 없다. 직유는 '~처럼', '~인 양', '~듯이'와 같은 형식을 사용한다. (가)에서는 '장미꽃처럼'이란 표현을 통해 직유가 사용되었음을 알 수 있다.
또한 상징은 은유와 달리 원관념과 보조관념 사이의 유사성이 없고 원관념이 생략되는 경향이 있다. (나)에서 '장미꽃'이 의미하는 바는 글 전체의 문맥을 통해 의미파악이 가능하고, 원관념이 생략되어 있다는 점에서 상징이라 할 수 있다.

16 다음 중 괄호 안에 들어갈 말이 순서대로 옳게 짝지어진 것은?

> 소설에서 사건을 서술하는 방법은 두 가지가 있다. 먼저 (㉠)은(는) 시간 순서에 따라 사건을 제시하는 것이다. 반면 (㉡)은(는) 논리적 인과관계에 따라 사건을 설명하고, 미적 계획에 맞춰 이야기를 구성하는 것이다.

	㉠	㉡
①	스토리	플롯
②	평면	입체
③	플롯	스토리
④	입체	평면

16 스토리와 플롯의 가장 큰 차이는 시간적 순서에 따른 서술인가, 인과관계에 따른 논리적 서술인가 하는 점이다.
'입체'와 '평면'은 구성과 관련하여 쓰일 경우, 시간적 흐름에 따라 구성이 이루어진 경우 평면적 구성(순행적 구성), 시간의 순서가 뒤섞여 있는 경우 입체적 구성(역순행적 구성)이라고 불린다.

17 다음 중 소설에 대한 설명으로 가장 적절하지 <u>않은</u> 것은?

① 인물과 상황을 중심으로 이야기를 풀어나간다.
② 인간의 삶을 다루지만 허구적 요소가 들어 있다.
③ 소설가와 서술자를 동일한 존재로 인식할 수 있다.
④ 갈등을 다루는 이야기이므로 갈등 구조를 보여준다.

17 소설의 서술자는 작품의 인물, 사건, 배경을 바라보고 독자에게 이야기를 전해주는 인물로서 시에서의 시적 화자와 마찬가지로 작가가 가공해 낸 가상의 인물이다. 작가, 즉 소설가와 서술자는 동일 인물이 아니다.

정답 15 ③ 16 ① 17 ③

18 다음 중 괄호 안에 들어갈 말이 순서대로 옳게 짝지어진 것은?

(㉠)은(는) 인물과 배경이 동일하지만, 사건은 다른 이야기들이 전개된다. 「데카메론」도 이러한 구조를 띠고 있다. 한편 (㉡)은(는) 이야기 속에 이야기가 있는 형식으로 구성된다.

	㉠	㉡
①	옴니버스	액자형 플롯
②	액자형 플롯	옴니버스
③	피카레스크	옴니버스
④	피카레스크	액자형 플롯

18 액자형 플롯은 하나의 플롯 속에 또 하나의 플롯이 삽입된 것을 말한다. 옴니버스와 피카레스크는 하나의 주제를 중심으로 여러 사건이 전개된다는 점에서는 동일하지만, 옴니버스가 각 이야기의 주요 인물이 다른 반면 피카레스크는 주요 인물이 일정하다는 차이점이 있다.

19 다음 내용에 해당하는 개념으로 적절한 것은?

이들은 한 사회의 집단이나 계층에 소속된 인물이며, 공통적으로 보여주는 기질이 있다. 어떤 계층의 성격적 특징을 대변하며, 사회로부터 고립되지 않고 소속되어 있기 때문에 이들에게는 어떤 공통된 성격이 부여된다.

① 전형적 인물
② 개성적 인물
③ 입체적 인물
④ 문제적 인물

19 ② 개성적 인물이란 전형적 인물에 대응하는 개념으로, 작가가 독특한 개성을 발휘하여 창조한 인물을 말한다.
③ 입체적 인물은 한 작품 안에서 성격이 거의 변하지 않는 평면적 인물과 달리 성격이 발전, 변화하는 인물이다.
④ 문제적 인물은 사회의 보편적 질서에 맞서는 인물로, 근대에 들어 새롭게 등장한 인물 유형을 가리킨다.

정답 18 ④ 19 ①

20 다음 내용에서 괄호 안에 들어갈 말로 가장 적절한 것은?

> (　　)은 루카치의 『소설의 이론』에서 쓰인 용어로, 근대 이후에 등장한 소설의 새로운 인물 유형을 일컫는다. 이들은 자신이 속한 세계가 행복한 사회가 아니기 때문에 보편적 질서에 맞서는 인물로 나타난다. 예를 들어 「죄와 벌」의 라스콜리니코프, 「이방인」의 뫼르소, 「광장」의 이명준과 같은 이들이 여기에 속한다.

① 문제적 인물
② 입체적 인물
③ 개성적 인물
④ 해설적 인물

20 ② 입체적 인물은 평면적 인물에 대응하는 개념으로, 작품 전개에 따라 성격이 발전 및 변화하는 인물을 말한다.
③ 개성적 인물은 전형성에서 탈피하여 작가의 독특한 개성이 발휘된 창조적 인물이다.
④ 해설적 인물이라는 개념은 없다. 다만 인물 제시 방법으로써 인물의 성격을 작가가 직접적으로 제시하는 경우, 이를 해설적으로 제시한다고 할 수 있다.

21 다음에 제시된 부분의 시점으로 옳은 것은?

> 나는 그녀가 일기를 쓴다는 것을 몰랐다. 뭘 쓴다는 것이 그녀에게는 도무지 안 어울리는 일이었다. 자기반성이나 자의식 같은 것이 일기를 쓰게 하는 나이도 아니었다. 그렇다고 학생 때 무슨 글을 써 봤다는 소리도 듣지 못했다. 내게 쓴 연애편지 몇 장도 그저 그런 여자스러운 감상을 담고 있을 뿐 글재주 같은 건 없었다.
> 그날 나는 낮 시간에 집에 있었다. 간밤에 초상집에 갔다가 새벽에 들어와서 열두 시가 넘도록 늘어지게 잤던 것이다. 자고 일어나 보니 집에는 아무도 없었다. 그녀는 아이들을 데리고 시장에라도 간 모양이었다. 물을 마시려고 자리에서 몸을 일으키던 나는 화장대 위에 웬 노트가 놓여 있는 걸 보았다. 당연히 가계부인 줄 알았다. 그런데 일기장이었다.

① 전지적 작가 시점
② 1인칭 관찰자 시점
③ 1인칭 주인공 시점
④ 3인칭 관찰자 시점

21 제시된 작품은 은희경의 「빈처」의 시작 부분이다. 이 작품은 남편이 우연히 발견한 아내의 일기장을 봄으로써 드러나게 되는 아내의 삶, 그리고 부부간의 소통과 사랑의 문제를 다루고 있다. 제시된 부분은 '나(남편)'라는 작품 속 서술자를 내세워 서술하고 있으므로 전지적 시점이나 3인칭 시점이 아닌 1인칭 시점이다. 또한 이 작품에서 주된 서술의 대상은 '나(남편)'의 시선에 의해 드러나는 아내의 삶이므로, 주인공 시점이 아니라 관찰자 시점이다.
③ 문제에 제시된 부분은 아니지만, 이 작품에서 아내의 일기 내용이 언급되는 부분은 1인칭 주인공 시점으로 서술된다.

정답 20 ① 21 ②

22 다음 중 뮤어의 성격 유형 분류에 대한 설명으로 옳지 않은 것은?

① 성격 소설은 개성적이고 새로운 성격을 지닌 인물을 표현하는 것에 중점을 둔다.
② 행동 소설은 호기심을 유발하는, 박력 있는 사건을 통해 즐거움을 제공하는 것을 중시한다.
③ 극적 소설은 플롯에 초점을 맞추어 주인공의 완결된 체험을 제시하는 데 초점을 둔다.
④ 시대 소설은 탄생, 성장, 죽음의 시간 순서에 의해 구성되는 외적 진행으로 이루어진다.

22 시대 소설은 한 시대의 풍속을 반영한 것으로 한 시대의 분위기나 환경, 역사적 흥미나 관심을 제공하는 데 중점을 둔다. 개인의 '탄생, 성장, 죽음의 시간 순서에 의해 구성'되는 것은 연대기 소설에 대한 설명이라 할 수 있다.

23 단편 소설과 장편 소설에 대한 설명으로 옳지 않은 것은?

① 단편 소설은 기교 중심의 글이지만, 장편 소설은 주제와 사상의 초월에 집중하는 글이다.
② 단편 소설은 집중적이고 압축적인 구성을 지니지만, 장편 소설은 복잡하고 발전적인 구성을 지닌다.
③ 단편 소설은 인생의 단면을 예각적으로 제시하는 반면, 장편 소설은 인간과 사회를 총체적으로 보여준다.
④ 단편 소설은 인물을 평면적 성격으로 제시하는 게 유리하고, 장편 소설은 입체적 성격으로 제시하는 게 유리하다.

23 단편 소설은 장편 소설에 비해 기교적인 면에서 두드러지지만, 그렇다고 단편 소설이 기교 중심의 글인 것은 아니다. 단편 소설은 압축된 구성을 통해 인생의 단면을 예리하게 그려내는 과정에서 뛰어난 표현기교를 사용하게 될 뿐이다.

24 문학비평에 대한 설명으로 옳지 않은 것은?

① 문학비평이란 작품을 판단하고 식별하는 것이다.
② 문학비평이란 작품의 가치를 평가하는 과정을 포함한다.
③ 문학비평에서는 작품 감상도 문학비평의 일종으로 본다.
④ 문학비평에서는 작품의 부정적 면모를 부각하는 것이 최종 목표이다.

24 문학비평의 최종 목적은 가치 판단에 있다. 비평을 통해 작품의 부정적 면모에 대한 비판적 검토가 이루어질 수는 있어도 그것이 비평의 최종 목표는 아니다.

정답 22 ④ 23 ① 24 ④

25 다음 중 문학비평의 대상이 아닌 것은?

① 문학적 텍스트
② 비평이론가의 생애
③ 대중매체와의 연관성
④ 텍스트 생산의 사회·역사적 상황

26 다음 내용에서 괄호 안에 들어갈 말로 가장 적절한 것은?

> 문학적 산물은 한 사람의 전체 성격과 구별할 수 없다. 개별 작품을 즐길 수는 있지만, 그 사람 자체를 알지 못하고 작품만 독립적으로 판단할 수는 없다는 뜻이다. “열매를 보면 그 나무를 알 수 있다.”라는 말이 바로 그러하다. 즉, 문학 연구는 인간 그 자체 (   ) 연구로 옮겨진다.

① 심리(心理)
② 전기(傳記)
③ 사상(思想)
④ 세계관(世界觀)

27 다음 내용에서 괄호 안에 공통으로 들어갈 말로 옳은 것은?

> (   )은 문학, 역사, 현실 관계를 중시하는 태도에서 기초하였다. 이 관점에서는 문학작품 출현을 역사적 사건처럼 취급한다. 특히 문학의 기원, 갈래의 발생, 문학작품의 시대적 변천은 (   )의 중요한 관심사이다. 또한 (   )에서는 문학의 사회·역사적 의미에 대한 가치 추출이 중요하다.

① 신비평
② 구조주의 비평
③ 원형주의 비평
④ 역사주의 비평

25 문학비평의 대상이 되는 것은 문학작품을 창작한 작가의 생애이지 비평이론가의 생애가 아니다.

26 제시문은 역사·전기적 비평의 관점을 보여준다.
① ‘심리’는 심리주의 비평과 관련되는 것으로, 심리주의 비평에서는 인간의 내면세계를 분석함으로써 창작 심리를 해명하고자 한다.
③·④ 사상, 세계관 연구는 작가의 전기 연구를 통해 드러나는 것이라 보는 게 타당하다.

27 ① 신비평에서는 문학작품 자체에 집중한다.
② 구조주의 비평은 역사주의 비평과 대립되는 관계로, 작품의 역사성을 배제하고 작품의 현재성 및 구조 파악에 초점을 맞춘다.
③ 원형주의 비평에서는 문학작품 속에 나타난 신화의 원형을 찾고자 한다.

정답 25 ② 26 ② 27 ④

28 다음 중 괄호 안에 들어갈 말로 가장 적절한 것은?

> 형식주의 비평가들은 관습적 반응과 새로운 지각, 기계적 인식과 발견의 대립에 기초해서 (   )을(를) 처음으로 제시하였다. 이것은 예술과 삶의 경험에 대한 인간 감각을 새롭게 한다는 점에서 출발하였다.

① 낯설게 하기
② 무의식의 세계
③ 의식의 흐름
④ 구조적 상동성

28 ②・③ 무의식의 세계, 의식의 흐름은 심리주의 비평가들이 주목한 것이다.
④ 구조적 상동성은 구조주의 비평가들의 주목 대상이다.

29 다음 중 사회・문화적 비평의 한계에 해당하는 것은?

① 경직된 목적의식이 있어 관념에 사로잡히기 쉽다.
② 공시적 관점에 주목하여 역사적 변화를 도외시한다.
③ 문체, 이미지, 상징 등에 대한 이해가 부족할 수 있다.
④ 심층 심리에 지나치게 관심을 보여 과도한 해석을 하기도 한다.

29 ① 마르크스주의 비평의 한계에 대한 설명이다. 마르크스주의 비평이 사회・문화적 비평의 한 부분에 해당하긴 하지만, 이를 전반적인 사회・문화적 비평의 한계라고 할 수는 없다.
② 구조주의 비평의 한계에 대한 설명이다.
④ 심리주의 비평의 한계에 대한 설명이다.

30 다음 어휘들과 관련된 비평론으로 가장 적절한 것은?

> 프로이트, 라캉, 꿈, 무의식, 자아,
> 초자아, 이드, 욕망, 상상계, 상징계

① 원형 비평
② 심리주의 비평
③ 구조주의 비평
④ 사회 문화적 비평

30 제시된 단어들은 모두 심리주의 비평과 관련된 것들이다. 프로이트는 정신분석학을 통해 심리주의 비평의 장을 연 인물이며, 라캉은 프로이트의 이론에 구조주의 언어학을 첨가하여 심리주의 비평을 발전시켰다. 심리주의 비평에서는 꿈, 무의식, 자아, 초자아, 이드, 욕망, 상상계, 상징계 등을 통해 작품 및 작가, 독자의 심리를 해명한다.

정답 28 ① 29 ③ 30 ②

31 다음 중 수필의 특징으로 가장 적절하지 <u>않은</u> 것은?

① 동양의 수필은 서양의 에세이와 유사한 속성이 있다.
② 수필은 시나 소설과 달리 형식적 요건을 필요로 하지 않는다.
③ 수필은 인생과 자연을 자유롭게 표현하는 산문 문학이다.
④ 경수필은 사회적 · 논리적이며, 중수필은 개인적 · 주관적 · 정서적이다.

32 다음 중 괄호 안에 들어갈 수필의 종류에 해당하지 <u>않는</u> 것은?

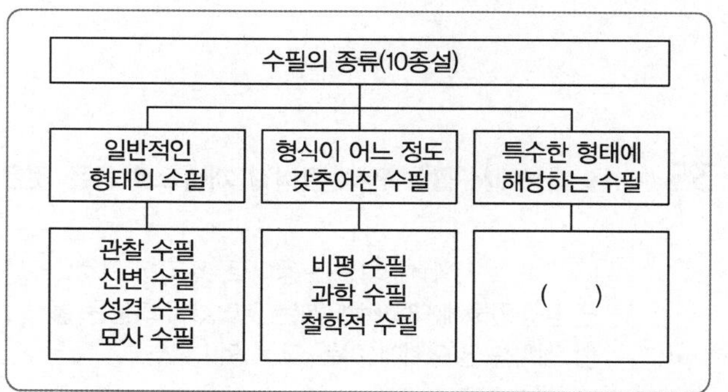

① 담화 수필
② 서한 수필
③ 사설 수필
④ 지식적 수필

31 경수필과 중수필에 대한 설명이 서로 바뀌었다. 경수필이 개인적 · 주관적 · 정서적인 것인 반면, 중수필은 사회적 · 논리적이다.

32 수필의 종류를 구분하는 기준은 여러 가지가 있다. 이 중 『미국백과사전』의 10종설은 가장 세분화된 구분이다. 이에 따르면 특수한 형태에 해당하는 수필에는 담화 수필(서사 수필), 서한 수필, 사설 수필이 있다. 지식적 수필은 일본의 히사마쓰 데이이치가 『수필과 문학의식』에서 분류한 수필의 3종설(문학적 수필, 문학론적 수필, 지식적 수필)에 해당한다.

정답 31 ④ 32 ④

33 다음 내용에서 괄호 안에 들어갈 말로 가장 적절한 것은?

> 서술자가 독자에게 사건을 전달하는 것은 서사에 해당한다. 한편 화자가 독자에게 자신의 생각이나 정서를 전달하는 것은 서정에 해당한다. 한편, 희곡은 (　　)을(를) 통해 관객에게 사건을 직접 보여주는 것이다.

① 인물의 말과 행동
② 가상의 공간과 상황
③ 실제 인물인 배우
④ 무대와 객석의 소통

33 희곡은 무대 상연을 전제로 대화와 행동을 통해 관객에게 작가의 의도를 직접 전달하는 문학장르이다.

34 다음 중 연극의 네 가지 요소가 아닌 것은?

① 희곡
② 노래
③ 무대
④ 관객

34 연극의 4요소는 희곡, 무대, 관객에 '배우'를 합한 것이다.

35 다음 내용에서 괄호 안에 들어갈 개념으로 옳은 것은?

> (　　)는 「시학」에 나오는 용어로, 비극이 관객으로 하여금 등장인물에 대하여 느끼는 연민과 두려움을 통해 감정의 정화를 일으키게 하는 것을 의미한다.

① 미토스
② 카타르시스
③ 파토스
④ 하마르티아

35 ① 미토스는 플롯을 뜻한다.
③ 파토스는 격정적인 감정 혹은 열정을 뜻한다.
④ 하마르티아는 비극에서 주인공을 파멸에 이르게 만드는 주인공 자신의 선천적인 결함이나 성격을 의미한다.

정답 33 ① 34 ② 35 ②

36 **희곡의 5막 구성 중 발단에 해당하는 설명으로 옳은 것은?**

① 관객의 긴장을 새로운 방향으로 전환시킨다.
② 극적 행동에 대한 관객의 흥미와 주의를 집중시킨다.
③ 플롯의 실마리가 드러나고 사건의 방향성을 제시한다.
④ 논리적이고 필연적인 반전을 통해 긴장감을 느슨하게 만든다.

36 5단 구성은 발단, 상승(전개), 정점(위기, 절정), 하강(반전), 결말(대단원)로 구성된다.
①·④ 하강에 대한 설명이다.
② 상승(전개)에 대한 설명이다.

37 **다음 중 작품과 그 작가가 잘못 연결된 것은?**

① 「토막」, 유치진
② 「호신술」, 채만식
③ 「원고지」, 이근삼
④ 「파수꾼」, 이강백

37 「호신술」은 송영의 작품으로, 일제치하 자본가들에 대한 비판과 풍자의 내용을 담고 있다.

38 **다음 내용에서 괄호 안에 들어갈 극의 종류는?**

> (　　)은 관객이 정서의 지배를 받지 않고, 비판적 판단을 하도록 유도한다. 이는 플롯을 따르는 것이 아니라 사건 과정 자체를 서술하는 데 초점을 두는 것이다. 이러한 과정은 관객의 몰입을 차단하며, 낯설게 하기를 유발할 수 있다.

① 서사극
② 사실주의극
③ 부조리극
④ 낭만주의극

38 서사극에서는 연극과 이성적 판단과의 객관적 거리를 유지하도록 하는 극적 장치를 사용한다.
② 사실주의극은 합리주의 사상과 과학정신을 토대로 객관성을 중시하여 인간 사회의 부정, 불균형의 원인을 있는 그대로 묘사하는 데 초점을 둔다.
③ 부조리극은 인간에 대한 냉혹한 시선과 실소가 주를 이루는 극이다.
④ 낭만주의극은 자유롭고 복합적인 무대에서 다양한 내용을 추구하였다.

정답 36 ③ 37 ② 38 ①

39 다음 내용에서 밑줄 친 부분에 해당하는 비교문학의 단계는?

> 이 시대에는 개개의 작가와 작품 사이의 유사성에 주목하여 연구 논문을 발표하기도 했다. 하지만 아직 사실관계나 실증적 영향관계의 규명을 체계적으로 하는 단계는 아니었다.

① 비교문학의 선사시대
② 비교문학의 중세시대
③ 비교문학의 전환시대
④ 비교문학의 근대시대

39 비교문학은 1920년대를 기준으로 선사시대와 역사시대로 구분한다. 이 중 제시된 선사시대는 비교문학의 초기단계에 해당한다.

40 다음 중 '발신자 – 전신자(매개자) – 수신자'라는 비교문학 연구의 도식을 만든 인물은?

① 카레
② 방 티겜
③ 귀야르
④ 발당스페르제

40 방 티겜은 '발신자 – 전신자 – 수신자'라는 비교문학 연구의 중요한 틀을 세운 인물이다. 발신자란 영향을 준 쪽의 작가, 작품, 사고를 말하고, 수신자는 영향을 받은 쪽의 작가, 작품, 페이지, 사상, 감정 등 도착점에 해당하는 것을 말한다. 발신자에서 수신자로의 전달은 개인 또는 단체, 원작의 번역 내지 모방을 매개로 하여 이루어지는데, 이를 전신자라고 한다. 즉 전신자는 두 나라 사이의 문학적 접촉과 교환을 뜻하며, 비교문학의 연구 대상은 바로 전신자를 다루는 것이 된다.

정답 39 ① 40 ②

2023년 기출복원문제

▸ 온라인(www.sdedu.co.kr)을 통해 기출문제 무료 강의를 만나 보세요.

01 다음 중 문학적 언어의 특징으로 옳지 않은 것은?

① 함축적
② 정서적
③ 지시성
④ 개성

01 지시성은 언어와 그 언어가 지시하는 대상 사이의 정확한 대응을 중시하는 과학적·철학적 언어의 특징이다. 문학적 언어는 주관적인 언어이므로 지시성이 중시되지 않는다.

02 다음 설명에 해당하는 비평 이론은?

- 작품의 구조, 리듬, 수사법, 이미지, 시상 전개 등을 중심으로 분석한다.
- 엘리엇은 "시는 그 시로써 취급되어야 한다."라는 말을 통해 "분석과 감상은 작가가 아닌 작품을 향한다."는 점을 강조했다.
- 작가, 독자, 사회 현실 등 작품의 외적 조건이 아니라 내적 조건을 중시한다.
- 작품 중심의 문학 비평 방법이다.

① 신비평
② 역사 비평
③ 전기 비평
④ 인상 비평

02 신비평은 1930년대 후반부터 1950년대까지 주로 미국에서 행해진 것으로, 작품에 대한 철저한 분석을 중시한 비평 이론이다.
②·③ 역사 비평, 전기 비평은 작가와 작품의 역사적 배경, 사회적 환경, 작가의 전기 등을 작품과 관련지어 연구하는 것으로, '작품 자체를 경시'한다는 지적을 받기 때문에 신비평과 반대되는 위치에 서 있다.
④ 인상 비평은 비평가의 개인적·주관적 인상을 토대로 한 비평 방법이다.

정답 01 ③ 02 ①

03 다음 중 괄호 안에 들어갈 말이 순서대로 옳게 짝지어진 것은?

> 윈체스터는 문학의 특성을 (㉠)과 (㉡)이라고 설명하였다. 전자는 시대를 초월한 인간의 정서, 사상을 담아 감동을 준다는 것을 의미하고, 후자는 공간을 초월하여 인류에게 감동을 주는 보편적 인간 정서를 다룬다는 것을 의미한다.

	㉠	㉡
①	항구성	보편성
②	항구성	개성
③	보편성	항구성
④	보편성	개성

03 윈체스터는 문학의 특성으로 항구성, 보편성, 개성을 들었다. 이 중 항구성은 시간성과 관련되는 요소이고, 보편성은 공간성과 관련되는 요소이다. 한편, 개성은 문학의 본질이자 생명에 해당하는 것으로, 문학이 작가 개인의 주관적 체험으로서 갖게 되는 특이성을 의미한다. 이것은 독창성과 관련된다.

04 다음 설명과 가장 관련 없는 것은?

> 의사가 어린이에게 쑥탕을 먹이려 할 때 그릇의 거죽에 달콤한 꿀물을 칠해서 먹이는 것처럼, 문학도 꿀물과 같은 역할을 해서 시인이 말하려는 철학의 쓴 약을 꿀물인 달콤한 운문으로 독자 앞에 내놓아야 한다.
>
> – 문학비평용어사전, 한국문학평론가협회

① 문학쾌락설
② 플라톤
③ 호라티우스
④ 문학당의설

04 해당 제시문은 로마의 시인 루크레티우스의 문학관을 표현한 '문학당의설(文學糖衣設)'에 해당하는 설명으로, 문학의 쾌락적 요소는 쓴 알약을 쉽게 삼키도록 감싼 당의(糖衣, 달콤한 설탕 껍질)와 같고, 문학이 주는 교훈은 알맹이에 해당하는 쓴 약과 같다는 관점이다. 이는 문학의 쾌락적 기능을 교훈 전달의 수단, 즉 부차적인 것으로 보는 시각으로, 호라티우스도 이러한 관점을 지지했다. 또한, 플라톤은 문학의 교시적 기능을 주장했으므로 쾌락적 요소를 부차적인 것으로 보는 시각과 일맥상통한다. 그러나 문학쾌락설은 문학이 주는 쾌락적 요소를 문학의 본질적 기능으로 보는 입장이므로, 문학당의설과 다른 관점이라 할 수 있다.

정답 03 ① 04 ①

05 다음 중 문학의 쾌락적 기능에 대한 설명으로 옳은 것은?

① 작가는 구체적 형상화를 통해 독자들에게 삶의 진실을 전달한다.

② 독자들에게 반성적 성찰의 기회를 제공함으로써 사회적 교화를 목적으로 한다.

③ 문학은 작품의 아름다움을 경험함으로써 독자들이 즐거움을 얻는 것을 추구한다.

④ 작품에서 얻는 감동을 통해 도덕과 윤리를 중시하게 한다.

05 ①·②·④는 문학의 교시적 기능에 대한 설명이다. 문학의 교시적 기능을 중시하는 입장에서는 문학이 독자들로 하여금 새로운 세계를 발견하고 주위의 사물을 새롭게 인식하여 자신의 행위를 돌아보게 하고 교훈을 주는 것이라고 본다. 반면, 문학의 쾌락적 기능을 중시하는 입장에서는 문학이 독자에게 감동과 즐거움을 주는 것이라고 본다.

06 다음 중 시어의 특징으로 옳지 <u>않은</u> 것은?

① 운율적

② 내포적

③ 외연적

④ 압축적

06 언어를 외연적으로 사용한다는 것은 개념의 정확성을 목표로 한다. 따라서 직접적이고 객관적인 과학어의 특성에 해당한다. 반면, 시어는 언어를 내포적으로 사용한다. 이는 하나의 언어에 여러 가지 의미를 포함시켜 함축적·압축적으로 사용한다는 의미이다.

07 시어의 애매성에 대한 설명으로 옳지 <u>않은</u> 것은?

① 시어의 함축성을 낮추는 특성이다.

② 두 가지 이상의 의미로 해석이 되도록 한다.

③ 미묘한 의미를 가지고 있어 시적 깊이를 증대시킨다.

④ 엠프슨은 동음이의어도 애매성의 일종으로 보았다.

07 애매성은 의미 해석이 두 가지 이상으로 가능한 시어의 특성으로 인해 생겨나는 것이다. 이러한 애매성은 시어의 함축성을 높이는 역할을 한다.

정답 05 ③ 06 ③ 07 ①

08 다음 중 운율에 대한 설명으로 옳지 않은 것은?

① 이미지 자질에 영향을 준다.
② 리듬을 형성함으로써 미감을 느끼게 한다.
③ 음성적 형상화를 통해 감흥을 불러일으킨다.
④ 대비되는 구조로 병렬을 이룸으로써 운율이 생겨나기도 한다.

08 시의 이미지는 언어의 의미에 따라 떠오르는 것으로, 운율에 의해 형성되는 것은 아니다.

09 다음 시에 대한 설명으로 옳지 않은 것은?

향료를 뿌린 듯 곱다란 노을 위에
전신주 하나하나 기울어지고

먼– 고가선 위에 밤이 켜진다.

구름은
보라빛 색지 위에
마구 칠한 한 다발 장미

목장의 깃발도, 능금나무도
부을면 꺼질 듯이 외로운 들길

– 김광균, 「데생」

① 도시적 이미지를 형상화하는 시어를 사용했다.
② 색채적 이미지가 두드러진다.
③ 외로움의 정서가 드러난다.
④ 시각적 이미지만 강조하고 운율은 드러내지 않았다.

09 김광균의 시는 이미지를 중시하는 경향이 강하지만 자유시가 지닌 내재율 역시 드러난다. 행과 연의 구분, '~듯' '~도'의 반복, '먼–'을 늘여 쓰는 방식 등을 통해 운율이 드러난다.
① '전신주', '고가선' 등의 시어를 통해 도시적 이미지가 드러난다.
② '노을', '보라빛 색지' 등의 시어를 통해 색채적 이미지가 두드러진다.
③ '외로운 들길'이라는 시어를 통해 외로움의 정서가 직접적으로 드러난다.

정답 08 ① 09 ④

10 다음 중 수사법이 다른 하나는 무엇인가?

① 당신은 나의 태양이로소이다.
② 내 마음은 호수요, 그대 노 저어 오오.
③ 도라지꽃처럼 파랗게 멍든 새벽길 간다.
④ 나보기가 역겨워 가실 때에는 죽어도 아니 눈물 흘리오리다.

10 수사법에는 비유법, 강조법, 변화법이 있다. 비유법은 원관념을 보조관념에 빗대어 표현하는 것으로 은유, 직유, 의인, 대유 등이 있다. 강조법은 특별히 강조하거나 두드러지게 표현하는 것으로 과장법, 반복법, 열거법, 대조법 등이 있다. 변화법은 표현하려는 문장에 변화를 주어 단조로움을 피하는 방법으로 도치, 대구, 역설, 반어, 인용 등이 있다.
①·②는 은유, ③은 직유로 모두 비유법이 쓰인 반면, ④는 변화법 중 반어법이 쓰였다.

11 환유와 제유에 대한 설명으로 옳지 않은 것은?

① 제유는 부분이 전체를 대표하는 것이다.
② '하이힐'이 '숙녀'를 의미하는 것은 제유에 해당한다.
③ 둘 다 대유법에 해당한다.
④ 환유는 시공간적 확장을 가능하게 한다.

11 '하이힐'이 '숙녀'를 의미하는 것은 환유(換喩)에 해당한다. 환유와 제유(提喩)는 둘 다 대유법에 해당하지만, 환유는 사물의 한 부분이 그 사물과 관계가 깊은 다른 어떠한 것을 나타내는 것이고, 제유는 한 부분이 전체를 나타내는 것이다.

12 다음 설명에 해당하는 것으로 적절한 것은?

> 공감각적 이미지란 한 종류의 감각이 다른 종류의 감각으로 전이되는 것을 의미한다. 예를 들어, 어떤 특정한 음의 소리를 듣고 색채를 떠올리는 색청이 이에 해당한다.

① 젊은 아버지의 서느런 옷자락
② 어두운 방 안엔 바알간 숯불이 피고
③ 분수처럼 흩어지는 푸른 종소리
④ 눈을 뜨면 멀리 육중한 기계 굴러가는 소리

12 청각의 시각화의 예로, 공감각적 표현에 해당한다.
① 촉각적 이미지이다.
② 시각적 이미지이다.
④ 청각적 이미지이다.

정답 10 ④ 11 ② 12 ③

13 다음 중 상징에 대한 설명으로 옳지 않은 것은?

① 원관념이 표면에 드러나지 않는다.
② 인습적 상징과 개인적 상징으로 구분할 수 있다.
③ 개인적 상징이란 작자가 특별한 의미를 부여한 것이다.
④ 하나의 상징은 반드시 하나의 원관념만을 가지고 있다.

13 상징은 원관념과 보조관념의 관계가 일대다(1 : 多)의 관계를 갖고 있으므로, 하나의 상징은 여러 가지 원관념을 가질 수 있고, 하나의 원관념이 여러 가지 상징으로 나타날 수도 있다.

14 다음 중 소설의 특징으로 옳지 않은 것은?

① 현실을 있는 그대로 재현한 것이다.
② 작가가 만들어낸 허구적인 이야기이다.
③ 고대에 발생하기 시작하여 근대에 발전하였다.
④ 신을 모방하여 인간성을 표현하고자 하였다.

14 소설은 현실을 바탕으로 하지만, 현실을 있는 그대로 재현하는 게 아니라 작가에 의해 꾸며진 현실을 보여준다.

15 다음 중 소설의 '리얼리티'에 대한 설명으로 옳지 않은 것은?

① 그럴듯하게 꾸며 사실인 것처럼 느끼게 하는 것이다.
② 내적 일관성과 질서를 갖추게 하는 것이다.
③ 현실 사회에서 보는 사실 그 자체이다.
④ 작가 정신의 산물이다.

15 소설은 인간의 구체적인 삶과 깊은 관계를 가진다. 그러나 리얼리티는 현실 사회에서 보는 사실 그 자체가 아니라 사실이 갖는 보편적 호소력에서 생겨난다.

정답 13 ④ 14 ① 15 ③

16 **다음 글의 시점으로 적절한 것은?**

> 정주사는 마침 만조가 되어 축제 밑에서 늠실거리는 강물을 내려다본다.
> 그는, 죽지만 않을 테라면은 시방 그대로 두루마기를 둘러쓰고 풍덩 물로 뛰어들어 자살이라도 해보고 싶은 마음이다.
> 젊은 녀석한테 대로상에서 멱살을 따잡혀, 들을 소리, 못 들을 소리 다 듣고 망신을 한 것이야 물론 창피다. 그러나 그러한 창피까지 보게 된 이 지경이니 장차 어떻게 해야 살아가느냐 하는 것이, 창피고 체면이고 다 접어놓고, 앞을 서는 걱정이다.
>
> – 채만식, 「탁류」

① 전지적 관찰자 시점
② 1인칭 관찰자 시점
③ 전지적 작가 시점
④ 1인칭 주인공 시점

16 서술자가 작품 속 등장인물이 아니며, 등장인물인 정주사의 속마음을 모두 알고 있는 시점이므로, 전지적 작가 시점에 해당한다.

17 **다음 설명에 해당하는 소설의 구성 단계는?**

> 작품의 사건 진행이나 갈등이 최고조에 달하는 부분이다.

① 발단
② 전개
③ 위기
④ 절정

17 소설 구성 단계에 대한 설명은 순서대로 다음과 같다.

> • 발단 : 갈등의 실마리가 제시되는 부분으로, 인물과 배경이 제시된다.
> • 전개 : 갈등이 표출되며 사건의 구체화가 이루어진다.
> • 위기 : 갈등이 고조 및 심화되며 사건 전환의 계기가 마련된다.
> • 절정 : 갈등이 최고조에 이르는 부분으로, 해결의 실마리가 드러난다.
> • 결말 : 갈등이 해소되며, 주인공의 운명이 정해진다.

정답 16 ③ 17 ④

18 다음 설명에 해당하는 것은 무엇인가?

> 행동의 개연성을 만들어 내는 사건의 인과적 짜임새

① 플롯
② 스토리
③ 내러티브
④ 구조

18 플롯은 스토리와 달리 인과관계에 중점을 둔다.
② 스토리는 시간적 순서대로 배열된 사건의 서술, 즉 이야기 그 자체를 말한다.
③ 내러티브는 일반적으로 스토리와 스토리를 전달하는 방식을 모두 포괄하는 뜻으로 사용된다.
④ 구조는 짜임새를 뜻하는 말로, 소설에서만이 아니라 다양한 분야에서 사용되며, 플롯보다 큰 개념이다.

19 다음 중 소설의 인물에 대한 설명으로 적절한 것은?

① 입체적 인물이란 작품 안에서 성격이 변화하는 인물이다.
② 평면적 인물이란 특정 계층이나 집단을 대표하는 인물이다.
③ 개성적 인물이란 타인에게 관대하며 사교적인 인물이다.
④ 전형적 인물이란 작품 안에서 성격이 변하지 않는 인물이다.

19 ② 평면적 인물은 작품 속에서 성격이 거의 변하지 않는 인물이다.
③ 개성적 인물은 작가의 독특한 개성이 발휘된 창조적 인물이다.
④ 전형적 인물은 한 사회의 어떤 계층이나 집단의 공통된 성격적 기질을 보여주는 인물이다.

20 다음 설명에 해당하는 소설의 인물 유형은?

> 소설에는 작품 속의 주인공에 맞서거나 주인공의 앞길을 방해하는 인물이 등장한다.

① 개성적 인물
② 입체적 인물
③ 반동적 인물
④ 주동적 인물

20 소설의 인물을 역할에 따라 나누면 주동 인물과 반동 인물로 나눌 수 있다. 주동 인물은 소설의 주인공으로 사건과 행동의 주체가 되는 인물이고, 반동 인물은 소설 속에서 주인공의 의지와 행동에 맞서 갈등을 만들어내는 인물이다.
개성적 인물은 전형성에서 탈피하여 자기만의 뚜렷한 개성을 지닌 인물이고, 입체적 인물은 작품에서 성격이 변화하는 인물이다.

정답 18 ① 19 ① 20 ③

21 다음 중 소설의 주제에 대한 설명으로 옳지 않은 것은?

① 작품을 관통하는 중심 사상에 해당한다.
② 장편 소설에서는 여러 개의 부수적 주제가 존재할 수 있다.
③ 작품의 스토리와 캐릭터에 대한 해석에 따라 달라진다.
④ 작가가 작품을 쓰고자 한 의도가 곧 주제이다.

21 주제는 작가가 작품을 쓰고자 한 의도나 목적과 긴밀히 관련되지만, 그 의도나 목적 자체가 주제인 것은 아니다.

22 다음 설명에 해당하는 개념은 무엇인가?

> 프로이트는 인간 본성이란 본디 비이성적이고 비합리적인 것이라 보았다. 즉, 인간의 본성이란 무의식의 영역으로, 작품은 무의식의 반영이다. 따라서 작가의 내면세계를 분석함으로써 작가와 작품의 관계를 설명할 수 있다.

① 고전주의 비평
② 낭만주의 비평
③ 사실주의 비평
④ 심리주의 비평

22 프로이트의 정신분석학이 나타난 이후 발달하게 된 심리주의 비평에 대한 설명이다. 프로이트는 인간의 심리를 자아, 초자아, 무의식으로 나누었는데, 무의식은 모든 심적 에너지의 원천으로 원시적・동물적・본능적 요소이다. 프로이트의 이론은 이후 아들러, 융, 라캉 등에 의해 발전적으로 계승되었다.

23 다음 중 뮤어의 소설 분류에 해당하지 않는 것은?

① 성격 소설
② 극적 소설
③ 연대기 소설
④ 심리 소설

23 뮤어는 행동 소설, 성격 소설, 극적 소설, 연대기 소설, 시대 소설의 5가지로 소설을 분류했다.
심리 소설은 루카치의 소설 분류에 해당하는데, 루카치는 소설을 추상적 이상주의 소설, 심리 소설, 교양 소설, 톨스토이의 소설형으로 구분했다.

정답 21 ④ 22 ④ 23 ④

24 다음 글과 관련 있는 소설의 기법은?

> 조선 후기에는 평민의식의 성장과 더불어 평민층이 주된 창작층인 사설시조가 등장하였다. 사설시조는 기존의 평시조에서 일부가 길어지는 형태를 띤다. 이는 산문정신의 발전이 밑바탕에 깔린 것이었다. 사설시조는 이전에 존재했던, 양반들이 평시조에서 사용했던 표현 기법을 비틀어 서민들의 생활 감정을 진솔하고 사실적으로 표현했다. 또한 구체적인 이야기, 대담한 비유, 강렬한 애정, 자기 폭로 등이 표현되었다. 이로써 현실의 모순을 직시하게 하여 비판을 가하고 기존의 고정관념을 깨부수는 풍자와 해학의 효과가 나타났다.

① 낯설게 하기
② 언어의 상징성
③ 산문의 이미저리
④ 정치・역사적 기호

24 '낯설게 하기'란 러시아 형식주의자들이 처음 사용한 말로, 일상의 언어 규범에 작가가 의도한 조직적인 폭력을 가해 일상성에서 일탈시킴으로써 낯선 언어 규범을 만들어 내는 문학 기법을 말한다. 사설시조가 형식과 표현 등의 측면에서 기존 양반들의 평시조와 다른 표현 기법을 사용함으로써 새로운 장르를 만들어냈다는 것은 소설의 '낯설게 하기'에 해당한다.

25 다음 설명과 관련 있는 비평은 무엇인가?

> 작품을 현실이나 독자 또는 작가로부터 독립된 내적 원리를 지닌 것으로 보고 객관적으로 평가하고자 한다.

① 모방론
② 효용론
③ 존재론
④ 표현론

25 객관론이라고도 불리는 존재론에 대한 설명이다.
① 모방론은 문학작품이 인간의 삶 또는 우주의 만상을 얼마나 진실하게 반영하고 있는지에 관심을 둔다.
② 효용론은 작품이 독자에게 미치는 영향을 척도로 삼아 작품을 판단한다.
④ 표현론은 작품을 작가 정신의 산물로 보고, 작가에 초점을 맞춘다.

정답 24 ① 25 ③

26 **다음 중 역사 · 전기적 비평의 특징으로 옳지 않은 것은?**

① 문학을 연구할 때 작가와 작품의 역사적 배경과 작품이 지니는 관계를 중시하였다.
② 작품을 쓴 작가에 대한 지식 없이는 작품을 이해할 수 없다고 보았다.
③ 내적 요소와 구조를 중시하여 상세한 분석에 집중하였다.
④ 문학작품의 출현을 역사적 사건으로 취급하였다.

26 작품의 내적 요소와 구조를 중시한 것은 형식주의 비평의 특징으로, 이 방법에서는 텍스트를 고유하고 객관적인 구조를 지닌 것으로 본다.

27 **다음 중 구조주의 비평의 한계로 옳지 않은 것은?**

① 과거를 중시하여 반현재적 오류를 범할 수 있다.
② 추상적 구조를 중시하여 작품의 개성과 가치를 무시할 수 있다.
③ 텍스트 속에 숨겨진 구조 찾기를 목표로 하여 문학 외적 요소를 외면할 수 있다.
④ 공시적 관점에만 집중하여 하여 역사적 변화를 도외시할 수 있다.

27 역사 · 전기적 비평에 대한 설명으로, 현재를 버리고 과거를 중시하는 관점은 인간의 의식구조상 불가능하고 불필요한 것이라고 볼 수 있다. 구조주의 비평은 작품의 역사성을 배제하고, 작품의 현재성 및 작품을 있게 만드는 구조를 파악하는 것을 목표로 한다. 따라서 과거를 중시한다는 설명은 잘못되었다.

28 **다음 설명과 관련 있는 비평 이론은?**

> 이육사의 「광야」는 광야의 과거, 현재, 미래에 이르는 모습을 보여주며 '백마 타고 오는 초인'을 통해 민족이 처한 암울한 현실 극복에 대한 희망을 노래하였다. '백마 타고 오는 초인'은 강력한 아버지의 모습으로, 결국 이 시는 아버지 신에게 바치는 초혼이라 해석할 수 있다.

① 원전 비평
② 러시아 형식주의 비평
③ 신화 · 원형 비평
④ 역사 · 전기적 비평

28 '백마 타고 오는 초인'의 원형적 이미지를 통해 '광야'를 해석하는 것은 신화 · 원형 비평이 적용된 사례이다.

정답 26 ③ 27 ① 28 ③

29 ② 심리주의 비평은 프로이트의 정신분석학이 나타난 이후, 내면세계를 분석함으로써 작가와 작품의 관계를 해명하고자 하는 비평이다.
③ 신화・원형 비평은 문학작품 속에 나타난 신화의 원형을 찾아내고 이 원형들의 재현 양상을 살핀다.
④ 구조주의 비평이란 작품 내의 구성요소들간의 상호관계를 분석함으로써 의미를 밝히는 비평방법이다.

29 다음 설명과 관련 있는 비평 이론은?

- 텍스트를 중시
- 텍스트 본래의 순수성 회복을 목적으로 함
- 판본의 상이점 조사
- 판본의 족보와 결정본 검토

① 원전 비평
② 심리주의 비평
③ 신화・원형 비평
④ 구조주의 비평

30 수필을 두 종류로 분류할 때 일반적으로 경수필과 중수필로 분류한다. 경수필은 개인의 감정이나 심경 등 자기 주변적 색채가 짙어 주관적이고 개인적인 경향이 강하다. 반면, 중수필은 사회문제를 대상으로 하여 논리적・객관적인 성격을 지닌다.

30 다음 내용에서 괄호 안에 들어갈 말이 순서대로 옳게 짝지어진 것은?

수필의 소재는 다양하다. 수필은 신변잡기적인 것을 다루는 (㉠)와(과) 철학적이고 논리적인 것을 다루는 (㉡)(으)로 나눌 수 있다.

	㉠	㉡
①	에세이	칼럼
②	경수필	중수필
③	에세이	미셀러니
④	칼럼	사설

31 수필은 작가의 체험을 바탕으로 하고, 생활 속의 산문 정신을 표현한 글이다. 또한 누구나 쓸 수 있어서 비전문성의 문학이라고 한다.

31 다음 중 수필의 특징으로 옳은 것은?

① 허구의 산물이다.
② 운문 정신을 토대로 한다.
③ 전문가가 쓴 글이다.
④ '무형식의 형식'을 가진다.

정답 29 ① 30 ② 31 ④

32 **다음 중 희곡의 개념에 해당하지 않는 것은?**

① 무대에서 상연될 것을 전제로 하여 쓰인 글이다.
② 인간의 행동을 표현한다.
③ 그리스어 'dran'에서 유래하였다.
④ 대화의 비중은 줄이고 장면의 묘사를 높인 글이다.

32 희곡은 대화와 행동을 통해 관객에게 작가의 의도를 직접 전달하는 문학이다. 따라서 대화의 비중이 압도적이다.

33 **다음 중 근대극의 특징으로 옳지 않은 것은?**

① 대표적인 작가로는 입센, 버나드 쇼, 체호프 등이 있다.
② 신 중심의 근대정신을 반영하고 있다.
③ 결혼과 가정의 문제, 여권 신장 등을 주제로 한 글이 등장하였다.
④ 주인공이 귀족적 인물이어야 한다는 기존의 편견을 타파하기 시작하였다.

33 신이나 왕 중심의 사고방식은 고전주의의 바탕이며, 근대극의 바탕이 된 근대의식은 개인의식의 성장에서 나온 것이다.

34 **다음 중 고전극의 원칙에 해당하지 않는 것은?**

① 장소의 일치
② 구조의 일치
③ 행동의 일치
④ 시간의 일치

34 희곡의 삼일치론에 따라 고전극은 시간, 장소, 행동(사건)이 일치해야 한다. 그러나 구조의 일치와는 상관없다. 고전극은 3막 구성 혹은 5막 구성을 취할 수 있었다.

정답 32 ④ 33 ② 34 ②

35 다음 중 희곡의 대사에 대한 설명으로 옳지 않은 것은?

① 방백은 몇 사람만 듣는다는 가정으로 혼자 말하는 것이다.
② 독백은 배우가 하는 혼잣말이다.
③ 방백은 해설자의 역할을 하는 배우가 관객들에게 설명을 하는 것이다.
④ 방백은 보통 가장 짧은 형태로 제시된다.

35 방백은 배우가 관객들에게 하는 말이다. 그러나 이것은 설명이 아닌 대사의 일종이며, 방백을 하는 배우가 해설자의 역할을 맡고 있는 것도 아니다. 희곡에서 무대, 등장인물, 시간, 장소 등에 대한 설명은 희곡의 가장 앞부분에 있는 해설 부분에서 이루어진다.

36 다음 설명에 해당하는 작품의 제목과 작가가 옳게 연결된 것은?

> 주인공은 어느 날 자기가 아버지를 죽이고 어머니를 아내로 맞을 운명이라는 신탁을 듣게 된다. 이를 피해 집을 떠나 길을 가다가 한 노인과 시비가 붙어 그 노인을 죽이는데 그 노인은 사실 주인공의 친부였다. 또한 주인공은 길을 가다 만난 스핑크스가 낸 수수께끼를 맞히고 테베의 왕으로 추대받는다. 그리고 전 왕이었던 남편을 잃은 왕비가 자신의 친어머니인 줄도 모르고 어머니와 결혼하게 된다. 나라에 퍼진 역병의 원인을 찾다가 결국 이 모든 사실을 알게 된 주인공은 자신의 눈을 찌르고 방랑의 길을 떠난다.

① 「안티고네」 – 소포클레스
② 「안티고네」 – 볼테르
③ 「오이디푸스 왕」 – 소포클레스
④ 「오이디푸스 왕」 – 볼테르

36 ①・② 「안티고네」가 소포클레스의 작품인 것은 맞지만, 해당 설명에 맞는 작품은 「오이디푸스 왕」이다. 「안티고네」는 오이디푸스의 딸 안티고네가 왕의 명령을 어기고 오빠의 시신을 매장했다가 사형당하는 이야기이다.
④ 볼테르는 18세기 프랑스의 계몽주의 작가로 소설 「캉디드」를 썼다.

37 다음 중 비극의 특징으로 옳지 않은 것은?

① 간단한 형식은 소극이라고 한다.
② 주어진 운명 앞에 패배하는 인간의 모습을 소재로 한다.
③ 복잡하지만 치밀한 구조를 가지고 있는 경우가 많다.
④ ‘tragoidia’라는 말에서 유래하여 ‘비극’, ‘산양의 노래’라는 의미를 가지고 있다.

37 ‘소극(笑劇)’은 희극의 한 종류로, 희극의 가장 간단한 형태이다.

정답 35 ③ 36 ③ 37 ①

38 다음 중 희극의 특징으로 옳지 않은 것은?

① 웃음을 통하여 현실의 문제점을 제시한다.
② 비극적 상황에서 행복한 상황으로 전환되며 작품이 마무리 된다.
③ 유형적 인물을 내세워 시대에 대한 풍자를 시도한다.
④ 해학, 골계, 풍자, 조소를 통하여 웃음을 유발한다.

38 비극적 상황에서 행복한 결말로 전환하여 막을 내리는 것은 희극이 아니라 희비극에 대한 설명이다. 희비극은 희극적 요소와 비극적 요소가 융합된 것으로, 대표작으로는 셰익스피어의 「베니스의 상인」, 체호프의 「곰」, 임희재의 「고래」 등이 있다.

39 다음 중 비교문학에 대한 설명으로 옳지 않은 것은?

① 귀야르는 실증주의 비교문학자다.
② 민족문학들 간의 공통점보다 차이점을 찾는 데 초점을 둔다.
③ 국민문학들끼리 비교하는 것 이상의 목적을 지닌 문학연구 방법이다.
④ 웰렉은 실증적 경향에서 나아가 비교문학의 영역을 역사, 이론, 비평 등을 포괄하는 범위로 넓혀 총체적으로 연구하고자 했다.

39 비교문학은 민족문학 또는 여러 작품들 사이의 차이점뿐만 아니라 공통점과 작품의 영향 및 차용관계를 밝히는 것을 목적으로 한다.

정답 38 ② 39 ②

40 다음 중 비교문학의 영향의 범주에 대한 설명으로 옳지 않은 것은?

① 암시는 수용자의 작품 제작 동기가 발신자에 의해 마련된다.
② 표절은 수용자의 고의적 은폐가 이루어진 것이다.
③ 차용은 표절과 달리 빌려왔음을 밝힌 것이다.
④ 모방은 영속적이고 무의식적으로 이루어진다.

40 모방은 특별히 선호하는 발신자를 의식적으로 닮고자 하는 수신자의 의도가 있을 때 이루어지는 것으로 비교적 단기간이다. 영속적・무의식적으로 이루어지는 것은 '영향'에 대한 설명이다.

정답 40 ④

2022년 기출복원문제

▶ 온라인(www.sdedu.co.kr)을 통해 기출문제 무료 강의를 만나 보세요.

01 다음 내용에 해당하는 문학 이론을 주장한 이론가는 누구인가?

> 예술작품은 작가, 작품, 독자, 우주의 4가지 요소를 바탕으로 평가한다.

① 플라톤
② 사르트르
③ 바르트
④ 에이브람스

02 문학을 평가하는 기준으로 적절하지 <u>않은</u> 것은?

① 진실성
② 과학성
③ 효용성
④ 독창성

01 에이브람스(Abrams)는 '작품'을 중심에 두고 '작가', '자연(우주, 대상)', '독자'의 네 가지 요소를 상정했는데, 어느 쪽의 관계를 더 중시하느냐에 따라서 모방론적 비평, 효용론적 비평, 표현론적 비평, 객관적 비평으로 나누어볼 수 있다.

02 문학 평가의 주요 원리로 진실성, 효용성, 독창성, 통일성을 들 수 있다. 과학성은 문학 평가의 기준이 될 수 없다.

정답 01 ④ 02 ②

03 다음 설명에 해당하는 이론은 무엇인가?

- 고전으로 고대 그리스 작품에서부터 이어오는 이론이다.
- 문학작품은 우주와 연결되어 있다.
- 아리스토텔레스로부터 시작되었다.

① 실용이론
② 표현이론
③ 모방이론
④ 객체이론

03 고대 그리스 작품에서부터 이어오는 이론으로, 시와 우주와의 관련성을 주장한 것은 아리스토텔레스의 '모방론'이다. 모방론에 따르면 우주(자연)의 삼라만상을 시 속에 얼마나 잘 재현하는가가 주된 관심사이다. 사실보다 더 진실한 재현이 시의 목표라 할 수 있다. 독자(청중)들에게 즐거움과 교훈을 주기 위한다면 효용론(실용론), 시인 특유의 의지로 독특한 세계를 형상화하는 데 치중한다면 표현론, 시 그 자체를 독립된 언어적 성과・리듬・이미지・구성 등에 의한 자율적 존재로 보면 객관론(객체론)이다.

04 다음 설명에 해당하는 문학의 기능은 무엇인가?

- 문학을 도덕이나 윤리를 가르치는 수단으로 삼는다. 즉 가장 훌륭한 문학작품이란 도덕적・윤리적 가치를 효과적으로 전달하는 작품이라고 본다.
- 교훈적인 작품을 제외한 모든 문학을 추방해야 한다고 주장함으로써 문학이 사회적 교화수단으로 전락될 수 있다.
- 공자는 '시삼백 사무사(詩三百 思無邪)'를 말하며, 시경 삼백 편을 읽으면 생각함에 사악함이 없어진다고 말했다.

① 교시적 기능
② 쾌락적 기능
③ 유희적 기능
④ 모방적 기능

04 영국의 드킨시는 문학을 지식의 문학과 힘의 문학으로 나누었는데, 지식의 문학이란 문학의 교시적 기능으로 가르치는 일이고, 힘의 문학이란 감동시키는 일이라고 하였다. 하지만 교시적 기능은 공리성과 효용성을 강조한 나머지 문학이 사회적 교화 수단으로 전락될 수 있다. 공자는 '시삼백 사무사(詩三百 思無邪)'를 말하며, 시경 삼백 편을 읽으면 생각함에 사악함이 없어진다는 말로써 문학의 교시적 기능을 말하였다.

정답 03 ③ 04 ①

05 다음 중 문학에 대한 입장이 <u>다른</u> 하나는 무엇인가?

① 작품은 작가의 의도대로 창작되었다.
② 작품 판단은 작가의 의도를 알아야 가능하다.
③ 발표 작품을 잘 만든다는 것은 의도가 충실히 반영되었다는 것이다.
④ 작품의 개성, 정신은 작가의 것이 아니다.

05 에이브람스(Abrams)에 따르면 ①, ②의 작품은 작가의 의도대로 창작되었기에 작품에 대한 판단은 작가의 의도를 알아야 가능하다는 입장은 표현론적 입장이고, ③의 발표 작품을 작가의 의도가 충실히 반영되었다고 보는 입장은 반영론적 입장이다. 한편 ④처럼 작품의 개성, 정신을 작가와 독립적인 것으로 보는 입장은 객관론적 입장으로, 작품을 작가와 독립된 것으로 보는 입장이다.

06 다음 설명에서 괄호 안에 공통으로 들어갈 용어는 무엇인가?

- (　　)은(는) 다양한 현상들의 관계를 탐구하기 위한 규범적 틀이다.
- (　　)은(는) 변형성, 전체성, 자기조정성을 띤다.
- 문학은 유기적 형식을 지닌 규범적 기호체계로서 동적 (　　)의 생명력을 갖는다.

① 장르
② 상징
③ 플롯
④ 구조

06 문학 구조의 개념은 다양한 현상들의 관계를 탐구하기 위한 가설적 모델로서의 규범적 틀을 의미한다. 문학 구조는 전체성, 변형성, 자기조정성을 띠며, 문학의 미적 구조는 유기적 형식으로서 부분과 전체와의 상호관련성, 내용과 형식의 미분리성을 말한다.

07 다음 내용과 관련 있는 문학의 기능은?

- 워즈워스 : 시는 강한 감정의 자연적 발로다.
- 유협 : 시는 뜻을 나타내고 노래는 말을 읊은 것이다(詩言志歌永言).
- 헤즐리트 : 시는 상상과 정열의 언어다.

① 모방론
② 표현론
③ 효용론
④ 구조론

07 표현론은 시를 시인 자신과 관련시켜 보는 시관(詩觀)이다. 인간은 누구나 무엇을 표현하고자 하는 욕구가 있다는 것을 전제로 문학작품을 작가의 체험, 사상, 감정 등을 표현하는 것으로 보는 관점이며 워즈워스, 유협, 헤즐리트 등의 시관과 일치한다.

정답 05 ④ 06 ④ 07 ②

08 다음 작품에 대한 설명으로 옳지 않은 것은?

강나루 건너서
밀밭 길을

구름에 달 가듯이
가는 나그네

길은 외줄기
南道 삼백리

술 익는 마을마다
타는 저녁놀

구름에 달 가듯이
가는 나그네

① 이 시는 박목월의 「나그네」이다.
② 3음보 정형률을 사용한 민요적 율격의 시이다.
③ '강나루', '밀밭', '나그네' 같은 시어들은 객관적 사실을 지시하고 있다.
④ '구름', '외줄기', '삼백리' 등의 시어가 나그네와 유기적으로 어울린다.

08 '강나루', '밀밭'은 풍경을 지시하는 객관적 사실일 수 있으나, '나그네'는 '구름에 달 가듯이'라는 시구를 통해 달관과 체념이라는 화자의 주관적 인식이 투영돼 있다고 볼 수 있다.

09 다음 설명과 관계가 깊은 시어의 특징은 무엇인가?

- 일반적으로 둘 이상의 의미를 가지는 경우에 일컫는 말이다.
- 한 언어가 양자택일의 반응을 줄 수 있는 여지가 있는, 그 언어의 뉘앙스를 가리킨다.
- 일곱 타입으로 나누어 설명할 수 있다.

① 애매성
② 객관성
③ 난해성
④ 문맥성

09 엠프슨(Empson William)의 비평용어인 애매성은 일반적으로 둘 이상의 의미를 가지는 경우에 일컫는 말이지만, 엠프슨은 넓은 뜻에서 한 언어가 양자택일의 반응을 줄 수 있는 여지가 있는, 그 언어의 뉘앙스를 애매성이라고 부른다. 모호성이 미학적인 근거에서 설명된다면 애매성은 어학적인 근거에서 해명되어야 할 것이다. 엠프슨은 애매성을 일곱 타입으로 나누어 설명하고 있다.

정답 08 ③ 09 ①

10 시의 운율에 대한 설명으로 옳지 않은 것은?

① 음보율은 시간적 등장이 반복된다.
② 압운은 일정한 자리에 같은 음절이 반복된다.
③ 음수율은 글자 수의 규칙적인 반복으로 생기는 운율이다.
④ 한국의 시는 국어의 특징에 따라 강약으로 운율을 배치한다.

11 다음 작품에 대한 설명으로 옳지 않은 것은?

그립다
말을 할까
하니 그리워

그냥 갈까
그래도
다시 더한番……

저山에도 가마귀, 들에 가마귀,
西山에는 해진다고
지저귑니다

앞江물, 뒷江물
흐르는 물은
어서 따라오라고 따라가쟈고
흘너도 년다라 흐릅듸다려.

– 김소월, 「가는 길」

① 전통적 음수율에서 자유롭지 못하다.
② 시의 운율에 대한 작가의 관심이 엿보인다.
③ 행 변화를 통해 이별을 망설이는 몸짓이 드러난다.
④ 7・5조의 음수율, 3음보의 음보율을 사용하고 있다.

10 음의 고저나 강약이 만들어내는 음성률은 한국어에서는 존재할 수 없는 율격이다. 따라서 한국의 시가 강약으로 운율을 배치한다는 설명은 잘못됐다.
① 음보율은 시간적 등장성(等長性)이 만드는 운율을 말한다.
② 압운은 일정한 자리에 같은 음절이 반복되는 율격으로 두운, 요운, 각운이 있다.

11 김소월의 「가는 길」은 7・5조의 음수율과 3음보의 음보율 등 규칙적인 율격을 사용하여 운율을 형성하고 있다. 그러나 7・5조를 우리 시의 전통적인 음수율이라고 볼 수는 없다.
② 시의 운율에 대한 김소월 작가의 관심이 규칙적인 율격을 통해 드러나 있다.
③ 2연에서는 의도적인 행 변화를 통해 이별을 망설이는 몸짓을 드러냈다.

정답 10 ④ 11 ①

12 산문시가 산문의 형태를 취했다 하더라도 단순한 산문은 아니다. 왜냐하면, 시로써의 형상화가 이루어져 있기 때문이다. 따라서 시적 리듬을 배격한다고는 볼 수 없다.

13 비유에 대한 리처즈의 견해에 따르면 비유가 표현하고자 하는 주된 요소, 곧 기본적인 생각을 '주지'라고 명명하고, 주지를 구체화하거나 변용 전달하는데 사용되는 말을 '매체'라 명명하였다. 주지와 매체의 상호작용관계는 비유의 본질이 될뿐만 아니라 그 성격도 결정한다.

14 제시된 예문은 공감각적 은유로, 감각영역의 의미 전이를 꾀하는 은유이다. '요란한 색깔, 요란한 향수'에서는 색깔이나 향수를 청각적 이미지로 전이시켰고, '분수처럼 흩어지는 푸른 종소리'에서도 '푸른'이라는 시각적 이미지와 '종소리'라는 청각적 이미지가 독특한 새로운 이미지로 결합되어 나타났다.

정답 12 ② 13 ③ 14 ①

12 시의 갈래에 대한 설명으로 옳지 않은 것은?

① 정형시는 시의 형식이 규칙적이다.
② 산문시는 산문형태를 표방하고 있어 리듬을 배격한다.
③ 자유시는 형식에 구애받지 않고 자유롭게 창작된다.
④ 서사시・영웅시 등은 「일리아스」, 「오디세이」 등에서 엿볼 수 있다.

13 리처즈의 비유에 대한 견해에 대한 다음 설명에서 괄호 안에 들어갈 용어가 순서대로 옳게 짝지어진 것은?

> 비유가 표현하고자 하는 주된 요소, 곧 기본적인 생각을 (㉠)(이)라고 명명하고, (㉠)을(를) 구체화하거나 변용 전달하는 데 사용되는 말을 (㉡)(이)라 명명하였다.

	㉠	㉡
①	직유	은유
②	원관념	보조관념
③	주지	매체
④	보조관념	원관념

14 다음 예시에 해당하는 은유의 유형은 무엇인가?

> • 요란한 색깔, 요란한 향수
> • 분수처럼 흩어지는 푸른 종소리

① 감각영역의 의미 전이를 꾀한다.
② 인간이 아니면 가질 수 없는 인간만의 특권이다.
③ 추상이 구체적으로 형상화됐다.
④ 무생물을 생물처럼 표현했다.

15 다음 내용에서 괄호 안에 들어갈 말이 순서대로 옳게 짝지어진 것은?

- 시인의 독창적인 생각을 (㉠)(이)라고 한다.
- 문학은 타인과 공유할 수 있는 (㉡)적인 경험을 대상으로 한다.
- (㉢)은(는) 동일한 상징을 뜻하는 말로 인류 전체에 유사하거나 동일한 것으로 전제된다.

	㉠	㉡	㉢
①	개성	보편	원형
②	원형	역사	보편
③	개성	원형	보편
④	보편	개성	초역사

15 시인 자신의 독창적인 생각을 개성이라고 하며, 타인과 공유할 수 있는 일반적인 생각을 보편이라고 한다. 개성과 보편은 문학의 중요한 내용적 특질이다. 한편 원형(原形)은 인류의 가슴 속 깊이 의식이 인류 전체에 유사하거나 공통적으로 동일한 것이라는 전제 아래 논의되는 것이다. 따라서 원형은 신화・종교・문학・역사・풍속 등에서 수없이 되풀이되어 나타나는 이미지, 화소(話素), 테마가 되는 것이다.

16 다음 설명에 해당하는 장르는 무엇인가?

- 역사나 전설이 아니며 비전통적인 플롯이다.
- 개별화된 인물들이 벌이는 구체적인 활동들이 중심 사건이다.
- 근대적 자아의 발견과 사건의 인과관계를 갖춘 플롯이 등장한다.

① 소설
② 신화
③ 설화
④ 민담

16 역사나 전설은 시간 순서에 따른 사건의 배열이라는 전통적인 플롯을 따르며, 신화, 전설, 민담 같은 설화가 이에 해당한다. 구체적인 활동과 개별화된 인물들을 중심으로 하여 인과관계에 따라 사건을 재배열하는 것은 소설의 특징이다.

정답 15 ① 16 ①

17 다음 설명에 해당하는 용어는 무엇인가?

- 허구의 이야기를 구성하는 기본 요소로 인물・사건・배경이 조화를 이룬 상태이다.
- 소설에서 드러나는 표면적 사건으로 사건의 논리적인 패턴과 배치를 일컫는다.
- 특정 사건들을 선택하여 시간 속에 직조해 넣는 일, 혹은 그러한 행동의 결과로 만들어진 사건의 흐름을 말한다.

① 시점
② 소재
③ 플롯
④ 줄거리

17 플롯의 재료는 인물, 사건, 배경으로 인물의 행동과 반응이 사건과 사건의 유기적 연결을 이루며 만들어진다. 한편 줄거리는 단순한 시간의 순서에 따라 사건을 배열하는 것으로 소설 전 단계의 설화 문학에서 나타나는 구성 방식이다.

18 구성의 종류에 대한 다음 설명에서 괄호 안에 알맞은 용어를 순서대로 옳게 짝지은 것은?

- (㉠) : 플롯이 병렬적으로 삽입돼 있다.
- (㉡) : 구조 안에 구조로 삽입돼 있다. 중심 플롯에 외곽 플롯이 종속적으로 구성되어 있다.

	㉠	㉡
①	액자	피카레스크
②	피카레스크	액자
③	단순	복잡
④	복잡	단순

18 피카레스크식 구성은 독립된 여러 개의 이야기를 모아 전체적으로 보다 큰 통일성을 갖도록 구성하는 방식으로 산만하게 나열되어 있는 연작 형식의 구성이다. 액자식 구성은 소설, 희곡 따위에서 이야기 속에 하나 또는 그 이상의 이야기가 들어 있는 구성이다. 단순 구성은 작품 속에서 단순한 사건을 앞뒤의 인과관계에 따라 시간 순서대로 조직하는 소설 구성 방식이다. 복잡 구성은 하나의 사건이 진행되는 가운데 새로운 사건이 일어나 앞의 사건과 연관되어 이야기가 이어지는 소설 구성 방식이다.

정답 17 ③ 18 ②

19 **소설 인물의 유형을 분류할 때 계층을 대표하는 보편적인 인물은 어디에 속하는가?**

① 평면적 인물
② 입체적 인물
③ 개성적 인물
④ 전형적 인물

19 소설 인물의 유형은 중요도에 따라서 주요 인물과 주변 인물로 나눌 수 있고 역할에 따라서 주동 인물과 반동 인물로 나눌 수 있다. 성격에 따라서는 전형적 인물과 개성적 인물로, 성격 변화에 따라서는 평면적 인물과 입체적 인물로 구분된다. 한편 전형적 인물은 특정 집단이나 계층을 대표하는 보편화된 인물 유형을 말한다.

20 **뮤어(Muir)의 소설 유형 분류에서 다음 설명과 관계가 깊은 것은?**

• 본격적 소설의 첫 단계에 속함
• 중세의 로망과 같은 스토리 중심 소설과 대립되는 개념
• 사회 속에 살고 있는 인물을 볼 수 있게 함

① 행동 소설
② 성격 소설
③ 극적 소설
④ 연대기 소설

20 성격 소설은 본격적 소설의 첫 단계에 속한다. 이는 중세의 로망과 같은 스토리 중심, 즉 행동 중심의 소설을 행동 소설이라 할 때, 그에 대립되는 개념이다. 이 같은 소설에서 문제되는 것은 등장인물의 성격이며 이 성격은 공간적 차원에서 탐구된다. 행동 소설이 처음부터 끝까지 생동하는 인간만을 볼 수 있게 하는 반면, 성격 소설은 사회 속에 살고 있는 인물을 볼 수 있게 한다.

정답 19 ④ 20 ②

21 최인훈의 「광장」은 전지적 작가시점이다. 서술자가 작품 밖에서 인물의 심리를 파악하여 독자에게 전달해 주고 있는 것이다. 제시된 부분에서는 주인공의 지적 탐구와, 해탈한 태도, 삶에 대한 갈구 등을 찾을 수 있다.

21 다음 작품에 대한 설명 중 옳지 않은 것은 무엇인가?

하느님이 다시 온다는 말이 이천 년 동안 미루어져 온 것처럼, 공산 낙원의 재현은 삼십 년 동안 미루어져 왔다. 여기까지가 그가 알아볼 수 있었던 벼랑 끝이었다. 벼랑을 뛰어넘거나 타고 내리지도 못했을뿐더러, 이 무서운 밀림에 과연 얼마나 한 자리를 낼 수 있을지, 자기 힘에 대한, 지적 체력에 대한 믿음이 자꾸 줄어들었다. 그렇다고 해서 북조선 사회에서는 이런 물음을 누군가와 힘을 모아 풀어 나간다는 삶은 불가능했다. 그러나 이 모든 것은 벌써 전쟁이 나기 전에 알고 있던 일이었다. 오랜 세월을 참을 차비가 되어 있었다. 역사의 속셈을 푸는 마술 주문을 단박 찾아내지 못한다고 삶을 그만둘 수는 없었다. 참고, 조금씩, 그러나 제 머리로 한 치씩이라도 길을 내 볼 생각이었다. 그런데 전쟁이 터지고, 그는 포로로 잡히고 말았다. 북조선 같은 데서, 적에게 잡혔다가 돌아온 사람의 처지가 어떠하리라는 것을 생각하고, 이명준은 자기한테 돌아온 운명을 한탄했다. 적어도 남만큼 한 충성심을 인정받으면서, 자기가 믿는 바대로 남은 세월을 조용히, 그러나 자기 힘이 미치는 너비에서 옳게 써 나간다는 삶조차도 꾸리지 못하게 될 것이 뻔했다. 제국주의자들의 균을 묻혀 가지고 온 자로서, 일이 있을 적마다 끌려 나와 참회해야 할 것이었다. 그런 처지에서 무슨 일을 해 볼 수 있겠는가.

이것이 돌아갈 수 없는 정말 까닭이었다. 그렇다면? 남녘을 택할 것인가? 명준의 눈에는, 남한이란 키르케고르 선생 식으로 말하면, 실존하지 않는 사람들의 광장 아닌 광장이었다.

미친 믿음이 무섭다면, 숫제 믿음조차 없는 것은 허망하다. 다만 좋은 데가 있다면, 그곳에는, 타락할 수 있는 자유와, 게으를 수 있는 자유가 있었다. 정말 그곳은 자유 마을이었다. 오늘날 코뮤니즘이 인기 없는 것은, 눈에 보이는, 한마디로 가리킬 수 있는 투쟁의 상대 — 적을 인민에게 가리켜 줄 수 없게 된 탓이다. 마르크스가 살던 때에는 그렇게 뚜렷하던 인민의 적이 오늘날에는, 원자 탐지기의 바늘도 갈팡질팡할 만큼 아리송하기만 하다. 가난과 악의 왕초들을 찾기 위하여, 나뉘고 얽히고설킨 사회 조직의 미궁 속을 헤매다가, 불쌍한 인민은, 그만 팽개쳐 버리고, 예대로의 팔자 풀이집, 동양 철학관으로 달려가서, 한 해 토정비결을 사고 만다. 일류 학자의 분석력과 직관을 가지고서도, 현대 사회의, 탈을 쓴 부패 조직의 모습을 알아보기 힘든 판에, 김 서방 이 주사를 나무라는 건, 아무래도 너무하다.

그래서 자유가 있다. 북녘에는, 이 자유가 없었다. 게으를 수 있는 자유까지도 없었다.

– 최인훈, 「광장」

① 3인칭 관찰자 시점이다.
② 작중 인물의 지적 탐구가 드러난다.
③ 주인공의 해탈한 태도가 나타난다.
④ 주인공은 보람 있는 삶을 갈구하고 있다.

22 다음 설명에 해당하는 이론가는 누구인가?

- 상징은 원관념이 생략된 은유라고 할 수 있다.
- 상징은 은유와 형식적으로 비슷하면서도 은유적 형식을 초월한다.
- 상징은 다른 그 어떤 대상이나 활동을 대신한다.

① 에드윈 뮤어
② 리처즈
③ 브룩스
④ D. C. 뮈케

22 브룩스에 따르면, 상징은 원관념이 생략된 은유라고 할 수 있으며, 다른 그 어떤 대상이나 활동을 대신한다. 은유와 형식적으로 비슷하면서도 은유적 형식을 초월한다. 다층적 의미로 하나는 사물로서, 다른 하나는 본질적 관념으로서 의미의 복합을 이룬다.

23 루카치의 소설 유형 분류에서 다음 설명과 관계가 깊은 것은?

- 맹목적 신앙에 가까운 의식의 지배
- 자기가 추구하는 가치를 위한 주인공의 광신적 모습

① 환상 ② 심리
③ 교양 ④ 추상

23 루카치의 소설 유형 분류에 따르면, 추상적 이상주의(맹목적 신앙, 주인공은 광신의 모습), 심리 소설(주인공의 수용세계와 의식세계가 넓음), 교양 소설(주인공의 성취에 도달하기까지의 과정을 그림), 톨스토이의 소설형(삶의 전체성)으로 구분할 수 있다.

정답 21 ① 22 ③ 23 ④

24 단편 소설이 뚜렷이 구별되는 문학 장르로 떠오른 것은 19세기이며 낭만주의와 사실주의가 단편 소설의 출현을 촉진시킨 것으로 보인다. 낭만주의는 기이하며 비현실적인 것과 비정상적인 사건에 대한 관심을 자극했고 작가가 자신의 경험을 장편이 아니더라도 단편으로 나타낼 수 있게 하였다. 사실주의 소설도 그 시대의 여러 면들을 사실에 입각해 보고하는 연구적인 역할을 열망하고 있었으므로 짧은 글이 그 목적에 적합했다.

25 역사주의 비평은 문학의 기원, 특정한 문학의 갈래 발생, 문학의 시대적 변천 등을 다룬다. 작가의 전기 연구, 원전의 확정 등이 주요 연구 영역이라 할 수 있다. 하지만 역사주의 비평은 문학의 내적 요건을 지나치게 소홀히 한다는 약점이 지적된다.

26 윔셋이 주장한 바에 따르면 '감정의 오류'는 시 작품과 그것이 낳는 결과를 혼동하는 것이다. 그것은 비평의 기준을 시가 빚어내는 바 심리적 효과에서 이끌어내는 것에서 시작하여 인상주의나 상대주의가 되어 끝난다.

정답 24 ② 25 ④ 26 ③

24 단편 소설과 장편 소설에 대한 설명으로 옳지 않은 것은?

① 단편 소설이 뚜렷이 구별되는 문학 장르로 떠오른 것은 19세기이다.
② 낭만주의와 사실주의가 장편 소설의 출현을 촉진시킨 것으로 보인다.
③ 한국에서의 단편 소설이 본격적으로 쓰인 것은 1910년대부터이다.
④ 길이가 길고 폭도 더 넓은 이야기 형식인 장편 소설과는 구별된다.

25 다음 설명에 해당하는 비평의 종류는?

- 문학의 기원, 문학 갈래의 발생, 문학의 변천 등을 다룬다.
- 작가의 전기 연구, 원전의 확정 등이 주요 연구 영역이라 할 수 있다.
- 문학의 내적 요건을 지나치게 소홀히 한다는 약점이 지적된다.

① 신화 비평 ② 심리주의 비평
③ 구조주의 비평 ④ 역사 비평

26 다음 설명에 해당하는 오류의 종류는?

- 윔셋(W. K. Wimsatt)이 주장했다.
- 효용론이 발생시킬 수 있다.
- 시 작품과 그것이 낳는 결과를 혼동한다.

① 환경적 오류 ② 구조적 오류
③ 감정적 오류 ④ 의도론의 오류

27 **심리주의 비평에 대한 설명으로 옳지 않은 것은?**

① 시작은 1895년 프로이트의 정신 분석학의 확립에 의해서이다.
② 프로이트는 의식을 가장 중요한 단계의 정신으로 여겼다.
③ 아들러는 무의식 대신에 자아의 역할을 강조했다.
④ 융은 개인적 무의식 대신에 집단적 무의식을 주장하였다.

28 **다음과 같은 시각에서 작품을 해석하는 비평 방법론은?**

> • 신화가 작가들에게 어떻게 재현되는가를 탐구한다.
> • 반복적으로 나타나는 모티브, 상징, 구조 등을 대상으로 한다.
> • 인간의 원천적 사고와 경험을 집약한 것이다.

① 구조주의 비평
② 신화・원형 비평
③ 독자주의 비평
④ 형식주의 비평

29 **다음 내용에서 괄호 안에 들어갈 말이 순서대로 옳게 짝지어진 것은?**

> 융(C. G. Jung)이 제시한 원형의 요소에 따르면 (㉠)는 남성의 무의식 인격의 여성적 측면을, (㉡)는 여성의 무의식 인격의 남성적인 면을 의미한다.

	㉠	㉡
①	페르소나	아니마
②	아니마	아니무스
③	아니무스	페르소나
④	그림자	아니무스

27 프로이트는 인간의 정신구조를 의식적인 것과 무의식적인 것으로 구분하고 무의식을 가장 중요한 단계의 정신으로 여겼다. 심리학이 문학이라는 관계가 새로운 차원으로 들어선 것은 1895년 프로이트의 분석학의 확립에 의해서이다. 프로이트 학설에 대해 아들러는 무의식 대신에 자아의 역할을 강조했고, 분석적 심리학의 창시자인 융은 개인적 무의식을 대신하여 집단적 무의식을 주장하였다.

28 신화・원형 비평이란 신화적인 원형을 찾아내어서 그것이 여러 시대와 작가들에게 어떻게 재현되는가를 탐구하는 문학 연구 방법을 가리킨다. 원형이란 아득한 옛날의 신화, 전설, 제의(祭儀)에서 출현한 이래 시대의 흐름에도 불구하고 반복적으로 나타나는 모티브, 상징, 구조 등으로서 인간의 원천적 사고와 경험을 집약한 것이다.

29 융의 아니마(anima)에 대한 논의를 포함하여 여성에 대한 원형은 아주 다양하게 나타냈는데, 아니마(anima)는 남성의 무의식 인격의 여성적 측면, 아니무스(animus)는 여성의 무의식 인격의 남성적인 면을 의미한다.

정답 27 ② 28 ② 29 ②

30 다음 설명에 해당하는 비평은 무엇인가?

> 1960년 후반 미국에서 일어난 비평 운동이다. 남성에 의한 여성의 지배와 억압이라는 현실적 상황을 자각함으로써 시작되었으며, 여성의 의식을 개조하고 지금까지의 남성 지배 구조 대신 여성의 가치 체계를 재정립하려는 문학 비평이다.

① 장르 비평
② 페미니즘 비평
③ 독자주의 비평
④ 해체주의 비평

30 페미니즘이라는 용어는 1872년 프랑스와 네덜란드에서 처음으로 사용되기 시작하였으며, 1890년에는 영국에서, 1910년에는 미국에서 사용되기 시작하였다. 페미니즘 비평은 단일한 이론이라기보다는 하나의 강력한 운동으로, 같은 관심사를 지닌 여성 집단의 복합적이고 다양한 방법론이다. 문학작품의 창작과 비평에 존재하는 성차별, 소외된 여성 체험, 왜곡된 여성 인물들에 대해서 여성들이 자신의 목소리를 냈다는 점에서 기존의 남성 중심적 문학 비평에 대항하는 움직임으로 볼 수 있다.

31 수필 장르에 대한 설명으로 옳지 않은 것은?

① 수필은 일정한 형식에 얽매이지 않는다.
② 수필은 그 소재가 대단히 광범위하다.
③ 수필 창작은 전문 작가의 영역에 해당한다.
④ 수필은 작가의 인생관이나 사상이 잘 드러난다.

31 수필은 생활인이면 누구나 쓸 수 있다. 오늘날 문학의 여러 장르 가운데서 수필 문학은 가장 대중적이다. 따라서 수필 작품 중에는 전문적인 문학인의 것보다 비전문적인 필자들의 것이 훨씬 더 많으며, 독자들 또한 어떤 특수한 분야나 계층의 사람들이 아닌 대중이다. 그러나 사물에 대한 깊은 통찰력과 개성이 드러나야 한다.

32 다음 글에 대한 설명으로 옳지 않은 것은?

> 독자여, 여기 이 책은 성실한 마음으로 쓴 것이다. 이 작품은 처음부터 내 집안 일이나 사사로운 일을 말하는 것 말고 다른 어떤 목적도 가지고 있지 않음을 말해둔다. 추호도 그대에게 봉사하거나 내 영광을 도모하고자 쓴 책이 아니다.
>
> – 몽테뉴, 『수상록』

① 이 글은 에세이라는 장르의 시작으로 볼 수 있다.
② 저자는 자신을 완전히 묘사하겠다고 선언했다.
③ 이 글은 전통적으로 엄격한 형식적 특징을 갖는다.
④ 수필 모음집이기에 발췌해서 읽기에 적당하다.

32 미셸 드 몽테뉴는 35세에 영지를 상속받자 법률가에서 은퇴한 뒤 자신의 영지에서 글을 쓰기 시작한다. 그 결과물이 바로 『수상록』이다. 그는 이로써 에세이라는 장르를 개척했다. 그것은 짧고 형식에 얽매이지 않으며 개인적 색체를 띤 논문으로, 주제에 제한이 없었다. 『수상록』은 수필모음집이기 때문에 발췌해서 읽기에 적당하다.

정답 30 ② 31 ③ 32 ③

33 희곡에 대한 설명으로 옳지 않은 것은?

① 희곡의 기본 단위는 장과 막으로 구성된다.
② 희곡의 구성은 3단 구성과 5단 구성이 있다.
③ 희곡은 서술자가 등장인물, 장소, 무대 등을 설명해준다.
④ 한 인물이 혼자 중얼거리는 말을 독백이라고 한다.

33 희곡은 서술자 없이 맨 처음에 나오는 일종의 지시문을 통해 등장인물, 장소, 무대 등을 설명해 준다.
① 희곡의 기본 단위는 막의 하위 단위인 '장'과 몇 개의 장이 합해진 '막'으로 구성된다.
② 희곡의 구성은 아리스토텔레스가 말한 3단 구성과 구스타브 프라이타크(Gustav Freytag)가 확정한 5단 구성이 있다.
④ 한 인물이 혼자 중얼거리는 말을 독백이라고 하며, 내면 심리의 직접적 설명에 쓰인다.

34 다음 설명에 해당하는 희곡의 플롯 단계는?

- 사건의 주역(主役)과 상대역이 분명해지는 단계이다.
- 도전과 위험이 가중되고 갈등이 심화되어 흥미가 높아지는 단계이다.
- 사건의 해결을 위한 복선이 깔리거나 사건 전개를 예측할 수 없는 단계이다.

① 전개 ② 위기
③ 절정 ④ 대단원

34 희곡의 단계 중 전개(상승) 단계는 사건의 주역(主役)과 상대역이 분명해지고, 등장인물의 수가 많아지며 도전과 위험이 가중되고 갈등이 심화되어 흥미가 높아진다. 또한 사건의 해결을 위한 복선이 깔리나 사건의 전개를 예측할 수 없게 된다.

35 희곡의 플롯에서 죽음, 부상 등 파괴 또는 고통을 초래하는 행동을 뜻하는 말은?

① 에토스
② 파토스
③ 발견
④ 급전

35 '파토스'는 원래 수동적인 상태를 의미하는 말로 아리스토텔레스의 윤리학에서는 욕정, 노여움, 공포, 즐거움, 증오, 연민 등 쾌락 또는 고통을 수반하는 감정을 의미한다. 한편 아리스토텔레스는 수사학에서 에토스라는 단어에 철학적 의미를 부여했다. 그의 정의에 따르면 에토스는 화자(話者)의 고유 성품을 뜻한다. 체형, 자세, 옷차림, 목소리, 단어선택, 시선, 성실, 신뢰, 카리스마 등이 에토스에 속한다.

정답 33 ③ 34 ① 35 ②

36 희곡에서의 지문에는 인물의 동작이나 표정, 말투, 등장과 퇴장, 조명 및 효과 등을 지시하고 설명하는 동작 지시문과 사건이 발생한 때와 곳, 무대 등을 설명하는 무대 지시문이 있다. 희곡에서 무대 지시문은 이야기를 출발시키기 위한 배경이 되며 분위기와 주제를 암시한다. 희곡은 무대라는 한정된 공간에서 상연될 것을 전제로 창작된다. 따라서 희곡을 제대로 감상하기 위해서 무대 지시문을 정확히 이해하는 것이 도움이 된다.

37 희곡은 플롯의 내용에 따라 '희극, 비극, 희비극'으로 나뉜다. 비극은 운명, 성격, 상황 등으로 인하여 패배하는 인간의 모습을 제시하는 희곡이고, 희극은 인간의 승리나 성공을 보이면서 행복한 결말로 끝난다. 희비극은 희극과 비극의 혼합 형태이다.

38 부조리극의 언어는 뒤죽박죽인 경우가 많으며, 진부한 상투어와 말장난, 반복어, 문맥과는 무관한 이야기들로 가득 차 있다. 부조리극에는 초현실주의자들과 실존주의자, 표현주의 유파와 프란츠 카프카의 작품에 나타난 사상의 영향이 분명하게 드러난다. 부조리극은 애초에 연극의 관례를 무시해서 충격을 주고 20세기 중반의 관심사를 적절하게 표현하여 인기가 있었지만, 1960년대 중반에 이르러 다소 쇠퇴하게 된다.

정답 36 ④ 37 ④ 38 ③

36 무대 지시문에 대한 설명으로 옳지 않은 것은?

① 사건이 벌어진 때와 곳, 무대 등을 설명한다.

② 이야기를 출발시키기 위한 배경이 되며 분위기와 주제를 암시한다.

③ 희곡을 제대로 감상하기 위해서는 정확히 이해하는 것이 도움이 된다.

④ 인물의 동작이나 표정, 말투, 등장과 퇴장 등을 설명하는 부분이다.

37 극을 '희극, 비극, 희비극'으로 나누는 기준은?

① 희곡의 인물

② 희곡의 언어

③ 희곡의 공연

④ 희곡의 플롯

38 다음 설명과 관련이 깊은 극의 종류는?

- 언어가 뒤죽박죽인 경우가 많다.
- 말장난, 반복어, 문맥과는 무관한 이야기들로 가득 차 있다.
- 연극의 관례를 무시하고 관심사를 적절하게 표현한다.

① 서사극

② 표현주의극

③ 부조리극

④ 사실주의극

39 **비교문학의 영향에 대한 다음 설명에서 괄호 안에 들어갈 용어를 순서대로 옳게 짝지은 것은?**

> (㉠)는 한 나라의 문학이 언어 및 국가 경계선을 넘어 외국으로 전파될 때 그 발생이 되는 것으로 작품이나 작가일 수도 있고, 총체적 단원일 수도 있다. (㉡)는 (㉠)로부터 그 영향을 받아들이는 문학작품이나 작가인 것이다. (㉢)는 한 나라의 문학작품 및 문학사상을 다른 나라에 전파시키는 사람이나 번역물을 이른다.

	㉠	㉡	㉢
①	전신자	발신자	수신자
②	발신자	수신자	전신자
③	전신자	수신자	발신자
④	수신자	전신자	발신자

39 비교문학의 영향 관계는 발신자의 시점, 수신자의 시점, 전신자의 시점으로 나누어 살펴볼 수 있다. 발신자는 한 나라의 문학이 언어 및 국가 경계선을 넘어 외국으로 전파될 때 그 발생이 되는 것의 이름으로 작품이나 작가일 수도 있고, 총체적 단원일 수도 있다. 수신자는 발신자로부터 그 영향을 받아들이는 문학작품이나 작가인 것이다. 전신자는 한 나라의 문학작품 및 문학 사상을 다른 나라에 전파시키는 사람이나 번역물을 이른다.

40 **다음 설명에 해당하는 개념은 무엇인가?**

> • 자기 나라 식으로 또는 현대식으로 바꾸는 것
> • 패러디와 구조가 달라서 주제에 커다란 변동이 없음
> • 원작의 내용이나 줄거리는 그대로 두고 풍속, 인명, 지명 따위를 시대나 풍토에 맞게 바꾸어 고침

① 모방
② 표절
③ 암시
④ 번안

40 번안(飜案)은 소설이나 희곡에서 외국 작품이나 고전의 큰 줄거리를 그대로 빌어 세부 사항을 자기 나라 식으로 또는 현대식으로 바꾸는 것이다. 따라서 번안의 경우 패러디와 구조가 달라 주제에 커다란 변동이 없는 것이 보통이다.

정답 39 ② 40 ④

2021년 기출복원문제

▶ 온라인(www.sdedu.co.kr)을 통해 기출문제 무료 강의를 만나 보세요.

※ 기출문제를 복원한 것으로 실제 시험과 일부 차이가 있으며, 저작권은 시대에듀에 있습니다.

01 다음 중 문학 언어의 특징으로 적절한 것은?

① 즉흥성
② 형상성
③ 낭만성
④ 신비성

01 형상성 : 문학은 다른 예술과 달리 언어로 사상이나 감정을 표현하는 예술이다. 그리고 문학은 진실의 세계를 추구하지만, 허구에 바탕을 두면서 작가의 상상력에 의하여 재구성되는 창조적 체험을 재현한다. 동시에 문학은 개인과 집단의 세계관을 총체적으로 표현한 구체적인 형상이기도 하다.

02 다음 중 문학의 기원에 대한 이론과 설명이 적절하지 <u>않은</u> 것은?

① 모방본능설 : 사물을 모방하려는 본성과 모방된 것을 보고 기뻐하는 본능이 있어서 이로부터 문학이 나왔다는 학설 → 아리스토텔레스
② 흡인본능설 : 남의 관심을 끌기 위한 인간의 욕구에서 문학이 발생했다는 학설 → 다윈
③ 발라드 댄스설 : 초자연적인 존재에 대한 제천의식에서 행해진 원시종합예술에서 비롯되었다는 학설 → 몰튼
④ 발생학적 기원설 : 인간이 가진 '행위 그 자체를 즐기는 유희충동'에서 문학이 나왔다는 학설 → 칸트

02 유희본능설 : 인간이 가진 '행위 그 자체를 즐기는 유희충동'에서 예술이 나왔다는 설로, 유희 본능은 '정력의 과잉'과 '노력의 여력'에 의한 '힘의 과잉'을 놀이로써 풀어내려는 본능이다. → 칸트, 쉴러, 스펜서

정답 01 ② 02 ④

03 다음 설명과 관련 깊은 문학 비평의 오류는?

> 작가의 본래 의도와 성취된 의도 사이에 근본적 차이를 혼동해서 작품에 대한 이해와 평가가 잘못됨을 말한다.

① 독단론적 형식주의
② 의도의 오류
③ 감정의 오류
④ 기계적 반영론

03 의도의 오류 : 작품에는 작가가 의도한 그대로 나타나지 않는데도 작가 중심으로 평가할 때 나타나는 오류 → 표현론적 관점
① 독단론적 형식주의 : 작품은 작가의 생애, 시대 현실, 독자와의 관계 등 다양한 관계 속에서 형성되는데, 그러한 요소들을 배제하고 작품을 평가할 때 나타나는 오류 → 절대주의적 관점
③ 감정의 오류 : 작품을 독자에게 미치는 영향을 바탕으로 평가를 하게 되면, 작품자체에 대한 본질적인 평가가 될 수 없기 때문에 나타나는 오류 → 효용론적 관점
④ 기계적 반영론 : 문학 작품을 역사적 사실들의 조립체로 보거나 작품과 현실을 지나치게 1 : 1로 대응시키려는 오류 → 반영론적 관점

04 각 시대별로 나타난 문학의 특징을 설명한 것으로 적절하지 <u>않은</u> 것은?

① 1910년대 : 전근대적 사회를 극복하고자 하였으며, 서구문학의 유입에 따라 우리 민족의 역량을 길러야 한다는 민족주의적 계몽주의가 주류를 이루었다.
② 1920년대 : 『백조』, 『장미촌』, 『폐허』 등과 같은 문예 동인지가 발간되면서 전문적인 문인들이 등장하여 문학의 저변이 확대되었다.
③ 1930년대 : 문학의 순수성과 예술성을 지향하는 문인들이 문단의 주류를 형성하였고, 브나로드 운동의 영향으로 농촌 계몽을 목적으로 하는 문학이 등장하였다.
④ 1950년대 : 정치적 격동기를 배경으로 사회 현실에 대한 통찰과 인식, 역사에 대한 반성과 비판을 주류로 하는 참여문학이 형성되었다.

04 참여문학은 1960년대에 대한 설명이다. 1950년대에는 전쟁의 경험을 형상화하면서 실존주의적 시각이 드러나던 시대였다.
① 1910년대 : 2인 문단시대, 민족주의적 계몽문학이 주류
② 1920년대 : 다수 동인지 문단시대, 반계몽적 순수문학의 옹호, 서구 문예사조의 본격적 도입
③ 1930년대 : 범사회적 문단시대, 반계급적 순수문학의 옹호, 농촌 계몽소설의 등장

정답 03 ② 04 ④

05 문학의 기능에 대한 다음 설명에서 괄호 안에 들어갈 내용으로 적절한 것은?

> 문학의 기능 가운데 하나로서, 독자에게 정신적 즐거움이나 (　　)을 가져다주는 기능

① 미적 쾌감
② 교훈적 깨달음
③ 윤리적 의식
④ 새로운 정보 습득

05 문학의 기능 중 '쾌락적 기능'에 대한 설명이다. '쾌락적 기능'은 독자에게 미적 · 정서적 즐거움을 주는 기능으로 문학의 형식과 예술성을 강조한다.

06 문학의 구조에 대한 설명으로 적절하지 <u>않은</u> 것은?

① 모든 요소들이 유기적으로 결합된 하나의 통합적 구조를 형성한다.
② 한 작품의 구조 자체는 변함이 없으나, 시대나 사회 상황 또는 개인에 따라 평가가 다르다.
③ 문학은 살아 움직이는 구조이다.
④ 문학의 내용과 형식은 분리되어 존재한다.

06 문학의 내용(작품에 구현된 정서, 사상, 사건, 주제 등)과 형식(내용을 형상화하기 위한 언어의 표현 형식)은 서로 긴밀하게 결합되어 하나의 작품 속에 융해되어 있는 '유기적 구조'를 가진다.
① 유기적 구조의 개념이다.
② · ③ 동적 구조에 대한 개념이다.

07 문학의 장르에 대한 설명으로 적절하지 <u>않은</u> 것은?

① 서정 양식은 개인의 정서를 표현한 것이다.
② 서사 양식은 현재 시제를, 극 양식은 과거 시제를 사용한다.
③ 교술 양식은 자아의 세계화를 표현한 것이다.
④ 극 양식은 서술자의 개입이 없다.

07 '서사 양식'은 시간적 흐름에 따른 행위(움직임 = 사건)을 서술자의 직접적인 서술로 다루기 때문에 주로 '과거 시제'를 사용하는 반면에, '극 양식'은 서술자의 직접 개입이 없이 '대화나 행동'으로 갈등을 제시하기 때문에 반드시 '현재형'으로 제시된다.

정답 05 ① 06 ④ 07 ②

08 서정 양식의 하위 장르에 해당하지 않는 것은?

① 향가
② 고려속요
③ 시조
④ 가사

08 가사 : 운문과 산문의 과도기적 형태로 '교술 양식'의 하위 장르에 해당한다.
①·②·③ 개인의 주관적 정서를 표출하는 서정 양식의 하위 장르이다.

09 다음 내용에서 괄호 안에 들어갈 말이 맞게 짝지어진 것은?

(㉠)은 문학 작품이 단순히 작가 개인의 상상력만으로 이루어진 것이 아니라 구체적인 현실을 바탕으로 하여 만들어졌다는 것을 깨닫게 해 준다. 이 관점에 의하면 작품 밖의 현실세계가 작품 속에 (㉡)이고도 생생하게 묘사되어 있을수록 뛰어난 작품이 된다.

	㉠	㉡
①	반영론	구체적
②	효용론	주술적
③	절대론	사실적
④	표현론	과학적

09 반영론(모방론) : ㉠ 작품은 작가가 살던 시대 현실을 반영, ㉡ 작품이 창작된 당시의 시대 현실의 모습을 중시하는 관점, ㉢ 거울에 비유, ㉣ 사실주의와 밀접

정답 08 ④ 09 ①

10 다음 설명에서 괄호 안에 공통으로 들어갈 말로 알맞은 것은?

- (　　　)은(는) 표현하고자 하는 추상적 관념은 보이지 않고 보조관념만으로 다른 사물을 암시하는 기법이다.
- (　　　)의 특성으로 일체성, 복합성, 암시성을 들 수 있다.

① 상징
② 반어
③ 비유
④ 심상

11 시의 언어에 대한 설명으로 적절하지 않은 것은?

① 함축적 의미를 지닌다.
② 운율을 지닌다.
③ 압축, 생략되어야 한다.
④ 사전적, 문맥적 의미를 중시한다.

12 같은 구절이라도 독자에 따라 의미가 다르게 읽히는 것을 설명하는 시의 특성은?

① 압축성
② 다의성
③ 영상성
④ 긴장성

10 상징 : 표현하고자 하는 추상적 관념은 보이지 않고 보조 관념만으로 다른 사물을 암시하는 기법으로 원관념과 보조관념 사이에는 유사성이 없다.
② 반어 : ㉠ 언어와 상황의 모순, ㉡ 겉으로 표현한 의미와 속으로 숨어 있는 의미를 서로 반대되게 나타내는 방법
③ 비유 : ㉠ 표현하고자 하는 사물(원관념)을 그것과 유사성(유추 관계)이 있는 다른 사물(보조관념)로 표현, ㉡ 선명한 인상을 제시하거나 함축성 있는 의미를 나타내는 기법
④ 심상 : ㉠ 사물의 감각적 형상(形象), ㉡ 감각기관에 의해 마음속에 떠오르는 대상에 대한 영상이나 대상을 감각적으로 인식하도록 자극하는 말

11 사전적, 문맥적 의미를 중시하는 것은 일상적·과학적 언어의 특성이다.

12 다의성 : 하나의 시어가 하나의 의미만을 함축하는 것이 아니라 여러 가지 의미로 해석되는 것을 말하며 '모호성' 또는 '애매성'이라고도 한다.
① 압축성 : 가장 짧은 형태의 문학 양식으로 압축과 생략을 통해 시적 의미를 표현한다.
③ 영상성 : 시는 사상과 감정을 심상을 사용하여 구체화한다.
④ 긴장성 : 시에서 대립되는 요소의 충돌 및 공존에서 오는 관계, 또는 여기에서 느끼는 독자의 정서적 충격을 말한다.

정답 10 ① 11 ④ 12 ②

※ 다음 작품을 읽고 물음에 답하시오. (13 ~ 14)

한 송이의 국화꽃을 피우기 위해
봄부터 소쩍새는
그렇게 울었나 보다
한 송이의 국화꽃을 피우기 위해
천둥은 먹구름 속에서
또 그렇게 울었나 보다
그립고 아쉬움에 가슴 조이던
머언 먼 젊음의 뒤안길에서
인제는 돌아와 거울 앞에 선
내 누님같이 생긴 꽃이여
노오란 네 꽃잎이 피려고
간밤에 무서리가 저리 내리고
내게는 잠도 오지 않았나 보다

– 서정주, 「국화 옆에서」

13 밑줄 친 시어의 함축적 의미로 가장 적절한 것은?

① 존재의 본질
② 인생의 무상함
③ 인생의 원숙미
④ 반성적 자아

14 위 시에서 나타나는 주된 운율은?

① 음위율
② 음수율
③ 외형률
④ 음성률

13 「국화 옆에서」: 국화가 개화하는 자연 현상과 국화의 아름다움을 인간의 성숙한 삶의 아름다움과 연관 지어 표현하고 있는 작품이다.

14 「국화 옆에서」에서 사용되고 있는 주된 운율은 3가지다. ㉠ 내재율, ㉡ 3음보의 음보율, ㉢ 7·5조의 음수율
① 음위율 : 일정한 위치에 동일한 음이 반복된다.
③ 정형률 : 운율의 정형성을 지니는 것으로 정형시에만 쓰인다.
④ 음성률 : 음의 고저(高低), 장단(長短), 강약(强弱) 등의 음악적 요소가 규칙적으로 반복되는 운율이다. 영시(英詩)의 강약률, 한시(漢詩)의 평측법(平仄法) 등이 이에 속한다.

정답 13 ③ 14 ②

15 다음 설명에서 괄호 안에 들어갈 공통적인 말은?

> (　　　)은 시행이나 시구의 중간에 특정 음운이나 음절을 반복하는 것인데, (　　　)을 일치시키면 시가 지나치게 작위적이 될 위험이 있으므로 실험적인 시에 일부 나타날 뿐 일반적인 시에 사용하기는 어렵다.

① 요운　　② 두운
③ 각운　　④ 강약

15 음위율 중 '요운(腰韻)'의 개념이다.
- ② 두운(頭韻) : 시행이나 시구의 첫머리에 특정 음운이나 음절을 반복
- ③ 각운(脚韻) : 시행의 끝이나 연의 끝에 형성된 운
- ④ 강약은 '음성률'의 하나다.

16 다음 작품의 시상 전개 방식에 대한 설명으로 가장 옳은 것은?

> 늦은 저녁 때 오는 눈발은 말집 호롱불 밑에 붐비다
> 늦은 저녁 때 오는 눈발은 조랑말 말굽 밑에 붐비다
> 늦은 저녁 때 오는 눈발은 여물 써는 소리에 붐비다
> 늦은 저녁 때 오는 눈발은 변두리 빈터에만 다니며 붐비다
>
> – 박용래, 「저녁 눈」

① 시간의 흐름
② 시선의 이동
③ 선경후정
④ 기승전결

16 눈 내리는 겨울저녁의 애상감을 시선의 이동(말집 호롱불 밑 → 조랑말 말굽 밑 → 여물 써는 소리 → 변두리 빈터)을 통해 그리고 있다.
- ① 시간적 흐름 : 시간적 순서에 따른 전개. ㉠ 추보식 구성(과거 → 현재 → 미래), ㉡ 역순행식 구성(현재 → 과거)
- ③ 선경후정(先景後情) : 사물 또는 풍경을 그리듯이 보여 주고 그 다음에 시적 화자의 정서를 표출하는 방법
- ④ 기승전결(起承轉結) : 시상 제시[起] → 시상의 반복 심화[承] → 시적 전환 시도[轉] → 중심 생각 또는 정서의 제시[結]

정답 15 ① 16 ②

17 다음 중 서사시에 대한 설명으로 적절한 것은?

① 현대에 성행한 양식으로 이야기가 있는 시이다.
② 일정한 배경과 여러 인물이 등장하여 복잡한 이야기를 구성한다.
③ 운문으로 쓴 희곡이다.
④ 우리나라 최초의 국문 서사시는 이규보의 「동명왕」이다.

17 서사시는 분량이 서정시보다 훨씬 길고, 그 속에는 일정한 배경과 여러 인물이 등장하여 복잡한 이야기를 구성한다. 즉, 영웅적인 개인의 업적이나 집단의 중대한 행적을 노래한, 비교적 긴 형식의 이야기체 시를 말한다.
① 서사시는 현대보다 고대에서 성행한 양식이다.
③ 극시(劇詩)에 대한 설명이다.
④ 우리나라 최초의 국문 서사시는 「용비어천가」이다. 이규보의 「동명왕」은 우리나라 최초의 한문 서사시이다.

18 다음 설명에서 괄호 안에 공통으로 들어갈 말은?

> 풍자성을 동반한 비유를 ( )라 한다. 일반적으로 속담, 격언, 우화 등에 사용된다. ( )는 비유되는 보조관념이 재치, 기지(機智), 유머와 어울려 읽는 이로 하여금 흥미를 느끼게 한다.

① 제유
② 활유
③ 직유
④ 풍유

18 비유법 중 '풍유법'에 대한 설명이다. '풍유(諷諭)'는 은연중에 다른 사물을 가리키면서 다만 비기는 낱말만 내세워서, 숨은 뜻을 읽는 이가 알아내도록 독립된 문장이나 이야기 형태를 취하는 기법이다.
① 제유 : 대유법의 일종으로 부분을 들어 전체를 표현하는 방법이다.
② 활유 : 무생물을 살아있는 생물처럼 표현하거나 식물을 동물의 행위나 상태처럼 표현하는 방법이다.
③ 직유 : 원관념과 보조 관념을 '마치, ~처럼, ~듯이, ~인양, ~같은' 등의 연결어를 사용하여 직접 결합하는 방법이다.

정답 17 ② 18 ④

19 다음 작품에서 사용된 주된 수사법은?

> 흰 수건이 검은 머리를 두르고
> 흰 고무신이 거츤 발에 걸리우다.
> 흰 저고리 치마가 슬픈 몸집을 가리고
> 흰 띠가 가는 허리를 질끈 동이다.
>
> – 윤동주, 「슬픈 족속」

① 은유법
② 중의법
③ 환유법
④ 의인법

19 환유법 : 사물의 속성이나 특징, 밀접한 관계가 있는 것을 보조관념으로 취하여 대상 자체를 표현하는 방법이다. '흰 수건, 흰 고무신, 흰 저고리 치마, 흰 띠'는 '우리 민족'을 의미한다. 이 시는 흰 색을 반복함으로써 우리 민족의 정서적 통일감을 드러내고 있으며, '부정적 현실의 극복 의지'라는 주제를 강화하고 있다.
① 은유법 : 원관념과 보조 관념을 연결이 없이 직접 결합시키는 표현 기법이다.
② 중의법 : 하나의 말을 가지고 두 가지 이상의 의미를 나타내는 방법이다.
④ 의인법 : 사물에 인격을 부여하는 표현 기법으로 객관적 상관물을 통한 감정이입이 강하게 드러난다.

20 밑줄 친 부분에 표현된 심상이 아닌 것은?

> 공백(空白)한 하늘에 걸려 있는 촌락(村落)의 시계(時計)가
> 여윈 손길을 저어 열 시를 가리키면
> 날카로운 고탑(古塔)같이 언덕 위에 솟아 있는
> 퇴색한 성교당(聖敎堂)의 지붕 위에선
>
> <u>분수처럼 흩어지는 푸른 종소리</u>.
>
> – 김광규, 「외인촌」

① 시각적 심상
② 청각적 심상
③ 촉각적 심상
④ 공감각적 심상

20 '촉각적 심상'은 감촉을 촉각(살갗)을 통하여 마음속에 떠올리도록 표현한 시어나 시구의 심상으로 밑줄 친 부분에는 나타나 있지 않다.
① 시각적 심상 : 색채, 명암, 모양, 움직임 등을 시각(눈)을 통하여 마음속에 떠올리도록 표현한 시어나 시구의 심상 → [분수, 흩어지는, 푸른]
② 청각적 심상 : 청각을 통하여 마음속에 떠올리도록 표현한 시어나 시구의 심상 → [종소리]
④ 공감각적 심상 : 두 종류 이상의 감각이 결합되어 감각이 전이(轉移)되어 표현된 것 → [청각의 시각화]

정답 19 ③ 20 ③

21 **다음 문장에 대한 설명으로 적절한 것은?**

> ㉮ 그칠 줄 모르고 타는 나의 가슴은 누구의 밤을 지키는 약한 등불입니까.
>
> – 한용운, 「님의 침묵」
>
> ㉯ 모란이 피기까지는 / 나는 아직 나의 봄을 기다리고 있을 테요.
>
> – 김영랑, 「모란이 피기까지는」

① 두 문장 모두 비유적 표현이 사용되었다.
② 두 문장 모두 상징적 표현이 사용되었다.
③ ㉮는 비유적 표현이, ㉯는 상징적 표현이 사용되었다.
④ ㉮는 상징적 표현이, ㉯는 비유적 표현이 사용되었다.

21 • ㉮ : '나의 가슴 = 약한 등불'. 비유법 중 '은유'에 해당한다.
• ㉯ : '모란 – 순수한 미적 대상', 상징법이 사용되었다.
비유는 표현하고자 하는 대상을 다른 대상에 빗대어 감각화하는 수사법이며, 비유가 성립되려면 반드시 원관념과 보조관념 사이에 유사성이 있어야 한다. 또한, 비유가 두 관념 사이의 공통성과 유사성에 기반하는 것과는 달리, 상징은 감각적 대상으로서의 보조관념이 비본래의 의미를 드러낸다는 점에서 비유와는 다른 성격을 띤다. 그러므로 비유에서는 원관념이 명확하게 드러나지만 상징에서의 원관념은 암시성과 모호성이 더 강하다. 그래서 대상에 대한 의미가 더 다의적이고 그 폭은 더 넓어진다.

22 **밑줄 친 시어에 해당하는 상징적 유형은?**

> 아무도 그에게 수심을 일러 준 일이 없기에
> 흰나비는 도무지 <u>바다</u>가 무섭지 않다.
>
> 청무우밭인가 해서 내려갔다가는
> 어린 날개가 물결에 절어서
> 공주처럼 지쳐서 돌아온다.
>
> 삼월달 바다가 꽃이 피지 않아서 서글픈
> 나비 허리에 새파란 초생달이 시리다.

① 개인적 상징
② 관습적 상징
③ 제도적 상징
④ 원형적 상징

22 개인적 상징 : 새로운 의미를 부여하며 작가 개인이 작품 속에서 만들어 낸 상징이다. 이 시에서 바다는 '나비가 이상적인 세계로 착각한 곳, 냉혹한 현실의 세계, 근대 문명의 삭막함'을 상징한다.
② 관습적 상징 : 한 사회에서 오랫동안 쓰인 결과 그 상징하는 바가 굳어져서 널리 공인된 상징
③ 제도적 상징 : 어떤 제도적 집단에 소속되어 있는 사람들에게만 큰 의미가 있는 상징
④ 원형적 상징 : 역사, 문학 등에서 되풀이되어 나타남으로써 인류에게 유사한 정서나 의미를 불러일으키는 상징

정답 21 ③ 22 ①

23 소설의 플롯에 대한 설명으로 옳지 않은 것은?

① 여러 가지 사건을 시간적 순서에 따라 늘어놓은 서술 방식이다.
② 사건의 성격, 인과관계에 따라서 구성해 놓은 서술 방식이다.
③ 사건의 긴장감을 이입시키고, 주제를 부각시킨다.
④ "왕이 죽자 왕비도 슬퍼서 죽었다."처럼 '왜(why)'라는 질문에 초점을 둔다.

23 여러 가지 사건을 시간적 순서에 따라 늘어놓은 서술 방식은 스토리에 대한 설명이다.

플롯

- 스토리를 시간의 순서에 따라 진행하면서도 사건의 성격, 인과관계에 따라서 구성해 놓은 것
- 소설에서 구성의 중요성은 소설 전체를 짜임새 있게 하고, 긴장감을 이입시키고, 주제를 부각 시킨다는 점에 있다.
- 소설의 짜임새, 골격, 뼈대, 설계도 등의 말로 설명할 수 있다.

24 다음 설명에 해당하는 인물의 유형은?

> 어떤 집단이나 계층을 대표하는 인물이다. 구체적 인물의 개별적 성격을 지니면서 동시에 그가 속한 집단, 계층의 보편적 성격을 함께 지닌다. 일반적인 유형으로는 바보, 충신, 간신, 거짓말쟁이, 탐욕스런 벼슬아치, 구두쇠, 겁쟁이, 악한, 반역자 등으로 나타난다. 현실에서 쉽게 발견할 수 있는 모습이어서 독자에게 쉽게 이해된다.

① 전형적 인물
② 개성적 인물
③ 입체적 인물
④ 평면적 인물

24 전형적 인물(유형적 인물) : 특정한 부류나 계층의 인간들을 대표하는 성격의 인물로 보편성을 획득한다.
② 개성적 인물 : 현대의 인간을 그린 오늘날의 소설에서 많이 보이는 독자적인 성격의 인물을 말한다.
③ 입체적 인물(동적 인물, 원형적 인물) : 사건이 전개되면서 성격의 변화를 보이는 인물
④ 평면적 인물(정적 인물) : 작품 전편을 통하여 성격이 변하지 않는 인물, 환경의 영향을 받지 않는 인물

정답 23 ① 24 ①

25 **소설의 주제에 대한 설명으로 옳은 것은?**

① 소설의 예술성을 가능하게 하는 요인
② 사건이 발생하고 인물이 활동하는 구체적인 시간과 공간, 상황
③ 작가가 작품 속에서 드러내려고 하는 중심 사상
④ 글쓴이의 개성적 문장 표현

25 주제란 작가가 작품을 통해 나타내고자 하는 중심 생각이다. 소재와 구성, 인물, 배경, 등의 요소들은 처음부터 주제를 염두에 두고 정해지며 주제를 효과적으로 드러내기 위해 일정한 역할을 담당한다.
① 소설의 구성
② 소설의 배경
④ 소설의 문체

26 **뮤어(Muir)가 분류한 소설에 해당하지 않는 것은?**

① 극적 소설
② 행동 소설
③ 성격 소설
④ 심리 소설

26 심리 소설 : 정신분석학을 바탕으로 인물의 내면을 분석하는데 주력하는 소설로, '주인공의 행동양식을 기준'으로 '루카치'가 분류한 소설의 유형에 속한다.

정답 25 ③ 26 ④

27 다음 설명에 해당하는 것은 무엇인가?

> 시대를 초월하여 반복적으로 출현한다. 선한 남주인공과 아름다운 여주인공들이 그들의 이상을 표현하고 반면에 악인이 그들 남녀의 우세를 위협한다는 구조를 담는다. 완결된 형태는 성공적인 탐색 여행을 나타내는데 주로 위험(갈등), 투쟁, 승리(발전)의 세 단계로 구성된다.

① 노블
② 고백
③ 해부
④ 로망스

27 노드롭 프라이의 소설의 분류를 묻는 문제이다.
로망스 : 작중인물 – 비현실적 인물 → 진공관 속의 인물
① 노블 : 작중인물 – 한 사회나 집단을 대표하는 인물
② 고백 : 자서전적 소설의 형식 → 내향적 성격
③ 해부 : 인물이나 사건을 매개로 하여 전개될 수 있는 사상이나 관념에 더 많은 관심 → 외향적 성격 – 관념소설, 주제소설

28 문학 비평에 대한 설명으로 옳지 않은 것은?

① 역사・전기적 비평 : 작품과 작자와 사회, 역사, 시대 등의 상관관계를 고찰하는 것을 중시하는 비평
② 심리주의 비평 : 프로이드의 정신분석학 이론을 문학 비평에 도입한 비평
③ 신화・원형 비평 : 문학을 사회적 소산으로 보고 문학이 사회적・문화적 요인과 맺는 복잡한 관련을 통해 작품을 해명하려는 비평
④ 형식주의 비평 : 작품의 외적 조건인 작가・사회・독자로부터 작품을 분리시켜 작품 자체의 내적 구조를 분석・해명하려는 비평

28 사회학적 비평에 대한 설명이다. '신화・원형 비평'은 신화・전설・제의 등에 반복해서 나타나는 인간의 원시적 경험의 유형인 원형(原型)이 작가에 의해 어떻게 재현되는가를 탐구하는 인류학적 비평을 말한다.
① 역사・전기적 비평 : 작가와 작품의 역사적 배경, 사회적 환경, 작가의 전기 등 문학을 결정하는 여러 가지 체계와 관련시켜 작품 연구
② 심리주의 비평 : 내면세계(무의식)를 분석함으로써 작가와 작품의 관계(심리)를 해명
④ 형식주의 비평 : 문학이 문학다운 속성, 즉 '문학성'을 철저하게 그 언어적 조직과 일체화시켜 분석하고, 기술함

정답 27 ④ 28 ③

29 다음 설명과 거리가 먼 개념은 무엇인가?

- '문학성'을 철저하게 그 언어적 조직과 일체화시켜 분석하고 기술함
- 상세한 기술과 분석에 집중
- 텍스트 자체를 고유한 자율적 존재를 가진 객관적 의미구조로 파악

① 문학주의
② 미적 예술성
③ 심리주의
④ 예술을 위한 예술

29 작품을 언어의 유기적 결합이자 하나의 완결된 예술로 파악하는 '형식주의 비평'에 대한 설명이다. 즉 '내재적 비평'에 초점을 두어야 한다. 심리주의: 내면세계(무의식)를 분석함으로써 작가와 작품의 관계(심리)를 해명하려는 비평 방식으로 문학을 예술 자체로 평가하는 내재적 비평과는 관련이 멀다.

① 문학주의 : 문학을 절대화시키고 문학에 집착하고 집중을 하는 태도
② 미적 예술성 : 순수문학이 지향하는 성격
④ 예술을 위한 예술 : 예술의 목적은 예술 그 자체에 있고 자신만의 독립된 가치가 있다고 주장하는 입장

30 다음 설명에 해당하는 문학 비평 방법은?

- 1950년대 프랑스의 문화인류학자인 레비 스트로스에 의해 이루어진 신화적인 체계연구에서 비롯되었다.
- 소쉬르의 일반언어학 모형에 따라 문화 현상들, 예컨대 신화, 인척관계, 식사양식 등을 분석하여 기반을 확립시켰다.
- 야콥슨은 언어와 학습과 발전의 기초로서 이원적 대립관계라는 보편적이고 단순한 체계를 제시하였다.

① 역사주의 비평
② 형식주의 비평
③ 구조주의 비평
④ 심리주의 비평

30 구조주의 비평 : 1950년대에 프랑스를 중심으로 나타난 현대 사상 조류 가운데 하나로 본문을 언어과학과 소통의 관계에서 해석하는 방법이다. 소쉬르의 구조언어학에 바탕을 두고 야콥슨과 레비 스트로스에 의해 이론으로 확립되었다.

① 역사주의 비평 : 문학 작품은 그 형성에 관여한 작가나 작가가 살았던 시대와 관련하여 살필 때 좀 더 잘 파악할 수 있다는 관점에 따라 이루어지는 비평이다.
② 형식주의 비평 : 작품의 외적 조건인 작가 · 사회 · 독자로부터 작품을 분리시켜 작품 자체의 내적 구조를 분석 · 해명하려는 비평이다.
④ 심리주의 비평 : 프로이드, 융, 아들러와 같은 심리학자들의 이론을 정신분석학적 방법으로 작가의 창작심리나 문학 작품의 해명에 적용하는 비평이다.

정답 29 ③ 30 ③

31 다음 설명에 해당하는 문학 비평 방법은?

- 제1차 세계대전 이후 미국에서 생겨난 비평이론
- 예술작품의 내재적 가치를 강조하고 독립적인 의미의 단위로서의 개별 작품에 관심의 초점
- 언어의 특징을 애매성 · 긴장 · 조직 · 반어 · 역설 등의 언어를 사용하여 명확하게 밝히고자 했다.

① 현상학적 비평
② 실존주의 비평
③ 신비평
④ 사회학적 비평

31 신비평 : 존 크로 랜섬의 「신비평 The New Criticism」(1941). 문학 작품 안에서 찾은 구체적 사건들을 토대로 자신의 해석을 입증. 문학 작품을 해석하는 유일한 원천은 텍스트 자체에 있음을 주장했다.

32 '낯설게 하기'에 대한 설명으로 옳지 않은 것은?

① 한 낱말 또는 문장이 동시에 여러 방향으로 효과를 미치는 경우다.
② 문학을 문학답게 하는 특성은 언어를 사용하는 방식에 있다.
③ 친숙하거나 인습화된 사물이나 관념을 특수화하고 낯설게 함으로써 새로운 느낌을 갖도록 표현하는 방법이다.
④ 연극에서 관객의 몰입을 방해하는 장치를 두어 관객으로 하여금 극중 현실에 비판적 거리감을 취하도록 만드는 것이다.

32 한 낱말 또는 문장이 동시에 여러 방향으로 효과를 미치는 경우란 엠프슨의 '애매성(曖昧性, ambiguity)'에 대한 개념이다.

정답 31 ③ 32 ①

33 다음 내용에서 괄호 안에 들어갈 용어로 적절하지 않은 것은?

> 수필의 종류 → 보다 형식적인 수필 → (   )

① 비평 수필
② 과학 수필
③ 관찰 수필
④ 철학적 수필

33 관찰 수필은 수필의 십종설에 의한 분류기준 중 '여러 가지 타입의 수필'에 해당한다.

34 희곡의 특성 중 '제한성'에 대한 설명으로 적절하지 않은 것은?

① 직접 서술의 불가능
② 등장인물의 수의 제약
③ 현재형 시제의 불가능
④ 상연 시간의 제약

34 희곡은 대화와 행동의 문학이며 직접적인 서술을 할 수 없으므로 반드시 '현재형'으로 제시되어야 한다. 소설은 주로 '과거형' 시제를 취한다.

정답 33 ③ 34 ③

35 다음 설명에 해당하는 희곡의 구성 단계는?

인물 사이의 갈등과 분규가 본격화되면서 위기감을 조성하고 심리적 긴장이 고조되는 단계이다.

① 발단 ② 전개
③ 반전 ④ 대단원

35 제시문은 '전개' 단계에 대한 설명이다.
① 발단 : 도입부로서 시간, 공간, 인물이 제시되고 갈등, 분규의 실마리를 제공하는 단계이다.
③ 반전 : 대립의 균형이 깨어지면서 급격하게 해결의 귀착점으로 기울어지는 단계로 '하강'이라고도 한다.
④ 대단원 : 갈등이 해결되고 주인공의 운명이 결정되는 단계이다.

36 다음 설명과 관련 깊은 용어는 무엇인가?

비극에 등장하는 인물들의 비참한 운명을 보고 간접 경험을 함으로써, 자신의 두려움과 슬픔이 해소되고 마음이 깨끗해지는 일을 말한다.

① 에로스
② 네메시스
③ 타나토스
④ 카타르시스

36 카타르시스 : 정화(淨化). 아리스토텔레스는 비극을 관람하는 것은 관람자가 배우의 정서들을 대리적으로 경험할 수 있기 때문에 카타르시스를 일으킬 수 있다고 생각했다. 심층적이며 거대한 고통에 대한 예술가들의 모방은 청중의 가슴에 공포나 연민을 불러일으킴으로써 그러한 감정을 추방하고 더 나아가서는 관객의 영혼을 정화시킨다는 것이다.

정답 35 ② 36 ④

37 **다음 중 저자가 나머지 셋과 다른 하나는?**

① 「오디세이」
② 「안티고네」
③ 「엘렉트라」
④ 「오이디푸스 왕」

37 「오디세이」 : 호메로스
② 「안티고네」 : 소포클레스
③ 「엘렉트라」 : 소포클레스와 에우리피데스
④ 「오이디푸스 왕」 : 소포클레스

38 **셰익스피어의 4대 비극에 해당하지 않는 것은?**

① 「햄릿」
② 「오셀로」
③ 「로미오와 줄리엣」
④ 「맥베스」

38 「로미오와 줄리엣」은 윌리엄 셰익스피어의 초기 희곡이다. 서로 원수인 가문에서 태어난 로미오와 줄리엣이 사랑을 하게 되고 그들의 비극적인 죽음이 가문을 화해하게 만드는 이야기이다. 셰익스피어의 4대 비극에 포함되지는 않는다.

39 **다음과 같이 도식화되는 비교문학의 원리를 제시한 비평가는?**

> 전신자(매개자)
> 발신자 – 접촉과 교환 – 수신자

① 발당스페르제
② 아자르
③ 방 티겜
④ 귀아르

39 방 티겜 : ㉠ 비교문학의 출발을 문학사의 한 분야로서 강조, ㉡ 비교문학은 각국 문학 간의 상호연관 가운데서 작가와 작품 간에 주고받은 영향의 대차관계를 전제하지 않은 비교연구를 모두 배제, ㉢ 비교문학의 방법론으로서 발신자와 전신자의 시점으로 구분하고 있는 바, 비교문학의 목적을 이행, 즉 문학의 어떠어떠한 것이 언어적 국경을 넘어서 이행된다는 사실을 기술하는 것이라고 규정

정답 37 ① 38 ③ 39 ③

40 비교문학의 영향에 대한 사례가 아닌 것은?

① 모방
② 표절
③ 번안
④ 번역

40 번역은 한 나라의 말로 표현된 글을 다른 나라의 말로 옮기는 것으로, 비교문학의 영향에 대한 사례와 관련이 없다.

정답 40 ④

2020년 기출복원문제

▶ 온라인(www.sdedu.co.kr)을 통해 기출문제 무료 강의를 만나 보세요.

01 다음 내용에서 설명하는 관점은 무엇인가?

> 플라톤은 최초로 이 이론을 제기하였으며, 시 또는 문학은 일차적으로 눈에 보이는 사물이나 현상만을 대상으로 삼는 데 그치기 때문에 진리와 멀어져 있다고 하였다.

① 효용론
② 모방론
③ 표현론
④ 구조론

01 플라톤은 「공화국」에서 최초로 모방론을 제기하였으며, 문학과 모방을 부정적으로 인식하였다.

02 다음 내용에서 설명하는 문학의 기원에 관한 이론은?

> 문학은 인간이 지니는 유희본능에서 시작되었으며, 대표적 학자로는 칸트, 쉴러, 스펜서가 있다.

① 모방본능설
② 흡인본능설
③ 유희충동설
④ 자기표현본능설

02 ① 모방본능설(아리스토텔레스) : 모방은 인간의 본능이며, 모방을 통해 희열을 느낀다.
② 흡인본능설(다윈 등 진화론자) : 인간에게는 남을 끌어들이려는 흡인본능이 있으며, 이 때문에 문학이 발생하였다.
④ 자기표현본능설(허드슨) : 자기 자신을 표현하고자 하는 본능에서 문학이 발생하며, 문학은 곧 인간의 사상, 감정의 표현물이 된다.

정답 01 ② 02 ③

03 다음 내용에서 설명하는 문학의 내용으로 옳지 않은 것은?

> 문학은 음악, 무용, 문학이 미분화된 상태의 원시종합예술에서 분화・발생하였다.

① 문학예술은 심미성보다는 실용성에 의해 비롯된 것이다.
② 우리나라의 영고, 동맹, 무천 등의 제천 의식이 이에 속한다.
③ 문학의 기원에 대한 유일한 공식 견해이다.
④ 대표 학자는 몰턴이다.

03 ①은 헌(Hirn), 그로세(Grosse)가 주장한 발생학적 기원설에 대한 설명이다.

04 다음 내용에서 설명하는 소설의 특성으로 알맞은 것은?

> 소설은 실제로 있었던 일은 아니나, 일어날 가능성이 있는 일을 실제로 있었던 것처럼 그럴 듯하게 꾸며내는 것이다.

① 필연성　② 진실성
③ 객관성　④ 개연성

04 ① 필연성 : 이야기 안에서 사물의 관련이나 일의 결과가 반드시 그렇게 될 수밖에 없는 요소나 성질이다.
② 진실성 : 이야기의 전개나 인물의 설정 등에 있어서 진실성을 찾아내어 표현한 문학이어야 한다.
③ 객관성 : 주관을 떠나 독립되어 있으며, 언제 누가 보아도 그러하다고 인정되는 성질이다.

05 다음 내용에서 괄호 안에 들어갈 말로 적절한 것은?

> • 언어의 (　　)적 사용은 개념의 정확성을 목표로 하기 때문에 그 언어와 언어가 지시하는 대상 사이에는 일대일의 정확한 대응 관계가 성립하며, 과학적・철학적으로 사용된다.
> • 언어의 (　　)적 사용은 개념의 다양성을 표현하고, 주관적이며 함축적이고, 문학적・시적으로 사용된다.

① 외연, 내포
② 기표, 기의
③ 내포, 외연
④ 기의, 기표

05 • 기표[시니피앙(Signifiant)] : 귀로 들을 수 있는 소리로써 의미를 전달하는 외적(外的) 형식을 이르는 말로, 말이 소리와 그 소리로 표시되는 의미로 성립된다고 할 때, 소리를 이른다.
• 기의[시니피에(Signifie)] : 말에 있어서 소리로 표시되는 의미를 이른다.

정답 03 ① 04 ④ 05 ①

06 다음 내용에서 설명하는 문예사조는 무엇인가?

> 인간의 정서를 소박하고 감동적으로 자연스럽게 표현한 일상적 언어야말로 진정한 시어라고 보았으며, '시란 강렬한 감정이 자발적으로 쏟아져 나오는 것, 넘쳐 나오는 것'이라고 하였다.

① 실존주의
② 낭만주의
③ 고전주의
④ 계몽주의

06 이는 낭만주의에 대한 설명이다. 인위적인 시어보다는 오히려 일상어가 더 훌륭하다고 보았으며, 인위성만을 따진 시어는 시인 자신과 시에 명예만을 안겨주는 수단일 뿐이라고 보았다.
③ 고전주의는 일상어와 달리 시만을 위한 언어가 따로 존재한다고 보았으며, 시어를 일상어에 비해 보다 아름답고 고차원적인 언어로 여겼다.

07 다음 내용에서 괄호 안에 들어갈 말을 바르게 나열한 것은?

> 작가가 표현하고자 의도한 것과 그것이 실제로 표현된 결과인 작품이 일치하지 않을 수 있는 경우를 배제한 것에서 표현론은 (　　　)를 보이고, 독자가 작품을 읽고 받을 수 있는 영향이나 심리적 효과를 예측한 것도 일치하지 않을 수 있는 경우를 배제한 것에서 표현론은 (　　　)를 보인다.

① 생각의 오류, 효용의 오류
② 의도의 오류, 생각의 오류
③ 효용의 오류, 의도확대의 오류
④ 의도의 오류, 효용의 오류

07 **의도의 오류**
시인(작가)의 정신과 그것을 표현한 작품에 대해 세밀한 관심을 보이는 것은 작품의 근원을 혼동하는 것이며, 이는 작가 심리학에 불과하기 때문에 작가의 의도를 중심으로 작품을 이해하는 것은 오류를 범하기 쉽다.

정답 06 ② 07 ④

08 다음 시에 대한 설명으로 알맞은 것은?

> 얼굴 하나야
> 손바닥 둘로
> 폭 가리지만,
>
> 보고 싶은 마음
> 호수만 하니
> 눈 감을 밖에.

① 유기적 형식을 보인다.
② 균형과 절제의 고전주의적 정신이 시의 일정한 형식을 규제한다.
③ 민요, 가사, 창가 등이 있다.
④ 고정된 형식이 있으며 행이 리듬의 단위가 된다.

08 제시된 작품은 정지용의 「호수」이다. 이 시는 자유시로 양식화된 정형률에 대한 저항에서 출발한 개성적인 자유에 의해 이루어진 시이다.
②・③・④는 정형시에 대한 설명이다.

09 다음 시를 구조론적 관점에서 설명한 것은?

> 나의 고향은
> 저 산 넘어 또 저 구름 밖
> 아라사의 소문이 자주 들리는 곳.
>
> 나는 문득
> 가로수 스치는 저녁바람 소리 속에서
> 여엄–엄 송아지 부르는 소리를 듣고 멈춰 선다.

① 1연과 2연의 행 배열이 같은 구조를 보인다.
② 시인은 구인회 동인으로 이상(李箱)과 함께 활약했다.
③ 1930년대 대표적인 모더니즘 시인이다.
④ 고향을 그리워하는 화자의 마음을 알 수 있다.

09 제시된 작품은 김기림의 「향수」이다. 김기림은 함북 학성군 학중 출생으로 1930년대 초반에 『조선일보』 기자로 활약하면서 등단했다. 1933년 구인회에 가담하여 주지주의에 근거한 모더니즘의 새로운 경향을 소개했으며, 6・25 전쟁 때 납북되었다.
① 1연과 2연은 3행으로 되어 있으며, 이는 구조론적 관점에서 시를 설명한 것이다.
②・③ 표현론적 관점(작가 중심)이다.
④ 효용론적 관점(독자 중심)이다.

정답 08 ① 09 ①

10 다음 내용을 주장한 이론가는?

〈애매성의 7가지 유형에 대한 설명〉
애매성이란 의미 해석이 두 가지 이상으로 가능한 시어의 특성으로, 이로 인해 다양성의 혼란과 이해 불가능의 상황을 맞게 된다. 이러한 경우를 7가지 유형으로 정리하였다.

1. 하나의 단어 또는 문장이 동시에 다양한 효과를 나타내는 경우
2. 두개 이상의 의미가 시인이 의도한 하나의 의미로 나타나는 경우
3. 일종의 동음이의어로서 하나의 단어가 동시에 두 가지의 뜻으로 표현되는 경우
4. 두 개 이상의 의미가 서로 모순되면서 결합하여 시인의 복잡한 정신 상태를 나타내는 경우
5. 일종의 직유로서 그 직유의 두 개념은 서로 어울리지 않으나, 시인의 시작과정 중 하나의 개념에서 다른 개념으로 옮겨가고 있음을, 즉 불명확에서 명확으로 나아가고 있음을 보이는 경우
6. 하나의 진술이 모순되든가 또는 무의미하여 독자가 스스로 해석을 내려야 하는 경우
7. 하나의 진술이 근본적으로 모순되어 저자의 정신에 원천적 분열이 있음을 보이는 경우

① 소쉬르
② 테이트
③ 엠프슨
④ 워즈워스

10 영국의 문학이론가 W. 엠프슨이 '애매성의 일곱 가지 형태'에서 애매성이라는 용어를 언급하였으며, 이는 시의 특성을 밝히는 중요한 용어이다. '애매성'이란 의미 해석이 두 가지 이상으로 가능한 시어의 특성으로, 이로 인해 다양성의 혼란과 이해 불가능의 상황을 맞게 된다.

11 다음 중 시의 분류에 대한 설명으로 옳지 <u>않은</u> 것은?

① 산문시 : 외재율에 기초한 시이다.
② 정형시 : 일정한 규칙을 따르는 시이다.
③ 자유시 : 형식이 자유롭다.
④ 산문시 : 산문에는 없는 시 정신이 담겨 있다.

11 산문시는 운율이 속으로 숨어 있는 내재율의 형식이며, 행과 연의 구분이 불확실하다.

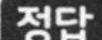

정답 10 ③ 11 ①

12 김소월의 「진달래꽃」은 7·5조의 음수율과, 3음보의 민요적 율격이 나타나는 자유시이다.

12 다음 작품에 대한 설명으로 옳지 않은 것은?

나 보기가 역겨워
가실 때에는
말없이 고이 보내 드리우리다.

영변(寧邊)에 약산(藥山)
진달래꽃
아름 따다 가실 길에 뿌리우리다.

가시는 걸음 걸음
놓인 그 꽃을
사뿐히 즈려밟고 가시옵소서.

나 보기가 역겨워
가실 때에는
죽어도 아니 눈물 흘리우리다.

– 김소월, 「진달래꽃」

① 수미상관 구조를 통해 구성에 안정감을 주고 정서를 강조한다.
② 전통적 정서를 민요조의 3음보 율격에 담았다.
③ 음수율, 음보율을 가진 정형시이다.
④ 이별의 상황을 가정하여 시상을 전개한다.

13 유추는 비유를 가능하게 하는 심리적 바탕이 된다.

13 다음 내용에서 괄호 안에 공통으로 들어갈 말로 알맞은 것은?

주지와 매체가 비유로 성립하기 위해서는 두 관념 사이에 (   )적 관계가 내포되어 있어야 하며, (   )적 관계는 상상력에 의해 발견된다.

① 대치
② 유추
③ 비교
④ 치환

정답 12 ③ 13 ②

14 다음 내용에서 ㉠, ㉡에 들어갈 말로 바르게 짝지어진 것은?

> 표면적 진술과 심층 의미 간의 충돌과 괴리에서 오는 효과를 (㉠)(이)라 하고, 표면적 진술 간의 충돌과 괴리에서 오는 효과를 (㉡)(이)라고 한다.

	㉠	㉡
①	역설	아이러니
②	아이러니	알레고리
③	역설	알레고리
④	아이러니	역설

14 형식주의 비평의 신비평에서는 시를 일상적, 과학적 언어와의 대립 관계에 의해 그 변별적 자질이 한정되는 특수한 언어 양식으로 간주하며, 언어의 의미가 갖는 아이러니, 역설, 메타포 등이 한 작품 안에서 복잡하게 상호작용하는 것을 중시하였다.

15 다음 내용에서 설명하는 것은 무엇인가?

> 시를 구성하는 가장 중요한 요소로, 신체의 지각 작용에 의해 제작되는 감각의 마음속 재생으로 정의할 수 있으며, 시의 기능을 정서 환기에 한정하지 않고 대상에 대한 인식의 수단으로 파악한다.

① 이미지
② 대치
③ 알레고리
④ 치환

15 이미지의 유형으로는 지각 이미지, 비유적 이미지, 상징적 이미지가 있다.

정답 14 ④ 15 ①

16 '노고지리'는 작가가 창조한 개인적 상징이다.

17 ① 픽션 : 사실이 아닌 지어낸 이야기를 의미한다.
② 노벨 : 새로운 이야기(사실적인 사건)라는 의미로 근대 이후 출현한 서사문학을 가리키는데, 보통 중편 이상의 길이를 가진 이야기를 뜻한다.
③ 스토리 : 역사와 같은 어원으로 '사실의 이야기'를 의미한다.

정답 16 ② 17 ④

16 다음 시에 대한 설명으로 옳지 않은 것은?

푸른 하늘을 제압하는
노고지리가 자유로웠다고
부러워하던
어느 시인의 말은 수정되어야 한다.

자유를 위해서
비상하여 본 일이 있는
사람이면 알지
노고지리가
무엇을 보고
노래하는가를
어째서 자유에는
피의 냄새가 섞여 있는가를

혁명은
왜 고독한 것인가를
혁명은
왜 고독해야 하는 것인가를

– 김수영, 「푸른 하늘을」

① 푸른색과 붉은색의 선명한 색채의 대조를 보여준다.
② '노고지리'라는 관습적 상징을 사용하였다.
③ 푸른 하늘은 자유의 공간을 나타낸다.
④ 반복을 통해 혁명의 의미를 강조하고 있다.

17 다음 내용에서 괄호 안에 들어갈 말로 적절한 것은?

(　　)은(는) 이국적 경향을 가지고 있는 중세의 서사문학을 뜻하며, 보통 중세의 용감한 기사들의 무용담이나 사랑·모험 등의 이야기를 다룬다.

① 픽션　② 노벨
③ 스토리　④ 로맨스

18 **다음 내용에서 설명하는 소설은 무엇인가?**

나는 이 소설의 작가 이인성이다. 다름 아닌 당신에 대한 소설을 쓰며, 나는 지금…

인사를 적다가 문득, 나는 지금, 당신이 이 인사법에 주목해주었으면 좋겠다는 생각에 쏠린다. 나는 물론 이 소설의 이야기꾼이지만, 이 소설에선 이야기꾼으로서의 다른 이름을 가지고 있지 않다. 나는 본문 안에서도 여전히 이 책 표지에 인쇄되어 있는 이름의 존재와 동일한 이인성이고자 하는 것이다. 이상하게 들릴지 모르겠는데, 이 점은 퍽 중요하다. 지금, 나는, 그 동안 줄곧 그래왔고 앞으로도 대게는 그럴 것이듯이, 내 소설 속에 나오는 다른 이야기꾼이 되기를 애써 피한다.

① 사소설
② 메타소설
③ 해학소설
④ 가족사 소설

19 **워런과 브룩스가 설명한 플롯의 진행 과정 중 다음 내용에 해당하는 단계는?**

사건과 사건이 복잡하게 얽히거나 등장인물의 내적・외적 갈등 등이 일어나면서 대립의 양상을 띤다.

① 발단
② 갈등
③ 절정
④ 결말

18 이 소설은 이인성의 「당신에 대하여」이다. '메타소설'은 소설 속에 소설 창작 과정 자체를 노출시키는 소설로 소설 창작의 실제를 통하여 소설의 이론을 탐구하는 자의식적 경향의 소설이다.

19 '갈등'은 주제와 긴밀하게 연결하여 이야기가 발전되는 단계이다.

정답 18 ② 19 ②

20 포스터는 「소설의 양상」에서 사건의 인과를 중심으로 플롯과 스토리를 구분하여 설명하였다.

20 다음 내용에서 ㉠, ㉡에 들어갈 말로 바르게 짝지어진 것은?

> (㉠)은(는) 사건의 서술이지만 인과관계에 중점을 두고 '왜(Why)'의 반응을 이끌어 내며 (㉡)은(는) 시간적 순서대로 배열된 사건의 서술로 '그리고(And)'의 반응을 이끌어 낸다.

	㉠	㉡
①	스토리	플롯
②	플롯	시클롭스키
③	리얼리티	플롯
④	플롯	스토리

21 피카레스크식 구성은 로망스와 대립되는 개념으로, 주인공이 악인이며, 현실적·사실주의적 소극이다. 김동인의 「여인」, 이태준의 「천변풍경」 등의 작품이 있다.

21 다음 내용에서 설명하는 구성은 무엇인가?

> 몇 개의 독립된 스토리가 그것을 종합적으로 이어 놓은 하나의 플롯 위에 배열되는 것으로, 사건이 연속적으로 전개된다.

① 단순 구성
② 복합 구성
③ 액자형 구성
④ 피카레스크식 구성

정답 20 ④ 21 ④

22 다음 소설에 나타난 인물의 성격으로 옳은 것은?

> 그는 결코 대담하지 못한 눈초리로, 비스듬히 두 칸통 떨어진 곳에 앉아 있는 여자의 옆얼굴을 곁눈질하였다. 그리고 다음 순간, 그와 눈이 마주칠 것을 겁하여 시선을 돌리며, 여자는 혹은 자기를 곁눈질한 남자의 꼴을, 곁눈으로 느꼈을지도 모르겠다고, 그렇게 생각하여 본다. 여자는 남자를 그 남자라 알고, 그리고 남자가 자기를 그 여자라 안 것을 알고 있을지도 모른다. 이러한 경우에, 나는 어떠한 태도를 취하여야 마땅할까 하고, 구보는 그러한 것에 머리를 썼다. 알은 체를 하여야 옳을지도 몰랐다. 혹은 모른 체하는 게 정당한 인사일지도 몰랐다. 그 둘 중에 어느 편을 여자는 바라고 있을까. 그것을 알았으면, 하였다.
>
> – 박태원, 『소설가 구보씨의 일일』

① 상세한 내면묘사를 통해 우유부단하고 유약한 성격을 드러낸다.
② 현실과 관계를 끊고 전원에 묻혀 살기를 바란다.
③ 현실을 무시하고 이상을 좇고 있다.
④ 민족의 어두운 현실에 대해 문제의식을 갖고 있다.

22 이 소설은 박태원의 『소설가 구보씨의 일일』이다. 작가의 실제 생활을 바탕으로 한 '자전적인 소설'로 1930년대 경성을 배경으로 한 전지적 작가 시점의 소설이다.
소설가 구보가 하루 동안 서울 거리를 배회하며 느끼는 내면 의식의 변화를 보여 주고 있는데, 서울 거리의 풍물이나 사람들의 모습이 잘 표현되고 있어서 세태 소설적 성격도 갖고 있다. 이 작품에서 사건이나 행위, 갈등은 중요한 의미를 갖지 못한다. 작품에 사용된 의식의 흐름이나 몽타주 기법 등의 모더니즘 소설 기법들은 연관성이 없는 내면 의식을 보여주기 위한 효과적인 장치로 활용되고 있다.

23 다음 중 전형적 인물에 대한 설명으로 옳은 것은?

① 작가의 독특한 개성이 발휘된 창조적 인물이다.
② 작품 전개에 따라 성격이 발전・변화한다.
③ 어떤 사회의 집단이나 계층의 보편적 성격을 대표하는 인물이다.
④ 한 작품 속에서 성격이 거의 변하지 않는다.

23 ① 개성적 인물
② 입체적 인물
④ 평면적 인물

정답 22 ① 23 ③

24 ④는 '소설의 제재'에 대한 설명이다.

24 다음 중 소설의 주제에 대한 설명으로 옳지 않은 것은?

① 작가가 소재에 대해 느낀 인생의 의미를 구체화한 것이다.
② 작가의 의도, 문제의식 등을 구체적으로 드러낸 것이다.
③ 일반적으로 작가의 인생관이나 세계관을 나타낸다.
④ 작품에 동원되는 재료로 특수한 상황이나 경우를 의미한다.

25 루카치는 주인공의 존재 양식을 기준으로 소설의 유형을 추상적 이상주의 소설, 심리주의 소설, 교양 소설, 톨스토이의 소설형으로 분류하였다.

25 다음 설명과 관련 있는 이론가는?

> 주인공의 존재 양식을 기준으로 소설의 유형을 추상적 이상주의 소설, 심리주의 소설, 교양 소설 등으로 분류하였다.

① 에드윈 뮤어
② 노스럽 프라이
③ 루카치
④ 티보테

26 단편소설은 인생의 단면을 그리고 있으며 단순 구성을 보인다.

26 다음 중 단편소설과 장편소설에 대한 설명으로 옳지 않은 것은?

① 단편소설 : 압축된 구성을 통해 인생의 단면을 예리하게 그린 소설이다.
② 장편소설 : 복합구성을 취하여 포용에 의한 통일성을 보인다.
③ 단편소설 : 인생의 전면을 그리기 위해 시점이 계속 이동한다.
④ 장편소설 : 인간의 삶과 사회 전체를 총체적으로 그려 인생의 의미를 새롭게 해석한다.

정답 24 ④ 25 ③ 26 ③

27 **다음 내용에서 ㉠, ㉡에 들어갈 말로 바르게 짝지어진 것은?**

> • (㉠) 연구는 문학 자체로써 문학에 접근하는 것으로, 문학적 구조 및 방법을 연구하며, 형식주의 비평, 신화주의 비평이 이에 속한다.
> • (㉡) 연구는 문학 작품을 그것이 형성된 역사적 배경이나 사회적 환경, 외부적 원인들에 비추어 비평하는 것으로 마르크스주의 문학비평, 리얼리즘 비평이 이에 속한다.

	㉠	㉡
①	내적 기준 – 본질적 연구	외적 기준 – 외재적 연구
②	내적 기준 – 사회적 연구	외적 기준 – 외재적 연구
③	외적 기준 – 외재적 연구	내적 기준 – 본질적 연구
④	외적 기준 – 본질적 연구	내적 기준 – 사회적 연구

27
• 내적 기준 – 본질적 연구 : 문학 연구의 출발은 문학 작품 자체의 해석 및 분석이므로, 작가의 생애와 작품의 환경은 문학 작품을 비평하는 데 보조 자료로서의 의미만을 갖는다.
• 외적 기준 – 외재적 연구(사회적 연구) : 작가의 개성과 생활을 통해 접근하는 전기적 비평 방법을 비롯하여, 작가의 심리학적 메커니즘이나 창작 과정, 작품 속에 나타난 심리 유형 등을 연구하는 데 주안점을 둔다.

28 **다음 설명과 관련 있는 비평가는?**

> 작가를 완전히 알아야 작품을 설명할 수 있다고 보고, 문학비평을 인간 그 자체, 즉 윤리 연구로 보았다.

① 존 드라이든
② 사무엘 존슨
③ 이폴리트
④ 생트뵈브

28 전기적 방법에 의거하여 작가 개인의 역사를 재구성하는 것을 문학작품을 분석하는 첩경으로 본 역사·전기적 비평가는 생트뵈브이다.

29 **다음 문학비평의 방법론 중 원전의 확정을 주요 요소로 제시한 문학비평론은 무엇인가?**

① 심리주의 비평
② 역사·전기적 비평
③ 마르크스 비평
④ 형식주의 비평

29 역사·전기적 비평에서 그레브스타인은 역사·전기적 비평의 6가지 주요 요소를 제시하였다.
㉠ 원본(원전)의 확정, ㉡ 언어의 역사성, ㉢ 작가 연구, ㉣ 명성과 영향, ㉤ 문화, ㉥ 문화적 관습으로 구성되어 있다.

정답 27 ① 28 ④ 29 ②

30 다음 중 사회 · 문화적 비평에 대한 설명으로 옳지 않은 것은?

① 문학 작품의 역사적 인식을 바탕으로 비평이 이루어졌다.
② 작품 수용의 이해와 설명이 주를 이룬다.
③ 작품의 텍스트, 언어 조건, 전달의 방식 등에는 별 관심이 없다.
④ 문제, 이미지, 상징 등에 대한 이해 및 설명이 부족하다는 단점이 있다.

30 사회 · 문화적 비평은 작품 수용의 이해와 설명을 등한시하였다.

31 다음 내용에서 설명하는 신화 · 원형 비평의 비평가는?

> 『무의식의 심리학』에서 인류의 원시적 체험의 저장고라 할 수 있는 '집단무의식'의 개념을 제시하고, 개인은 고립된 개체 혹은 사회 속의 단순한 한 단위가 아니라 지금까지 생존한 무수한 개인의 집적임을 강조하였다.

① 프로이트　② 프레이저
③ 융　④ 프라이

31 '융'은 옛 조상들이 생활 속에서 되풀이되는 체험의 원초적 심상을 원형이라고 보고, 이에는 페르소나, 아니마/아니무스, 그림자, 자기 등이 속한다고 보았다.

32 다음 중 수필의 특징이 아닌 것은?

① 제재의 획일성
② 개성
③ 무형식
④ 유머, 위트

32 **수필의 일반적 특성**
- 형식의 개방성 : 무형식의 형식
- 자기 고백성 : 개성 표출성
- 제재의 다양성
- 유머와 위트, 비평 정신의 문학
- 간결한 산문의 문학
- 심미적 · 예술적인 글
- 비전문성의 문학

정답 30 ② 31 ③ 32 ①

33 다음 중 희곡의 삼일치론이 아닌 것은?

① 시간
② 인과
③ 행동
④ 장소

33
- 희곡의 3요소 : 대사, 지문, 해설
- 희곡의 3일치 : 시간, 장소, 행동
- 대사의 종류 3가지 : 대화, 독백, 방백
- 희곡의 구성 원칙 : 개연성, 필연성, 일관성

34 다음 내용에서 설명하는 것은 무엇인가?

- 일반적 희곡과 달리 문학적 요소를 강조
- 읽기 위한 희곡

① 레제드라마 ② 코미디
③ 픽션 ④ 노블

34 레제드라마는 일반적인 의미의 희곡과는 달리 문학적 요소만이 강조된 형식의 희곡으로, 문학성에 중점을 둔 읽기 위한 희곡이다. 연극이 요구하는 조건이나 제약의 구분 없이 순수한 문학적 형태를 띤다.

35 다음 중 희곡과 소설의 공통점으로 옳지 않은 것은?

① 자아와 세계가 갈등・대립한다.
② 플롯으로 이루어져 있다.
③ 현재시제에 의존한다.
④ 개연성의 구성을 근간으로 일정한 줄거리가 있다.

35 희곡은 주로 현재시제이며, 소설은 주로 과거시제에 의존한다.

정답 33 ② 34 ① 35 ③

36 다음 내용에서 설명하는 것은 무엇인가?

> 희곡의 비극에서 정화, 배설을 의미한다. 고난과 패배의 재현은 관객들에게 억압의 느낌을 주는 것이 아니라 오히려 해방감을 준다.

① 파토스 ② 미토스
③ 시퀀스 ④ 카타르시스

37 다음 내용에서 설명하는 것은 무엇인가?

> • 1950년대 파리 연극운동
> • 전통적 예술 및 개념을 부정하는 데서 출발
> • 현실과 환상의 관계에서 상대적 진리를 추구함
> • 대표적 작가로는 이오네스코가 있음

① 희비극 ② 부조리극
③ 서사극 ④ 표현주의극

38 다음 내용에서 설명하는 것은 무엇인가?

> 이것은 권선징악을 목적으로 하여 행복한 결말을 맺는 통속극으로, 18세기 후반 부르주아지의 발흥과 더불어 프랑스를 중심으로 한 반고전주의 풍조에 자극을 받아 발전한 오락극이다. 역경을 극복하는 승리의 형식이며, 희극과 비극이 공존한다.

① 희극 ② 비극
③ 멜로드라마 ④ 소극

---

36 '카타르시스'를 통해 체내의 모든 찌꺼기를 배설하듯이 연민과 공포를 체험함으로써 일상에서 쌓인 정서의 찌꺼기를 표출, 마음의 정화를 얻을 수 있다.

37 '이오네스코'는 루마니아 출신의 프랑스 극작가(1909~1994)이다. 현대 부조리극의 대표적인 작가로, 인간 의사소통의 어려움이나 소통의 왜곡, 언어의 폭력성 등에 주목했다. 작품으로는 『대머리 여가수』, 『수업』, 『코뿔소』, 『의자들』 등이 있다.

38 ① 희극 : 웃음을 주조로 하여 인간과 사회의 문제점을 경쾌하고 흥미 있게 다룬 연극이나 극 형식으로, 인간 생활의 모순이나 사회의 불합리성을 골계적, 해학적, 풍자적으로 표현한 것이다.
② 비극 : 인생의 슬픔과 비참함을 제재로 하고 주인공의 파멸・패배・죽음 등의 불행한 결말을 갖는 극 형식이다.
④ 소극 : 해학을 기발하게 표현하여 사람을 웃길 목적으로 만든 비속한 코미디이다.

정답 36 ④ 37 ② 38 ③

39 다음 내용에서 ㉠, ㉡에 들어갈 말로 바르게 짝지어진 것은?

> 아리스토텔레스는 (㉠)와(과) 공포에 의해 감정의 정화를 불러일으키며, (㉡)은(는) 비극적 흥분을 통해 인간의 본성인 연민과 공포를 배출하여 해방감 및 쾌감을 느낄 수 있게 해 준다고 하였다.

	㉠	㉡
①	연민	카타르시스
②	카타르시스	희극
③	비극	연민
④	희극	카타르시스

39 '연민'은 비극의 주인공에 대한 전적인 공감이며, '공포'는 가까운 누구에게라도 일어날 수 있을 것이라는 두려움을 말한다. '연민'과 '공포'가 곧 감정의 정화를 불러일으키며, 이러한 감정의 정화와 배설을 의미하는 것은 '카타르시스'이다.

40 다음 내용에서 설명하는 학자는 누구인가?

> 비교문학의 영역에는 '발신자 연구, 수신자 연구, 송신자 연구, 이행'이 있다고 그 영역을 나누어 설명하였다.

① 앙페르
② 프라워
③ 방 티겜
④ 월르맹

40 '방 티겜'의 비교문학의 영역에 대한 설명이다.

정답 39 ① 40 ③

비관론자는 어떤 기회가 찾아와도 어려움만을 보고,
낙관론자는 어떤 난관이 찾아와도 기회를 바라본다.

- 윈스턴 처칠 -

독학학위제 1단계 교양과정인정시험 답안지(객관식)

컴퓨터용 사인펜만 사용

★ 수험생은 수험번호와 응시과목 코드번호를 표기(마킹)한 후 일치여부를 반드시 확인할 것.

전공분야	

성 명	

수 험 번 호													
(1)	1	–			–			–					
(2)	● ② ③ ④	–	①②③④⑤⑥⑦⑧⑨⓪	①②③④⑤⑥⑦⑧⑨⓪	–	①②③④⑤⑥⑦⑧⑨⓪	①②③④⑤⑥⑦⑧⑨⓪	–	①②③④⑤⑥⑦⑧⑨⓪	①②③④⑤⑥⑦⑧⑨⓪	①②③④⑤⑥⑦⑧⑨⓪	①②③④⑤⑥⑦⑧⑨⓪	①②③④⑤⑥⑦⑧⑨⓪

과목코드				
①②③④⑤⑥⑦⑧⑨⓪	①②③④⑤⑥⑦⑧⑨⓪	①②③④⑤⑥⑦⑧⑨⓪	①②③④⑤⑥⑦⑧⑨⓪	①②③④⑤⑥⑦⑧⑨⓪

교시코드			
①	②	③	④

응시과목									
1	①	②	③	④	21	①	②	③	④
2	①	②	③	④	22	①	②	③	④
3	①	②	③	④	23	①	②	③	④
4	①	②	③	④	24	①	②	③	④
5	①	②	③	④	25	①	②	③	④
6	①	②	③	④	26	①	②	③	④
7	①	②	③	④	27	①	②	③	④
8	①	②	③	④	28	①	②	③	④
9	①	②	③	④	29	①	②	③	④
10	①	②	③	④	30	①	②	③	④
11	①	②	③	④	31	①	②	③	④
12	①	②	③	④	32	①	②	③	④
13	①	②	③	④	33	①	②	③	④
14	①	②	③	④	34	①	②	③	④
15	①	②	③	④	35	①	②	③	④
16	①	②	③	④	36	①	②	③	④
17	①	②	③	④	37	①	②	③	④
18	①	②	③	④	38	①	②	③	④
19	①	②	③	④	39	①	②	③	④
20	①	②	③	④	40	①	②	③	④

과목코드				
①②③④⑤⑥⑦⑧⑨⓪	①②③④⑤⑥⑦⑧⑨⓪	①②③④⑤⑥⑦⑧⑨⓪	①②③④⑤⑥⑦⑧⑨⓪	①②③④⑤⑥⑦⑧⑨⓪

교시코드			
①	②	③	④

응시과목									
1	①	②	③	④	21	①	②	③	④
2	①	②	③	④	22	①	②	③	④
3	①	②	③	④	23	①	②	③	④
4	①	②	③	④	24	①	②	③	④
5	①	②	③	④	25	①	②	③	④
6	①	②	③	④	26	①	②	③	④
7	①	②	③	④	27	①	②	③	④
8	①	②	③	④	28	①	②	③	④
9	①	②	③	④	29	①	②	③	④
10	①	②	③	④	30	①	②	③	④
11	①	②	③	④	31	①	②	③	④
12	①	②	③	④	32	①	②	③	④
13	①	②	③	④	33	①	②	③	④
14	①	②	③	④	34	①	②	③	④
15	①	②	③	④	35	①	②	③	④
16	①	②	③	④	36	①	②	③	④
17	①	②	③	④	37	①	②	③	④
18	①	②	③	④	38	①	②	③	④
19	①	②	③	④	39	①	②	③	④
20	①	②	③	④	40	①	②	③	④

※ 감독관 확인란

㉮

관 리 번 호
(연번) / (응시자수)

답안지 작성시 유의사항

1. 답안지는 반드시 **컴퓨터용 사인펜을 사용**하여 다음 보기와 같이 표기할 것.
   보기 잘 된 표기: ● 잘못된 표기: ⓥ ⊗ ◑ ⊙ ◕ ○ ▩
2. 수험번호 (1)에는 아라비아 숫자로 쓰고, (2)에는 "●"와 같이 표기할 것.
3. 과목코드는 뒷면 "과목코드번호"를 보고 해당과목의 코드번호를 찾아 표기하고, 응시과목란에는 응시과목명을 한글로 기재할 것.
4. 교시코드는 문제지 전면의 교시를 해당란에 "●"와 같이 표기할 것.
5. 한번 표기한 답은 긁거나 수정액 및 스티커 등 어떠한 방법으로도 고쳐서는 아니되고, 고친 문항은 "0"점 처리함.

[이 답안지는 마킹연습용 모의답안지입니다.]

절취선

컴퓨터용 사인펜만 사용

독학학위제 1단계 교양과정인정시험 답안지(객관식)

★ 수험생은 수험번호와 응시과목 코드번호를 표기(마킹)한 후 일치여부를 반드시 확인할 것.

전공분야	
성 명	

수 험 번 호													
(1)	1	–			–			–					
(2)	● ② ③ ④	–	①②③④⑤⑥⑦⑧⑨⓪	①②③④⑤⑥⑦⑧⑨⓪	–	①②③④⑤⑥⑦⑧⑨⓪	①②③④⑤⑥⑦⑧⑨⓪	–	①②③④⑤⑥⑦⑧⑨⓪	①②③④⑤⑥⑦⑧⑨⓪	①②③④⑤⑥⑦⑧⑨⓪	①②③④⑤⑥⑦⑧⑨⓪	①②③④⑤⑥⑦⑧⑨⓪

과목코드				
①②③④⑤⑥⑦⑧⑨⓪	①②③④⑤⑥⑦⑧⑨⓪	①②③④⑤⑥⑦⑧⑨⓪	①②③④⑤⑥⑦⑧⑨⓪	①②③④⑤⑥⑦⑧⑨⓪

교시코드
① ② ③ ④

응시과목	
1 ① ② ③ ④	21 ① ② ③ ④
2 ① ② ③ ④	22 ① ② ③ ④
3 ① ② ③ ④	23 ① ② ③ ④
4 ① ② ③ ④	24 ① ② ③ ④
5 ① ② ③ ④	25 ① ② ③ ④
6 ① ② ③ ④	26 ① ② ③ ④
7 ① ② ③ ④	27 ① ② ③ ④
8 ① ② ③ ④	28 ① ② ③ ④
9 ① ② ③ ④	29 ① ② ③ ④
10 ① ② ③ ④	30 ① ② ③ ④
11 ① ② ③ ④	31 ① ② ③ ④
12 ① ② ③ ④	32 ① ② ③ ④
13 ① ② ③ ④	33 ① ② ③ ④
14 ① ② ③ ④	34 ① ② ③ ④
15 ① ② ③ ④	35 ① ② ③ ④
16 ① ② ③ ④	36 ① ② ③ ④
17 ① ② ③ ④	37 ① ② ③ ④
18 ① ② ③ ④	38 ① ② ③ ④
19 ① ② ③ ④	39 ① ② ③ ④
20 ① ② ③ ④	40 ① ② ③ ④

과목코드				
①②③④⑤⑥⑦⑧⑨⓪	①②③④⑤⑥⑦⑧⑨⓪	①②③④⑤⑥⑦⑧⑨⓪	①②③④⑤⑥⑦⑧⑨⓪	①②③④⑤⑥⑦⑧⑨⓪

교시코드
① ② ③ ④

응시과목	
1 ① ② ③ ④	21 ① ② ③ ④
2 ① ② ③ ④	22 ① ② ③ ④
3 ① ② ③ ④	23 ① ② ③ ④
4 ① ② ③ ④	24 ① ② ③ ④
5 ① ② ③ ④	25 ① ② ③ ④
6 ① ② ③ ④	26 ① ② ③ ④
7 ① ② ③ ④	27 ① ② ③ ④
8 ① ② ③ ④	28 ① ② ③ ④
9 ① ② ③ ④	29 ① ② ③ ④
10 ① ② ③ ④	30 ① ② ③ ④
11 ① ② ③ ④	31 ① ② ③ ④
12 ① ② ③ ④	32 ① ② ③ ④
13 ① ② ③ ④	33 ① ② ③ ④
14 ① ② ③ ④	34 ① ② ③ ④
15 ① ② ③ ④	35 ① ② ③ ④
16 ① ② ③ ④	36 ① ② ③ ④
17 ① ② ③ ④	37 ① ② ③ ④
18 ① ② ③ ④	38 ① ② ③ ④
19 ① ② ③ ④	39 ① ② ③ ④
20 ① ② ③ ④	40 ① ② ③ ④

※ 감독관 확인란
㊞

관 리 번 호
(연번) (응시자수)

답안지 작성시 유의사항

1. 답안지는 반드시 **컴퓨터용 사인펜을 사용**하여 다음 [보기]와 같이 표기할 것.
   [보기] 잘 된 표기: ● 잘못된 표기: ⓥ ⊗ ◑ ⊙ ◕ ○ ■
2. 수험번호 (1)에는 아라비아 숫자로 쓰고, (2)에는 "●"와 같이 표기할 것.
3. 과목코드는 뒷면 "과목코드번호"를 보고 해당과목의 코드번호를 찾아 표기하고, 응시과목란에는 응시과목명을 한글로 기재할 것.
4. 교시코드는 문제지 전면의 교시를 해당란에 "●"와 같이 표기할 것.
5. 한번 표기한 답은 긁거나 수정액 및 스티커 등 어떠한 방법으로도 고쳐서는 아니되고, 고친 문항은 "0"점 처리함.

[이 답안지는 마킹연습용 모의답안지입니다.]

✂ 절취선

컴퓨터용 사인펜만 사용

독학학위제 1단계 교양과정인정시험 답안지(객관식)

★ 수험생은 수험번호와 응시과목 코드번호를 표기(마킹)한 후 일치여부를 반드시 확인할 것.

전공분야	

성 명	

수 험 번 호													
(1)	1	–			–			–					
(2)	●②③④	–	①②③④⑤⑥⑦⑧⑨⓪	①②③④⑤⑥⑦⑧⑨⓪	–	①②③④⑤⑥⑦⑧⑨⓪	①②③④⑤⑥⑦⑧⑨⓪	–	①②③④⑤⑥⑦⑧⑨⓪	①②③④⑤⑥⑦⑧⑨⓪	①②③④⑤⑥⑦⑧⑨⓪	①②③④⑤⑥⑦⑧⑨⓪	①②③④⑤⑥⑦⑧⑨⓪

과목코드				
①②③④⑤⑥⑦⑧⑨⓪	①②③④⑤⑥⑦⑧⑨⓪	①②③④⑤⑥⑦⑧⑨⓪	①②③④⑤⑥⑦⑧⑨⓪	①②③④⑤⑥⑦⑧⑨⓪

교시코드
①②③④

응시과목			
1	①②③④	21	①②③④
2	①②③④	22	①②③④
3	①②③④	23	①②③④
4	①②③④	24	①②③④
5	①②③④	25	①②③④
6	①②③④	26	①②③④
7	①②③④	27	①②③④
8	①②③④	28	①②③④
9	①②③④	29	①②③④
10	①②③④	30	①②③④
11	①②③④	31	①②③④
12	①②③④	32	①②③④
13	①②③④	33	①②③④
14	①②③④	34	①②③④
15	①②③④	35	①②③④
16	①②③④	36	①②③④
17	①②③④	37	①②③④
18	①②③④	38	①②③④
19	①②③④	39	①②③④
20	①②③④	40	①②③④

과목코드				
①②③④⑤⑥⑦⑧⑨⓪	①②③④⑤⑥⑦⑧⑨⓪	①②③④⑤⑥⑦⑧⑨⓪	①②③④⑤⑥⑦⑧⑨⓪	①②③④⑤⑥⑦⑧⑨⓪

교시코드
①②③④

응시과목			
1	①②③④	21	①②③④
2	①②③④	22	①②③④
3	①②③④	23	①②③④
4	①②③④	24	①②③④
5	①②③④	25	①②③④
6	①②③④	26	①②③④
7	①②③④	27	①②③④
8	①②③④	28	①②③④
9	①②③④	29	①②③④
10	①②③④	30	①②③④
11	①②③④	31	①②③④
12	①②③④	32	①②③④
13	①②③④	33	①②③④
14	①②③④	34	①②③④
15	①②③④	35	①②③④
16	①②③④	36	①②③④
17	①②③④	37	①②③④
18	①②③④	38	①②③④
19	①②③④	39	①②③④
20	①②③④	40	①②③④

※ 감독관 확인란

㉧

관 리 번 호
(연번) / (응시자수)

답안지 작성시 유의사항

1. 답안지는 반드시 **컴퓨터용 사인펜을 사용**하여 다음 보기와 같이 표기할 것.
   보기 잘 된 표기: ● 잘못된 표기: ⓥ ⓧ ◑ ⊙ ◕ ○ ▣
2. 수험번호 (1)에는 아라비아 숫자로 쓰고, (2)에는 "●"와 같이 표기할 것.
3. 과목코드는 뒷면 "과목코드번호"를 보고 해당과목의 코드번호를 찾아 표기하고, 응시과목란에는 응시과목명을 한글로 기재할 것.
4. 교시코드는 문제지 전면의 교시를 해당란에 "●"와 같이 표기할 것.
5. 한번 표기한 답은 긁거나 수정액 및 스티커 등 어떠한 방법으로도 고쳐서는 아니되고, 고친 문항은 "0"점 처리함.

[이 답안지는 마킹연습용 모의답안지입니다.]

✂ 절취선

컴퓨터용 사인펜만 사용

독학학위제 1단계 교양과정인정시험 답안지(객관식)

★ 수험생은 수험번호와 응시과목 코드번호를 표기(마킹)한 후 일치여부를 반드시 확인할 것.

전공분야	
성 명	

수 험 번 호													
(1)	1	–			–			–					
(2)	● ② ③ ④	–	①②③④⑤⑥⑦⑧⑨⓪	①②③④⑤⑥⑦⑧⑨⓪	–	①②③④⑤⑥⑦⑧⑨⓪	①②③④⑤⑥⑦⑧⑨⓪	–	①②③④⑤⑥⑦⑧⑨⓪	①②③④⑤⑥⑦⑧⑨⓪	①②③④⑤⑥⑦⑧⑨⓪	①②③④⑤⑥⑦⑧⑨⓪	①②③④⑤⑥⑦⑧⑨⓪

과목코드				
①②③④⑤⑥⑦⑧⑨⓪	①②③④⑤⑥⑦⑧⑨⓪	①②③④⑤⑥⑦⑧⑨⓪	①②③④⑤⑥⑦⑧⑨⓪	①②③④⑤⑥⑦⑧⑨⓪

교시코드
① ② ③ ④

응시과목			
1	① ② ③ ④	21	① ② ③ ④
2	① ② ③ ④	22	① ② ③ ④
3	① ② ③ ④	23	① ② ③ ④
4	① ② ③ ④	24	① ② ③ ④
5	① ② ③ ④	25	① ② ③ ④
6	① ② ③ ④	26	① ② ③ ④
7	① ② ③ ④	27	① ② ③ ④
8	① ② ③ ④	28	① ② ③ ④
9	① ② ③ ④	29	① ② ③ ④
10	① ② ③ ④	30	① ② ③ ④
11	① ② ③ ④	31	① ② ③ ④
12	① ② ③ ④	32	① ② ③ ④
13	① ② ③ ④	33	① ② ③ ④
14	① ② ③ ④	34	① ② ③ ④
15	① ② ③ ④	35	① ② ③ ④
16	① ② ③ ④	36	① ② ③ ④
17	① ② ③ ④	37	① ② ③ ④
18	① ② ③ ④	38	① ② ③ ④
19	① ② ③ ④	39	① ② ③ ④
20	① ② ③ ④	40	① ② ③ ④

과목코드				
①②③④⑤⑥⑦⑧⑨⓪	①②③④⑤⑥⑦⑧⑨⓪	①②③④⑤⑥⑦⑧⑨⓪	①②③④⑤⑥⑦⑧⑨⓪	①②③④⑤⑥⑦⑧⑨⓪

교시코드
① ② ③ ④

응시과목			
1	① ② ③ ④	21	① ② ③ ④
2	① ② ③ ④	22	① ② ③ ④
3	① ② ③ ④	23	① ② ③ ④
4	① ② ③ ④	24	① ② ③ ④
5	① ② ③ ④	25	① ② ③ ④
6	① ② ③ ④	26	① ② ③ ④
7	① ② ③ ④	27	① ② ③ ④
8	① ② ③ ④	28	① ② ③ ④
9	① ② ③ ④	29	① ② ③ ④
10	① ② ③ ④	30	① ② ③ ④
11	① ② ③ ④	31	① ② ③ ④
12	① ② ③ ④	32	① ② ③ ④
13	① ② ③ ④	33	① ② ③ ④
14	① ② ③ ④	34	① ② ③ ④
15	① ② ③ ④	35	① ② ③ ④
16	① ② ③ ④	36	① ② ③ ④
17	① ② ③ ④	37	① ② ③ ④
18	① ② ③ ④	38	① ② ③ ④
19	① ② ③ ④	39	① ② ③ ④
20	① ② ③ ④	40	① ② ③ ④

※ 감독관 확인란
㊞

관 리 번 호
(연번) (응시자수)

답안지 작성시 유의사항

1. 답안지는 반드시 **컴퓨터용 사인펜을 사용**하여 다음 보기와 같이 표기할 것.
   보기 잘 된 표기: ● 잘못된 표기: ⓥ ⊗ ◑ ⊙ ◕ ○ ▩
2. 수험번호 (1)에는 아라비아 숫자로 쓰고, (2)에는 "●"와 같이 표기할 것.
3. 과목코드는 뒷면 "과목코드번호"를 보고 해당과목의 코드번호를 찾아 표기하고, 응시과목란에는 응시과목명을 한글로 기재할 것.
4. 교시코드는 문제지 전면의 교시를 해당란에 "●"와 같이 표기할 것.
5. 한번 표기한 답은 긁거나 수정액 및 스티커 등 어떠한 방법으로도 고쳐서는 아니되고, 고친 문항은 "0"점 처리함.

[이 답안지는 마킹연습용 모의답안지입니다.]

절취선

독학학위제 1단계 교양과정인정시험 답안지(객관식)

컴퓨터용 사인펜만 사용

★ 수험생은 수험번호와 응시과목 코드번호를 표기(마킹)한 후 일치여부를 반드시 확인할 것.

전공분야	
성 명	

수 험 번 호														
(1)	1	–			–			–						
(2)	● ②③④	–	①②③④⑤⑥⑦⑧⑨⓪	①②③④⑤⑥⑦⑧⑨⓪	–	①②③④⑤⑥⑦⑧⑨⓪	①②③④⑤⑥⑦⑧⑨⓪	–	①②③④⑤⑥⑦⑧⑨⓪	①②③④⑤⑥⑦⑧⑨⓪	①②③④⑤⑥⑦⑧⑨⓪	①②③④⑤⑥⑦⑧⑨⓪	①②③④⑤⑥⑦⑧⑨⓪	

과목코드				
①②③④⑤⑥⑦⑧⑨⓪	①②③④⑤⑥⑦⑧⑨⓪	①②③④⑤⑥⑦⑧⑨⓪	①②③④⑤⑥⑦⑧⑨⓪	①②③④⑤⑥⑦⑧⑨⓪

교시코드			
①	②	③	④

응시과목									
1	①	②	③	④	21	①	②	③	④
2	①	②	③	④	22	①	②	③	④
3	①	②	③	④	23	①	②	③	④
4	①	②	③	④	24	①	②	③	④
5	①	②	③	④	25	①	②	③	④
6	①	②	③	④	26	①	②	③	④
7	①	②	③	④	27	①	②	③	④
8	①	②	③	④	28	①	②	③	④
9	①	②	③	④	29	①	②	③	④
10	①	②	③	④	30	①	②	③	④
11	①	②	③	④	31	①	②	③	④
12	①	②	③	④	32	①	②	③	④
13	①	②	③	④	33	①	②	③	④
14	①	②	③	④	34	①	②	③	④
15	①	②	③	④	35	①	②	③	④
16	①	②	③	④	36	①	②	③	④
17	①	②	③	④	37	①	②	③	④
18	①	②	③	④	38	①	②	③	④
19	①	②	③	④	39	①	②	③	④
20	①	②	③	④	40	①	②	③	④

과목코드				
①②③④⑤⑥⑦⑧⑨⓪	①②③④⑤⑥⑦⑧⑨⓪	①②③④⑤⑥⑦⑧⑨⓪	①②③④⑤⑥⑦⑧⑨⓪	①②③④⑤⑥⑦⑧⑨⓪

교시코드			
①	②	③	④

응시과목									
1	①	②	③	④	21	①	②	③	④
2	①	②	③	④	22	①	②	③	④
3	①	②	③	④	23	①	②	③	④
4	①	②	③	④	24	①	②	③	④
5	①	②	③	④	25	①	②	③	④
6	①	②	③	④	26	①	②	③	④
7	①	②	③	④	27	①	②	③	④
8	①	②	③	④	28	①	②	③	④
9	①	②	③	④	29	①	②	③	④
10	①	②	③	④	30	①	②	③	④
11	①	②	③	④	31	①	②	③	④
12	①	②	③	④	32	①	②	③	④
13	①	②	③	④	33	①	②	③	④
14	①	②	③	④	34	①	②	③	④
15	①	②	③	④	35	①	②	③	④
16	①	②	③	④	36	①	②	③	④
17	①	②	③	④	37	①	②	③	④
18	①	②	③	④	38	①	②	③	④
19	①	②	③	④	39	①	②	③	④
20	①	②	③	④	40	①	②	③	④

※ 감독관 확인란

㊞

관 리 번 호	
(연번)	(응시자수)

답안지 작성시 유의사항

1. 답안지는 반드시 **컴퓨터용 사인펜을 사용**하여 다음 [보기]와 같이 표기할 것.
   [보기] 잘 된 표기: ● 잘못된 표기: ⓥ ⓧ ◐ ⊙ ◕ ○ ▩
2. 수험번호 (1)에는 아라비아 숫자로 쓰고, (2)에는 "●"와 같이 표기할 것.
3. 과목코드는 뒷면 "과목코드번호"를 보고 해당과목의 코드번호를 찾아 표기하고, 응시과목란에는 응시과목명을 한글로 기재할 것.
4. 교시코드는 문제지 전면의 교시를 해당란에 "●"와 같이 표기할 것.
5. 한번 표기한 답은 긁거나 수정액 및 스티커 등 어떠한 방법으로도 고쳐서는 아니되고, 고친 문항은 "0"점 처리함.

[이 답안지는 마킹연습용 모의답안지입니다.]

절취선

컴퓨터용 사인펜만 사용

독학학위제 1단계 교양과정인정시험 답안지(객관식)

★ 수험생은 수험번호와 응시과목 코드번호를 표기(마킹)한 후 일치여부를 반드시 확인할 것.

전공분야	
성 명	

수 험 번 호													
(1)	1	–			–			–					
(2)	● ② ③ ④	–	①~⓪	①~⓪	–	①~⓪	①~⓪	–	①~⓪	①~⓪	①~⓪	①~⓪	①~⓪

과목코드					응시과목	
					1 ① ② ③ ④	21 ① ② ③ ④
①	①	①	①	①	2 ① ② ③ ④	22 ① ② ③ ④
②	②	②	②	②	3 ① ② ③ ④	23 ① ② ③ ④
③	③	③	③	③	4 ① ② ③ ④	24 ① ② ③ ④
④	④	④	④	④	5 ① ② ③ ④	25 ① ② ③ ④
⑤	⑤	⑤	⑤	⑤	6 ① ② ③ ④	26 ① ② ③ ④
⑥	⑥	⑥	⑥	⑥	7 ① ② ③ ④	27 ① ② ③ ④
⑦	⑦	⑦	⑦	⑦	8 ① ② ③ ④	28 ① ② ③ ④
⑧	⑧	⑧	⑧	⑧	9 ① ② ③ ④	29 ① ② ③ ④
⑨	⑨	⑨	⑨	⑨	10 ① ② ③ ④	30 ① ② ③ ④
⓪	⓪	⓪	⓪	⓪	11 ① ② ③ ④	31 ① ② ③ ④
교시코드					12 ① ② ③ ④	32 ① ② ③ ④
① ② ③ ④					13 ① ② ③ ④	33 ① ② ③ ④
					14 ① ② ③ ④	34 ① ② ③ ④
					15 ① ② ③ ④	35 ① ② ③ ④
					16 ① ② ③ ④	36 ① ② ③ ④
					17 ① ② ③ ④	37 ① ② ③ ④
					18 ① ② ③ ④	38 ① ② ③ ④
					19 ① ② ③ ④	39 ① ② ③ ④
					20 ① ② ③ ④	40 ① ② ③ ④

과목코드					응시과목	
					1 ① ② ③ ④	21 ① ② ③ ④
①	①	①	①	①	2 ① ② ③ ④	22 ① ② ③ ④
②	②	②	②	②	3 ① ② ③ ④	23 ① ② ③ ④
③	③	③	③	③	4 ① ② ③ ④	24 ① ② ③ ④
④	④	④	④	④	5 ① ② ③ ④	25 ① ② ③ ④
⑤	⑤	⑤	⑤	⑤	6 ① ② ③ ④	26 ① ② ③ ④
⑥	⑥	⑥	⑥	⑥	7 ① ② ③ ④	27 ① ② ③ ④
⑦	⑦	⑦	⑦	⑦	8 ① ② ③ ④	28 ① ② ③ ④
⑧	⑧	⑧	⑧	⑧	9 ① ② ③ ④	29 ① ② ③ ④
⑨	⑨	⑨	⑨	⑨	10 ① ② ③ ④	30 ① ② ③ ④
⓪	⓪	⓪	⓪	⓪	11 ① ② ③ ④	31 ① ② ③ ④
교시코드					12 ① ② ③ ④	32 ① ② ③ ④
① ② ③ ④					13 ① ② ③ ④	33 ① ② ③ ④
					14 ① ② ③ ④	34 ① ② ③ ④
					15 ① ② ③ ④	35 ① ② ③ ④
					16 ① ② ③ ④	36 ① ② ③ ④
					17 ① ② ③ ④	37 ① ② ③ ④
					18 ① ② ③ ④	38 ① ② ③ ④
					19 ① ② ③ ④	39 ① ② ③ ④
					20 ① ② ③ ④	40 ① ② ③ ④

※ 감독관 확인란
㊞

관 리 번 호
(연번) / (응시자수)

답안지 작성시 유의사항

1. 답안지는 반드시 **컴퓨터용 사인펜을 사용**하여 다음 보기와 같이 표기할 것.
   보기 잘 된 표기: ● 잘못된 표기: ⓥ ⓧ ◑ ⊙ ◕ ○ ▩
2. 수험번호 (1)에는 아라비아 숫자로 쓰고, (2)에는 "●"와 같이 표기할 것.
3. 과목코드는 뒷면 "과목코드번호"를 보고 해당과목의 코드번호를 찾아 표기하고, 응시과목란에는 응시과목명을 한글로 기재할 것.
4. 교시코드는 문제지 전면의 교시를 해당란에 "●"와 같이 표기할 것.
5. 한번 표기한 답은 긁거나 수정액 및 스티커 등 어떠한 방법으로도 고쳐서는 아니되고, 고친 문항은 "0"점 처리함.

[이 답안지는 마킹연습용 모의답안지입니다.]

✂ 절취선

컴퓨터용 사인펜만 사용

독학학위제 1단계 교양과정인정시험 답안지(객관식)

★ 수험생은 수험번호와 응시과목 코드번호를 표기(마킹)한 후 일치여부를 반드시 확인할 것.

전공분야	
성 명	

수 험 번 호													
(1)	1	–			–			–					
(2)	● ② ③ ④	–	①②③④⑤⑥⑦⑧⑨⓪	①②③④⑤⑥⑦⑧⑨⓪	–	①②③④⑤⑥⑦⑧⑨⓪	①②③④⑤⑥⑦⑧⑨⓪	–	①②③④⑤⑥⑦⑧⑨⓪	①②③④⑤⑥⑦⑧⑨⓪	①②③④⑤⑥⑦⑧⑨⓪	①②③④⑤⑥⑦⑧⑨⓪	①②③④⑤⑥⑦⑧⑨⓪

과목코드				
①②③④⑤⑥⑦⑧⑨⓪	①②③④⑤⑥⑦⑧⑨⓪	①②③④⑤⑥⑦⑧⑨⓪	①②③④⑤⑥⑦⑧⑨⓪	①②③④⑤⑥⑦⑧⑨⓪

교시코드			
①	②	③	④

응시과목			
1 ① ② ③ ④	21 ① ② ③ ④
2 ① ② ③ ④	22 ① ② ③ ④
3 ① ② ③ ④	23 ① ② ③ ④
4 ① ② ③ ④	24 ① ② ③ ④
5 ① ② ③ ④	25 ① ② ③ ④
6 ① ② ③ ④	26 ① ② ③ ④
7 ① ② ③ ④	27 ① ② ③ ④
8 ① ② ③ ④	28 ① ② ③ ④
9 ① ② ③ ④	29 ① ② ③ ④
10 ① ② ③ ④	30 ① ② ③ ④
11 ① ② ③ ④	31 ① ② ③ ④
12 ① ② ③ ④	32 ① ② ③ ④
13 ① ② ③ ④	33 ① ② ③ ④
14 ① ② ③ ④	34 ① ② ③ ④
15 ① ② ③ ④	35 ① ② ③ ④
16 ① ② ③ ④	36 ① ② ③ ④
17 ① ② ③ ④	37 ① ② ③ ④
18 ① ② ③ ④	38 ① ② ③ ④
19 ① ② ③ ④	39 ① ② ③ ④
20 ① ② ③ ④	40 ① ② ③ ④

과목코드				
①②③④⑤⑥⑦⑧⑨⓪	①②③④⑤⑥⑦⑧⑨⓪	①②③④⑤⑥⑦⑧⑨⓪	①②③④⑤⑥⑦⑧⑨⓪	①②③④⑤⑥⑦⑧⑨⓪

교시코드			
①	②	③	④

응시과목	
1 ① ② ③ ④	21 ① ② ③ ④
2 ① ② ③ ④	22 ① ② ③ ④
3 ① ② ③ ④	23 ① ② ③ ④
4 ① ② ③ ④	24 ① ② ③ ④
5 ① ② ③ ④	25 ① ② ③ ④
6 ① ② ③ ④	26 ① ② ③ ④
7 ① ② ③ ④	27 ① ② ③ ④
8 ① ② ③ ④	28 ① ② ③ ④
9 ① ② ③ ④	29 ① ② ③ ④
10 ① ② ③ ④	30 ① ② ③ ④
11 ① ② ③ ④	31 ① ② ③ ④
12 ① ② ③ ④	32 ① ② ③ ④
13 ① ② ③ ④	33 ① ② ③ ④
14 ① ② ③ ④	34 ① ② ③ ④
15 ① ② ③ ④	35 ① ② ③ ④
16 ① ② ③ ④	36 ① ② ③ ④
17 ① ② ③ ④	37 ① ② ③ ④
18 ① ② ③ ④	38 ① ② ③ ④
19 ① ② ③ ④	39 ① ② ③ ④
20 ① ② ③ ④	40 ① ② ③ ④

※ 감독관 확인란
㊞

관 리 번 호
(연번) / (응시자수)

답안지 작성시 유의사항

1. 답안지는 반드시 **컴퓨터용 사인펜을 사용**하여 다음 보기와 같이 표기할 것.
   보기 잘 된 표기: ● 잘못된 표기: ⓥ ⓧ ◑ ⊙ ◕ ○ ▩
2. 수험번호 (1)에는 아라비아 숫자로 쓰고, (2)에는 "●"와 같이 표기할 것.
3. 과목코드는 뒷면 "과목코드번호"를 보고 해당과목의 코드번호를 찾아 표기하고, 응시과목란에는 응시과목명을 한글로 기재할 것.
4. 교시코드는 문제지 전면의 교시를 해당란에 "●"와 같이 표기할 것.
5. 한번 표기한 답은 긁거나 수정액 및 스티커 등 어떠한 방법으로도 고쳐서는 아니되고, 고친 문항은 "0"점 처리함.

[이 답안지는 마킹연습용 모의답안지입니다.]

절취선

컴퓨터용 사인펜만 사용

독학학위제 1단계 교양과정인정시험 답안지(객관식)

★ 수험생은 수험번호와 응시과목 코드번호를 표기(마킹)한 후 일치여부를 반드시 확인할 것.

전공분야	

성 명	

수 험 번 호													
(1)	1	–			–			–					
(2)	● ② ③ ④	–	①②③④⑤⑥⑦⑧⑨⓪	①②③④⑤⑥⑦⑧⑨⓪	–	①②③④⑤⑥⑦⑧⑨⓪	①②③④⑤⑥⑦⑧⑨⓪	–	①②③④⑤⑥⑦⑧⑨⓪	①②③④⑤⑥⑦⑧⑨⓪	①②③④⑤⑥⑦⑧⑨⓪	①②③④⑤⑥⑦⑧⑨⓪	①②③④⑤⑥⑦⑧⑨⓪

과목코드				
①②③④⑤⑥⑦⑧⑨⓪	①②③④⑤⑥⑦⑧⑨⓪	①②③④⑤⑥⑦⑧⑨⓪	①②③④⑤⑥⑦⑧⑨⓪	①②③④⑤⑥⑦⑧⑨⓪

교시코드			
①	②	③	④

응시과목	
1 ① ② ③ ④	21 ① ② ③ ④
2 ① ② ③ ④	22 ① ② ③ ④
3 ① ② ③ ④	23 ① ② ③ ④
4 ① ② ③ ④	24 ① ② ③ ④
5 ① ② ③ ④	25 ① ② ③ ④
6 ① ② ③ ④	26 ① ② ③ ④
7 ① ② ③ ④	27 ① ② ③ ④
8 ① ② ③ ④	28 ① ② ③ ④
9 ① ② ③ ④	29 ① ② ③ ④
10 ① ② ③ ④	30 ① ② ③ ④
11 ① ② ③ ④	31 ① ② ③ ④
12 ① ② ③ ④	32 ① ② ③ ④
13 ① ② ③ ④	33 ① ② ③ ④
14 ① ② ③ ④	34 ① ② ③ ④
15 ① ② ③ ④	35 ① ② ③ ④
16 ① ② ③ ④	36 ① ② ③ ④
17 ① ② ③ ④	37 ① ② ③ ④
18 ① ② ③ ④	38 ① ② ③ ④
19 ① ② ③ ④	39 ① ② ③ ④
20 ① ② ③ ④	40 ① ② ③ ④

과목코드				
①②③④⑤⑥⑦⑧⑨⓪	①②③④⑤⑥⑦⑧⑨⓪	①②③④⑤⑥⑦⑧⑨⓪	①②③④⑤⑥⑦⑧⑨⓪	①②③④⑤⑥⑦⑧⑨⓪

교시코드			
①	②	③	④

응시과목	
1 ① ② ③ ④	21 ① ② ③ ④
2 ① ② ③ ④	22 ① ② ③ ④
3 ① ② ③ ④	23 ① ② ③ ④
4 ① ② ③ ④	24 ① ② ③ ④
5 ① ② ③ ④	25 ① ② ③ ④
6 ① ② ③ ④	26 ① ② ③ ④
7 ① ② ③ ④	27 ① ② ③ ④
8 ① ② ③ ④	28 ① ② ③ ④
9 ① ② ③ ④	29 ① ② ③ ④
10 ① ② ③ ④	30 ① ② ③ ④
11 ① ② ③ ④	31 ① ② ③ ④
12 ① ② ③ ④	32 ① ② ③ ④
13 ① ② ③ ④	33 ① ② ③ ④
14 ① ② ③ ④	34 ① ② ③ ④
15 ① ② ③ ④	35 ① ② ③ ④
16 ① ② ③ ④	36 ① ② ③ ④
17 ① ② ③ ④	37 ① ② ③ ④
18 ① ② ③ ④	38 ① ② ③ ④
19 ① ② ③ ④	39 ① ② ③ ④
20 ① ② ③ ④	40 ① ② ③ ④

※ 감독관 확인란
㊞

관 리 번 호
(연번) (응시자수)

답안지 작성시 유의사항

1. 답안지는 반드시 **컴퓨터용 사인펜을 사용**하여 다음 보기와 같이 표기할 것.
   보기 잘 된 표기: ● 잘못된 표기: ⓥ ⓧ ◑ ⊙ ◕ ○ ▩
2. 수험번호 (1)에는 아라비아 숫자로 쓰고, (2)에는 "●"와 같이 표기할 것.
3. 과목코드는 뒷면 "과목코드번호"를 보고 해당과목의 코드번호를 찾아 표기하고, 응시과목란에는 응시과목명을 한글로 기재할 것.
4. 교시코드는 문제지 전면의 교시를 해당란에 "●"와 같이 표기할 것.
5. 한번 표기한 답은 긁거나 수정액 및 스티커 등 어떠한 방법으로도 고쳐서는 아니되고, 고친 문항은 "0"점 처리함.

[이 답안지는 마킹연습용 모의답안지입니다.]

절취선

컴퓨터용 사인펜만 사용

독학학위제 1단계 교양과정인정시험 답안지(객관식)

★ 수험생은 수험번호와 응시과목 코드번호를 표기(마킹)한 후 일치여부를 반드시 확인할 것.

전공분야	
성 명	

수 험 번 호													
(1)	1	–			–			–					
(2)	● ② ③ ④	–	①②③④⑤⑥⑦⑧⑨⓪	①②③④⑤⑥⑦⑧⑨⓪	–	①②③④⑤⑥⑦⑧⑨⓪	①②③④⑤⑥⑦⑧⑨⓪	–	①②③④⑤⑥⑦⑧⑨⓪	①②③④⑤⑥⑦⑧⑨⓪	①②③④⑤⑥⑦⑧⑨⓪	①②③④⑤⑥⑦⑧⑨⓪	①②③④⑤⑥⑦⑧⑨⓪

과목코드					응시과목	
①②③④⑤⑥⑦⑧⑨⓪	①②③④⑤⑥⑦⑧⑨⓪	①②③④⑤⑥⑦⑧⑨⓪	①②③④⑤⑥⑦⑧⑨⓪	①②③④⑤⑥⑦⑧⑨⓪		

교시코드			
①	②	③	④

응시과목									
1	① ② ③ ④	21	① ② ③ ④
2	① ② ③ ④	22	① ② ③ ④
3	① ② ③ ④	23	① ② ③ ④
4	① ② ③ ④	24	① ② ③ ④
5	① ② ③ ④	25	① ② ③ ④
6	① ② ③ ④	26	① ② ③ ④
7	① ② ③ ④	27	① ② ③ ④
8	① ② ③ ④	28	① ② ③ ④
9	① ② ③ ④	29	① ② ③ ④
10	① ② ③ ④	30	① ② ③ ④
11	① ② ③ ④	31	① ② ③ ④
12	① ② ③ ④	32	① ② ③ ④
13	① ② ③ ④	33	① ② ③ ④
14	① ② ③ ④	34	① ② ③ ④
15	① ② ③ ④	35	① ② ③ ④
16	① ② ③ ④	36	① ② ③ ④
17	① ② ③ ④	37	① ② ③ ④
18	① ② ③ ④	38	① ② ③ ④
19	① ② ③ ④	39	① ② ③ ④
20	① ② ③ ④	40	① ② ③ ④

과목코드					응시과목	
①②③④⑤⑥⑦⑧⑨⓪	①②③④⑤⑥⑦⑧⑨⓪	①②③④⑤⑥⑦⑧⑨⓪	①②③④⑤⑥⑦⑧⑨⓪	①②③④⑤⑥⑦⑧⑨⓪		

교시코드			
①	②	③	④

응시과목			
1	① ② ③ ④	21	① ② ③ ④
2	① ② ③ ④	22	① ② ③ ④
3	① ② ③ ④	23	① ② ③ ④
4	① ② ③ ④	24	① ② ③ ④
5	① ② ③ ④	25	① ② ③ ④
6	① ② ③ ④	26	① ② ③ ④
7	① ② ③ ④	27	① ② ③ ④
8	① ② ③ ④	28	① ② ③ ④
9	① ② ③ ④	29	① ② ③ ④
10	① ② ③ ④	30	① ② ③ ④
11	① ② ③ ④	31	① ② ③ ④
12	① ② ③ ④	32	① ② ③ ④
13	① ② ③ ④	33	① ② ③ ④
14	① ② ③ ④	34	① ② ③ ④
15	① ② ③ ④	35	① ② ③ ④
16	① ② ③ ④	36	① ② ③ ④
17	① ② ③ ④	37	① ② ③ ④
18	① ② ③ ④	38	① ② ③ ④
19	① ② ③ ④	39	① ② ③ ④
20	① ② ③ ④	40	① ② ③ ④

※ 감독관 확인란

㊞

관 리 번 호
(연번) (응시자수)

답안지 작성시 유의사항

1. 답안지는 반드시 **컴퓨터용 사인펜을 사용**하여 다음 보기와 같이 표기할 것.
   보기 잘 된 표기: ● 잘못된 표기: ⓥ ⊗ ◑ ⊙ ◕ ○ ▩
2. 수험번호 (1)에는 아라비아 숫자로 쓰고, (2)에는 "●"와 같이 표기할 것.
3. 과목코드는 뒷면 "과목코드번호"를 보고 해당과목의 코드번호를 찾아 표기하고, 응시과목란에는 응시과목명을 한글로 기재할 것.
4. 교시코드는 문제지 전면의 교시를 해당란에 "●"와 같이 표기할 것.
5. 한번 표기한 답은 긁거나 수정액 및 스티커 등 어떠한 방법으로도 고쳐서는 아니되고, 고친 문항은 "0"점 처리함.

[이 답안지는 마킹연습용 모의답안지입니다.]

절취선

컴퓨터용 사인펜만 사용

독학학위제 1단계 교양과정인정시험 답안지(객관식)

★ 수험생은 수험번호와 응시과목 코드번호를 표기(마킹)한 후 일치여부를 반드시 확인할 것.

전공분야	
성 명	

수 험 번 호													
(1)	1	–			–			–					
(2)	●②③④	–	①②③④⑤⑥⑦⑧⑨⓪	①②③④⑤⑥⑦⑧⑨⓪	–	①②③④⑤⑥⑦⑧⑨⓪	①②③④⑤⑥⑦⑧⑨⓪	–	①②③④⑤⑥⑦⑧⑨⓪	①②③④⑤⑥⑦⑧⑨⓪	①②③④⑤⑥⑦⑧⑨⓪	①②③④⑤⑥⑦⑧⑨⓪	①②③④⑤⑥⑦⑧⑨⓪

과목코드				
①②③④⑤⑥⑦⑧⑨⓪	①②③④⑤⑥⑦⑧⑨⓪	①②③④⑤⑥⑦⑧⑨⓪	①②③④⑤⑥⑦⑧⑨⓪	①②③④⑤⑥⑦⑧⑨⓪

교시코드			
①	②	③	④

응시과목			
1	① ② ③ ④	21	① ② ③ ④
2	① ② ③ ④	22	① ② ③ ④
3	① ② ③ ④	23	① ② ③ ④
4	① ② ③ ④	24	① ② ③ ④
5	① ② ③ ④	25	① ② ③ ④
6	① ② ③ ④	26	① ② ③ ④
7	① ② ③ ④	27	① ② ③ ④
8	① ② ③ ④	28	① ② ③ ④
9	① ② ③ ④	29	① ② ③ ④
10	① ② ③ ④	30	① ② ③ ④
11	① ② ③ ④	31	① ② ③ ④
12	① ② ③ ④	32	① ② ③ ④
13	① ② ③ ④	33	① ② ③ ④
14	① ② ③ ④	34	① ② ③ ④
15	① ② ③ ④	35	① ② ③ ④
16	① ② ③ ④	36	① ② ③ ④
17	① ② ③ ④	37	① ② ③ ④
18	① ② ③ ④	38	① ② ③ ④
19	① ② ③ ④	39	① ② ③ ④
20	① ② ③ ④	40	① ② ③ ④

과목코드				
①②③④⑤⑥⑦⑧⑨⓪	①②③④⑤⑥⑦⑧⑨⓪	①②③④⑤⑥⑦⑧⑨⓪	①②③④⑤⑥⑦⑧⑨⓪	①②③④⑤⑥⑦⑧⑨⓪

교시코드			
①	②	③	④

응시과목			
1	① ② ③ ④	21	① ② ③ ④
2	① ② ③ ④	22	① ② ③ ④
3	① ② ③ ④	23	① ② ③ ④
4	① ② ③ ④	24	① ② ③ ④
5	① ② ③ ④	25	① ② ③ ④
6	① ② ③ ④	26	① ② ③ ④
7	① ② ③ ④	27	① ② ③ ④
8	① ② ③ ④	28	① ② ③ ④
9	① ② ③ ④	29	① ② ③ ④
10	① ② ③ ④	30	① ② ③ ④
11	① ② ③ ④	31	① ② ③ ④
12	① ② ③ ④	32	① ② ③ ④
13	① ② ③ ④	33	① ② ③ ④
14	① ② ③ ④	34	① ② ③ ④
15	① ② ③ ④	35	① ② ③ ④
16	① ② ③ ④	36	① ② ③ ④
17	① ② ③ ④	37	① ② ③ ④
18	① ② ③ ④	38	① ② ③ ④
19	① ② ③ ④	39	① ② ③ ④
20	① ② ③ ④	40	① ② ③ ④

※ 감독관 확인란

㊞

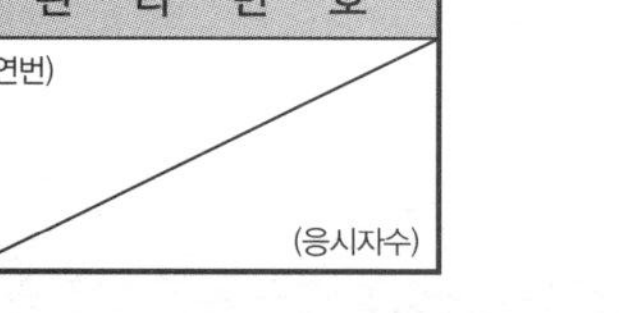

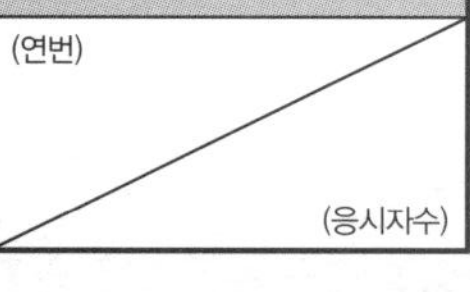

관 리 번 호

(연번)

(응시자수)

답안지 작성시 유의사항

1. 답안지는 반드시 **컴퓨터용 사인펜을 사용**하여 다음 [보기]와 같이 표기할 것.
   [보기] 잘 된 표기: ● 잘못된 표기: ⓥ ⓧ ◑ ⊙ ◕ ○ ▩
2. 수험번호 (1)에는 아라비아 숫자로 쓰고, (2)에는 "●"와 같이 표기할 것.
3. 과목코드는 뒷면 "과목코드번호"를 보고 해당과목의 코드번호를 찾아 표기하고, 응시과목란에는 응시과목명을 한글로 기재할 것.
4. 교시코드는 문제지 전면의 교시를 해당란에 "●"와 같이 표기할 것.
5. 한번 표기한 답은 긁거나 수정액 및 스티커 등 어떠한 방법으로도 고쳐서는 아니되고, 고친 문항은 "0"점 처리함.

[이 답안지는 마킹연습용 모의답안지입니다.]

절취선

컴퓨터용 사인펜만 사용

독학학위제 1단계 교양과정인정시험 답안지(객관식)

★ 수험생은 수험번호와 응시과목 코드번호를 표기(마킹)한 후 일치여부를 반드시 확인할 것.

전공분야	
성 명	

수 험 번 호													
(1)	1	–			–			–					
(2)	● ② ③ ④	–	①~⓪	①~⓪	–	①~⓪	①~⓪	–	①~⓪	①~⓪	①~⓪	①~⓪	①~⓪

과목코드				
①②③④⑤⑥⑦⑧⑨⓪	①②③④⑤⑥⑦⑧⑨⓪	①②③④⑤⑥⑦⑧⑨⓪	①②③④⑤⑥⑦⑧⑨⓪	①②③④⑤⑥⑦⑧⑨⓪

교시코드
① ② ③ ④

응시과목	
1 ① ② ③ ④	21 ① ② ③ ④
2 ① ② ③ ④	22 ① ② ③ ④
3 ① ② ③ ④	23 ① ② ③ ④
4 ① ② ③ ④	24 ① ② ③ ④
5 ① ② ③ ④	25 ① ② ③ ④
6 ① ② ③ ④	26 ① ② ③ ④
7 ① ② ③ ④	27 ① ② ③ ④
8 ① ② ③ ④	28 ① ② ③ ④
9 ① ② ③ ④	29 ① ② ③ ④
10 ① ② ③ ④	30 ① ② ③ ④
11 ① ② ③ ④	31 ① ② ③ ④
12 ① ② ③ ④	32 ① ② ③ ④
13 ① ② ③ ④	33 ① ② ③ ④
14 ① ② ③ ④	34 ① ② ③ ④
15 ① ② ③ ④	35 ① ② ③ ④
16 ① ② ③ ④	36 ① ② ③ ④
17 ① ② ③ ④	37 ① ② ③ ④
18 ① ② ③ ④	38 ① ② ③ ④
19 ① ② ③ ④	39 ① ② ③ ④
20 ① ② ③ ④	40 ① ② ③ ④

과목코드				
①②③④⑤⑥⑦⑧⑨⓪	①②③④⑤⑥⑦⑧⑨⓪	①②③④⑤⑥⑦⑧⑨⓪	①②③④⑤⑥⑦⑧⑨⓪	①②③④⑤⑥⑦⑧⑨⓪

교시코드
① ② ③ ④

응시과목	
1 ① ② ③ ④	21 ① ② ③ ④
2 ① ② ③ ④	22 ① ② ③ ④
3 ① ② ③ ④	23 ① ② ③ ④
4 ① ② ③ ④	24 ① ② ③ ④
5 ① ② ③ ④	25 ① ② ③ ④
6 ① ② ③ ④	26 ① ② ③ ④
7 ① ② ③ ④	27 ① ② ③ ④
8 ① ② ③ ④	28 ① ② ③ ④
9 ① ② ③ ④	29 ① ② ③ ④
10 ① ② ③ ④	30 ① ② ③ ④
11 ① ② ③ ④	31 ① ② ③ ④
12 ① ② ③ ④	32 ① ② ③ ④
13 ① ② ③ ④	33 ① ② ③ ④
14 ① ② ③ ④	34 ① ② ③ ④
15 ① ② ③ ④	35 ① ② ③ ④
16 ① ② ③ ④	36 ① ② ③ ④
17 ① ② ③ ④	37 ① ② ③ ④
18 ① ② ③ ④	38 ① ② ③ ④
19 ① ② ③ ④	39 ① ② ③ ④
20 ① ② ③ ④	40 ① ② ③ ④

※ 감독관 확인란
㊞

관 리 번 호
(연번) / (응시자수)

답안지 작성시 유의사항

1. 답안지는 반드시 **컴퓨터용 사인펜을 사용**하여 다음 보기와 같이 표기할 것.
   보기 잘 된 표기: ● 잘못된 표기: ⓥ ⊗ ◑ ⊙ ◕ ○ ▣
2. 수험번호 (1)에는 아라비아 숫자로 쓰고, (2)에는 "●"와 같이 표기할 것.
3. 과목코드는 뒷면 "과목코드번호"를 보고 해당과목의 코드번호를 찾아 표기하고, 응시과목란에는 응시과목명을 한글로 기재할 것.
4. 교시코드는 문제지 전면의 교시를 해당란에 "●"와 같이 표기할 것.
5. 한번 표기한 답은 긁거나 수정액 및 스티커 등 어떠한 방법으로도 고쳐서는 아니되고, 고친 문항은 "0"점 처리함.

[이 답안지는 마킹연습용 모의답안지입니다.]

절취선

컴퓨터용 사인펜만 사용

독학학위제 1단계 교양과정인정시험 답안지(객관식)

★ 수험생은 수험번호와 응시과목 코드번호를 표기(마킹)한 후 일치여부를 반드시 확인할 것.

전공분야	

성 명	

수 험 번 호													
(1)	1	–			–			–					
(2)	● ② ③ ④	–	①②③④⑤⑥⑦⑧⑨⓪	①②③④⑤⑥⑦⑧⑨⓪	–	①②③④⑤⑥⑦⑧⑨⓪	①②③④⑤⑥⑦⑧⑨⓪	–	①②③④⑤⑥⑦⑧⑨⓪	①②③④⑤⑥⑦⑧⑨⓪	①②③④⑤⑥⑦⑧⑨⓪	①②③④⑤⑥⑦⑧⑨⓪	①②③④⑤⑥⑦⑧⑨⓪

과목코드				
①②③④⑤⑥⑦⑧⑨⓪	①②③④⑤⑥⑦⑧⑨⓪	①②③④⑤⑥⑦⑧⑨⓪	①②③④⑤⑥⑦⑧⑨⓪	①②③④⑤⑥⑦⑧⑨⓪

교시코드			
①	②	③	④

응시과목			
1	① ② ③ ④	21	① ② ③ ④
2	① ② ③ ④	22	① ② ③ ④
3	① ② ③ ④	23	① ② ③ ④
4	① ② ③ ④	24	① ② ③ ④
5	① ② ③ ④	25	① ② ③ ④
6	① ② ③ ④	26	① ② ③ ④
7	① ② ③ ④	27	① ② ③ ④
8	① ② ③ ④	28	① ② ③ ④
9	① ② ③ ④	29	① ② ③ ④
10	① ② ③ ④	30	① ② ③ ④
11	① ② ③ ④	31	① ② ③ ④
12	① ② ③ ④	32	① ② ③ ④
13	① ② ③ ④	33	① ② ③ ④
14	① ② ③ ④	34	① ② ③ ④
15	① ② ③ ④	35	① ② ③ ④
16	① ② ③ ④	36	① ② ③ ④
17	① ② ③ ④	37	① ② ③ ④
18	① ② ③ ④	38	① ② ③ ④
19	① ② ③ ④	39	① ② ③ ④
20	① ② ③ ④	40	① ② ③ ④

과목코드				
①②③④⑤⑥⑦⑧⑨⓪	①②③④⑤⑥⑦⑧⑨⓪	①②③④⑤⑥⑦⑧⑨⓪	①②③④⑤⑥⑦⑧⑨⓪	①②③④⑤⑥⑦⑧⑨⓪

교시코드			
①	②	③	④

응시과목			
1	① ② ③ ④	21	① ② ③ ④
2	① ② ③ ④	22	① ② ③ ④
3	① ② ③ ④	23	① ② ③ ④
4	① ② ③ ④	24	① ② ③ ④
5	① ② ③ ④	25	① ② ③ ④
6	① ② ③ ④	26	① ② ③ ④
7	① ② ③ ④	27	① ② ③ ④
8	① ② ③ ④	28	① ② ③ ④
9	① ② ③ ④	29	① ② ③ ④
10	① ② ③ ④	30	① ② ③ ④
11	① ② ③ ④	31	① ② ③ ④
12	① ② ③ ④	32	① ② ③ ④
13	① ② ③ ④	33	① ② ③ ④
14	① ② ③ ④	34	① ② ③ ④
15	① ② ③ ④	35	① ② ③ ④
16	① ② ③ ④	36	① ② ③ ④
17	① ② ③ ④	37	① ② ③ ④
18	① ② ③ ④	38	① ② ③ ④
19	① ② ③ ④	39	① ② ③ ④
20	① ② ③ ④	40	① ② ③ ④

※ 감독관 확인란
㊞

관 리 번 호
(연번) (응시자수)

답안지 작성시 유의사항

1. 답안지는 반드시 **컴퓨터용 사인펜을 사용**하여 다음 [보기]와 같이 표기할 것.
   [보기] 잘 된 표기: ● 잘못된 표기: ⓥ ⊗ ◑ ⊙ ◕ ○ ▩
2. 수험번호 (1)에는 아라비아 숫자로 쓰고, (2)에는 "●"와 같이 표기할 것.
3. 과목코드는 뒷면 "과목코드번호"를 보고 해당과목의 코드번호를 찾아 표기하고, 응시과목란에는 응시과목명을 한글로 기재할 것.
4. 교시코드는 문제지 전면의 교시를 해당란에 "●"와 같이 표기할 것.
5. 한번 표기한 답은 긁거나 수정액 및 스티커 등 어떠한 방법으로도 고쳐서는 아니되고, 고친 문항은 "0"점 처리함.

[이 답안지는 마킹연습용 모의답안지입니다.]

절취선

2025 시대에듀 A + 독학사 1단계 교양과정 5개년 기출문제집

개정13판1쇄 발행	2025년 01월 08일 (인쇄 2024년 09월 04일)
초 판 발 행	2012년 02월 15일 (인쇄 2011년 12월 16일)
발 행 인	박영일
책 임 편 집	이해욱
편 저	독학학위연구소
편 집 진 행	송영진
표지디자인	박종우
편집디자인	차성미 · 고현준
발 행 처	(주)시대고시기획
출 판 등 록	제10-1521호
주 소	서울시 마포구 큰우물로 75 [도화동 538 성지 B/D] 9F
전 화	1600-3600
팩 스	02-701-8823
홈 페 이 지	www.sdedu.co.kr

I S B N	979-11-383-7467-5 (13710)
정 가	26,000원